宏观经济学原理

翻译版·第8版

[美]

罗伯特·弗兰克（Robert H. Frank）

本·伯南克（Ben S. Bernanke）

凯特·安东诺维克斯（Kate Antonovics）

奥瑞·赫费兹（Ori Heffetz）

著

张晓云 译

Principles of Macroeconomics Eighth Edition

清华大学出版社

北京

北京市版权局著作权合同登记号 图字:01-2023-0120

Robert H. Frank，Ben S. Bernanke，Kate Antonovics，Ori Heffetz

Principles of Macroeconomics，Eighth Edition

ISBN：9781264250318

本书封面贴有 McGraw-Hill 公司防伪标签,无标签者不得销售。

版权所有,侵权必究。举报:010-62782989,beiqinquan@tup.tsinghua.edu.cn。

图书在版编目(CIP)数据

宏观经济学原理:翻译版:第 8 版/(美)罗伯特·弗兰克(Robert H. Frank)等著;张晓云译.—北京:清华大学出版社,2023.4

(工商管理优秀教材译丛.经济学系列)

ISBN 978-7-302-63138-5

Ⅰ.①宏… Ⅱ.①罗…②张… Ⅲ.①宏观经济学－高等学校－教材 Ⅳ.①F015

中国国家版本馆 CIP 数据核字(2023)第 047558 号

责任编辑:王　青
封面设计:何凤霞
责任校对:宋玉莲
责任印制:宋　林

出版发行:清华大学出版社
　　　　网　　　址:http://www.tup.com.cn, http://www.wqbook.com
　　　　地　　　址:北京清华大学学研大厦 A 座　　　邮　　编:100084
　　　　社 总 机:010-83470000　　　　　　　　　　邮　　购:010-62786544
　　　　投稿与读者服务:010-62776969, c-service@tup.tsinghua.edu.cn
　　　　质量反馈:010-62772015, zhiliang@tup.tsinghua.edu.cn
印 装 者:天津安泰印刷有限公司
经　　销:全国新华书店
开　　本:185mm×260mm　　　印　张:29.25　　插　页:2　　字　数:674 千字
版　　次:2023 年 4 月第 1 版　　　　　　　　　　印　次:2023 年 4 月第 1 次印刷
定　　价:85.00 元

产品编号:094618-01

主要作者简介

ABOUT THE AUTHORS

罗伯特·弗兰克（Robert H. Frank）

弗兰克教授 1972—2020 年在康奈尔大学任教，担任约翰逊管理学院的管理学教授和经济学荣誉教授。1966 年，他从美国佐治亚理工学院获得学士学位，其后的两年他作为和平组织的志愿者在尼泊尔的乡村教授数学和自然科学方面的课程。他 1971 年获得加州大学伯克利分校统计学硕士学位，1972 年获得经济学博士学位。他还拥有圣加伦大学和达尔豪西大学的荣誉博士学位。在康奈尔大学任教期间，他充分利用休假时  间，1978—1980 年担任民用航空委员会的首席经济学家，1992—1993 年在行为科学高等研究中心从事研究工作，2000—2001 年在巴黎一所大学任教，主要讲授美国文明方面的课程，2008—2009 年在纽约大学斯特恩商学院担任客座教授。弗兰克教授在《美国经济评论》《计量经济学》《政治经济学杂志》等专业期刊上发表过论文。20 多年来，《纽约时报》定期刊载他的"经济观察"专栏。

弗兰克教授著有畅销的中级经济学教材——《微观经济学与行为》（第 10 版）（McGraw Hill，2021 年）。他的研究主要集中于经济、社会行为中的对抗与合作，与此相关的出版物包括《选择正确的池塘》（牛津大学出版社，1995 年）、《理智中的激情》（W. W. Norton，1988 年）、《道德高地的代价是什么》（普林斯顿大学出版社，2004 年）、《牛奶可乐经济学》（Basic Books，2007 年）、《经济自然主义者的行动指南》（Basic Books，2009 年）、《达尔文经济学》（普林斯顿大学出版社，2011 年）、《成功与运气》（普林斯顿大学出版社，2016 年）和《受影响》（普林斯顿大学出版社，2020 年），这些著作被翻译成 24 种语言。与菲利普·库克合著的《赢家通吃的社会》（自由出版社，1995 年）获得了批评家协会选择奖，同时荣登《纽约时报杂志》知名书籍排行榜和商业周刊十大最佳书籍排行榜。他编著的《奢侈病》（自由出版社，1999 年）被提名为 1999 年骑士最佳书籍。

弗兰克教授是 2004 年莱昂蒂夫经济思想前沿奖的共同获得者。他分别于 2004 年、2010 年、2012 年和 2018 年获得约翰逊商学院斯蒂芬·罗素杰出教学奖，并于 2005 年获得该校苹果杰出教学奖。弗兰克教授开设的微观经济学入门教程每年都会吸引 7 000 多名学生。

本·伯南克(Ben S. Bernanke)

伯南克教授 1975 年获得哈佛大学经济学学士学位,1979年获得麻省理工学院(MIT)经济学博士学位。他 1979—1985年任教于斯坦福大学商学院,1985 年转而任教于普林斯顿大学,其间被授予经济学和公共事务领域的"霍华德·哈里森和加布里埃尔·施奈德贝克教授"称号,同时还担任经济系系主任。伯南克教授目前是布鲁金斯学会经济研究项目的常驻杰出研究员。

2006 年 2 月 1 日,伯南克教授宣誓就任美联储主席,他的第二个任期至 2014 年 1 月31 日届满。他还担任过美联储主要货币政策制定机构联邦公开市场委员会主席,并于2005 年 6 月至 2006 年 1 月担任总统经济顾问委员会主席。

伯南克教授与阿德鲁·阿贝尔(Andrew Abel)和迪恩·克劳肖(Dean Croushore)合著的中级教材《宏观经济学》(第 9 版)(Addison-Wesley,2017 年)是该领域的畅销书。他在宏观经济学、宏观经济史和金融领域发表了大量学术著作。他对经济大萧条的原因、商业周期内金融市场和机构的作用以及经济中货币政策的效应度量问题进行了深入研究。

伯南克教授是古根汉基金和斯隆基金的研究员,他还是美国计量经济学会及美国艺术与科学学会的会员。他曾任美国国家经济研究局(NBER)货币经济学项目的负责人,以及 NBER 商业周期测定委员会委员。伯南克教授 2001—2004 年担任《美国经济评论》的编辑,并于 2019 年担任美国经济协会主席。伯南克教授在市民和专业团体方面的工作包括曾经担任两届蒙哥马利市教育委员会委员。2022 年伯南克教授与道格拉斯·戴蒙德(Douglas W. Diamond)和菲利普·迪布维格(Philip H. Dybvig)共同荣获诺贝尔经济学奖。

序 言 PREFACE

围绕七大核心原理通过主动学习培养经济自然主义者

本书的第 8 版适逢整个经济和高等教育发生了前所未有的巨大变化。新冠肺炎疫情使失业率达到大萧条以来的最高点,也极大地改变了各级教育机构的教学方式。

上述变化增强了我们对本书所倡导的教学理念的信心,即去粗取精,将精力放在核心概念上。我们相信,这种方法在如今的新环境下尤为适用。

在本书前面的版本中,我们提到虽然每年用在美国大学的经济学入门课程上的资金高达数百万美元,但是这项投资的回报却低得令人心寒。研究表明,在学过经济学原理课程几个月之后,上过课的学生回答简单的经济学问题的能力并不比从未学过这些课程的人强。看起来大多数学生在课程结束时甚至连最重要的基本经济学原理还没有学会。在高等教育资源日益短缺的背景下,这种令人沮丧的现象更是说不过去。

在我们看来,这个问题的根源在于这些课程想教给学生的内容总是太多了。在讲课的过程中,真正重要的问题并没有得到足够的讲解,所有内容都是匆匆带过。我们的大脑通常会忽略新信息,除非该信息反复出现。这并不奇怪,因为每天轰炸我们的海量信息中,只有一小部分可能与我们关心的事情有关。只有当某件事出现第三或第四次时,大脑才会开始建立新的电路来处理它。然而,大多数教师在备课时想的都是"我今天应该讲多少内容"。借助现代电子媒体,教师一小时可以点击 100 多张 PowerPoint 幻灯片,他们觉得应该将更多的信息展示给学生。但这并不是大脑学习的方式。教师们应该思考的是"我的学生能够吸收多少内容"。

本书就是基于这个理念:我们试图覆盖的内容越少,学生学到的就会越多。我们的基本前提是少量的经济学基本原理在经济中扮演重量级的角色,如果我们专注于这些理论,不断地重复,学生就可以在短短一个学期内真正掌握它们。本书前几版读者的热烈反应肯定了这个前提的正确性。我们避免了对数学推导的过度依赖,而是通过读者所熟悉的环境下的例子来直观地展示概念。我们在书中专注于七大核心原理,通过重复地展示和应用来加深和巩固它们。我们要求学生不断地用这些原理回答相关问题、做练习和课后习题。

本书的另一个显著特点是明确认识到学生所掌握的数学知识的明显差异及教师在授课时对数学内容的偏好差异所带来的教学难题。为了解决这一难题,我们将特定主题的更详细的数学推导放入各章的附录。例如,第12章使用图表和数字示例说明基本凯恩斯主义模型("凯恩斯交叉图")背后的主要思想,将乘数公式的推导放在附录中,让教师可以自由选择最适合其需求的方法。很多教师指出这种灵活性是其选择这本书的原因之一。

然而,纵观全书,我们关注的不是数学知识,而是鼓励学生成为"经济自然主义者",利用经济学的基本原理来理解和解释在周围世界中观察到的现象。例如,一位经济自然主义者能够解释"为什么汽车上有婴儿安全座椅而飞机上却没有",这是因为在汽车上提供这种座椅的空间边际成本一般是零,而在飞机上提供这种座椅的边际成本却常常高达数百美元。大量类似的例子都可以在本书中找到。我们相信每一个问题都可以让一个有好奇心的正常人想要学着去回答。利用这些例子的教学可以向学生们灌输一种理念:他们身边的每一种经济现象,其实都可以视为某种隐性的或显性的成本-收益计算的反映。这种教学方式可以极大地激发学生们的兴趣。学生们还会和他们的朋友或是家人谈起这些例子。学习经济学就像学习一门语言,在每种情况下,没有比说出来更有效的学习方法了。这些经济自然主义者的例子就是要通过促使学生们"说"经济学来实现这个目的。

对于想要学习更多经济学事例的同学,YouTube 的"Authors@Google"系列里有罗伯特·弗兰克有关这方面的讲义(www.youtube.com/watch?v=QalNVxeIKEE)或搜索"Authors@Google:Robert Frank"。

本书的主题和特点

强调七大核心原理

正像上面提到的那样,为数不多的核心原理能够解释绝大部分经济现象。本书正是通过对这些原理近乎不厌其烦的分析与应用,来确保大多数学生在学完这门课程时能够扎实地掌握这些原理。相比之下,传统的百科全书式教材使学生陷于众多复杂烦琐的细节知识中,以至于他们在学完课程之后,仍无法学以致用。

(1)稀缺原理:拥有更多的某种物品通常意味着拥有更少的另一种物品。

(2)成本-收益原理:除非边际收益至少大于边际成本,否则不要采取行动。

(3)激励原理:成本-收益的比较不仅在确定理性人该做什么决定时是有用的,同样,它在预测理性人最终实际做出的决定时也很重要。

(4)比较优势原理:当每个人都专注于他相对而言最有生产率的行为时,每个人都能做到最好。

(5)机会成本递增原理:将资源先用在机会成本较低的地方,然后再转向机会成本较高的地方。

(6)效率原理:效率是一个重要的社会目标,因为当经济蛋糕变大的时候,每个人都可以分到更大的一块。

(7)均衡原理:在均衡市场上,对个人而言,不存在未被挖掘的机会,不过不太可能通过集体行为挖掘出所有可挖掘的收益。

经济自然主义

我们的最终目标是培养经济自然主义者——他们将每一个人类行为视为成本-收益分析的隐含或外在的结果。经济自然主义者用一种崭新的眼光来看待日常生活的寻常细节，并且积极地试图理解这些细节。下面是一些颇具代表性的例子：

- 为什么电影院为学生提供折扣票？
- 为什么我们经常看到几家便利店集中设在相邻的路口？
- 为什么超市里等待结账的队伍都差不多长？

重视学习的主动性

如果你想掌握网球中的高球扣杀技术，那么你只有一种方法，就是不断练习。学习经济学也是一样的。因此，我们在介绍新的思想之后，总会辅之以一些简单的例子作为补充，然后再提供一些说明这些新思想在现实经济中如何运作的应用性内容。我们还会在各章节中频繁地穿插一些练习，用来检测学生对这些新思想的理解程度，同时起到巩固其掌握水平的作用。在每章的末尾，我们都精心设计了一系列的复习题与练习题，帮助学生实现对核心概念的融会贯通。使用前几版教材进行教学所获得的经验告诉我们，本书确实有助于培养学生应用基本经济学原理解决现实世界中的经济难题的能力。

体现宏观经济学的现代特征

大衰退和新冠肺炎疫情在不否定诸如经济增长、生产率、实际工资变革以及资本形成等长期经济问题的重要性的同时，再次唤起了经济学家对周期性波动的兴趣。对于这些研究主题，我们在内容上做了如下安排：

- 先用长达5章的篇幅介绍长期经济中的各个研究主题，在此之后，我们运用现代的分析方法转而研究短期波动与稳定性政策，其中强调了经济的长期和短期行为之间的重要区别。
- 这些章的编排是为了方便教师们灵活地安排教学，因此短期材料（第11～14章）可以在长期材料（第6～10章）之前讲授，而完全不会产生断裂感。
- 对总需求和总供给的分析将产出与通货膨胀而不是与价格水平联系起来，从而避免了单独推导产出缺口与通货膨胀之间联系的必要性。货币政策的讨论分为两部分：从以短期利率为中心的货币市场的标准供求分析开始，然后引入新的货币政策工具，如量化宽松和前瞻指引，这些工具自2008年以来一直非常重要，并在2020年应对新冠肺炎疫情引起的经济衰退中再次成为主力。
- 本书对全球化现象给予了高度重视，对涉及问题的相关分析包括以下几个方面：全球化对实际工资不平等性的影响；贸易利益的成本和收益以及可能的赢家和输家；贸易保护主义的原因和影响；资本流动对国内资本形成的作用；汇率与货币政策之间的联系；对货币的投机性冲击的来源。

本版的变化

本版对所有章节的表述都在一定程度上进行了精简。我们对书中的很多案例做了更新,并将重点放在那些与当前热点事件(如新冠肺炎疫情和零工经济的兴起)相关的案例上。我们还对上一版的案例和练习重新进行了设计,使其更加清晰、更便于使用。此外,我们对全书的数据做了更新。

教辅资源

选用本书的任课教师可通过填写书后所附的教师反馈表索取下列教辅资源。

习题答案手册

由北卡罗来纳大学夏洛特分校的珀·诺兰德编写的这本手册提供了章后习题的详细解答。

习题库

包括按照每章的学习目标、AACSB 学习分类、Bloom 分类学以及难易程度分类的习题。

PowerPoints

对书中每章所介绍的重要思想和观点进行了详尽的总结和回顾,并配有生动的图表和注解。你可以根据课程需要,对这些幻灯片进行编辑、打印或重新排列。

目录 CONTENTS

第1部分 导 论

第4部分　短　期　经　济

第5部分　国际经济

第1部分

导 论

宏观经济学原理(翻译版·第 8 版)

Principles of Macroeconomics·Eighth Edition

第 **1** 章

像经济学家一样思考

学完本章,你应该能够:

1. 解释并应用稀缺原理,即拥有更多的一种商品必然会减少另一种商品的拥有量。

2. 解释并应用成本-收益原理,即当且仅当一项活动的收益大于成本时,我们才会采取该行动。

3. 讨论当不坚持应用成本-收益原理时有可能犯的三个严重错误。

4. 解释并应用激励原理,即如果你希望预测人们的行为,那么考察对他们的激励因素将是一个不错的出发点。

你们的经济学入门课上一共有多少学生?有些学校这门课大约只有 20 名学生,有些学校有 35 名、100 名或者 200 名学生。在某些学校,经济学入门课程的学生甚至有 2 000 名。究竟多少学生是最合适的?

如果不考虑成本,经济学入门课(或者其他任何课程)最合适的学生人数应该是一名。试想:这个学期,整个课堂上只有你和老师面对面,所有内容和进度都依据你的学习能力和学习基础量身定制,这种教学方式还会促进你与教师之间的直接交流和相互信任。此外,你学习成绩的好坏主要由实际学到的知识决定,而不是靠在多项选择题考试上碰运气。为了讨论方便,我们甚至可以假设,教育心理学家的研究表明,在这种只有一名学生的情况下学习效果是最佳的。

为什么很多大学仍然将数以百计的学生安排到同一门经济学入门课上?最主要的原因就是成本。不仅修建教室以及支付员工薪水的学校管理者要考虑成本,学生同样需要考虑成本。为你提供个人经济学课程最直接的成本(也是最主要的成本)是教师的薪水和教室的租借费用,这些费用可能高达 5 万美元。必须有人支付这些成本。在私立大学,成本的很大一部分由高额的学费负担;在公立大学,成本一部分由高额学费负担,一部分由税收负担。无论在哪种情况下,仍有很多学生无法负担这门课的成本。

听课的学生越多,每名学生的成本就越低。举个例子,一个学生人数为 300 人的经济学入门课程,每名学生的成本可能只有 200 美元。但是大课堂的低成本是以牺牲学习质量为代价的。不过,与上文的一对一辅导模式相比,大班授课的成本负担大幅降低。

在选择经济学入门课程的学生人数时,学校的管理者面临一个典型的权衡问题。学生人数越多,教学质量越低——这不是一件好事;但同时,成本减少,学生需要支付的学费也就越低——这是一件好事。

本章我们将介绍三个基本的原理,这些原理能帮助你理解和解释你在现实生活中看到的一些行为方式。这些原理还能帮助你避免在日常生活中做决策时可能会犯的三个错误。

▼ 经济学:研究稀缺环境下的选择

即使在美国这样富足的社会中,稀缺仍是一个基本的社会现实。没有无限的时间、金钱和精力让我们随心所欲地去做事情。**经济学**就是研究稀缺条件下人们如何做出选择以及这些选择怎样影响社会的科学。

在前面讨论的课堂规模的例子中,在其他条件都相同的情况下,一个希望学习知识的经济系学生会倾向于选择 20 人的课堂,而不是 100 人的课堂。但事实上其他条件不可能等同。学生可以得到小班上课的收益,但这个选择使从事其他活动的资金变少。学生的选择不可避免地会归结到权衡这些相互冲突的活动的相对重要性上。

这种权衡的普遍存在性和重要性是经济学的主要原理之一。我们称之为**稀缺原理**,正是稀缺性造成了这些交易的必要性。稀缺原理也称为**无免费午餐原理**(因为施舍的午餐也不是完全免费的,总要有人支付这些午餐的费用)。

> **稀缺原理**(也称为无免费午餐原理):人的需求虽然是无限的,但是可以获得的资源有限。因此对一种商品拥有得多些,通常就意味着对另一种商品拥有得少些。

这种权衡观点隐含着一个事实:选择是在相互竞争的利益之间寻求妥协。经济学家通过使用成本-收益分析方法解决这种权衡问题。成本-收益分析方法建立在一个很简单的原理上:当且仅当收益超过成本时,人们才会采取某种行动。这被称为**成本-收益原理**,也是经济学的主要原理之一。

> **成本-收益原理**:当且仅当采取某种行动的额外收益超过额外成本时,个人(或者企业或社会)才会采取该行动。

了解成本-收益原理之后,我们再来讨论上文的课程规模问题。假设你所在大学针对 100 名经济系学生开设的经济学入门课程仅有两种规模——100 个座位的报告厅和 20 个座位的教室。问题:学校管理者会将规模缩减到 20 人吗?答案:当且仅当课堂规模调整的价值超出附加成本时,学校才会缩减规模。

答案听起来很简单,但要真正实施还需要衡量相对的成本和收益——这在实际中很难衡量。如果我们做一些假设使问题简化,就可以应用这种分析框架了。从成本的角度,将课堂规模从 100 人缩减到 20 人的成本是所需要的教师数量从原来的 1 位变为 5 位。此外,还需要 5 个比较小的教室,而不是 1 个大教室,这种变化也会对成本产生影响。为了讨论方便,我们进一步假设课堂规模为 20 人时,每名学生负担的成本比课堂规模为 100 人时多 1 000 美元。那么学校的管理者应该缩减课堂规模吗?应用成本-收益原理可以知道,仅当每名学生参加小班课程的人均价值比参加大班课程的价值高出至少 1 000 美元时,课堂规模的缩减才有实际意义。

你(或者你的家庭)会为了更小的经济学课堂规模多支付 1 000 美元吗?如果你的答案是否定的,并且其他学生的想法和你一样,那么维持现有的大班授课方式在经济上是合算的。但是如果你和其他同学都愿意支付额外的学费,那么将课堂规模缩减到 20 人在经济上是合算的。

需要注意的是,从经济角度来说的"最佳"课堂规模并不等同于从教育心理学角度而言的"最佳"课堂规模。之所以会产生差别,是因为经济意义的"最佳"是在比较不同课堂规模的成本和收益之后得出的结论。教育心理学家仅考虑不同课堂规模下的学习收益,而不考虑成本因素。

实际上,不同的人对于小班上课价值的判断是不同的。例如,高收入的人倾向于为小班上课支付更高的费用。这也恰恰解释了为什么在学生大多来自高收入家庭的私立大学,平均课堂规模较小而学费较高。

用来分析课堂规模问题的成本-收益框架同样可以用来解释美国的大学近年来课堂规模不断扩大的现象。在过去的 30 年间,教师薪水的大幅上涨使小班上课的成本增加。同时,来自中等收入家庭的学生对于小班上课的支付意愿基本保持不变。当小班上课的成本增加但支付意愿基本不变时,大学将倾向于采取大班授课的方式。

稀缺及相应的权衡问题同样适用于货币之外的资源。杰夫·贝佐斯(Jeff Bezos)是全球最富有的人之一,据估计他拥有的财富超过 1 800 亿美元——比美国 54% 的穷人拥有的财富总额还要多。杰夫·贝佐斯有足够的钱购买大量房屋、汽车、度假产品及其他消费品。但是杰夫·贝佐斯也和我们一样,一天只有 24 个小时,并且精力有限。因此他也需要在各种活动之间进行权衡——是建立他的商业帝国还是重新装修他的豪宅——这些活动都会占据他可以用于其他事情的时间和精力。事实上,有人曾经计算过杰夫·贝佐斯的时间价值并得出结论,他的时间价值很高,如果路边有 100 美元他也不会停下来去捡,因为这样做对他而言并不值得。

▼ 成本-收益原理的应用

研究稀缺条件下的选择问题时,我们通常假设人都是理性的,也就是说每个人都有明确的目标,并且会尽力实现这些目标。课堂规模例子中的成本-收益原理是研究理性人如何做出选择的一个基本工具。

如同课堂规模的例子一样,应用成本-收益原理时实际存在的唯一困难是如何理性地衡量成本和收益。只有在极少的例子中,成本和收益可以很方便地用确切的货币量来衡量。但即使相关的市场数据不存在,成本-收益原理也可以帮助我们厘清思路。

下面的例子说明了如何应用成本-收益原理。你需要决定是否进行一项经济活动,这项活动的成本用模糊的定量方法来描述。

例 1.1　比较成本与收益

对于一个定价 25 美元的无线键盘,你愿意为了节省 10 美元而走到市区去购买吗?

　　假设你正要到附近的校园商店购买一个售价 25 美元的无线键盘,这时候你的朋友告诉你,在市区的商店,同样的无线键盘只卖 15 美元。如果走到市区的商店需要 30 分钟,你应该在哪儿购买无线键盘?

　　成本-收益原理告诉我们:如果收益超过成本,就应该到市区购买无线键盘。经济活动的收益是通过活动得到的用货币衡量的价值,因此,去市区购买无线键盘的收益是 10 美元,等于你到市区购买无线键盘可以节省的金额。经济活动的成本是由于活动而放弃的用货币衡量的价值,因此去市区购买无线键盘的成本是你走到市区的时间和精力的货币价值。但我们如何估计这些货币价值呢?

　　一种方法是下面这种假想的竞价。假设一个陌生人愿意付钱让你做一件事,这件事同样需要你走到市区(如为她到邮局寄包裹)。如果她愿意付给你 1 000 美元,你会做吗?如果答案是肯定的,那就意味着你走到市区再返回的成本低于 1 000 美元。设想她愿意付给你的费用不断减少,直到最后你拒绝了她的出价。举个例子,如果支付给你 9 美元的时候你仍然同意走到市区再返回,但价格降到 8.99 美元时你会拒绝,那么你走到市区再返回的成本就是 9 美元。在这种情况下,你应该去市区购买无线键盘,因为去市区购买省下的 10 美元(你的收益)超过了你走这一趟的成本(9 美元)。

　　但假设你走一趟的成本大于 10 美元。在这种情况下,你就应该从附近的校园商店购买无线键盘。面临这种选择时,不同的人会得出不同的结论,这取决于他们所估计的成本是多少。虽然没有唯一正确的选择,但大多数被问到这个问题的人都说会去市区购买无线键盘。

经济剩余

　　假设例 1.1 中你走到市区再返回的成本是 9 美元。与在附近的校园商店购买无线键盘相比,到市区购买会产生 1 美元的**经济剩余**,这是去市区购买的收益与成本之差。一般来说,作为经济决策的制定者,你的目标就是获得尽可能多的经济剩余,也就是说,进行所有可以产生正的总经济剩余的经济活动,这也是对成本-收益原理的另一种描述。

　　需要指出的是:你的最佳选择是去市区购买无线键盘并不意味着你喜欢走到市区;同样,选择大班授课也不意味着你喜欢大班授课的方式。这只意味着你认为走到市区购买比多支付 10 美元购买要好。在这种情况下,你再次面临一个权衡问题——你需要在更低的价格与不必走到市区换来的自由时间之间进行权衡。

机会成本

　　当然你心理竞价的结果可能完全不同。假设走到市区再返回的时间恰好是你用来准备明天的一门很难的考试的时间,或者假设你正在看一部你非常喜欢的电影,再或者你现在很疲倦需要休息一下。在这些情况下,你走到市区的**机会成本**——你为走到市区再返回所必须放弃的价值——是非常高的,你很有可能因此决定不到市区购买。

　　严格来讲,一项活动的机会成本等于你为了参与这项活动所放弃的所有东西的价值。例如,如果看一场电影不仅需要花 10 美元买张电影票,还需要你放弃一项本来可以去做的能挣 20 美元的帮人遛狗的工作,那么看这场电影的机会成本就是 30 美元。

在这种定义下,所有的成本(显性成本和隐性成本)都被算作机会成本,除非特殊说明,我们将严格应用这一定义。

然而,必须注意,有些经济学家所说的机会成本仅指放弃的机会的显性价值,所以,在刚才的例子中,这些经济学家在计算看电影的机会成本时,不会把买电影票的 10 美元也计算在内。但是,所有的经济学家最终都会认同放弃帮人遛狗工作的机会成本是 20 美元。

在这个例子中,如果观看有线电视中正在放映的电影的最后一个小时对你而言价值最高,那么进行这次市区往返的机会成本就是你观看电影的货币价值——你对观看电影结局的最大支付意愿。应该注意,往返的机会成本不是这段时间内你可能进行的所有活动的综合价值,而是你的最佳选择——不走这一趟时最有可能选择的活动的价值。

在本书中,会经常出现下面这样的练习。你会发现停下来思考这些问题对掌握书中的关键经济概念很有帮助。因为做这些练习的成本不是很高(很多学生甚至认为这些练习很有趣),根据成本-收益原理,它们值得你做。

练习 1.1

到市区购买无线键盘比在校园商店购买便宜 10 美元,但此时你往返的成本是 12 美元,而不再是 9 美元。那么到市区购买无线键盘的话,你会获得多少经济剩余?你应该在哪里购买无线键盘?

经济模型的作用

经济学家将成本-收益原理作为一个抽象的模型,用来分析一个理想化的理性人在面临不同的经济活动时如何做出选择(这里的"抽象"是指能抓住事物的基本要素并且可以用逻辑方法来分析的一个简化表述)。描述诸如气候变化等复杂现象的计算机模型就是抽象模型的一个例子。这些模型在模拟时忽略了很多细节,而只包括最主要的影响因素。

非经济学家经常无端地批评经济学家的成本-收益模型,认为现实世界中人们在决定是否去市区之前根本不会进行假想的心理竞价。这种批评说明很多人对抽象模型如何帮助解释和预测人的行为存在根本的误解。经济学家清楚地知道人们在做出简单决定的时候不会先在头脑中进行假想的心理竞价。成本-收益原理真正要说明的是,一个理性的决定总是直接或者间接地建立在对成本和收益的相对衡量上。

大多数人在大多数时候做出的决定都是合理的,但是很少有人会意识到自己在决策过程中始终在权衡成本和收益,这就如同大多数骑自行车的人都没有意识到是什么使自己一直保持平衡一样。通过实践和不断地纠正错误,我们逐渐认识到不同情境中的最佳决策各是什么,就如同骑自行车的人虽然没有意识到物理法则,可是这些物理法则却已经深入其头脑中了。

尽管如此,学习成本-收益原理可以帮助我们更好地做出决定,就像知道了物理规律可以帮助我们更好地学习骑自行车一样。举个例子，一位年轻的经济学家正在教他的大儿子骑自行车。他遵循历史悠久的传统，在自行车的一侧一边跑步一边在必要时给儿子以有力的支撑。几个小时之后儿子的肘部和膝盖都是伤痕，但终于学会了骑车。一年之后，有人指出学习骑自行车的诀窍是向车子倾斜的方向微转车把。经济学家将这个信息传递给了二儿子，二儿子很快学会了骑车。正如知道一些物理知识可以帮助你学会骑自行车一样，了解一些经济学知识可以帮助你更好地做出决定。

重点回顾：成本-收益分析

稀缺是经济生活中普遍存在的事实。因为稀缺，拥有较多的某种商品几乎总是意味着拥有的其他商品的减少（稀缺原理）。成本-收益原理说明，当且仅当进行一项经济活动的额外收益超出额外成本时，个人（或者企业或社会）才应该进行该活动。活动的收益减去成本就是活动的经济剩余。根据成本-收益原理，当且仅当可以创造额外的经济剩余时，我们才会进行这项活动。

 三种重要的决策错误[①]

大多数情况下，理性人都会应用成本-收益原理进行分析，尽管是用一种本能的近似的判断，而不是明确精密的计算。理性人对成本和收益的比较使经济学家能够对他们可能的行为进行预测。例如，正如我们在前面提到的，我们可以预测富裕家庭的学生更倾向于选择小班授课的学校（当对于所有家庭而言小班授课的成本都相等时，对于富裕家庭而言，用支付意愿衡量的小班授课收益会更高）。

但是研究者们也指出了人们的行为与成本-收益原理不相一致的一些情况，在这些情况下，成本-收益原理并不能精确地预测人们的行为，但是在找出特定的策略来避免"坏"的决定时，成本-收益原理被证明是有用的。

错误 1：用比例而不是绝对的货币金额来衡量成本和收益

下面的例子从另一个角度阐述了成本-收益原理的实用性。该案例说明即使是知道应该权衡行动利弊的人有时候也并不清楚应该如何权衡相关的成本和收益。

例 1.2　比较成本与收益

对于一台定价 2 020 美元的笔记本电脑，你会为了节省 10 美元去市区购买吗？

假设你要到附近的校园商店购买一台 2 020 美元的笔记本电脑，而你的朋友告诉你在市区的商店，同样的电脑只卖 2 010 美元。如果走到市区商店需要半个小时，你应该在哪儿购买这台电脑呢？

---

① 本节的例子受到了丹尼尔·卡内曼（Daniel Kahneman）和已故的阿莫斯·特沃斯基（Amos Tversky）的开创性研究的启发。卡内曼 2002 年因为把心理学研究和经济学研究结合在一起而获得了诺贝尔经济学奖。

假设笔记本电脑非常轻,你可以不费任何力气地随身携带。这个例子的结构和例1.1完全一样,唯一的区别在于笔记本电脑的价格远远高于无线键盘的价格。和上文一样,到市区购买的收益在于你能够节省的钱数——10美元。你需要走的路程完全一样,因此去市区购买的成本也和例1.1中一样。如果你是完全理性的,那么在这两个例子中你所做的决定也应该是一样的。但是现实中大多数人都会选择去市区购买无线键盘,在附近的校园商店购买笔记本电脑。大多数人的理由是:"去市区买无线键盘可以节省40%,因此值得走一趟;但是买笔记本电脑只能节省2 020美元中的10美元,不值得走一趟。"

这种推理是错误的。去市区的收益并不是你能够节省的钱数占总钱数的比例,而是节省的绝对钱数。因为到市区购买笔记本电脑的收益是10美元——与购买无线键盘例子中的收益相等——往返的成本也相等,两种情况下的经济剩余也就完全相等。这意味着理性决策者在两个例子中做出的决定应该完全相同。但正如我们所看到的,大多数人都做出了不同的选择。

上文讨论的决策过程中出现的错误推理方式只是人们易犯的几个决策错误之一。在下面的讨论中,我们将介绍其他两种决策错误。在一些情况下,人们往往忽略应该纳入考虑范围的成本或者收益,而在另一些情况下,人们又容易受到不相关的成本或者收益的干扰。

练习 1.2

如果纽约到东京的机票价格在2 000美元的基础上下调100美元,而纽约到芝加哥的机票价格在200美元的基础上下调90美元,哪种降价的价值更大?

错误2:忽视隐性成本

柯南·道尔侦探小说中的传奇侦探夏洛克·福尔摩斯的成功之处在于他注意到了被多数人忽略的细节。在《银色火焰》中,一匹昂贵的赛马被人从马厩中偷走了,福尔摩斯被请来调查这一案件。负责此案的苏格兰场调查员就案件的细节是否需要进一步研究的问题请教福尔摩斯。"是的,"福尔摩斯回答,并描述说,"在夜里,狗的古怪行为需要进一步调查。""狗在夜里什么也没有做啊。"一头雾水的调查员说。但是福尔摩斯意识到这正是问题的关键。当"银色火焰"被偷走的时候看门狗没有吠叫,这说明看门狗认识盗马贼。这个结论最终成为解开整个谜团的关键。

如同很多人都忽略了狗没有吠叫的事实一样,人们同样会忽略那些没有发生的经济行为的潜在价值。正如上文所说,我们只有合理地考虑被遗忘的机会,才能做出明智的决定。

一项活动的机会成本是指为了进行这项活动而必须舍弃的次优活动的价值。如果去市区购买无线键盘意味着不能观看电影结局,那么你观看电影结局的价值就是去市区购买无线键盘的机会成本。很多人忽视了这些机会的价值,也因此做出了错误的决定。为了防止人们忽视机会成本,经济学家通常将问题"我是否应该去市区"变成"我应该去市区还是应该观看电影结局"。

例 1.3　隐含成本

你应该使用机票兑换券飞往坎昆度过春季小假期吗?

还有一周就到春季学期的小假期了,但你还没有决定是否与艾奥瓦大学的同学们一起飞往坎昆度假。从塞达拉皮兹到坎昆的往返机票价格是 500 美元,而你有一张机票兑换券可以用来支付机票费用。去海边度假的其他所有相关费用是 1 000 美元,你对坎昆之行的最大预算是 1 350 美元,这个数额等于你从这次旅行中可以获得的收益。这张机票兑换券除此之外仅有一个用途,即支付春假之后飞往波士顿参加你哥哥的婚礼的机票费用(你的机票兑换券很快就要到期了)。如果从塞达拉皮兹到波士顿的往返机票价格是 400 美元,那么你还会用机票兑换券支付飞往坎昆的机票费用吗?

根据成本-收益原理,当且仅当旅行的收益大于成本时,你才应该飞往坎昆度假。如果不考虑机票兑换券,这个问题就变得比较直观,只需要比较一下旅行的收益和所有的相关费用。因为机票及其他的相关费用一共是 1 500 美元,比 1 350 美元的收益多 150 美元,所以你应该选择不去坎昆度假。

但如果使用了机票兑换券,情况又是怎么样的呢? 使用兑换券时,去坎昆的往返机票等同于免费,那么这次旅行你就可以得到 350 美元的经济剩余。但是随后你就需要为飞往波士顿支付 400 美元。如果你用机票兑换券支付了去波士顿的机票费用,这次周末度假的总成本就是 1 400 美元,超出收益 50 美元,你仍然没有正的经济剩余。在这种情况下,你通常会问自己:"我究竟应该用机票兑换券购买去哪里的机票?"

正确应用机会成本概念的关键在于清楚地认识到我们为进行一项活动所放弃的其他事情,这无论怎么强调都不为过。下面的练习稍微修改了例 1.3 的细节,说明了如何才能正确地应用机会成本的概念。

练习 1.3

假设你的机票兑换券将在一个星期后到期,其他条件和例 1.3 中一样。那么你使用兑换券的唯一机会就是飞往坎昆。在这种情况下,你会使用机票兑换券吗?

错误 3:没有从边际角度考虑问题

在决定是否该做一件事时,相关的成本和收益是那些当你做这件事时所发生的成本和收益。有些时候人们会被应该忽视的成本所影响,而另一些时候他们所比较的又是错误的成本和收益。唯一影响行动决策的成本是那些我们可以通过不采取行动而避免的成本。类似地,我们应当考虑的收益仅是采取行动才能得到的收益。但在实际生活中,很多决策者总是受到与是否采取行动无关的成本的影响。也就是说,人们总是受到**沉没成本**——在制定决策时已经无法收回的成本的影响。例如,用于购买不可转让并且不可退款的机票的钱就是沉没成本。

正如下面的例子所表明的,无论一项行动是否被实施,沉没成本都存在,因此它与我们是否采取一项行动的决策无关。

例 1.4　沉没成本

在自助餐厅里你应该吃多少?

桑柑姆是位于美国费城的一家印度餐馆,提供价格为 10 美元的自助餐。顾客在门口交 10 美元后就可以在餐馆内不受任何限制地消费,不加收其他任何费用。一天,作为一项吸引顾客的手段,餐馆老板随机挑选了 20 位客人实施免费优惠,而其他的顾客仍需支付 10 美元。如果所有的顾客都是理性的,这两组顾客的平均食物消费量是否会有区别?

吃完第一份食物之后,得到或没有得到优惠的顾客都会考虑同样的问题:"我是否应该再去取一份食物?"对于理性的顾客,如果再取一份食物的收益大于成本,他就会这么做,否则答案就应该是否定的。应该注意到,在你决定是否取第二份食物时,你支付的 10 美元已经是沉没成本。对于那些没有得到优惠的顾客,支付的费用不可能再收回了。因此对于这两类顾客来说,再取一份食物的额外成本几乎为零。因为享受免费午餐优惠的顾客是随机挑选的,所以完全可以假设他们的食量及收入与其他顾客相同。因此,两类顾客另取一份食物的平均成本也一样。既然两类顾客另取一份食物的成本和收益都相等,他们平均消费的食物量也应该是相等的。

但心理学家和经济学家的实验结果却表明两类顾客的食物消费量并不相同。[1] 那些交了钱的顾客吃的食物量远比没有交钱的顾客多。交钱的顾客就好像要将他们支付的钱"吃回本"一样。他们内心的想法是尽可能地将消费的每单位食物的平均成本最小化。但是最小化平均成本并不是一个很理性的目标。具有讽刺意味的是,那些想要"吃回本"的顾客通常都会撑着自己,进而抱怨说不该去取最后的那份食物。

虽然成本-收益分析在这个例子中未能正确地预测人们的行为,但这无损于它在建议人们应当如何权衡方面的有效性。如果你的决定受到了沉没成本的影响,那么改变你的行为会让你受益。

除了要注意那些应该忽视的成本和收益以外,人们经常错误地衡量相关的成本和收益。这种错误常常发生于我们决定在多大程度上进行一项活动(而不是是否应该进行这项活动)时。这时我们可以应用成本-收益原理,反复询问自己"我是否应该加大对现有活动的投入"。

要回答这个问题,应着重分析额外一单位活动的成本和收益分别是多少。经济学家将额外一单位活动的成本称为活动的**边际成本**,将额外一单位活动的收益称为活动的**边际收益**。

在确定一项活动的最佳投入力度时,根据成本-收益原理,只要边际收益大于边际成本,就应该加大对活动的投入力度。但是正如我们将要在下面的例子中看到的,人们经常由于混淆了平均成本和边际成本两个概念而做出错误的决策。

例 1.5　关注边际成本与边际收益

太空探索技术公司(SpaceX)是否应该将火箭的发射次数从每年 4 次增加到 5 次?

太空探索技术公司的会计师估计公司的巨型火箭发射项目的收益大约是每年 240 亿美元(每次火箭发射的平均收益为 60 亿美元),成本大约是每年 200 亿美元(每次火箭发射的平均成本为 50

---

[1]　Richard Thaler,"Toward a Positive Theory of Consumer Choice," *Journal of Economic Behavior and Organization*,1,no.1(1980).

亿美元）。基于这些估计，他们认为公司应该增加发射次数。太空探索技术公司是否应该采纳他们的建议？

要从经济学的角度回答这个问题，我们首先需要比较多进行一次火箭发射的边际成本和边际收益。但是会计师只估计了项目的**平均成本和平均收益**——分别用项目的总成本和总收益除以火箭的发射次数。仅知道发射火箭的平均成本和平均收益还不足以帮助我们决定是否应该增加发射次数。当然，也存在发射的平均成本等于一次额外发射的边际成本的可能性。同样，平均成本也可能大于或者小于一次额外发射的边际成本。发射的平均收益和边际收益之间也存在类似的关系。

为了讨论方便，假设一次额外发射的边际收益与平均收益均为 60 亿美元，那么太空探索技术公司是否应该进行第五次发射？如果第五次发射的成本超出 60 亿美元，我们的答案显然是否定的。前几次发射的平均成本（50 亿美元）和第五次发射的边际成本之间不存在任何关系。

假设火箭发射次数和项目总成本之间的关系如表 1.1 所示。如果一共发射 4 次，每次发射的平均成本（第三列）就等于 200 亿美元/4＝50 亿美元，与会计师报告的数据一样。当增加了第五次发射后，表中第二列的总成本从 200 亿美元增加到 320 亿美元，即第五次发射的边际成本是 120 亿美元。已知第五次发射的边际收益为 60 亿美元，从经济学的角度分析，显然不应该进行第五次发射。

表 1.1　总成本如何随着发射次数而变化

发射次数	总成本/亿美元	平均成本/(亿美元/次)
0	0	0
1	30	30
2	70	35
3	120	40
4	200	50
5	320	64

例 1.6 说明了如何在例 1.5 中应用成本-收益原理做出正确的决策。

例 1.6　关注边际成本与边际收益

太空探索技术公司应该进行多少次火箭发射？

太空探索技术公司必须决定火箭发射次数。每次发射的收益估计为 60 亿美元，项目的总成本与火箭发射次数的关系如表 1.1 所示。那么到底应该发射多少次？

只要增加一次发射的边际收益大于边际成本，太空探索技术公司就应该继续发射火箭。在这个例子中，每次发射的边际收益与发射次数无关，是不变的常数（60 亿美元）。因此，只要发射的边际成本小于或等于 60 亿美元，太空探索技术公司就应该继续进行火箭发射。

根据边际成本的定义，我们可以从表 1.1 中第二列的总成本得到每次发射的边际成本（因为边际成本等于发射数量每增加一次引起的总成本变化，我们将边际成本的数据列在相应的两次总成本数据的中间），即表 1.2 中的第三列。当发射次数从一次增加到两次时，边际成本是 40 亿美元，是发射两次的总成本 70 亿美元与发射一次的总成本 30 亿美元的差额。

将每次发射的边际收益 60 亿美元与表 1.2 中第三列的边际成本进行比较，我们发现前三次发射都满足成本-收益原理，但是第四次和第五次发射的情况有所不同，边际成本大于边际收益，因此美国宇航局每年应该发射三次火箭。

发射次数	总成本/亿美元	边际成本/(亿美元/次)
表 1.2 边际成本如何随着发射次数而变化		
0	0	
		30
1	30	
		40
2	70	
		50
3	120	
		80
4	200	
		120
5	320	

练习 1.4

如果每次发射的边际收益不是 60 亿美元而是 90 亿美元,那么太空探索技术公司应该发射多少次火箭?

成本-收益分析框架强调了是否进一步采取一项活动的唯一决定因素——边际成本和边际收益,即对应现有活动增量的测度指标。不过,在很多情况下人们似乎更倾向于比较活动的平均成本和平均收益。如例 1.5 所示,即使现有水平下的平均收益超过平均成本,我们仍不能做出增加发射次数的决定。

下面的练习会进一步说明从边际角度考虑问题的重要性。

练习 1.5

一个篮球队里的最佳球员是否应包揽球队的所有投篮?

一个职业篮球队聘请了一位新的助理教练。助理教练注意到一名球员的投篮命中率远高于其他球员,因此向主教练建议让这名球员包揽所有的投篮。他认为这样做球队的得分会更高,赢得的比赛场次也会更多。

听了这个建议,主教练就以不称职为由解雇了他。助理教练的建议究竟错在哪儿了?

重点回顾:三种重要的决策错误

1. **用比例而不是绝对的货币金额来衡量成本和收益的错误。**很多决策者认为,如果成本或者收益的变化仅占初始金额的很小比例,这种变化就是不重要的。我们应该用绝对的货币金额,而不是用比例来测度成本和收益。

2. **忽视隐性成本的错误。**当对某一行动进行成本-收益分析时,一定要把所有相关的成本(包括各种备选方案的隐性成本)考虑在内。一种资源(如一张机票兑换券)即使是免费获得的,只要它的最佳替代行为的价值很高,其隐性成本就会很高。同样,这种资源如果没有其他用途,它的隐性成本就会很低。

3. **没有从边际角度考虑问题的错误。**在决定是否进行一项活动时,我们只需要考虑这项活动所带来的成本和收益,要忽略沉没成本——不进行该活动也无法避免的成本。即使一张演唱会的门票花了你 100 美元，但如果你买了这张门票并且无法转让给其他人，对你而言，这 100 美元就是沉没成本，不应该影响你是否去听演唱会的决策。还有一点很重要，就是不要把边际收益和边际成本与平均收益和平均成本相混淆。对于决策者而言，一项活动的总成本和总收益通常是已知的，根据这些数据可以计算出平均成本和平均收益。人们经常错误地认为当平均收益超出平均成本时应该增加活动投入力度。而成本-收益原理告诉我们，当且仅当边际收益超过边际成本时，人们才应该增加活动投入力度。

有些成本和收益，尤其是边际成本、边际收益和机会成本，是决策的重要影响因素；其他一些成本和收益，如沉没成本以及平均成本和平均收益从根本上说则与决策无关。我们最初对成本-收益原理（当且仅当额外的收益超出额外成本时，才应该采取一项活动）的叙述就隐含了这个结论。

规范经济学与实证经济学

上面讨论的例子说明人们有时候会做出非理性的决定。需要再次申明的是，我们讨论这些例子的目的并不是要说明大多数人总是做出非理性决定。相反，大多数时候很多人做出的决定都是正确的，尤其是当这个决定关系重大或者与以前的决定类似的时候。经济学家的理性决策观点不仅为如何做出更好的决定提供了有用的建议，更为预测和解释人们的行为提供了基础。我们使用成本-收益方法讨论了为什么教师工资增加时学校倾向于大班授课，同样，我们可以用这种推理过程帮助解释几乎所有领域的人的行为。

成本-收益原理是**规范经济学原理**的一个例子，规范经济学向人们提供应该怎么做的指导。例如，根据成本-收益原理，我们在对未来做计划时必须忽略沉没成本，但是随着我们将各种决策失误讨论得更清楚，我们会发现成本-收益原理并不总是**描述性经济原理**，也就是能把我们将会做什么描述出来的原理。正如我们看到的，成本-收益原理在具体实施的时候可能很困难，而且人们有时候不能成功地观察到它给出的迹象。

因此，我们强调了解相对成本和收益确实有助于预期大多数时候人们的行为。如果一项行动的收益上升，一般情况下可以预期人们更可能采取这一行动。相反，如果一项行动的成本上升，最安全的预期就是人们更不可能采取这项行动。这个观点非常重要，所以我们将其定义为激励原理。

> **激励原理**：当一项行动的收益上升时，人们（或者企业或社会）更可能采取这项行动；如果该行动的成本上升，则采取它的可能性降低。简言之，激励会起作用。

激励原理是实证经济学原理。它强调相对成本和收益通常有助于对行为进行预测，但是不能保证人们在任何情况下都会做出理性的行动。例如，如果燃油价格急剧上涨，采用成本-收益原理时会认为必须降低暖气的温度，而采用激励原理则将预测平均的暖气温度事实上会下降。

▼ 经济学：微观和宏观

依照惯例，我们使用**微观经济学**这个术语表示对个人选择的研究和对个体市场上群体行为的研究，用**宏观经济学**这个术语表示对国家经济表现的研究以及政府为了改善经济所采取的政策的研究。宏观经济学力图弄清楚国家失业率、整体价格水平和国家产出总价值等指标的决定因素。

本章集中讨论个体决策者面临的问题，无论这个个体面临的是个人决策、家庭决策、商业决策、政府决策还是其他任何一种形式的决策。此外，我们还会讨论个体所组成的群体的经济模型，如在一个特定市场上所有购买者或销售者组成的群体。之后我们会讨论更为广泛的经济问题和度量标准。

无论讨论什么层面的问题，我们都必须记住：虽然经济需求是无限的，但可以用来满足这些需求的物质资料和人力资源是有限的。要清楚地思考经济学问题，还需要牢记权衡的含义——多拥有一单位的某种商品意味着必须减少其他商品的拥有量。我们的经济和社会在很大程度上是由人们在面临权衡时做出的选择构成的。

▼ 本书的方法

决定课堂规模只是经济学入门课程准备过程中的一个重要决策。另外还要决定课程中所要包含的主题。正如稀缺原理所说的，可以纳入经济学入门课程的主题几乎是无穷无尽的，但是可以用来讨论这些话题的时间是有限的。世上没有免费的午餐，讨论一些问题就意味着要放弃另一些问题。

所有的教材作者都必须对主题进行挑选。一本教材如果涵盖了经济学研究的所有问题，无疑会占据学校图书馆整层楼的空间，因为它太大了。我们一直认为大多数的经济学入门教材总是尽可能地介绍更多的内容。回想一下，我们之所以被吸引到经济学的研究中，主要原因在于经济学能用相对少的核心观点解释周围世界中大量繁杂的行为和事情。因此写作本书时，我们集中分析了经济学的核心观点，在全书中不断地重复这些观点的内涵，而不是力图介绍尽可能多的内容。这样读完本书后，这些核心的经济学观点就会深入读者的脑海中。这种只学习最重要的东西并且牢记于心的学习方法，远胜于学了一大堆不是非常重要的内容而且最后还忘记了很大一部分的做法。

到目前为止，我们讨论了三个核心观点：稀缺原理、成本-收益原理和激励原理。这些观点将会在以后的讨论中不断出现，以帮助读者温故知新，并且当提出一个新的主要观点后，我们会正式重述该观点以进一步强化。

本书写作中的第二个特别之处在于我们非常强调学习过程中参与的重要性。譬如，你只有通过说和写才能学会西班牙语，只有通过练习才能学会打网球，同样你也只有通过参与经济活动才能了解经济学。我们希望能够帮助读者学习如何应用经济学，而不只是阅读或者被动地听作者或教师讲经济学，我们会尽最大的努力鼓励读者参与经济活动。

比如，我们经常会假设一个明确的背景，举例告诉读者经济学的观点如何影响现实中的经济活动,而不只是介绍观点的内容。分析完例子后我们还会让读者试着解答一些练习题,学会在现实生活中应用这些经济学观点。最好是做完练习题之后再看答案(答案附在每一章的最后)。

仔细想想上面介绍的经济学观点的应用:你是否真的清楚结论是如何得出的?是否真的通过例子知道了这些经济学观点的内涵?试着解答章节后面的练习题,尤其是那些涉及你还不是很了解的观点的问题,要仔细思考。试着用这些经济学原理解释周围的事情(我们在后面的经济自然主义者专栏中会详细说明这一点)。最后,当你发现一个有趣的观点或者例子时,不妨将它告诉身边的朋友。你会发现解释一个观点或例子能够帮助你理解并且记住例子中暗含的经济学原理。越积极地参与到学习过程中来,学习的效果就会越好。

▼ 经济自然主义

能够初步运用成本-收益框架分析问题后,你将有望成为一名"经济自然主义者",也就是说你能够在经济学的帮助下更好地理解和把握日常生活。学过生物学的人能比别人更多地观察到自然界的细微之处。举个例子,同样是 4 月上旬走在一条林荫道上,非生物专业的学生看到的可能只是树木,而生物专业的学生却能看出树木之间种类的不同,并且知道为什么有些树木已经发出新芽,而有些树木仍然是光秃秃的一片。同样,外行人可能只会注意到一些动物雄性比雌性的体形大,但生物专业的学生却知道只有当雄性的配偶较多时才会出现雄性体形大于雌性的现象。为了争得配偶,这些雄性之间通常会进行流血争夺,自然选择的结果造成雄性体形偏大。相反,在单配偶的动物中雄性的体形几乎和雌性的体形一样大,这是因为同性之间的争夺不是很激烈。

与上面的道理一样,学习一些简单的经济学原理可以帮助我们从一个全新的角度观察和分析人类社会中的细节。没有经验的人通常会忽略这些细微之处,但是经济自然主义者不仅会看到这些,还会积极地尝试解释这些现象。下面讨论几个经济自然主义者可能会问自己的问题。

经济自然主义者 1.1 为什么很多硬件生产商的计算机内包含了价值超过 1 000 美元的免费软件,而计算机的价格却仅稍高于 1 000 美元?

软件行业与其他很多行业的不同之处在于顾客很关注产品的兼容性能。举个例子,当你和你的同学一起参加一个项目时,如果你们能够采用同样的文字处理系统,任务会简单得多。再举个例子,如果一位行政主管使用的财务软件与会计师使用的软件一样,那么在处理税务问题时,这位主管也会轻松很多。

上面的两个例子说明随着使用同种产品人数的增多,拥有并且使用这种软件系统的价值会随之增加。这种特定的关系赋予最常用的程序的生产商很大的竞争优势,使其他程序很难进入市场。

意识到这一点后,Intuit 公司向计算机制造商免费提供个人财务管理软件 Quicken。

计算机制造商很愿意接受这种免费软件,这会让其计算机更具竞争力。Quicken 很快成为个人财务管理软件行业的权威。通过免费提供软件,Intuit 公司为自己争得了更多的市场份额,同时为 Quicken 的升级版本及其他相关的软件创造了很大的需求。Intuit 公司的个人所得税软件 Turbo Tax 和 Macintax 因而成为个人税务软件的标准。

受这个成功故事的启发,其他软件制造商也采取了同样的做法。现在很多硬件都捆绑了大量软件程序,很多软件制造商甚至愿意付费给计算机制造商,以求计算机能够安装自己的软件程序。

免费软件的例子说明有时候一种产品的收益与使用的人数相关。下面的例子说明有时候一种产品的成本也与使用的人数有关。

经济自然主义者 1.2 为什么汽车制造商不生产没有加热器的汽车?

事实上现在美国国内出售的每辆新车都有加热器,但是并非所有的汽车都有卫星导航系统。为什么会有这种差别呢?

有些人可能会说这是因为加热器人人需要,而对于很多人而言卫星导航系统可有可无。但在夏威夷和加利福尼亚南部,加热器几乎没有存在的价值。

虽然加热器并不总是有用,生产商还要为其支付额外的费用,但加热器的成本并不高,而且在美国大部分地区的某段时间内都是有用的。随着时间的推移,人们的收入越来越高,生产商发现购买不带加热器的汽车的人越来越少。事实上在所有汽车内安装加热器的成本小于仅在部分汽车上安装而导致的生产过程中的管理费用。当然如果没有加热器的汽车价格相对较低,肯定会有一些消费者选择购买不带加热器的汽车。但是为了迎合这些消费者而专门生产不带加热器的汽车是得不偿失的。

同样的原因也可以解释为什么当前生产的某些车型都安装了卫星导航系统。例如,2020 款 BMW 750i 的购买者发现无论他们是否需要,车内都安装了卫星导航系统。这些花费 85 000 美元买车的人收入较高,因此当可以选择时,大多数人还是会选择安装了卫星导航系统的车型。同样,当所有汽车在生产时都配置了卫星导航系统时,为少数人提供不带卫星导航系统的汽车的成本反而更高。

购买低档车的车主平均收入比 BMW 750i 车主低得多。因此从经济的角度考虑,这些车主通常不会选择装有卫星导航系统的汽车,这解释了为什么很多低档车仅将卫星导航系统作为一个可选择的装备,而不是每辆车中都安装。但是随着收入持续增长,没有安装卫星导航系统的新车最终将退出历史舞台。

上一个例子为下面这个比较奇怪的问题提供了解答的思路。

经济自然主义者 1.3 为什么专供驾车者使用(指驾车者无须下车即可接受服务)的自动出纳机的键盘按键上都有盲人专用键?

电梯按钮上和自动出纳机键盘上的盲人专用键可以帮助盲人充分参与日常的活动。但即使他们可以做很多正常人能做的事情,却显然无法在公路上驾驶汽车。那么为什么生产自动出纳机的厂商还要在为驾车者设计的机器上安装盲人专用键呢?

答案在于一旦键盘的模型被制作出来,生产带有盲人专用键的键盘的成本并不会高于生产普通键盘的成本。生产带有盲人专用键的键盘和普通键盘需要不同的模型,并且会产生两种类型的存货。如果带有盲人专用键会影响人们的使用,或许企业会生产普通键盘。但实际上这些按键对视力正常的使用者并没有造成障碍,因此最好、最便宜的方法就是只生产带有盲人专用键的键盘。

上面的例子是康奈尔大学的学生比尔·乔阿在回答下面这道练习题时提出的。

练习 1.6

运用成本-收益分析方法,分析你所处环境中的一些事情和行为。

我们认为学习经济学最有效的方法就是多做一些类似练习 1.6 的作业,多尝试使用经济学解释周围的世界。如果你能够不断地这么做,你就会变成一名终身经济学自然主义者。你对经济学概念的了解不会随着时间的推移而衰退,反而会越来越清晰,因此我们强烈建议读者采取这种方法。

小结

- 经济学研究稀缺条件下人们如何做出选择以及这些选择对社会的影响。对人类行为的经济学分析建立在理性人——每个人都有明确的目标,并且会尽其所能地实现这个目标的假设之上。在力图实现目标的过程中,人们通常会面临权衡:因为物质和人力资源都是有限的,因此多拥有一单位的某种商品意味着减少另一种商品的拥有量。

- 本章重点讨论了理性人如何在多个行为中做出决策。我们使用的基本分析工具是成本-收益分析。成本-收益原理说明当且仅当一项活动的收益超过或者等于其成本时,人们才会进行这项活动。一项活动的收益由一个人最多愿意为这项活动支付的货币价值表示,而活动的成本由一个人为了该活动所放弃的活动的货币价值表示。

- 使用成本-收益框架时,我们不需要假设人们永远都是理性的。文中我们指出了决策者在生活中通常会犯的三种错误:认为小比例变化不重要的倾向、忽视隐性成本的倾向及没有从边际角度考虑问题的倾向,如未能忽视机会成本或未能比较边际成本与边际收益。

- 问题通常不是是否应该进行一项活动,而是应该在多大程度上进行这项活动。事实上,只要边际收益(多进行一单位活动带来的额外收益)超出边际成本(多进行一单位活动带来的额外成本),理性人就会增加活动的投入力度。

- 微观经济学研究个体决策以及个体市场上的群体决策情况,宏观经济学研究国家经济的表现以及政府用来改善经济状况的政策。

核心原理

- **稀缺原理**(也称为**无免费午餐原理**)

  虽然我们有无穷无尽的需求,但是可得的资源有限,因此多拥有一单位的某种商品就意味着要减少其他商品的拥有量。

- **成本-收益原理**

  当且仅当额外收益至少等于额外成本时,个人、家庭(或者企业或社会)才会进行一项活动。

- **激励原理**

  当一项行动的收益上升时,人们(或者企业或社会)更可能采取这项行动;如果该行动的成本上升,则采取它的可能性将降低。

名词与概念

average benefit	平均收益	microeconomics	微观经济学
average cost	平均成本	normative economic	规范经济学
descriptive economic	描述性经济学	principle	原理
principle	原理	opportunity cost	机会成本
economic surplus	经济剩余	positive economic	实证经济学
economics	经济学	principle	原理
macroeconomics	宏观经济学	rational person	理性人
marginal benefit	边际收益	sunk cost	沉没成本
marginal cost	边际成本		

复习题

1. 你在网球队的一个朋友告诉你"单人网球课比团体网球课好"。解释这句话的意思,然后用成本-收益原理解释为什么并非对每个人而言私人课程都是最佳选择。

2. 判断正误:你为了节省30美元而开车到市区购买家用电器的决定取决于这30美元占总花费的比例。简述你的理由。

3. 为什么有些人在决定是否看电影时,10美元的票价对其决策的影响会大于因为看电影不帮人遛狗而损失的20美元的收入?

4. 很多人认为,使用机票兑换券时他们的飞机旅行是免费的。解释为什么这些人通常会做出不合理的旅行决策。

5. 这学期你交给大学的不可返还的学费对你而言是不是沉没成本?如果学校会对开学后前两个月内退学的同学全额返还学费,你的回答会有什么变化?

练习题

1. 假设你所在的学校正在考虑是否要斥资 2 000 万美元新建一个最先进的娱乐设施。所有的学生都认为现有的娱乐设施已经残破不堪，如果建一个新的设施要好得多。然而，当学生们被要求就是否建新的设施投票时，超过 78% 的学生投了反对票。为什么所有学生都认为新设施要比现有设施好得多，大多数学生却投了反对票？

2. 约会前你最多愿意为洗车支付 6 美元。你为别人洗车最少要得到 3.5 美元。今天晚上你要外出，但你的车很脏。当你决定洗车时，你可以得到多少经济剩余？

3. 这个夏天为了挣到更多的钱，你种植了西红柿，然后在菜市场上以每磅 30 美分的价格出售。通过使用复合肥料，你可以得到如下表所示的产出增量。如果每磅复合肥料的成本是 50 美分，而且你的目标是赚尽可能多的钱，那么你会使用多少磅复合肥料？

复合肥料/磅	西红柿/磅
0	100.0
1	120.0
2	125.0
3	128.0
4	130.0
5	131.0
6	131.5

4*. 你和你的朋友贾马尔的兴趣相同。在下午 2 点时，你到当地的售票中心花 30 美元购买了一张当晚在锡拉库扎举行的篮球赛的门票。锡拉库扎位于你居住的伊萨卡岛北部 50 英里处。贾马尔同样打算到现场观看这场篮球赛，但因为他没时间去当地的售票中心，因此打算到比赛现场买票。比赛现场的门票为 25 美元，没有售票中心的附加费用，所以比较便宜（很多人之所以在售票中心买票是为了确保能够得到一个比较好的座位）。但下午 4 点突降暴风雪，很多人放弃了开车去锡拉库扎观看比赛（同时在现场买票得到好座位的可能性增大）。假设你和贾马尔都是理性人，你们当中的一个人去锡拉库扎观看比赛的意愿是否比另一个人强？

5. 肯妮娅是一个种植蘑菇的农民。她用所有的闲置资金购买蘑菇并种在农场后面的空地上。蘑菇的重量在一年后会翻倍，肯妮娅将收割这些蘑菇并拿到市场上卖，假设蘑菇的价格是一个不变的常数。肯妮娅的朋友法蒂玛向肯妮娅借 200 美元，并且许诺一年之后还钱。法蒂玛需要支付给肯妮娅多少利息才能补偿肯妮娅借钱的机会成本？简要地解释你的答案。

6. 假设物理考试中，你用于做第一道题的最后几秒钟可以帮你多得 4 分；用来做第二道题的最后几秒钟可以帮你多得 10 分。最后这两道题你分别得到了 48 分和 12 分，并

---

* 表示习题难度较高。

且每道题使用的时间相等。如果重新考一次,你会如何分配时间?

7. 莫妮卡和瑞秋有同样的偏好和收入。当莫妮卡到达剧院门口打算进去看演出时,她发现自己的票丢了,之前她为了买这张票花了10美元。瑞秋这时候也到了剧院门口,打算买一张票进去看演出。此时瑞秋发现自己丢了一张10美元的钞票。如果瑞秋和莫妮卡都是理性人并且都有足够的钱再买一张票,那么其中某个人买票看演出的意愿是否大于另一个人?

8. 你所在城市的居民每周需要支付6美元的固定垃圾清运费。他们只需要将垃圾桶放在门口,垃圾桶的数目不限。平均每个家庭每周会有3桶垃圾。假设现在你所在的城市改变了这种收费方式,变成按照单件收费,每个垃圾桶都需要附上一个标签,每个标签收费2美元而且不可以循环使用。你认为这种新的收费方式会对垃圾清运的总数产生什么影响?简要地解释你的答案。

9. 赫克托每周都会为两个孩子购买6瓶可乐,并放在冰箱里。他发现6瓶可乐总是在买回来的第一天就被喝光了。金也是每周为两个孩子购买6瓶可乐,但与赫克托不同的是,金告诉孩子们每个人最多只可以喝3瓶。如果每次孩子们在决定是否喝可乐的时候都用成本-收益原理进行分析,试解释为什么金家的可乐的存储时间长于赫克托家。

10. 假设阿德里安娜(Adriana)的家乡只有一家共享电动车公司。目前,公司的收费是每分钟20美分,开锁电动车时不收费。公司正在考虑修改定价方案,改为开锁电动车时收费1美元,之后每分钟收费10美分。如果阿德里安娜每次骑车时间都不少于10分钟,则共享电动车公司修改定价方案后,阿德里安娜每次骑行的平均时间会有何变化?请给出解释。

11. A大学的学生每学期交500美元的伙食费后可以在食堂任意消费。平均每个学生每学期会消费250磅的食物。B大学的学生每学期用500美元购买饭票,这些饭票可以保证学生购买250磅的食物。如果某个学生吃的食物超出250磅,他需要为多消费的食物支付每磅2美元的费用;如果学生吃的食物不足250磅,那么不足的部分学校会返还每磅2美元的费用。如果学生都是理性人,哪个学校的平均食物消费量会更多?简要地说明原因。

正文中练习题的答案

1.1 到市区购买无线键盘的收益仍然是10美元,但是现在的往返成本是12美元,因此到市区购买无线键盘的经济剩余等于10美元−12美元=−2美元。往返一趟的经济剩余为负,因此你会在校园商店购买。

1.2 虽然去芝加哥的机票节省的比例较大,但是节省100美元比节省90美元多出了10美元。

1.3 因为你的机票兑换券没有其他用途,因此用兑换券购买到坎昆的机票的机会成本等于零。这意味着这趟旅行你获得的经济剩余是1 350美元−1 000美元=350美元＞0,因此你应该用兑换券购买去坎昆的机票。

　　1.4　第四次发射的边际收益是 90 亿美元,超出了 80 亿美元的边际成本,因此应该进行第四次发射。但第五次发射的边际成本(120 亿美元)超出了边际收益(90 亿美元),因此不应该进行第五次发射。

　　1.5　如果明星球员多投篮一次,其他球员就会少投一次。明星球员的平均命中率高于其他球员并不意味着他下一次投篮的命中率(他多一次投篮机会的边际收益)一定比其他球员高。实际上,如果球队的每次投篮机会都给明星球员,对方球队就会将所有的防御措施用到这个球员身上,球队根本无法获胜。

附录　应用等式、图和表格

　　虽然本书中的很多例子及每章后的练习题都与数量有关,但所涉及的数学知识都不过是高中的几何和代数。本附录将介绍解答例子和问题所需要的一些工具与技巧。

　　能够读懂简单的文字描述并且将其中的信息翻译成相应的等式或者图形,是一个很重要的技巧。此外,你还要学会将以表格形式给出的信息转换成等式或图形,或者将图形信息转换成表格或等式。最后,你还要学会求解二元方程组。下面的例子详细地说明了你将会用到的工具和技巧。

根据文字描述建立等式

　　我们首先用一个例子说明如何根据对收费项目的描述建立一个共享电动车收费等式。

例 1A.1　文字描述

　　一家共享电动车公司的收费方案是开锁电动车时收取 1 美元,之后每分钟收费 20 美分。用一个等式描述你骑行该公司的电动车的费用。

　　等式是描述两个或多个有一定取值范围的**变量**之间关系的简单的数学表达式。我们最常用到的等式通常包括两种类型的变量:**因变量**和**自变量**。在这个例子中,因变量是你骑行该公司的电动车的费用,自变量是决定账单额的变量,即你骑电动车的分钟数。你的账单由 1 美元的开锁费和每分钟 20 美分的费用构成。但是在这个例子中,这些都是**常数**,而不是变量。常数,也称为**参数**,是等式中取值不变的量。根据定义,因变量的取值是由自变量的取值决定的。

　　确定了因变量和自变量之后,通常要选用简单的符号来表示它们。在代数课程中,通常用 X 表示自变量,用 Y 表示因变量。很多人都发现用某种简单易懂的符号来表示变量可以帮助记忆。因此,在这个例子中,我们用 B 表示骑行电动车的账单额,用 T 表示骑行的总分钟数。

　　确定了相关的变量,并选择了符号来表示这些变量后,即可写出表示变量之间关系的等式:

$$B = 1 + 0.2T \qquad (1A.1)$$

式(1A.1)中,B 表示骑行电动车的账单额,T 表示骑行的总分钟数。1 美元的开锁费和每分钟 20 美分的费用在等式中都是参数。需要注意的是每个符号所表示变量的单位。式(1A.1)的写法符合常规,因变量单独放在左侧,自变量或者变量和常数放在等式的右侧。

　　写出了账单额的等式之后,我们可以应用这个等式计算你骑行电动车的费用。例如,如果你骑

行了 16 分钟的电动车,只需将 16 分钟代入式(1A.1)中的 T,即可计算出你骑行电动车的账单额:

$$B = 1 + 0.2 \times 16 = 4.2 \tag{1A.2}$$

骑行 16 分钟电动车后,你需要支付 4.2 美元。

练习 1A.1

在例 1A.1 描述的共享电动车收费方案中,如果你骑行了 22 分钟,那么你需要支付多少钱?

用一条直线表示等式

下面的例子说明了如何用图形表示例 1A.1 中的账单额。

例 1A.2   画图表示等式

画图表示例 1A.1 中的共享电动车收费方案。用纵轴表示总费用(单位是美元)、横轴表示骑行时间(单位是分钟)。

我们要做的第一步是将文字描述转换为等式。用图形表示等式时,通常的做法是用纵轴表示因变量、横轴表示自变量。因此在图 1A.1 中,我们将 B 写在纵轴上,将 T 写在横轴上。画出图中曲线的一个方法是先在图中用几个点表示由不同的骑行时间以及相应的费用确定的一些点。例如,如果骑行了 10 分钟,则需要支付 $B = 1 + 0.2 \times 10 = 3$ 美元。因此,在图 1A.1 中,横轴上 10 分钟对应着纵轴上的 3 美元,即 A 点。如果骑行了 15 分钟,则需要支付 $B = 1 + 0.2 \times 30 = 4$ 美元。因此,在图 1A.1 中,横轴上 15 分钟对应着纵轴上的 4 美元,即 C 点。同样,如果骑行了 20 分钟,则需要支付 $B = 1 + 0.2 \times 20 = 5$ 美元。因此,在图 1A.1 中,横轴上 20 分钟对应着纵轴上的 5 美元,即 D 点。连接所有这些点的线就是式(1A.1)所表示的骑行费用。

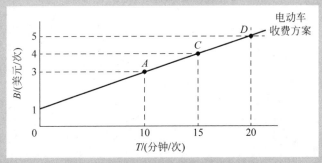

图 1A.1   例 1A.1 中的电动车收费方案
等式 $B = 1 + 0.2T$ 的图形是图中所示的直线,其纵截距为 1,斜率为 0.20。

如图 1A.1 所示,等式 $B = 1 + 0.2T$ 的图形是一条直线。参数 1 就是直线的纵截距——当 $T = 0$ 时 B 的取值,或者这条直线与纵轴的交点。参数 0.2 等于这条直线的斜率,也就是随着 T 的变化 B 变化的速度。$\dfrac{\text{因变量的增量}}{\text{自变量的增量}}$ 这个比率等于直线上任意两点之间的纵轴距离除以这两点之间的横轴距离。比如,如果我们选择图 1A.1 中的 A 点和 C 点,那么因变量的增量是 $4 - 3 = 1$,而相应的自变量的增量是 $15 - 10 = 5$,因此二者的比率为 $1/5 = 0.2$。通常对于任一等式 $Y = a + bX$,参数 a 是纵截距,参数 b 是斜率。

从图中的直线得出等式

下面的例子说明了如何根据图中的直线推导直线所表示的等式。

例 1A.3　根据图推导等式

图 1A.2 是某共享电动车公司收费方案的图形。该图对应的等式是什么？根据这个方案,电动车的开锁费是多少？每分钟收取的费用又是多少？

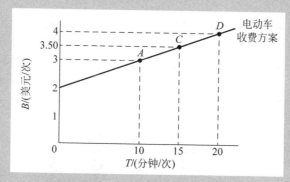

图 1A.2　另一个电动车收费方案

A 点与 C 点之间的垂直距离为 3.5−3=0.5 个单位,水平距离为 15−10=5 个单位,因此这条直线的斜率等于 0.5/5=0.1。纵截距(T=0 时 B 的取值)是 2,因此这个新方案的费用等式为 B=2+0.1T。

图中直线的斜率等于线上任意两点之间因变量的增量除以自变量的增量。对于 A 点和 C 点,因变量的增量是 3.5−3=0.5,而自变量的增量是 15−10=5,因此斜率等于二者的比率 0.5/5=0.1。已知直线的纵截距等于 2,因此等式为

$$B = 2 + 0.1T$$ (1A.3)

在该方案下,解锁电动车的费用即为 T=0 时的账单额,也就是 2 美元。每分钟收取的费用等于直线的斜率 0.1,即每分钟 10 美分。

练习 1A.2

写出下图中直线表示的等式。解锁电动车的固定费用是多少？每分钟收取的费用又是多少？

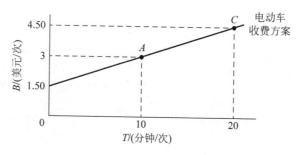

纵截距和斜率的变化

例 1A.4 和例 1A.5 以及练习 1A.3 和练习 1A.4 都说明了一条直线是如何随着纵截距或斜率的变化而变化的。

例 1A.4　纵截距的变化

描述当电动车的解锁费用从 **2 美元上涨到 3 美元**时,图 1A.2 中表示收费方案的直线将如何变化。

电动车的解锁费用从 2 美元上涨到 3 美元后,表示收费方案的直线的纵截距将上升 1 美元,但斜率保持不变。解锁费用的上涨导致表示收费方案的直线平行上移,如图 1A.3 所示。对于任何给定的骑行时间,新方案下解锁费用均比原来高 1 美元,因此骑行 10 分钟原来只需支付 3 美元(A点),现在则需要支付 4 美元(A'点)。同样,骑行 15 分钟原来只需支付 3.5 美元(C 点),现在则需要支付 4.5 美元(C'点);骑行 20 分钟原来只需支付 4 美元(D 点),现在则需要支付 5 美元(D'点)。

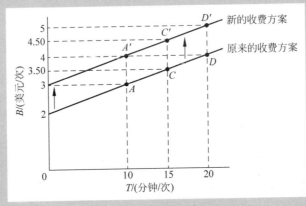

图 1A.3　纵截距增加的效应
直线的纵截距增加使直线平行上移。

练习 1A.3

如果解锁费用从 2 美元下降到 1 美元,那么图 1A.2 中表示收费方案的直线会有什么变化?

例 1A.5　斜率的变化

描述当每分钟的骑行费用从 **10 美分上涨到 20 美分**时,图 1A.2 中表示收费方案的直线将如何变化。

因为电动车的解锁费用不变,因此新收费方案的纵截距仍然是 2。但是如图 1A.4 所示,新方案的斜率变成了 0.2,是原来斜率的 2 倍。一般来说,等式 $Y = a + bX$ 中,b 的增加意味着等式对应的直线的斜率更陡峭。

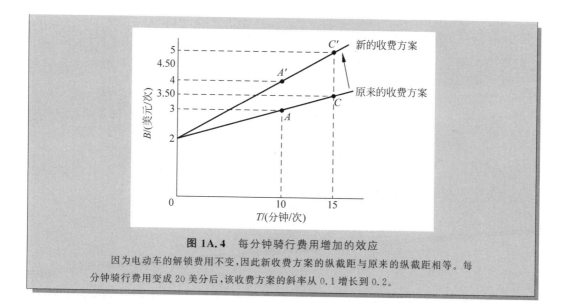

图 1A.4　每分钟骑行费用增加的效应

因为电动车的解锁费用不变,因此新收费方案的纵截距与原来的纵截距相等。每分钟骑行费用变成 20 美分后,该收费方案的斜率从 0.1 增长到 0.2。

练习 1A.4

说明如果每分钟的骑行费用从 10 美分下降到 5 美分,图 1A.2 中表示收费方案的直线将如何变化。

练习 1A.4 说明了当等式 $Y=a+bX$ 中的 b 下降时,等式所对应的直线的斜率将变得不那么陡峭。

根据表格写出等式,画出图形

例 1A.6 和练习 1A.5 说明了如何根据表格中的信息写出等式,画出图形。

例 1A.6　将表格转化为图形

表 1A.1 列出了共享电动车费用等式中的 4 个点。如果这个等式中所有的点都位于同一条直线上,求出等式的纵截距,并画出图形。解锁电动车的费用是多少? 每分钟骑行的费用是多少? 计算骑行 30 分钟时需要缴纳的总费用。

表 1A.1　共享电动车收费方案中的点

总费用/(美元/次)	骑行时间/(分钟/次)
2.50	5
3.75	10
5.00	15
6.25	20

这个问题的一种解决方法是在图中标出表中的任意两个点。因为等式中所有的点都在同一条直线上,因此这条线肯定经过等式的任意两点。图 1A.5 中用 A 点表示表 1A.1 中骑行时间为 10 分

钟时总费用等于 3.75 美元的情况(第 2 行),用 C 点表示表 1A.1 中骑行时间为 20 分钟时总费用等于 6.25 美元的情况(第 4 行)。通过这两点的直线就是费用等式所对应的图形。

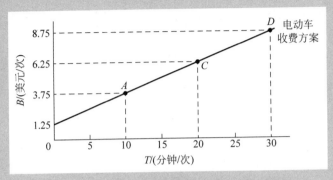

图 1A.5 根据一些点画出骑行费用等式的图形

根据表 1A.1 中第 2 行的 A 点及第 4 行的 C 点,画出经过这些点的直线即可得到骑行费用的图形。

除非你画图非常精确或使用了画图纸,否则这种定两点画直线的方法很难精确表示。还有一种方法是直接计算等式。因为等式用一条直线表示,因此它的基本形式为 $B = f + sT$,其中 f 表示解锁费用,s 表示斜率。根据之前画出的 A 点和 C 点,我们可以计算收费方案的斜率 $s = \dfrac{因变量的增量}{自变量的增量} = \dfrac{2.5}{10} = 0.25$。

接下来我们要计算 f 的数值,即解锁电动车的固定费用。在收费方案中的 C 点,骑行时间为 20 分钟时总费用为 6.25 美元,因此将 $B = 6.25, s = 0.25, T = 20$ 代入等式 $B = f + sT$,得到:

$$6.25 = f + 0.25 \times 20 \tag{1A.4}$$

整理得到:

$$6.25 = f + 5 \tag{1A.5}$$

可以解出 $f = 1.25$。电动车骑行费用等式为

$$B = 1.25 + 0.25T \tag{1A.6}$$

根据这个等式,解锁电动车的费用是 1.25 美元,每分钟的费用是 25 美分(0.25 美元/分钟),骑行时间为 30 分钟时,总费用为 $B = 1.25 + 0.25 \times 30 = 8.75$(美元),如图 1A.5 所示。

练习 1A.5

下表列出了电动车骑行收费方案中的 4 个点。

总费用/(美元/次)	骑行时间/(分钟/次)
2.50	5
4.25	10
6.00	15
7.75	20

如果所有的点都位于同一条直线上,在不画图的情况下计算相应等式的纵截距。解锁电动车的费用是多少?每分钟骑行的费用是多少?骑行 30 分钟的总费用是多少?

求解联立方程组

例 1A.7 和练习 1A.6 演示了当你需要求解包含两个未知数的两个方程时应该怎么做。

例 1A.7 求解联立方程组

假设你正在两家共享电动车公司之间进行选择。如果选择公司 1，则你骑行电动车的费用将用下式计算：

$$B = 0.5 + 0.3T \tag{1A.7}$$

式（1A.7）中，B 是骑行总费用，以美元为单位；T 是以分钟衡量的骑行时间。如果选择公司 2，则你骑行电动车的费用将用下式计算：

$$B = 2 + 0.15T \tag{1A.8}$$

如果想要使骑行公司 2 的电动车更便宜，你应该骑行多长时间？

公司 1 吸引人的地方在于电动车解锁费用较低，但也有一个缺点，即每分钟骑行费用相对较高。相反，公司 2 收取的电动车解锁费用相对较高，但每分钟骑行费用较低。那些骑行时间较短（如 4 分钟）的人选择公司 1（总费用＝1.7 美元）比选择公司 2（总费用＝2.6 美元）好，因为公司 1 收取的较低的解锁费用可以抵消每分钟较高的骑行费用。相反，那些骑行时间较长（如 15 分钟）的人选择公司 2（总费用＝4.25 美元）比选择公司 1（总费用＝5 美元）好，因为公司 2 收取的每分钟较低的骑行费用可以抵消较高的解锁费用。

此时我们的任务是找出骑行时长的平衡点，也就是使两家公司的电动车骑行总费用相等的骑行时长。求解这个问题的方法之一是画出两家公司的收费方案的图，找出它们的交点。在交点上，两个方程同时成立，即两种方案下的骑行时长和总费用相等。

在图 1A.6 中，表示两种方案的直线相交于 A 点，骑行 10 分钟的总费用都是 3.5 美元。所以使两个方案平衡的骑行时长是 10 分钟。如果你的骑行时长超过 10 分钟，那么选择公司 2 会省钱。例如，如果你骑行 20 分钟，公司 2 收取的费用（5 美元）比公司 1 收取的费用（6.5 美元）便宜 1.5 美元。相反，如果你的骑行时长不足 10 分钟，那么选择公司 1 更好。例如，如果你骑行 5 分钟，公司 1 收取的费用（2 美元）比公司 2 收取的费用（2.75 美元）少 75 美分。骑行 10 分钟时，两家公司收取的费用相同（3.5 美元）。

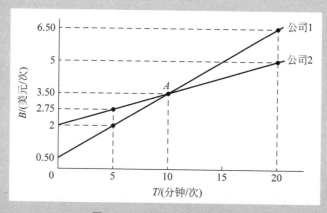

图 1A.6 骑行时长的平衡点

当骑行时长为 10 分钟时，两家公司收取的费用相等。当骑行时长超过 10 分钟时，公司 2 的费用较低；不足 10 分钟时，公司 1 的费用较低。

这个问题也可以用代数方法求解。就像刚才讨论的图解法一样,我们的目标是找出使两个方程都得到满足的点(T, B)。第一步,我们改写这两家公司的收费方程,把一个放在另一个上面,如下所示:

$$B = 0.5 + 0.3T \qquad \text{(公司 1)}$$
$$B = 2 + 0.15T \qquad \text{(公司 2)}$$

回顾一下高中代数,用一个方程某一边的项减去另一个方程所对应的项,得到的差会相等。所以,如果我们把公司 2 的方程两边都用公司 1 的方程中对应的项来减,得到:

$$\begin{array}{ll} B = 0.5 + 0.3T & \text{(公司 1)} \\ -B = -2 - 0.15T & \text{(－公司 2)} \\ \hline 0 = -1.5 + 0.15T & \text{(公司 1－公司 2)} \end{array}$$

然后,解最下面的方程(公司 1－公司 2),得到 $T = 10$。

将 $T = 10$ 代入两个方程,我们发现 $B = 3.5$。例如,公司 1 的方程求解得 $0.5 + 0.3 \times 10 = 3.5$,与公司 2 的结果 $2 + 0.15 \times 10 = 3.5$ 一样。

因为点 $(T, B) = (10, 3.5)$ 同时位于两家公司的方程上,所以上述代数解法通常被称为求解联立方程组。

练习 1A.6

假设你正在两家共享电动车公司之间进行选择。如果你选择公司 1,那么你的费用可以用下式计算:

$$B = 0.2 + 0.4T \qquad \text{(公司 1)}$$

式中,B 是骑行总费用,以美元为单位;T 是以分钟衡量的骑行时长。如果你选择公司 2,那么你的骑行总费用可以用下式计算:

$$B = 5 + 0.1T \qquad \text{(公司 2)}$$

用例 1A.7 中的代数方法找出使两家公司收费相同的骑行时长的盈亏平衡点。

名词与概念

constant	常数	rise	因变量的增量
dependent variable	因变量	run	自变量的增量
equation	等式	slope	斜率
independent variable	自变量	variable	变量
parameter	参数	vertical intercept	纵截距

附录中练习题的答案

1A.1 计算骑行时长为 22 分钟时的总费用,用 22 分钟代替 T 代入式(1A.1),得到 $B = 1 + 0.2 \times 22 = 5.4$(美元)。

1A.2　根据 A 点和 C 点计算斜率,已知因变量的增量＝4.5－3＝1.5,自变量的增量＝20－10＝10,因此二者的比率＝1.5/10＝0.15。因为直线的纵截距是 1.5,因此等式为 $B＝1.5＋0.15T$。在该方案下,电动车的解锁费用是 1.5 美元,每分钟骑行费用等于收费直线的斜率 0.15,即每分钟 15 美分。

1A.3　解锁电动车的费用减少 1 美元将使表示收费方案的直线平行下移 1 美元。

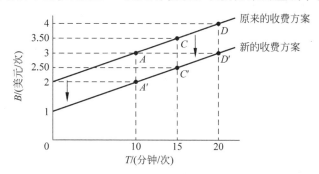

1A.4　因为电动车解锁费用不变,新方案的纵截距仍然等于 2,而新方案的斜率为 0.05,是原来的一半。

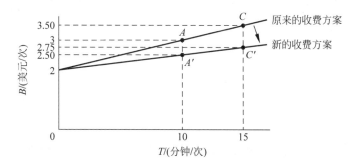

1A.5　令费用等式为 $B＝f＋sT$,f 表示电动车解锁费用,s 表示斜率。根据表中最开始的两个点,计算出斜率 $s＝\dfrac{因变量的增量}{自变量的增量}＝\dfrac{1.75}{5}＝0.35$。接下来计算 f,根据表中第 1 行的信息写出费用等式 $2.5＝f＋0.35×5$,解出 $f＝0.75$。因此等式为 $B＝0.75＋0.35T$。根据等式,电动车的解锁费用是 75 美分,每分钟的骑行费用为 35 美分,骑行 30 分钟的总费用是 $B＝0.75＋0.35×30＝11.25$(美元)。

1A.6　用公司 1 的方程减公司 2 的方程,得

$$0＝-4.8＋0.3T \qquad\qquad (公司1-公司2)$$

解得 $T＝16$。因此,如果你的骑行时长超过 16 分钟,那么选择公司 2 更划算。

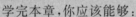

第 **2** 章

比 较 优 势

一名年轻的经济自然主义者志愿加入联合国维和部队,驻扎在尼泊尔的农村。为了节省开支,他雇用了一位名叫伯克哈曼的厨师。伯克哈曼来自邻国不丹喜马拉雅山脚下一个偏僻的小山村。虽然没有接受过正规的教育,但伯克哈曼却是位多才多艺的人。他的主要职责是准备三餐并且保持厨房的洁净,这两点伯克哈曼都做得非常好。此外,他还拥有其他技能,如能够用茅草覆盖屋顶、宰杀山羊和修鞋。伯克哈曼还是一位出色的铁匠和木匠,会修理闹钟和用石膏抹墙,在家庭医疗保健方面他也很有一套,是当地的权威。

在尼泊尔,大多数人都有多种才能,即使技能最少的村民也能提供很多服务。但是在美国则不同,美国人会雇用其他人做一些尼泊尔人自己做的事。为什么会有这样的差别呢?

一个可能的答案是尼泊尔人很穷,没有多余的钱雇用他人为自己提供服务。的确,尼泊尔是个贫穷的国家,人均收入不足美国人均收入的$\frac{1}{60}$。在尼泊尔,很少有人拥有足够的财力去支付外雇的服务。或许很多人觉得这个解释合情合理,但事实并不完全如此。尼泊尔人因为贫穷不得不亲自做很多事情,而他们过多地依靠自身能力却加剧了贫穷。

除了这种每个人都尽力做所有自己能做的事情的经济体系之外,还有一种截然不同的经济体系。在这种经济体系下,每个人专门从事某项特定的生产或服务,然后通过相互交换得到各自所需的产品和服务。通常而言,这种在专门化以及产品与服务的交换基础上建立的经济体系的生产能力远远高于专门化程度低的经济体系。本章的主要目的就是讨论为什么专门化和交换会带来生产能力的提高。

本章将揭示专门化提高生产率的原因在于存在比较优势。我们说一个人在某种产品或服务的生产上具有比较优势，以理发为例，是指这个人理发的效率相对于他生产其他产品和服务的效率更高。本章指出如果每个人都专门从事某种其自身具有比较优势的生产或服务，那么每种产品和服务的数量都会增加。

本章还会介绍生产可能性曲线，即用图形的方法描述经济所能生产的产品和服务的组合。在这个工具的帮助下，我们可以清楚地看出专门化会如何增强哪怕是最简单的经济的生产能力。

交换和机会成本

稀缺原理(参见第 1 章)告诉我们：在某一种经济活动上投入的时间越多，可以投入其他活动的时间就越少。下面的例子用这个原理清楚地解释了为什么人们通过专门从事某种自己比别人干得好的活动，可以使每个人都生活得更好。

例 2.1　稀缺原理

凯莉·韦斯勒应该设计自己的网页吗？

凯莉·韦斯勒是当今美国最著名、最有影响力的室内设计师之一。她的商业和住宅设计获得了众多赞誉。她为卡梅隆·迪亚兹、格温·斯特凡尼和本·斯蒂勒等名人做过室内设计，在 Instagram 上有 70 多万粉丝。

尽管凯莉将大部分时间和才华都投入了室内设计中，但她也能出色地完成很多其他设计工作。假设凯利可以在 300 小时内完成自己的网页设计，而其他网页设计师至少需要 600 小时。这是否意味着凯利应该设计自己的网页？

假设凯莉凭借自己作为室内设计师的才华，年收入超过 100 万美元，这意味着她花在设计网页上的任何时间的机会成本都将超过每小时 500 美元。凯莉很轻松地就可以找到一个时薪远低于500 美元的高水平网页设计师。因此，尽管凯莉的丰富技能使她能够比大多数网页设计师更快地设计网页，但这样做并不划算。

在例 2.1 中，经济学家会说凯莉在设计网页方面有**绝对优势**，而在室内设计方面有**相对优势**。她在设计网页方面有绝对优势，因为她可以用比网页设计师更短的时间完成网页设计。即便如此，网页设计师在设计网页方面仍具有相对优势，因为他们设计网页的机会成本低于凯莉。

例 2.1 中暗含的假设是凯莉花 1 小时设计网页与花 1 小时进行室内设计得到的满足感是相同的。但是假设她厌倦了室内设计工作，觉得尝试亲手设计网页会更开心，那么她设计自己的网页可能就非常有意义。但除非她能够从设计自己的网页中获得额外的满足感，否则雇用一名网页设计师仍是更好的选择。网页设计师也将从中受益，否则他也不会在商定的价格下接受设计网页的工作。

比较优势原理

现代经济学的一个核心观点是如果两个人(或两个国家)从事不同的活动时具有不同的机会成本,他们总是可以通过交换增加产品和服务总量。下面的例子说明了这个核心观点的逻辑。

例 2.2　比较优势

安娜应该更新自己的网页吗?

假设在一个小型社会中,安娜是唯一的专业自行车技师,而辛是唯一的专业网页程序员。如果她们用来进行这两项活动的时间如表2.1所示,并且认为从事这两项活动得到的满足(或者不满足)程度相等,那么安娜编程的速度比辛快是否意味着安娜应该自己更新网页呢?

表 2.1　安娜和辛的生产信息　　　　　　　　　　　　　　　　单位:分钟

姓名	更新网页的时间	修理自行车的时间
安娜	20	10
辛	30	30

表 2.1 中的数字说明安娜在更新网页和修理自行车两项活动中都具有绝对优势。作为技师的安娜更新网页需要花费 20 分钟,而作为程序员的辛更新网页则需要花费 30 分钟。在修理自行车时,安娜相对于辛的优势更加明显:她可以在 10 分钟内修好自行车,而辛则需要 30 分钟。

但是安娜与辛相比是位更好的程序员的事实并不意味着安娜应该自己更新网页。辛在编写程序方面相对于安娜具有比较优势:她在编写程序方面更有效率。同样,安娜在修理自行车方面具有比较优势(一个人在某项活动上具有比较优势是指他进行这项活动的机会成本比其他人低)。

辛更新网页的机会成本是什么?因为辛需要 30 分钟更新网页——与她修理自行车所需的时间相等——因此,她更新网页的机会成本就是修理一辆自行车。换句话说,通过将时间投入更新网页而不是修理自行车上,辛的选择是有效的。相反,安娜可以在更新网页所需要的时间内修理 2 辆自行车。对她而言,更新网页的机会成本是修理 2 辆自行车。用修理的自行车数量来表示,安娜编写程序的机会成本就是 2 辆自行车,是辛机会成本的 2 倍。因此,辛在编写程序上具有比较优势。

表 2.2 总结了安娜和辛各自从事某种活动时的机会成本。该表一个有趣而重要的结论是如果辛和安娜将她们的时间部分用于更新网页、部分用于修理自行车,那么她们可以拥有的网页更新数量和自行车修理数量的总和少于她们各自专门从事自己具有比较优势的活动时的总和。假设人们每天一共需要更新 16 个网页。如果安娜用一半的时间更新网页,用另一半时间修理自行车。那么一天工作 8 个小时后安娜可以更新 12 个网页、修理 24 辆自行车。剩下的 4 个网页,辛花 2 个小时就可以完成更新工作,这样她可以用剩下的 6 个小时修理自行车。修理 1 辆自行车平均需要 30 分钟,因此 6 个小时内辛可以修理 12 辆自行车。这样当她们进行交换时,一共可更新 16 个网页、修理 36 辆自行车。

表 2.2　安娜和辛的机会成本

姓名	更新网页的机会成本	修理自行车的机会成本
安娜	修理 2 辆自行车	更新 0.5 个网页
辛	修理 1 辆自行车	更新 1 个网页

让我们看看如果安娜和辛分别专门从事她们具有比较优势的活动,会有什么样的结果。辛可以自己更新 16 个网页,安娜可以修理 48 辆自行车。专门化可以凭空多出 12 辆自行车的修理服务。

以一种产品为单位计算另一种产品的机会成本时,我们必须时刻关注生产力信息的表现形式。在例 2.2 中,我们知道了每个人做每项活动所需要的时间。相反,我们也可能知道的是每小时每个人可以进行的活动的数量。请通过下面的练习掌握采用后一种方法时如何计算机会成本。

练习 2.1

米格尔应该自己更新网页吗?

假设在一个小型社会中,米格尔是唯一的职业自行车技师,莫尼克是唯一的专业网页程序员。他们从事这两种活动的生产速度如下表所示,而且从事这两种活动带来的满足(不满足)程度相等,那么米格尔比莫尼克更新网页的速度快是否意味着米格尔应该自己更新网页?

姓名	更新网页的生产力	修理自行车的生产力
莫尼克	每小时更新 2 个网页	每小时修理 1 辆自行车
米格尔	每小时更新 3 个网页	每小时修理 3 辆自行车

上面的例子暗含的经济学原理非常重要,我们将其正式表述为一个经济学的核心原理。

比较优势原理:当每个人(或者每个国家)集中进行其机会成本最低的活动时,所有人都会实现最优。

的确,基于比较优势的专门化生产可能产生的收益构成了市场交换的基本原理。这解释了为什么每个人不是将自己时间的 10% 用于生产汽车、5% 用于购买食物、25% 用于建造房屋,然后还有 0.000 1% 用于进行脑外科手术或其他活动。通过专门从事我们每个人具有比较优势的生产,我们可以生产远多于自给自足情况下的产品和服务。

现在我们重新回顾一下厨师伯克哈曼。虽然伯克哈曼多才多艺,能够自己做很多事情,但是他肯定不如在医学院受过专业训练的医生医术高明,也没有每天都在从事修理工作的修理工熟练。如果很多和伯克哈曼一样具有天生技能的人都聚集到一起,然后每个人都专门从事一种或两种产品的生产,那么他们能够生产的产品和服务的总数量及质量都要明显优于每个人独自生产所有自己所需产品和服务的情况。虽然依靠自身的技能自力更生的人应该受到社会的尊重,但是从繁荣经济的角度来看,这种做法不值得提倡。

专门化及其效应给经济自然主义者提供了充足的物质资料。下面这则体坛的例子就说明了这个道理。

经济自然主义者 2.1 0.400 的击球手都到哪儿去了?

在棒球运动中,0.400 的击球手是指 10 次击球中至少有 4 次击中的球员。虽然在职业棒球界 0.400 的击球手并不常见,但是他们出现的频率还是比较高的。例如,20 世纪早期,有位名叫卫·威力·克勒的球员是 0.432 的击球手,也就是说每 100 次击球能够击中 43 次以上。但是自从 1941 年波士顿红袜队的泰德·威廉姆斯击出 0.406 的成绩后，联赛中再也没有出现过 0.400 的击球手。为什么？

一些棒球爱好者认为 0.400 的击球手的消失意味着如今棒球运动员的水平下降了。但是这种观点经不起事实的检验。我们查看资料就会发现现在的棒球运动员与卫·威力·克勒相比块头更大、更强壮，奔跑速度也更快（卫·威力·克勒的身高只有 1.65 米，体重不足 130 斤）。

比尔·詹姆斯是棒球运动史的权威分析师。他认为 0.400 的击球手的消失反而是棒球联赛质量提升的结果。事实上投手和外场球员的水平都更高了，因此要实现 0.400 的击球目标也变得更困难了。

棒球队的整体水平为什么上升了？可能的原因有很多，如营养更好、训练更科学、装备更好，但要注意专门化也在球队水平的提高中发挥了重要的作用。[①] 过去，一名投手通常会在整场比赛中充当投手的角色。但是现在的投手包括比赛开始时的投手（先发投手）、比赛中间两到三局的投手（中场投手）及最后一局的投手（终场投手）。这些不同的角色需要不同的技能和战术。投手可能还会分成专门应付左手或右手击球球员的投手、专门让击球手出局的投手以及使击球手将球击落在比赛场地上的投手。类似地，外场球员如今很少负责多项防御，大多数球员只负责一项防御任务。有些球员专门负责防御（使对方无法充分发挥击球能力）；这些"防御专家"可以在比赛的后半段帮助保持领先地位。即使是在管理和教练方面，专门化也成了主要趋势。救援投手有专门的教练而且统计专家还会应用计算机帮助发现对方击球手的弱点。专门化的增加最终导致了如今就连最弱的球队的防御能力也很出色的现状。在没有弱手的今天，击球手要在整个赛季打出 0.400 几乎是不可能完成的任务。

比较优势的来源

对于个体而言，比较优势通常源自与生俱来的才能。比如，有些人生来就有编写计算机程序的天赋，而有些人生来就知道修理自行车的诀窍。但比较优势的产生更多是因为教育、培训或经验。因此，我们通常雇用受过建筑培训的人来设计厨房，雇用学过法律的人来拟订合约，雇用具有物理学高学历的人来教授物理。

对一个国家而言，比较优势源于自然资源或社会文化的差异。美国拥有世界上大量杰出的研究型大学，因此在设计电子计算机软件和硬件上具有比较优势。加拿大的人均农田和森林面积居全球首位，因此加拿大在农产品生产上具有比较优势。地形和气候可以帮助解释为什么美国科罗拉多州的滑雪行业很发达，而夏威夷州则是知名的海滨度假胜地。

一些非经济因素也可能产生比较优势。比如说因为英语实际上是世界语言，因此相对于非英语国家，说英语的国家在出版、电影和流行音乐行业具有比较优势。甚至一个国家的社会制度也会影响该国在某个行业中拥有比较优势的程度。例如，鼓励创业的文化

---

① 参见 Stephen Jay Gould, *Full House*. New York：Three Rivers Press，1996，Part 3，作者从一个物种进化学家的角度分析了专门化及 0.400 的击球手减少的有趣现象。

会使该国在生产新产品上具有比较优势,而促进工艺高标准化的文化则使该国在生产高品质的已有产品上具有比较优势。

经济自然主义者2.2　　美国在电视和数字录像市场上的领先地位为什么丧失了?

美国发明了电视和录像带并且首先对其进行批量生产,但是现在美国电视和录像带的产量只占全世界总产量中很小的一部分。美国在技术研究上的比较优势可以部分地解释为什么电视机和录像机在美国被发明和改进。美国之所以具有技术研究上的比较优势,一个原因是它有杰出的高等教育体系,另一个原因是每年投入军用电子产品的高额实验经费和鼓励创业的文化。在生产这些产品的初期,美国具有优势是因为这些产品在初始阶段的研发速度比较快,因此将厂房设置在紧邻产品设计开发的地方有助于不断地改进产品。此外,早期的生产技能在很大程度上依靠熟练工人,而美国的熟练技工有很多。但随着产品开发的稳定化及复杂生产装置的自动化,生产过程中需要的熟练工人随之减少。因此,美国这种高工资国家的产品相对于低工资国家生产的同等产品而言失去了竞争优势。

重点回顾：交换和机会成本

如果交换的对象具有生产不同产品和服务的比较优势,通过交换就有可能获益。假设你在生产网页产品上具有比较优势,即你生产一个网页的机会成本(用放弃的其他产品的数量来表示)小于贸易对象相应的机会成本。每个人都专门生产自己具有最低机会成本(比较优势原理)的产品或服务就可以达到最大的产量。即使贸易对象在所有活动中用绝对数量衡量的生产能力都更高,基于比较优势进行专门化生产仍然有价值。

▽ 比较优势和生产可能性

比较优势和专门化使一个经济体的产量远大于每个人都进行一小部分各种活动时的产量。本节我们将通过引进一种图形来进一步分析专门化的好处,这种图形可以用来描述一个经济体所能生产的所有产品和服务的组合。

生产可能性曲线

假设一个经济体只生产两种产品:咖啡豆和松果。这是一个小的岛国经济,所谓的"生产"就是指到岛屿中央谷底的灌木丛中摘取咖啡豆或者到可以俯瞰村庄的陡峭山腰的树上采拾松果。工人花费在摘咖啡豆上的时间越多,可以用来采拾松果的时间就越少。因此,如果人们想要喝更多的咖啡,他们就只能得到更少的松果。

如果知道每种活动中工人的生产能力,我们就可以得出工人每天可以摘的咖啡豆和松果的数量的不同组合。这一选择的组合就是经济学中的**生产可能性曲线(PPC)**。

下面我们还是用一个例子来做简单的介绍。在这个例子中只有一名工人,这名工人可以将自己的时间任意分配到两种活动上。

例 2.3 生产可能性曲线

在只有克里莎一名工人的经济体中,生产可能性曲线是什么样的?

假设一个经济体只有克里莎一名工人,她可以将自己的生产时间任意分配到生产咖啡豆或松果上。克里莎身材矮小,但是手指很灵活,这两个因素决定了她摘咖啡豆的效率高于采松果。假设她每小时可以采 2 磅①松果或者摘 4 磅咖啡豆。如果克里莎每天工作 6 个小时,根据上述信息,画出她的生产可能性曲线——描述在任意一种松果产量下,克里莎可以摘的咖啡豆的最大产量图。

图 2.1 的纵轴表示克里莎每天可以摘的咖啡豆量,横轴表示她每天可以采的松果量。下面先讨论两种极端的工作时间分配方案。首先假设她将自己所有的工作时间(6 个小时)都用于摘咖啡豆。这种情况下她每小时可以摘 4 磅咖啡豆,每天可以摘 24 磅咖啡豆,但此时松果的产量为零。这种咖啡豆和松果的组合用图 2.1 中的 A 点表示,也就是克里莎的生产可能性曲线的纵截距。

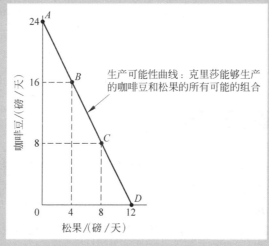

生产可能性曲线:克里莎能够生产的咖啡豆和松果的所有可能的组合

图 2.1 克里莎的生产可能性曲线
对于给定的生产关系,生产可能性曲线是一条直线。

接着假设现在克里莎不摘咖啡豆,而将所有的时间用于采松果。因为她每小时可以采摘 2 磅松果,所以每天可以采摘 12 磅松果。这种产量组合用图 2.1 中的 D 点表示,也就是生产可能性曲线的横截距。因为克里莎生产每种产品的产量与对应的生产活动时间成正比,因此她的生产可能性曲线上的其他所有点都位于经过 A 点和 D 点的直线上。

假设克里莎每天用 4 个小时摘咖啡豆、2 个小时采松果,那么她每天会得到 4 小时×4 磅/小时=16 磅咖啡豆及 2 小时×2 磅/小时=4 磅松果,在图 2.1 中用 B 点表示。但如果克里莎每天花 4 个小时采松果、2 个小时摘咖啡豆,那么她每天会得到 4 小时×2 磅/小时=8 磅松果及 2 小时×4 磅/小时=8 磅咖啡豆,在图中用 C 点表示。

既然克里莎的生产可能性曲线(PPC)是一条直线,那么它的斜率就是一个常数。克里莎的生产可能性曲线的斜率的绝对值等于这条线的纵截距和横截距的比率:(24 磅咖啡豆/天)/(12 磅松果/天)=(2 磅咖啡豆)/(1 磅松果)(注意计算比率保留每个轴的变量的单位)。这个比率说明克里莎多生产 1 磅松果的机会成本是 2 磅咖啡豆。

克里莎生产松果的机会成本(OC)可以用下面这个简单的公式表示:

$$\mathrm{OC}_{松果} = \frac{咖啡豆减少量}{松果增加量} \tag{2.1}$$

① 1 磅=0.453 59 千克。

这里"咖啡豆减少量"是指减少摘咖啡豆的时间而损失的咖啡豆产量,"松果增加量"是指增加采松果的时间而增加的松果产量。同样,克里莎生产咖啡豆的机会成本也可以用下式表示:

$$OC_{咖啡豆} = \frac{松果减少量}{咖啡豆增加量} \tag{2.2}$$

下面两种说法是完全一样的:①克里莎多生产 1 磅松果的机会成本是 2 磅咖啡豆;②克里莎多生产 1 磅咖啡豆的机会成本是 1/2 磅松果。

　　图 2.1 中的生产可能性曲线向下倾斜再次证明了稀缺原理——因为我们拥有的资源有限,因此多拥有一单位某种产品必然会引起其他产品拥有量的减少(参见第 1 章)。只有当克里莎愿意放弃消费 1/2 磅松果时,她才可能多拥有 1 磅咖啡豆。如果整个经济体中只有克里莎一个人,那么事实上某种产品的价格就等于她生产这种产品的机会成本。因此她要支付的多生产 1 磅咖啡豆的价格就是 1/2 磅松果;或者说她要支付的多生产 1 磅松果的价格是 2 磅咖啡豆。

　　位于生产可能性曲线上或者曲线内的任一点是**可实现的点**,即这种产量组合可以通过利用现有的资源得到。例如,在图 2.2 中,A、B、C、D 点和 E 点都是可实现的点。位于生产可能性曲线外的点是**不可实现的点**,即这种产量组合无法在现有的资源下实现。在图 2.2 中,F 点就是一个不可实现的点,因为克里莎不可能在每天摘 16 磅咖啡豆的同时采 8 磅松果。位于曲线内的点是**无效率的点**,因为利用现有的资源完全可以在不减少一种产品产量的前提下使另一种产品增加至少 1 个单位的产量。例如,在 E 点,克里莎每天只摘 8 磅咖啡豆和 4 磅松果,但其实她可以在维持 4 磅松果的情况下多摘 8 磅咖啡豆(从 E 点移到 B 点)。或者说她可以在维持 8 磅咖啡豆的情况下多摘 4 磅松果(从 E 点移到 C 点)。位于生产可能性曲线上的点是**有效率的点**。在有效率的点处,多生产一种产品就必须减少另一种产品的产量。

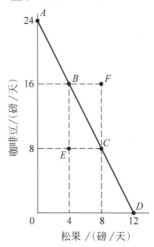

图 2.2　在克里莎的生产可能性曲线上,可实现的点和有效率的点

位于生产可能性曲线上的点(如 A、B、C 和 D 点)或者以内的点(如 E 点)是可实现的点,位于生产可能性曲线以外的点(如 F 点)是不可能实现的点。位于曲线上的点是有效率的点,而位于曲线内的点是无效率的点。

练习 2.2

根据图 2.2 中的生产可能性曲线,说明下面哪些点是可实现的点并且/或者是有效率的点:

（1）每天生产 20 磅咖啡豆、4 磅松果;

（2）每天生产 12 磅咖啡豆、6 磅松果;

（3）每天生产 4 磅咖啡豆、8 磅松果。

个体生产率如何影响生产可能性曲线的斜率和位置

为了说明生产可能性曲线的斜率和位置如何取决于个体的生产力,我们将克里莎的生产可能性曲线和汤姆的生产可能性曲线做个比较。假设汤姆摘咖啡豆的能力不如克里莎,但是采松果的能力比克里莎强。

例 2.4　生产率的变化

生产率的变化如何影响松果的机会成本?

汤姆身材矮小,视力很好,还具有其他优势,使他很适合采摘长在山腰树上的松果。汤姆每小时可以采摘 4 磅松果或者 2 磅咖啡豆。如果汤姆是整个经济体中唯一的工人,试画出整个经济体的生产可能性曲线。

我们用与画克里莎生产可能性曲线同样的方法画出汤姆的生产可能性曲线。如果汤姆每天将所有的工作时间(6 个小时)用于采摘咖啡豆,这种情况下他每天可以采摘 6 小时×2 磅/小时＝12 磅咖啡豆和 0 磅松果,这就是汤姆的生产可能性曲线的纵截距,在图 2.3 中用 A 点表示。但是如果汤姆每天将所有的时间用来采摘松果,那么他可以得到 6 小时×4 磅/小时＝24 磅松果和 0 磅咖啡豆,这就是汤姆生产可能性曲线的横截距,在图 2.3 中用 D 点表示。因为他生产每种产品的产量与生产该产品的时间成正比,因此他的生产可能性曲线就是经过 A 点和 D 点的直线。

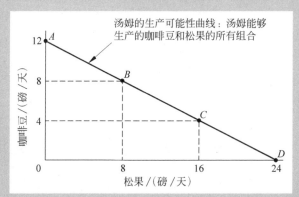

图 2.3　汤姆的生产可能性曲线

汤姆生产 1 磅松果的机会成本是 1/2 磅咖啡豆。

举个例子,如果汤姆每天花 4 个小时摘咖啡豆、2 个小时采松果,那么他每天会得到 4 小时×2 磅/小时＝8 磅咖啡豆及 2 小时×4 磅/小时＝8 磅松果,在图中用 B 点表示。但如果汤姆每天花 4

个小时采松果、2 个小时摘咖啡豆,那么他每天会得到 2 小时/天×2 磅/小时=4 磅咖啡豆及 4 小时/天×4 磅/小时=16 磅松果,在图中用 C 点表示。

如何比较克里莎和汤姆的生产可能性曲线呢?注意在图 2.4 中汤姆摘咖啡豆的绝对生产能力低于克里莎,因此他的生产可能性曲线与纵轴的交点更靠近原点。同样,因为克里莎采松果的绝对生产能力低于汤姆,因此她的生产可能性曲线与横轴的交点更靠近原点。对于汤姆而言,多生产 1 磅松果的机会成本是 1/2 磅咖啡豆,相当于克里莎的 1/4。这个机会成本的差异也体现在他们的生产可能性曲线的差异上:汤姆的生产可能性曲线斜率的绝对值是 1/2,而克里莎的生产可能性曲线斜率的绝对值是 2。

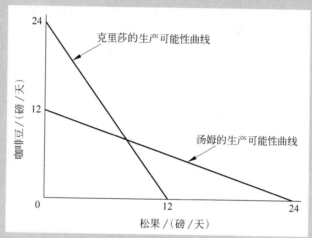

图 2.4　比较个人生产可能性曲线
汤姆在咖啡豆的生产上效率低于克里莎,但在松果的生产上效率高于克里莎。

在这个例子中,汤姆相对于克里莎在采松果上既有绝对优势又有比较优势,而克里莎相对于汤姆在摘咖啡豆上既有绝对优势又有比较优势。

我们必须再次强调,比较优势原理只是一个相对的概念——只有比较两个或多个人(或国家)的生产能力时这个概念才有经济意义。读者可以通过下面的练习巩固对这个概念的理解。

练习 2.3

假设克里莎每小时可以摘 2 磅咖啡豆或者采 4 磅松果,汤姆每小时可以摘 1 磅咖啡豆或者采 1 磅松果。克里莎采 1 磅松果的机会成本是多少?汤姆采 1 磅松果的机会成本是多少?克里莎在哪项生产上具有比较优势?

专门化和交换的益处

如前所述,因不同人的机会成本不同而引起的比较优势可以使每个人都获益(参见例 2.1 和例 2.2)。下面的例子从生产可能性曲线的角度阐述了这个道理。

不实施专门化的代价有多高?

假设例2.4中克里莎和汤姆对于两项活动的时间分配恰好使每个人采的松果磅数等于摘的咖啡豆磅数,那么克里莎和汤姆可供消费的松果和咖啡豆各是多少?如果汤姆和克里莎都专门从事自己具有比较优势的生产,他们可供消费的松果和咖啡豆又各是多少?

因为汤姆在1个小时内可以采的松果磅数是他可以摘的咖啡豆磅数的2倍,因此要使两种产品的磅数相同,他就应该每采1个小时的松果后用2个小时摘咖啡豆。因为汤姆和克里莎都是每天工作6个小时,因此汤姆每天应该采2个小时松果、摘4个小时咖啡豆。根据这种时间分配方式,一天下来汤姆可以生产8磅松果和8磅咖啡豆。同样,克里莎在1个小时内可以摘的咖啡豆磅数是她可以采的松果磅数的2倍,因此要使两种产品的磅数相同,她就应该每摘1个小时的咖啡豆后用2个小时采松果。因为克里莎也是每天工作6个小时,因此克里莎每天应该摘2个小时咖啡豆、采4个小时松果,从而克里莎每天也可以生产8磅松果和8磅咖啡豆(参见图2.5)。这样一来他们两个人每天的总产量就是16磅松果和16磅咖啡豆。但如果他们两个人都专门生产自己具有比较优势的产品,那么他们每天的总产量将是24磅咖啡豆和24磅松果。

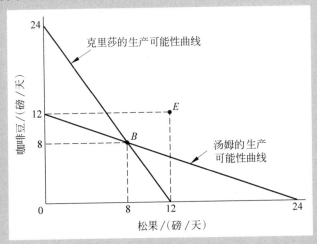

图2.5　无分工情况下的生产

当汤姆和克里莎都花时间生产同样磅数的咖啡豆和松果时,他们每天共有16磅咖啡豆和16磅松果可供消费。

在这种情况下,如果他们彼此之间通过贸易交换自己的产品,那么现在每个人能够消费的两种产品的组合的可实现点在不进行贸易的情况下是不可实现的。例如,克里莎可以用12磅咖啡豆与汤姆交换12磅松果,这样每个人都可以多消费4磅咖啡豆和4磅松果。我们可以看到图2.5中的*E*点,即每个人每天可以消费12磅咖啡豆和12磅松果,位于克里莎和汤姆两个人生产可能性曲线的外部,但是该点通过专门化生产和贸易变成了可实现的点。

通过下面的练习题,读者可以看到专门化生产的好处会随着机会成本之间差异的增大而增加。

练习2.4

机会成本的差异如何影响专门化的好处?

克里莎每小时可以摘5磅咖啡豆或者采1磅松果,而汤姆每小时可以摘1磅咖啡豆或者采 5 磅松果。假设他们每天工作 6 个小时,并且每个人都希望消费等量的咖啡豆和松果,那么相对于自给自足的情况而言,他们通过专门化生产可以增加多少消费量?

虽然专门化生产和贸易的好处随着贸易伙伴之间机会成本差异的扩大而增加,但这些机会成本的差异还不能完全解释贫穷国家和富裕国家之间生活水平的巨大差距。例如,2019 年世界上最富裕的 20 个国家的人均收入超过 60 000 美元,而同时世界上最贫穷的 20 个国家的人均收入却只有 600 美元左右。[①] 下文还将进一步说明专门化在这些差异中的作用,这里我们首先讨论如何建立整个经济的生产可能性曲线,然后讨论除了专门化之外还有什么因素可能引起生产可能性曲线向外移动。

多人经济的生产可能性曲线

即使现实经济是由上百万人组成的,构建这样一个整体经济的生产可能性曲线的过程仍然与构建单人经济的生产可能性曲线一样。我们依旧假设一个经济体中只有两种产品(咖啡豆和松果),依旧用横轴表示松果的数量、用纵轴表示咖啡豆的数量。该经济体的生产可能性曲线的纵截距代表经济体中所有工人将所有的工作时间都用于摘咖啡豆时可以生产的咖啡豆总量,即这个假想经济可能达到的最大咖啡豆产量,在图 2.6 中表示为每天 100 000 磅(这是为了便于画图而假想的一个数量)。该经济体的生产可能性曲线的横截距代表经济体中所有工人将所有的工作时间都用于采松果时可以生产的松果的总量,即这个假想经济可能达到的最大松果产量,在图 2.6 中表示为每天 80 000 磅(同样是一个假想的数量)。注意图中的生产可能性曲线不再是一条直线——前面例子中只有一个工人的经济体的生产可能性曲线是一条直线——而是一条凸离原点的弓形曲线。

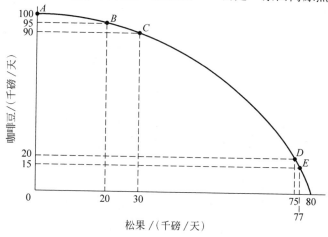

图 2.6　一个大经济体的生产可能性曲线
当一个经济体中有数以百万计的工人时,生产可能性曲线的形状通常比较平缓。

①　20 个最富裕的国家是澳大利亚、奥地利、比利时、加拿大、丹麦、芬兰、法国、德国、冰岛、爱尔兰、卢森堡、荷兰、挪威、卡塔尔、圣马力诺、新加坡、瑞典、瑞士、英国和美国。20 个最贫穷的国家是阿富汗、布基纳法索、布隆迪、中非共和国、科摩罗、刚果民主共和国、海地、利比里亚、马达加斯加、马拉维、莫桑比克、尼日尔、卢旺达、塞拉利昂、南苏丹、苏丹、塔吉克斯坦、冈比亚、多哥和乌干达。(资料来源:IMF World Economic Outlook Database, April 2019, www. imf. org/external/pubs/ft/weo/2019/01/weodata/download. aspx.)

后文我们将解释生产可能性曲线为什么会是这种形状。不过,我们首先要指出,弓形生产可能性曲线意味着生产松果的机会成本随着整个经济体生产松果数量的增多而增加。例如,当经济体中的产品组合从只生产咖啡豆的 A 点向下移动到 B 点时,每天将少生产 5 000 磅咖啡豆而多生产 20 000 磅松果。随着松果的产量继续增加——譬如从 B 点移动到 C 点——每天少生产 15 000 磅咖啡豆而只多生产 20 000 磅松果。随着松果产量的进一步增加,这种机会成本不断增加的现象一直存在。从 D 点移动到 E 点时,每天少生产 50 000 磅咖啡豆节省的资源只能多生产 20 000 磅松果。我们可以看出在生产咖啡豆的过程中也发生了这种机会成本递增的现象。因此,随着咖啡豆产量的增加,多生产 1 磅咖啡豆的机会成本——用因之减少的松果磅数表示——也会增加。

为什么多人经济体的生产可能性曲线是弓形的? 这是因为经济体中有些资源比较适合采松果而其他资源比较适合摘咖啡豆。如果最初经济体只生产咖啡豆并且开始想要一些松果,那么应该安排哪些工人不摘咖啡豆而去采松果呢? 回顾我们在例 2.5 中提到的两个工人:克里莎和汤姆。汤姆在采松果上具有比较优势,克里莎在摘咖啡豆上具有比较优势。如果两个工人现在都在摘咖啡豆,而你想要安排他们中的一个去采松果,你会安排谁去? 答案显然是汤姆,因为这样采 1 磅松果只会损失 1/2 磅咖啡豆,而如果让克里莎去采松果,采 1 磅松果就会损失 2 磅咖啡豆。

不管多人经济体的规模有多大,除了不同工人之间机会成本的差异可能不同于前面提到的两个工人的例子(参见例 2.5)之外,其中蕴含的原理是一样的。随着不断安排原本摘咖啡豆的工人去采松果,采松果的人数增加,到后来的某一点像克里莎这样适合摘咖啡豆的人也一定会被安排去采松果。这样到最后很多机会成本高于克里莎的人也会被要求去采松果了。

图 2.6 中生产可能性曲线的形状说明了一个一般性的原理:当不同资源的机会成本不同时,我们应该首先利用机会成本最低的资源。因为水果采摘工总是先摘最容易摘到的水果,因此我们将这个原理称为低果先摘原理。

机会成本递增原理(也称为低果先摘原理):在扩大一种产品产量的时候,首先使用机会成本最低的资源,然后再逐渐使用机会成本较高的资源。

水果采摘工规则的逻辑注释 为什么水果采摘工要先采摘最低处的水果? 这有下面几个原因。一个原因在于低处的水果容易采摘(因此成本更低),如果一名水果采摘工打算先采摘一定数量的水果,他显然会避免采摘高处树枝上难以采到的水果。即使他决定将树上所有的水果都摘下来,也会从低处的水果先摘起,因为这样能够更快地得到出售水果的利益。

一名要对效率低下且经济状况不佳的企业进行改革的新上任的 CEO 的任务与水果采摘工的工作差不多。CEO 的时间和精力是有限的,因此他会首先处理那些比较容易解决并且会带来经营状况最大改善的问题——最靠近地面的水果。然后,CEO 才会考虑那些对经营状况的影响不是很大的问题。

说得通俗一些,机会成本递增原理强调的就是首先利用对你而言最有利的机会。

重点回顾:比较优势和生产可能性

　　对于一个只生产两种产品的经济体而言,生产可能性曲线描述了在一种产品的任意一种可能产量下,另一种产品可能达到的最大产量。位于曲线上或曲线内部的点称为可实现的点,位于曲线外部的点称为不可实现的点,位于曲线上的点又称为有效率的点。生产可能性曲线的斜率说明了多生产一单位横轴表示的产品的机会成本。机会成本递增原理,也称为低果先摘原理,告诉我们沿着曲线向右移动时生产可能性曲线变得越来越陡峭。此外,人们之间机会成本的差异越大,生产可能性曲线的弓形程度越明显,专门化生产带来的利益也就越大。

导致生产可能性曲线移动的因素

　　生产可能性曲线列出了社会可以得到的所有产出组合。在任何一个时刻,生产可能性曲线促使社会进行贸易。人们要生产并且消费更多咖啡豆的唯一方法就是减少松果的产量和消费量。但是长期内,使所有产品的产量同时增加也不是不可能的。这就是人们所说的经济增长。如图 2.7 所示,经济增长使生产可能性曲线向外移动。经济增长可能是因为可以获得的生产资源增加,也可能是因为知识或技术的进步提高了现有资源的生产率。

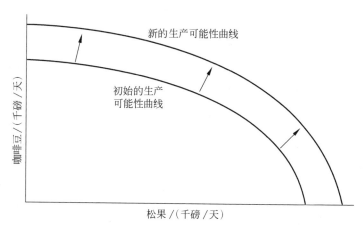

图 2.7　经济增长:生产可能性曲线的外移
生产性资源(如劳动力和资本品)的增加,以及知识和技术的改进会引起生产可能性曲线的外移。
它们是经济增长的主要驱动力量。

　　一个经济体中可实现的生产资源增加是由哪些原因引起的? 是对新厂房和设备进行投资。当工人在生产过程中使用的设备越来越好时,他们的生产率就会增加,而且通常是大幅增加。这也是引起贫穷国家与富裕国家之间生活水平巨大差异的一个重要因素。例如,根据某项研究,美国的人均资本投资价值大约是尼泊尔的人均资本投资价值的30倍。[1]

这种人均资本投资的重大差异不是一朝一夕可以形成的,而是几十年甚至几个世纪储蓄率和投资率差异累积的结果。随着时间的推移,投资率的细小差异逐渐变成每个工人可用的资本设备数量上的极端差异。这种类型的差异就像滚雪球一样:不只是高比率的储蓄和投资引起收入的增长,由此产生的收入水平增长反过来会导致储蓄和投资的进一步增长。因此随着时间的推移,最初很小的专门化生产带来的生产率优势会转化成巨大的收入差距。

人口增长同样会导致一个经济体的生产可能性曲线向外移动,因此也是经济增长的一个原因。但是因为人口增长意味着经济体中有更多张嘴要喂饱,因此仅凭人口增长不能提高国家的生活水平。如果现有的人口已经使土地、水资源及其他稀缺资源不堪重负,那么人口的增长甚至会造成生活水平的下降。

知识和技术的进步可能是经济增长最重要的来源。很早以前经济学家就发现,这种知识和技术的进步通常会经由专门化程度的增加带来更高的产出。技术进步有时候会自然地发生,但是更多时候技术进步都直接或间接地与教育水平的提高有关。

前文曾经讨论过一个2人经济体的例子,在那个例子中因为个人机会成本差异的存在,专门化生产可以使产品总量增长3倍(参见练习2.4)。现实生活中专门化生产的益处甚至远大于那个例子所描述的好处。一个原因在于专门化生产不仅将先前存在的个人技能上的差异资本化,而且通过练习和经验的增长进一步强化了个人技能。此外,专门化生产大幅减少了离职率和启动成本。这些收益不仅是因为工人的关系,也与工人使用的工具和设备有关。如果将一个任务分解成几个简单的步骤,并且每个步骤使用不同的机器设备,那么每个工人的生产率都会成倍增长。

这些因素综合到一起,可以将生产率提高几百万乃至几千倍。现代经济学的鼻祖,苏格兰哲学家亚当·斯密第一个发现了劳动分工和专门化生产可以产生巨大的利益。下面是他对18世纪苏格兰大头针工厂工作场景的描述:

> 一名工人拽出金属丝,另一名工人弄直金属丝,然后第三名工人将金属丝切割成小段,第四名工人弄尖金属丝段,第五名工人研磨金属丝段的顶端做出大头针的头部;而要做出头部还需要两个或者三个不同的操作……我曾经见过一些生产大头针的小型工厂,在那些工厂中只需要10名工人……他们在全力工作之后每天一共可以生产12磅大头针。假定4 000个中等大小的大头针的重量为1磅,那么这10名工人每天一共可以生产48 000个大头针。因此,如果所有人的工作量相等,每个人就生产了48 000个大头针的1/10。但是如果这些人完全独立地从头到尾生产一个大头针,而且他们没有受过特别的培训,那么不难想象几乎所有人每天都无法独自生产20个大头针,甚至可能一个都生产不了。[2]

---

[1] Alan Heston and Robert Summers, "The Penn World Table (Mark 5): An Expanded Set of International Comparisons, 1950—1988," *Quarterly Journal of Economics*, May 1991, pp. 327-368.

[2] Adam Smith, *The Wealth of Nations* (New York: Everyman's Library, book 1, 1910).

专门化生产带来的生产率的增加的确很大。这就是不重视专门化生产和贸易的国家迅速走向衰退的非常重要的原因。

为什么有些国家的专门化速度很慢

你可能会问自己："如果专门化生产真有这么好,为什么尼泊尔这样的贫穷国家不进行专门化生产?"能够提出这个问题,说明你已经有了一定的经济学思考能力。亚当·斯密为了明确地回答这一问题,用了很多年的时间研究这个现象。最后,他解释说人口密度是专门化生产的一个重要的前提条件。作为经济自然主义者的斯密发现,18 世纪在英格兰的大城市这种人口密度高的地方专门化生产程度远远高于偏远的苏格兰高地的专门化生产程度。

> 在苏格兰高地这种非常荒凉的地区,有很多小山村,居民之间相隔很远。因此每个农民除了种粮食之外,还要自己充当家里的屠夫、面包师和裁缝……一个乡村木匠……不仅是木匠,还是工匠、家具匠、木头雕刻匠、造犁匠以及手推车和四轮马车制造匠。[1]

与此形成对比的是,在亚当·斯密的时代,在英格兰和苏格兰的大城市,这些不同的工作都是由不同的专业人员完成的。苏格兰高地人如果能够专门化生产,应该也会选择与英格兰大城市同样的做法,但是他们面临的市场非常小而且很分散。当然,较高的人口密度不能百分之百地保证专门化生产可以带来经济的高速增长。但是在现代船运业和电子通信技术问世前的时代,人口密度低的确是发展专门化生产的一个障碍。

尼泊尔是全球最偏远闭塞的国家之一。20 世纪 60 年代中期,尼泊尔每平方英里的平均人口密度还不足 30 人(为了更清楚地理解,我们用美国新泽西州当时的人口密度作为参照,美国新泽西州当时每平方英里的平均人口密度超过 1 200 人)。此外,专门化生产还受到了尼泊尔崎岖地势的限制。与其他村庄的村民进行产品和服务的交换非常困难,因为大多数时候通过高低起伏的喜马拉雅山脉走到最近的村庄需要好几个小时,甚至好几天。相对于其他因素,这种村庄之间的隔离现象是尼泊尔无法通过推广专门化生产获得经济利益的主要原因。

人口密度绝对不是专门化程度的唯一重要影响因素。举个例子,如果法律和风俗习惯限制了人们之间相互贸易的自由,那么要推广专门化生产也非常困难。

专门化程度是否越高越好

当然,专门化生产促进生产率增长的事实并不意味着专门化程度越高越好,因为加深专门化的程度也有成本。例如,很多人喜欢从事多样性的工作,但是随着专门化程度的加深,工作内容越来越狭窄,工作的多样性也会越来越低。

卡尔·马克思的主要观点之一是人为工作任务的细分会影响工人的心理健康。他这样写道:

> 所有改进生产的方法……使劳动者变得支离破碎,把人变成机器

---

[1]　Adam Smith, *The Wealth of Nations* (New York: Everyman's Library, book 1, 1910).

的附加物,破坏了工作原有的吸引力,将之变成令人憎恶的苦工。[①]

查理·卓别林1936年在电影《摩登时代》中生动地刻画了重复性工厂劳动带来的心理创伤。作为一名装配工,查理每天的任务就是拿着扳手不停地拧紧经过他面前的螺钉上的螺母。最后他在工作的压力下崩溃了,从工厂里蹒跚走出,用手上的扳手不停地拧着他看到的每个类似螺母的突起物。

这种专门化生产可能实现的额外产品的代价是不是太高了?我们至少要认识到专门化生产可以无限深化。但是专门化生产并不一定是指严格细分的、不需要任何脑力思考的重复性工作。此外,我们还要知道不专门化生产也需要付出代价。不专门化生产的国家必须承受较低的工资或很长的工作时间。

如果我们将很大一部分精力用来从事自己具有比较优势的生产,我们就可以在最短的时间内实现人生的理财目标,从而可以有更多的时间做自己感兴趣的事。

▼ 比较优势与外包

经济中促使个人专门化生产并且交换的逻辑同样推动各国进行专门化生产和贸易。和个人一样,即使一个国家在所有产品的生产上都具有绝对优势,它仍能从贸易中获益。

经济自然主义者2.3 如果国家间的贸易如此有益,为什么很多人反对自由贸易协定?

1996年总统竞选中最热门的一个争论是克林顿总统是否应该支持《北美自由贸易协定》(NAFTA)。该协定大幅减少了美国与其北部和南部邻国之间的贸易壁垒。第三方总统候选人罗斯·佩罗特(Ross Perot)对这个协定进行了猛烈的抨击,他认为这个协定会让美国上百万名的工人失业。如果国家间的贸易如此有益,为什么有这么多人反对?

答案在于虽然减少国际贸易壁垒可以增加每个国家产品和服务的总价值,但是并不能保证每个人都会因此受益。人们反对NAFTA的一个主要原因是担心因低廉的劳动而在很多产品生产上具有比较优势的墨西哥的产品会大量涌入美国市场。虽然美国消费者会因为这些产品的价格下降受益,但是很多美国人担心美国的非熟练工人会因此失业。

即使遭到工会的反对,美国最后还是签订了NAFTA。到目前为止,还没有研究表明美国非熟练工人的失业率因此大幅上升,虽然某些行业的确蒙受了损失。尽管如此,对《北美自由贸易协定》的反对仍然十分激烈,美国总统唐纳德·特朗普上台后承诺将重新谈判《北美自由贸易协定》。由此产生的新协议《美国-墨西哥-加拿大协议》(USMCA)有一系列新条款。尽管这项协议已由三国领导人签署,但还需要得到各国立法机构的批准,才能正式生效。

外包

近几年的热点新闻是美国服务工作的外包。这种形式最开始是指由公司外的转包商提供

[①] Karl Marx, *Das Kapital*. New York: Modern Library, pp. 708, 709.

服务,后来逐渐演变成了用相对便宜的国外服务工人代替相对昂贵的美国服务工人。

一个相关的例子是病历卡归档。为了保存确切的记录,医生在检查病人后,口述病历记录。过去,这种档案是由医生的助手在空闲时间记录的,但助手也会被许多杂务扰乱心神。他们要接听电话、做接待员、进行通信准备等。由于 20 世纪八九十年代,保险争议和误诊诉讼日益普遍,医生在病历卡上犯错误会对自己造成严重的后果,于是很多由全职专业人员提供病历卡归档服务的独立公司应运而生。

这些公司通常只为本社区的医生提供服务。然而,虽然管理病历卡服务的很多公司都坐落在美国,实际上越来越多的工作逐步在国外开展。例如,总部位于加利福尼亚北部的公司 Eight Crossings 可以让医生在确保数据不泄露的情况下将口述文件上传到互联网,然后传送给印度的抄录者。完成的电子文件再传送给医生,由其对这些记录进行编辑甚至是通过网络签名。当然,医生所得的好处是这种服务的价格比由国内工人完成低,因为印度的工资比美国低得多。

在韩国、印度尼西亚、印度等国家,哪怕是熟练的高级技工的工资都只相当于美国同类工人工资的一个零头。因此,美国公司面临巨大的压力,不仅进口国外提供的低成本产品,还越来越多地进口专业服务。

正如微软公司的总裁比尔·盖茨在 1999 年的一次访谈中所说的:

> 作为一名职业经理,你需要仔细思考你的核心竞争力。重新审视你公司中并不直接参与核心竞争力的部分,考虑互联网技术能否使你创新这些业务。让其他公司来承担这些工作的管理责任,运用现代通信技术与负责这些工作的人紧密合作,他们现在不是雇员,而是合作伙伴。在互联网工作模式下,雇主能将互联网提供的自由发挥到极致。[①]

在经济学术语中,将服务外包给低工资外国工人与进口由低工资国家生产的产品是非常类似的。在两种情况下,节约的成本都有利于美国消费者,并且在两种情况下,美国的就业至少暂时会受到威胁。如果可以从国外以低成本进口某种产品,就会危及生产这种产品的美国工人的饭碗。也就是说,如果低工资的工人能在国外提供某种服务,从事这项服务的美国工人的饭碗就难保了。

经济自然主义者2.4　美国公共广播公司的财经记者保罗·索曼的工作可以外包吗?

保罗·索曼及其助手李·克罗姆维克思负责制作美国公共广播公司(PBS)的晚间新闻节目"吉姆·莱赫(Jim Lehrer)新闻时间"中深入分析经济事件的视频材料。这份工作可以外包给海得拉巴的低工资记者吗?

在最近出版的一本书中,经济学家弗兰克·利维(Frank Levy)和理查德·默南

---

① Bill Gates,*Business@ The Speed of Thought*: *Using a Digital Nervous System*(New York: Warner Books, March 1999).

(Richard Murnane)正试图寻找可外包工作的特征。[①] 他们认为，任何可以计算机化的任务都可以外包。计算机化是指可以将它分割成小单位，每个单位都可以用简单的规则管理。例如，ATM机可以代替许多原本由银行出纳员完成的工作，因为它可以将这些工作细分成一系列简单的可以由机器回答的问题。同样的道理，离岸呼叫中心负责机票和住宿预订的员工遵循的也是简单的规则，这与计算机程序很相似。

由此可见，一份工作越是没有规则，它就越难以外包。其中最安全的就是利维和默南称之为"面对面"的工作。与许多按部就班的工作不同，这些工作要求进行复杂的面对面的交流，正是这种交流支撑着索曼的经济报道。

在"吉姆·莱赫新闻时间"的一次采访中，索曼询问利维"复杂的交流"的确切含义是什么。

> "如果我说一个词语：bill，"利维回答，"你听见了。但问题是它是什么意思？我是在说一张纸币，还是在说一纸法律文书？你的答案来自你对整个对话内容的理解。这是很难拆分的。"[②]

利维和默南描述了不容易外包的第二类工作——因为种种原因需要工人处于现场的工作。例如，很难见到中国或印度的工人扩建芝加哥郊外的房子、为亚特兰大的雪佛兰巡洋舰汽车修理密封垫，或者为洛杉矶的某人补牙。

所以从两方面说，保罗·索曼的工作现在看起来是很安全的。因为这份工作需要面对面的复杂交流，也因为许多采访只能在美国进行，看来海得拉巴的记者很难替代他。

当然，一份工作相对安全并不是说它是高枕无忧的。例如，许多医生认为他们不会被外包替代，但现在一个人可以选择在新德里补牙，而仍可以省下足够的支付往返印度的机票和两周假期的费用。

美国的劳动大军目前有1.6亿多人。每个月就有近4%的人失去工作，又有差不多同样多的人找到新工作。[③] 在你人生的不同时期，你会在这些群体中不断变换。从长期来看，你和其他工人最好的安全保障就是尽快适应新环境。良好的教育并不能使你免于失业，但它可以使你具有从事复杂工作的比较优势。

重点回顾：比较优势与外包

国家和个人一样，即使一个贸易主体在所有方面都比另一个贸易主体具有绝对优势，贸易也可以使双方都获益。国家机会成本和全球机会成本的差异越大，一个国家可以从与其他国家的贸易中获得的利益就越多。但是贸易的扩大并不能保证每个人都会受益。尤其是高工资国家的非熟练工人短期内可能会因为低工资国家贸易壁垒的减少遭受损失。

---

① Frank Levy and Richard Murnane, *The New Division of Labor : How Computers Are Creating the Next Job Market* (Princeton, NJ : Princeton University Press, 2004).

② http://www.pbs.org/newshour/bb/economy/july-dec04/jobs 8-16.html.

③ www.bls.gov/jlt/#data.

小结

如果一个人生产的某种产品比其他人多，则称这个人在生产这种产品时具有绝对优势。如果一个人生产某种产品的效率比其他人高，即他生产这种产品的机会成本比其他人低，则称这个人在生产这种产品时具有比较优势。基于比较优势的专门化生产是贸易的基础。当每个人都专门从事他具有相对最高效率的工作时，经济蛋糕实现最大化，因此每个人可以分得的部分也就更大。

对于个人而言，比较优势可能源于能力的差异或者教育、培训及经验的不同。对于国家而言，比较优势的来源包括先天的和后天的差异，此外，语言、文化、组织机构、气候、自然资源等因素也可能产生比较优势。

生产可能性曲线用简单的方式列出了社会充分利用现有资源的条件下可能产出的所有产品组合。在一个只生产咖啡豆和松果的简单经济中，生产可能性曲线描述了在任意一种松果的可能产量（用横轴表示）下可以达到的最大的咖啡豆产量（用纵轴表示）。生产可能性曲线上任意一点的斜率表示该点处用咖啡豆磅数表示的松果的机会成本。

所有的生产可能性曲线都向下倾斜，因为根据稀缺原理，消费者要多拥有一单位某种产品就必须减少其他产品的拥有量。当一个经济体中每个工人生产某种产品的机会成本都不相等时，沿着曲线向右侧移动的过程中生产可能性曲线越来越陡。这种斜率的变化可以用机会成本递增原理（也称为低果先摘原理）解释，即在扩大任一种产品的生产时，社会总是首先使用机会成本最低的资源，然后再使用机会成本较高的资源。

推动一个国家的生产可能性曲线随着时间向外移动的因素包括新厂房和设备的投资、人口增长，以及知识和技术的进步。

经济中促使个人专门化生产和交换的逻辑同样会推动国家之间进行专门化生产和贸易。对于个人和国家而言，即使一方在所有产品的生产上都具有绝对优势，它同样能够从贸易中获益，而且这种贸易的好处会随着贸易伙伴之间机会成本差异的增大而增加。

核心原理

- **比较优势原理**

当每个人（或每个国家）集中进行其机会成本最低的经济活动时，所有人都会达到最优。

- **机会成本递增原理**（也称为**低果先摘原理**）

扩大任一种产品的生产时，首先是使用机会成本最低的资源，然后再使用机会成本较高的资源。

名词与概念

absolute advantage	绝对优势	inefficient point	无效率的点
attainable point	可实现的点	outsourcing	外包
comparative advantage	比较优势	production possibilities curve	生产可能性曲线
efficient point	有效率的点	unattainable point	不可能实现的点

复习题

1. 解释在生产某种产品或者提供某种服务时"具有比较优势"的含义。生产某种产品或者提供某种服务时"具有绝对优势"又是什么意思？

2. 哪些因素帮助美国成为全球主要的电影、书籍和流行音乐的出口国？

3. 为什么从经济学角度来说，"人们贫困是因为他们不专门化生产"的说法优于"人们自给自足是因为贫困"的说法？

4. 每天工作小时数的减少会如何影响经济体的生产可能性曲线？

5. 大幅提高劳动生产率的经济创新会如何影响生产可能性曲线？

练习题

1. 泰德给一辆汽车打蜡需要 20 分钟,冲洗一辆汽车需要 60 分钟。伊莎娜给一辆汽车打蜡需要 15 分钟,冲洗一辆汽车需要 30 分钟。他们洗车的机会成本各是多少？谁在洗车上具有比较优势？

2. 泰德每天可以给 4 辆汽车打蜡或者洗 12 辆汽车。伊莎娜每天可以给 3 辆汽车打蜡或者洗 6 辆汽车。他们洗车的机会成本各是多少？谁在洗车上具有比较优势？

3. 伊莎贝拉和安东尼奥都是汽车技师。伊莎贝拉更换一个离合器需要 4 个小时,更换一套刹车需要 2 个小时。安东尼奥更换一个离合器需要 6 个小时,更换一套刹车需要 2 个小时。说明是否有人在两个活动上都具有绝对优势,指出每种活动中谁具有比较优势。

4. 假设某个经济体中只有海伦一个人,海伦将自己的时间用来缝制衣服和烘烤面包。每小时海伦可以缝制 4 件衣服,或者烘烤 8 块面包。

(1) 如果海伦每天工作 8 个小时,画出她的生产可能性曲线。

(2) 根据你绘制的图形,下面列出的点哪些是可实现的点？哪些是有效率的点？

每天缝制 28 件衣服,烘烤 16 块面包;

每天缝制 16 件衣服,烘烤 32 块面包;

每天缝制 18 件衣服,烘烤 24 块面包。

5. 假设第 4 道题中,在缝纫机的帮助下海伦每小时可以缝制 8 件衣服,而不是 4 件。

(1) 说明海伦的生产可能性曲线会发生什么变化。

(2) 指出在使用缝纫机之前和之后,下列各点是否为可实现的点和/或有效率的点。

每天缝制 16 件衣服,烘烤 48 块面包;

每天缝制 24 件衣服,烘烤 16 块面包。

（3）解释下面这句话的含义:"提高某一种产品的生产率将增加我们生产和消费其他所有产品的能力。"

（4）解释下面这句话的含义:"任何一种产品生产率的提高都会增加我们生产和消费其他所有产品的选择余地。"

6. 克里莎每小时可以摘 4 磅咖啡豆或采 2 磅松果。汤姆每小时可以摘 2 磅咖啡豆或采 4 磅松果。每个人每天工作 6 个小时。

（1）两个人一天最多能摘多少咖啡豆?

（2）两个人一天最多能采多少松果?

（3）如果克里莎和汤姆都在摘咖啡豆,然后他们决定每天应该采 4 磅松果,那么谁应该去采松果? 此时他们每天还能摘多少咖啡豆?

（4）现在假设克里莎和汤姆都在采松果,然后他们决定每天应该摘 8 磅咖啡豆,那么谁应该去摘咖啡豆? 此时他们每天还能采多少松果?

（5）克里莎和汤姆有可能一天内采 26 磅松果和 20 磅咖啡豆吗? 如果可能,每个人应该分别摘多少咖啡豆、采多少松果?

（6）点（30 磅咖啡豆,12 磅松果）是否为可实现的点? 是否为有效率的点?

（7）点（24 磅咖啡豆,24 磅松果）是否为可实现的点? 是否为有效率的点?

（8）在一个纵轴表示每天摘的咖啡豆磅数、横轴表示每天采的松果磅数的图上标出（1）~（7）列出的所有点。

7* . 参考第 6 道题中的两人经济体。

（1）假设克里莎和汤姆可以在全球市场上以每磅 2 美元的价格买卖咖啡豆,以每磅 2 美元的价格买卖松果。如果每个人完全专门从事其具有比较优势的经济活动,那么他们通过出售产品可以赚到多少钱?

（2）在上述价格下,克里莎和汤姆最多可以从全球市场上购买多少咖啡豆? 最多可以购买多少松果? 他们有可能每天消费 40 磅松果和 8 磅咖啡豆吗?

（3）当他们可以用上述价格在全球市场上自由买卖时,在同一张图上画出他们所有可能消费的产品的组合。

8. 在美国,以下哪项工作最容易受到外包的影响:家庭医疗服务提供商、发型师或计算机程序员?

正文中练习题的答案

2.1

姓名	更新网页的生产力	修理自行车的生产力
莫尼克	每小时更新 2 个网页	每小时修理 1 辆自行车
米格尔	每小时更新 3 个网页	每小时修理 3 辆自行车

---

* 　表示习题难度较高。

表中的数字说明米格尔在两项经济活动中都具有绝对优势。作为技师的米格尔可以在1个小时内更新3个网页，而作为程序员的莫尼克只能在1个小时内更新2个网页。修理自行车时米格尔的绝对优势更加明显，每小时可以修理3辆自行车，而莫尼克只能修理1辆。

但是在例2.2中，米格尔相对于莫尼克更精于更新网页的事实并不意味着米格尔应该自己更新网页。米格尔更新1个网页的机会成本是修理1辆自行车，而莫尼克的机会成本是修理1/2辆自行车。在更新网页上莫尼克比米格尔具有比较优势，而在修理自行车上米格尔比莫尼克具有比较优势。

2.2 在右边的图中，A点（20磅咖啡豆，4磅松果）不可实现；B点（12磅咖啡豆，6磅松果）可实现并且有效率；C点（4磅咖啡豆，8磅松果）也是可实现的，但属于无效率点。

2.3 克里莎采1磅松果的机会成本是1/2磅咖啡豆，汤姆采1磅松果的机会成本是1磅咖啡豆。因此，汤姆在摘咖啡豆方面具有比较优势，而克里莎在采松果方面具有比较优势。

2.4 因为汤姆每小时采的松果磅数是每小时摘的咖啡豆磅数的5倍，因此他用5个小时摘的咖啡豆数等于1个小时采的松果数。因为他每天工作6个小时，因此他每天花5个小时摘咖啡豆、1个小时采松果。这样分配时间后，他可以得到5磅咖啡豆和松果。同样，如果克里莎得到的咖啡豆和松果磅数也要相等，她每天必须花5个小时采松果、1个小时摘咖啡豆。这样，他们每天的产品组合就是10磅咖啡豆和10磅松果。但是通过专门化生产，他们可以生产与消费30磅咖啡豆和30磅松果。

第 **3** 章

供给和需求

在任何时候,纽约市的食品店、餐馆和私人厨房的食品储备都足以满足该地区1 000万名居民约一个星期的生活之用。由于绝大多数人要求足够的营养和丰富的食品,而纽约市几乎不生产食品,因此纽约市每天有数百万磅的食品和饮料需要被运到城市的各个角落。

毫无疑问,在喜欢的杂货店购买食品、在中意的意大利餐馆就餐的很多美国人,不会想到供给一个城市居民日常需要的这个近乎不可思议的过程。但事情的确是这样。即使对纽约市的供给只是每天把一定数量的食品送到一个个目的地,这也是一项很不平常的事情,至少需要一支训练有素的队伍才能完成。

事实上,整个过程更为复杂。例如,系统必须设法保证有足够的食品运到,它们不仅需要满足纽约市民的各种口味,还必须是市民所喜欢的种类。既不能有过多的雏鸡,熏制食品也不能太少;既不能有过多的咸肉,蛋类也不能太少;既不能有过多的鱼子酱,金枪鱼罐头也不能太少……对于各类食品和饮料,也需要做出类似的决策:瑞士硬干酪、菠萝伏洛干酪、戈贡佐拉干酪和羊乳酪的数量应该不多不少。

然而这些仍不足以描述大城市日常供给的决策和行动的复杂性。一些人要决定每种食品的生产地点、生产方式和生产人员;另一些人要决定运送到城市中成千上万个餐馆和食品店的各类食品的数量;还有一些人则需要决定运输的方式——大卡车或小卡车,安排它们在指定的时间将食品运到指定的地点,并要保证有足够的汽油和合格的司机。

成千上万的人需要决定他们在这项集体工作中扮演的角色。一些人——数量合适即可——应选择驾驶运送食品而不是木材的卡车。一些人需要掌握机修工的基本技能,而不是成为一个木匠。另一些人要做农民,而不是建筑师或者泥瓦匠。还有一些人则需要成为高档餐厅的厨师,或者麦当劳的汉堡包制作工,而不是水管工和电工。

尽管包含数量繁多、内容复杂的任务,纽约市的食品供应工作却进行得井井有条。有时候,杂货店会出现牛后腹肉排短缺的情况,或者一个宴会被告知最后一只烤鸭已经卖掉了。我们之所以会记得这些情况,正是因为它们很少见。更多的时候,纽约市的食品运送系统都在一环紧扣一环地运作着,并不为人们所关注。

在纽约市的房屋租赁市场上,情况则大不相同。根据一项估计,纽约市长期以来人口的增长超过住房供应的增长。[①] 这个美国人口最密集的城市已经面临房屋短缺的局面。但奇怪的是,在短缺的情况下,公寓式建筑还在被拆除,附近的居民在这些闲置的土地上种起了花草。

纽约市不仅存在出租房屋紧缺的问题,还面临房东与房客间的长期关系紧张问题。举一个典型的例子,一位住在朝东阁楼里的摄影师与房东打了 8 年的官司,法律文书多达上千页。"每次我在自己的房间装上门铃,"摄影师回忆道,"他都会把它拆掉,因此最后我拆了他的门铃线。"[②]而房东则指责这位摄影师妨碍他更新屋内设施。房东认为,摄影师之所以愿意让房子保持现在这种简陋的局面,是为了将房租维持在较低的水平。

同样是在这个城市,存在两种截然不同的情况:在食品业,各种产品和服务可以满足多种需要,人们(至少是那些有足够收入的人)一般对他们得到的及可以选择范围内的产品和服务比较满意。与此相反,在房屋租赁市场上,长期的短缺与不满在买方和卖方中普遍存在。为什么会存在这种差异?

简单地说,在纽约市,房屋的分配受到一个复杂的管理租赁规则的限制,而食品的分配却由市场力量支配——这种力量就是供给和需求。尽管与我们通常的直觉不同,但是理论和实际都表明,看起来混乱无序的市场力量与政府机构(举例而言)相比,在很多情况下可以实现对经济资源更好的分配,即使政府机构制定法规是出于良好的意愿。

本章将研究市场如何对食品、房屋以及其他产品和服务进行高效率的分配。当然,市场不可能是完美的。本章将对通常被普通大众忽视或误解的市场的作用进行充分的说明。但是,在讨论中我们将试图说明为什么多数时间里市场都可以正常运行,而政策法规却很少可以在解决复杂经济问题时起到积极作用。

这门课程的主要目的是使大家了解市场的运行规律,本章首先做一个简要的介绍。随着课程内容的不断深入,我们将就市场的各种经济因素以及市场所存在的一些问题和优势进行详细讨论。

 ## 做什么? 怎样做? 为谁做? 中央计划与市场

没有一个城市、国家或社会——无论它们的组成方式如何——能够忽略那些基本的

---

① 更详细的信息参见 www.citylab.com/equity/2017/05/is-housing-catching-up/5282461。

② 引自 John Tierney,"The Rentocracy:At the Intersection of Supply and Demand,"*New York Times Magazine*,May 4,1997,p. 39。

经济问题。举例来说,我们应该消耗多少有限的时间和资源来建造房屋、生产食品以及提供其他产品和服务? 在生产食品时,我们应该应用何种技术? 对于每一项任务应该指派谁来完成? 这些产品和服务应该如何在人们之间进行分配?

在有历史记载的数千个社会中,这类事件基本上有两种解决途径。其中一种途径是由少数人代表大多数人进行经济决策。例如,历史上的一些农业社会、家族或其他小型社会采用自给自足的方式生活,由某个部落或家族首领负责绝大多数重要的生产和分配决策。在中央计划经济的国家,中央委员会为国家的农业和工业设定生产目标,为实现这些目标订立控制计划(包括对具体生产人员的详细说明),并为这些产品和服务的分配与使用制定方针。

21 世纪初,多数地区的经济系统由自由市场上相互影响的个体实施生产和分配的决策。在资本主义社会或自由市场经济中,人们自主决定他们从事的工作、生产和购买的产品。事实上,现在的经济中并不存在纯粹的自由市场。现代工业国家大多是"混合经济",产品和服务由自由市场、规章制度及其他形式的控制因素共同分配。在大多数时候,人们可以自由地开办、关闭或出售自己的企业,因此关于自由市场的判断是合理的。由于个体在劳动市场上得到的收入决定了他的购买力,因此产品和服务的分配由基于消费购买力的个体偏好决定。

在很多国家,为了使生产和消费更加有效,市场已经替代了中央控制。人们普遍认为经济学家在一些问题上总是表现出意见的不一致(正如一些人所说的,"如果将所有的经济学家都集中在一个地方,他们仍然不会得出什么结论")。而事实却是,在很多问题上,经济学家们的观点惊人一致,特别是关于市场在分配社会稀缺资源时起到的关键作用的观点。举例来说,最近的一项调查显示 90% 以上的美国经济学家认为像纽约市那样对房屋租赁市场进行管制弊大于利。尽管这种管制是出于使中低收入家庭可以负担租赁费用的良好目的,但是这样做会给纽约市的房屋市场带来负面影响。为了解释这种现象,我们需要研究产品和服务在自由市场上的分配方式,以及非市场的产品和服务分配手段经常不能达到预期效果的原因。

市场上的买方和卖方

我们首先介绍一些简单的概念和定义,以解释买方和卖方之间的相互作用如何决定在市场上进行交易的各种产品和服务的价格及数量。我们首先对市场进行定义:任何一种商品的市场由这种商品的买方和卖方组成。举例而言,在一个特定日子的一个特定地点,比萨饼的市场就是那群在这一时间和地点有可能购买或出售比萨饼的人(或者其他经济体,如公司)。

在比萨饼的市场上,卖方包括专门或者在适当的环境下出售比萨饼的人和公司。类似的,市场上的买方则包括购买或可能购买比萨饼的人。

在美国的大多数地区,花不到 10 美元就可以买到一张不错的比萨饼或者一餐饭所需的其他食品,那么比萨饼的价格是如何制定的? 扩展到我们日常生活中交易的其他商品,我们可能会问:"为什么有些商品便宜,而其他商品比较贵?"亚里士多德、柏拉图、哥白尼和牛顿都无法回答这个问题。仔细想想,我们会惊奇地发现,在漫长的人类历史上,不但那些睿智且具有创造性思维的大思想家无法回答,就连著有《国富论》(1776 年)的苏格兰哲学家亚当·斯密都无法回答上面的问题。

亚当·斯密及其他早期的经济学家认为商品在市场上交易的价格由其生产成本决定。但是尽管成本的确对价格有所影响,他们却无法解释为什么莫奈的油画比皮埃尔·奥古斯特·雷诺阿(Pierre-Auguste Renoir)的画贵得多。

斯坦利·杰文斯(Stanley Jevons)和 19 世纪的其他经济学家试图通过考察人们消费不同的商品和服务时得到的价值来解释价格问题。这种思路听起来很合理,因为人们会为自己认为价值高的商品支付更高的费用。但支付意愿并不是决定价格的全部因素。在沙漠中,一个人如果没有水喝,几个小时后就会死去,但是 1 加仑水的价格却不到 1 美分。与此形成鲜明对比的是,黄金并不是人们在生活中必须拥有的,但是每盎司黄金却卖到了 1 800 多美元的高价。

生产的成本,对于使用者而言的价值,哪一个是决定价格的因素?当代经济学家认为二者共同决定了商品的价格。19 世纪末英国经济学家阿尔弗雷德·马歇尔最早提出了这种观点,他认为成本和使用价值的相互作用决定了商品的市场价格以及购买和出售的数量。在下文中,我们将研究马歇尔的这种思想,同时给出一些具体应用的实例。首先,我们介绍马歇尔的两项具有开创性的研究成果——需求曲线和供给曲线。

需求曲线

在比萨饼的市场上,需求曲线是说明在每种价格上,人们愿意购买的比萨饼的数量的简单图形。为了方便起见,经济学家通常用纵轴表示价格、横轴表示数量。

需求曲线的一个基本性质是,随着价格的增加,曲线向下倾斜。举例来说,比萨饼的需求曲线告诉我们随着价格的下降,人们的购买数量会增加。图 3.1 是芝加哥的比萨饼日需求曲线(尽管经济学家常说需求曲线和供给曲线,在示例中我们通常将其画成直线)。

图 3.1 中的需求曲线告诉我们,当比萨饼的价格较低(如每张 2 美元)时,一天之中消费者的购买数量会达到 16 000 张;当价格为每张 3

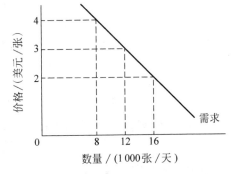

图 3.1 芝加哥的比萨饼日需求曲线

对于任何商品,需求曲线均为价格的减函数。

美元时,数量为 12 000 张;当价格为每张 4 美元时,数量仅为 8 000 张。比萨饼的需求曲线——像其他商品一样——向下倾斜,部分原因在于消费者对价格变化的反应。因为随着比萨饼价格的逐步升高,消费者可能转而购买鸡肉三明治、汉堡包或者其他食品以替代比萨饼,这称为价格的**替代效应**。另外,价格的升高会降低消费者的购买力,进而减少需求数量:价格较高时,消费者可能没有能力购买低价格时的消费数量。这称为价格的**收入效应**。

需求曲线向下倾斜的另一个原因是消费者支付意愿的差异。成本-收益原理告诉我们,如果预期收益高于成本,人们就会购买这种商品。预期收益是**消费者的购买意愿**,是其购买这种商品所愿意支付的最高价格。商品的成本是消费者在购买时必须支付的价格,是商品的市场价格。在大多数市场上,不同的消费者具有不同的购买意愿。因此,根据成本-收益原理,较高的价格与较低的价格相比,愿意购买的消费者更少。

从另一个角度考察这个问题,需求曲线向下倾斜表示随着商品需求量的增加,边际消费者的购买意愿逐渐降低。这里的边际消费者是指购买最后一单位商品的人。例如,在图 3.1 中,如果消费者的日需求量为 12 000 张,第 12 000 张比萨饼的买方的购买意愿就是每张 3 美元(如果有人愿意支付更高的价格,每张 3 美元对应的需求量就会高于 12 000 张)。类似的,如果消费者的日需求量为 16 000 张,边际消费者的购买意愿仅为每张 2 美元。

根据我们的定义,需求曲线表示每种价格下商品的需求量。这称为需求曲线的横向解释。根据横向解释,我们可以由纵轴上的价格找到所对应的消费者需求数量。因此,当价格为每张 4 美元时,由图 3.1 可以看出,对应的比萨饼需求量为每天 8 000 张。

需求曲线还有另一种理解,我们可以根据横轴的需求数量在纵轴上找到所对应的商品价格。因此,如图 3.1 所示,当比萨饼的日需求量为 8 000 张时,边际消费者的购买意愿为每张 4 美元。这被称为需求曲线的纵向解释。

练习 3.1

在图 3.1 中,日需求量 10 000 张对应的边际消费者购买意愿是多少?每张价格为 2.5 美元时,对应的比萨饼日需求量又是多少?

供给曲线

在比萨饼市场上,供给曲线是说明任意价格下比萨饼卖方愿意出售的数量的简单图形。供给曲线的形状取决于一个合理的假设:只要价格足以弥补供应商的机会成本,他们就愿意提供商品。因此,如果出售比萨饼的收入低于一个人把时间和资金投入其他事情所能得到的收入,他就不会选择出售比萨饼;反之,则会选择出售比萨饼。

正如买方对于比萨饼的支付意愿彼此不同,卖方对于出售比萨饼机会成本的度量也不尽相同。对于那些受教育程度很低、工作经验十分有限的人来说,出售比萨饼的机会成本相对较低(因为他们没有更多的高收入工作可供选择)。对于其他人而言,机会成本相对较高,而对于摇滚歌星和运动健将来说,机会成本则非常高。由于机会成本在不同人群之间的差异,比萨饼的日供给曲线相对于价格而言向上倾斜。图 3.2 是芝加哥的比萨饼日供给曲线。

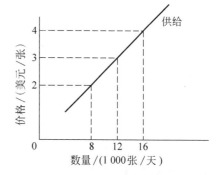

图 3.2　芝加哥的比萨饼日供给曲线
价格越高,卖方会提供越多的产品用于出售。

供给曲线向上倾斜的特征符合我们在前面讨论的低果先摘原理。当比萨饼的产量增加时,我们首先想到的是那些机会成本最低的供应商,然后才是机会成本更高的供应商。

与需求曲线类似,供给曲线也可以从横轴或纵轴出发给予解释。从横轴出发解释时,我们从商品价格出发,通过供给曲线找到横轴上对应的卖方愿意出售的商品数量。例如,当价格为每张2美元时,由图3.2可以看出,此时卖方愿意出售的数量为每天8 000张。

从纵轴出发解释时,我们从数量出发,通过供给曲线找到纵轴上对应的商品价格。如图3.2所示,当日供给量为12 000张时,边际卖方的机会成本为每张3美元。换句话说,供给曲线告诉我们生产第12 000张比萨饼的边际成本是3美元(如果有人可以以低于3美元的边际成本生产第12 001张比萨饼,他一定会选择生产和销售比萨饼,因此在每张3美元的价格上,比萨饼的供给量不再是每天12 000张)。类似的,当比萨饼的供给量为每天16 000张时,生产的边际成本为4美元。卖方多出售一单位商品的出售意愿就是生产该商品的边际成本,即多出售一单位商品时,不会使卖方情况变坏的最低价格。

练习3.2

在图3.2中,比萨饼的日销售量为10 000张时对应的边际成本是多少? 当每张售价为3.5美元时,对应的供给数量又是多少?

重点回顾：供给曲线和需求曲线

　　一种商品的市场由该商品实际与潜在的买方和卖方构成。对于任何一个既定的价格,需求曲线显示了买方愿意购买的商品数量,供给曲线则显示了卖方愿意出售的商品数量。随着商品价格的升高,卖方愿意出售的商品数量增加(供给曲线向上倾斜),而买方愿意购买的商品数量减少(需求曲线向下倾斜)。

▼ 市场均衡

均衡的概念存在于自然科学和社会科学中,在经济学分析中,均衡更是处于举足轻重的地位。一般而言,当系统中的所有作用均被抵消,达到一种稳定、平衡或者不变的状态时,则称该系统处于均衡状态。例如,在物理学中,把一个小球放在弹簧上,当弹簧对小球施加的向上的力与小球的重力刚好相等时,这个系统处于均衡状态。在经济学中,当市场中的所有参与者都不想改变他们的行为,进而产品的产量和价格不会再发生变化时,则称市场达到了均衡状态。

要想确定弹簧上小球的最终状态,需要找到弹簧的弹力与小球的重力相等、系统处于平衡的那一点。类似的,要想确定使商品销售状况达到最佳的价格(称为**均衡价格**)和数量(称为**均衡数量**),需要找到这种商品在市场上的均衡状态。供给曲线和需求曲线可以帮我们实现这一点。当一种商品的供给曲线和需求曲线相交时,交点所对应的商品价格和数量就是其均衡价格和均衡数量。例如,我们在前面提到的芝加哥比萨饼的供给曲线和需求曲线,均衡价格为每张3美元,均衡数量为每天销售12 000张,如图3.3所示。

注意当比萨饼的均衡价格是每张3美元时,买方和卖方在某种意义上都得到了满足:

在这个价格下,买方可以买到他们希望购买的数量的比萨饼(每天 12 000 张),卖方也可以卖出他们希望销售的数量的比萨饼(同样是每天 12 000 张)。因此,买方和卖方不再有动机改变自己的行为。

注意**市场均衡**概念中"满足"的含义。这并不意味着卖方不愿意以高于均衡价格的价格出售商品。确切地说,这只意味着在这个价格下他们可以卖出希望销售的所有数量的商品。类似的,买方在均衡价格下得到满足并不意味着买方不愿意以低于均衡价格的价格购买商品,而只意味着在这个价格下他们可以买到希望购买的所有数量的商品。

还要注意,如果在芝加哥市场上,比萨饼的价格不是每张 3 美元,买方和卖方都不会满意。假设比萨饼的价格是每张 4 美元,从图 3.4 可以看出,在这个价格下,买方每天希望购买 8 000 张,而卖方却希望出售 16 000 张。没有人可以强迫别人做出违背其意愿的消费决策,这就意味着买方每天只会购买 8 000 张比萨饼。因此当市场价格高于均衡价格时,卖方无法将产品全部出售。价格为每张 4 美元时,卖方每天的**超额供给**为 8 000 张。

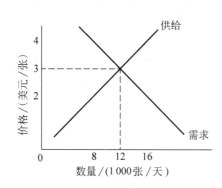

图 3.3 芝加哥比萨饼的均衡价格和数量
　　商品的均衡价格和数量是供给曲线与需求曲线相交时所对应的价格和数量。

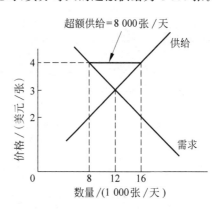

图 3.4 超额供给
　　当市场价格高于均衡价格时存在超额供给,即卖方供给量与买方需求量之间的差额。

与此相反,假设芝加哥的比萨饼是每张 2 美元,低于均衡价格。从图 3.5 中可以看出,买方每天希望购买 16 000 张,而卖方只希望出售 8 000 张。卖方不会出售更多的比萨饼,因此买方无法购买到他们期望消费的数量。在价格为每张 2 美元时,买方每天的**超额需求**为 8 000 张。

自由市场的一个显著特征是可以自动地向均衡价格和均衡数量调整。这种机制蕴含在我们对超额供给和超额需求的定义中。举例来说,假设比萨饼的价格是每张 4 美元,导致了图 3.4 中的超额供给,因为卖方希望出售的数量多于买方可以购买的数量。对于卖方而言,最好的方法是降低商品的价格。因此,如果一个供应商将价格从

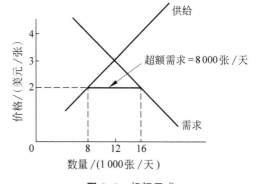

图 3.5 超额需求
　　当市场价格低于均衡价格时存在超额需求,即买方需求量与卖方供给量之间的差额。

每张 4 美元降到 3.95 美元,他就可以吸引那些支付每张 4 美元给其他供应商购买比萨饼的消费者来购买他的商品。这样,其他供应商为了弥补他们失去顾客的损失,也会纷纷降价。但应该注意到,如果所有的供应商将价格降低到每张 3.95 美元,他们仍然会有较大数量的超额供给。因此,卖方仍然有动机继续降价,直到价格达到每张 3 美元。

与此相反,假设市场价格为每张 2 美元,低于均衡价格,此时消费者的需求不能全部得到满足。如果一个消费者不能以每张 2 美元的价格买到他所希望购买的数量,他会希望提高价格以购买原本要卖给别人的商品。这种情况下,只要超额需求存在,卖方就有动机提高价格。

因此,只要存在超额供给或超额需求,价格就会不断向均衡水平靠拢。达到均衡价格后,买方和卖方都会感到满意,因为他们可以购买或出售他们期望数量的商品。

例 3.1 市场均衡

表 3.1 列出了比萨饼市场需求曲线和供给曲线上的一些样本点。根据这些点画出该市场的供给曲线和需求曲线,并求出均衡价格和数量。

表 3.1 比萨饼市场需求曲线和供给曲线上的若干样本点

对比萨饼的需求		对比萨饼的供给	
价格 /(美元/张)	需求数量 /(1 000 张/天)	价格 /(美元/张)	供给数量 /(1 000 张/天)
1	8	1	2
2	6	2	4
3	4	3	6
4	2	4	8

将表 3.1 中的这些点画在图 3.6 中,连在一起就形成了市场的供给曲线和需求曲线。两条曲线的交点就是市场的均衡状态,此时的价格为每张 2.5 美元,均衡数量为每天 5 000 张。

需要强调的是,市场均衡并不意味着每一个市场参与者都会得到理想的结果。因此,在上述例子中,市场参与者对于他们以每张 2.5 美元购买或出售的比萨饼数量感到满意,但是对于那些经济状况不好的买方而言,这可能意味着如果他们要购买更多的比萨饼,就不得不减少其他高价值商品的消费。

事实上,一些低收入者甚至没有能力购买最基本的产品和服务,而需要依靠政府的补贴,这种现象几乎在所有的社会中都存在。但是,供求规律不能因为立法机关的介入而被简单地否定。从下文可以看出,当立法者试图阻止市场达到均衡价格和数量时,往往是弊大于利。

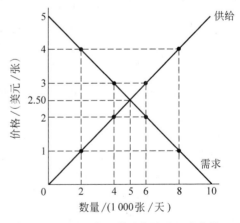

图 3.6 比萨饼市场供给曲线和需求曲线,
以及均衡价格和均衡数量

将表 3.1 中的样本点画在图上,把这些点连成直线就可以得到供给曲线和需求曲线。均衡价格和均衡数量为两条曲线的交点对应的价格和数量。

租金管制的再思考

再次考虑纽约市的房屋租赁市场,假设一居室的供给曲线和需求曲线如图 3.7 所示。市场在月租金为 1 600 美元时达到均衡,这时可以租出 200 万套房屋,房东和房客均得到了满意的结果,因为在这个价格上他们没有意愿出租或承租更多或更少的房屋。

但这并不意味着已经达到了完美的状态。例如,很多潜在的房客可能由于无法负担每个月 1 600 美元的房租而无家可归(或者搬到另一个房租相对便宜的地方)。我们假设立法者出于良好的目的,规定一居室的租金每月不得超过 800 美元。制定这条法规的目的是使人们不再因为房租太贵而无家可归。

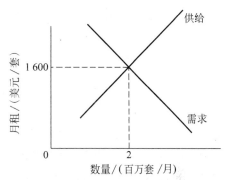

图 3.7 不存在管制的房屋市场

对于如图中所示的供给曲线和需求曲线,均衡租金为每月 1 600 美元,在这个价格下每个月将有 200 万套房屋被出租。

从图 3.8 可以看出,如果一居室的租金被限制在每月 800 美元以下,房东每个月仅愿意出租 100 万套一居室,低于房租为每月 1 600 美元时的数量。但是,在这种价格下房客每个月需要承租 300 万套一居室(例如,原本因为纽约 1 600 美元一个月的高额房租已经决定搬到新泽西的人可能重新考虑住在纽约)。因此,当租金被限制在每个月 800 美元以下时,市场上出现了 200 万套的超额需求。换句话说,租金管制导致每个月 200 万套的房屋短缺,而且每个月可利用的房屋减少了 100 万套。

如果房屋市场完全不受管制,对于如此之高的超额需求的反应将是租金的迅速升高。但是此时,法规将租金限制在了每个月 800 美元以下。然而,超额需求的压力可能通过其他方式反映出来。例如,房东会发现即使他们不再像以前那样注意维护房屋,也不需要为此付出什么代价。毕竟,如果对待租房屋有一个统一的评价标准,房东自然会用各种方法使房子保持得好一些。当房租被限制在市场均衡水平之下时,管道漏水、墙面掉漆、炉子故障,以及其他诸如此类的问题很有可能不为房东所关注。

待租房屋数量的减少和现有房屋质量的降低并不是唯一的问题。当每个月只有 100 万套待租房屋时,从图 3.8 中可以看出,竟然有房客愿意支付每月 2 400 美元的租金。这种现象无论是否合法,却总是存在的。例如,在纽约"中介佣金"的现象很常见,有时可高达几千美元。不能以市场均衡租金出租房屋的房东可以选择将其转换为共管公寓或合作公寓,从而使他们能以更接近其真实经济价值的价格出售资产。

即使有些房东并不因为自己的房屋受到租金管制而采取上述种种变相加价的措施,仍然会存在很多不合理分配的情况。例如,两个时常发生口角的合租者很难通过房屋市场各自租到合意的房子,因此他们仍然会选择合租。一个丧偶的妇女,即使子女们已经搬

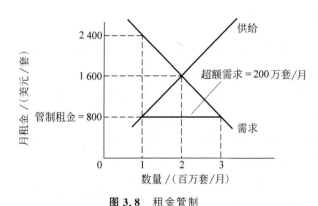

图 3.8　租金管制

当租金被控制在均衡水平以下时会产生超额需求。

出家独立居住,她也仍旧会住在原来住的七居室里,因为这比那些不受租金管制的公寓便宜得多。其实,如果她将这栋大房子让给那些人数较多的家庭,会使它更有价值。但由于租金管制的存在,从经济的角度考虑,她显然不会这样做。

还存在另一种更糟糕的租金管制。在没有租金管制的市场上,房东不能由于潜在房客的种族、性取向、身体残疾或国籍而歧视他们,因为这样会遭受经济损失。拒绝将房子租给以上特殊人群会使人们对房子的需求下降,这意味着房东将被迫降低房租。但当租金被人为地控制在均衡水平以下时,超额需求的存在使房东可以随意挑选房客而不必承受经济损失。

租金管制并不是政府救济穷人的唯一手段。20 世纪 70 年代末,为了减轻汽油价格过高给低收入者带来的沉重负担,美国政府试图将汽油的价格控制在均衡水平以下。正如存在租金管制的房屋市场一样,该政策实施成本之高是政府实行价格管制前并未预料到的。汽油的短缺导致加油站前排起了长队,不但浪费了人们宝贵的时间,而且很多汽车由于买不到汽油而被闲置。

对租金管制和类似手段的反对,是否说明经济学家对穷人漠不关心?尽管一些不了解情况或是政府管制的既得利益者常常做出这种指责,但它却是站不住脚的。经济学家只不过意识到有很多比将房屋及其他商品的价格人为限制在低水平上更加有效的救济穷人的办法。

一个直接的方法是给穷人额外的收入,由他们决定如何支配这些收入。事实上,这种给予穷人额外购买力的方法在实施上存在一些困难——如何将这些钱资助给真正需要的人,又不会使他们失去自我谋生的动力?不过,可以找到一些实用的方法来克服这些困难。例如,政府可以对工资低的人提供补贴,或者向无法在私营部门找到工作的人提供公共服务领域的工作岗位,这些措施的成本都小于价格管制。

将价格控制在均衡水平之下的管制手段会对市场产生长期影响。在下面的练习中我们将看到价格管制使市场价格高于均衡水平时的情况。

练习 3.3

下图中显示的是房屋租赁市场的供给曲线和需求曲线。如果租金被控制在每月 1 200 美元以下，情况会如何？

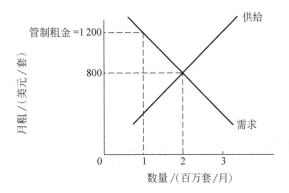

比萨饼的价格管制

我们可以想象一下，如果政府为了救济穷人，对比萨饼的价格也进行管制，会是什么情形？这可以使我们更透彻地理解存在租金管制的纽约房屋市场与不受管制的食品市场之间的差异。假设比萨饼的供给曲线和需求曲线如图 3.9 所示，政府制定的价格上限为每张 2 美元，超过此价格即属于违法行为。当价格为每张 2 美元时，买方每天需要购买 16 000 张比萨饼，但卖方仅愿意出售 8 000 张。

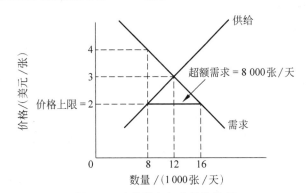

图 3.9 比萨饼市场的价格管制

低于均衡水平的价格上限会导致对比萨饼的超额需求。

当价格为每张 2 美元时，城市中的每一个比萨饼店门前都会排起长长的抢购队伍。商店管理者的朋友可以得到优先购买的待遇。商家会制定各种间接的价格策略（如每张 2 美元的比萨饼与每杯 5 美元的可乐捆绑销售）。比萨饼会用廉价的原料生产，甚至市场上会流传关于黑市比萨饼的各种谣言，等等。尽管这种情况看起来有些可笑，却时常发生在那些价格低于均衡水平的市场上。

重点回顾：市场均衡

市场均衡是一种状态，在这种状态下，市场上的买方和卖方对于在市场价格下购买和出售的数量均感到满意，在供求曲线图中即为两条曲线相交的那一点。对应的价格和数量称为均衡价格和均衡数量。

除非存在价格管制，价格和数量会由于买方和卖方的行为而逐渐向均衡状态靠近。如果一开始价格较高，市场上存在超额供给，卖不出去商品的供应商会采取降价策略。如果一开始价格较低，市场上存在超额需求，消费者之间的竞争会促使价格升高。这种现象会一直持续，直至达到均衡状态。

对价格和数量变化的预测与解释

如果我们了解使供给和需求发生变化的各种因素，就可以预测价格和相应的数量变化。但是描述市场变化的环境时，必须注意区分一些术语。例如，我们应该区分**需求量的变化和需求的变化**。"需求量的变化"指的是价格变化时，人们希望购买的商品数量的变化。图3.10(a)中显示了金枪鱼价格下降引起的需求数量的增加。当每罐金枪鱼从2美元降到1美元时，需求数量从每天8 000罐增加到10 000罐。与此不同的是，"需求的变化"是指整个需求曲线的移动。图3.10(b)中显示的是需求的增加，这意味着在每一种价格下，与变化前相比需求量都增加了。总而言之，"需求量的变化"是指沿着需求曲线移动，而"需求的变化"则是指整个需求曲线的移动。

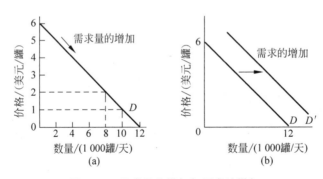

图3.10 需求量的增加与需求的增加

(a) 价格下降时，需求量的增加体现为沿着需求曲线向下移动；

(b) 需求的增加体现为整个需求曲线向右移动。

需要加以类似区分的还有供给方面的术语。**供给的变化**是指整个供给曲线的移动，而**供给量的变化**则是指沿着供给曲线的移动。

马歇尔的供求模型是经济学最实用的工具之一。只要我们了解了决定供给曲线和需求曲线位置的因素，就可以理解周围很多有趣的现象了。

需求曲线的移动

为了更好地理解供求模型如何帮助预测与解释价格和数量的变化,我们首先来看几个例子。第一个例子说明了市场以外的因素引起的需求曲线的移动。

例 3.2　互补品

如果场地租赁费降低,网球市场的均衡价格和数量会有怎样的变化?

图 3.11 中的 S 和 D 分别为网球市场最初的供给曲线和需求曲线,这时的均衡价格为每个球 1 美元,均衡数量为每月 4 000 万个球。网球场和网球是**互补品**,即把它们放在一起使用的价值要高于分别使用的价值。因为如果没有场地,网球也就没有了价值(当父母将网球用来给孩子练习拍球时,网球还是有一些价值的)。当租用场地的费用降低时,人们会愿意多打网球,这就增加了网球的需求量。因此,场地租赁费的减少使网球的需求曲线从 D 移动到 D′(需求曲线"向右移动"也可称为"向上移动",两种说法分别对应着对需求曲线的横向理解和纵向理解)。

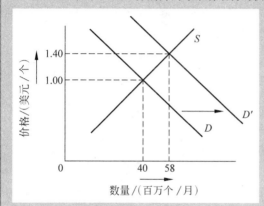

图 3.11　场地租赁费的降低对网球市场的影响
当互补品的价格下降时,需求曲线向右移动,均衡价格和均衡数量随之增加。

在图 3.11 中,需求曲线移动后,网球新的均衡价格为 1.4 美元,高于原来的均衡价格,新的均衡数量为每个月 5 800 万个球,也高于原来的均衡数量。

例 3.3　替代品

如果数字广告费用下降,印刷广告的均衡价格和均衡数量会发生什么变化?

大多数企业都会同时购买数字广告和印刷广告来推广产品。假设印刷广告的初始供给曲线和需求曲线如图 3.12 中的 S 和 D 所示,此时的均衡价格为 P,对应的均衡数量为 Q。印刷广告和数字广告是经济学家所说的替代品,也就是说,至少在某些方面,这两种广告的作用大体相同。当两种商品或服务互为替代品时,其中一种商品价格的下降会引起另一种商品的需求曲线向左移动(需求曲线"向左移动"也可称为"向下移动")。用图表示,即印刷广告的需求曲线从 D 移动到 D′。

如图所示,新的均衡价格 P′ 和均衡数量 Q′ 均低于初始值 P 和 Q。数字广告费用的降低不会导致印刷广告公司破产,但会被抢走一部分客源。

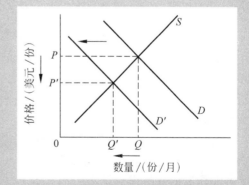

图 3.12　数字广告费用的下降对印刷广告市场的影响
当替代品的价格下降时,需求曲线向左移动,均衡价格和均衡数量随之降低。

总而言之,如果一种商品的价格上涨导致另一种商品的需求曲线向右移动,经济学家就认为这两种商品互为替代品。与此相反,如果一种商品的价格上涨导致另一种商品的需求曲线向左移动,就称之为互补品。

替代品和互补品的概念可以帮助我们回答下面的问题。

练习 3.4

机票价格下降会对旅游胜地的公共汽车票价和酒店价格产生什么影响?

需求曲线的移动不仅是由替代品和互补品价格的变动引起的,它还受到消费者对一种既定商品或服务支付意愿的各种决定因素的影响。收入就是这些因素中比较重要的一个。

经济自然主义者 3.1　美国联邦政府为职员加薪后,为什么距华盛顿地铁站较近的房屋租金相对于较远的房屋租金会升高?

对于大部分都是政府职员的华盛顿居民而言,住在距地铁站仅一个街区的地方比距地铁站20个街区的地方要便利得多。这些街区交通便利,因此房租要贵得多。假设这种房屋初始的供给曲线和需求曲线如图3.13所示。随着美国联邦政府职员薪水的提高,职员们可以利用增发薪水的一部分来支付高额房租,因此一些原本居住在非便利街区的职员会考虑搬到便利街区;而那些已经居住在便利街区的职员对他们租赁的房子会有更高的支付意愿。因此,薪水的提高使便利街区房屋的需求曲线向右移动,在图3.13中即为

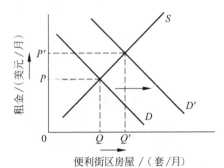

图 3.13　美国联邦政府职员薪水的增加对华盛顿便利街区房屋租赁的影响

收入的增加使正常品的需求曲线向右移动,导致均衡价格和均衡数量的增加。

从 D 移动到 D'。这些房屋的均衡价格和均衡数量也由此分别增加到 P' 和 Q'。

到这里可能有人会问,便利街区的房屋数量受到地理条件的限制,不可能增加。但是激励原理告诉我们绝不能低估可以通过提供更多的商品而增加盈利时卖方的智慧。例如,当租金上涨到足够多时,房东可能会将仓库用作出租。一些拥有私家车的人也会把便利街区的房屋卖给房东,以提供给那些急需的人(这种情况会引起沿着便利街区房屋供给曲线的移动,而不是供给曲线自身的移动)。

当收入增加时,大部分商品的需求曲线会像上述便利街区房屋的需求曲线一样向右移动,经济学家称这类商品为**正常品**。

并非所有的商品都是正常品。事实上,收入增加时,有些商品的需求曲线会向左移动,这类商品被称为**劣等品**。

有了更多收入以后,在什么情况下你会希望少购买某些商品?一般而言,当一种商品存在比它的价格只高一点点,而且很有吸引力的替代品时,就会出现这种情况。位于那些既不安全又不便利的地方的房屋就是一个很好的例子。绝大多数居住者一旦

有了足够的收入可以负担更高的房租,就会搬离这类地区,这说明收入的增加使这类房屋的需求曲线向左移动。

练习 3.5

当美国联邦政府职员的薪水大幅增加时,距离华盛顿地铁站较远的房屋租金会有什么变化?

脂肪含量很高的碎牛肉是另一个劣等品的例子。出于健康的考虑,大多数人更偏好脂肪含量较低的精肉,如果他们购买脂肪含量高的肉类,说明他们正处于经济不宽裕的时期。当得到更高的收入时,他们会马上改为消费精肉。

偏好,或者称为口味,是决定一种商品是否符合成本-收益原理的另一个重要因素。漫威影业每一部电影的上映似乎都会激起孩子们对漫威玩具的强烈偏爱。这些电影上映后,对漫威玩具的需求曲线迅速向右移动。即使这些孩子无法拥有足够多的漫威玩具,他们也会突然失去对其他玩具的兴趣,这些玩具的需求曲线将向左移动。

对未来的期望是导致需求曲线移动的另一个因素。例如,如果苹果手机的使用者听说下个月将有一款更便宜或性能更好的手机推出,他们对市场上现有型号的手机的需求曲线就会向左移动。

供给曲线的移动

上面给出了一些需求曲线移动的例子。接下来,我们看看当供给曲线移动时会发生什么。由于供给曲线以生产成本为基础,任何改变生产成本的因素都会导致供给曲线的移动,进而造成均衡价格和均衡数量的改变。

例 3.4　机会成本的增加

如果制作滑板的一种原材料——玻璃丝的价格上涨,滑板的均衡价格和均衡数量会发生什么变化?

假设滑板的初始供给曲线和需求曲线如图 3.14 所示为 S 和 D,均衡价格为每个滑板 60 美元,均衡数量为每个月 1 000 个。由于玻璃丝是制作滑板的原材料之一,因此玻璃丝价格的上涨会造成生产滑板的边际成本增加。这会对滑板的供给曲线产生什么影响?

如前所述,当滑板的价格很低时,只有那些生产边际成本低的供应商出售商品,因为他们可以从中获利;但是价格上涨后,边际成本较高的供应商也会进入市场进行交易,获取利润(低果先摘原理)。因此,如果生产滑板的原料价格上涨,一定价格下潜在供应商的数量会减少。也就是说,滑板的供给曲线将向左移动。供给曲线的"向左移动"又称"向上移动"。前者对应着横向解释,而后者则对应着纵向解释,二者含义相同。新的供给曲线为图 3.14 中的 S'(玻璃丝价格上涨以后)。

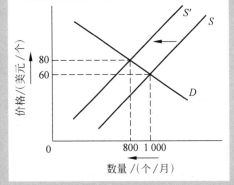

图 3.14　玻璃丝价格上涨对滑板市场的影响

当原料价格上涨时,供给曲线向左移动,均衡价格上涨,均衡数量减少。

> 玻璃丝成本的增加会对滑板的需求曲线产生影响吗?需求曲线描述了在每种价格下消费者希望购买的滑板数量。只要这些消费者的购买意愿高于滑板的市场价格,他们就希望购买。每个消费者的购买意愿由拥有滑板所获得的效用决定,并不取决于玻璃丝的价格,因此滑板的需求曲线不会移动。
>
> 在图 3.14 中,我们可以看出当供给曲线向左移动而需求曲线保持不变时,新的均衡价格为 80 美元,高于初始均衡价格,新的均衡数量为每个月 800 个,低于初始均衡数量(这里新的均衡价格和数量的数值只是为了说明问题,例中并没有足够的信息可以计算出它们的确切数值)。
>
> 如果消费者不愿意购买价格为 80 美元或更贵的滑板,则只能选择其他消费品。

我们将在例 3.5 中看到,生产的边际成本下降对均衡价格和均衡数量的影响恰好与此相反。

例 3.5 边际成本的下降

当木匠的工资下降时,新房屋的价格和数量会发生怎样的变化?

假设新房屋的初始供给曲线和需求曲线为图 3.15 中的 S 和 D,均衡价格为每套房屋 120 000 美元,均衡数量为每个月 40 套。木匠工资的下降使建造新房屋的边际成本下降,这意味着对于既定的房屋价格,建造者可以得到更高的利润。在图中表示为房屋供给曲线从 S 向右移动到 S'(供给曲线的"向右移动"又称"向下移动")。

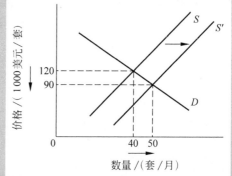

木匠工资的下降会对房屋的需求曲线产生影响吗?需求曲线描述的是各种价格下消费者愿意购买的房屋数量。由于木匠的工资减少了,他们对新房屋的支付意愿会随之降低,这意味着需求曲线将向左移动。但是由于木匠只是众多潜在房屋消费者中很小的一部分,这种移动可忽略不计。因此,木匠工资的下降会导致房屋供给曲线大幅向右移动,但对需求曲线却没有影响。

在图 3.15 中可以看到,新的均衡价格为每套房屋 90 000 美元,低于初始价格,而均衡数量为每个月 50 套,高于初始数量。

图 3.15 木匠工资的下降对新房屋市场的影响
当木匠的工资下降时,供给曲线向右移动,均衡价格下降,而均衡数量增加。

上述两个例子都涉及生产投入的变化,如生产滑板使用的玻璃丝和建造房屋的木匠。在下面的例子中,我们将告诉大家,当技术因素改变时,供给曲线同样会发生移动。

经济自然主义者 3.2 为什么学期论文的修改次数多于 20 世纪 70 年代?

在文字处理技术被广泛应用之前,学生们每对学期论文进行一次修改,都要把全文重新打字,而文字处理技术的产生从根本上改变了这种局面。学生们不需要再像以前那样重打整篇文章,而只要将所修改的部分添加进去就可以了。

在图 3.16 中,S 和 D 表示的是文字处理技术产生以前进行修改的供给曲线和需求曲线,S' 则表示现在进行修改的供给曲线。如图所示,移动的结果不只是每次修改价格大幅下降,还伴随着均衡数量的相应增加。

在前面的讨论中,我们假设学生在市场上寻求打字服务。事实上,有些学生是自己完成这项工作的。这两种情况有什么区别吗？尽管预算约束改变了学生的行为,但那些自己打字录入论文的学生也要支付费用——这个费用就是他们完成这项工作所花时间的机会成本。由于技术降低了成本,我们认为,尽管也许大多数人会自己打字,但对学期论文修改工作的需求量会大幅提高。

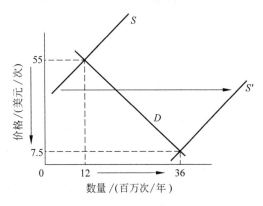

生产投入和技术的改变是造成供给曲线移动的最主要的两个因素。对于农产品而言,天气也许是另一个重要因素,好天气使供给曲线向右移动,坏天气使供给曲线向左移动(天气也可能通过影响国内的交通系统来影响其他非农产品的供给曲线)。对未来价格的预期可能造成当前供给曲线的移动,因为供应商可能会由于目前的干旱天气预期未来粮食将歉收,预留一些粮食以期在将来卖更高的价钱。市场上卖方数量的变化也会导致供给曲线的移动。

图 3.16 技术变化对学期论文修改市场的影响

当新技术的应用降低了生产成本时,供给曲线向右移动,导致均衡价格的下降和均衡数量的增加。

四个简单的规律

由于供给曲线和需求曲线的倾斜方向不变(供给曲线向上倾斜,需求曲线向下倾斜),根据前面的几个例子可以总结出四条基本规律来综述供给曲线和需求曲线的移动对均衡价格和均衡数量的影响。这些规律概括在图 3.17 中。

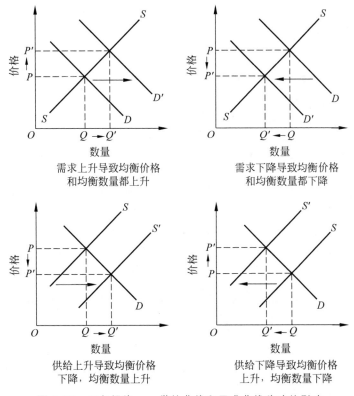

图 3.17 四条规律——供给曲线和需求曲线移动的影响

重点回顾：引起供给曲线和需求曲线移动的因素

引起需求增加(需求曲线右移或上移)的因素：

1. 商品或服务的互补品价格降低。

2. 商品或服务的替代品价格升高。

3. 收入增加(对于正常品而言)。

4. 需求者对商品或服务偏好增加。

5. 潜在购买者人数增加。

6. 未来价格的高预期。

当上述因素反方向变化时,需求曲线将向左移动。

引起供给增加(供给曲线右移或下移)的因素：

1. 生产商品或提供服务所需的原材料、劳动力或其他投入费用减少。

2. 可以降低生产商品或提供服务的成本的技术进步。

3. 天气转好(特别是对农产品而言)。

4. 供应商数量增多。

5. 预期未来价格将下降。

当上述因素反方向变化时,供给曲线将向左移动。

只要供求曲线的倾斜方向是正常的,我们在图 3.17 中归纳的这些规律对于供给曲线和需求曲线的任何变动幅度都成立。但是正如我们在下面的例子中将要看到的,当供给曲线和需求曲线同时移动时,均衡价格和均衡数量的变化方向取决于两条曲线的相对移动幅度。

例 3.6　供给曲线和需求曲线的移动

当供给曲线和需求曲线同时移动时,均衡价格和均衡数量又会如何变化?

下列情况同时发生时,对玉米薄饼市场的均衡价格和均衡数量会有怎样的影响? (1)研究表明,用于炸制玉米薄饼的油对人体有害;(2)收获玉米的设备价格下降。

生产用油对人体有害的研究结论会使那些注重健康的人转而购买别的食物,进而使玉米薄饼的需求曲线向左移动。而收割玉米所用设备价格的下降会导致玉米薄饼的供给曲线向右移动,因为有更多的农民认为进入这个市场可以获利。在图 3.18(a)和图 3.18(b)中,初始供给曲线和需求曲线为 S 和 D,变动后为 S' 和 D'。可以发现,两条曲线的移动均会导致均衡价格的下降。

但同时需要注意,如果我们不知道两条曲线的移动幅度,就不能决定变化后的均衡数量究竟是增加还是减少了。分开分析可以看到,需求曲线的移动导致均衡数量减少,而供给曲线的移动却使均衡数量增加。两种变化的总影响取决于移动幅度较大的那一方。在图 3.18(a)中,需求曲线的移动起决定性作用,因此均衡数量减少。在图 3.18(b)中,供给曲线的移动起决定性作用,因此均衡数量增加。

下面的练习将对例 3.6 中的问题进行具体考察。

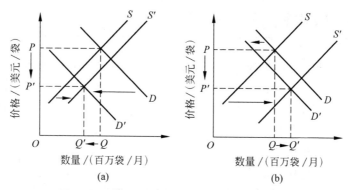

图 3.18　供给曲线和需求曲线同时移动的影响

当需求曲线向左移动而供给曲线向右移动时,均衡价格下降,均衡数量可能增加(b),也可能减少(a)。

练习 3.6

下列情况同时发生时,玉米薄饼市场的均衡价格和均衡数量会发生怎样的变化?(1)研究表明,玉米薄饼中含有一种可以预防癌症和心脏病的维生素;(2)蝗虫破坏了部分玉米作物。

经济自然主义者 3.3　为什么飞往欧洲的机票等商品在消费旺季会涨价,而甜玉米这类商品却会降价?

机票价格的季节性变化从根本上讲是由需求的季节性变化导致的。如图 3.19(a)所示,夏季人们对飞往欧洲的机票需求量最大,因此这几个月中机票的价格最高。在图中,w 和 s 分别表示冬季和夏季的机票价格。

与此相反的是,甜玉米价格的季节性变化从根本上讲是由供给的季节性变化引起的。如图 3.19(b)所示,夏季甜玉米的供给量最大,因此这几个月中它的价格也最低。

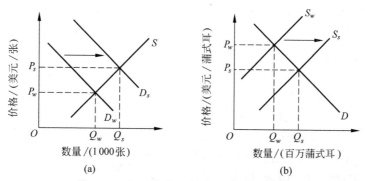

图 3.19　机票和甜玉米市场的季节性变化

(a) 当高需求量导致高消费量时,在高消费时期商品价格最高;

(b) 当高供给量导致高消费量时,在高消费量时期商品价格最低。

▽ 效率与均衡

市场代表了一个高度有效的资源分配系统。当一种商品的市场达到均衡时,均衡价格是市场向潜在供给者传递的一种信息,它告诉供给者那些潜在的需求者对商品评估的价值。与此同时,均衡价格也是市场向潜在需求者传递的信息,它告诉需求者供应这种商品的机会成本。这种双向的信息传递就是尽管没有任何人或组织监督,市场仍然能够调节像纽约食品供应那样复杂的系统的重要原因。

但是如果从最大化社会总剩余的角度讲,由市场决定的价格和数量实现了整个社会的最优化吗?也就是说,没有政府管制的市场均衡是否总能实现市场参与者总收益与总成本差额的最大化?在下文中我们将看到,这依情况而定:对于一个像纽约房屋市场那样没有实现均衡的市场,人们总会找到机会进行可以增加个人经济剩余的交易活动。但是对于那些已经实现均衡的市场,当其供给曲线和需求曲线完全反映了市场上与该商品的生产和消费相联系的成本和收益时,总剩余是最大的。

"桌子上的现金"

经济学假设所有的交易都是出于自愿的。这意味着只有当买方愿意支付的价格达到或超过卖方愿意销售的价格时,交易才会发生。当上述情况出现时,交易双方均得到了经济剩余。交易产生的**买方剩余**是买方愿意支付的价格与实际交易价格的差额。**卖方剩余**则是实际交易价格与卖方愿意销售的价格的差额。交易的**总剩余**是买方剩余与卖方剩余的总和。它总是等于买方愿意支付的价格与卖方愿意销售的价格之间的差额。

假设存在一个潜在的消费者,他对一张比萨饼的购买意愿为 4 美元。另外一名潜在供给者的出售意愿为 2 美元。如果这个消费者从供给者那里以 3 美元购买了一张比萨饼,这笔交易的总剩余就是 $4-2=2$(美元),其中 $4-3=1$(美元)为买方剩余,$3-2=1$(美元)为卖方剩余。

一项干预市场达到均衡的政策会不必要地阻止交易的发生,从而减少交易的总剩余。我们再次假设比萨饼的市场上存在价格管制。图 3.20 中的需求曲线表示,如果价格上限为 2 美元,市场上仅有 8 000 张比萨饼出售。这时,根据供给曲线和需求曲线的纵向解释,买方最多愿意支付 4 美元,卖方则希望最低以 2 美元的价格出售。相差的 2 美元就是每张比萨饼被生产并出售时形成的经济剩余。在前面的讨论中,价格为 3 美元时,买方和卖方的经济剩余均为 1 美元。

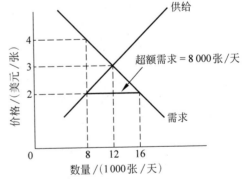

图 3.20   比萨饼市场的价格管制

低于均衡价格的价格上限会导致对比萨饼的超额需求。

当市场没有达到均衡时,我们总可以实现这种对双方都有利的交易。如果人们没有对这些双赢交易加以利用,我们就说存在**"桌子上的现金"**——这是对那些未被利用的机会的一种比喻。当市场价格低于均衡价格时,存在"桌子上的现金",因为卖方的出售意愿(边际成本)总会低于买方的购买意愿。如果没有将交易价格限制在 2 美元,餐馆会迅速提高价格、扩大产量,直到达到 3 美元的均衡价格。在此价格下,消费者每天可以购买 12 000 张比萨饼。所有的双赢交易都已发生,市场上不再有"桌子上的现金"。

了解了激励原理之后,就不难理解市场上的买方和卖方总是可以及时意识到"桌子上的现金"的存在。这就好像那些未被利用的机会发出了一种特殊的气味,刺激大脑嗅觉中枢做出反应一样。充分利用机会得到"桌子上的现金"是纽约市成千上万家食品供应商如此勤奋工作以满足消费者需求的强劲动力,因此他们比租金管制房屋市场的参与者更成功也在情理之中。尽管可能存在一些不足,与中央分配机制相比,市场可以用更快的速度持久运作。但是正如我们在下面要强调的,这并不意味着市场总是可以实现最优。

个人最优并非社会最优

一种商品的社会最优产量是可以通过生产和消费该种商品而使社会经济剩余达到最大的数量。根据成本-收益原理,只要商品的边际收益不低于边际成本,我们就应该持续增加产量。也就是说,社会最优产量是使商品的边际成本与边际收益相等的产量。

当商品的数量低于社会最优产量时,增加产量可以增加总的经济剩余。同理,当商品的数量超过社会最优产量时,减少产量可以增加总的经济剩余。当经济中的每种产品和服务均以各自的社会最优水平生产和消费时就实现了**经济效率**,或称**效率**。

效率是社会的一项重要目标。没有实现效率就意味着总经济剩余没有达到最大,逐步实现效率的过程可以扩大经济蛋糕,使经济中的每个个体得到更多。在后面我们还会多次提到效率的重要性,这里将其作为一个核心原理提出。

> **效率原理**:效率是一项重要的社会目标,因为当经济蛋糕变大时,经济体中的每个人都可以得到更多。

市场均衡数量是否实现了效率?也就是说,在市场均衡数量下,参与者得到的总经济剩余是否达到最大?当一种既定商品的市场达到均衡时,卖方多出售一单位商品的成本与买方多购买一单位商品的收益是相等的。如果生产的所有成本均由卖方承担,所有的收益都由买方得到,市场均衡数量就会使边际成本与边际收益相等。也就是说,均衡数量实现了总经济剩余的最大化。

但是有时候生产的成本并不都由卖方承担。例如,有一种商品,它的生产会导致很严重的环境污染,每多生产一单位这种商品,人们(不一定是卖方)就要承受更多的污染。对于这种商品的市场均衡来说,买方消费最后一单位的收益仍然等于卖方生产这一单位商品的成本。但是由于商品生产给他人带来了环境污染成本,最后一单位商品的总边际成本——卖方的生产边际成本与他人承受的环境污染成本之和——就会高于消费者单位商品的收益。因此在这种情况下,市场均衡数量大于社会最优产量。降低产出可以提高总经济剩余,但此时无论是卖方还是买方都没有动力改变自己的行为。

经济自然主义者3.4 新冠肺炎疫情期间为什么卫生纸会短缺?

在新冠肺炎疫情期间,很多到商店购买卫生纸的消费者发现货架上空空如也。如果价格会调整到使供给量与需求量相等,那么为什么疫情期间还会出现卫生纸短缺?

面对疫情带来的公共健康危机,很多美国人(如果不是大多数)囤积了诸如卫生纸之类的基本物品。事实上,一些消费者大量购买此类物品,这种囤积行为被认为是疫情期间卫生纸短缺的主要原因。

不过,除此之外还有一个重要的原因。美国的卫生纸市场包括两个细分市场:低档的商业级卫生纸市场,通常用于餐馆、学校、工作场所及其他公共场所;高档消费级卫生纸市场,通常用于人们的家中。尽管在疫情期间,卫生纸的总用量没有发生实质性变化,但商业级卫生纸的用量大幅下降而消费级卫生纸的用量却大幅上升。具体而言,各地广泛实行的居家办公政策导致商业级卫生纸的需求急剧下降,消费级卫生纸的需求则急剧上升,习惯于相对稳定需求的卫生纸生产商一时难以适应这一变化。

当然,在正常情况下,需求的增加不会导致产品短缺,而是会造成价格上涨。然而,在紧急情况下,社会规范和防止哄抬物价的法规都限制了零售商的提价能力。因此,尽管在疫情期间,消费级卫生纸的需求激增(这既是因为囤积,也是因为从商业级卫生纸转向消费级卫生纸),但价格没有调整,导致卫生纸销售一空,让消费者焦虑不安。

另一种可能的情况是,一些人因为他人的购买行为获得了收益。例如,当一些人接种囊虫病疫苗时,他不仅保护自己不感染囊虫病,也降低了他人患上这种病的概率。从整个社会的角度来看,应该增加接种疫苗的人数,直到边际成本等于边际收益。接种疫苗的边际收益是接种人和他人得到的预防收益的总和。但是对于个体消费者而言,只有他们的边际收益超过疫苗的价格,他们才会选择接种疫苗。因此这种情况下,接种疫苗的市场均衡数量小于使总经济剩余达到最大的数量。但是同样的,人们并没有动力改变自己的行为。

上述情况正是所谓"个人最优并非社会最优"的具体事例。在每个例子中,经济个体都是理性的。他们尽可能实现最优,但就整个社会而言仍然存在未被开发的机会。主要的问题在于,经济个体有时不能独立地找到这些未被开发的机会。在后面的章节,我们将研究人们如何通过集体行为对这些机会加以利用。现在先用下面的原理概括上述讨论。

> **均衡原理**(又称"桌子上不存在现金"原理):当市场达到均衡时,对于市场中的个体而言,不再存在未被开发的机会,却可能并未得到通过集体行动可以实现的全部收益。

重点回顾:效率与均衡

当一种商品的供给曲线和需求曲线反映了与该商品的生产、消费密切相关的所有成本和收益时,在实现市场均衡的同时,社会经济剩余达到最大。但是如果买方以外的人从商品消费中得到了收益,或者卖方以外的人承担了成本,市场均衡的实现并不意味着社会经济剩余的最大化。

小结

需求曲线是一条向下倾斜的曲线,它告诉我们在每个既定价格下消费者愿意购买的商品数量。供给曲线是一条向上倾斜的曲线,它告诉我们在每个既定价格下供应商愿意出售的商品数量。

马歇尔的供求模型说明了为什么单独利用生产成本或消费价值(以支付意愿衡量)均不足以解释商品价格高低不同的现象。为了解释价格的差异,我们必须同时考虑成本和支付意愿的相互作用。正如我们在本章中看到的,商品的价格由供给曲线和需求曲线共同决定。

如果在市场价格下,买方的需求数量等于卖方的供给数量,则称市场达到了均衡。均衡的价格-数量组合即为需求曲线与供给曲线相交的那一点。均衡时,市场价格衡量了最后一单位商品的购买价值和生产成本。

当商品价格高于均衡价格时存在超额供给。它驱使卖方降低价格直到达到均衡水平。当商品价格低于均衡价格时存在超额需求,它驱使买方提高价格,直到达到均衡水平。市场的一个显著特征就是根据不同个体对市场价格信号做出的利己主义行为,市场可以对几十亿个买者和卖者的行为进行调节。超额需求和超额供给的存在是微小且短暂的,除非政府管制阻止了价格的自由调节。

基本供求模型是经济自然主义者的重要工具。我们可以通过供给曲线或需求曲线的移动预测一种商品均衡价格的变化以及市场上交易数量的变化。下列四条规律对于任何需求曲线向下倾斜和供给曲线向上倾斜的商品均成立:

(1)需求增加导致均衡价格和均衡数量的增加。

(2)需求减少导致均衡价格和均衡数量的减少。

(3)供给增加导致均衡价格的减少和均衡数量的增加。

(4)供给减少导致均衡价格的增加和均衡数量的减少。

收入、偏好、人口、期望以及替代品和互补品的价格是引起需求曲线移动的因素。而供给曲线的移动主要由技术、投入品价格、期望、供应商数量和天气(特别对于农产品而言)等因素决定。

市场分配资源的效率并不会消除社会对于各种商品和服务如何在不同人之间分配这一问题的关注。例如,我们经常对于一些低收入消费者在市场上仅可购买最基础的商品和服务的事实感到惋惜。从穷人的福利角度出发,很多政府通过不同的手段干预市场以改变市场分配的结果。有时候这些干预以法律的形式出现,如将市场价格限制在均衡水平以下。这样的法律尽管是无意识的,却给市场带来很多负面影响。例如,租金管制就导致了严重的房屋短缺、黑市的出现及房东与房客关系的恶化。

如果问题的关键在于穷人的收入过低,最好的解决办法就是想方设法直接提高他们的收入。供求规律并不会因为法规的存在而失效。但是立法者的确有能力改变供给曲线和需求曲线的形状与位置。

当一种商品的供给曲线和需求曲线反映了与该商品生产和消费相关的所有成本及收益时,市场的均衡价格将使人们生产和消费的商品数量实现经济剩余的最大化。当市场中除买方以外的一些人获利(如一些人由于其邻居接种了囊虫病疫苗而获益),或者一些卖方以外的人承担了部分成本(如生产带来的环境污染)时,这个结论将不再成立。在这种情况下,市场均衡并不会同时达到经济剩余的最大化。

核心原理

- **效率原理**

效率是一项重要的社会目标,因为当经济蛋糕变大时,经济体中的每个人都可以得到更多。

- **均衡原理(又称"桌子上不存在现金"原理)**

当市场达到均衡时,对于市场上的个体而言,不再存在未被开发的机会,却可能并未得到通过集体行动可以实现的全部收益。

名词与概念

buyer's reservation price	买方愿意支付的价格	excess demand	超额需求
		excess supply	超额供给
buyer's surplus	买方剩余	income effect	收入效应
cash on the table	"桌子上的现金"	inferior goods	劣等品
change in demand	需求的变化	market	市场
change in supply	供给的变化	market equilibrium	市场均衡
change in the quantity demanded	需求量的变化	normal goods	正常品
		price ceiling	价格上限
change in the quantity supplied	供给量的变化	seller's reservation price	卖方愿意销售的价格
complements	互补品	seller's surplus	卖方剩余
demand curve	需求曲线	socially optimal quantity	社会最优产量
economic efficiency	经济效率	substitutes	替代品
efficiency	效率	substitution effect	替代效应
equilibrium	均衡	supply curve	供给曲线
equilibrium price	均衡价格	total surplus	总剩余
equilibrium quantity	均衡数量		

复习题

1. 给出需求曲线的横向解释和纵向解释的区别。

2. 为什么知道一种商品的生产成本不足以预测其市场价格?

3. 前些年一位政府官员提出了一项将汽油价格限制在较低水平的提议,希望以此帮助穷人。你是支持还是反对这个提议?请说明原因。

4. 区别"需求的变化"与"需求量的变化"的不同含义。

5. 举一个关于"个人最优并非社会最优"的例子。

练习题

1. 下列各因素会对美国玉米市场的供给曲线产生什么影响？

（1）发现了新的作物轮作改良技术；

（2）肥料价格下降；

（3）政府对农民征收新税种；

（4）艾奥瓦州遭受龙卷风侵袭。

2. 简要说明各个市场中，下列各种因素会对需求曲线产生什么影响。

（1）到阿迪朗达克度假的细分市场上的消费者收入增加；

（2）比萨饼市场的消费者阅读了有关意大利辣味香肠导致心脏病的报道；

（3）燃油车市场的消费者得知电动汽车（燃油车的一种替代品）的价格上涨；

（4）燃油车市场的消费者得知燃油车价格上涨。

3. 亚利桑那州的一名学生声称在图森市周边的沙漠看见了飞碟。这会对图森市商店里双筒望远镜的供给（不是供给量）产生什么影响？

4. 假设牛奶的售价为每加仑 4.5 美元，每天的牛奶需求量为 3 250 加仑，每天的牛奶供给量为 3 860 加仑。牛奶的均衡价格是会高于、低于还是等于每加仑 4.5 美元？请给出解释。

5. 指出下列商品是互补品还是替代品（如果你认为不能简单地归为一类，请说明理由）。

（1）洗衣机和烘干机；

（2）网球拍和网球；

（3）生日蛋糕和生日蜡烛；

（4）布制尿布和纸尿布。

6. 出生率的提高会对土地的均衡价格产生什么影响？

7. 如果鸡饲料的价格上涨，牛肉的均衡价格和均衡数量会发生什么变化？

8. 颁布强制购买车险的法规会对新车市场的均衡价格和均衡数量产生什么影响？

9. 如果出现下列情况，预测柑橘的均衡价格和数量会发生什么变化。

（1）一项研究发现每天饮用一杯柑橘汁可以降低患心脏病的风险。

（2）葡萄汁的价格大幅下降。

（3）支付给柑橘采摘工的工资上升。

（4）出乎意料的好天气使柑橘的产量远远超出人们的预期。

10. 假设最近一期的《纽约时报》报道，在内布拉斯加发现了疯牛病，同时还发现一种需要较少饲料喂养的小鸡。这会对美国鸡类产品的均衡价格和均衡数量产生什么影响？

11. 25 年前，我们只能在亚洲的一些大城市看到豆腐。现在，豆腐作为一种蛋白质含量很高的健康食品已经变得十分普遍，在美国的大部分超市均有销售。与此同时，豆腐已经发展为在利用现代食品加工技术的工厂生产。分别画出25年前和现在豆腐的供给曲线和需求曲线。根据上述信息用供求模型分析从过去到现在,豆腐的销量和价格都发生了怎样的变化。

12. 判断以下关于市场均衡的陈述是始终正确、从不正确还是有时正确。

(1) 市场均衡使总经济剩余最大化。

(2) 市场均衡利用了通过集体行动获得的所有收益。

(3) 市场均衡不会给个人留下未开发的机会。

13. 2020年3月,全球原油价格从每桶50多美元跌至每桶23美元以下,使价格降至近20年来的最低水平。原油价格的急剧下跌是由石油市场的两个重大冲击推动的。首先,新冠肺炎疫情造成全球的旅游人数大幅减少。其次,俄罗斯、沙特阿拉伯等主要产油国通常会达成集体协议,限制全球石油供应,以保持高油价,但这些谈判在2020年3月破裂,造成石油产量大幅增加。使用供求曲线图说明上述因素是如何影响原油的市场价格和数量的。

正文中练习题的答案

3.1   需求量为每天10 000张时,买方的边际购买意愿为每张3.5美元。价格为每张2.5美元时,需求量为每天14 000张。

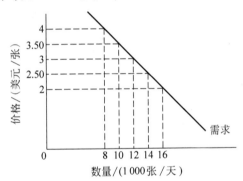

3.2   需求量为每天10 000张时,比萨饼的边际成本为每张2.5美元;价格为每张3.5美元时,供给量为每天14 000张。

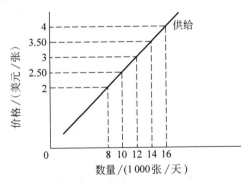

3.3 法规允许房东将房租制定在低于租金管制条例规定的最高房租水平,因此由于市场的均衡房租水平为 800 美元,将租金上限定为 1 200 美元对市场上的实际房租没有任何影响。

3.4 搭乘飞机或汽车往来于不同城市间是互为替代品的两种方式,因此机票价格的下降会引起搭乘汽车出行的需求曲线向左移动,从而导致更低的汽车票价和更少的搭乘数量。搭乘飞机旅行与旅游胜地的酒店是一对互补品,因此机票价格下降会引起旅游胜地酒店的需求曲线向右移动,因而导致了更高的酒店价格和更多的住宿需求。

3.5 距离华盛顿地铁站较远的房屋是劣等品。政府职员薪水增加会导致这种房屋的需求曲线向下移动,进而导致房租的均衡水平下降。

3.6 维生素含量的发现会引起玉米薄饼的需求曲线向右移动,供给曲线向左移动,进而引起均衡价格的上涨,而均衡数量的增加(如下左图中所示)或减少(如下右图中所示)取决于两条曲线的相对移动幅度。

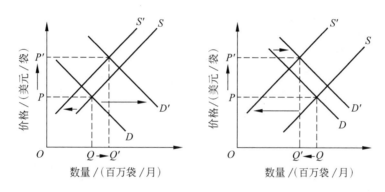

附录 供给与需求的代数分析

在本章的正文部分,我们从几何学框架上引入了供求分析。这一框架的优点在于可以直观地看到曲线的移动对均衡价格和均衡数量的影响,从而更易于理解。

将供求分析转入代数框架是一个很直接的扩展。在这个简短的附录里,我们将会展示如何操作。代数框架的优点在于大大简化了均衡价格和均衡数量的数值计算。

例如,考虑图 3A.1 中的供给曲线与需求曲线,其中 P 代表商品的价格,Q 代表数量。这两条曲线所代表的方程是什么呢?

直线形的需求曲线必须满足 $P = a + bQ^d$ 的形式,其中 P 为商品价格(用纵轴表示),Q^d 表示每种价格下的需求量(用横轴表示),a 是需求曲线在纵轴上的截距,b 是斜率。图 3A.1 中所示的需求曲线的截距为 16,斜率为 -2,所以需求曲线为

$$P = 16 - 2Q^d \tag{3A.1}$$

类似的,直线形的供给曲线必须满足 $P = c + dQ^s$ 的形式,其中 P 还是商品价格,Q^s 是每个价格下的供给数量,c 是供给曲线的纵截距,d 是斜率。图 3A.1 中所示的供给曲线的纵截距为 4,斜率也为 4,所以供给曲线为

$$P = 4 + 4Q^s \tag{3A.2}$$

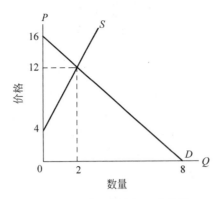

图 3A.1   供给曲线与需求曲线

已知任何市场上的供给曲线和需求曲线,可以很容易地用第1章附录中介绍的齐次方程组解出均衡价格和均衡数量。接下来的这个例子解释了如何应用这个方法。

例 3A.1   齐次方程组

已知某个市场上的供给曲线和需求曲线分别是 $P=4+4Q^s$ 和 $P=16-2Q^d$,找出这个市场的均衡价格和均衡数量。

均衡状态下,$Q^s=Q^d$,用 Q^* 来表示这个值,我们将式(3A.1)和式(3A.2)的右边用等号连接:

$$4+4Q^* = 16-2Q^* \tag{3A.3}$$

解得 $Q^*=2$。将 $Q^*=2$ 代入供给方程或需求方程,得到均衡价格 $P^*=12$。

当然,通过式(3A.1)和式(3A.2)的图示,我们可以直接从图 3A.1 中看出均衡价格和均衡数量(这就是为什么我们会说图解法有助于看出结果)。下面这个例子将会说明,代数解法的好处在于不用非常费力地画出精确的供求曲线图,就能求出均衡价格和均衡数量。

练习 3A.1

找出某个市场上的均衡价格和均衡数量,其中供给曲线和需求曲线分别为 $P= 2Q^s$ 和 $P= 8-2Q^d$。

附录中练习题的答案

3A.1   用 Q^* 表示均衡数量。因为均衡价格和均衡数量同时处于供给曲线和需求曲线上,所以我们将两个方程的右边用等号连接,得到

$$2Q^* = 8-2Q^*$$

解得 $Q^*=2$,将 $Q^*=2$ 代入供给方程或需求方程,得到均衡价格 $P^*=4$。

第 2 部分

宏观经济学：数据和主题

宏观经济学原理（翻译版·第 8 版）
Principles of Macroeconomics, Eighth Edition

第 **4** 章

度量经济活动：国内生产总值与失业

1. 解释经济学家如何定义一个经济体的产出。
2. 运用生产法、支出法和收入法度量国内生产总值(GDP)，分析经济活动。
3. 定义并计算名义 GDP 与实际 GDP。
4. 讨论实际 GDP 与经济福利之间的关系。
5. 计算失业率和参与率，并讨论失业成本。

"根据美国经济分析局的数据，美国第四季度实际 GDP 增长了 2.2%……"

"美国劳工统计局今天报告称，7 月份非农就业总人口增加了 20.9 万人，失业率变化不大，为 4.3%……"

"通货膨胀似乎已经得到了抑制，因为上个月的消费者价格指数只上升了 0.1%……"

类似上面的新闻报道充斥各种媒体，甚至有些电视台、广播电台和网站专门报道这类新闻。事实上，各种各样的人都对经济数据感兴趣。普通人希望学到一些对商业决策、金融投资或职业发展有用的东西。而经济学家也需要这些经济数据，这些数据对他们的重要性，就如同病人的生命体征、脉搏、血压和体温等指标对医生的重要性。为了了解经济的发展，并向政策制定者、商业人士和金融投资者提供有益的建议，经济学家首先必须获得最新的准确数据。政治领袖和政策制定者也需要经济数据来帮助他们进行决策和规划。

对经济度量的兴趣与尝试由来已久，探索其源头可以追溯到 17 世纪中期威廉·配第(William Petty，1623—1687)对爱尔兰土地与财富的详细调查。英国政府委托进行这项调查的目的是确定爱尔兰人向王室纳税的能力。但配第利用这个机会测量了各种社会和经济变量，并继续对其他几个国家的财富、生产和人口进行了开创性的研究。他坚信科学进步首先取决于准确的测量，这正是当今经济学家认可的观点。

然而直到 20 世纪，经济度量才真正得到重视。二战对经济精确统计的发展起了重要的催化作用，因为战争的结果在很大程度上取决于对经济资源的动用和调配。美国的西蒙·库兹涅茨(Simon Kuznets)和英国的理查德·斯通(Richard Stone)两位经济学家在前人基础上全面建立了一国产品与服务产出的度量体系，这对盟军领袖在战争时期的规划有很大帮助。由于他们的工作为今天世界各国所广泛使用的经济账户奠定了基础，库兹涅茨和斯通分别获得了诺贝尔经济学奖。时至今日，美国及其他很多国家的政府都有专门的机构负责经济各方面统计数据的收集和发布工作。

在本章和下一章，我们将讨论经济学家如何度量在经济状况分析中频繁出现的三个基本宏观经济变量：国内生产总值（GDP）、失业率和通货膨胀率。本章分析的重点是前两个统计数据——GDP 和失业率，这两个数据都是对一国经济活动总水平的度量指标。第三个统计数据，即下一章将介绍的通货膨胀率，度量的是一国的物价变化速度。

衡量经济活动听起来可能是一项直截了当、没有争议的任务，但事实并非如此。事实上，衡量一国产品和服务产出的基本指标 GDP 受到了许多方面的批评。一些批评人士抱怨，GDP 没有充分反映经济增长对环境的影响或资源消耗率等因素。他们认为，由于这些问题，基于 GDP 统计的政策很可能存在缺陷。失业统计数据也引起了一些争议。学习完本章你将会了解产出和失业的官方度量指标的建立与使用过程，并会对关于该指标准确性的争论有更深刻的认识。特别地，你将了解这些统计数据是如何定义和衡量的，并能讨论这些定义的优点和局限，以及政府在将这些定义转化为官方公布的实际的估计时面临的度量困难。例如，你会看到计算一国的 GDP 时考虑了什么，更重要的是，遗漏了什么。今后当你听到或读到最新的经济统计数据时，你就不会再产生误解。

理解经济统计的重要性与局限性是正确使用经济数据的首要条件，也是进行在后续章节中将要介绍的经济分析的必要条件。

▼ 国内生产总值：对国家产出的度量

高水平的人均产出和人均工人产出通常与高生活水平有关。但"产出"到底意味着什么？为了科学地研究经济增长和生产率，我们需要更精确地了解经济学家如何定义和衡量一个经济体的产出。

衡量一个经济体产出最常用的指标是**国内生产总值（GDP）**。GDP 是用来衡量一个经济体在特定时期内，如一个季度（3 个月）或一年的产出。更准确地说，GDP 是一国在一定时期内生产的最终产品和服务的市场价值。为了便于理解这一定义，我们将定义拆分成几个部分，并分别进行解释。定义中的第一个关键词是"市场价值"。

市场价值

现代经济的产出包括形形色色的产品与服务，从清洁牙齿的牙线（产品）到针灸疗法（服务），都属于经济产出的内容。然而，宏观经济学家对这些细节不感兴趣；相反，他们的目标是了解整个经济的行为。例如，一位宏观经济学家可能会问："随着时间的推移，经济生产产品和服务的总体能力是否增加了？如果是，增加了多少？"

为了能够谈论"总产出"或"总产量"等概念，而不是牙线等特定物品的生产，经济学家需要对各种不同产品与服务的产量进行加总，以获得一个体现总水平的量。他们通过合计经济所提供的所有产品与服务的市场价值实现这一点。**市场价值**是产品和服务在公开市场上的销售价格。我们使用这些价格是因为它们是买卖双方同意进行交易的价格。我们用例 4.1 和例 4.2 说明该过程。

例 4.1　Orchardia 的 GDP（上）

Orchardia 的 GDP 是多少？

在一个虚拟的名为 Orchardia 的经济体，产出为 4 个苹果和 6 只香蕉。为了计算 Orchardia 的总产出，我们可以把苹果的数量与香蕉的数量相加，得到总产出为 10 个水果。但如果这个经济体还生产了 3 双鞋子，该如何计算？把苹果、香蕉和鞋子的数量加在一起显然是没有意义的。

假设我们知道，苹果的价格为每个 0.25 美元、香蕉的价格为每只 0.5 美元、鞋子的价格为每双 20 美元，那么这个经济体产出的市场价值，即 GDP 等于：

（4 个苹果×0.25 美元/个苹果）＋（6 只香蕉×0.5 美元/只香蕉）＋（3 双鞋子×20 美元/双鞋子）＝64 美元

请注意，当我们用这种方法计算总产出时，价格较高的产品（鞋子）比价格较低的产品（苹果和香蕉）会获得更高的权重。一般而言，人们对一种产品所愿意支付的货币量在很大程度上代表他们期望从中获得的经济利益，因此市场价值提供了一种将产出汇总为一个数字的方便方法。

例 4.2　Orchardia 的 GDP（下）

Orchardia 新的 GDP 是多少？

现在假设 Orchardia 的产出为 3 个苹果、3 只香蕉和 4 双鞋，价格与例 4.1 相同。Orchardia 现在的 GDP 是多少？

现在 Orchardia 的 GDP 等于：

（3 个苹果×0.25 美元/个苹果）＋（3 只香蕉×0.5 美元/只香蕉）＋（4 双鞋×20 美元/双鞋）＝82.25 美元。

请注意，例 4.2 中尽管三种产品中两种（苹果和香蕉）的产量比以前低，Orchardia 的 GDP 却高于例 4.1 中的 GDP，原因是产量增加的产品（鞋子）比产量减少的产品（苹果和香蕉）具有更高的市场价值。

练习 4.1

假设 Orchardia 以与例 4.1 相同的价格生产相同数量的三种产品，此外还生产了 5 个橘子，每个橘子的价格为 0.3 美元。Orchardia 现在的 GDP 是多少？

通过引入市场价值的概念，我们能够非常方便地对现代经济中形形色色的产品与服务进行加总。不过，使用市场价值的方法也有一定的局限性，因为并非所有存在经济价值的产品与服务都是在市场上进行交易的。例如，家庭主妇的无薪工作虽然具有经济价值，但不会在市场上出售，因此也不会计入 GDP。而那些有偿的房屋打扫和幼儿看护服务，由于存在相关的市场，是计算在 GDP 之内的。因此，决定长时间无薪休假，并在孩子出生后的头几个月将全部时间和精力投入新生儿的身体健康、认知和情感发展中的新妈妈或新爸爸，可能会对当前和未来社会的健康和福祉（包括经济）做出无价的贡献；然而，他们的决定可能会让目前的 GDP 变小，因为这会让市场活动减少。例 4.3 说明了市场价值与非市场价值之间的区别所造成的一些陷阱。

例 4.3　女性加入劳动力市场与 GDP 度量

女性加入劳动力市场对 GDP 有何影响？

20 世纪下半叶，美国成年女性外出工作或找工作的比例急剧上升，从 1950 年的不到 35％上升到 2019 年的约 60％（见图 4.1）。这一趋势导致对有偿日托和家政服务的需求大幅增加，因为在职妻子和母亲需要更多的家政服务。这些变化对所度量的 GDP 有何影响？

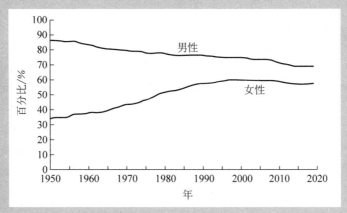

图 4.1　1950—2019 年，16 岁以上在外工作或找工作的美国男性与女性比例

1950—2019 年，美国女性在外工作的比例上升了约 25％，而男性在外工作的比例则下降了。

资料来源：Bureau of Labor Statistics，www.bls.gov/cps.

大量女性进入劳动力市场从两个方面提高了 GDP。第一，女性在新工作中产出的产品和服务直接促进了 GDP 的增长。第二，有薪工人接手了之前无薪的家务和托儿工作，这一事实增加了 GDP，以支付给这些工人的金额来衡量。这两个变化中的第一个代表着经济活动的真正增长，而第二个则反映了现有经济活动从无偿部门转移到市场部门（这种转移可能会降低这些活动的质量）。总体而言，与加入劳动力市场的女性数量增加相关的 GDP 增长可能夸大了经济活动的实际增长。

尽管家务劳动并没有被纳入 GDP 的计算范围，但在某些情况下，一些不在市场上出售的产品与服务也被包括在 GDP 中，其中最重要的是美国联邦政府、州政府和地方政府所提供的产品与服务。军队的保护、州际高速公路带来的交通便利、公立学校的教育等，都是公共部门提供的没有在市场上出售的产品与服务的例子。

由于公共部门提供的产品与服务并不存在市场价格，因此经济统计学家将提供这些产品与服务的成本看作其经济价值的近似度量，加到 GDP 中去。例如，为了把公共教育纳入 GDP，统计学家要考虑教师和管理者的薪金、教材及其他供应品的成本，以及类似的其他成本，并将之作为 GDP 的一部分。同样，出于计算 GDP 的目的，国防的经济价值也用其成本——士兵的收入和武器的制造与维护费用等来近似衡量。

虽然用成本估算价值比完全忽略非市场产品和服务要好得多，但这远不是完美的：一个更高效的政府可以用更低的成本提供更多的价值。正如经济合作与发展组织（OECD）[①]

[①]　OECD，*Doing Better for Children*，2009. See also coverage in *The Economist*，"The Nanny State，" September 3，2009.

的一份报告所表明的那样,在政府针对每名儿童的支出较低的国家,儿童在健康和安全、教育福祉和学校生活质量等指标上的表现并不总是更差。事实上,用成本代替市场价值意味着政府每花一美元,GDP 就会增加一美元,而无论其使用效率或浪费程度如何。

除了类似公共部门提供的产品与服务这些特殊情况外,GDP 是通过对市场价值进行加总计算得到的。不过,并非具有市场价值的全部产品与服务都已经被计入 GDP。正如我们接下来将看到的,GDP 只包括生产过程的最后产物,我们称之为最终产品与服务。生产过程中消耗的产品和服务并不计入 GDP。

最终产品与服务

很多产品在生产过程中就会被使用和消耗。例如,面包师烘焙一块面包的过程,实际上是由以下完整的一系列经济活动构成的:种植并收割小麦,将小麦磨成面粉,加入其他成分烤成面包。在这一过程中生产了三种主要产品——小麦、面粉和面包,其中只有面包最终能到达消费者手中。由于整个过程的最终目的是生产面包,我们将面包称为**最终产品**。一般而言,**最终产品或服务**是指整个生产过程的最后产出物,即消费者实际享受的产品或服务。而那些在制造最终产品的过程中所生产并被使用的产品或服务——在这个例子中是小麦和面粉——则被称为**中间产品或服务**。

经济学家只对度量具有直接经济价值的产出感兴趣,因而 GDP 中只包括最终产品与服务。中间产品与服务不包括在内。为具体说明这一点,我们假设前文例子中小麦的市场价值为 0.5 美元(面粉公司向粮食公司支付的小麦价格)。小麦碾磨成面粉后,其市场价值变为 1.2 美元(面包师向面粉公司支付的面粉价格)。最后,面粉被制成一块香甜可口的法式面包,在当地的商店里以 2 美元出售。现在我们计算整个过程对 GDP 的贡献,能否把小麦、面粉和面包的价值都加在一起?不能,因为小麦和面粉是中间产品,它们的价值只体现在能够用来制作面包这一点上。因此在这个例子中,对 GDP 的总贡献为 2 美元,也就是最终产品面包的价值。

这样会错误地把 GDP 算成 0.50 美元+1.20 美元+2.00 美元=3.70 美元。小麦的价值被算了 3 次:小麦 1 次,作为面粉的一部分算了 1 次,最后作为面包价值的一部分又算了 1 次。

例 4.4 也阐述了这两者之间的不同,只不过这次我们关注的对象是服务。

例 4.4　理发师及其助手的 GDP

一次理发如何计入 GDP?

理发师为你理一次发要收 10 美元。同时,理发师每次理发都要给他的助手支付 2 美元作为磨剪刀、扫地和负责其他杂务的报酬。你每理一次发,理发师和他的助手对 GDP 的总贡献是多少?

这个问题的答案是 10 美元,即理发的价格(或者市场价值)。理发行为要计入 GDP,这是因为它是最终服务,对最终的顾客有实际经济价值。而理发师的助手所提供的服务虽然也有价值,但它的价值只体现在对理发过程的贡献上,因此不应该纳入 GDP 的计算范围。它的 2 美元的价值已经包括在理发价格的 10 美元中了。

例 4.5 则向我们介绍了这样一种情况：基于用途的不同，一种产品既可能是中间产品，也可能是最终产品。

例 4.5 可以同时具有中间产品和最终产品的双重身份的产品

什么是中间产品？

农民布朗生产了价值 100 美元的牛奶。他将其中价值 40 美元的牛奶卖给他的邻居，并把剩下的牛奶用于饲养猪，最后，他将猪以 120 美元的价格卖给了他的邻居。农民布朗对 GDP 的贡献是多少？

在这个例子中，40 美元的牛奶和卖给邻居的价值 120 美元的猪是最终产品。将 40 美元和 120 美元相加，得到 160 美元，这就是农民布朗对 GDP 的贡献。我们注意到这样一个有趣的事实：布朗所生产的牛奶中有一部分是中间产品，另一部分是最终产品。其中：用于养猪的 60 美元牛奶是中间产品，因此不计入 GDP；而卖给邻居的 40 美元牛奶是最终产品，因此被计算在内。

还存在这样一类特殊的产品，它很难被归类为中间产品或者是最终产品，我们称之为资本品。**资本品**是为了协助其他产品与服务的生产而生产和使用的耐用品。厂房和机器便是典型的资本品。资本品并不符合最终产品的定义，因为生产它们的目的是生产其他产品。此外，它们在生产过程中不会很快被消耗，因而也不是中间产品。出于计算 GDP 的目的，经济学家达成一致，将新生产的资本品视为最终产品。否则，一个通过建造现代厂房和购买新机器对未来的生产进行投资的国家，其 GDP 反而不如一个将所有资源用于生产消费品的国家。

我们已经建立了计算 GDP 的一个规则：GDP 中只能包括最终产品与服务（包括新生产的资本品）。那些在生产最终产品与服务的过程中会被消耗的中间产品与服务不应计算在内。然而，在实际操作中，由于生产过程经常会跨越 GDP 的多个计量时期，这一规则执行起来并不容易。为了说明这一点，请回想我们曾举过的小麦磨成面粉、最后制成法式面包的例子。整个过程对 GDP 的贡献是最终产品面包的价值——2 美元。现在假设，小麦和面粉在 2019 年年底生产出来，而面包要在 2020 年年初才能制作出来。在这种情况下，我们到底应该把面包的 2 美元价值计入 2019 年的 GDP 还是 2020 年的 GDP？

这两种处理方式都无法令人信服，因为面包生产过程的前一部分发生在 2019 年，而后一部分则发生在 2020 年，将整个过程的贡献单独归于其中任何一年都不合理。我们应该将面包的一部分价值计入 2019 年的 GDP，另一部分计入 2020 年的 GDP。但应该怎样进行分割呢？为了解决这个难题，经济学家通过对生产过程中每个企业所创造的增加值进行加总来间接确定最终产品与服务的市场价值。对任何企业而言，它所创造的**增加值**都等于其产品或服务的市场价值减去从其他企业购买的投入品的成本。正如我们将看到的，将所有企业（既包括中间产品与服务的生产者，也包括最终产品与服务的生产者）创造的增加值相加，得到的结果与通过简单加总最终产品与服务的价值所求得的 GDP 是一样的。不同的是，累计增值法解决了跨越多期的最终产品与服务的价值划分问题。

为了介绍这种方法的具体运用，我们再次利用作为多期生产的产出——法式面包的例子。我们已经知道，整个生产过程对 GDP 的总贡献是面包的价值（2 美元）。下面，让我们通过累计增值法得到相同的结果。假设面包是以下三家企业的最终产出:生产小麦的 ABC 粮食公司、生产面粉的通用面粉公司和生产面包的热鲜面包烘烤店。如果小麦、面粉和面包的市场价值与前文的假定相同,每家企业创造的增加值分别是多少?

ABC 粮食公司生产了 0.5 美元的小麦,没有从其他公司购买投入品,因此它创造的增加值为 0.5 美元。通用面粉公司从 ABC 粮食公司购买 0.5 美元的小麦来生产 1.2 美元的面粉。所以通用面粉公司创造的增加值是其产出价值(1.2 美元)与投入成本(0.5 美元)的差(0.7 美元)。最后,热鲜面包烘烤店从通用面粉公司购买 1.2 美元的面粉,并把它制成价值 2 美元的面包。类似的,我们可以计算出,热鲜面包烘烤店创造的增加值是 0.8 美元。表 4.1 总结了这一计算步骤。

表 4.1　面包生产过程中的增加值　　　　　　　　　　　　　　　单位:美元

公司名称	收　　入	−	所购买投入品的成本	=	增加值
ABC 粮食公司	0.50		0.00		0.50
通用面粉公司	1.20		0.50		0.70
热鲜面包烘烤店	2.00		1.20		0.80
合计					2.00

如表 4.1 所示,将每家企业创造的增加值累加起来的方法,与只计算最终产品与服务的市场价值求出的对 GDP 的贡献是相同的,均为 2 美元。基本上,每个企业创造的增加值代表了该企业在它负责的生产阶段所创造的蕴含在最终产品或服务中的那部分价值。将经济中所有企业创造的增加值相加,即可得出最终产品与服务的总价值,即 GDP。

这个例子还解释了增值法是如何解决生产过程跨越多期这一问题的。假设小麦和面粉是在 2019 年生产的,但面包直到 2020 年才被制作出来。根据增值法,这个生产过程对 2019 年 GDP 的贡献等于粮食公司和面粉公司所创造的增加值之和——1.2 美元;而其对 2020 年 GDP 的贡献则等于面包店创造的增加值——0.8 美元。经过这样的处理,最终产品面包的价值就被合理地划分为两部分并分别计入两年的 GDP,从而反映了生产过程跨越多期的经济事实。

练习 4.2

艾米的贺卡店在 2019 年 12 月购买了一批情人节贺卡,她为此向批发商支付了 500 美元。2020 年 2 月,她通过出售这批贺卡得到 700 美元的收入。这些交易对 2019 年和 2020 年的 GDP 的贡献分别是多少?

我们已经知道 GDP 等于最终产品与服务的市场价值。下面让我们来考察定义的最后一部分,"一个国家在一定时期内的生产"。

一个国家在一定时期内的生产

国内生产总值概念中的国内一词告诉我们,GDP 是对某一国家范围内经济活动的度量。因此,只有那些在一国地域范围内发生的生产活动才能计入该国的 GDP。例如,美国的 GDP 包括在美国境内生产的所有汽车的市场价值,其中也包括由外国工厂在美国境内生产的汽车。然而,美国公司(如通用汽车)在墨西哥工厂生产的汽车则不计入美国的 GDP。

那么在美国用墨西哥生产的零部件生产的汽车呢? 可以再次利用前面介绍的增值法得出答案。我们使用增值法可以将两年生产的产品的市场价值划分为其对每一年 GDP 的贡献。我们同样可以使用增值法将两个不同国家共同生产的产品的价值划分为其对每个国家 GDP 的贡献。回顾前面所举的面包的例子,假设 ABC 粮食公司在墨西哥生产小麦。通用面粉公司从墨西哥的 ABC 粮食公司购买价值 0.5 美元的小麦,将其进口到美国,并用其(在美国)生产价值 1.2 美元的面粉。热鲜面包公司从通用面粉公司购买价值 1.2 美元的面粉,并用其(在美国)生产价值 2 美元的面包。如表 4.1 所示,使用增值法,面包的总价值 2 美元被划分到两国的 GDP 中:0.5 美元被计入墨西哥的 GDP(墨西哥生产的小麦的价值),1.5 美元被计入美国的 GDP(美国的增加值)。

我们也注意到,GDP 是用于度量在一定时期(如一年)内发生的生产活动总量的指标。基于此,只有那些在当年生产的产品与服务才能计入该年的 GDP。例 4.6 和练习 4.3 说明了这一点。

例 4.6　房屋出售与 GDP

现有房屋的销售应计入 GDP 吗?

一对年轻夫妇用 20 万美元购买了一所已有 20 年历史的住房。同时,他们还要向房产中介支付 6% 的佣金(1.2 万美元)。这笔交易对 GDP 的贡献是多少?

由于这栋房子并非当年建造的,它的价值不应计入该年的 GDP(房屋的价值已包含在 20 年前建造房屋那年的 GDP 中)。一般而言,对旧房、旧车等现有资产的购买和出售并不会对当年的 GDP 做出贡献。不过,支付给房产中介的 1.2 万美元的费用却体现了房产中介协助家庭寻找房屋完成交易等服务的市场价值。由于这些服务的提供发生在当年,房产中介的这部分收入应该计入当年的 GDP。

练习 4.3

罗特在本森股票交易所以每股 50 美元的价格卖出 100 股股票。每次交易她都要向经纪人支付 2% 的佣金。罗特的交易对当年的 GDP 会产生什么样的影响?

重点回顾:国内生产总值(GDP)等于市场价值

国内生产总值(GDP)是一国在一定时期内生产的所有产品与服务的市场价值。

- GDP 是经济体所生产的各种产品与服务的市场价值的总和。
- 没有在市场上出售的产品与服务,如无偿的家务劳动,并不计入 GDP。但政府提供的产品与服务却是一个例外,这些产品与服务要以政府提供它们的成本作为价值的近似度量包括在 GDP 内。

- 最终产品与服务(包括工厂和机器等资本货物)计入 GDP。在最终产品与服务的生产中使用的中间产品与服务不计算在内。
- 在实际操作中,最终产品与服务的价值是用增值法确定的。对任何企业而言,它所创造的增加值都等于其出售产出所获得的收入减去从其他企业购买的投入品的成本。对生产过程中所有企业创造的增加值进行累加,即可得到最终产品或服务的价值。
- 只有在一国境内生产的产品和服务才能计入该国的 GDP。
- 只有那些在当年生产的产品与服务(或者产出中由该年的生产活动所创造的那部分价值)才能计入该年的 GDP。

度量 GDP 的方法

GDP 是衡量一个经济体所生产的产品与服务总量的指标。但是,所生产的任何产品或服务都会被某个经济体购买和使用,如消费者购买圣诞礼物、企业投资于新机器等。在很多情况下,只知道生产了多少是不够的,还需要了解是谁使用以及怎样使用这些产品与服务。此外,当代理商购买产品或服务时,该代理商的支出是其他代理商的收入。出于某些目的,追踪产品和服务生产的收入也很重要。

用于度量 GDP 的支出法

经济统计学家将构成任何一年 GDP 的最终产品与服务的用户分为四类:家庭、企业、政府和外国部门(国内产品的外国购买者)。他们假设一国在一年内生产的所有最终产品与服务将由这四个群体中的一个或多个群体的成员购买和使用。此外,购买者在各种最终产品与服务上的支出应该正好等于那些产品与服务的市场价值。因此,GDP 可以用两种方法中的任意一种进行同等准确的计量:①将国内生产的所有最终产品与服务的市场价值相加;②将这四类产品与服务的总支出相加,再减去进口产品与服务的支出。两种方法得到的结果应该是相同的。

与四类最终用户相对应的是四类支出行为:消费、投资、政府购买和净出口。也就是说,家庭的支出由消费行为决定,企业的支出主要是投资,政府的一部分支出表现为政府购买,外国部门的支出其实是本国的出口。表 4.2 列出了 2019 年美国经济各部分支出的美元价值。如表 4.2 所示,2019 年美国的 GDP 约为 21.4 万亿美元,人均 GDP 约为 65 200 美元。下面我们将详细介绍各部分支出及其主要的构成项目。在学习的过程中,你可以对照表 4.2,了解各类支出对美国经济的实际重要程度。

表 4.2　2019 年美国 GDP 的支出构成

	金额/10 亿美元	合计/10 亿美元	百分比/%
消费		**14 562.7**	68
耐用品	1 526.8		

续表

	金额/10 亿美元	合计/10 亿美元	百分比/%
非耐用品	2 978.1		
服务	10 057.7		
投资		**3 743.9**	17
企业固定投资	2 878.1		
居民投资	797.5		
存货投资	68.3		
政府购买		**3 753.0**	18
净出口		**−631.9**	−3
出口	2 504.3		
进口	3 136.1		
合计：国内生产总值		**21 427.7**	100

资料来源：美国经济分析局（www.bea.gov）。

消费支出，或简称**消费**，是指家庭在食品、服装和娱乐等产品与服务上的支出。消费支出可以细分为耐用消费品、非耐用消费品和服务三个子类：

（1）耐用消费品是使用寿命较长的消费品，如汽车和家具等。请注意，新建的房屋不是耐用消费品，它被视为投资的一部分。

（2）非耐用消费品是使用寿命较短的产品，如食物和服装等。

（3）服务在消费者支出中占很大的比重，包括各种各样的服务形式，从理发、出租车载客的简单服务到法律、金融和教育服务，都属于服务的范畴。

投资是指企业在最终产品与服务上的支出，主要是资本品和房产的支出。投资也可以细分为企业固定投资、住宅投资和存货投资三个子类。

（1）企业固定投资是指企业对机器、厂房和办公建筑等新资本品的购买行为（我们曾经提到过，出于计算 GDP 的考虑，耐用资本品被视为最终产品而不是中间产品）。企业通过购买资本品来扩大其生产能力。

（2）住宅投资的对象是新建的住宅和公寓。就 GDP 核算而言，住宅投资被视为企业将住宅销售给家庭的投资活动。

（3）存货投资是指企业将未售出的产品作为存货处理。换句话说，出于会计核算的目的，企业对那些已生产但未在当期卖出的产品，进行自我购买（这种处理方法保证了生产等于支出关系的成立）。存货投资可正可负，取决于存货价值在一年内是上升还是下降。例如，2009 年，库存下降，库存投资对 GDP 的贡献为负值。

人们经常把购买股票、债券等金融资产的行为称为“投资”。那种投资不同于我们这里所定义的投资。公司股票的购买者会获得对该公司现有实物资产和金融资产的部分所有权。但是，股票购买往往与新的实物资本的创造没有关系，因此并非本章所述意义上的投资。一般情况下，我们会把购买股票、债券等金融资产的行为称为“金融投资”，以区别于企业对厂房和机器等新资本品的投资行为。

　　政府购买是政府对最终产品(如战斗机)与服务(如公共教育)的购买行为。政府购买不包括政府无偿支出的转移支付行为。像社会保障福利、失业救济金、政府工作人员的养老金和福利支出等都是转移支付的例子,它们都不属于政府购买。对政府债券的利息支付也应排除在政府购买之外。

　　净出口等于出口减去进口。

- 出口是指国内生产的最终产品与服务销往国外。
- 进口是指国内购买者购买国外生产的产品与服务。由于进口包括在消费、投资和政府购买中,但并不代表对国内产出的支出,因此必须将其减去。加上出口、减去进口的一种简单方法是加上净出口,它等于出口减进口。

　　一国的净出口反映了世界上其他国家对其产品与服务的净需求。由于在任何给定的年份里进口都可能超过出口,所以净出口可以为负值。如表 4.2 所示,2019 年美国的进口就明显大于出口。

　　GDP 和产品与服务的支出之间的关系可以用下面的等式来总结。令 Y =国内生产总值,或产出;C =消费支出;I =投资;G =政府购买;NX =净出口。

　　使用这些符号,我们可以将 GDP 等于四类支出总和的关系用一个代数表达式来体现:

$$Y = C + I + G + NX$$

例 4.7　用生产法和支出法度量 GDP

用这两种方法得到的 GDP 是否相等?

　　一个经济体生产了 100 万辆汽车,每辆汽车价值 1.5 万美元。消费者购买了其中的 70 万辆,企业购买了 20 万辆,政府购买了 5 万辆,有 2.5 万辆销往国外。该经济体没有从外部进口汽车。到年末汽车公司将没有出售的汽车作为存货处理。使用生产法和支出法得到的 GDP 将是相等的。

　　该经济体所生产的最终产品与服务的市场价值为 100 万辆汽车乘以 1.5 万美元/辆,计算结果是 150 亿美元。

　　要用支出法度量 GDP,我们必须将消费、投资、政府购买和净出口这四个方面的支出相加。消费总额为 70 万辆汽车乘以 1.5 万美元/辆,即 105 亿美元。政府购买总额为 5 万辆汽车乘以 1.5 万美元/辆,即 7.5 亿美元。净出口总额等于出口总额(2.5 万辆汽车乘以 1.5 万美元/辆,即 3.75 亿美元)减去进口总额(零),因此净出口总额为 3.75 亿美元。

　　那么投资总额是多少?处理这个问题我们必须小心谨慎。销售给企业的 20 万辆汽车价值 30 亿美元,显然应该计入投资总额。不过我们也要注意到这样一个可能会被忽略的事实:汽车公司一共生产了 100 万辆汽车,但到年末为止只售出了 97.5 万辆(700 000 + 200 000 + 50 000 + 25 000)。因此,该年年末还有 2.5 万辆汽车没有售出,被汽车公司作为存货处理。企业存货的增加额(2.5 万辆汽车乘以 1.5 万美元/辆,即 3.75 亿美元)应被视为存货投资,是投资总额的一部分。因此,在投资上的总支出就等于出售给企业的 30 亿美元汽车加上存货投资 3.75 亿美元,即 33.75 亿美元。

　　综上所述,在这个经济体中,消费总额为 105 亿美元,投资总额(包括存货投资)为 33.75 亿美元,政府购买总额为 7.5 亿美元,净出口总额为 3.75 亿美元。将这四项支出相加,我们得到 150 亿美元——这一结果与采用生产所创造的市场价值计算得到的 GDP 是一样的。

对例 4.7 进行拓展，假设家庭所购买的汽车中有 2.5 万辆是进口的，而并非由国内生产。国内的产量仍然维持在 100 万辆，价格仍是 1.5 万美元。请再次使用生产法（根据生产所创造的市场价值）和支出法（对各项支出进行加总）计算 GDP。

GDP 与资本和劳动的收入

我们既可以认为 GDP 是总生产的度量指标，也可以将它看作对总支出的度量——这两种计算 GDP 的方法得到的最终结果是相同的。其实，还可以从第三个角度来理解 GDP，即资本和劳动的收入。

一种产品或服务，不管它在何时生产、何时出售，一旦售出，从中获得的收入总是在工人与生产这种产品或服务所用资本的所有者之间进行分配的。因此，经过一些在此可以忽略的技术性调整之后，GDP 也等于劳动收入与资本收入之和。

- 劳动收入包括工资、薪金及自营职业者的收入。
- 资本收入由支付给实物资本（如厂房、机器和办公大楼）所有者和无形资本（如版权和专利）所有者的款项构成。企业主赚取的利润、土地或建筑物所有者收取的租金、债券持有人获得的利息，以及版权或专利所有人得到的版税或专利许可费等，都属于资本收入的范畴。

劳动收入和资本收入占 GDP 的比例是多少？回答这个问题并不容易。例如，考虑一个个体经营者（拥有自己的工作设备）或一个小企业主的收入：他们的收入中有多少应该算作劳动收入，有多少应该算作资本收入？经济学家并不总是能对答案达成一致，不同的估计方法会导致不同的结果。就我们的目的而言，作为一个粗略的近似值，我们会认为劳动收入相当于 GDP 的 75% 左右，资本收入相当于 GDP 的 25% 左右。

劳动收入和资本收入都是按照税前值来衡量的。当然，最终这两种收入都会有一部分被政府通过税收方式获得。

图 4.2 可以帮助我们从三种不同但等价的角度来理解 GDP：生产所创造的市场价值；支出总额；资本收入和劳动收入之和。从这幅图中，我们也能对各支出部分和收入部分的相对重要性有一个大致的了解。2019 年，在美国的总支出中，约 68% 用于消费、约 18% 属于政府购买，剩余部分则是投资与净出口（事实上，如表 4.2 所示，近年来美国的净出口一直为负值，反映了美国的贸易逆差）。如前所述，劳动收入约占总收入的 75%，剩余部分则是资本收入。

图 4.2 也可以在如图 4.3 所示的经济循环流程图的背景下查看。该图描述了一个简化的经济体，其中消费 C 是 GDP 的唯一组成部分，作为美国经济的简化模型也很适宜，其中 C 占 GDP 的 2/3 以上（如前所述，2019 年约为 68%）。图 4.3 的左图将经济表现为资源从家庭流向企业，以及最终产品与服务从企业流向家庭。度量 GDP 的生产方法相当于计算一国在给定时间段内生产的产品与服务的流量（图 4.3 的左图中上方的箭头）。

图 4.3 的右图将经济表现为一种支出流，由家庭向企业支付，以换取产品与服务，以

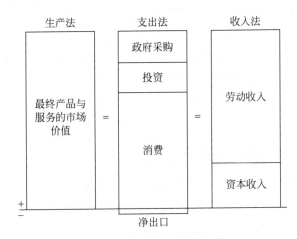

图 4.2　GDP 的三种度量方法

GDP 可以用三种方法进行等价的度量：①生产所创造的市场价值；②总支出(包括消费、投资、政府购买和净出口)；③总收入(包括劳动收入和资本收入)。

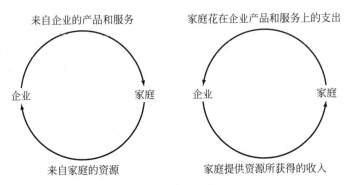

图 4.3　两个圆形流程图

左图显示的是家庭向企业提供劳动力和资本，企业利用这些资源为家庭生产产品和服务。右图显示的是家庭为企业提供资源获得收入，然后用这些收入购买企业的产品和服务。

及一种由企业向家庭支付的收入流，以换取劳动力和资本等资源。度量 GDP 的支出法相当于计算一国在给定时间段内的前者(右图中上方的箭头)，收入法相当于计算后者(右图中下方的箭头)。如图 4.3 所示，三种方法得出的 GDP 应该是相同的，因为原则上，生产的所有东西(用生产法计算)都是由某个购买者购买的(用支出法计算)，而购买者的支出反过来是其他人的收入(用收入法计算)。

图 4.3 展示的简单故事捕捉到了更复杂的美国经济中正在发生的事情，尽管二者相去甚远。在这个故事中，经济中有两个主要参与者(家庭和企业)。这些参与者交易的主要市场有两个：生产要素市场；产品与服务市场。早上，家庭在市场上与企业会面，获取生产要素(或资源)，向这些企业出售劳动力和资本，并获得劳动收入和资本收入。图中下方的箭头显示了这些交易。在晚上(和周末)，相同的家庭在产品与服务市场上与相同的企业打交道，只不过家庭是从企业购买其早上生产的产品与服务，并用早上赚取的收入(通过家庭支出)支付。图中上方的箭头显示了这些交易。因此，在给定时间段内生产的

这些产品与服务的总价值（GDP）可以通过计算总生产、总支出或总收入来衡量。原则上，这三种方法将得出相同的结果。

重点回顾：度量 GDP 的方法

GDP 的支出构成

GDP 可以用购买国内生产的最终产品与服务的支出总和来表示。纳入 GDP 计算范围的四种支出形式，以及与四种支出联系在一起的四种经济主体，可以整理为下表的形式：

支 出 类 型	支出行为的主体	例　　子
消费	家庭	食物、服装、理发、新车
投资	企业	新厂房与设备、新住宅、存货的增量
政府购买	政府	新教学楼、新军队装备、士兵和政府官员的薪金
净出口（出口减进口）	国外部门	出口的制造品、向外国提供的法律或金融服务

资本收入和劳动收入

GDP 也等于劳动收入加上资本收入。

▽ 名义 GDP 与实际 GDP

GDP 是衡量一个经济体在某一特定时期（如一年）的总产量的指标，在比较不同地区的经济活动时具有很重要的价值。例如，2019 年按州细分的 GDP 数据可用于比较纽约州与加利福尼亚州当年的总产出水平。不过，经济学家并不满足于此，他们不仅比较不同地区的经济活动水平，还希望能够进行基于不同时间的比较。例如，由于推出成功的经济政策而竞选连任的总统，一定很想知道在自己任期内美国经济产出有多大幅度的增长。

不过，使用 GDP 来比较两个不同时点的经济活动水平可能得出错误的答案，下面的例子可以证实这一点。为便于说明问题，假设该经济体只生产两种产品：比萨饼和馅饼。这两种产品在 2016 年（总统任期开始）和 2020 年（总统任期结束）的价格与数量如表 4.3 所示。如果用生产所创造的市场价值来计算各年的 GDP，我们会发现，2016 年的 GDP 为（10 个比萨饼×10 美元/个比萨饼）＋（15 个馅饼×5 美元/个馅饼）＝175 美元。2020 年的 GDP 为（20 个比萨饼×12 美元/个比萨饼）＋（30 个馅饼×6 美元/个馅饼）＝420 美元。将 2016 年的 GDP 与 2020 年的 GDP 进行比较，我们可能会得出结论，这一数字是 2020 年的 2.4 倍（420 美元/175 美元）。

表 4.3　2016 年和 2020 年的价格与产量

年　份	比萨饼的产量/个	比萨饼的价格/美元	馅饼的产量/个	馅饼的价格/美元
2016	10	10	15	5
2020	20	12	30	6

但在对表 4.3 给出的数据进行仔细分析之后,你会发现这个结论并不正确。2020 年比萨饼和馅饼的产量恰好都是 2016 年产量的两倍。如果以这两种产品的实际产量来衡量,经济活动的水平在 4 年里只增加了 1 倍,可为什么 GDP 的计算结果显示经济有更大的增长呢?

观察表中数据可以发现,这是价格随着产量的增加出现上涨所造成的。由于价格上涨,在这 4 年里生产活动所创造的市场价值以超过实际产出的速度在增长。在这种情况下,GDP 无法对总统任期内经济的增长水平进行正确的度量,因为真正决定人们经济财富的因素是一定时期内产品与服务的实物产量,而不是这些产出的货币价值。事实上,如果 2016—2020 年比萨饼和馅饼的价格都上升为原来的 2.4 倍,而产量保持不变,那么 GDP 也会增长为原来的 2.4 倍。在这种情况下,宣称经济(实物)产出在总统任期内增长了 1 倍多显然是错误的。

正如这个例子所示,如果我们想用 GDP 来比较不同时点经济活动的水平,我们需要使用某种方法排除价格变化的影响。换句话说,我们需要对通货膨胀现象进行调整。为此,经济学家使用一组共同的价格来评估不同年份的产量。标准方法是选择一个特定的年份,我们称之为基年,用该年的价格水平计算产出的市场价值。利用基年而不是当年的价格水平计算得到的 GDP,我们称之为**实际 GDP**,它是实际产出的度量指标。实际 GDP 是调整通货膨胀因素后所得到的 GDP。为了区分以基年价格水平计算的实际 GDP 和用当年价格水平计算的 GDP,经济学家把后者称为**名义 GDP**。

例 4.8   计算 4 年总统任期内实际 GDP 的变化

在 4 年总统任期内,实际 GDP 增长了多少?

使用表 4.3 中的数据,并假设 2016 年为基年,求出 2020 年和 2016 年的实际 GDP。2020 年相比 2016 年,实际产出增长了多少?

为了求出 2020 年的实际 GDP,我们必须使用基年(2016 年)的价格对 2020 年的产量进行估值。使用表 4.3 中的数据,可以求得:

$$
\begin{aligned}
2020 \text{ 年的 GDP} &= 2020 \text{ 年比萨饼产量} \times 2016 \text{ 年比萨饼价格} \\
&\quad + 2020 \text{ 年馅饼产量} \times 2016 \text{ 年馅饼价格} \\
&= 20 \times 10 \text{ 美元} + 30 \times 5 \text{ 美元} \\
&= 350 \text{ 美元}
\end{aligned}
$$

因此,2020 年的实际 GDP 为 350 美元。

2016 年的实际 GDP 是多少? 根据定义,2016 年的实际 GDP 等于以基年价格水平计价的 2016 年的产出。本例中的基年恰好是 2016 年,因此 2016 年的实际 GDP 就等于按 2016 年价格计价的 2016 年的产出,也就等于 2016 年的名义 GDP。一般来说,在基年,实际 GDP 和名义 GDP 是相等的。我们已经知道 2016 年的名义 GDP 为 175 美元,这也就是 2016 年的实际 GDP。

现在我们可以确定在这 4 年中实际产量增长了多少。由于 2016 年的实际 GDP 为 175 美元、2020 年的实际 GDP 为 350 美元,可知 2016—2020 年实际产量翻了一番。这个结果与表 4.3 所显示的这段时间内比萨饼和馅饼产量翻倍的事实完全符合,因而具有较强的经济意义。通过使用实际 GDP,我们消除了价格变化的影响,对 4 年里产出的实际变化做出了合理的度量。

当然，并非所有产品的产出都会像例 4.8 中那样按照同一比例增长。练习 4.5 就是要计算比萨饼与馅饼的产出增长不一致情况下的实际 GDP。

练习 4.5

假设 2016 年和 2020 年比萨饼与馅饼的产量和价格如下表所示：

年 份	比萨饼的产量/个	比萨饼的价格/美元	馅饼的产量/个	馅饼的价格/美元
2016	10	10	15	5
2020	30	12	30	6

这些数据与表 4.3 中的数据相同，只是比萨饼产量在 2016—2020 年增长了 2 倍而不是 1 倍。计算 2020 年和 2016 年的实际 GDP，并求出在这 4 年间实际产出的增长水平（仍然假定 2016 年为基年）。

完成练习 4.5 后，你会发现 2016—2020 年实际 GDP 的增长速度是比萨饼和馅饼产出增长速度的某种意义上的平均。因此，即使不同产品与服务的生产以不同速度增长，实际 GDP 仍然是衡量实际总产出的有用指标。

经济自然主义者 4.1 名义 GDP 与实际 GDP 会朝着相反方向移动吗？

在大多数国家，名义 GDP 和实际 GDP 几乎每年都在增长。但是，它们也很有可能朝着相反的方向移动。美国上一次发生这种情况是在 2007—2008 年。那段时间里，用以 2009 年为基年的物价水平衡量，实际 GDP 下降了 0.3%，从 2007 年的 14.87 万亿美元降至 2008 年的 14.83 万亿美元。这反映了产品和服务的实际产量的全面下降。然而，由于这段时间里价格涨幅比产量下降幅度大，所以同期名义 GDP 增长了 1.7%，从 14.48 万亿美元增至 14.72 万亿美元。

上述例子也表明，如果当年的价格比基年的价格低，名义 GDP 会低于实际 GDP。这种情况一般发生在该年比基年早的例子中。

名义 GDP 下降的年份中，实际 GDP 有可能上升吗？答案仍然是肯定的。例如，这种情况可能发生在那些同时经历经济增长和通货紧缩的国家，如 20 世纪 90 年代的日本。

这里所介绍的计算实际 GDP 的方法沿用已久，如美国负责 GDP 统计的政府机构——经济分析局（BEA）多年来一直采用这种方法。不过近年来 BEA 开始采用一种更复杂的方法来确定实际 GDP，我们把这种方法称为链式加权法。新的计算方法能够减弱基年的不同选择对实际 GDP 的影响。但不管是链式加权法还是传统的方法，它们的基本思想都是采用基年的价格水平对产出进行计价，其计算结果通常也十分相似。

> **重点回顾:名义 GDP 与实际 GDP**
>
> 　　实际 GDP 利用产品与服务在基年而不是当年的价格水平进行计算。名义 GDP 则采用当年价格水平进行计算。实际 GDP 是调整了通货膨胀后的 GDP,它被认为是衡量生产实际产出的指标。要比较不同时期经济活动的水平,我们应该使用实际 GDP,而不是名义 GDP。

实际 GDP 与经济福利

　　政府决策者十分关注实际 GDP 的值,他们通常认为 GDP 的值越高,经济就越好。其实,实际 GDP 与经济福利并不等价。它最多也只是衡量经济福利的一个不完美的指标,这在很大程度上是因为它只包括那些通过市场定价并出售的产品与服务。还有很多对经济福利做出贡献的因素没有在市场上定价和出售,因此在计算 GDP 的过程中,这些因素大部分甚至完全被忽略了。因此,政府决策者的正确目标不应该是始终追求实际 GDP 的最大化。促进 GDP 增长的政策是否也会提高人们的生活水平,其答案并非总是肯定的,我们只能在具体问题具体分析的基础上回答这一问题。

为什么实际 GDP 与经济福利并不等价

　　为了理解实际 GDP 增长不一定会提高经济福利的原因,下面我们介绍一些并没有包括在 GDP 中,但会影响人们生活水平的因素。

　　闲暇时间　大多数美国人(以及其他工业国家的大多数人)的工作时间远远少于他们 100 年前的先辈们。20 世纪初,一些产业工人(如钢铁工人)每天的工作时间长达 12 小时,每周工作 7 天。而在今天,每周工作 40 小时是非常普遍的。现在的美国人还倾向于将工作生涯的起点向后推延(完成大学或研究生学业之后),同时在很多领域人们都会提前退休。美国及其他工业国家的工人拥有的闲暇时间越来越多,这让他们可以从事很多有意义的活动,如与家人和朋友相处、参加运动、享受业余爱好、从事文化和教育活动等。更多的闲暇时间可以说是在富有国家生活和工作的一项巨大福利。不过这种额外的闲暇时间无法用市场来定价,因此也没有反映在 GDP 中。

　　经济自然主义者 4.2　为什么现在人们的工作时间比他们的曾祖父母少?

　　现在的美国人有这样一种趋势:他们推迟参加工作的时间,提早退休。在很多领域,他们每周的工作时间要少于 50 年前或 100 年前的人。你可以通过提早退休或者缩短每周工作时间来减少工作,这里的机会成本是你选择不工作而放弃的收入。比如说,如果你在百货商店暑期打工每周可以挣 400 美元,那么提前两周结束工作与朋友出去旅游的机会成本是 800 美元。如今人们工作时间缩短的事实表明,他们放弃收入的机会成本低于其祖父母和曾祖父母的机会成本。为什么会有这种差异?

　　我们可以用成本-收益原理来帮助我们理解这种现象。在过去的一个世纪,美国及其他工业国家的高速经济增长极大地提高了普通工人工资的购买力。换句话说，与以往任何时候相比，今天的普通工人能用其收入购买更多的产品与服务。这一事实似乎表明，与以往相比，现在的机会成本(用放弃的收入原本能购买的东西来衡量)是增大了，而不是减小了。不过，由于如今工资的购买力比以前高得多，美国人可以通过减少工作时间来达到一个比较满意的生活水平。因此，虽然你的祖父母可能不得不长时间工作以支付房租或者购买食物，而在今天，从事额外工作的收入很可能只是用于购买华丽时装、豪车轿车之类的奢侈品。由于放弃这种可自由支配的购买行为比解决基本的食宿问题容易得多，因此今天放弃收入的真正机会成本比 50 年小很多。随着闲暇机会成本的降低，美国人开始选择拥有更多的闲暇时间。

非市场经济活动　并非所有重要的经济活动都在市场上进行。除了政府服务等少数例外情况，一般的非市场经济活动都没有进入 GDP 的计算，如前文中我们提到过的无偿家务劳动的例子。志愿者服务，如很多小城镇里自发组织的消防队和救援小组，是非市场经济活动的另一个例子。GDP 没有考虑这些无偿服务的事实，并不表明它们无足轻重。问题在于，这些无偿服务不存在市场价格，也无法量化，因而很难度量其市场价值。

经济学家未将非市场经济活动考虑进 GDP，这一做法会造成 GDP 度量效果多大的偏差？对这个问题的回答取决于所研究经济的类型。尽管非市场经济活动在所有的经济中都普遍存在，但它们在不发达经济中更加重要。例如，在发展中国家的乡村，人们常常相互提供服务或者合作完成各种工作而不涉及货币交易。这些地方的家庭也具有比较显著的自给自足特征：他们自己生产食物，大部分的基本服务也由自己提供。由于官方的统计不包括这些非市场经济活动，因此 GDP 数据可能大大低估了最贫穷国家经济活动的真实水平。

与非市场活动密切相关的是地下经济，其中包括从未向政府官员和数据收集人员报告的交易。地下经济既包括合法的经济活动(如非正式的婴儿照顾工作)，也包括非法的经济活动(如有组织的犯罪活动)。在实际生活中，有些人会向房屋清洁工或油漆工等临时工或兼职工人支付现金，从而使这些工人可以不用缴纳个人所得税。试图通过研究公众持有的现金量来估算此类服务价值的经济学家得出结论，即使在发达的工业国家，这类交易也在整体经济活动中占有重要份额。

环境质量与资源消耗　近年来，有些国家经历了实际 GDP 飞速增长的时期。但是，在扩大生产基础的同时，其空气质量和水质量也出现了严重的下滑。迅速增加的污染现象已经影响了生活的质量，但由于空气质量和水质量无法在市场上买卖，所以这些国家的 GDP 无法反映经济增长带来的这种负面影响。

对有限自然资源进行开采的事实也没有在 GDP 中得到体现。石油公司开采并出售了一桶石油后，GDP 里相应地增加了这桶石油的价值。但实际情况是，地下的石油资源减少了相同的量，这意味着以后可供开采的量减少了，而这一点并没有在 GDP 中反映出来。

为了将空气质量和资源消耗等因素纳入 GDP 的综合度量标准中，经济学家付出了很大的努力。不过这一目标的实现仍很有难度，因为它经常涉及对无形利益的估价问题。例如，在干净的河水中游泳与在受污染的河水中游泳相比，很难说出前者的货币价值是多少。但是,尽管环境质量和节约资源所带来的收益很难用货币价值来衡量,却并不意味着它们不重要。

生活质量 是什么因素让一个小镇或城市成为受人青睐的生活乐土?你可能会想到下面这些因素:宽敞舒适的住宅、繁华发达的餐饮业和商业、大量的娱乐场所、高质量的医疗服务,所有这些都可以从 GDP 中反映出来。不过,也有体现生活质量的其他一些指标,由于不在市场上出售而无法纳入 GDP 的计算范围。这些指标包括:较低的犯罪率、较少的交通拥堵、活跃的社区组织,以及较大的露天场所等。从这个角度来看,即使新建一个购物中心会促进 GDP 的增长,乡村地区的居民也很可能会反对,因为他们认为这会给其生活质量造成负面影响。

贫困与经济不平衡 GDP 度量的是一个经济体所生产和销售的产品与服务总量,但它并不包含有关谁可以享受这些产品与服务的信息。具有相同 GDP 的两个国家,其经济福利在整个人口中的分配上很可能存在很大差异。例如,我们假设,在一个叫作公平的国家,大部分人都过着中产阶级的舒适生活,极度富裕与极度贫穷的人只占很少一部分。但在另一个叫作不公平的国家,它与叫作公平的国家有着相同的实际 GDP,但财富分配却大不相同:少数富裕家庭控制着整个经济,大部分人则生活在贫困中。尽管大多数人都会认为叫作公平的国家的经济状况更好,但作为衡量的标准,GDP 却无法反映这一点——两个国家的 GDP 是相同的。

在美国,绝对贫困人口一直在下降。如今,大部分收入低于官方"贫困线"(2019 年,一个四口之家的年收入为 25 750 美元)的家庭,都已经拥有电视机和汽车,有的还拥有自己的住房。一些经济学家认为,如今被视为穷人的人,其生活水平不会低于 20 世纪 50 年代的中产阶级。

不过,尽管美国的绝对贫困人口在减少,收入的不平衡现象却仍在加剧。一家大型美国公司的首席执行官(CEO)的收入可能是这家企业普通员工收入的数百倍。心理学家告诉我们,人们的经济满意度不仅取决于自身的绝对经济地位(他们所拥有的食物、衣服和住房),还取决于与其他人的比较。如果你拥有一辆破旧的汽车而你的邻居都没有车,你会产生很强的优越感。但如果你的邻居都拥有豪华轿车,你很可能会不满足于现状。从攀比会影响人们的福利这种意义上说,经济不平衡现象与绝对贫困现象一样应该引起人们的注意。由于 GDP 关注的是总产量而不是产出的分配,因此无法体现经济不平衡的影响。

然而 GDP 与经济福利具有相关性

在了解上述所列的一系列被官方统计所忽略的重要因素之后,你可能会认为,GDP 作为衡量经济福利的指标用处不大。事实上,确实有很多批评家都表达了这种观点。在评价经济政策的效用时,只考虑对 GDP 的影响显然是不够的。政策制定者还必须考察政策对经济福利中未包括在 GDP 内的那些方面的影响。例如,环境治理可能会降低钢铁的产量,从而降低 GDP 的值。但这一事实并不足以判断这种治理的优劣。评价这类政策的正确方法是应用成本-收益原理:对人们而言,治理所带来的空气清洁的收益是否大于因此造成的产出和就业减少的成本?如果答案是肯定的,那么这种治理就应该实施;否则,就应该取消。

尽管考虑某一政策对实际 GDP 的影响并不足以评价这项政策的好坏，但人均实际 GDP 确实与人们所重视的很多方面都保持着正相关性。一般而言，较高的人均实际 GDP 总是与较高的物质生活水平、较好的健康状况、较长的平均寿命、较高的受教育水平联系在一起。接下来，我们将讨论更高的实际 GDP 与更高的经济福利之间的关系。

大量的产品与服务　显然，拥有较高 GDP 的国家的公民可以获得更多、更好的产品与服务（这一点可以从 GDP 的定义中直接看出来）。平均而言，在 GDP 较高的国家，人们可以拥有更宽敞舒适的住房，可以享受更优越的衣食条件及更为丰富的娱乐项目，可以接受更多形式的文化熏陶，可以获得更便捷的运输与旅游服务，也可以享受更高质量的通信与医疗服务……尽管社会评论家会质疑物质消费的价值，我们也承认富裕不一定会带来生活的幸福与心灵的宁静，但世界上的大多数人都非常努力地去追求物质财富。纵观历史，人类冒着巨大的风险，付出了沉重的代价为自己和家人争取更高的生活水平。事实上，美国的建立在很大程度上要归功于那些因为身处困境而离开家园并怀着改善自身经济状况愿望的人。

健康与教育　虽然一些人质疑丰富的消费品和服务的价值，但很少有人质疑识字和教育的价值，也没有人质疑拥有更长、更健康的生命的价值。表 4.4 显示了富国和穷国在一些重要的福利指标方面的差异。这些数据来自《联合国人类发展报告》，该报告除 GDP 外，还使用各种教育和健康指标衡量经济发展。表 4.4 的第一行列出了四组人均 GDP 水平截然不同的国家。最引人注目的是，人类发展水平很高的国家的人均 GDP 是人类发展水平低的国家的 14 倍多。[①]

GDP 上的这种显著差异是否也会体现在其他福利指标上？表 4.4 显示，在一些最基本的福利衡量指标上，发展水平低的国家的表现远远不如发展水平高的国家。发展水平很低的国家的儿童在 5 岁生日之前死亡的概率几乎是 8%。相比之下，发展水平很高的国家的儿童在 5 岁生日之前死亡的概率是 0.6%。出生在发展水平很高的国家的儿童预期寿命超过 79 岁，而发展水平很低的国家的儿童的预期寿命约为 61 岁。

如表 4.4 所示，发展水平很高的国家的人的受教育年限几乎是发展水平很低的国家的两倍。不过，受教育年限数据并未完全反映富国与穷国教育质量的重要差异，如果用教师的教育背景和师生比例等指标来衡量教育质量的差别，结果将更为显著。

表 4.4　GDP 与基本的福利指标

指标与数据统计年份	发展水平很高	发展水平较高	发展水平较低	发展水平很低
人均 GDP/美元，2018 年	40 019	14 669	6 279	2 704
国家组的总人口/百万人，2018 年	1 532.1	2 857.7	2 245.3	923.2
出生时的预期寿命/岁，2018 年	79.5	75.1	69.3	61.3
5 岁以下儿童死亡率/%，2017 年	6.2	16.1	44.5	76.6
（儿童）预期受教育年限/年，2018 年	16.4	13.8	11.7	9.3

资料来源：United Nations, *Human Development Report* 2019, http://hdr.undp.org/en/2019-report.

---

①　表 4.4 中的 GDP 数据使用美国价格对发展水平较低国家的产品和服务进行估价。由于贫穷国家的基本产品和服务往往更便宜，这种调整显著增加了这些国家的 GDP。

我们在结束讨论时还需要指出，表 4.4 比较了处于不同经济发展阶段的相当大的国家群体。从《人类发展报告》(*Human Development Report*)每个国家组内的特定国家来看，GDP 与健康结果之间的关系往往要弱得多，有时甚至严重逆转。例如，在发展水平很高的国家组中，美国的人均 GDP 为 56 140 美元，比加拿大的 43 602 美元高出 28%，比日本的 40 799 美元高出 37%。但美国人出生时预期寿命为 78.9 岁，比加拿大人的 82.3 岁短 3 年多，比日本人的 84.5 岁短 5.5 年。[1]

经济自然主义者 4.3　为什么穷国完成中学学业的孩子比富国少得多？

一种可能的解释是，穷国的人比富国的人更不重视接受教育。这似乎不太可能，因为来自贫穷国家的移民往往非常重视教育，尽管从贫穷国家移民的人可能并不代表所有人口。

经济自然主义者们对穷国入学率较低现象的解释并不是从文化差异的角度出发的，而是利用机会成本概念。在贫困的社会中，农业成分往往在经济中占很大比例，从而每个家庭的子女也成为劳动力的一个重要来源。在子女长到一定的年龄之后，让他们继续上学会给家庭带来较高的机会成本。上学的子女将无法帮助家人完成种植、收割及其他农业家庭生存所必需的工作。此外，教科书及学校其他供应品的费用也让贫困的家庭无法负担。因此，根据成本-收益原理，子女应该待在家里，而不是去上学。而在富有的非农业化国家，处于上学年龄的儿童几乎没有工作机会，他们可能创造的潜在收入相比家庭的其他收入要少得多。因此，在富裕国家，人们让子女上学的机会成本较低，这是这些国家儿童入学率较高的一个重要原因。

我们将在第 6 章重新面对增长的实际 GDP 是否等价于更大的经济福利这一问题，对经济增长的成本与收益进行更深层次的讨论。

重点回顾：实际 GDP 与经济福利

- 实际 GDP 最多只是经济福利的一个不完美的度量指标。那些影响福利水平却没有被纳入实际 GDP 计算范围的因素包括：闲暇时间、无偿家务劳动和志愿者活动等非市场服务、环境质量与资源节约以及较低犯罪率等体现生活质量的指标。GDP 也无法反映一个国家经济不平衡的程度。由于实际 GDP 并不等价于经济福利，我们在提出政策建议时不应该只考虑它们对 GDP 的影响。

- 尽管 GDP 与经济福利不完全相同，但它与人们所重视的很多方面都保持着正相关性。人们所追求的这些方面包括：更高的物质生活水平、更好的健康状况、更长的预期寿命、更高的识字率与受教育水平。实际 GDP 与经济福利之间的这种联系促使很多人从贫困的国家迁出去追求更好的生活，也激励着发展中国家的政策制定者努力提高本国的经济增长速度。

---

[1]　有关在广泛的经济和社会背景下美国人最近预期寿命下降的讨论，请参见 Anne Case and Angus Deaton, *Deaths of Despair and the Future of Capitalism* (Princeton，NJ：Princeton University Press，2020)。

▽ 失业和失业率

为了评估一个国家的经济活动水平,经济学家需要分析大量的统计数据。除了实际GDP,经济学家和公众都非常关注的一个统计数字是失业率。失业率是衡量劳动力市场状况的敏感性指标。当失业率较低时,人们较容易维持已有的工作,也较容易找到新的工作。低失业率经常与工资的提高和工作环境的改善联系在一起,这是由于雇主要通过相互竞争来吸引新的工人和维持已有工人。

我们将在第 7 章详细讨论劳动力市场和失业问题。本节将解释失业率及一些相关统计数据是如何定义和衡量的。最后将讨论失业对失业者及整个经济的成本。

对失业的度量

在美国,由劳工统计局(BLS)负责对失业现象进行定义和衡量。劳工统计局每个月随机选取大约 6 万个家庭进行调查。这些家庭中的每位 16 岁以上(包括 16 岁)的成员都要被归入以下 3 类。

(1) 在业人员。如果调查对象在进行调查的上一周从事的是全职工作或兼职工作(即使只工作几小时也算),或者他在上周恰逢例假或病假,但本身拥有一份正常的工作,则归为在业人员。

(2) 失业人员。如果调查对象在进行调查的上一周没有工作,但他在过去 4 周为了寻找工作进行了一些努力和尝试(如参加工作面试),则归为失业人员。

(3) 劳动力外人员。如果调查对象在进行调查的上一周没有工作,而且他在过去 4 周也没有寻找工作,则归为劳动力外人员。换句话说,那些既没有就业也没有失业(我们将失业定义为想找工作但还未能找到工作)的人群,我们称之为"劳动力外人员"。全日制学校的学生、不拿薪水的家庭主妇、退休人士以及那些由于疾病而没有能力工作的人都属于劳动力外人员。

美国劳工统计局基于调查的结果,对全国范围内三类人员的各自数目进行估计。达到工作年龄的人口是上述三类人员的总和,包括年满 16 岁的人口。[①]

为了获得失业率数据,美国劳工统计局首先必须计算劳动力的规模。我们将**劳动力**定义为经济中在业人员与失业人员的总数(劳工统计局调查中的前两类人)。**失业率**则被定义为失业人口占劳动力的比例。我们要注意,(由于读书、退休、缺乏能力等原因)处于劳动力之外的人并不计入失业人口,因此他们的数量对失业率不会造成影响。一般而言,居高不下的失业率暗示着经济表现不尽如人意。

参与率是另一个有用的统计指标,即劳动力占工作年龄层人口的比率(人口中已就业和在寻找工作人群的比率)。图 4.1 显示了自 1950 年以来美国男性与女性的参与率。参与率可以通过用劳动力总数除以工作年龄层(16 岁及以上)人口计算得到。

---

① 要想了解美国政府是如何收集这些数据并进行分类的,请参见 www.bls.gov/cps/cps_htgm.htm。

表4.5利用2019年11月劳工统计局的调查数据来说明劳动力市场主要统计指标的计算过程。当月失业人数占劳动力的3.5%。参与率为63.2%,这意味着三个成年人中就有两个有工作或正在找工作。

表4.5 2019年11月美国的失业数据　　　　　　　　单位:百万人

在业人员	158.59
加上:失业人员	5.81
等于:劳动力	164.40
加上:劳动力外人员	95.62
等于:工作年龄层(16岁及以上)人口	260.02

失业率=失业人员/劳动力总数=5.81/164.40=3.5%

参与率=劳动力总数/工作年龄层人口=164.40/260.02=63.2%

资料来源:美国劳工统计局(www.bls.gov)。

图4.4显示了自1965年以来美国的失业率数据。20世纪60年代末、90年代末和21世纪10年代末,失业率极低,约为4%。按照这一衡量标准,20世纪90年代后期对美国工人来说是一个非常好的时期。然而,随着经济陷入衰退,失业率在2001—2002年上升,然后下降到4.6%的低点,之后在2007—2009年的衰退中翻了一番多。2010—2019年,失业率下降,反映出经济复苏。2019年最后几个月,失业率为1969年5月以来的最低水平。图4.4中的数据截止到2019年,但众所周知,2020年年初,新冠肺炎疫情重创美国经济,到2020年年中,月失业率跃升至大萧条以来的最高水平。我们将在第11章更详细地讨论经济上升(或扩张)和下降(衰退)与失业的关系。

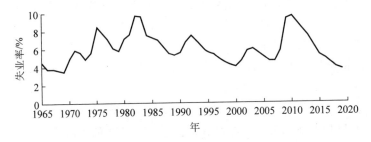

图4.4　1965—2019年美国的失业率数据

20世纪90年代末,美国失业率(失业人口占美国劳动力的比例)略高于4%。由于经济衰退,失业率在2003年上升到6%,然后在2007年下降到略高于4.5%。2007—2009年经济衰退期间,失业率急剧上升。2010—2019年,该比率从2010年9.6%的峰值下降到3.7%的低谷,这是50年来的最低记录。

资料来源:美国劳工统计局(www.bls.gov)。

练习4.6

下表是2019年11月劳工统计局统计的非裔美国人失业数据。

	单位：百万人
在业人员	19.527
失业人员	1.135
劳动力外人员	12.523

请计算非裔美国人的劳动力人数、工作年龄人数、失业率和参与率，并将你的计算结果与表 4.5 中的数据进行比较。

失业的成本

失业会给国家带来经济成本、心理成本和社会成本。从经济的角度看，失业的主要成本是由于劳动力没有得到充分利用所造成的产出损失。产出减少带来的负担大部分由失业者自己承担：由于没有工作他们的收入会下降，技能也会生疏。不过，总体而言，整个社会也承担了失业的部分经济成本。例如，失业的工人不用再纳税，并能得到失业救济金之类的政府援助。政府预算上的这种支出实际上会给所有的纳税人带来成本。

失业的心理成本主要由失业工人及其家人承担。研究显示，长期处于失业状态会使人失去自尊，产生无法掌控自己生活的感觉，会令人灰心丧气，有时候甚至会导致一个人的自杀行为。[①] 失业工人的家人也可能由于收入减少所造成的经济困难而承受更大的心理压力。

失业的社会成本是经济影响和心理影响的共同结果。处于失业状态的人不仅要面对严重的财务危机，还会感到愤怒、沮丧和绝望。因此，我们可以理解以下社会事实：失业率上升会加剧犯罪、家庭暴力、酗酒、吸毒及其他社会问题。这些社会问题的成本不只由失业者本人承担，而是由整个社会承担，因为必须动用更多的公共资源来应对这些问题，例如，要雇用更多的警察来扼制犯罪或者增加在社会服务方面的支出。

失业的持续期

在评估失业对失业者的影响时，经济学家必须知道每个工人失业的时间有多长。一般来说，一个人失业的时间越长，他所面对的经济成本和社会成本就越大。例如，失业仅数周的人，其生活水平不太可能严重下降，也不会产生抑郁或丧失自尊等心理问题，他们的技能也不会下降（进而降低未来收入），至少不会像失业数月或数年的人那么严重。

因此，在调查过程中，劳工统计局的调查人员会询问调查对象他们失业了多久。我们把一个人处于持续失业状态的那段时期称为**失业期**。对失业期的计量从工人失去工作的那一刻开始，以工人找到工作或离开劳动力队伍作为结束的标志（请记住，劳动力外人口并不属于失业人群）。失业期的长度称为**久期**。在经济处于衰退期时，失业的久期会延长，这反映了在那种经济时期寻找工作变得愈加困难的事实。

在任何一个给定的时点，总会存在一些失业期已长达半年或更久的失业工人，我们把

---

① 关于失业心理影响的文献调查，请参见 William Darity Jr. and Arthur H. Goldsmith, "Social Psychology, Unemployment and Macroeconomics," *Journal of Economic Perspectives* 10（Winter 1996），pp.121-140。

这类人群称为长期失业者。长期失业会给失业者本人及整个社会造成重大的经济成本、心理成本和社会成本。

当经济没有陷入衰退时,大多数失业期都相对较短。例如,2019年11月,34%的失业者失业5周或以下,另有30%的失业者失业5~14周,约36%的失业者的失业时间超过14周(约3个月)。然而,在最近的经济衰退期间,失业期延长了。例如,2020年8月,17%的失业者失业5周或以下,23%的失业者失业5~14周,60%的失业者已经失业14周以上,一直未能找到工作。

不过,这些统计结果可能带有某种欺骗性,因为对于两个同样具有较短失业期的工人,他们可能有着完全不同的劳动力市场经历。一些人在度过较短的失业期之后,找到了稳定的长期工作。我们把这些人称为短期失业者,总体而言他们不会因为失业而承受巨大的成本。但对于具有较短失业期的其他工人,情况则大不相同,他们结束失业期很可能是因为退出劳动力队伍或是只找到了一份很快会再度失业的短期工作或临时工作。因此,他们结束失业期之后,面对的只能是较短的就业时间或是不久后又将退出劳动力队伍的困境。我们将这些工人称为习惯性失业者。他们所要承受的失业成本与长期失业者非常相似。

失业率与"真实"失业

对失业现象的度量与GDP的度量一样受到很多批评。大部分批评者认为,官方的失业率数据低估了失业的真实水平。他们特别指出,有两类人群没有包括在失业人员里面:丧志工人和非自愿兼职工人。

丧志工人是指那些说自己想找份工作但在过去4周内却没有尝试找工作的人。丧志工人会告诉调查者:他们之所以没有努力去找工作,是因为他们曾经尝试过,但没有成功,或者是因为他们确信劳动力市场的条件无法让他们找到工作。基于这些人在过去4周没有尝试找工作的事实,他们被视为劳动力外人员而不是失业人员。一些研究者认为,把丧志工人视为失业人员是对劳动力市场状况更准确的描述。

非自愿兼职工人是指那些表示希望获得全职工作却只能找到兼职工作的人。由于这些非自愿兼职工人确实有工作,在统计中他们被视为在业人员而不是失业人员。由于经济原因,这些工人有时被称为未充分就业或兼职工人。一些经济学家建议,这些工人应该算作部分失业。

作为对这些批评的回应,自20世纪90年代以来美国劳工统计局发布了包括对丧志工人和非自愿兼职工人数量估计在内的特殊失业率。2019年11月,官方失业率为3.5%(见表4.5),劳工统计局通过计算得到以下结论:如果将丧志工人和非自愿兼职工人都视为失业人员,那么失业率应该为6.9%。因此,丧志工人和兼职工人问题似乎相当严重。

无论是官方版本还是调整后版本,失业率都是劳动力市场状况的良好总体指标。高失业率甚至对有工作的人来说也是个坏消息,因为在"疲软"的劳动力市场上很难获得加薪和晋升的机会。我们将在第7章及后续章节详细讨论失业的原因和应对方法。

▽ 小结

　　度量一个经济体的产出的基本指标是国内生产总值(GDP)，即一国在一定时期内生产的所有最终产品与服务的市场价值。用市场价值衡量产出的方法，使经济学家可以对现代经济中生产的数百万种产品与服务进行加总。

　　只有最终产品与服务(包括资本品)才能纳入 GDP 的计算范畴，因为它们是直接使最终用户受益的产品与服务。在最终产品与服务的生产中使用的中间产品与服务不属于 GDP 的计算范畴。现有资产(如一栋已有 20 年历史的房子)的出售也不会对 GDP 做出贡献。对生产过程中每个企业创造的附加值进行累加，是计算最终产品与服务价值的一种有用方法。

　　GDP 也可以表示为四类支出的总和，即消费、投资、政府购买和净出口。这四种支出行为分别对应家庭、企业、政府和外国部门的支出。

　　为了比较不同时点的 GDP 水平，经济学家必须消除通货膨胀的影响。他们通过采用基年价格水平衡量产品与服务的市场价值来实现这一目的。用这种方法衡量的 GDP 被称为实际 GDP，而用当年价格水平计价的 GDP 则被称为名义 GDP。在比较不同时间经济活动的水平时，我们必须使用实际 GDP。

　　人均实际 GDP 只是经济福利的一个不完美的度量指标。GDP 中只包括在市场上出售的产品与服务，这一点只在某些情况下例外。一个突出的例子是政府提供的产品与服务，它们虽然不在市场上出售，但以其生产成本作为价值近似度量从而纳入 GDP 计算。GDP 不能反映影响人们福利的一些重要因素，如可获得的闲暇时间、无偿服务或志愿者活动的价值、环境质量、犯罪率等生活指标的水平以及经济不平衡的程度。

　　不过，实际 GDP 仍然是衡量经济福利的一个有用指标。人均实际 GDP 较高的国家的人民不仅拥有较高的平均生活水平，也有着较长的预期寿命、较低的婴幼儿死亡率及较高的儿童入学率和识字率。

　　失业率或许是反映劳动力市场状况的最知名指标，其计算是基于劳工统计局的调查。在调查中，所有 16 岁以上的成员都被归入在业人员、失业人员和劳动力外人员三类。劳动力是在业人员和失业人员的总和，即已经有工作的和正在找工作的人。失业率等于失业人口除以劳动力总数。参与率等于工作年龄层人口除以劳动力总数。

　　失业成本包括产出损失带来的经济成本、由失业者本人及其家人承担的心理成本，以及与犯罪和暴力增加等问题相关的社会成本。长期失业造成的代价最大。官方失业率的批评者认为，官方失业率低估了"真实"失业率，因为它忽略了丧志工人和非自愿兼职工人。

⌐ 名词与概念

capital good	资本品	discouraged workers	丧志工人
consumption expenditure	消费支出	duration	久期

final goods or services	最终产品或服务	labor force	劳动力
government purchases	政府购买	market value	市场价值
gross domestic product, GDP	国内生产总值	net exports	净出口
		nominal GDP	名义 GDP
intermediate goods or services	中间产品或服务	participation rate	参与率
		real GDP	实际 GDP
investment	投资	unemployment rate	失业率
involuntary part-time workers	非自愿兼职工人	unemployment spell	失业期
		value added	附加值

复习题

1. 为什么经济学家在计算 GDP 时要使用市场价值？在 GDP 的计算中，为什么高值品的权重要大于低值品，其中涉及的经济学基本原理是什么？

2. 大部分发展中国家的农业部门都属于小规模自给性农业形式，农民所生产的食物大多供自己和家人消费。试分析这一事实对贫困国家 GDP 度量的影响。

3. 列举四种总支出类型的具体例子。哪种支出行为在美国 GDP 中占最大份额？每种支出类型的总额可以为负值？试解释理由。

4. 萨拉的岩画摊去年画了 1 000 块岩画，今年画了 1 200 块岩画。去年她对每块岩画收费 4 美元，今年收费 5 美元。如果把去年作为基年，试分别计算萨拉在这两年对名义 GDP 和实际 GDP 的贡献值。如果你要衡量过去一年萨拉生产力的变化，采用哪种度量指标会更好？为什么？

5. 你是否认为人均实际 GDP 是度量经济福利的有用指标？请为你的结论提供依据。

6. 判断正误并解释：对于一个经济体来说，高参与率意味着低失业率。

7. 高失业率的成本是什么？你认为政府向失业者提供更多的福利将会使这些成本增加、减少还是不变？请给出解释。

练习题

1. 乔治和约翰坐船在海上航行时发生了触礁事故。他们流落到一个小岛上，从此开始了新的生活。他们使用贝壳作为货币。去年乔治捕获了 300 条鱼和 5 只野猪。约翰收获了 200 捆香蕉。在乔治和约翰建立的这个二人经济体中，每条鱼的售价为 1 个贝壳，每只野猪的售价为 10 个贝壳，每捆香蕉的售价为 5 个贝壳。乔治为报答约翰替他挖诱饵捕鱼一共向约翰支付了 30 个贝壳，此外他还以每棵树 30 个贝壳的价格从约翰那里购买了 5 棵已经结果的香蕉树。乔治和约翰所处的这个小岛以贝壳计价的 GDP 是多少？

2. 下列各项交易对美国 GDP 会产生怎样的影响？

（1）美国政府向政府工作人员支付 10 亿美元薪金。

（2）美国政府在社会安全福利方面支出 10 亿美元。

（3）美国政府从一家美国企业购买新生产的飞机部件，向其支付 10 亿美元。

（4）美国政府向美国政府债券的持有者支付 10 亿美元，作为他们的利息收入。

（5）美国政府从沙特阿拉伯购买 10 亿美元原油，以增加美国的官方石油储备。

3. 智能公司生产了 100 个计算机芯片，并以每个 200 美元的价格全部出售给贝尔计算机公司。利用购得的芯片和其他人力物力资源，贝尔计算机公司生产了 100 台个人计算机，并将这些计算机与宏软公司的软件捆绑在一起，以每台 800 美元的价格全部出售给霹雳计算机公司。宏软公司通过对贝尔计算机公司进行软件授权，从贝尔计算机公司那里获得每台计算机 50 美元的收入。霹雳计算机公司将这些计算机以每台 1 000 美元的价格卖给消费者。使用增加值方法计算上述事实对 GDP 的总贡献。这与通过加总最终产品与服务的市场价值所获得的结果是否相同？

4. MN 原木公司从自己位于明尼苏达州北部的林地砍伐原木（没有来自其他公司的投入），并以 1 500 美元的价格把这些原木卖给了 MN 木材公司。MN 木材公司把原木加工成木材，并把这些木材以 4 000 美元的价格卖给了 MN 家具公司。MN 家具公司把木材加工成 100 张桌子，以每张 70 美元的价格卖给消费者。

（1）计算每家公司的附加值，完成下表。

公　　司	收　　益	投 入 成 本	附 加 值
MN 原木			
MN 木材			
MN 家具			

（2）假定所有交易都发生在 2019 年，那么这些交易使 GDP 增加了多少？

（3）假定 MN 原木公司在 2019 年 10 月收获了原木，2019 年 12 月把原木卖给 MN 木材公司，MN 木材公司 2020 年 4 月把加工好的木材卖给 MN 家具公司，MN 家具公司在 2020 年 4～12 月把桌子卖给消费者。那么 2019 年和 2020 年的 GDP 分别因这些交易增加了多少？

5. 分析下列交易活动对美国 GDP 及四类总支出的影响。

（1）你的岳母购买了一辆美国车企生产的新车。

（2）你的岳母购买了一辆从瑞典进口的新车。

（3）你的岳母所在的汽车出租公司购买了一辆美国车企生产的新车。

（4）你的岳母所在的汽车出租公司购买了一辆从瑞典进口的新车。

（5）美国政府购买了一辆美国产新车供你的岳母——美国驻瑞典大使使用。

6. 下面是某经济体的一些数据。请计算它的 GDP，并对你的计算结果给出解释。

单位：美元

消费支出	550
出口	75
政府购买的产品与服务	200

续表

新建住宅与公寓	100
出售原有住宅与公寓	200
进口	50
年初存货	100
年末存货	125
企业固定投资	100
政府对退休人员的支付	100
家庭购买的耐用品	150

7. 某国生产冰球、乐啤露(一种饮料)和凉鞋三种产品。下面是2017年和2020年这三种产品的价格和产量数据。

年 份	冰球		乐啤露		凉鞋	
	数量/个	价格/美元	数量/瓶	价格/美元	数量/双	价格/美元
2017	100	5	300	20	75	20
2020	125	9	325	20	110	25

假设以2017年为基年,试分别计算2017年和2020年的名义GDP和实际GDP。

8. 政府在考虑制定一项限制工厂使用劣质燃料的政策来降低空气污染程度。在决定是否实施该政策的过程中,我们是否应该把该政策对实际GDP的影响也纳入考虑范围?试对这一问题进行讨论。

9. 我们已经讨论了送子女上学的机会成本如何影响了不同国家的入学率。美国《2019年人口发展报告》报告了2018年人均GDP的数据(以2011年美元计)。

加拿大	43 602
丹麦	48 836
希腊	24 909
莱索托	3 244
埃塞俄比亚	1 782

(1) 你觉得哪个国家会有最高的入学率?哪个国家的入学率最低?

(2) 除了人均GDP以外,一个家庭在应用成本-收益原理决定是否送子女上学时还要考虑哪些因素?请讨论。

10. 下面是一份来自美国劳工统计局调查人员的报告:我调查的房子里有65人,其中10人是不满16岁的儿童,10人是已经退休的老人,25人有全职工作,5人有兼职工作,还有5人是全职家庭主妇,5人是16岁以上的全日制学生,还有2名不能工作的残疾人,其余的人都没有工作,但想拥有一份工作,其中有1人说他已经有3个月未积极地找工作了,计算:劳动力总数、工作年龄层人口、在业人口、失业人口。

11. 斯凯勒正在下载最近月份的劳动力市场数据,不过她的网络链接速度较慢。到目前为止她获得的所有数据如下所示:

失业率/%	5.9
参与率/%	62.5
劳动力外人口/万人	6 300

试求劳动力总数、工作年龄层人口、在业人口和失业人口。

12. 索亚和萨特两个小镇各有劳动力 1 200 人。在索亚镇，劳动力中有 100 人失业了整整一年，而其他的劳动力都处于持续就业状态。在萨特镇，每个劳动力在过去的一年里都有 1 个月处于失业状态，其余 11 个月处于就业状态。

(1) 两个小镇在过去一年中的平均失业率分别是多少？

(2) 两个小镇平均失业期的久期分别是多少？

(3) 你认为哪个小镇的失业成本更高？试解释原因。

正文中练习题的答案

4.1　文中已经求得原来的 GDP 为 64 美元。如果现在 Orchardia 又额外生产了 5 个橘子，每个橘子的价格为 0.3 美元，那么 GDP 增加了 1.5 美元，变为 65.5 美元。

4.2　在最终产品贺卡的价值中，属于批发商创造的增加值为 500 美元，艾米创造的增加值——她的收入减去对其他企业的支付，为 200 美元。由于贺卡是在 2019 年生产并被艾米购买的（我们这样假设），因此对 2020 年的 GDP 的贡献为 500 美元。而这批贺卡是在 2020 年从艾米的店中卖出的，所以艾米创造的增加值 200 美元应该计入 2020 年的 GDP。

4.3　股票的出售代表股票交易所部分资产所有权的转移，而不是新产品或服务的创造过程，因此股票出售本身并不会对 GDP 做出贡献。不过，经纪人的 100 美元佣金（股票交易额的 2%）是对当时服务进行支付的一种体现，从而应该计入 GDP。

4.4　与例 4.5 中的结果一样，国内产出的市场价值为 100 万辆汽车乘以 15 000 美元/辆，计算结果是 150 亿美元。

消费和政府购买的计算结果也与例 4.7 保持一致，分别为 105 亿美元和 7.5 亿美元。不过，由于家庭购买的汽车中有 2.5 万辆来自进口而非国内生产，因此国内车企在该年年末未售出的存货增加量应为 5 万辆（而不再是例 4.7 中的 2.5 万辆）。这样存货投资便是 5 万辆汽车乘以 1.5 万美元/辆，即 7.5 亿美元，而投资总额（企业购买的汽车价值加上存货投资）是 37.5 亿美元。由于出口量与进口量相等（都为 2.5 万辆汽车），因此净出口（出口减去进口）为零。在计算中要注意，由于我们在得到净出口的过程中已经从出口中减去了进口，因此不需要再从消费中扣除进口。消费的定义是家庭的购买总额，而不只是对国内产品的购买。

总支出为 $C+I+G+NX=105$ 亿美元 $+37.5$ 亿美元 $+7.5$ 亿美元 $+0=150$ 亿美元。这一结果等于国内产出的市场价值。

4.5　2020 年的实际 GDP 等于用基年 2016 年的市场价格来衡量的 2020 年生产的比萨饼和馅饼的总量。因此，2020 年实际 GDP＝（30 个比萨饼×10 美元/个）＋（30 个馅饼×5 美元/个)＝450 美元。

2016 年的实际 GDP 等于用 2016 年的市场价格来衡量的 2016 年生产的比萨饼和馅饼的总量,其计算结果为 175 美元。请注意,由于 2016 年为基年,这一年的实际 GDP 与名义 GDP 是相等的。

2020 年实际 GDP 约为 2016 年实际 GDP 的 2.6 倍(450 美元/175 美元)。我们看到,实际 GDP 的增长速度(是原来的 2.6 倍)低于比萨饼产量的增长速度(是原来的 3 倍),而高于馅饼产量的增长速度(是原来的 2 倍),处于二者之间。

4.6　劳动力总数＝在业人口＋失业人口＝1 952.7(万)＋113.5(万)＝2 066.2(万)

工作年龄层人口＝劳动力总数＋劳动力外人口＝2 066.2(万)＋1 252.3(万)＝3 318.5(万)

失业率＝失业人口/劳动力总数＝113.5(万)/2 066.2(万)＝5.5%

参与率＝劳动力总数/工作年龄层人口＝2 066.2(万)/3 318.5(万)＝62.3%

2019 年 11 月,非裔美国人约占美国劳动力和工作年龄层人口的 13%。请注意,虽然非裔美国人的参与率与总人口的参与率相似,但非裔美国人的失业率要高得多。

第 **5** 章

度量价格水平与通货膨胀

如果未来 40 年你能存下 1 亿美元,你能在 40 年后享受舒适的退休生活吗?

如果你没有立即回答"当然!",可能是因为你的生活水准很高,也可能是因为你不知道 40 年后 1 亿美元能买到什么。没准 40 年后买一块面包就要花 500 万美元。

上述 1 亿美元的问题阐释了一个简单但非常重要的观点,即金钱的价值完全取决于人们想要购买的产品和服务的价格。以当今美国的价格来看,价值 1 亿美元的备用金是一笔可观的财富,但如果一块面包的价格是 500 万美元,那么 1 亿美元就微不足道。同样,持续的高通货膨胀——大多数产品和服务价格的快速持续上涨——可以从根本上降低一定数量货币的购买力。历史提供了一些极端的例子:1923 年在德国退休或 2008 年在津巴布韦退休的许多人发现,他们辛苦赚来的毕生积蓄甚至买不到一块面包。

在很长的一段时间内,即使美国在过去一个世纪的通货膨胀率并不高,货币的购买力也会有极大的改变,如例 5.3 所示。更普遍地说,通货膨胀会令对不同时点经济状况的比较变得非常困难。你的祖父母记得孩提时代一本漫画书和一个巧克力冰激凌加起来只要 25 美分,而在今天同样是这两种产品却标价 4 美元或 5 美元。你可能由此得出结论,过去的孩子更加幸福,但事实究竟是否如此? 如果没有更进一步的信息,我们无法做出判断,因为尽管漫画书和冰激凌的价格上涨了,但工资水平也可能随之提高。真正要考虑的问题是,年轻人的可支配资金是否随他们所要购买产品的价格上涨而同步或更快增长。答案如果是肯定的,那么现在年轻人的生活至少不会比其祖父母年轻时一块糖只要 5 美分那时候差。

当我们试图展望未来时,通货膨胀也会带来不确定性,比如:"我应该为退休储蓄多少?"这个问题的答案取决于退休前通货膨胀的程度(从而会影响燃油、食物和服装的成本)。通货膨胀也会给决策者带来类似的问题。例如,为了规划长期的政府支出计划,他们必须估计政府在未来几年的采购成本。

研究宏观经济学的一个重要好处是,可以了解在比较一段时期的经济状况或预测未来时如何剔除通货膨胀因素的影响。本章我们将继续研究经济数据的构建和解释,了解如何衡量价格和通货膨胀,以及如何"调整"货币额,如冰激凌的价格,以剔除通货膨胀的影响。以美元(或其他货币单位)计量,然后根据通货膨胀进行调整的数量称为实际数量(例如,回顾第4章介绍的实际GDP概念)。使用实际数量,经济学家可以比较不同年份的经济状况。

比通货膨胀给经济计量带来的复杂性更重要的是它给经济带来的成本。本章我们将探讨为什么高通货膨胀会严重损害经济表现,以至于经济决策者声称低且稳定的通货膨胀率是其主要目标之一。本章最后我们将说明通货膨胀与另一个关键经济变量——金融资产的利率的关联。

 # 消费者价格指数与通货膨胀

经济学家用来度量美国经济价格水平的基本工具是消费者价格指数,简称CPI。CPI是一定时期内"生活成本"的度量指标。更准确地说,一定时期的消费者价格指数(CPI)衡量的是相对于某一固定年份(基年)购买产品与服务的某一标准集合或称一篮子产品与服务的费用,在当期购买同样一篮子产品与服务的花费情况。

为了说明CPI这一统计指标的建立过程,我们假定政府将2015年作为基年。为计算方便起见,我们假设2015年普通美国家庭的月生活预算只包括三种物品的支出:两居室公寓的租金、汉堡和电影票。当然事实上每个家庭每个月都要购买数以百计的不同物品,但无论将多少物品包括在内,建立CPI的基本原理都是一样的。我们还假设在基年2015年家庭的月平均支出如表5.1所示。

表 5.1 2015 年(基年)普通家庭的月生活支出预算　　　　　　　　　　单位:美元

物　品	成本(2015 年美元)
租金,两居室公寓	750
汉堡(60 个,每个 2 美元)	120
电影票(10 张,每张 7 美元)	70
总支出	940

现在让我们来关注2020年的情况。过了5年,各种产品与服务的价格可能发生了变化:有的物品涨价了而另一些物品可能降价了。我们假设,到2020年普通家庭为自己居住的两居室公寓所支付的租金涨到了945美元,汉堡的价格变为每个2.5美元,电影票的价格也涨到每张8美元。从整体上说,价格上涨了。

2015—2020年,该家庭的生活成本究竟增加了多少?如表5.2所示,如果普通家庭在2020年消费的是和2015年相同的一篮子产品与服务,那么他们每月将支出1 175美元,比2015年的每月940美元多支出235美元。换句话说,为了使2020年的生活维持在与 2015 年一样的水平,该家庭必须每月多支出 25％(235 美元/940 美元)。因此可以认为,在这个例子里,2015—2020 年普通家庭的生活成本上升了 25％。

表 5.2　2020 年购置 2015 年(基年)一篮子产品与服务的成本　　　单位:美元

物 品	成本(2020 年)	成本(2015 年)
租金,两居室公寓	945	750
汉堡(60 个,每个 2 美元)	150	120
电影票(10 张,每张 7 美元)	80	70
总支出	1 175	940

负责确定失业率的机构——美国劳工统计局(BLS)使用基本相同的方法计算官方消费者价格指数(CPI)。推导 CPI 的第一步是选择基年并确定在该年普通家庭所消费的一篮子产品与服务。实际操作中,政府通过一项名为"消费者支出调查"的详细的调查来确定消费者如何分配支出。消费者支出调查要求随机选择的家庭在某一指定月份对他们所进行的每次购买与支付的价格进行记录。我们把所得的一篮子产品与服务形象地称为基年篮子。在这之后,劳工统计局的工作人员会每月走访上万家商店,并进行大量的调查来确定基年篮子里产品与服务的当期价格。[①]

对任一给定年份的 CPI,其计算公式为

$$CPI = \frac{\text{基年一篮子产品与服务的当年费用}}{\text{基年一篮子产品与服务的基年费用}}$$

回到前面普通家庭消费三种产品的例子,我们可以用这种方法计算 2020 年的 CPI,其计算公式为

$$2020 \text{ 年的 CPI} = \frac{1\ 175\ \text{美元}}{940\ \text{美元}} = 1.25$$

换句话说,在这个例子里 2020 年的生活成本比基年 2015 年高 25％。请注意,基年的 CPI 总是等于 1.00,这是因为该年 CPI 计算公式中的分子和分母相同。一定时期内(如一个月或者一年)的 CPI 度量的是相对于基年而言当期的生活成本。

美国劳工统计局经常通过将 CPI 乘以 100 的方法来消除小数点。如果我们在这里也进行这样的处理,那么 2020 年的 CPI 将不再是 1.25,而应该表示为 125,基年的 CPI 也不再是 1.00,而应该表示为 100。不过,由于很多计算中用小数形式表示 CPI 会比较简便,因此我们在这里不沿袭对 CPI 乘以 100 的惯例。

> **例 5.1　计算 CPI**
>
> **如何度量普通家庭的生活成本?**
>
> 假设普通家庭在 2015 年除了消费原来的三种产品与服务之外,还以每件 30 美元的价格购买了 4 件毛衣。2020 年,同样的毛衣每件售价 50 美元。2015 年和 2020 年其他产品与服务的价格如表 5.2 所示。试求 2015—2020 年家庭生活成本的变化。

---

① 有关美国劳工统计局计算 CPI 的具体方法,参见 www.bls.gov/cpi/questions-and-answers.htm。

在前文的例子中,基年(2015年)篮子的成本为940美元。加上每件30美元的4件毛衣,基年篮子的成本将提高到1060美元。2020年,这个篮子(包括4件毛衣)的成本是多少?公寓、汉堡和电影票的价格与以前一样是1175美元。加上每件50美元的4件毛衣的成本,篮子的总成本将增加到1375美元。CPI等于2020年的篮子成本除以2015年(基年)的篮子成本,或1375美元/1060美元=1.3。我们得出结论,2015—2020年,该家庭的生活成本上涨了30%。

练习 5.1

根据如表5.1和表5.2所示的三种产品的例子,并假设2020年公寓租金从2015年的750美元下降到600美元,试计算2020年的CPI。这两年汉堡与电影票的价格均维持表中水平不变。

CPI并不衡量特定产品或服务的价格。事实上,它根本没有计量单位,因为分数分子中的美元与分母中的美元相互抵消。相反,CPI是一个指数。某一年的指数值仅在与另一年的指数值进行比较时才有意义。因此,价格指数衡量的是一类产品或服务相对于基年内相同产品或服务价格的平均价格。CPI是一个广为人知的价格指数,很多经济学家都将它作为一种基本工具来分析经济的趋势。例如,由于制造商倾向于将原材料价格的上涨转嫁给消费者,经济学家使用原材料价格指数来预测制成品价格的变化。其他指数则用于研究能源、食品、医疗及其他主要部门的价格变化率。

练习 5.2

消费者价格指数度量"典型"家庭或者说普通家庭的生活成本。假设你准备建立一种个人价格指数来度量你自己的生活成本随时间变化的情况。一般来说,你会怎样建立这个指数?为什么你建立的个人价格指数的变化可能与CPI的变化不同?

通货膨胀

CPI提供了一种比较当前平均价格水平与基年价格水平的度量方法。相比之下,通货膨胀则是对平均价格水平随时间变化程度的度量。通货膨胀率是年价格水平(可由CPI来度量)变化的百分比。例如,假设2019年的CPI值为1.25,2020年的CPI值为1.27。2019—2020年的通货膨胀率是价格水平上涨的百分比,即价格水平的上涨幅度(0.05)与初始价格水平(1.25)的比值等于1.6%。

例5.2 计算1972—1976年的通货膨胀率

如何利用CPI来计算通货膨胀率?
1972—1976年的CPI数据如下表所示。

年　份	CPI
1972	0.418
1973	0.444
1974	0.493
1975	0.538
1976	0.569

1972—1973 年的通货膨胀率是这些年之间价格水平上涨的百分比，即 $\dfrac{0.444-0.418}{0.418}=$ $\dfrac{0.026}{0.418}=0.062=6.2\%$。请读者独立完成剩余年份通货膨胀率的计算（答案为 11%、9.1% 和 5.8%）。20 世纪 70 年代，通货膨胀率远远高于过去 25 年间大多数年份普遍存在的 1.5%～3% 的通货膨胀率。

练习 5.3

下面给出了 1929—1933 年的 CPI 数据。试分别计算 1929—1930 年、1930—1931 年、1931—1932 年、1932—1933 年的通货膨胀率。

年　份	CPI
1929	0.171
1930	0.167
1931	0.152
1932	0.137
1933	0.130

20 世纪 30 年代的通货膨胀率与 70 年代的情况有何不同？

练习 5.4

下面给出了 2015—2019 年的 CPI 数据。试分别计算各年的通货膨胀率。

年　份	CPI
2015	2.37
2016	2.40
2017	2.45
2018	2.51
2019	2.56

练习 5.3 的计算结果中出现了通货膨胀率为负的情况。在一定时期内大部分产品与服务的价格出现下跌的现象称为**通货紧缩**。美国历史上距今最近的一次通货紧缩出现在

20世纪30年代早期。过去20年间,日本经历了相对比较温和的通货紧缩。正如练习5.4所示,近几年美国的通货膨胀率一直很低,但并不为负。

基于通货膨胀的调整

CPI是一个十分有用的工具。它不仅能够用于衡量生活成本的变化,还可以用于调整经济数据以消除通货膨胀的影响。在本节中,我们将了解如何使用CPI将以当期货币价值计量的量转换为实际量,这一过程称为平减。我们还将看到,CPI也可以逆转上一过程,将实际量转变为用当期货币价值衡量的量,这一过程称为指数化。这两个过程不仅对经济学家有重要意义,对于所有希望对支出、账目或者其他经济数据进行调整以消除通货膨胀影响的人来说,也是值得运用的方法。

名义量的平减

CPI的一个重要作用是对**名义量**——用当期货币价值衡量的量,进行基于通货膨胀的调整。为了说明这一点,假设已知居住在大都市的某普通家庭2015年的总收入为40 000美元,2020年的收入为44 000美元。这是否意味着2020年该家庭的经济境况比2015年好?

如果没有更进一步的信息,我们可能会对这个问题给予肯定的答复。毕竟,在这5年间,该家庭的收入提高了10%。不过,事实上价格也可能在上涨,其上涨速度可能与家庭收入一样快,也可能快于家庭收入。假设家庭所消费产品与服务的价格在这段时间上涨了25%。由于家庭收入只提高了10%,我们得出结论,尽管家庭的名义收入(以当期美元价值表示的收入)提高了,但如果用其所能购买的产品与服务来衡量,其生活水平变差了。

通过计算2015年和2020年家庭的实际收入,我们可以更精确地比较家庭的购买力。一般而言,**实际量**是用实物的形式——如产品与服务的数量来衡量的量。为了把一个名义量转变为实际量,我们必须用名义量除以相应的价格指数,具体计算如表5.3所示。表中的计算结果显示,2015—2020年,按实际或购买力计算,该家庭的收入实际减少了4 800美元,相当于其初始实际收入40 000美元的12%。

表5.3 2015—2020年家庭收入实际价值的比较

年　份	名义家庭收入/美元	CPI	实际家庭收入 = $\dfrac{\text{名义家庭收入}}{\text{CPI}}$
2015	40 000	1.00	40 000美元/1.00＝40 000美元
2020	44 000	1.25	44 000美元/1.25＝35 200美元

这个家庭面临的问题是,尽管其名义收入(美元价值)一直在增长,但却跟不上通货膨胀。将名义量除以价格指数来表示实际量,称为对名义量进行平减。请注意,不要混淆减缩名义量与通货紧缩(负通货膨胀)这两个不同的概念。

用名义量除以价格指数的当期值求得以实际方式或者说购买力来衡量的实际量是

一种十分有用的方法。在对任何名义量(如工人工资、医疗支出、联邦预算的各组成部分等)进行比较时,它可用于消除通货膨胀的影响。那么这种方法的原理是什么? 一般而言,如果你知道在某种物品上所花费的金额和这种物品的价格,就可以(用总支出除以价格)计算你所购买的这种物品的数量。例如,如果你上个月总共花了 100 美元购买汉堡,每个汉堡的价格为 2.5 美元,那么你可以确定自己购买了 40 个汉堡。同样,你用一个家庭的货币收入或支出除以衡量其所购买产品与服务平均价格的价格指数,即可得到衡量该家庭所购买产品与服务的实际量。这样得到的实际量有时候被称为经过通货膨胀调整的量。

例 5.3　贝比·鲁斯(Babe Ruth)与史蒂芬·斯特拉斯伯格(Stephen Strasburg)这两个人谁赚得更多?

1930 年,伟大的棒球运动员贝比·鲁斯的工资为 8 万美元。当有人指出他比胡佛总统赚得还多时,他解释说:"我今年的年景比他好。"2019 年,收入最高的棒球运动员史蒂芬·斯特拉斯伯格是华盛顿国民队的明星投手,他的工资是 3 830 万美元。考虑到通货膨胀,贝比·鲁斯与斯特拉斯伯格谁赚得更多?

为了回答这个问题,我们首先要将他们的收入转为实际值(以 1982—1984 年的平均水平作为基年水平):1930 年的 CPI 为 0.167,而截至 2019 年 11 月的 CPI 为 2.57。将贝比·鲁斯的年薪除以 0.167,我们求出的结果大约为 479 000 美元,这就是鲁斯用"1982—1984 年美元"衡量的年薪。换句话说,为了在 1982—1984 年获得与 1930 年相同的购买力,贝比·鲁斯需要得到 479 000 美元的年薪。将斯特拉斯伯格 2019 年的年薪除以 2019 年 11 月的 CPI 2.57,得到他用"1982—1984 年美元"衡量的年薪为 1 490 万美元。现在,我们可以比较这两位实力派击球手的年薪了。尽管经过通货膨胀调整之后,这两个数字变得很接近(因为斯特拉斯伯格年薪中的一部分要被 1930—2019 年价格水平提高的效应所抵偿),但是即使用实际量来衡量,斯特拉斯伯格的收入仍然是贝比·鲁斯的 31 倍多。顺便说一句,斯特拉斯伯格的年薪也是美国总统年薪的 95 倍多。

显然,在比较不同时点的工资或收入时,我们必须对价格水平的差异进行调整。经过调整之后的工资称为实际工资——以实际购买力度量的工资。任一特定时期的实际工资可以通过用名义工资(美元价值)除以当期 CPI 计算得到。

练习 5.5

2001 年,旧金山巨人队的巴里·邦兹(Barry Bonds)打出 73 支全垒打,打破了之前的单赛季全垒打纪录,成为新的纪录保持者。2001 年,邦兹的收入为 1 030 万美元。当年的 CPI 为 1.77。与鲁斯和罗德里格斯的实际工资相比,邦兹的实际收入如何?

例 5.4　美国生产工人的实际工资

如何比较生产工人的实际工资?

生产工人是指承担基层工作的工人,如那些工作在工厂装配线上的工人。根据美国劳工统计局的数据,美国生产工人的平均收入在 1970 年为每小时 3.4 美元,在 2019 年升至每小时 23.51 美元。请比较这类工人在这两年的实际工资情况。

为了计算 1970 年和 2019 年的实际工资,我们首先需要知道 1970 年和 2019 年的 CPI,然后用各年的工资除以当年的 CPI。1970 年的名义工资为 3.4 美元,CPI 为 0.388(仍然以 1982—1984 年的平均水平作为基年水平),因此 1970 年的实际工资为 8.76 美元。类似地,2019 年的名义工资为 23.51 美元,CPI 为 2.56,因此 2019 年的实际工资为 9.18 美元。这样一来,我们发现尽管 2019 年的名义工资几乎是 1970 年的 7 倍,但按实际价值计算,生产工人的工资实际上在 2019 年与 1970 年基本持平。

图 5.1 展示了 1970—2019 年美国生产工人的名义工资和实际工资水平。我们发现,名义工资和实际工资随时间变化的趋势存在很大差异。如果只注意名义工资的变化趋势,我们可能认为,2019 年生产线工人的生活情况要比 1970 年的同行优越得多。不过一旦工资经过通货膨胀的调整,我们就会清楚地看到,用购买力来衡量,生产线工人的工资自 20 世纪 70 年代初以来一直停滞不前。这个例子说明了在比较不同时间的货币价值时,基于通货膨胀的调整的重要性。

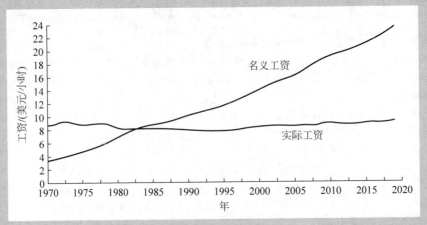

图 5.1 1970—2019 年生产线工人的名义工资和实际工资
尽管 1970 年以来生产线工人的名义工资一直显著上升,但实际工资却停滞不前。
资料来源:FRED, Federal Reserve Economic Data, from the Federal Reserve Bank of St. Louis, http://fred.stlouisfed.org.

练习 5.6

1950 年,美国联邦法律规定最低工资为每小时 0.75 美元。2019 年最低工资提高到每小时 7.25 美元。1950 年 CPI 为 0.24,2019 年 CPI 为 2.56。如果对 1950 年和 2019 年的实际最低工资进行比较,会得出怎样的结果?

例 5.3 得出结论,史蒂芬·斯特拉斯伯格 2019 年的实际工资是贝比·鲁斯 1930 年工资的 31 倍多。如果你做了练习 5.5,你还会了解到,最近明星棒球运动员的实际工资大幅增加:用实际量衡量,斯特拉斯伯格 2019 年的年薪是巴里·邦兹 2001 年年薪的 2.5 倍多。与此形成鲜明对比的是,我们在例 5.4 中看到,自 1970 年以来,生产工人的实际工资基本保持不变。如果你做了练习 5.6,你会发现,实际上,自 1950 年以来,实际最低工资一直在下降。

这些例子反映了美国工资最高和最低的工人之间工资不平等加剧的更广泛的趋势。特别地,近年来,薪酬最高的运动员、艺人、商界领袖及其他专业人士的相对薪酬大幅上升。我们将在第 7 章继续讨论美国劳动力市场的这一趋势及其他趋势。

维持购买力的指数化过程

消费者价格指数(CPI)也可以用来把实际量转变为名义量。例如,我们假定,2020 年政府每月向社会保障福利的受济者支付 1 000 美元。现在美国国会希望这部分救济金的购买力不会随时间而发生改变,从而使受济者的生活水平免受通货膨胀的影响。为了实现这一目标,国会应该将 2025 年的每月社会保障救济金设定在什么水平?

国会为了维持退休人群的购买力,2025 年应支付的名义救济金数量(用当期美元表示)取决于 2020—2025 年发生的通货膨胀的程度。假设 2020—2025 年 CPI 上升了 20%。也就是说,消费者所购买的产品与服务的平均价格水平在这一期间上涨了 20%。为了使社会保障福利的受济者与通货膨胀"保持同步",2025 年的救济金应该为 1 000 美元+0.2×1 000 美元=1 200 美元,比 2020 年提高 20%。一般来说,为了保持购买力不变,名义救济金必须以与每年 CPI 上升百分比相同的幅度增加。

根据价格指数的变化来改变名义量的值以防止通货膨胀削弱购买力的操作过程,被称为指数化过程。在社会保障福利方面,美国联邦法律就对救济金的自动指数化做了相关规定。在国会不采取任何措施的前提下,每年救济金的增加速度会与 CPI 上升的百分比保持一致。一些劳动合同也有类似的指数化规定,以便根据通货膨胀的变化对工资进行全部或部分调整(参见例 5.5)。

例 5.5　指数化劳动合同

拥有指数化合同时工人能拿到多少工资?

一份劳动合同规定,第一年工资为每小时 12 美元,实际工资在签订合同后的第二年提高 2%,第三年再提高 2%。第一年 CPI 为 1.00,第二年为 1.05,第三年为 1.10。请分别求出第二年与第三年所需支付的名义工资。

由于在第一年 CPI 等于 1.00,因此名义工资和实际工资都为 12 美元。我们用 W_2 代表第二年的名义工资。用第二年的 CPI 进行平减处理,我们可以把第二年的实际工资表示为 $\frac{W_2}{1.05}$。合同规定,第二年的实际工资必须比第一年的实际工资高 2%,所以 $\frac{W_2}{1.05}$=12 美元×1.02=12.24 美元。两边同乘以 1.05,即可解出 W_2,我们求得 W_2=12.85 美元,这就是根据合同所要求的第二年的名义工资。在第三年,名义工资 W_3 必须满足等式 $\frac{W_3}{1.10}$=12.24 美元×1.02=12.48 美元(请思考上式为什么成立)。求解这一方程可得 W_3=13.73 美元,这就是第三年必须支付的名义工资。

练习 5.7

最低工资这一指标并没有经过指数化处理,但现在我们假设 1950 年引入这一指标时已经考虑了通货膨胀的影响。那么 2019 年的名义最低工资是多少?可以从练习 5.6 中获得解题所需的数据。

由于最低工资没有经过指数化处理,其购买力会随着价格的上涨而下降,因此国会必须定期提高名义最低工资以保证最低工资的实际值不会下降。具有讽刺意味的是,尽管公众认为国会多年来大幅提高了名义最低工资,但实际最低工资自 1970 年以来下降了近 30%。

为什么国会不将最低工资指数与消费物价指数挂钩,并消除经常重新考虑工资水平的必要性?显然,一些国会议员更愿意每隔几年就这一问题举行一次高度公开的辩论,而理由也许是这样有助于促使最低工资的倡导者和反对者向代表自己观点的议员提供竞选捐款。

重点回顾：调整通货膨胀的方法

- **平减化过程**。对家庭货币收入等名义量进行价格水平变化意义上的修正,把它除以某一相应的价格指数(如 CPI)。这一过程被称为对名义量的平减化,经过这样的处理,原来的名义量便可以用实际购买力进行度量。发生于不同年份的名义量经过定义于同一基年的价格指数的平减化处理,就可以对这两个平减量的购买力进行比较。
- **指数化过程**。为了保证某一名义支付(如社会保障福利金)维持恒定的实际购买力,每年增加该名义量的值,使其增加的百分比等于该年的通货膨胀率。

▽ CPI 所度量的是不是"真实"的通货膨胀

你可能已经得出结论,衡量通货膨胀是很简单的,但与 GDP 和失业率一样,这方面也存在争议。事实上,一直以来学者们都在就美国通货膨胀是否得到适当衡量这一问题展开认真的辩论。由于 CPI 是美国最重要的经济统计数据之一,因此这并非学术界才会关注的问题。政策制定者在决定采取某些行动时会密切关注最新的通货膨胀数据。不仅如此,由于指数化方法的广泛使用,CPI 的变化还会直接影响政府的预算。例如,如果 CPI 在某一给定年份上升 3%,根据法律规定,作为联邦政府预算重要组成部分的社会保障福利金将自动增加 3%。对其他许多政府支出和工会劳动合同等私人合同也都会进行基于 CPI 的指数化处理。

衡量通货膨胀的困难之一是在实际操作中政府的统计人员不能保证永远做到对产品与服务的质量进行适当的调整。假设一台新的笔记本电脑在内存、计算速度和数据存储能力等方面都比去年生产的款式提高了 20%。为叙述简便起见,我们假设其价格也提高了 20%,那么笔记本电脑的价格是否存在通货膨胀?经济学家的答案是不存在。尽管消费者在每台笔记本电脑上的支出增加了 20%,但他们得到的是性能提高了 20% 的机器。这种情况其实无异于多花 20% 的钱去购买增大了 20% 的比萨饼。不过,一方面由于质量的变化难以准确衡量,另一方面由于统计人员需要考虑大量的产品与服务,这就导致他们经常会忽视或低估产品与服务质量。一般而言,只要统计人员无法对产品与服务的质量改善做出正确调整,他们就会有高估通货膨胀水平的可能。这种类型的高估被称为质量调整偏差。

质量调整偏差和总体通货膨胀率高估的一个重要后果是低估了长期内生活水平的真正改善。例如,如果普通家庭的名义收入每年增长 3%,而所报告的通货膨胀率为每年 3%,那么经济学家会认为美国家庭的实际收入没有增长。然而,"真实"通货膨胀率实际上是每年 2%,因此美国家庭的实际收入事实上每年增长了 1%(3% 的名义收入增长减去 2% 的通货膨胀)。

美国劳工统计局(负责计算 CPI 的机构)花了很大气力来提高其数据的质量以避免夸大通货膨胀。然而近年来,一些经济学家认为,质量调整偏差问题事实上越来越严重。例如,一些人认为,随着美国经济从生产计算机硬件转向生产软件和数字内容,准确衡量质量变化变得越来越困难。

全新产品的推出是发生质量调整偏差的一个极端例子。例如,治疗艾滋病的第一例特效药的推出显著提高了艾滋病患者所得到的医疗质量。然而在实际操作中,全新产品可能带来的质量提高即使存在也难以在 CPI 中反映出来。这是因为在基年并不存在这种新产品,因而没有可以用来与这种产品的当期价格进行比较的基年价格。政府统计员尝试运用各种方法来纠正这一问题,如将这种全新特效药的成本与次优疗法的成本进行比较等。不过这些方法显然缺乏准确性,因此遭到了很多批评。

衡量通货膨胀的另一个问题来自这样一个事实:CPI 的计算基于某一固定篮子的产品与服务。因而该过程排除了这样一种可能性:消费者可能会减少购买那些价格一直上涨的产品而更多地购买那些价格稳定或下降的产品。如果忽视消费者能够放弃高价品转向购买低价品的事实,统计人员将难以避免地高估真实生活费用上升的幅度。

例如,假设人们对咖啡和茶有同等的偏爱程度,并在基年消费了相同数量的咖啡和茶。但在一场寒流席卷了主要的咖啡生产国之后,咖啡的价格上涨了一倍。咖啡价格的提高使消费者放弃喝咖啡而转向喝茶——这种习惯上的改变并没有使他们的生活境况变糟,因为他们对咖啡和茶的偏爱程度相同。不过,由于 CPI 度量的是购买基年篮子里产品与服务的费用,它将随着咖啡价格的倍增而出现显著上升。CPI 的这种上升忽视了人们可以用茶来替代咖啡而没有使生活境况严重恶化的事实,从而不可避免地对生活成本上升的真实情况进行了夸大。对通货膨胀的这种高估被称为替代偏差。

例 5.6　替代偏差

为什么替代偏差不容忽视?

假定基年 2015 年的 CPI 篮子里有如下物品:

物　　品	支出/美元
咖啡(50 杯,每杯 1 美元)	50.00
茶(50 杯,每杯 1 美元)	50.00
烤饼(100 个,每个 1 美元)	100.00
合计	200.00

假设消费者在吃烤饼时,喝咖啡与喝茶能带给他们相同的快感。2015年咖啡和茶的费用相同,大多数人饮用了相同数量的咖啡和茶。

2020年,咖啡的价格翻了一番,变为每杯2美元;茶仍然保持每杯1美元的价格;而烤饼的价格涨到每个1.5美元。用CPI度量的生活费用发生了什么变化?这一结果与真实生活费用的变化有何不同?

为了计算2020年的CPI,首先要求出在该年消费2015年篮子里物品的费用。根据2020年的价格水平,50杯咖啡、50杯茶与100个烤饼的总费用为50×2美元＋50×1美元＋100×1.5美元＝300美元。由于在基年2015年消费相同的一篮子物品只需花费200美元,我们可以计算出2020年的CPI为$\frac{300美元}{200美元}$,即1.5。这一计算结果会让我们认为,2015—2020年生活费用提高了50%。

然而,我们忽视了这样一种可能性:消费者完全可以用一种低价品(茶)来替代高价品(咖啡)。事实上,由于消费者对咖啡和茶的偏好相同,当咖啡价格大幅上涨时,他们会全部改为喝茶而不喝咖啡。这时新的消费篮子——100杯茶和100个烤饼,与初始篮子里的物品给他们带来的满意度是相同的。如果考虑这种低价品替代高价品的情形,那么真正的生活费用提高了多少?2020年购买100杯茶与100个烤饼只需花费250美元,而不是300美元。从消费者的角度看,生活的真实费用只上升了50美元,即提高了25%。因此,CPI所显示的50%的提高幅度其实是由于替代偏差而产生的对生活费用的高估。

尽管质量调整偏差与替代偏差毫无疑问会影响对通货膨胀的度量,但要确定它们产生了多大程度的高估却十分困难(如果经济学家能够知道这些偏差的大小,他们早就可以对这些数据进行修正了)。不过,美国劳工统计局在过去20年间做出了重大努力来提高数据质量。

▼ 通货膨胀的成本:并非如你所想

20世纪70年代末期,通货膨胀远比现在严重。当时的民意调查显示,公众将通货膨胀视为"头号公敌"——美国面临的最严重的问题。

尽管近年来美国的通货膨胀率并不是很高,但很多美国人对通货膨胀,或者说对通货膨胀的威胁仍十分担心。人们为什么对通货膨胀会如此头疼?通过深入的意见调查,我们发现,很多人其实并不清楚通货膨胀的意义及其对经济的影响。人们在抱怨通货膨胀时关心的通常是相对价格的变化。

在描述通货膨胀的真实经济成本之前,先让我们来审视人们对通货膨胀及其成本的模糊认识。

首先,我们需要区分两个概念:价格水平和产品或服务的相对价格。价格水平是指由价格指数(如CPI)度量的某一时点价格的总水平。请回忆一下通货膨胀率的定义,它是不同年份之间价格水平变化的百分比。相对价格的含义则并非如此,它是指相对于其他产品与服务的价格而言,某种产品或服务的价格。例如,如果石油的价格上涨了10%,而其他产品与服务的价格平均只涨了3%,则称石油的相对价格提高了。但如果石油的价格只上涨了3%,而其他产品与服务的价格上涨了10%,那么石油的相对价格就会下降。也就是说,尽管石油从绝对值意义上说并没有降价,但相对其他产品与服务而言,却变便宜了。

民意调查表明,很多人并不清楚通货膨胀(总价格水平的上升)与某一相对价格上升这两者之间的区别。我们假设,中东供给中断使汽油的价格上升为原来的两倍,而其他价格保持不变。乍听到汽油价格上升这一消息,惊慌失措的人们可能要求政府对这种"通货膨胀"进行干预。尽管汽油涨价确实损害了消费者的利益,但这究竟是不是通货膨胀呢?汽油只是消费者预算中的一项物品,消费者实际上每天要购买成千上万的产品与服务。因此,汽油价格的提高对总价格水平只能产生十分微弱的影响,对通货膨胀率的影响自然也微不足道。在这个例子中,通货膨胀不是症结所在。真正让消费者发愁的是汽油相对价格的变化,这种相对价格的提高主要体现在汽油价格与劳动力价格(工资)的对比上。汽油相对价格的上升,增加了使用汽车的成本,从而使人们不得不减少在其他方面的支出。

而且,相对价格的变化也不一定会造成显著的通货膨胀。例如,某些产品的价格上涨所带来的影响很可能被另一些产品价格下跌的影响抵消,这就可以使价格水平和通货膨胀率大体上保持原有水平。相反,高通货膨胀的现象却可能在不影响相对价格的情况下发生。例如,我们假设,经济中包括工资在内的所有价格每年上涨 10%,则通货膨胀率为10%,但是相对价格并没有发生变化。事实上,由于工资(劳动力的价格)每年也增长10%,人们购买产品与服务的能力并没有受到通货膨胀的影响。

这些例子表明,平均价格水平(通货膨胀)的变化与某些产品相对价格的变化是两个截然不同的概念。公众对这两者的混淆之所以不容忽视是因为两类问题的解决方法并不相同。为了消除相对价格的变动,政府需要做的是实施某些政策以影响特定产品的供给与需求。比如,在石油价格上涨这个例子中,政府可以鼓励替代能源的开发。然而,为了消除通货膨胀,政府必须在改变货币政策或财政政策等宏观经济政策方面做出努力(我们将在下面的例子中说明这一点)。如果公众对这两者区分不清,他们可能会要求政府采取反通货膨胀政策去解决实际上是由相对价格变化引起的问题,这种努力不但无济于事,而且会对经济产生负面影响。下面的例子将说明,对政策制定者和全体公民来说,掌握一定的经济学知识是十分重要的。

例 5.7　价格水平、相对价格和通货膨胀

价格水平、相对价格和通货膨胀有何关联?

假设 2018 年、2019 年和 2020 年 CPI 数据分别为 1.2、1.32 和 1.4。2018—2019 年石油价格上涨了 8%,2019—2020 年也有 8% 的上涨幅度。请问价格水平、通货膨胀率和石油的相对价格发生了什么变化?

价格水平可以用 CPI 来衡量。由于在这 3 年里 CPI 的值逐年增加,所以可以认为这段时间价格水平一直在提高。通货膨胀率是 CPI 增加的百分比。由于 2019 年的 CPI 比 2018 年增长了10%,所以这一期间的通货膨胀率为 10%。而 2019—2020 年 CPI 只增加了 6% 左右 $\left(\dfrac{1.4}{1.32} \approx 1.06\right)$,所以该期间的通货膨胀率下降到 6% 左右。通货膨胀率的下降表明,尽管价格水平一直在上升,但其上升的速度在逐年放缓。

> 2018—2019年汽油价格上涨了8%。但由于这段时期的通货膨胀率是10%,因而相对其他所有产品与服务,汽油的价格下降了大约2%(8%−10%=−2%)。2019—2020年汽油价格又上涨了8%,而该期间的通货膨胀率约为6%。因此,2019—2020年汽油的相对价格上涨了大约2%(8%−6%)。

通货膨胀的真实成本

澄清了人们对于通货膨胀和相对价格变化之间的混淆后,我们现在可以阐述通货膨胀的真实经济成本了。这些成本为数众多,每种成本的存在都降低了经济的运行效率。这里讨论其中最重要的五种成本。

价格体系中的"噪声"　第3章曾描述过向纽约市市民提供合适的食物种类及数量这样一个不同寻常的经济配给。这个分配过程并不是由某个食物分配部门的全体人员策划的。它是通过自由市场的自我运作实现的,不涉及任何集中的管理与干预,其效果也远远优于任何一个部门规划的结果。

自由市场究竟如何传递为完成负责纽约市供给等复杂任务所必需的大量信息? 答案是通过价格体系来实现这一点。当曼哈顿法式餐馆的老板发现鸡油菌(一种稀少而美味的蘑菇)供应不足时,他们便会抬高其市场价格。鸡油菌的供应商在发现这种食品的价格上涨之后,就会意识到他们可以通过向市场提供更多的鸡油菌来获利。同时,对价格敏感的食客也会转而食用价格便宜且供应充足的其他蘑菇。只有当获利机会不再存在并且供给者和需求者都对市场价格表示满意的时候,鸡油菌市场才会达到均衡状态(均衡原理)。这个例子只说明了一个小市场的情况,如果将其规模扩大100万倍,你就可以想象得到,价格体系在相当大的程度上实现了经济配给。

然而,当通货膨胀比较严重时,人们将难以察觉价格体系所传递的微妙信号,这就好比随机"噪声"的存在让人们无法听清楚广播的内容一样。在一个不存在或几乎没有通货膨胀的经济中,像鸡油菌这类食品如果出现价格上涨,其供应商会立刻意识到,这实际上是市场向他们发出了增加供给量的信号。但是,如果通货膨胀很严重,供应商就无法确定,鸡油菌的价格上涨是代表真实的需求增加抑或只是通货膨胀导致所有食品涨价。如果价格上涨只反映了通货膨胀现象,那么相对于其他产品与服务,鸡油菌的价格并没有真正发生变化,因此供应商不应该改变自己向市场供应的鸡油菌的数量。

在发生通货膨胀的环境里,为了鉴别鸡油菌涨价是否代表需求增加的真实信号,供应商不仅要知道鸡油菌的价格,还需要知道其他产品与服务的价格变化。由于收集这些信息需要花费时间和精力,因此供应商对鸡油菌价格变化的反应很可能变得缓慢甚至犹豫不决。

总之,价格变化是市场向供给者与需求者传递信息的方式。例如,如果某种产品或服务的价格上涨了,这就告诉需求者,他们应该减少在这种产品或服务上的支出;同时供给者也得到了一个信号,他们应该增加对市场的供给。但是在存在通货膨胀的情况下,价格将不仅受产品供求的影响,还会受到整体价格水平变化的干扰。从这个意义上说,通货膨胀在价格体系中制造了"噪声",掩盖了价格所传递的信息,从而降低了整个市场体系的效率。正是这种效率的降低造成了真实经济成本。

税收体系的扭曲 正如一些政府支出(如社会保障福利金)会经过基于通货膨胀的指数化调整,在很多税收的设计过程中也运用了指数化方法。在美国,高收入人群相对低收入人群而言,要缴纳更高比例的所得税。如果所得税没有经过指数化处理,那么通货膨胀所引起的人们名义收入的提高将会迫使他们支付更高比例的所得税,而事实上他们的实际收入很可能并没有增加。为了避免这种我们称之为税级攀爬现象的发生,美国国会进行了基于 CPI 的所得税税级的指数化调整。经过这种调整,名义收入与通货膨胀保持同步增长的家庭将不再需要支付更高比例的所得税。

尽管指数化调整能够解决税级攀爬的问题,但税法中仍有很多没有经过指数化处理的规定,这可能是由于政治上缺乏支持,也可能是由于任务过于复杂。因此,通货膨胀会造成人们所支付税额的不合理变化,这反过来又会迫使他们以不合意的方式改变自己的经济行为。

为了说明这一点,我们以企业税的一项重要规定——资本折旧备抵为例,来考察在其操作过程中通货膨胀是如何引发问题的。假设一家企业用 1 000 美元购买了一台机器,并预计这台机器可以使用 10 年。按照美国税法的规定,在接下来的 10 年,企业可以每年从其税前利润中扣除机器购买价格的 1/10,即 100 美元。通过从税前利润中扣除机器的部分购买价格,企业支付的税额减少了。每年额外减少的税额等于企业所得税税率与 100 美元的乘积。

税法做这一规定的目的在于,它认为机器的磨损是企业从事经营活动的一项成本,应该从企业的利润中扣除。通过向企业投资于新机器的行为提供税盾,国会其实也在鼓励企业对工厂的投资与改建活动。然而,资本折旧备抵并未经过基于通货膨胀的指数化调整。现在我们假设,在一个通货膨胀十分严重的时期,企业正在考虑购买一台价格为 1 000 美元的机器。管理者们知道,如果购买这台机器,在今后 10 年他们每年可以从税前利润中扣除 100 美元。不过这 100 美元是一个没有经过基于通货膨胀指数化调整的固定数额。在考虑未来的情况时,管理者们会意识到,由于存在通货膨胀,在五六年之后,特别是到了最后一年,这 100 美元税收扣除的实际价值会远远小于当前的价值。想到这些,他们购买机器的决定就会发生动摇,这次投资很可能以取消告终。事实上,很多研究都表明,高通货膨胀率会显著降低企业投资于新厂房和新设备的比例。

由于复杂的美国税法包括大量未经指数化处理的税率与规定,因此通货膨胀的存在会严重扭曲税收体系对人们工作、储蓄和投资的激励。由此造成的对经济效率与经济增长的负面影响,就是通货膨胀的一种真实成本。

"皮鞋"成本 所有的购物者都明白,现金是使用起来最方便的货币。支票有其局限性:并不是所有的地方都可以使用支票。信用卡也有不足之处:它经常有最低消费额的限制。而现金几乎可以用于所有的日常交易。企业也认为持有现金十分方便:手头有充足的现金,大大促进了与客户之间的交易活动,而且不再需要频繁地到银行存取款。

通货膨胀提高了消费者和企业持有现金的成本。我们假设有这样一位守财奴,他一共有 10 000 美元的积蓄,他把这些钱全部换成 20 美元的钞票藏在床下面。那么他这笔积蓄的购买力会随时间发生什么变化? 如果通货膨胀率为零,即产品与服务的平均价格水平没有发生变化,10 000 美元的购买力不会随时间改变。在年末这位守财奴的购买力与年初时相同。现在假设通货膨胀率是 10%,在这种情况下,这笔积蓄的购买力每年会下降 10%。1 年之后,他将只有 9 000 美元的购买力。一般来说,通货膨胀率越高,人们就越不愿意持有现金,因为持有现金会使他们遭受购买力的损失。

从理论上分析,通货代表的是政府对通货持有者的债务。也就是说,即使通货贬值,现金持有人的损失也可以由政府的获利而弥补(以实际方式来衡量,政府对通货持有者的债务减少了)。所以,如果从整个社会的角度看待这个问题,购买力的损失本身并不是通货膨胀的成本,因为它不涉及资源的浪费(事实上,即使守财奴以通货形式持有的积蓄损失了大半价值,也没有任何实际的产品或服务被使用或消耗)。

不过,人们在面对通货膨胀的时候,一般不可能甘心接受购买力的损失,他们会采取一定的行动来"节省"其现金的持有量。例如,在下次去银行的时候,他们可能不会再像以前那样一次性取出足够一个月花费的现金,而是只取出维持一周生活的现金量。这种为了减少现金持有量而频繁出入银行所造成的不方便,是通货膨胀的真实成本之一。类似地,企业会通过让员工经常去银行取钱或是安装管理现金使用情况的核算系统来降低现金持有量。那些试图持有更少现金的消费者和企业会给银行带来额外的业务量,为了应付由此造成的交易活动的增加,银行不得不雇用更多的员工并扩张业务。

更频繁出入银行的行为、新的现金管理系统,以及银行增加的员工人数所引起的成本是通货膨胀的实际成本。它们消耗了包括时间和精力在内的资源,而这些资源本可以用于其他方面。按照经济学的习惯,我们把这种为了节省现金持有量而造成的成本形象地称为"皮鞋"成本——之所以这样命名是考虑了额外进出银行会给皮鞋带来磨损这一事实。在目前年通货膨胀率只有 2%~3% 的美国,皮鞋成本可能已经不再是主要的问题。不过在那些具有高通货膨胀率的经济体中,这种成本可能是巨大的。

未预期的财富重新分配　当未预期的通货膨胀发生时,很可能导致财富在不同人群之间任意地重新分配。我们考虑一群工会工人,他们签订了一份规定未来 3 年工资水平的劳动合同。如果合同中工资的确定没有经过基于通货膨胀的指数化处理,那么这些工人未来的实际收入就具有很大的不确定性,他们很容易因价格水平意外上涨而受到伤害。现在假设未来 3 年的通货膨胀大大超出合同的预期。在这种情况下,这些工人所获得工资的购买力,即他们的实际收入,将远远低于签订合同时他们所希望得到的水平。

如果从社会的角度来看待这个问题,我们可能会问,工人们由于通货膨胀而损失的购买力是否真的"消失"了?答案是没有消失,他们购买力的下降与雇主购买力的上升是相互抵消的,因为这种情况下雇用工人的真实成本要低于预期值。换句话说,通货膨胀的影响不是侵蚀购买力,而是重新分配购买力,在这个例子中,部分购买力从工人转移给了雇主。如果通货膨胀率比预期低,工人们将获得比他们预期更高的购买力,而雇主则变成受害的一方。

由通货膨胀引起财富重新分配的另一个例子发生在借款人(债务人)与贷款人(债权人)之间。假设本书的一位作者想在湖边买一栋房子,并从银行贷款 150 000 美元用于支付购房款。在签订抵押贷款协议后不久,他听说未来的通货膨胀可能远远高于预期水平。面对这一消息他会做何反应?作为一位爱国的宏观经济学家,这位作者在听说通货膨胀率要上升的消息时可能会非常担忧。不过作为一名消费者,他应该感到高兴,因为未来他偿还贷款时所支付的美元的实际价值要远远低于预期值。而信贷员则会感到懊恼,因为用购买力来衡量,银行未来从作者手中收回的美元价值将低于签订合同时的预期值。在这个例子中,通货膨胀同样没有引起实际财富的"损失",只不过借款人的收益是以贷款人的损失为代价的。一般来说,出乎意料的高通货膨胀率会让债务人获利,而使债权人蒙受损失,因为债务人能够以较低价值的美元来偿还债务。相反,出乎意料的低通货膨胀率则会让债权人获利,让债务人蒙受损失,因为其偿还的美元价值高于借款时的预期值。

尽管通货膨胀引起的重新分配不会直接侵蚀财富而只是造成其在不同人群之间进行转移,它们仍然会对经济产生负面影响。我们的经济体系是建立在激励机制之上的。要使经济能够稳健运行,人们必须确信,只要努力地工作,将部分收入储蓄起来,并进行明智的投资,那么在长期他们将得到更多的财富,享受更高的生活水平。一些研究者将通货膨胀严重的经济比作博彩场,在那里财富分配很大程度上取决于运气——在现实生活中这表现为通货膨胀率的随机波动。在长期,"博彩经济"的表现很差,因为它的不可预测性打击了人们努力工作与厉行节约的动力(如果通货膨胀可以只花一个晚上就夺走你的全部积蓄,操心这些还有什么意义呢?)。不仅如此,通货膨胀严重的经济还会鼓励人们为了预见通货膨胀的趋势、保护自身利益而去消耗资源。

对长期计划的干扰　我们所要考察的通货膨胀的第五种成本,也是我们要介绍的最后一种成本,表现在它对家庭与企业长期计划的干扰上面。很多经济决策的作用时间十分漫长。例如,工人们很可能在二三十岁时就开始规划他们的退休生活。而企业的长期投资与经营战略也会对未来几十年的发展产生影响。

显然,严重而又无法预期的通货膨胀会导致难以制订长期计划。例如,回想一下我们在本章开始时提出的问题:如果到那时你能存下 1 亿美元,你能在 40 年后舒适地退休吗?让我们试着回答这个问题。假设你想在退休时享受较高的生活水平。为了实现梦想,你需要储蓄多少收入?这取决于 40 年后你打算购买的产品与服务的价格(1 亿美元是否足以在你退休后购买这些产品和服务?)。由于通货膨胀率居高不下,你几乎无法想象到退休时你所选择的生活的成本会是多少。这样你有可能储蓄的钱太少,从而使退休后的生活不尽如人意;也可能储蓄的钱太多,令你在工作期间的生活质量遭受了不必要的牺牲。不管你选择哪种方案,通货膨胀都造成了巨大的成本。

总而言之,通货膨胀从不同的角度对经济造成了破坏。由于它的一些影响难以具体量化,因而经济学家在具体评价通货膨胀的成本时存在一些争议。不过大多数经济学家都认为,低而稳定的通货膨胀有助于保持经济的健康运行。

恶性通货膨胀

尽管对于 5% 左右的年通货膨胀率是否会给经济带来重大成本这一问题,经济学家内部存在分歧,但几乎没有经济学家会否认这样一个事实:500% 或者 1 000% 的通货膨胀率会严重影响经济的表现。通货膨胀率极高的现象被称为恶性通货膨胀。虽然官方没有明确规定把通货膨胀率高于多少的通货膨胀视为恶性通货膨胀,但是 500%~1 000%

的年通货膨胀率显然符合要求,应该归入其中。

在过去几十年里,以色列(1985年的400%)、拉丁美洲的一些国家[如玻利维亚、阿根廷和巴西,以及近年来的尼加拉瓜(1988年的33 000%)、委内瑞拉(预计2019年通胀率将达到10 000 000%)]以及俄罗斯等都曾经历过恶性通货膨胀。津巴布韦最近经历了严重的恶性通货膨胀,2009年年初,津巴布韦政府发行了面值100万亿津巴布韦元的钞票。最著名的大概是1923年德国的通货膨胀,当时通货膨胀率达到102 000 000%。在德国的这次恶性通货膨胀中,价格上涨如此之快,以至于工人每天要领两次工资才能使他们的家庭在下午价格上涨之前买得起食品,许多人的终身积蓄变得一钱不值。但有记载的最严重的一次恶性通货膨胀是1945年匈牙利在二战末期经历的,当时通货膨胀达到了3.8×10^{27}%。美国虽然从来没有经历过恶性通货膨胀,不过,处于美国南部邦联短暂统治下的人们在美国内战时期经历的通货膨胀也十分严重。1861—1865年,美国南部的价格水平上涨到内战前的92倍。

恶性通货膨胀很大程度上加剧了通货膨胀的成本。例如,在低通货膨胀时期相对较低的"皮鞋"成本在恶性通货膨胀时期会变得非常巨大,那时候人们可能要每天不止一次地去银行,以尽可能减少持有货币的时间。价格每天甚至每小时都会发生变化,这使市场运作极其糟糕,严重阻碍了经济的增长。财富的重新分配现象会非常普遍,从而让很多人变得一无所有。不过可想而知,恶性通货膨胀持续的时间一般很短,很少出现连续几年的恶性通货膨胀;它们是如此具有破坏性,以至于公众很快会发出不堪忍受、要求改变现状的强烈呼声。

重点回顾:通货膨胀的真实成本

公众有时候会混淆相对价格(如石油价格)的变化与代表总体价格水平变化的通货膨胀这两个概念。这种认识上的不清会产生问题,因为相对价格的不合意变化与通货膨胀的补救措施是不同的。

通货膨胀会给经济带来大量的真实成本,从而降低经济效率,阻碍经济增长。恶性通货膨胀——通货膨胀率极高的情况极大地放大了这些成本。这些成本包括:

- 价格体系中的"噪声",即通货膨胀影响了市场参与者正确理解价格所传递信息的能力。
- 税收体系的扭曲,例如,当税法中某些规定没有经过指数化处理时,通货膨胀就会影响税收体系对人们的激励。
- "皮鞋"成本,或者称为管理现金(例如,可以通过增加去银行的次数或者安装先进的管理核算系统来管理现金的持有量)的成本。
- 未预期的财富重新分配,例如,高而不可预期的通货膨胀会损害工人的利益,而为雇主带来额外收益,同样会让债权人蒙受损失而使债务人获利。
- 对长期计划的干扰,在人们难以预测未来长期的价格变化趋势时,这种干扰就会发生。

通货膨胀与利率

到目前为止,我们一直关注的仍是通货膨胀的度量方法与经济成本。而通货膨胀的另一个重要方面在于它与其他宏观经济重要变量的密切联系。例如,经济学家早就意识到,在高通货膨胀时期,利率也往往很高。我们接下来将探讨通货膨胀与利率之间的关系,在后续章节的学习中,你会发现这是非常重要的背景知识。

通货膨胀与实际利率

在前面讨论通货膨胀重新分配财富的方式时,我们已经看到,通货膨胀会通过降低偿还债务时美元的价值让债权人蒙受损失,而让债务人受益。通货膨胀对债务人和债权人的这种影响可以利用一个名为实际利率的经济概念来更准确地进行解释。下面用一个例子来说明。

假设阿尔法与贝塔是两个相邻的国家。在阿尔法,货币称为阿尔法币,通货膨胀率为0,预期在未来一段时间也会为0。贝塔的货币则称为贝塔币,通货膨胀率为10%,预期在未来也会维持在10%。阿尔法的银行存款年利率为2%,而在贝塔则为10%。存款人在哪个国家获得了更好的待遇?

你可能会认为,贝塔的条件更加优惠,因为该国的存款利率较高。但考虑到通货膨胀的影响,你可能会意识到,是阿尔法而不是贝塔,为存款人提供了更好的条件。要了解原因,我们需要比较两个国家一年之后存款实际购买力的变化。在阿尔法,一位存款人在1月1日把100元阿尔法币存进银行,到12月31日存款将变为102元阿尔法币。由于阿尔法不存在通货膨胀,年末的平均价格水平与年初相等。这样,存款人在年末所能获得的102元阿尔法币代表购买力提高了2%。在贝塔,一位存款人在1月1日存入100元贝塔币,到年末存款将变为110元贝塔币——存款比存入时增加了10%。不过按照我们的假设,贝塔产品与服务的价格也上涨了10%。因此,贝塔的存款人在年初与年末所能购买的产品与服务的量是完全相同的;他的购买力并没有增加。由此可见,阿尔法的存款者获得了更加优惠的待遇。

经济学家把某种金融资产实际购买力的年增长百分比称为这种资产的**实际利率**,或实际回报率。在我们的例子中,存款的实际购买力在阿尔法每年增长2%,在贝塔则保持不变。所以阿尔法存款的实际利率为2%,而贝塔为0。实际利率不同于我们所熟悉的市场利率(也称为名义利率)。**名义利率**是指某种金融资产的名义价值或者说货币价值的年增长百分比。

阿尔法与贝塔的例子说明,通过从金融资产的市场利率或者名义利率中扣除通货膨胀率,我们可以计算包括经常账户和政府债券在内的任何金融资产的实际利率。所以在阿尔法,存款的实际利率等于名义利率(2%)减去通货膨胀率(0),即2%。同样,贝塔的存款实际利率等于名义利率(10%)减去通货膨胀率(10%),即0。

我们可以把实际利率的这种定义写成如下的数学形式:

$$r = i - \pi$$

其中,r 为实际利率;i 为名义利率;π 为通货膨胀率。

注意：实际利率并不等于名义利率除以价格水平。因为名义利率是一种回报率,以百分比来计,而不是以美元的名义量来衡量。

请注意,在购买资产时,资产寿命期间的通货膨胀率尚未确定。因此,经济学家区分了预期实际利率(名义利率减去购买时预期的通货膨胀率)和真实的实际利率(名义利率减去实际通货膨胀率)。预期实际利率反映了资产购买者对其实际回报率的预期,而真实的实际利率反映的是资产购买者最终的实际回报率。为了简单起见,我们前面的讨论假设当前的通货膨胀率不会改变,即预期实际利率与真实的实际利率相等。我们接下来将讨论出乎意料的通货膨胀率变化。

例5.8 20世纪70年代以来的实际利率

为什么实际利率很重要?

下表列出了20世纪70年代以来美国政府3个月期债券的利率数据。金融投资者在这些年份中的哪一年购买政府债券获利最大?获利最少的又是哪一年的政府债券?

年　　份	利率/%	通货膨胀率/%	实际利率/%
1970	6.5	5.7	−0.8
1975	5.8	9.1	−3.3
1980	11.5	13.5	−2.0
1985	7.5	3.6	3.9
1990	7.5	5.4	2.1
1995	5.5	2.8	2.7
2000	5.8	3.4	2.4
2005	3.2	3.4	−0.2
2010	0.1	1.6	−1.5
2015	0.05	0.12	−0.07

当实际利率(而不是名义利率)较高时,金融投资者和债权人处于十分有利的地位,因为实际利率代表他们购买力增加的幅度。我们可以用名义利率减去通货膨胀率来计算每年的实际利率。结果见例5.8中表的第3列。对于政府债券的购买者而言,这些年中最好的是1985年,他们享受的实际回报率高达3.9%;最差的是1980年,他们的实际回报率是−3.3%。换句话说,虽然名义利率为5.8%,金融投资者在1980年却因为通货膨胀率超过投资所赚取的利率而遭受了购买力方面的损失。

图5.2展示了1970年以来美国的实际利率,实际利率的值由美国联邦政府债券的名义利率减去通货膨胀率获得。请注意,实际利率在20世纪70年代为负,在20世纪80年代中期达到了历史最高水平,在过去20年的许多时间里再次为负。

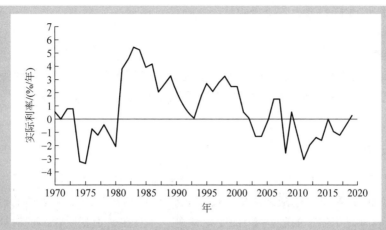

图 5.2　1970—2019 年美国的实际利率

这里的实际利率等于名义利率(用 3 月期联邦政府债券的利率代替)减去通货膨胀率。在美国,实际利率在 20 世纪 70 年代为负,在 20 世纪 80 年代中期达到历史最高水平,在过去 20 年的许多时间里经常为负。

资料来源:Federal Reserve Economic Data,http://fred.stlouisfed.org;authors'calculations.

练习5.8

你有一些资金可以投资,但觉得银行利率太低。你咨询的一位经纪人建议你购买某岛国政府发行的债券。经纪人指出,这些债券支付的利息比银行高出 25%,而且该国政府从未拖欠过债务。你接下来应该提什么问题?

实际利率这一概念有助于我们更准确地理解通货膨胀率的意外上升会使债权人受损而让债务人受益这一事实的内在原因。假设债权人要求债务人支付任一给定的名义利率,通货膨胀率越高,债权人最终获得的实际利率就越低。所以超出预期的高通货膨胀会使债权人的处境恶化。与此相反,债务人则由于通货膨胀率的意外上升而使自身状况得到改善,他们支付的实际利率比预期值低。

尽管通货膨胀率的意外上升会使出借人受损而让借款人受益,但是可以预期的高通货膨胀不一定会使财富发生重新分配,这是因为在设定名义利率水平时可以将通货膨胀率的值考虑进去。例如,我们假设出借人希望从贷款中获得 2% 的实际利率。如果人们确信今后的通货膨胀率为 0,那么出借人可以通过设定名义利率为 2% 的方式来获得 2% 的实际利率。如果预期的通货膨胀率为 10%,这时出借人仍然可以获得 2% 的实际利率,只要将名义利率定为 12% 即可。因此,如果高通货膨胀是可以预期的,它不一定会给出借人造成损失——只要出借人能够根据预期的通货膨胀率对名义利率进行适当的调整,他们总能够实现自己所要求的实际利率。

为了消除人们对未预期到的通货膨胀的担忧,1997 年美国财政部发行了"防通胀债券",该债券向人们支付固定的实际利率。购买该债券的人每年会收到相当于某一固定实际利率加上当年实际通货膨胀率的名义利率。防通胀债券的所有者即便遭遇了超出预期的高通货膨胀,其实际财富也不会受损。

练习 5.9

持有现金的实际回报率是多少?(提示:现金支付利息吗?)这一实际回报率是否取决于通货膨胀率预测的正确性?你的答案与"皮鞋"成本的概念有什么关系?

费雪效应

在前文中我们曾提到这样一种现象:当通货膨胀十分严重时,利率会变得很高,而当通货膨胀率较低时,利率也会随之降低。图5.3展示了1970—2019年美国的通货膨胀率和名义利率(政府短期债券的收益率)的变化情况。注意在通货膨胀较高的时期(如20世纪70年代末),名义利率比较高,而自那时起通货膨胀率和名义利率一直在下降。

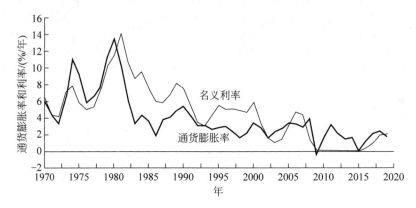

图 5.3 1970—2019年美国的通货膨胀率和利率

当通货膨胀十分严重时利率会变得很高,而当通货膨胀率较低时利率也会随之降低。我们把这种现象称为费雪效应。

资料来源:Federal Reserve Economic Data,http://fred.stlouisfed.org.

为什么当通货膨胀率很高时,利率也会变得很高?基于实际利率的讨论可以回答这个问题。假设近期的通货膨胀率很高,那么债务人与债权人预计在未来一段时间里通货膨胀仍将维持较高水平。我们有理由认为债权人会提高名义利率以保证其实际利率不受影响。而对债务人来说,当通货膨胀率很高时,他们也会乐意接受更高的名义利率,这是因为他们知道债权人设定更高的名义利率只是为了弥补偿还债务时美元实际价值减少所造成的损失。由于名义利率与通货膨胀率的提高幅度相同,因此他们的借款成本并没有受到影响。相反,当通货膨胀率很低时,债权人没有必要将名义利率定得很高,只需要保证一定水平的实际利率即可。这样一来,就会出现高通货膨胀时名义利率变高,低通货膨胀时名义利率降低的情况。

这种名义利率与通货膨胀率保持同方向变化的趋势被称为费雪效应。它是以这种关系的发现者,20世纪初期美国经济学家欧文·费雪(Irving Fisher)的名字命名的。

小结

度量通货膨胀的基本工具是消费者价格指数，即 CPI。CPI 衡量的是相对于基年购买一篮子产品与服务的费用，在当期购买同样一篮子产品与服务的花费情况。通货膨胀率是指以价格指数（如 CPI）来衡量的年价格水平变化的百分比。

名义量是用当期货币价值衡量的量。把名义量（如家庭的货币收入或者工人的货币工资等）除以某一相应的价格指数（如 CPI），即可得到用实际购买力衡量的量。这一过程称为对名义量的平减。如果对两个不同年份的名义量进行基于某通用价格指数的平减处理，即可对这两个量的购买力进行比较。为了使某名义支付（如社会保障福利金）的实际购买力保持恒定，该名义支付每年增加的百分比应该等于相应年份的通货膨胀率。这种通过调整名义支付来维持购买力不变的方法称为指数化。

基于 CPI 计算得到的美国官方通货膨胀率可能由于两个原因高估了真实的通货膨胀率：首先，它可能无法准确反映产品与服务质量方面的改善；其次，CPI 的计算方法忽视了消费者可以用低价产品与服务来替代高价品这样一个事实。

公众有时候会混淆某种产品或服务相对价格的上涨与代表总体价格水平上升的通货膨胀这两个概念。由于对相对价格不合意变化的处理不同于对通货膨胀的解决方法，因此这种认识上的不清楚经常会产生问题。

通货膨胀给经济带来了大量的真实成本，其中包括：价格体系中的"噪声"；税收体系的扭曲；由于人们管理现金持有量而造成资源浪费的"皮鞋"成本；未预期的财富重新分配；对长期计划的干扰。由于这些成本的存在，大多数经济学家都认为，持续的经济增长只有在低而稳定的通货膨胀情况下才最可能发生。而恶性通货膨胀——通货膨胀率极高的现象，在很大程度上加大了通货膨胀的成本，并对经济具有严重的破坏力。

实际利率是指某种金融资产购买力的年增长百分比。它等于该资产的名义利率（市场利率）减去通货膨胀率。当通货膨胀率意外升高时，实际利率会低于预期值，这将使债权人受损，让债务人获利。当通货膨胀率意外下降时，则会使债权人获利，让债务人受损。为了获得给定水平的实际回报率，当通货膨胀率较高时债权人必须设定较高的名义利率，当通货膨胀率较低时则可以将名义利率适当调低。这种高通货膨胀时名义利率变高、低通货膨胀时名义利率降低的趋势被称为费雪效应。

名词与概念

consumer price index, CPI	消费者价格指数	hyperinflation	恶性通货膨胀
		indexing	指数化
deflating (a nominal quantity)	（对名义量的）平减	inflation-protected bonds	防通胀债券
deflation	通货紧缩	market interest rate	市场利率
Fisher effect	费雪效应	nominal interest rate	名义利率

nominal quantity	名义量	real interest rate	实际利率
price index	价格指数	real quantity	实际量
price level	价格水平	real wage	实际工资
rate of inflation	通货膨胀率	relative price	相对价格

复习题

1. 试解释,某个人或家庭生活费用的变化情况可能不同于官方生活费用指数(CPI)的改变量。

2. 经济的价格水平与通货膨胀率这两个概念之间的差别是什么?

3. 为什么在对不同时点的名义量(如工人的平均工资)进行比较时,对它们进行基于通货膨胀的调整十分重要? 消除通货膨胀影响调整的基本方法是什么?

4. 试描述,指数化过程如何用于确保多年期劳动合同所规定的工资不受通货膨胀影响以维持购买能力的恒定。

5. 试给出官方通货膨胀率可能高估"真实"通货膨胀率的两个理由,并结合具体例子进行说明。

6. "诚然,不可预期的通货膨胀会造成财富的重新分配,例如,将债权人的财富转移给债务人。不过,当一方发生损失时,另一方获得了相同数量的收益。因此,从整个社会的角度来讲,并不存在真实成本。"你同意上述观点吗? 请具体展开讨论。

7. 通货膨胀如何影响人们手中现金的实际回报?

8. 判断正误并解释:如果潜在的债权人与债务人都正确预计到了未来的通货膨胀率,通货膨胀就不会造成债权人与债务人之间的财富重新分配。

练习题

1. 政府的调查员认为,在所确定的基年,普通家庭的月支出情况如下所示:

25 个比萨饼,每个 10 美元;公寓租金,每月 600 美元;汽油与汽车保养支出,100 美元;电话费(市话加 10 次长途通话),50 美元。

调查员发现,在基年的下一年,比萨饼的价格涨到了每个 11 美元,公寓租金变成每月 640 美元,汽油与汽车保养支出上涨为 120 美元,而电话费则下降为 40 美元。

(1) 计算第二年的 CPI 及基年到第二年这段时期内的通货膨胀率。

(2) 从基年到第二年,家庭的名义收入上涨了 5%。如果用收入所能购买的产品与服务来衡量,家庭的处境是改善还是恶化了?

2. 下面列出了 2000—2010 年每年的 CPI 数据(都经过了扩大 100 倍的处理)。从 2001 年开始,依次计算前一年的通货膨胀率,并回答 21 世纪第一个十年的通货膨胀率有什么特征。

年　　份	CPI
2000	122.7
2001	128.2
2002	132.3
2003	136.5
2004	140.2
2005	144.4
2006	148.9
2007	152.5
2008	155.0
2009	158.6
2010	164.2

3. 参考第 2 题中给出的 CPI 数据。一项研究发现,2003—2010 年大学毕业生就业初期的真实工资水平下降了 5%。2010 年大学毕业生就业初期的名义工资是每小时 14.35 美元。

(1) 2010 年大学毕业生就业初期的真实工资是多少?

(2) 2003 年大学毕业生就业初期的真实工资是多少?

(3) 2003 年大学毕业生就业初期的名义工资是多少?

4. 下面列出了一张假想的 2014 年所得税税率表,所有金额均为名义量。

家庭收入/美元	应缴税(占收入的百分比)/%
≤20 000	10
20 001～30 000	12
30 001～50 000	15
50 001～80 000	20
>80 000	25

国家立法机关希望确保具有一定实际收入的家庭不会因为通货膨胀的影响而进入更高的税级、承担更高的税率。2014 年 CPI(乘以 100)为 175,2016 年为 185。

为了实现立法机关的目标,2014 年的所得税税率表应该在上表的基础上进行怎样的调整?

5. 根据美国人口普查局(http://www.census.gov)的资料,美国普通四口之家的名义收入,1985 年为 23 618 美元,1995 年为 34 076 美元,2005 年为 46 326 美元,2010 年为 49 276 美元。如果用购买力来衡量,应该如何对这 4 年的家庭收入进行比较?你所需的 CPI 数据(经过了扩大 100 倍的处理,以 1982—1984 年的平均水平作为基年水平)包括:1985 年为 107.6,1995 年为 152.4,2005 年为 195.3,2010 年为 218.1。

6. 在基年 2015 年,普通消费者的食品篮子里有下列物品:30 只鸡,每只 2 美元;10 个火腿,每个 6 美元;10 份牛排,每份 8 美元。

2016 年,由于养鸡场供给不足,鸡的价格上涨为每只 5 美元。同年火腿的价格上涨为每个 7 美元,而牛排的价格没有发生变化。

（1）计算 2015—2016 年"食品费用"指数的变化。

（2）假设消费者对两只鸡和一个火腿的偏好程度完全相同，那么这个例子里官方"食品费用"指数的替代偏差有多大？

7. 下表中列出了 1978—1986 年每年 6 月无铅普通汽油的每加仑价格及各年的 CPI 数据。试求 1979—1986 年每相邻两年间的 CPI 通货膨胀率及汽油相对价格的变化。你认为这段时期里汽油价格的大部分变化是由于通货膨胀的影响，还是由于汽油市场本身的因素，或者二者的作用都十分显著？

年　份	汽油价格/（美元/加仑）	CPI（1982—1984 年为 1.00）
1978	0.663	0.652
1979	0.901	0.726
1980	1.269	0.824
1981	1.391	0.909
1982	1.309	0.965
1983	1.277	0.996
1984	1.229	1.039
1985	1.241	1.076
1986	0.955	1.136

8. 2012 年 1 月 1 日，阿尔伯特进行了 1 000 美元的 3 年期投资，年利率为 6%。2012—2015 年各年 1 月 1 日的 CPI 数据分别为 100、105、110 和 118。2015 年 1 月 1 日投资到期。试计算阿尔伯特这 3 年每年所获得的实际利率以及 3 年的实际总回报率。假设每年获得的利息被用于再投资，自身也能产生利息。

9. 弗兰克将 1 000 美元的资金借给莎拉 2 年。他们达成协定：弗兰克每年要得到 2% 的实际回报。

（1）弗兰克将钱借出时的 CPI（扩大 100 倍）为 100。他们预期一年之后 CPI 将变为 110，两年之后变为 121。这种情况下弗兰克应该向莎拉索取多高的名义利率？

（2）假设弗兰克和莎拉对未来两年内 CPI 的变化毫无把握，那么他们应该对莎拉每年的偿还金额进行怎样的指数化处理，以保证弗兰克可以获得 2% 的实际年回报率？

10*. 美国劳工统计局发现，普通消费者在基年的支出可细分如下：

食品与饮料　17.8%

住房　42.8%

服装　6.3%

交通　17.2%

医疗　5.7%

娱乐　4.4%

其他产品及服务　5.8%

总计　100.0%

---

* 表示题目难度较高。

假设自基年以来,食品和饮料的价格上涨了 10%,住房的价格上涨了 5%,医疗费用上涨了 10%,其他价格不变。请计算当前年份的 CPI。

正文中练习题的答案

5.1　根据表 5.1,我们知道 2015 年家庭篮子里物品的费用仍然为 940 美元。如果 2020 年的公寓租金降为 600 美元,那么在 2020 年重新提供与 2015 年相同的一篮子产品与服务的费用变为 830 美元(600 美元租金+150 美元汉堡+80 美元电影票)。可知 2020 年的 CPI 等于 $\frac{830\ \text{美元}}{940\ \text{美元}}$,即 0.883。在这个例子中,2015—2020 年,生活费用下降了将近 12%。

5.2　为了建立你自己的个人价格指数,你需要确定在基年你个人购买的一篮子产品与服务。这样,你在每个时期的个人价格指数就可以定义为该期那一篮子产品与服务的费用与基年费用的比值。由于你所购买的物品总会与普通美国消费者的采购决定存在一定的差异,所以你的生活费用指数与官方的 CPI 会有所不同。例如,如果那些价格出现了相对显著上升的产品与服务在你基年的预算中所占的比例高于普通美国消费者,你的个人通货膨胀率将会高于根据 CPI 求出的通货膨胀率。

5.3　每年相比上年 CPI 变化的百分比如下所示:

1930 年	$-2.3\% = \frac{0.167-0.171}{0.171}$
1931 年	-9.0%
1932 年	-9.9%
1933 年	-5.1%

负的通货膨胀被称为通货紧缩。20 世纪 30 年代价格下跌的情形与 20 世纪 90 年代价格猛涨的状况形成了鲜明的对比。

5.4　每年相比上年通货膨胀率变化的百分比如下所示:

2016 年	$1.3\% = \frac{2.40-2.37}{2.37}$
2017 年	2.1%
2018 年	2.4%
2019 年	2.0%

在过去几年里,通货膨胀一直是非负的,但很低,介于 0 和 3% 之间。(由于四舍五入,上面计算的通货膨胀率与美国劳工统计局公布的通货膨胀率略有不同。)

5.5　用"1982—1984 年美元"衡量,巴里·邦兹的实际收入为 $\frac{1\ 030\ \text{万美元}}{1.77}$,即 580 万美元。这是贝比·鲁斯 1930 年工资的 12 倍多,但还不到史蒂芬·斯特拉斯伯格 2019 年工资的一半。

5.6　用 1982—1984 年的价格水平来衡量,1950 年实际最低工资为 $\frac{0.75\ \text{美元}}{0.24}$,即

3.12 美元；2019 年实际最低工资为 $\dfrac{7.25\ 美元}{2.56}$，即 2.83 美元。因此，2019 年实际最低工资略低于 1950 年。

5.7　1950—2019 年生活费用的增加程度可以用 2019 年 CPI 与 1950 年 CPI 的比值来反映，即 $\dfrac{2.56}{0.24}=10.66$。也就是说，2019 年的生活费用大约是 1950 年的 10 倍多。如果当初对最低工资进行指数化以维持其购买力，那么 2019 年的最低工资就应该是 1950 年的 10 倍多，即 10.66×0.75 美元 $=8$ 美元。

5.8　你应该关心投资的实际回报，而不是名义回报。为了计算你可能的实际回报，你不仅需要知道该国债券的名义利息，还需要知道该国的通货膨胀率。所以你接下来应该问的问题是，"在我持有这些债券的期间，该国的通货膨胀率可能是多少？"

5.9　与任何资产一样，现金的实际回报率是名义利率减去通货膨胀率。但现金不支付利息；也就是说，现金的名义利率为零。因此，现金的实际回报率就是减去通货膨胀率，换言之，现金失去购买力的速度等于通货膨胀率。这一回报率取决于实际通货膨胀率，而不取决于通货膨胀率的预测是否正确。

如果通货膨胀率很高，现金的实际回报率将负得很多，人们会采取措施减少现金持有量，如更频繁地去银行。试图减少现金持有的相关成本被经济学家称为"皮鞋"成本。

第3部分

长期经济

宏观经济学原理(翻译版·第8版)

Principles of Macroeconomics, Eighth Edition

第 **6** 章

经济增长、生产力与生活水平

本书的一位作者曾参加过一次关于经济增长与发展的社会效应的会议。在那次会议上,一位演讲者提出了一个问题:"你希望自己成为哪类人?是现今美国中产阶级中普通的一分子,还是乔治·华盛顿时期美国最富有的人?"

一位听众马上大声说:"我能用两个字来回答这个问题,那就是牙医。"

或许是因为这个回答让人想起了乔治·华盛顿的著名木制假牙,全场发出一阵笑声,但它确实是个好答案。在早期的美国,牙科技术简单而原始。无论病人是贫穷还是富有,大多数牙医所做的只是用一小杯威士忌作为麻醉剂,然后拔掉病人的蛀牙。

当时其他医疗技术也不比牙科领先多少。18 世纪,医生还没有掌握有效的方法来治疗肺结核、伤寒、白喉、流感、肺炎及其他传染性疾病。这些如今能治愈的疾病在华盛顿时期却是人类的主要杀手。特别是婴幼儿,更容易感染百日咳和麻疹这类可能致命的传染病。即使是预防措施不错的家庭也会因这些疾病失去两三个小孩。尽管华盛顿这位出奇高大而健壮的人活了 67 岁,但是当时的人均寿命却只有 40 多岁。

医疗水平的迅速发展只是日常生活在过去两个世纪发生巨大变化的一个侧面。作家史蒂芬·安布罗斯在名为《刘易斯和克拉克的探险报告》的文章中,描述了早期美国交通运输与通信方面的落后:

一个重要的事实是在 1801 年世界上没有什么东西比马跑得更快。无论是人、小麦、牛的肋肉（或者是待宰牲畜身上的任何部位）、信件，还是信息、想法、命令或者指示，只要杰斐逊时期人们能说得出来的东西，没有一样移动或传递的速度比马快。

而且，马匹也只是在赛马场上才会跑得很快。一般的路面并不适合马奔跑。更何况当时美国并没有很多公路，而且路况糟糕。从波士顿通向纽约的公路是当时最好的公路，但在这条路上一辆轻载的公共马车……走完 175 英里[①]的路程需要整整三天三夜。走完纽约到费城的 100 英里路程，马车需要两天两夜。[②]

如今，纽约人乘火车到费城只需一个多小时。乔治·华盛顿如果还在世，对此会做何感想呢？19 世纪乘马车穿越这片大陆的拓荒者们对于他们的子孙后代在纽约吃早餐的当天就能在旧金山享受午餐的情况又会做何感想？

毫无疑问，你也可以想象人们的生活方式在其他方面的彻底改变，即使是在最近短短的几十年里，变化也十分巨大。互联网、移动网络和云计算、平板电脑和智能手机在短短几年内就改变了人们工作和学习的方式。虽然这些变化在很大程度上得益于科技的进步，但科学发明本身通常不会对大部分人的生活造成直接影响。新的科学知识只有经过商业化开发，才能普遍提高人们的生活水平。例如，深入了解人类的免疫系统本身对人们影响甚微，除非这种了解能促成新治疗手段或新药物的发明。而新药物的价格若高于人们的承受能力，它也将毫无用处。

艾滋病在非洲的流行就是这方面的一个例子，既有悲惨的一面，也有更乐观的一面。虽然 20 世纪 90 年代末一些新研制的药物可以控制艾滋病病毒所造成的影响，不过其高昂的价格却令这些疾病肆虐的非洲贫穷国家望而却步。即使这些国家可以承受药物的价格，但如果没有现代化的医院、没有经过培训的健康护理专家、没有足够的营养与卫生条件，那么药物的作用将是十分有限的。在第一种有效治疗方法问世 20 多年后，每年仍有大约 100 万人死于艾滋病。但这个数字如今终于开始下降。这种逆转是由于科学家发现了新的潜在疗法，并通过工业国家资助的国际援助方案有效予以实施。[③] 简言之，一个国家生活水平的提高不仅来自科技进步，而且来自能使普通人受惠于这些进步的经济体系。

本章我们将探究当今世界经济增长和生活水平提高的来源。首先，我们将对工业国家经济显著增长（以人均实际 GDP 衡量）的历史进行一次回顾。19 世纪中期以来（在一些国家更早），这些工业国家的生活水平发生了根本转变。是什么引起了这种转变？生活水平不断上升的关键在于平均劳动生产率的持续增长，而平均劳动生产率的持续增长又取决于几个因素（既包括工人从事工作的动机与技术，也包括他们工作时所处的法律环境与社会环境）。我们将分析每一个因素，并讨论它们对政府制定促进经济增长的政策的意义。最后，我们还将考察经济快速增长的成本，并思考社会经济增长是否存在上限这一

---

① 1 英里=1 609.344 米。

② Stephen E. Ambrose, *Undaunted Courage*: *Meriwether Lewis*, *Thomas Jefferson*, *and the Opening of the American West* [New York: Touchstone (Simon & Schuster), 1996], p.52.

③ 参见 "How Was the AIDS Epidemic Reversed?," *The Economist*, September 26, 2013.

问题。

关于生活水平显著提高的记录

数千年来,世界上绝大多数居民靠种地来维持微薄的生活水平。只有一小部分人生活相对富裕,学会了阅读和写作,或者曾到过离出生地几英里以外的地方。大城市逐渐发展起来,成为一国的首都和贸易中心,但绝大多数城市人口生活在极度贫困之中,营养不良且疾病缠身。

大约三个世纪前发生了根本性的变化。在技术进步和创新创业的推动下,经济开始增长。多年来,经济生产力的增长几乎改变了我们生活的方方面面,从吃什么、穿什么到工作和娱乐。

本章开头提到的医疗与交通运输的进步,不过是过去两个世纪人们物质财富方面发生巨变的沧海一粟,这一点在美国等工业国家体现得尤为明显。要系统地研究影响生活水平的因素,单凭这些传说性质的介绍是远远不够的,我们必须采用一种具体而明确的方法来衡量特定国家或特殊时期的经济福利。

在第4章,我们曾介绍过实际国内生产总值(实际GDP)这个概念,它是衡量一国经济活动水平的基本方法。现在,让我们回想一下这个概念,从本质上说,实际GDP衡量的是某一段时期(如一个季度或一年)一国境内所生产的产品与服务的物理总量。因此,人均实际GDP实际上提供了一种衡量某段时期一国普通居民可以获得的产品与服务数量的方法。虽然我们通过第4章的学习已经知道,人均实际GDP并不是度量经济福利的完美指标,但是它与很多重要的相关变量(如预期寿命、婴儿健康和识字率等)存在较强的正相关性。因此,经济学家把人均实际GDP作为衡量一国生活水平与经济发展进程的重要指标。

图6.1显示了1929—2019年美国人均实际GDP显著增长的情况。作为横向水平的比较,表6.1和图6.2展示了世界上八个主要国家1870—2010年某些年份的人均实际GDP数据。

图6.1 1929—2019年美国经济的人均产出和单位工人产出

图中的线显示了自1929年以来美国经济的人均实际GDP。如今的人均实际GDP是1929年的6倍多。

资料来源:美国经济分析局(www.bea.gov)。

　　表 6.1 和图 6.2 中的数据讲述了一个戏剧性的故事。例如,在美国(它在 1870 年已经是一个相对富裕的工业国家),人均实际 GDP 1870—2010 年增长了 12 倍以上。而在日本,这种增长更加惊人,同期人均实际 GDP 几乎增长了 30 倍。这些统计数据的背后蕴含了经济迅速增长与变革的惊人事实:只经历了短短几代人的时间,很多原本相对较贫穷的农业化社会就转变为高度工业化的经济——后者所拥有的平均生活水平令生活在 1870 年的人们几乎无法想象。如图 6.2 所示,这一增长的很大一部分是自 1950 年以来发生的,尤其是在日本和中国。此外,中国和印度 1979 年以后的发展速度远远高于之前的时期。

表 6.1　1870—2010 年八个国家的人均实际 GDP 状况　　　　单位:美元

| 国家 | 1870 年 | 1913 年 | 1950 年 | 1980 年 | 1990 年 | 2010 年 | 变化百分比/% | | |
							1870—2010 年	1950—2010 年	1979—2010 年
美国	2 445	5 301	9 561	18 577	23 201	30 491	1.8	2.0	1.7
英国	3 190	4 921	6 939	12 931	16 430	23 777	1.4	2.1	2.1
德国	1 839	3 648	3 881	14 114	15 929	20 661	1.7	2.8	1.3
日本	737	1 387	1 921	13 428	18 789	21 935	2.5	4.1	1.6
中国	530	552	448	1 061	1 871	8 032	2.0	4.9	7.0
巴西	713	811	1 672	5 195	4 920	6 879	1.6	2.4	0.9
印度	533	673	619	938	1 309	3 372	1.3	2.9	4.4
加纳	439	781	1 122	1 157	1 062	1 922	1.1	0.9	1.7

　　注:人均实际 GDP 用 1990 年美元衡量。"德国"在 1950 年和 1980 年指原联邦德国。

　　资料来源:Angus Maddison, *The Maddison Project*, www.ggdc.net/maddison.

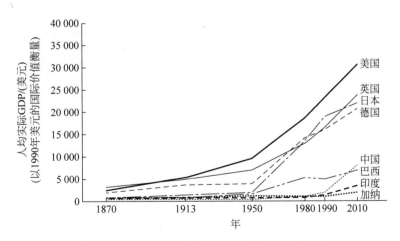

图 6.2　1870—2010 年样本国家的人均实际 GDP

　　1870 年,美国、英国和德国的人均 GDP 开始保持高水平,并在整个时期占据高收入国家的地位。20 世纪 50—80 年代,日本的经济增长尤为迅速,自 1980 年以来,中国和印度的经济增长尤为迅速。加纳和撒哈拉以南非洲其他地区的增长率则很低。

同时,我们也必须注意到:追溯的时间越久远,对实际 GDP 的历史评估越不准确。大多数政府直到二战后才开始记录 GDP 的官方数据;更早时期的生产记录经常是不完整的或者是不准确的。比较相隔一个世纪或更长时间的经济产量也会出现问题,因为现今的很多产品与服务在 1870 年并不存在——其中一些物品在当时的人们看来几乎是不可思议的。例如,多少辆 19 世纪的马车在经济上等同于宝马 i8 插电式混合动力跑车或波音 787 梦幻客机?虽然进行精确的比较存在很大困难,但是我们可以肯定的是,19 世纪和 20 世纪,工业国家所生产的产品与服务,无论是种类、数量还是质量都得到了大幅的增长与提高——这一事实可以从人均实际 GDP 的数据中反映出来。

为什么经济增长率间的"微小"差别也至关重要

表 6.1 的最后三列分别显示了 1870—2010 年及另外两个距离我们较近的时期的人均实际 GDP 的年增长率。乍看之下你会觉得各国的增长率没有太大区别。例如,1870—2010 年,最高年增长率是日本经济所创造的 2.5%,而最低的则是加纳的 1.1%。

这些年增长率的差别看起来似乎微不足道,但其长期影响却是不容小觑的。例如,1870 年,在人均产出方面,中国的富有程度大约相当于加纳的 120%,而到了 2010 年,中国要比加纳富有 4 倍多。两国之间差距的扩大是由于中国 2% 的年增长率与加纳 1.1% 的年增长率持续作用了近 140 年的结果。事实上,增长率上看似微小的差异可能会产生巨大的长期影响,这是由所谓的复利效应造成的。复利对银行存款的影响就是一个很好的例证。

例 6.1　复利(1)

什么是复利?

1820 年,你的高曾祖父在经常账户中存入 10 美元,其利率为 4%。利息每年复合累计(每年得到的利息本身在第二年也可产生利息)。你的高曾祖父在遗嘱中指定,这个账户将在 2020 年移交给他最直系的后代(也就是你)。当你在 2020 年提取这笔资金时,这个账户里会有多少钱?

1820 年这个账户里存有 10 美元;在 1821 年变为 10 美元×1.04=10.4 美元;而 1822 年为 10 美元×1.04×1.04=10 美元×$(1.04)^2$=10.82 美元,以后各年的存款金额依此类推。从 1820 年存款到 2020 年提款,经历了 200 年的时间。到 2020 年,账户的总额变为 10 美元×$(1.04)^{200}$,即 10 美元与 1.04 的 200 次方的乘积。如果使用计算器计算,你会发现 10 美元乘以 1.04 的 200 次方等于 25 507.5 美元——这对于 10 美元可谓一笔非常可观的回报!

复利不同于只对初始存款支付利息的单利,它不仅要对初始存款支付利息,还要对之前积累的所有利息支付利息。如果银行对你高曾祖父的存款只支付 4% 的单利,那么每年的利息仅为 0.4 美元(初始存款 10 美元的 4%),在 200 年后总价值也只是 10 美元＋200×0.4 美元＝90 美元。所以存款价值的巨大增长来自利息的复合累计,即我们常说的复利效应。

例 6.2 复利（2）

按年计算复利的前提下，2％与 6％的利率会有何区别？

再来考虑例 6.1，如果年利率为 2％，那么你的高曾祖父所存的 10 美元经过 200 年将会增值到多少？如果年利率为 6％结果又将会怎样？

如果年利率为 2％，在 1820 年这个账户里存有 10 美元；在 1821 年变为 10 美元×1.02＝10.2 美元；1822 年为 10 美元×$(1.02)^2$＝10.4 美元，以后各年的存款金额依此类推。到 2020 年，账户上的总额将变为 10 美元×$(1.02)^{200}$，即 524.85 美元。如果利率为 6％，那么经过 200 年存款总额将变为 10 美元×$(1.06)^{200}$，即 1 151 259.04 美元。我们可以将例 6.1 与本例的计算结果总结如下：

利率/％	200 年后 10 美元存款的价值/美元
2	524.85
4	25 507.50
6	1 151 259.04

复利效应表现为，即使利率水平相对较低、初始存款金额较小，但经过足够长时间的复合累计后，其价值也会显著增加。上述例子所体现的一个更为微妙的事实是：利率间的微小差别关系重大。2％与 4％这两个利率之间的差别似乎不大，但经过一段相当长的时间后，账户中累计的利息总额的差别就相当大。同样，利率从 4％上升为 6％的影响也十分巨大，这一点在我们的计算结果中已经体现出来了。

经济增长率的作用原理与复利率十分相似。正如银行存款额每年都以一定的利率增加，一个国家的经济规模每年也是以一定的经济增长率进行扩张的。这个类比告诉我们，即使人均产出只有相对较小的增长率（例如，年增长率为 1％～2％），但经过一段较长的时间之后，平均生活水平也会大幅提高。对比中国与加纳的经济发展状况，我们会发现，相对较小的增长率差别最终会导致生活水平的巨大差距。

经济学家采用一个有用的公式来计算在不同的利率水平上使初始资金翻番的近似年份数。这个公式是用 72 除以利率。所以，如果利率是每年 2％，原始资本翻番需要 72/2＝36 年。如果利率为 4％，需要 72/4＝18 年。只有在比较低的利率水平上才可以用这个公式进行近似计算。从这种意义上说，经济增长率在长期是一个非常重要的变量。因此，政府政策的改变以及那些仅对长期增长率有微弱影响的其他因素，都会对经济产生重大影响。

练习 6.1

假设 1870—2010 年，美国人均实际 GDP 的年增长率并不是表 6.1 中所示的 1.8％，而是与日本相同的 2.5％。那么，美国 2010 年的人均实际 GDP 会比原来增加多少？

重点回顾：生活水平的显著提升

衡量生活水平的基本指标人均实际 GDP 在工业国家大幅增长。这种增长反映了复利效应：即使增长率并不高，如果持续很长一段时间，也会引起经济规模的大幅增长。

国家致富的根源：平均劳动生产率的关键作用

是什么决定了一个国家的经济增长率？为方便对这一重要问题的分析，我们将人均实际GDP表述为平均劳动生产率和工作人口比例的乘积。

为此，我们假设Y为实际总产出（可以用实际GDP来衡量），N为就业人数，POP为总人口。那么，人均实际GDP就可以写成$\frac{Y}{POP}$的形式；平均劳动生产率，或者说单位工人产出则可以表述为$\frac{Y}{N}$；而工作人口比例为$\frac{N}{POP}$。这三个变量之间的关系为

$$\frac{Y}{POP} = \frac{Y}{N} \cdot \frac{N}{POP}$$

从上述等式中可以看到，等式右边的N相互抵消后，等式两边完全一样，这说明等式恒成立。如果用文字来表述它们的基本关系，则为

人均实际GDP＝平均劳动生产率×工作人口比例

从人均实际GDP的表达式中，我们可以得到一些非常基本和直观的知识：人均所能消费的产品与服务的数量取决于两个条件：①单位工人能产出多少；②有多少人在工作（或者总人口中就业者的比例是多少）。此外，我们还意识到，由于人均实际GDP等于平均劳动生产率与工作人口比例的乘积，因此只有工人的生产率或工作人口比例在一定程度上出现了增长，人均实际GDP才可能实现增长。

图6.3和图6.4显示了上述关系式中美国1960—2019年这三个关键变量的数据。图6.3展示了人均实际GDP和单位工人实际GDP（平均劳动生产率）的情况。而图6.4则描绘了这一时期美国就业人口在总人口（而不是就业适龄人口）中所占比例的变化趋势。从图中，我们再一次看到美国人均产出的增长是惊人的。1960—2019年，美国的人均实际GDP增长了两倍多，达222%。因此，到2019年，美国人均享有的产品与服务大约是1960年的3倍多。图6.3与图6.4表明，直到2000年前后，劳动生产率和工作人口比例的增长促进了生活水平的提高。但如图6.4所示，最近情况发生了变化。

接下来，我们进一步对这两个起作用的因素进行分析，首先从工作人口比例这个因素开始。如图6.4所示，1960—2009年，美国就业人口占总人口的比例从36%上升到46%，增幅显著。其中越来越多的女性开始外出工作是就业增加最重要的原因。导致就业率提高的另一个因素是就业适龄人口（16～65岁）在总人口中的比例增加了。这主要是因为在二战后生育高峰期出生的一代逐渐长大，而国外年轻工人的移居入境也在一定程度上促进了劳动力的增长。

虽然20世纪最后40年美国工作人口比例的大幅上升极大地促进了人均实际GDP的增长，但是这种趋势如今已经出现了逆转。从劳动力参与率来看，这种逆转更为明显。劳动力参与率与工作人口比例在两个方面有所不同。首先，它不仅计算有工作的人，还计算寻找工作的人。换言之，它不是仅计算就业者，而是计算整个劳动力中的就业者和失业者。各年的劳动力规模与工作人口相比更稳定（因为在经济扩张和衰退期间，许多人会在

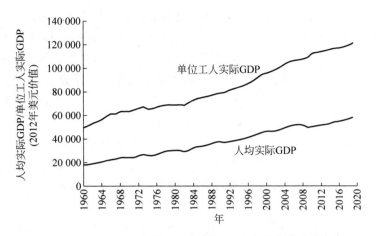

图 6.3 1960—2019 年美国人均实际 GDP 与平均劳动生产率

美国人均实际 GDP 在 1960—2019 年增长了 222%，而单位工人实际 GDP（平均劳动生产率）则增长了 144%。

资料来源：Federal Reserve Bank of St. Louis Economic Research，https://fred.stlouisfed.org。

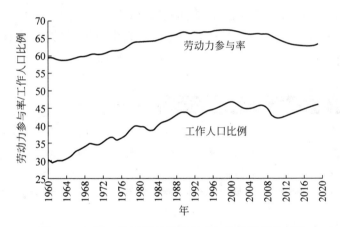

图 6.4 1960—2019 年美国工作人口比例的变化趋势

美国的工作人口比例从 1960 年的 30% 增至 2000 年的近 47%，2019 年为 46%。劳动力参与率从 1960 年的 59% 增至 20 世纪 90 年代末的 67%；自 2000 年以来，这一比例普遍下降，近年来下降到 63% 以下。

资料来源：BLS (CIVPART, PAYEMS), Census (POP), retrieved from FRED, Federal Reserve Bank of St. Louis；https://fred.stlouisfed.org。

就业与失业之间转换但始终属于劳动力）。事实上，在图 6.4 中，劳动力参与率的波动小于工作人口比例的波动，这使长期趋势的逆转（大约在 2000 年）更加明显。

劳动力参与率与工作人口比例的第二个差异是，劳动力参与率是指劳动力占成年人口的比例。经济学家之所以对这一数据感兴趣，是因为由此可知在总人口中，理论上可能属于劳动力的人实际上有多少真的属于劳动力。（请注意，相对于工作人口比例，劳动力参与率计算的人数更多，而且其分母所包含的人口较少。出于这两个原因，它总是高于工作人口比例。）

劳动力参与率从 1960 年的不到 60% 上升到 20 世纪 90 年代后期的 67% 以上，然后趋于平稳。自 2000 年以来,劳动力参与率一直在下降,2014 年,自 1977 年以来首次降至 63% 以下。我们之前在解释 2000 年之前就业人数增加时讨论的一些因素也解释了 2000 年之后的下降。婴儿潮一代已经陆续到了退休年龄。女性的劳动力参与率不可能永远增加,最终趋于平稳。但人口老龄化和女性劳动力并不能完全解释劳动力参与率的下降,因为年轻男性的参与率也一直在下降。经济学家仍在试图找出所有的原因。可能的解释包括年轻人在学校就读的时间更长,在学校花更多时间做功课,以及对具有一定技能和受教育程度的工人的需求下降。我们将在下一章使用供求分析来了解劳动力市场的长期趋势,进而进一步探讨这些问题。这里我们只是注意到,图 6.4 中近期的下降趋势预计将在未来继续。从长期来看,由工作人口比例增加带来的生活水平的提高很可能只是一种短期现象。

决定人均产出的另一个因素——平均劳动生产率又是如何发挥作用的呢？如图 6.3 所示,1960—2019 年,美国平均劳动生产率增长了 144%——这是促使人均 GDP 迅速增长的主要动力。在美国历史上的其他时期,平均劳动生产率与人均产出之间的相关性更加强烈,这是因为早期的工作人口比例要比最近几十年的情形稳定。

浏览最近几年的数据会得出适用范围更广的结论。在长期,人均产出的增长主要源于平均劳动生产率的提高。简单地说,人们生产的越多,可以消费的就越多。因此,要了解经济增长的原因,首先必须清楚劳动生产率提高的原因。

重点回顾：平均劳动生产率的重要作用

人均产出等于平均劳动生产率乘以工作人口比例。1960 年以来,美国的工作人口比例大幅上升,但自 2000 年以来有所下降。在长期,人均产出增加和生活水平的提高主要归功于平均劳动生产率的提高。

▼ 平均劳动生产率的决定因素

是什么决定了一个国家在某个时期的劳动生产率？对于这个问题,比较普遍的看法是,工人的劳动生产率实际上是该国工人劳动积极性的反映。在其他条件一定的前提下,提倡勤勉的民族文化显然能促进工人劳动生产率的提高。但是仅用努力程度来解释世界各国平均劳动生产率之间的巨大差异是远远不够的。例如,根据国际劳工组织(International Labor Organization)2018 年的估计,美国的平均劳动生产率大约是印度尼西亚的 12 倍,是孟加拉的 39 倍,尽管毫无疑问,印尼人和孟加拉国人工作非常努力。虽然印尼人和孟加拉国人很努力地工作,但美国的平均劳动生产率却是印度尼西亚的 24 倍,是孟加拉国的 100 倍。

本节将考察能说明不同国家之间或者不同时期之间平均劳动生产率主要差别的六个因素。之后,我们会对经济政策如何影响这些因素以带动劳动生产率与经济增长的具体机理进行讨论。

人力资本

为便于阐明决定平均劳动生产率的因素，我们首先介绍两位具有代表性的装配线工人，露西和埃塞尔。

例 6.3　装配线上的生产率

作为一个团队是否比单干更有效率？

露西和埃塞尔的工作是包装巧克力糖并把它们放入盒子里。露西是新手，每小时只能包装 100 颗糖。埃塞尔受过在职培训，每小时能包装 300 颗糖。露西和埃塞尔每周工作 40 小时。分别用每周包装的巧克力糖数与每小时包装的巧克力糖数来表示劳动生产率，计算：①露西的平均劳动生产率；②埃塞尔的平均劳动生产率；③露西和埃塞尔两人小组的平均劳动生产率。

我们在前面将平均劳动生产率笼统地定义为单位工人的产出。但要注意一点，对平均劳动生产率的度量取决于一定时间段的选择。例如，图 6.3 中所呈现的数据告诉我们的是工人在一年里的人均产出。而在这个例子中，我们关注的是露西和埃塞尔每小时或者每周的产出。只要我们能够明确所用的时间单位，这些衡量劳动生产率的方法都是有效的。

例子中给出了露西和埃塞尔每小时的生产率：露西每小时包装 100 颗糖，埃塞尔每小时包装 300 颗糖。那么，露西每周的生产率为（40 小时/周）×（100 颗/小时）＝4 000 颗/周。埃塞尔每周的生产率为（40 小时/周）×（300 颗/小时），即每周 12 000 颗糖。

露西和埃塞尔两人合在一起每周共能包装 16 000 颗糖。将她们归为一组，该组的平均生产率为 16 000 颗/2 周，即每周 8 000 颗。而该组每小时的平均生产率为 16 000 颗/80 小时＝200 颗/小时。我们注意到，如果将她们归为一组，该组的生产率实际上是她们各自生产率的平均值。

埃塞尔的生产率比露西高，这是由于埃塞尔受过在职培训，包装技术水平比露西高。正是因为埃塞尔受过这种培训，她在一定时间内的产出要高于露西。

练习 6.2

假设埃塞尔又参加了其他糖果包装课，并学会了如何以每小时 500 颗的速度包装糖果。试分别计算露西和埃塞尔各自的每小时产出与每周产出，以及将她们归为一组时，该组的每小时产出与每周产出。

经济学家用埃塞尔比露西拥有更多的人力资本来解释她们工作效率的差异。人力资本包含工人的才能、受教育程度、培训和技术。拥有大量人力资本的工人的生产能力高于受过较少培训的工人。例如，一个熟练掌握程控诊断设备的汽车技工可以解决那些令受训较少的技工束手无策的引擎问题。

经济自然主义者 6.1　为什么联邦德国和日本能从二战的废墟中成功复苏？

二战期间，联邦德国和日本的城市建筑与工业基础遭受了大面积的破坏，战后一段时期两国均陷入贫困之中。然而不出 30 年，它们不仅完成了战后重建工作而且成为世界工业和经济强国。是什么原因促成了这种"经济上的奇迹"？

二战后,联邦德国和日本的经济复苏归因于很多因素,其中包括美国在马歇尔计划下对欧洲的大量援助和美军占领日本期间对日本的扶持。然而,大多数经济学家认为,高水平的人力资本在两个国家的发展中发挥了至关重要的作用。

二战末期,德国人接受了非常良好的教育,涌现出一大批资深的科学家与工程师。联邦德国还推出了(直到现在也是如此)一个广泛的实习系统,目的是为没有经验的工人提供在职培训。这使联邦德国拥有了熟练的产业劳动力。此外,来自民主德国与东欧一些国家的大量熟练工人(包括2万名有经验的工程师和技术员)的流入,也让联邦德国受益匪浅。早在1949年,人力资本的集中就使拥有高度发达的技术与生产力的德国制造业得到了大幅扩张。而到了1960年,联邦德国已成为高质量产品的主要出口国,其公民享有欧洲最高的生活水平。

日本在二战中遭受了比德国更大的经济损失,它同样也是凭借有技能并受过教育的劳动力开始战后重建的。此外,进驻日本的美国军队对日本的教育系统进行了改革,并鼓励所有日本人接受良好的教育。不仅如此,日本人比德国人更重视在职培训,并把它作为终身就业体制的一部分。在这种体制下,日本企业希望员工在其整个职业生涯里都只效力于同一家公司,这样它们就会在职工培训方面进行大量投资。而这种对人力资本进行投资的回报,则表现为平均劳动生产率的稳步上升,特别是在制造业,这一点表现得尤为明显。到20世纪80年代,日本制造的产品已经挤入世界最高级产品的范围,而其工人也跻身最有技术工人的行列。

人力资本与实物资本(如机器、厂房)的相似之处体现在,它们主要都是通过投入时间、精力和金钱获得的。例如,一名技工为了学习如何使用程控诊断设备,可能需要上夜校。这种受教育的成本不仅包括支付的学费,也包括他花在学习上的时间的机会成本。而去学校学习的收益则表现为,当课程结束时技工的工资将会增加。根据成本-收益原理,我们知道只有当收益大于成本(包括机会成本)的时候,他才应该去学习如何使用程控诊断设备。通常情况下,当熟练工人与新手的工资存在较大差别时,就会有人去接受额外的教育或技能培训。

实物资本

工人的劳动生产率不仅取决于其技术水平与努力程度,还取决于其工作时使用的工具。即使是最有经验的外科医生,如果没有精密的仪器也无法实施心脏手术;而一位专业的软件开发人员如果没有计算机,他所能发挥的作用也是有限的。这些例子说明了厂房、机器等实物资本的重要性。如例6.4所示,实物资本的增加与改善能够提高工人的生产效率。

例6.4 实物资本和效率

引入糖果包装机是否会提高露西和埃塞尔的效率?

让我们回到例6.3所描述的场景。现在,露西和埃塞尔的老板买了一台只需一名工人操作的电动糖果包装机。如果使用这台机器,一名未经训练的工人每小时能包装500颗糖。现在露西和埃塞尔的每小时产出与每周产出分别是多少?如果老板买了第二台机器,上述问题的答案是否会改变?如果买了第三台结果又会如何?

为简便起见,我们假设一台糖果包装机只能被一名工人一直使用(这一假设排除了多人合用机器的可能性,从而不会出现一名工人上日班时使用这台机器,而另一名工人上夜班时使用的情况)。如果老板只买了一台包装机,他会把这台包装机分配给露西(为什么? 参见练习 6.3)。现在,露西每小时能包装 500 颗糖,而埃塞尔每小时只能包装 300 颗糖。露西的每周产出为 20 000 颗糖(40 小时×500 颗/小时)。埃塞尔的每周产出仍为 12 000 颗糖(40 小时×300 颗/小时)。她们两人合在一起每周总共包装 32 000 颗,平均每人每周为 16 000 颗。如果以每小时产出来衡量,两人的平均劳动生产率为每 80 小时 32 000 颗,即每小时 400 颗,是使用包装机之前平均劳动生产率的两倍。

如果有两台糖果包装机,那么露西和埃塞尔每人可以使用一台。每人每小时能包装 500 颗糖,两人一周的总产出为 40 000 颗糖。因此,两人的平均劳动生产率为每周 20 000 颗,即每小时 500 颗。

如果老板买了第三台包装机情况又会如何? 由于只有两名工人,第三台机器将会被闲置,从而对于增加总产出与平均劳动生产率毫无用处。

练习 6.3

沿袭例 6.3 与例 6.4 中的假设,试解释为什么老板要把仅有的一台包装机分配给露西而不是埃塞尔(提示:可以利用第 3 章介绍过的机会成本递增原理来解释)。

在第 4 章,我们曾把资本品定义为一种为了协助其他产品与服务的生产而生产和使用的耐用品。糖果包装机只是其中的一个例子。资本品包括机器设备(如计算机、重型推土机、装配线等),也包括建筑物(如厂房和办公大楼)。

类似糖果包装机这样的资本品有助于提高工人的生产率。表 6.2 对露西和埃塞尔的例子进行了总结。表 6.2 中,第一列显示的是老板可能购买的糖果包装机数量;第二列给出了露西和埃塞尔两人每周的总产量;第三列列出了两人每周的总工作时间;而第四列则是计算得到的每小时平均产出,它等于每周总产出除以每周的总工作时间。

表 6.2 说明了追加资本对产出影响的两个要点。首先,在工人人数一定的前提下,增加资本投入通常会提高总产出与平均劳动生产率。例如,增加一台糖果包装机,每周总产出(第二列)增加了 16 000 颗糖,而以每小时度量的平均劳动生产率(第四列)增加了 200 颗糖。

表 6.2 糖果包装厂的资本、产出与生产率

（1） 机器数量（资本）/台	（2） 每周包装的糖果数量 （产出）/颗	（3） 每周工作时间/小时	（4） 每小时包装的糖果数量 （生产率）/颗
0	16 000	80	200
1	32 000	80	400
2	40 000	80	500
3	40 000	80	500

其次,已投入的资本越多,追加资本的收益就越少。我们会注意到这样的事实:第一台包装机的使用使总产出增加了 16 000 颗糖,而第二台包装机的使用对总产出的贡献仅为 8 000 颗。对于第三台机器,由于只有两名工人,它只能被闲置,从而无助于总产出与劳动生产率的提高。这个结果体现了一条广泛适用的经济原理,即资本收益递减原理。根据**资本收益递减原理**,如果劳动力数量与其他投入保持不变,那么已投入使用的资本越多,每单位追加资本获得的回报就越少。在糖果包装厂的例子中,资本收益递减意味着第一台糖果包装机带来的产出增加多于第二台,而第二台又多于第三台。

资本收益递减是企业在尽可能有效使用每单位资本的激励作用下的自然结果。为了获得最大的产出,管理人员会把第一台机器投入能获得最大效益的使用,而将第二台机器投入次优效益的使用,按照这种方法依次将机器投入使用——这体现了机会成本递增原理。当存在很多可用的机器时,所有可以获得高效益的方法将被使用殆尽。因此,再增加一台机器对提高产出与生产率并没有多大帮助。如果露西和埃塞尔已经各自操作一台糖果包装机,那么除非是基于替换或备用的考虑,否则就没有必要再购买第三台机器。

表 6.2 带来的启示可以应用于刺激经济增长的问题。首先,向劳动力提供更多可供使用的资本会促进产出与平均劳动生产率的增长。给工人配备越充足的设备,他们的生产效率就会越高。其次,通过不断增加资本来提高劳动生产率的程度是有限的。根据资本收益递减原理,在一个经济体中,如果每个工人可利用的资本量已经很多,那么再追加资本投入的收益就会变得很小。

土地与其他自然资源

除了资本品之外,土地、能源、原材料等其他生产投入也都有助于提高工人的工作效率。在农业生产中,肥沃的土地是必不可少的,而现代制造业的生产过程则是围绕对能源和原材料的大量使用展开的。

总的来说,丰富的自然资源提高了工人的生产率。例如,与土地贫瘠或可耕地供给有限的国家相比,在美国或加拿大等土地资源充足的国家,农民可以收获更多更好的农作物。如今在美国总人口中只占不到 1% 的农民,由于得益于现代农业机械及大面积的土地资源,其粮食产出相当高,不仅为本国提供了足够的食物,部分粮食产品还出口到世界其他国家。

尽管一国的可耕地供给通常情况下不可能无限扩大,但石油、金属等其他自然资源可以通过国际市场获取。由于资源可以通过贸易手段获得,因此要求一国疆域内拥有大量自然资源其实并不是该国促进经济增长的必要条件。事实上,确实不乏一些国家,如日本、新加坡和瑞士等,其国土内并没有丰富的自然资源,却依然实现了富裕。利用先进技术等手段高效利用自然资源的重要性丝毫不亚于对自然资源的占有。

技术

除了人力资本、实物资本与自然资源以外,一国开发并应用新的更具效率的技术的能力对其生产率也具有决定性的作用。我们以交通部门为例来说明这一点。正如本章开头引述的史蒂芬·安布罗斯所描绘的两百年前的情况,我们可以看到,马和马车是当时主要的交通运输工具——这事实上是一种既缓慢又昂贵的方式。不过到了 19 世纪,蒸汽机等先进技术的诞生支撑了水上运输的发展及国内铁路网的形成。而在 20 世纪,公路和机场等基础设施的广泛建设促进了内燃机的发明和航空飞行技术的发展,它们共同创造了日益快速、廉价且可靠的交通方式。可以说,技术的变化已经成为交通运输变革过程中举足轻重的推动力。

当某一产业引入新的技术后,生产率的提高并不局限于这个产业,而是作用在更为广泛的领域。例如,农民曾经只能在当地销售其产品,而现在快速航运和冷藏运输技术的应用,使农民几乎可以将产品销售到世界上的每一个地方。有了更广阔的销售市场,农民就可以选择最适合当地土地与气候条件的产品进行专业化生产。同样,工厂可以从最廉价、最丰富的原材料产地获取原材料,生产它们在制造过程中最具效率的产品,并最终将这些产品在具有最高价格的市场上销售。以上两个例子都阐明了比较优势原理,即当所有的生产者都集中精力从事他们相对而言最有效率的生产活动时,生产率将得到全面的提高。

通信和医学技术的进步、计算机技术的推广,以及最近出现的连接全球的移动计算、通信甚至医疗设备的网络等很多技术的发展都对生产率的提高做出了贡献。事实上,大多数经济学家都会承认,新技术是提高生产率唯一最重要的源泉,也是促进整体经济增长的最重要因素。

尽管如此,经济增长并不能自发地伴随基础科学的突破而发生。为了实现新技术的有效利用,一个经济体需要企业家们将科技进步的成就进行商业化拓展,也需要营造良好的法律环境和政治环境以鼓励新技术的实际应用。

练习 6.4

一种新型包装纸的发明使糖果包装更加简便快捷。使用这种纸可以使每人每小时手工包装的糖果数量增加 200 颗,使每人每小时利用机器包装的糖果数量增加 300 颗。利用例 6.3 与例 6.4 中的数据,构建一张与表 6.2 类似的表格,以表现技术进步对于平均劳动生产率的影响。这时资本的收益递减原理是否仍然成立?

经济自然主义者 6.2　20 世纪 90 年代末期以来,美国的劳动生产率为什么增长如此迅速?

20 世纪五六十年代,大多数工业国家都经历了实际 GDP 和平均劳动生产率的快速增长。例如,1948—1973 年,美国的劳动生产率每年增长了 2.5%。[①] 但是,1973—1995 年,美国的劳动生产率增幅下降了一半,为每年 1.1%。其他国家也经历了类似的经济放缓,也有许多文章和书籍试图揭示这种现象的原因。但是,近年来,生产率增长又开始反弹,尤其在美国。1995—2000 年,美国劳动生产率平均每年增长 2.4%。是什么原因导致了美国生产率的复苏?它会持续下去吗?

经济学家都同意 1995—2000 年的生产率反弹是技术快速进步和对新信息及沟通技

---

① 非农业部门的劳动生产率增长数据可以从 www.bls.gov 得到。

术（ICT）的投资增加的产物。研究表明，生产 ICT（如硅片和光纤）和使用 ICT 的产业的生产率都在快速增长。这些技术进步的应用从汽车生产到零售行业引起了波纹效应。例如，互联网的快速发展让顾客得以在线购物并获得相关资讯。它还帮助企业通过在制造商和供应商之间改进协调方式而提高效率。而那些既不生产也不使用 ICT 的行业并没有经历劳动生产率的加速增长。[①]

尽管技术进步在 2000 年后仍在继续，但 2000—2007 年，生产率增长速度放缓至每年 1.5%，2007—2019 年，生产率增长速度降至每年 1%。为什么？虽然经济学家仍在试图理解所有原因，但似乎在 20 世纪 90 年代，由于 ICT 设备的生产改进及其在 ICT 技术密集型行业的使用，生产率提高之后，ICT 技术在其他行业的广泛应用带来的收益较小。2000 年纳斯达克（"网络公司崩溃"）的内爆和 2001 年的温和衰退，以及更大规模的全球金融危机和 2007—2009 年的衰退，也可能导致生产率增长放缓。2001 年经济衰退期间及之后，新成立的公司数量和新技术投资额等指标有所下降，2007—2009 年经济衰退期间及之后急剧下降，阻碍了新产品和生产技术的引进。此外，全球金融危机造成的严苛的信贷条件使企业难以维护或升级设备，2007—2009 年经济衰退期间及之后的高失业率可能导致一些工人的技能下降。如果这些因素确实是近年来生产率增长率较低的原因，那么随着从危机和衰退中的复苏，生产率有可能会回升。

乐观者们认为计算机、通信、生物技术及其他 ICT 领域的进步可以保持生产率的增长速度。其他人更为保守，他们认为由这些进步引发的生产率增长更可能是短期的而不是永久性的。我们需要更长的时间来判断哪一方的观点是正确的。

企业家精神与管理

工人生产率的高低在一定程度上取决于那些决定生产什么和如何生产的人：企业家和管理者。**企业家**是指创建新企业的人。由于企业家可以引进新的产品、服务、技术流程与生产方法，他们对于保持动态、健康的经济有着关键的作用。19 世纪末 20 世纪初，亨利·福特与阿尔弗雷德·斯隆（汽车业）、安德鲁·卡内基（钢铁业）、约翰·洛克菲勒（石油业）和摩根（金融业）等人在美国产业的发展中发挥了核心作用，自然地，他们在此过程中也积累了大量的个人财富。不过，在涉及公平方面的一些法律事件中，以上这些人及其他企业家（包括当今的企业家比尔·盖茨），也会因为他们的一些经营活动而受到指责与批评。但无法抹杀的事实是，在过去的 100 年，他们与其他许多优秀的企业领导者共同为美国的经济增长做出了卓越的贡献。例如，亨利·福特创造的大规模生产的理念大幅降低了汽车生产的成本，使汽车能够进入美国的普通家庭。福特的事业始于他的车库，从此，这作为一个传统被千千万万的革新者传承了下来。谷歌的创始人拉里·佩基（Larry Page）和舍基·布林（Sergey Brin）开发了将互联网上搜索到的网址进行排序的方法，从而改变了大学生和许多教授的研究方法。

人们虽然可以在大学里学到诸如金融分析与市场营销等辅助技能，但企业家精神和

---

① Kevin J. Stiroh, "Information Technology and the U. S. Productivity Revival: What Do the Industry Data Say?," *American Economic Review* 92 (December 2002), pp. 1559-1576.

其他创造性活动一样,本身是很难通过他人的教授而掌握的。那么,社会应该如何鼓励企业家精神?历史证明,企业家精神将一直存在,因而社会的主要责任在于通过经济高效的方式来引导企业家精神的发挥。例如,经济政策的制定者需要保证课税不会过重、规章制度不会太缺乏灵活性,以确保那些可能发展为大企业的小企业能够成功地度过初创阶段。社会因素也会在其中发挥作用。在一个认为受过高等教育的人从事商业与贸易有失身份的社会,是不会培养出成功的企业家的。在美国,商业在很大程度上被奉为令人尊敬的活动。总的来说,一个能够使企业家精神兴盛的社会与经济环境,有助于促进经济的增长与生产率的提高,在我们当今所处的高科技时代,这一点表现得尤为明显。

例 6.5　个人计算机的发明

企业家精神有作用吗?

1975 年,史蒂夫·乔布斯(Steve Jobs)和斯蒂夫·沃兹尼亚克(Steve Wozniak)还是为 Atari 设计计算机游戏的两个二十多岁的年轻人。他们想要制造一台比他们正在使用的那种橱柜大小的主机更小、更便宜的计算机。为了在史蒂夫·乔布斯父母的车库里开一家店并购买原材料,他们以 1 300 美元的总价卖掉了他们最值钱的东西:乔布斯的二手大众汽车和沃兹尼亚克的惠普牌科学计算器。他们这次行动的结果是第一台个人计算机的诞生,他们以他们的新公司为其命名(也是乔布斯最喜欢的水果):苹果。显然,乔布斯和沃兹尼亚克作为个人计算机发明者的平均劳动生产率是他们设计计算机游戏的好几倍。有创造性的企业家精神就像更多的资本和土地一样可以提高生产率。

经济自然主义者 6.3　为什么中世纪时期中国的经济会出现停滞?

在中国历史上,宋朝(公元 960—1279 年)是一个科技相当发达的时期;当时的发明包括纸张、水车、火药,可能还有罗盘等。但是这些发明并没有对当时经济的工业化产生显著影响,而在之后的几百年里,欧洲却比中国实现了更快的经济增长,出现了更多的技术发明。为什么中世纪时期中国的经济会出现停滞?

根据经济学家威廉·鲍莫尔(William Baumol)的研究[①],宋朝时工业化的主要阻碍在于其社会体系对于企业家精神的抑制。在当时,商业和工业被认为是地位很低的活动,并不适合受过教育的人。另外,皇帝还具备占有百姓财产并控制其一切经营活动的权力,这大大降低了百姓从事风险经营的积极性。在中世纪的中国,得到地位与财富最直接的途径是参加朝廷举行的 3 年一次的科举考试。科举考试的优胜者将在朝廷终身担任一定的职务,从而使他们掌握权力,变得富有,有的朝廷官员甚至会通过贪污腐败的手段获得财富。所以,我们可以肯定的是,中世纪的中国并没有形成一个充满活力的企业家阶层,因而其科学与技术的进步无法转化为持续的经济增长。中国这段历史的经验教训告诉我们,单凭科技进步本身是不能保障经济增长的;为了获取经济利益,科学知识必须应用于商业领域,以创造新的产品,推出更高效的产品和服务生产方式。

---

① W. Baumol, "Entrepreneurship: Productive, Unproductive, and Destructive," *Journal of Political Economy*, October 1990, pp. 893-921.

虽然企业家的身份更富有吸引力，但是管理者——负责日常业务管理的人，同样对决定平均劳动生产率起到了关键作用。管理工作所覆盖的职位范围十分广泛，从码头监工到掌管《财富》500 强企业的 CEO（首席执行官），尽管职位不同，却都是管理者的身份。管理者的工作包括满足顾客需求、与供应商交涉、组织生产、筹措资金、分配人员，以及激发员工们努力高效地工作。这些行为都可以提高劳动生产率。例如，20 世纪七八十年代，日本管理者所引进的一些新的生产方法大幅提高了日本工厂的生产效率。适时（just-in-time）库存制度便是其中之一，在这种制度下，供应商只有在工厂需要某种生产零件的时候才会及时运送过去，从而使工厂不再需要专门的零件库存。日本的管理者还首先倡导将工人组织为半自主的生产团队的方法，与传统的装配线生产相比，工人变得更具有机动性与责任感。美国及其他国家的管理者看到了这一点，他们认真地学习，并在自身的生产实践中采纳了日本的很多管理技术。

政治与法律环境

到目前为止，我们所强调的都是个人在提高平均劳动生产率方面发挥的作用。事实上，政府在促进生产力提高的过程中也扮演着重要的角色。其中一个关键作用是，政府能够创造良好的政治与法律环境，以鼓励人们采取经济高效的方式从事自己的活动——努力地工作、明智地储蓄与投资、获取有用的知识与技能，以及提供公众需要的产品与服务等。

政府对实现经济成功起到关键作用的一个特殊职能在于建立明确的产权制度。明确的产权是指法律提供明确的规则来确定资源归属（如通过契约的形式）以及如何使用资源。想象一下生活在一个由军队和警察控制的社会，统治者随时可以索取他想要的东西，而且经常将这种权力付诸行动的情景。在这样一个国家，你会有什么动机去种植好的农作物，或是创造其他有价值的产品与服务？你可能几乎没有这样的积极性，因为你生产的东西大部分将被夺走。不幸的是，在当今世界上的很多国家，上述假设竟然真实地存在。

政治与法律条件还会以其他方式影响生产率的增长。政治学家与经济学家都曾经阐述过这样的事实：政治的动荡会对经济增长造成负面影响。这一发现之所以符合事实，是因为企业家与储蓄者不会愿意将其资源投入政局不稳的国家，特别是在权力之争引起国内动荡、恐怖行动或是游击战的情况下，这种投资几乎不大可能发生。相反，如果一个政治体制提倡自由与开放的思想交流，它将会加速新技术与新产品的开发进程。例如，一些经济史学家指出，曾经是经济强国的西班牙之所以会没落，部分原因在于西班牙宗教法庭的出现，它宣扬与尊崇的是正统宗教的思想，不允许任何有悖于此的思想存在。由于宗教法庭对与教会教义矛盾的关于自然界理论的排斥，西班牙的科学和技术开始慢慢衰退，从此渐渐落后于荷兰等政策相对宽容的国家。

练习 6.5

一名移民到美国的孟加拉国工人可能发现，他在美国的平均劳动生产率远高于他在本国的生产率。当然，这名工人在两个国家从事的是同一份工作，其他方面的条件也相同。那么,这一向美国迁移的简单过程是如何提高这名工人的劳动生产率的? 你的答案是否也部分解释了移民的动机?

重点回顾:平均劳动生产率的决定因素

决定一国平均劳动生产率的关键因素包括:

- 工人的技术与所接受的培训,即人力资本;
- 实物资本(机器、设备与建筑物)的数量和质量;
- 土地及其他自然资源;
- 技术在生产中的应用程度;
- 管理和创业的有效性;
- 宽松的社会与法律环境。

20 世纪 70 年代初,工业国家的劳动生产率增长放缓,并持续了 20 多年。1995—2000 年,劳动生产率开始回升(尤其是在美国),这主要是因为信息和通信技术的进步。自那时起,美国的劳动生产率增长再次放缓。最近的经济增长放缓是暂时的(例如,由于受金融危机和衰退等因素的影响)还是新一轮生产力增长放缓的开始,还有待观察。

经济增长的成本

在本章和第 4 章,我们都强调了经济增长对于提高人均生活水平的正面作用。那么社会是否应该始终争取让经济以可能达到的最高速度增长? 答案是否定的。虽然我们暂时承认人均产出的增加总是合意的,但是获得更高的生产率增长速度势必给社会带来成本。

经济持续增长的成本是什么? 最直接的就是创造新资本的成本。我们知道,扩大资本存量能够提高未来的生产率与产出水平。但是为了增加资本存量,我们必须将原本可以用于消费品生产的资源进行转移。比如说,为了增加机械化的装配线,需要雇用更多的技术人员来开发工业机械,相应的用于设计计算机游戏的技术人员就少了。为了建造新工厂,就会有更多的木匠和木材投入工厂建设,而用于加固地窖和修葺家庭住宅的资源就减少了。简言之,如果人们想要增加对新资本品的投资,就必须少消费、多储蓄——这是一种实实在在的经济成本。

一个国家是否应该以减少消费品为代价对生产资本品进行大量投资? 这一问题的答案取决于人们愿意而且能够以眼前的消费来换取将来更大的经济利益的程度。如果一个国家很贫穷,或是正在经历一场经济危机,那么人们会更倾向于保证相对高的消费,而将储蓄与投资维持在较低水平。这与常识十分吻合:如果身处暴雨之中,我们就不需要再为下雨天做储备了。但在一个相对富裕的国家,人们可能更愿意做出暂时的牺牲以换取未来更高的经济增长。

实现经济高速增长的成本并不只限于为资本形成所牺牲的那部分消费。在美国,19世纪到20世纪初是经济快速发展的时期,但在那时很多人要在危险恶劣的工作环境中长时间劳动。诚然,这些工人为美国的经济建设做出了不少贡献,但是他们的付出却是巨大的,这表现在休闲时间的减少,在一些情况下甚至是以牺牲工人的健康与安全为代价的。

经济增长的其他成本还包括用于改进技术的研发成本,以及技能培训的成本(人力资本)。事实上,未来的高生活水平必定是以眼前的牺牲为代价的,这正是稀缺原理的一个例子,它告诉人们,更多地拥有一种好的事物,往往意味着只能获得更少的另一种好的事物。由于实现更高的经济增长会带来实际的经济成本,因此由成本-收益原理我们知道,只有当收益大于成本时,才应该寻求更高的经济增长。

重点回顾:经济增长的成本

经济增长会产生大量成本,其中最明显的代价是对当期消费的影响。为了将更多的资源用于创造新的资本与开发新的技术,当期的消费活动会被限制在一定的水平内。只有当进一步增长带来的收益超出其产生的成本时,我们才应该努力实现更高的经济增长率。

促进经济增长

如果一个社会希望加快自身经济增长的步伐,那么政策制定者可以采取哪些措施来实现这一目标? 基于我们曾经进行的关于那些有助于平均劳动生产率与人均产出增长的因素的讨论,下面列出一些相关的政策建议。

增加人力资本的政策

由于受过良好教育并拥有熟练技能的工人比那些未经培训的劳动力具有更高的生产率,所以大多数国家的政府通过提供教育与进行培训的方法来提高民众的人力资本。在美国,中学以下的教育由政府作为公共教育进行普及,而对于高等院校,政府也提供了广泛的支持。另外,还存在一些政府资助的早期培养项目,如"先行一步"(Head Start)计划的目的是对贫困或弱智的学龄前儿童进行教育,帮助他们在入学前获得相当于同龄人的人力资本水平。不仅如此,美国政府还对年轻工人的工作培训及技术过时工人的再培训给予一定的资助,不过在力度上可能比不上其他国家。

经济自然主义者 6.4 为何几乎所有的国家都提供免费的公共教育?

所有的工业国家都为公民免费提供中小学义务教育,其中大多数国家还对大学及其他高等院校进行补贴。政府为何会采取这样的政策?

美国人对接受免费公共教育已经习以为常,以至于他们会对这样的问题感到奇怪——在他们的观念里,免费教育是理所当然的。不过,既然政府并没有向所有人(除了贫困者之外）免费提供食物、医疗等基本的产品与服务，为什么它要提供免费教育？而且，对教育服务的供给与需求事实上是可以通过私人市场实现的，并不一定需要政府的协助。

关于免费教育或者说教育补贴的一个重要观点是，个人对教育服务的需求曲线并没有包括教育在内的所有社会收益（均衡原理在一定程度上也说明，处于均衡状态的市场并不一定能实现集体行为带来的全部利益）。例如，一个民主的政治体系能否实现高效运作，很大程度上取决于公民的教育水平，而这一点对教育服务的个体需求者来说几乎不会成为他们接受教育的个人原因。如果从经济角度考虑，我们认为，个人无法实现自身接受教育所带来的全部经济收益。例如，拥有较高人力资本的人会有较高的收入，从而会上缴较多的税款——这些资金将用于提供政府服务和救助贫困者。由于所得税的存在，获得人力资本的私人收益要低于社会收益，因而在私人市场上对教育的需求，站在社会的角度来看并不是最优的。同样，受过教育的人比其他人更容易带来技术的进步与发展，从而实现生产率的提高，这会令包括他们自己在内的很多人受益。提供公共教育的另一个理由是，那些希望对自身人力资本进行投资的贫困者可能会由于收入低下而无法实现这一愿望。

与许多经济学家一样，诺贝尔经济学奖获得者米尔顿·弗里德曼（Milton Friedman）认为，上述理由只能说明政府可以用补贴方式（这种方式被称为教育优惠券）帮助人们从私人市场获得教育服务，并不能得出政府应该直接提供教育的结论。而公共教育的捍卫者则认为，为了制定教育标准并保证教育质量，政府有必要对教育进行某些方面的直接控制。你是怎样认为的？

鼓励储蓄与投资的政策

当工人能够利用大量现代的资本存量时，平均劳动生产率就会提高。为了支持新资本的创造，政府可以鼓励私人部门提高储蓄与投资的力度。美国税法中有很多相关的规定，其目的是提高家庭储蓄与企业投资的激励。例如，设立了个人退休金账户（IRA）的家庭，可以为退休进行储蓄而不用对储蓄金及其利息支付税款（不过，当人们退休后从账户中提取储蓄金时则要纳税）。在法律上对个人退休金账户进行这样的规定，目的在于增加储蓄对美国家庭的经济吸引力。类似地，美国国会还多次制定关于投资行为的税收优惠政策，以降低对新资本品进行投资的企业所缴纳的税额。第 8 章将详细讨论私人部门的储蓄与投资行为。

政府可以通过公共投资（创造的资本由政府所有）的方式直接促进资本形成。公共投资包括修建公路、桥梁、机场、水坝等，在一些国家，能源的供应以及通信网络的建设也由政府资助。从艾森豪威尔总统执政期间开始建设的美国州际高速公路系统，便是人们在讨论公共投资时经常提及的成功事例。这一州际公路系统的建设大大降低了美国长途运输的成本，提高了整个经济的生产效率。如今，计算机与通信结合所形成的网络（我们称之为互联网），也对经济产生了类似的作用。这一项目在其发展初期同样得到了政府的巨额资助。很多研究证实，政府在基础设施方面的投资，即用于支持私人部门经济活动的公共资本，是经济增长的一个重要来源。

支持研发的政策

技术进步的过程会带来生产率的提高,而技术进步的前提则是对研发(R&D)的投资。在很多产业,企业已经有足够的激励从事研发活动。例如,政府没有必要对新型腋下除臭剂的研发进行经济补贴。

不过,另一些类型的知识,尤其是基础科学知识,则会带来广泛的经济效益,这种效益无法由某家企业单独获得。例如,硅材料计算机芯片的研发商对一些新兴产业的出现起到了重要作用,而它们自己却只获得了其发明所带来的一小部分收益。

由于基础研究的受益者是整个社会而不是单独的企业,政府有必要对基础研究提供一定的支持,事实上,美国政府正是通过国家科学基金会这一机构来实施这项政策的。除此之外,联邦政府也对大量的应用性研究提供资金援助,这主要体现在军事与航天技术的应用方面。在国家安全允许的范围内,政府可以通过与私人部门分享这些研究成果来促进经济增长。例如,最初基于军事目的开发的全球定位系统(GPS),如今已经在私家车上得到了应用,它可以帮助驾驶员方便地确定车辆的位置。

法律与政治体制

虽然经济增长主要源于私人部门的行为,但是政府在其中也扮演了重要角色:它可以提供一种良好的体制,使私人部门能够有效地运作。在这方面,我们曾经讨论过私人产权与完善的法律体系的重要性,也分析过有利于创业行为的经济环境,还特别指出了稳定的政治与自由开放的思想交流的重要意义。不仅如此,政府的政策制定者也应该将税收与管制政策对提高生产率行为(如投资、创新与冒险)的潜在影响纳入考虑范畴。

最贫穷的国家:一个特例

世界上最富有国家与最贫穷国家的生活水平之间存在巨大差距。对最贫穷的国家而言,实现经济增长是当务之急。前面所提供的政策建议对这些国家有借鉴作用吗? 这些贫穷的国家是否需要以截然不同的方式来促进经济增长?

那些促进富国经济增长的因素与政策,在很大程度上也适用于穷国。通过教育与培训来增加人力资本、提高储蓄与投资率、扩大对公共资本与基础设施的投入、大力支持研发的进程、鼓励创业,所有这些措施都能提高穷国的经济增长速度。

不过,与富国相比,最贫穷的国家更应该在改善对经济起支撑作用的法律与政治环境方面加大改革力度。例如,许多发展中国家的法律体系非常不健全,这会大大增加创业与投资行为所涉及的产权的不确定性,从而打击有意从事这类活动的人的积极性。发展中国家的课税与管制通常会给民众带来较重的负担,而其主管机构又往往缺乏效率——申请人经常要花数月甚至数年的时间才能获得经营企业或是扩建工厂的批准。一些穷国还对市场进行管制以抑制其力量的发挥,例如,银行贷款的分配与农产品的价格,这些本应由市场来决定的事情,在很多穷国却是由政府进行规划的。制定用以改变这些现象的结构政策是实现穷国经济增长的重要前提。不过,对某些国家而言,最重要但可能也最困难的仍然是建立稳定的政治制度与完善的法律体系。如果政局不稳,国内外的投资者都不会愿意对该国有所投入,经济增长也会变得愈加困难。

那么,富国能够对穷国的发展提供一定的帮助吗?历史上,确实有很多富国对穷国伸出了援助之手,这种援助有时候表现为个别国家的借款或赠款,有时候则采取由国际机构(如世界银行)提供借款的方式。不过,历史经验告诉我们,对那些不进行诸如减少过度管制与改善法律体系之类结构改革的国家提供资金援助,作用十分有限。富国为了确保其对国外进行资助的效率,应该帮助穷国实现政治上的稳定,并鼓励其在经济结构方面进行必要的改革。

重点回顾:促进经济增长

促进经济增长的政策包括:增加人力资本的政策(教育与培训);鼓励储蓄与资本形成的政策;支持研发的政策;构建一个有利于私营部门高效运作的法律与政治体制。法律与政治体制的低效率(如政府官员腐败或产权界定不明晰等),是很多发展中国家的共同问题。

增长是否存在极限

通过本章前面部分的学习,我们知道即使是相对较低的经济增长率,只要持续较长的时间,也会带来经济规模的巨大扩张。人们不禁会对此提出疑问:经济增长能否无限制地一直持续下去而不会耗尽自然资源或是造成重大的全球性环境问题?我们生活在一个资源有限的世界里,这一事实是否意味着经济增长最终必将终结?

对于经济增长无法一直持续的担忧由来已久。1972 年小说《增长的极限》[1]的出版在当时颇具影响,小说中描述的计算机模拟结果显示:除非停止人口增长与经济扩张,否则整个世界将在不久的将来耗尽所有的自然资源、淡水和可供呼吸的清新空气。这本小说以及之后相继推出的一些类似作品,提出了很多具有重要意义的基本问题,对于其中的一些问题我们在这里还无法给出完全公正与客观的回答。不过,它在某些方面的结论具有一定的误导性。

与"增长的极限"主题相关的一个问题是基本的经济增长概念。一些人强调增长会受环境制约,这种观点实质上隐含了这样一个假设:经济增长总是采取扩大已有产品与服务产出数量的方式——这就会产生越来越多的冒着浓浓黑烟的工厂、排放有毒尾气的汽车及快餐店。如果事实真是如此,我们所处星球能够承受的经济增长肯定是有极限的。

但是,实际 GDP 的增长并不一定要采取这种形式。其增长也完全可以来自新型产品与高品质产品的推出。例如,网球拍在几十年前还是一种比较简单的产品,当时大部分网球拍的材料均为木头。而在今天,网球拍的生产基本上都使用了新发明的合成材料,而且

---

① Donella H. Meadows, Dennis L. Meadows, Jørgen Randers, and William W. Behrens III, *The Limits to Growth* (New York: New American Library, 1972).

采用了复杂的计算机模拟手段来实现最佳手感的设计目标。由于在消费者眼里,这些具有较高技术含量的新网球拍比以前的木制网球拍具有更高的价值,因此这种产品质量的提高实际上也对 GDP 的增长做出了贡献。同样,新药物的出现也促进了经济的增长,而电视节目的日益丰富、数字音响及电子商务的普及,都为人们生活水平的提高做出了重大贡献。从中可以看到,经济增长不一定要表现为已有相同产品的重复生产,它可以源于更新、更好、更清洁、更有效率的产品与服务。

关于"增长的极限"结论的另一个问题在于,它忽视了这样一个事实:增加的财富与生产率会提高社会保护环境的能力。现实世界里,污染最严重的国家并非最富有的国家,而往往是尚处于工业化进程初始阶段的国家。在这一阶段,国家必须将大部分资源用于满足人们的基本需要——食物、住房、医疗——同时又要进行产业扩张。在这样的国家,清洁的空气与饮用水很可能会改变其基本生活需要的定位,成为一种奢侈品。而在经济发达国家,人们大部分的基本需要都可以很容易地得到满足,从而有额外的资源用于保持环境的清洁。因此,持续的经济增长可能减少污染,而并非一定会增加污染。

忽视市场力量与其他社会机制在解决资源稀缺问题上发挥的作用,是对经济增长持悲观态度的第三个误区。在 20 世纪 70 年代石油供给严重不足的那段时间里,关于能源危机与世界石油资源即将枯竭之类的标题新闻充斥各大报纸。这种媒体的力量确实不容忽视。40 多年之后的今天,世界上已知的石油储备事实上比 20 世纪 70 年代所知道的更丰富。

由于市场的运作,当今的能源状况比 40 多年前所预期的要好得多。石油供给不足会导致价格上涨,从而改变供需双方的行为。消费者会在装修住宅时使用保温绝缘材料,购买节能汽车与设备,并使用其他可替代能源。供应商则致力于寻找新的储油区,在拉丁美洲、中国、北海及北美等石油资源丰富的地区进行开采。简言之,市场力量能够解决能源危机。

一般来说,任何资源的短缺都会引起价格的变化,而价格信号又会促使供需双方采取行动以解决这类供给不足的问题。根据当前经济状况来简单预测未来的做法忽视了市场体系在发现短缺现象并及时调整方面所发挥的作用。在政治压力刺激下的政府行为,例如为了保留公共场所或者降低空气污染而对公共资金进行配置的措施,又可以作为市场调节的补充手段。

尽管"增长的极限"观点确实存在很多不足之处,不过大多数经济学家都承认,经济增长所造成的所有问题并非都能通过市场或政治手段得到有效解决。其中最引人关注的可能是全球性的环境问题,如全球变暖与热带雨林不断遭受破坏的现象,这些亟待解决的问题对现有的经济和政治机构提出了严峻的挑战。由于环境质量不能在市场上买卖,我们无法通过市场过程来保证环境质量自动实现最优水平(回忆一下均衡原理)。不只市场对此无能为力,无论是地方政府还是中央政府都无法有效地解决全球性问题。除非建立某种国际性机制来解决这类全球性环境问题,否则这些问题将会随着经济增长的继续而加剧。

重点回顾：经济增长是否会达到极限？

一些人认为，资源的有限性最终会导致经济停止增长。这个观点忽视了一个重要的事实：经济的增长可以表现为生产更优质、更先进的产品与服务，而不一定要求产量大幅增加。它也没有考虑到，财富的增加为节约资源以保护环境提供了更大的可能。它同样没有看到，政治与经济本身都存在很多的机制以解决这些与经济增长联系在一起的问题。不过，当经济增长造成的环境问题或者其他问题具有全球性影响时，这些机制所能发挥的作用可能相当有限。

▼ 小结

在过去两个世纪，工业国家的生活水平得到了巨大的改善，这体现在人均实际 GDP 的大幅增长上。由于复利效应，即使增长率之间只有相对较小的差异，如果持续较长的时间，也会造成人均实际 GDP 与平均生活水平等方面的巨大差距。因此，长期经济增长率是十分重要的经济变量。

人均实际 GDP 可以表述为平均劳动生产率（单位工人实际 GDP）和工作人口比例的乘积。只有平均劳动生产率与工作人口比例这二者之一或二者同时出现提升现象，人均实际 GDP 才会增长。1960—2000 年，美国就业人口比例的不断上升对人均实际 GDP 的增长做出了显著贡献。不过，最近一些年，人均实际 GDP 增长的主要来源仍然是平均劳动生产率的提高，历史上绝大多数时期的情况也是如此。

决定劳动生产率的众多因素包括：工人的才能、受教育水平、培训与技术，即人力资本；工人所使用的实物资本的数量与质量；可获得的土地及其他自然资源；在产品与服务的生产和分配过程中的技术应用；企业家与管理者的作用；宽松的社会与法律环境。根据资本收益递减原理，资本存量达到一定水平之后，继续追加资本并不是提高平均劳动生产率的最有效方式。经济学家一般认为，新技术是提高生产率最重要的唯一源泉。

20 世纪 70 年代，大多数工业国家的劳动生产率增长速度都开始放缓。而 1995—2000 年，美国生产率的提高再次加速，这主要是由于信息和通信技术的进步，之后增长速度再次放缓。

经济增长在带来收益的同时也会产生成本。其中比较突出的便是对当期消费的负面影响：为了实现对新资本品的高投资率，人们不得不减少消费；高速增长所造成的其他成本包括工作强度的提高及研发成本的上升。因此，经济增长并非越快越好，经济发展是否合意取决于增长所带来的收益是否大于成本。

政府可以通过制定并实施一定的政策来促进经济增长。这些政策的内容包括：促进人力资本的培养；鼓励储蓄与投资（其中包括对基础设施的公共投资）；支持以基础科学为主的研究与开发；构建一个有利于家庭和企业高效运作的法律与政治体制。在世界上最贫穷的国家，法律、税收与管制体系都处于相当低的水平，它们急需实现法律与政治体制的改善和政权的稳定。

增长是否会达到极限？那些认为环境问题与资源的有限性会抑制经济增长的观点忽视了这样一个重要的事实：经济增长既可以体现为数量的增加，也可以表现在质量的提高上。事实上，产出的增加有助于提供更多的资源以营造清洁的环境。不仅如此，市场体系与政治手段的结合也能解决经济增长过程带来的很多问题。不过，需要注意的是，那些既无法通过市场解决也无法由单个国家的政府予以管制的全球性环境问题，可能会抑制经济的增长。

名词与概念

average labor productivity	平均劳动生产率	entrepreneurs	企业家
compound interest	复利	human capital	人力资本
diminishing returns to capital	资本收益递减	physical capital	实物资本

复习题

1. 20 世纪，工业国家的人均实际 GDP 发生了怎样的变化？这种变化给普通民众带来了什么影响？这种影响在不同地区的不同国家(如日本和加纳)相同吗？

2. 为什么经济学家将平均劳动生产率视为决定长期生活水平的关键因素？

3. 什么是人力资本？为什么从经济角度而言它有十分重要的意义？新的人力资本是如何创造出来的？

4. 你雇用了 5 个力气不同的工人挖沟。工人如果没有铲子就无法工作，其生产率就为 0。如果你所拥有的铲子不够 5 人使用，你将如何在工人之间分配铲子？当你得到额外的铲子时，你会把它交给谁使用？利用这个例子讨论下列问题：①实物资本的数量与平均劳动生产率之间的关系；②资本收益递减概念的含义。

5. 试讨论有才能的企业家与高效率的管理者如何带来平均劳动生产率的提高。

6. 促进经济增长的成本是什么？

7. 政府在实现提高平均劳动生产率这个目标上有哪些主要贡献？

8. 试对下面的观点进行讨论："由于环境极易遭到破坏，资源十分有限，经济最终将会停止增长。"

练习题

1. 有两个国家，富国和穷国。富国的人均实际 GDP 为 40 000 美元，而穷国的人均实际 GDP 是 20 000 美元。不过，富国人均实际 GDP 的年增长率为 1%，而穷国则为 3%。试比较 10 年之后两国的人均实际 GDP。20 年后情况又会如何？穷国要想赶上富国大概需要多少年？

2. 假设 2015 年美国的人均劳动生产率是 100 000 美元。计算 20 年后(2035 年)美国的劳动生产率会提高多少，如果：

（1）生产率继续以每年 3.1% 的速度增长；

（2）生产率的增长降到每年 1.4%（提示：你不必知道每年平均劳动生产率的实际值即可回答这个问题）。

与较低的增长率相比，增长率较高的情况下，2035 年的人均劳动生产率会增加多少？

3. 在未来的几十年里，美国人口的"老龄化"将大幅提高退休人群的比例。为了具体说明这种现象对美国生活水平的影响，我们假设，2016 年之后的 56 年里，就业人口比例回到了 1960 年的水平，而平均劳动生产率的增长幅度则与 1960—2016 年这一时期相同。在这样的情景设定之下，2016—2072 年，实际人均 GDP 的净增长将是多少？你的计算过程将会用到下表中的数据。

年　　份	平均劳动生产率/美元	就业人口比例/%
1960	47 263	36.4
2016	110 384	46.8

4. 下表列出了 1980 年和 2010 年，德国与日本的就业人口占总人口的比例：

国　　家	**1980 年**	**2010 年**
德国	0.33	0.52
日本	0.48	0.49

利用表 6.1 中的数据，分别求出 1980 年和 2010 年每个国家的平均劳动生产率。1980—2010 年人均产出的增长中，有多少可以用劳动生产率的提高来解释，又有多少缘于就业人口占总人口比例的上升？

5. 乔安妮刚刚中学毕业，她现在有两种选择：一是再上两年大专；二是直接参加工作。她的目标是最大化 5 年之后其银行存款的数额。如果直接参加工作，在接下来的 5 年她每年将获得 20 000 美元的收入。如果继续学习，则在接下来的前 2 年，她根本没有收入——事实上，她还需要每年贷款 6 000 美元用于支付学费与教材费用。这笔贷款必须在大专毕业后的 3 年内偿还。不过一旦她大专毕业，每年的工资将变为 38 000 美元。乔安妮每年的总生活费用（包括消费支出与上缴税额，但不包括学费与教材费用）为 15 000 美元。

（1）为方便起见，我们假设乔安妮的借贷行为所涉及的利率为 0。从经济角度考虑，她应该上大专还是去工作？

（2）如果凭借中学学历，乔安妮每年能获得 23 000 美元的收入，你的答案会改变吗？

（3）如果乔安妮的学费与教材费用每年为 8 000 美元，你的答案会改变吗？

（4）*假设乔安妮的借贷行为所涉及的利率为 10%，其他数据都与（1）一致。收入在每年年末获得，支付了必需的费用之后，剩余的金额都存入银行。利息按复利计算，于每年年末支付。同样，贷款的清偿在年末进行，贷款利息也于年末产生。在这种存在利率的情况下，乔安妮是应该上学还是应该工作？

---

* 表示习题难度较高。

6. 美鲜食品杂货店有两个收银台和四位雇员。每位雇员的技能水平都相同,他们既可以操作收银机(收银员),也可以从事给顾客购买的商品进行装袋的工作(装袋员)。商店所有者为每个收银台配置了一位收银员与一位装袋员。一个同时配有收银员与装袋员的收银台每小时可以为 42 名顾客进行结账服务,而只有收银员的收银台每小时只能服务 25 名顾客。

(1) 如果用每小时结账的顾客数量来衡量,美鲜食品杂货店的总产出与平均劳动生产率分别是多少?

(2) 商店所有者又增加了第三个收银台,并为之配备了收银机。假设雇员数量并没有增加,应该如何对四位雇员的工作进行重新分配以实现最大效率? 这时的总产出与平均劳动生产率分别是多少(用每小时结账的顾客数量来衡量)?

(3) 如果商店所有者又增加了第四个收银台,并为之配备了收银机,请再次回答(2)中提出的问题。如果增加了第五个收银台,情况如何? 在这个例子中,资本收益递减原理是否得到了体现?

7. 哈里森、卡拉与弗雷德三人都是房屋油漆匠。使用标准漆刷,哈里森与卡拉每小时都能漆 100 平方英尺[①]的面积,而弗雷德每小时只能漆 80 平方英尺的面积。如果使用滚筒,他们三人每小时都可以漆 200 平方英尺的面积。

(1) 假设哈里森、卡拉与弗雷德现在手头上只有漆刷可以使用。如果将他们视为一个小组,那么这个小组以单位油漆匠每小时所漆面积来衡量的平均劳动生产率是多少?

(2) 当他们获得的滚筒数量分别为 1、2、3、4 时,请依次回答(1)中提出的问题。你的答案是否体现了资本收益递减原理?

(3) 油漆质量的提高将油漆匠每小时所漆的面积增大了 20%(不管是使用漆刷还是滚筒,效率的提高幅度是相同的)。这一技术上的进步将如何影响你在(2)中给出的答案? 资本收益递减原理依然成立吗? 技术进步到底增加还是降低了获得额外一个滚筒的经济价值?

8. 赫斯特经营了一个鱼苗孵化养殖场。本年末她的养殖场一共有 1 000 条鱼。她可以按照自己的意愿捕获任意数量的鱼,并以每条 5 美元的价格出售给各家饭店。由于大鱼会产下小鱼,赫斯特今年留在养殖场的每一条鱼在第二年都会产下一条鱼,从而使养殖场里鱼的数量翻倍。她预计第二年每条鱼的价格仍然是 5 美元。赫斯特完全依靠当期卖鱼获得的收入来维持生活。

(1) 如果赫斯特想实现一年后养殖场中鱼数量的最大增长,她今年应该捕捉多少条鱼?

(2) 你认为实现鱼数量的最大增长对赫斯特来说是一个合理的经济策略吗? 请说明理由。可以参考正文中关于经济增长的成本部分内容的讨论。

(3) 如果赫斯特想最大化当期收入,她今年应该捕捉多少条鱼? 你认为这个策略好吗?

(4) 试解释,为什么赫斯特不可能"一网打尽"所有的鱼,也不可能一条鱼都不捕捉,

---

① 1 平方英尺=0.093 平方米。

而是捕捉一部分,留一部分用于繁殖。

9. 判断正误:为了使基础科学的进步能够带来生活水平的改善,必须为其提供经济方面的一定支持。试对此进行分析,并在必要时利用具体事例来证明你的观点。

10. 通过分析文中讨论过的平均劳动生产率的六个决定因素对美国经济进行一个简短的评论。与其他国家相比,美国是否在某些地方存在绝对优势,在某些方面又存在不足?利用《美国统计摘要》(可登录 www. census. gov/library/publications/time-series/statistical_abstracts. html,在线获取数据)中的数据及其他资料来证明你的观点。

正文中练习题的答案

6.1　如果 1870—2010 年,美国经济以日本的年增长率增长,则 2010 年的人均实际 GDP 将是 $2\,445$ 美元 $\times (1.025)^{140} = 77\,556.82$ 美元。而事实上,2010 年美国的人均实际 GDP 是 $30\,491$ 美元,因此,在更高的增长率下,人均产出变成原来的 2.54 倍 $\left(\dfrac{77\,556.82 \text{ 美元}}{30\,491 \text{ 美元}}\right)$。

6.2　与之前一样,露西每周包装 $4\,000$ 颗糖,每小时包装 100 颗。而埃塞尔现在每小时能包装 500 颗糖,每周工作 40 个小时就能包装 $20\,000$ 颗。两人合在一起每周可以包装 $24\,000$ 颗糖。由于这是她们两人总共工作 80 个小时的产出结果,因而她们的每小时产出应该是 $24\,000$ 颗糖除以 80,即每小时包装 300 颗糖,这是她们各自每小时生产率的平均值。

6.3　由于埃塞尔每小时能够手工包装 300 颗糖,将机器交由埃塞尔使用,其每小时额外的收益为 $500-300=200$ 颗糖。而露西每小时只能手工包装 100 颗糖,将机器交由露西使用,其每小时额外的收益为 400 颗糖。因此,将机器交由露西使用的收益大于交由埃塞尔使用的收益。我们同样可以这样分析,如果由埃塞尔使用机器,那么露西和埃塞尔两人合在一起每小时能包装 $500+100=600$ 颗糖;如果由露西使用机器,她们两人每小时可以包装 $300+500=800$ 颗糖。所以,由露西使用机器,产出会有更大幅度的增加。

6.4　在引入新包装纸的前提下,依靠手工劳动露西每小时能包装 300 颗糖,而埃塞尔每小时能包装 500 颗糖。如果使用机器,不管是露西还是埃塞尔每小时都可以包装 800 颗糖。与练习 6.3 的结论类似,将机器交由露西使用的收益(每小时多包装 500 颗糖)大于交由埃塞尔使用的收益(每小时多包装 300 颗糖)。所以,如果只有一台机器,应该交由露西使用。

类似表 6.2 的表格可以编制成下面的形式:

糖果包装厂的资本、产出与生产率之间的联系

机器数量(K)	每周包装的糖果数量(Y)	每周工作时间(N)	每小时平均劳动生产率(Y/N)
0	32 000	80	400
1	52 000	80	650
2	64 000	80	800
3	64 000	80	800

将上表与表 6.2 进行对比,你会发现在任一 K 值(机器数量)水平下,技术进步都提高了劳动生产率。

投入的第一台机器为产出增长做出了每周多包装 20 000 颗糖的贡献,新增的第二台机器每周相比原来增加了 12 000 颗糖的产出,而第三台机器的投入丝毫没有促进产出增长(因为没有富余的工人可供使用)。因此,在技术改进后,资本收益递减原理仍然成立。

6.5 尽管来到美国并不会使这位孟加拉国工人本身发生变化,但他却得益于美国所提供的提高平均劳动生产率的各种因素,这些因素与孟加拉国所提供的并不相同。这其中包括:工作时所拥有的更多更好的资本,更高的人均资源占有量,更先进的技术,经验丰富的企业家与管理者,以及有助于实现高生产率的政治法律环境。虽然我们不能保证这位移民工人的人力资本一定会上升(例如,如果他不懂英语而且没有掌握对美国经济有用的技术,那么他的人力资本就没有上升),不过一般情况下,他总是会得到一定程度的提高。

由于生产率的提高能够带来更高的工资与生活水平,因而仅从经济角度考虑,如果这位孟加拉国工人能够迁移到美国,他就会有强烈的动机移民。

第 **7** 章

劳动力市场：工人、工资和失业

学完本章，你应该能够：

1. 讨论过去几十年工业国家劳动力市场的五大趋势。
2. 用供求模型分析劳动力市场。
3. 解释劳动力需求和供给的变化如何影响了过去几十年的工资和就业。
4. 区分经济学家定义的三种失业类型及其相关成本。

你为什么会阅读这本书？

一些读者从广义上思考这个问题，可能会回答："更好地理解经济"或"更好地了解我周围的世界"。其他读者则更关注此时此地，可能回答："因为这是经济学课必读的书"，甚至只是"为了通过期末考试！"还有些读者会提供其他答案，或者不止一个答案。

对于经济学专业的学生来说，通过阅读这本书（更广泛地说，通过参加课程或攻读学位），你正在增加你的人力资本。人力资本的概念在第 6 章已经有所介绍。我们把它描述为一个人的才能、受教育水平、接受的培训和技能，主要是通过时间、精力和金钱等投资获得的。我们还指出，人力资本较多的工人比人力资本较少的工人更有生产力。随着时间的推移，这些生产力差距是如何变化的？它们在多大程度上导致了通过获得正确技能来"跟上"现代劳动力市场的工人与那些不愿意或无法做到这一点的工人之间的收入差距？

我们还研究了过去两个世纪工业国家显著的经济增长和生产力提高。这些发展极大地增加了经济所能生产的产品和服务的数量。但我们尚未讨论经济增长的成果是如何分配的。每个人都从经济增长和生产力提高中平等受益吗？还是说，正如一些作家所描述的那样，人口被分为搭上经济现代化"火车"、在这一过程中充实自己的人，以及被留在火车站的人？[1]

为了理解经济增长和变革如何影响不同的群体，我们必须转到劳动力市场上来研究。

---

[1] Thomas L. Friedman, *The Lexus and the Olive Tree* (New York: Farrar, Straus & Giroux, 1999).

除了退休人员和其他依靠政府救助的人以外,大多数人都几乎完全依靠工资和薪金付账,并为未来储蓄。因此,在劳动力市场上,大多数人能看到经济增长和生产率提高的好处。本章描述并解释了工业国家劳动力市场上一些重要的发展趋势。我们首先利用劳动力市场的供求模型关注实际工资和就业的几大趋势。我们接下来会讨论失业问题,特别是长期失业问题。我们将会发现,两大关键因素决定着目前的工资、就业和失业趋势。一个因素是经济的全球化,这一因素体现在日益重要的国际贸易中;另一个因素是进行中的技术变革。完成本章的学习后,你将能更好地了解这些宏观经济发展与工人及其家庭的经济命运之间的关系。

 # 劳动力市场的五大发展趋势

近几十年来,工业国家的劳动力市场至少呈现出五种趋势。我们将这些趋势分为两类:影响实际工资的趋势和影响就业的趋势。

实际工资的趋势

1. 20 世纪,所有工业国家的平均实际工资都有大幅增长。

2018 年,美国工人的平均年收入大约是 1960 年的 2 倍,是 1929 年大萧条前的 5 倍。其他工业国家大体都有类似的发展趋势。

2. 从 20 世纪 70 年代初开始,实际工资的增长在放缓。

尽管二战后,平均实际工资有了惊人的增长,但增长最快的时期是在 20 世纪 60 年代和 70 年代初。1960—1973 年的 13 年间,工人收入的购买力以每年 2.5% 的速度上升,非常强劲。但是 1973—1995 年,实际收入的年增长率仅为 0.9%。值得庆幸的是,1996—2007 年,即 2007—2009 年经济衰退的前夕,尽管 2001 年经济衰退,实际收入仍以每年 1.9% 的速度增长。然而,自那时起,收入增长再次放缓:2007—2018 年,实际收入的年增长率仅为 0.8%,而在 1973—2018 年,收入的年增长率平均为 1.1%。未来几年,平均收入是否会恢复更为强劲的上升趋势,仍有待观察。

3. 最近几十年,美国的工资不平等程度有所加剧。

熟练工人和非熟练工人之间的实际工资差距日益扩大,这尤其令人担忧。事实上,一些研究表明,自 20 世纪 70 年代初以来,最不熟练、受教育程度最低的工人的实际工资实际上已经下降。与此同时,受过最好教育、技能最高的工人的实际工资持续上涨。美国劳工统计局最近一年的数据显示,在美国,拥有硕士学位的工人的收入几乎是高中毕业生的两倍,是没有高中学历的工人收入的三倍。很多观察者担心,美国正在形成两极分化的劳动力市场:很多高薪的好工作提供给受过良好教育的、拥有高技能的人,而没有受过教育也没有技能的人的机会却越来越少。

在美国以外,尤其是西欧,工资不平等的趋势并不明显。然而,正如我们将看到的那样,欧洲的就业趋势并不像美国那样令人鼓舞。接下来让我们看看就业的趋势。

就业的趋势

4. 在美国，有工作的人数在过去 50 年间大幅增长。最近，就业增长速度有所放缓。

1970 年，超过 16 岁的人口中，大约 57％ 的人拥有工作。到 2007 年年底，美国的总就业人口超过 1.46 亿，这一数量超过 16 岁以上人口的 63％。1980—2007 年，美国经济创造了 4 000 多万新的工作岗位——总就业人数因此增加了 46％，而 16 岁以上人口只增加了 38％。

不过，在其他很多工业国家，类似的就业增长是最近才出现的现象。

5. 与美国相比，在过去 40 年的大部分时间里，西欧国家的失业率普遍较高。

例如，1990—2018 年，法国、意大利和西班牙的平均失业率分别为 9.9％、9.6％ 和 16.6％，而美国的失业率仅为 5.9％。在这一时期，美国的失业率始终低于西班牙，除了 2008 年全球金融危机之后的一段相对较短的时间外，也始终低于法国和意大利。从那时起，美国与欧洲之间的失业差距再次扩大。2019 年年底，美国的失业率回落至 3.5％ 左右，这是 50 年来的最低水平，法国的失业率约为 8.5％、意大利的失业率超过 9.5％、西班牙的失业率超过 14％。

考虑到美国工资不平等加剧的趋势及欧洲失业率居高不下的情况，我们可以得出结论，在最近的经济增长和繁荣中，工业国家的劳动力中有很多人并没有机会分享。

就业和工资的这些发展趋势应该如何解释呢？在本章接下来的部分，我们将用劳动力市场的供求模型来分析这些重要的发展趋势。

重点回顾：劳动力市场的五大趋势

1. 在很长一段时期内，美国和其他工业国家的平均实际工资大幅增加。

2. 尽管实际工资长期内一直在增加，但是从 20 世纪 70 年代初开始，美国的实际工资增长明显放缓。

3. 最近几十年，美国的工资不平等程度加剧。大多数非熟练工人的实际工资下降了，而熟练工人和受过良好教育的工人的实际工资持续上升。

4. 最近几十年，美国就业显著增加。不过，增长率自 2000 年开始明显放缓。

5. 大约自 1980 年以来，西欧国家的失业率居高不下。

▽　劳动力市场的供给和需求

我们在前面介绍过如何用供求分析来决定单个产品与服务的均衡价格和数量。在研究劳动力市场条件时，使用这种方法同样有效。在劳动力市场上，"价格"就是为了获得工人的服务而支付的工资。工资用单位时间来表达，比如，每小时或者每年。"数量"是企业所使用的劳动力数量，本书中我们主要用雇用的工人人数来衡量。当然，我们也可以选择用工作时间来衡量劳动力数量，选择哪种单位只是为了方便。

　　谁是劳动力市场的需求者和供给者？企业和其他雇主需要劳动力来提供产品与服务，他们是劳动力市场的需求者。而我们每个人在生活中都会提供劳动力。只要人们为了得到报酬而工作，他们就是在提供劳动力服务，就是劳动力市场的供给者，其价格就等于他们所得到的工资。本章将讨论劳动力的供给和需求两个方面，重点分析劳动力市场的需求方。劳动力需求的变化对解释前面提到的工资和就业的总体变化趋势起着关键的作用。

　　微观经济学家和宏观经济学家都在研究劳动力市场，使用的分析工具都是供给和需求。但是，微观经济学家关注的是诸如特定类型工作或者工资决定方面的问题。本章将从宏观的角度观察那些影响总体或者整体经济范围内就业和工资发展趋势的因素。

工资和劳动力需求

　　首先考虑，在每个给定的工资水平下，是什么决定了雇主想雇用工人的数量，即劳动力需求。正如我们可以预见的，劳动力的需求取决于劳动力的生产率和产出的市场价格这两个因素。工人越多产，生产的产品与服务价格越高，在每个给定的工资水平下，雇主愿意雇用的工人就越多。

　　表 7.1 展示的是从事计算机生产与销售的香蕉计算机公司的产出与雇用的工人数量之间的关系。表中的第(1)列展示的是香蕉计算机公司雇用技术人员的几种可能选择。第(2)列展示的是对应不同的雇员人数，该公司每年能够生产的计算机数量。工人越多，香蕉计算机公司的计算机年产量就越高。为了简便起见，假定用于生产计算机的厂房、设备和原材料的数量都是固定的。

表 7.1　香蕉计算机公司的产出和边际产量

(1) 工人的人数/人	(2) 每年的计算机产量/台	(3) 边际产量/台	(4) 边际产值/美元 (按照每台计算机 3 000 美元计算)
0	0		
		25	75 000
1	25		
		23	69 000
2	48		
		21	63 000
3	69		
		19	57 000
4	88		
		17	51 000
5	105		
		15	45 000
6	120		
		13	39 000
7	133		
		11	33 000
8	144		

表 7.1 的第（3）列显示的是每名工人的边际产量，即增加一名工人所获得的额外产出。每增加一名工人对总产量的贡献要比前一名工人少。随着工人投入的增加，边际产量会减少，这被称为劳动力收益递减。**劳动力收益递减**原理说明，如果使用的资本和其他投入品的数量固定，则雇用的劳动力人数越多，每名增加的工人对产量的贡献越少。

劳动力收益递减原理的经济基础是机会成本递增原理，又称低果先摘原理。公司的管理者想按照尽可能多产的方式来使用投入品。因此，当雇主雇用一名工人时，她会把这名工人指派到最多产的工作上。如果她雇用了第二名工人，她会把这名工人指派到第二多产的工作上。第三名工人将被指定到第三多产的工作上，依此类推。如表 7.1 所示，被雇用的工人人数越多，增加额外一名工人带来的边际产量就越低。

如果香蕉计算机公司的每台计算机售价 3 000 美元，则表 7.1 中的第（4）列就是每名工人的边际产值。工人的边际产值是这名工人为公司带来的额外收入。具体地说，香蕉计算机公司的每名工人的边际产值等于每名工人的边际产量（以额外产出来表示）乘以产品的价格（这里为每台计算机 3 000 美元）。现在我们已经拥有了香蕉计算机公司对工人需求的所有必要的信息。

例 7.1　香蕉计算机公司的劳动力需求

香蕉计算机公司应雇用多少名工人？

假设市场上计算机技师的工资为 60 000 美元/年。香蕉计算机公司的管理者知道这是其所有竞争者支付的工资水平，所以他们不可能以低于这个水平的价格雇用到需要的工人。香蕉计算机公司会雇用多少名工人？当工资水平为 50 000 美元/年时，答案又会是多少？

香蕉计算机公司在工人边际产值（等于工人为公司创造的额外价值）超过工资时才会雇用这名工人。市场上计算机技师的工资为 60 000 美元/年。从表 7.1 可知，第一、第二、第三名工人的边际产值都超过 60 000 美元。对于香蕉计算机公司来说，雇用这些工人是有利可图的，因为从每名工人身上得到的额外收入都超过了公司所支付的工资。但是，第四名工人的边际产值只有 57 000 美元。如果香蕉计算机公司的管理者雇用第四名工人，他们将为 57 000 美元的额外产值支付 60 000 美元的额外工资。既然雇用第四名工人是会导致损失的行为，香蕉计算机公司只会雇用 3 名工人。因此，当市场上计算机技师的工资为 60 000 美元时，香蕉计算机公司对劳动力的需求数量为 3 名。

如果市场上计算机技师的工资为 50 000 美元/年，而不是 60 000 美元/年，就应当雇用第四名工人，因为他的边际产值 57 000 美元超出工资 7 000 美元。第五名工人也应当被雇用，因为他的边际产值为 51 000 美元——比工资多 1 000 美元。但是，第六名工人的边际产值只有 45 000 美元，所以雇用他将是无利可图的。当工资为 50 000 美元/年时，香蕉计算机公司的劳动力需求为 5 名。

练习 7.1

当市场上的技师工资为 35 000 美元时，香蕉计算机公司将雇用多少名工人？

企业支付的工资越低，越愿意雇用更多的工人。因此，劳动力的需求与其他产品或服务的需求相似，都是随着价格（这里是指工资）的下降，需求上升。图 7.1 展示的是一条假想的某企业或行业的劳动力需求曲线,纵轴是工资水平,横轴是就业人数。其他因素相同时,工资越高,企业或者行业需要的工人就越少。

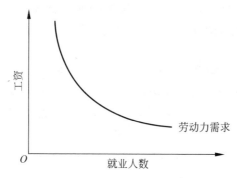

图 7.1 劳动力需求曲线

劳动力需求曲线是向下倾斜的。工资越高,雇主雇用的工人就越少。

到目前为止,我们已经讨论了基于名义(或者说以美元衡量)工资的劳动力需求。同样,我们可以用实际价格来表示工资和产出价格,也就是用相对于产品和服务的平均价格来衡量。正如第5章介绍过的,考察实际工资通常更有价值,实际工资反映了工资的购买力。由于我们的主要兴趣在于实际工资而非名义工资,因此我们将根据实际工资和工人产出的相对价格而不是名义变量来分析劳动力需求。

劳动力需求的移动

正如表7.1的第(4)列所示,在任意一个给定的实际工资水平下,香蕉计算机公司将雇用的工人数量取决于他们的边际产值。那些能增加工人边际产值的经济变革将提高香蕉计算机公司额外增加的工人的价值,因此在每个给定的实际工资水平下,将会增加公司对劳动力的需求。换言之,任何一种能提高香蕉计算机公司工人边际产值的因素都将使劳动力需求曲线向右移动。

两大主要因素将会增加香蕉计算机公司的劳动力需求:①公司产出(计算机)的相对价格提高;②香蕉计算机公司工人的生产率提高。例7.2展示的是第一种情况,例7.3展示的是第二种情况。

例 7.2　实际工资需求的增长

如果计算机价格上升,香蕉计算机公司会雇用更多的工人吗?

假设市场上对香蕉计算机公司的计算机需求增加,使其计算机的相对价格上升到每台5 000美元。如果现在工人的实际工资为60 000美元/年,那么香蕉计算机公司会雇用多少名技师?如果实际工资为50 000美元,答案又会是多少?

计算机价格提高后的结果体现在表7.2中。表中的第(1)列至第(3)列与表7.1是一样的。给定数量的技师能制造的计算机数量不变[第(2)列];因此,每位技师的边际产量也不变[第(3)列]。但是,因为每台计算机的售价从3 000美元提高到5 000美元,所以每名工人的边际产值将会增加2/3[将表7.2中的第(4)列与表7.1中的第(4)列相比]。

计算机相对价格的提高将会怎样影响香蕉计算机公司的劳动力需求？让我们回顾一下例 7.1，计算机价格为 3 000 美元、市场上技师的工资为 60 000 美元时，香蕉计算机公司的劳动力需求是 3 名工人。但是现在，每台计算机的售价为 5 000 美元，前 7 名工人的边际产值都超过了 60 000 美元（见表 7.2）。因此，如果计算机技师的实际工资仍然是 60 000 美元，香蕉计算机公司对工人的需求将从 3 名增加到 7 名。

假设市场上技师的工资为 50 000 美元。在例 7.1 中，计算机价格为 3 000 美元，工资为 50 000 美元，香蕉计算机公司的劳动力需求为 5 名工人。但是，如果计算机的售价为 5 000 美元，我们从表 7.2 中的第（4）列可以看到，第 8 名工人的边际产值超过了工资 50 000 美元。所以，当实际工资为 50 000 美元时，计算机价格的提高将使香蕉计算机公司的劳动力需求由 5 名提高到 8 名。

表 7.2　计算机价格提高后，香蕉计算机公司的生产和边际产量

（1） 工人的人数/人	（2） 每年的计算机产量/台	（3） 边际产量/台	（4） 边际产值/美元 （按照每台计算机 3 000 美元计算）
0	0		
		25	125 000
1	25		
		23	115 000
2	48		
		21	105 000
3	69		
		19	95 000
4	88		
		17	85 000
5	105		
		15	75 000
6	120		
		13	65 000
7	133		
		11	55 000
8	144		

练习 7.2

当市场上技师的工资为 100 000 美元/年、计算机的相对价格为 5 000 美元时，香蕉计算机公司将雇用多少工人？将你的答案与市场工资为 100 000 美元、计算机相对价格为 3 000 美元时的需求进行比较。

根据例 7.2 可以得出结论：工人产出的相对价格提高将增加劳动力的需求，使劳动力需求曲线向右移动（如图 7.2 所示）。工人产出的相对价格提高将使工人变得更有价

值,在任意一个给定的实际工资水平下,雇主需要更多的工人。

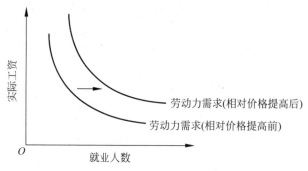

图 7.2　产出的相对价格提高增加了劳动力需求

产出的相对价格提高,增加了工人的边际产值,使劳动力需求曲线向右移动。

影响劳动力需求的第二个因素是工人的生产率。因为生产率的增加将提高工人的边际产值,从而能够增加劳动力需求,如例 7.3 所示。

例 7.3　工人的生产率和劳动力需求

生产率提高是否会让工人受损?

假设香蕉计算机公司采取一种新技术,减少了装配零件的数目,使每个技师每年能比以前多生产 50% 的计算机。假设每台计算机的相对价格为 3 000 美元。当实际工资为 60 000 美元/年时,香蕉计算机公司将雇用多少名技师?

表 7.3 展示的是每台计算机售价为 3 000 美元、产量提高 50% 后工人的边际产量和边际产值。

生产率提高前,工资为 60 000 美元时,香蕉计算机公司需要 3 名工人(参见表 7.1)。但是,生产率提高后,前 6 名工人的边际产值都超过 60 000 美元[见表 7.3 的第(4)列]。所以,当工资为 60 000 美元时,香蕉计算机公司的劳动力需求从 3 名工人增加到了 6 名。

表 7.3　工人生产率提高后,香蕉计算机公司的生产和边际产量

(1) 工人的人数/人	(2) 每年的计算机产量/台	(3) 边际产量/台	(4) 边际产值/美元 (按照每台计算机 3 000 美元计算)
0	0		
		37.5	112 500
1	37.5		
		34.5	103 500
2	72		
		31.5	94 500
3	103.5		
		25.5	85 500
4	132		
		25.5	76 500

续表

（1） 工人的人数/人	（2） 每年的计算机产量/台	（3） 边际产量/台	（4） 边际产值/美元 （按照每台计算机 3 000 美元计算）
5	157.5		
		22.5	67 500
6	180		
		19.5	58 500
7	199.5		
		16.5	49 500
8	216		

练习 7.3

参考例 7.3。当技师工资为 50 000 美元/年、生产率提高 50% 时,香蕉计算机公司将雇用多少名工人？将这一结果与生产率提高前工资为 50 000 美元时的劳动力需求进行比较。

一般来说,工人产量的提高将增加劳动力的需求,使劳动力需求曲线向右移动,如图 7.3 所示。

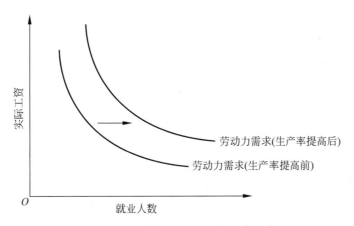

图 7.3　生产率提高增加了劳动力需求

生产率的提高使工人的边际产量增加(假设产出价格不变),从而使边际产值增加。因为产量的增加提高了边际产值,在任意一个给定的实际工资水平下,雇主将雇用更多的工人,使劳动力需求曲线向右移动。

在例 7.3 中,工人生产率的提高增加了劳动力需求,这是由于采用了新技术。但有时,正如我们将在经济自然主义者 7.1 中所讨论的那样,新技术也可能减少对某些工人的需求。

经济自然主义者7.1　　新技术会对工人造成伤害吗？

技术进步通常会提高工人的生产率。这方面的例子很多。电动吹风机和理发器是100多年前为了改进理发工具而发明的，它们极大地提高了美发师的工作效率。全球定位系统（GPS）是美国政府几十年前开发的一种基于卫星的导航系统，它极大地提高了驾驶员的工作效率。电力、发动机、航空、计算、移动通信、现代医学等领域的重大突破提升了生产率的例子不胜枚举。

不过有些时候，自动化和技术创新可能会替代某些类型的工人，从而减少对这些工人的需求。这些受到影响的工人毫无疑问会反对新技术。

历史上，工人害怕自己的技能因为新技术的应用而逐渐失去价值，因此反对新技术，这样的例子屡见不鲜。在19世纪早期的英国，骚乱的工人破坏了能节省人力的新机器。这批工人的领袖——内德·卢德（Ned Ludd）的名字被衍生成了术语"Luddite（卢德派）"，意思就是反对引进新技术的人。美国民间故事也讲述了一名强壮的工人——约翰·亨利试图证明人类能比蒸汽机更快地挖掘隧道，结果送了命。

最近，一些生产和服务工人表示担心自动化、机器人技术和人工智能（AI）可能"抢走"他们的工作。例如，一些专职司机担心自动驾驶汽车可能会消除对其服务的需求。虽然智能手机上的GPS导航和顺风车App等许多技术毫无疑问可以为专职司机提供极大的帮助，汽车上的高级驾驶辅助系统及自动驾驶汽车本身却可能夺走他们的饭碗。

从历史上看，新技术造成的工作岗位损失都已被技术创造的新工作岗位所补偿。劳动力的总体需求没有减少，失业率仍然很低，平均实际工资也有所上升。然而，虽然作为一个整体，工人通常会因为新技术而生活得更好，但总有些工人会受到影响。在本章后面，我们将讨论技术在加剧经济不平等方面的作用。

劳动力的供给

我们已经讨论了雇主对劳动力的需求，还需要考虑劳动力的供给。劳动力的供给方是工人和潜在的工人。在任意一个给定的实际工资水平下，潜在的劳动提供者必须决定他们是否愿意工作。在每个工资水平下所有愿意工作的人就形成了劳动力的供给。[①]

例7.4　劳动力的保留价格

你会选择清扫邻居家的地下室还是去海滩游玩？

你本来准备今天去海边度假，可是邻居想请你打扫他的地下室。比起掸蜘蛛网，你更想去海滩。那么，你是否会接受这份清扫工作？

除非你与邻居的感情深厚，否则你对这份工作的回答很可能是："这取决于我的邻居付给我多少报酬。"如果邻居只给10美元或者20美元的报酬，而你又不是非常迫切地需要现金周转，你很可能不愿意接受这份工作。但是如果你的邻居非常有钱，也非常古怪，愿意付给你500美元（举一个极端的例子），那么你很可能接受这份工作。在20美元和不可思议的500美元之间一定会有某个

---

① 我们继续保持总价格水平恒定，这样名义工资变化同时代表实际工资变化。

最低报酬,在这个数额下,你会愿意接受这份工作。这个最低的报酬是你对自己劳动力的保留价格,在这个补偿水平下,你对是否工作持无所谓的态度。

从经济的角度来看,在某一工资水平下选择工作与否,直接应用的是成本-收益原理。你清扫地下室的成本是你时间的机会成本(你可能更想去冲浪)加上你被迫在不舒适的环境下工作的成本。衡量这些成本时,你可以问自己,"最少需要多少钱才能让我不去海滩而去打扫地下室?"这个让你能接受的最低报酬和保留价格是一样的。接受这份工作的收益则可以用你得到的报酬来衡量,有了这笔钱,你可以去买想要的新手机。只有在承诺的报酬(工作的收益)超过保留价格(工作成本)时,你才会接受这份工作。

在这个例子里,工资越高,你越愿意提供劳动。换成总人口,也是一样的道理。当然人们工作是有很多理由的,包括自我满足感、提高技术和才能的机会,以及与其他工人相处的机会。但是,对于大多数人来说,收入仍然是工作的主要驱动力,因此,实际工资越高,他们越愿意牺牲其他可用的时间来工作。工资越高,人们越愿意工作的事实体现为向上倾斜的劳动力供给曲线(见图 7.4)。

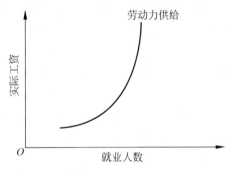

图 7.4　劳动力供给

劳动力供给曲线是向上倾斜的,因为总体而言,实际工资越高,愿意工作的人越多。

练习 7.4

你准备在广播业谋职。本地电台将提供一个不付报酬的实习机会,这有助于你积累宝贵的经验。你还有另一个选择,就是在洗车公司工作并获得 3 000 美元报酬。你决定接受哪份工作? 如果选择去实习,会不会与"劳动力供给曲线向上倾斜"相矛盾?

劳动力供给曲线的移动

在给定实际工资水平下,任何能影响劳动力供给数量的因素都会使劳动力供给曲线移动。在宏观经济层面,影响劳动力供给的最重要的一个因素是就业适龄人口的数量,它主要由国内出生率、迁入率、迁出率、人们工作和退休的年龄等因素决定。其他条件不变时,在每一个实际工资水平下,就业适龄人口增加将使劳动力供给增加。而就业适龄人口中那些寻找就业岗位的人群所占比例的变化——例如,鼓励妇女外出工作的社会变革——也能影响劳动力供给。

现在我们既讨论了劳动力的需求,也讨论了劳动力的供给,下面将用劳动力供求分析工具研究现实世界中的劳动力市场。但是首先,请你试着用供求分析工具回答下面的问题。

练习7.5

工会一般都比较赞成对移民进行严格的限制,而雇主则支持更宽松的移民规定。为什么?(提示:潜在工人的流入将如何影响实际工资?)

重点回顾:劳动力市场的供给和需求

劳动力的需求。每增加一名工人带来的额外产出就称为这名工人的边际产量。工人的边际产量乘以企业产出的相对价格就得到了工人的边际产值。企业只有当工人的边际产值(工人给企业带来的额外收入)超过企业必须支付的实际工资时,才会雇用这名工人。实际工资越低,企业会雇用越多的工人。因此,劳动力需求曲线和多数需求曲线一样,都是向下倾斜的。

每个给定的实际工资下,任何能提高工人边际产值的变化都会增加劳动力需求,使劳动力需求曲线向右移动。那些能增加劳动力需求的因素有:工人产出的相对价格提高及生产率的增加。

劳动力的供给。当实际工资大于人们时间的机会成本时,人们就会选择提供劳动力。总的来说,实际工资越高,愿意提供工作的人越多。因此,劳动力供给曲线和多数供给曲线一样,是向上倾斜的。

在给定的实际工资水平下,任何一个因素,如果它能增加可工作和愿意工作的人数,就能使劳动力供给增加,使劳动力供给曲线向右移动。增加劳动力供给的例子有:就业适龄人口数量的增加,寻找就业岗位人群在就业适龄人口中比例的增加。

▼ 解释实际工资和就业的发展趋势

现在,我们可以分析本章前面提到的实际工资和就业的重要发展趋势了。

工业国家实际工资大幅增长

如前所述,1929年以来,美国工人的实际年收入增长了5倍多,其他工业国家也有类似的经历。收入的增加极大改善了这些国家中工人的生活水平。为什么在美国和其他工业国家,实际工资会增加这么多?

实际工资的大幅增加主要是由20世纪工业国家生产率的持续增长引起的(我们在第6章讨论过生产力这种增长的原动力)。如图7.5所示,生产率的增加提高了劳动力的需求,增加了就业和实际工资。

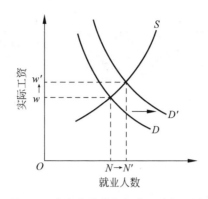

图 7.5　生产率的增加提高了实际工资

生产率的增加提高了劳动力的需求，使劳动力需求曲线由 D 移动到 D'。
实际工资从 w 上升到 w'，就业量从 N 增加到 N'。

对工业国家生产率增长有突出贡献的因素中，有两个最重要：①20 世纪技术的飞速进步；②资本存量的大量增加为工人提供了更多更好的操作工具。21 世纪，劳动力供给当然也有所增加（没有显示在图中）。不过，由迅猛增长的生产率所驱动的劳动力需求增加非常大，足以抵消劳动力供给增加引起的实际工资减少的消极效应。

20 世纪 70 年代初以来，美国的实际工资增长放缓了，而就业量却在迅速增长

除了 20 世纪 90 年代后期，1973 年以来美国的实际工资增长比前几十年显著放慢。但在这一时期的大多数时间里，经济以创纪录的速度创造了大量新的就业机会。是什么导致了这些发展趋势？

首先观察一下从 20 世纪 70 年代初期开始的实际工资增长放缓问题。供求分析告诉我们，实际工资增长的放缓是由劳动力需求增长放缓或劳动力供给增长加快，或是二者共同导致的。在需求方，从 20 世纪 70 年代初开始，美国和其他工业国家的生产率增长都有所下降。因此，对于从 20 世纪 70 年代初开始出现的实际工资增长放缓现象，一个很有可能的解释就是生产率增长速度的下降。

关于生产率和实际工资的关系，表 7.4 中有一些实证可以说明。表中罗列的是 20 世纪60 年代、70 年代、80 年代及 90 年代工人的劳动生产率平均年增长率和实际年收入平均增长率。可以看出，每 10 年，劳动生产率的增长率和实际年收入增长率之间都是紧密对应的。特别是 20 世纪 60 年代，生产率和工资的增长率都很迅猛。从 20 世纪 70 年代开始，产量和实际工资的增长率都显著放慢，尽管 20 世纪 90 年代也有一些明显的改善。

表 7.4　生产率和实际工资的增长率

年　　份	年增长率/%	
	生产率	实际工资
1960—1970	2.4	2.9
1970—1980	0.8	0.6
1980—1990	1.5	1.3

续表

年 份	年增长率/%	
	生产率	实际工资
1990—2000	2.0	2.2
2000—2010	1.6	0.8
2010—2018	0.8	0.9

资料来源：Federal Reserve Bank of St. Louis。生产率等于实际GDP除以民间就业；实际工资等于雇员总薪酬除以民间就业，再除以GDP平减指数。

生产率增长放缓对劳动力需求所产生的影响是解释实际工资增长率下降的一个重要原因，但绝不是全部。因为我们知道，如果劳动力供给不变，劳动力需求增长放缓在导致实际工资增长减少的同时，也会导致就业增长率减少。但是，直到近期的衰退以前的几十年间，美国的工作岗位增长得非常迅猛。在劳动力需求增长放缓的情况下，就业的大幅增加只能用劳动力供给的同步增加来解释(详见练习7.6)。

最近美国的劳动力供给的确增长得很快。特别值得一提的是，20世纪70年代中期到90年代末期，女性参与工作的程度不断提高，直接增加了美国劳动力的供给。其他因素，包括生育高峰期出生的一代逐渐长大成人以及比较高的移民迁入率，都有助于解释劳动力供给的增加。把劳动力需求增长放缓(生产率增长放缓的结果)和劳动力供给增长加快(女性参与工作的程度增加以及其他因素共同作用的结果)结合起来有助于解释为什么多年来美国的实际工资增长放缓，而就业却迅速增长。

21世纪第一个10年的情况则大相径庭。在供给方面，女性在劳动力中的参与率趋于平稳，并开始缓慢下降。这种趋势的逆转，加上人口老龄化等因素，减缓了劳动力供给的增长。在供给紧缩的情况下，为什么工资增长如此令人失望？部分原因是生产率增长放缓。不过，生产率本身仍不能完全解释：如表7.4所示，尽管增长速度比20世纪90年代慢，但21世纪第一个10年的平均生产率增长速度仍然是实际工资的两倍，然后在10年代进一步放缓。因此，答案的另一部分肯定是，劳动力需求因为劳动力以外的原因比劳动力供给放缓得更多。其中一个原因可能是对劳动力的产品(产品和服务)的需求疲软。与这一解释一致，21世纪第一个10年初期，经济开始出现温和衰退，而末期则出现严重衰退。(正如我们将在后面的章节中看到的那样，衰退是需求特别疲软的时期。)

练习7.6

如前所述，1973年以后，相对较慢的生产率增长和相对比较强劲的劳动力供给增长可以解释：①实际工资增长放缓；②1973年以后就业迅速增加。请画两张劳动力市场的供给和需求图，从图上把这些表示出来，一张对应1960—1972年，另一张对应1973—1995年。假设1960—1972年生产率增长很快，但是劳动力供给增长比较适中，我们将会看到实际工资迅速增长，但是就业增长适中。现在同样分析1973—1995年，假设生产率增长比较慢，而劳动力供给增长得比1960—1972年快，你将如何预测1973—1995年相对于前段时期的实际工资和就业量发展趋势？20世纪90年代末实际工资增长的原因是什么？

工资不平等程度加剧：全球化和技术变革的影响

美国劳动力市场的另一个重要趋势是工资不平等加剧，尤其是技能较低和受教育程度较低的工人的工资日益落后于受过良好培训的工人。接下来，我们将讨论这种不平等加剧的两个原因：全球化和技术变革。

全球化。许多评论员将熟练工人与非熟练工人工资之间日益增长的差异归咎于"全球化"现象。20世纪90年代末开始流行的这一术语是指越来越多的产品和服务的市场不再局限于国家或地区范围内，而是扩展到国际范围。虽然美国人长期以来能够从世界各地购买产品，但近几十年来，产品和服务跨境的便利性正在迅速增加。在某种程度上，这一趋势是国际贸易协定的结果，国际贸易协定降低了各国之间贸易货物和服务的税收。互联网（出现于20世纪90年代）等技术进步也促进了全球化。

全球化的主要经济收益是它所实现的专业化及其带来的效率。每个国家都可以把资源集中起来，生产相对更有优势的产品与服务，而不是试图生产其公民消费所需的所有产品。正如比较优势原理所揭示的，最终的结果是所有国家的消费者都能比没有国际贸易时享受更多、更好、更便宜的产品与服务。

然而，全球化对劳动力市场的影响令人喜忧参半，这也解释了为什么很多政客反对自由贸易协定。扩大贸易意味着消费者不再从国内生产商那里购买某些产品和服务，而是会购买外国制造的产品。除非外国产品更好、更便宜，或者二者兼而有之，否则消费者不会做出这种转变，因此扩大贸易显然会使其受益。但是，来自国外日益激烈的竞争也会使国内一些产业的工人和企业所有者的处境变得更糟。

贸易发展对劳动力市场的影响可以用图7.6来分析。图中对比了两个不同行业的劳动力供给和需求：(a)纺织业；(b)计算机软件业。假设开始时，这两个行业的产品几乎没有国际间的贸易。在没有贸易的情况下，每个行业对工人的需求用曲线 $D_{纺织业}$ 和 $D_{软件业}$ 表示。行业的工资和就业量将由劳动力需求曲线与供给曲线相交的点决定。图中已经画出，开始时，两个行业的实际工资都一样，等于 w。纺织业的就业量为 $N_{纺织业}$，计算机软件业的就业量为 $N_{软件业}$。

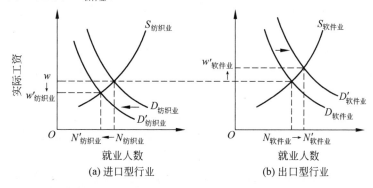

图7.6 全球化对两个行业劳动力需求的影响

开始时，两个行业的实际工资等于 w。贸易增加后，(a)进口型行业（纺织业）对工人的需求下降，实际工资和就业量减少，而(b)出口型行业（计算机软件业）对工人的需求增加，该行业的实际工资和就业量上升。

当整个经济开放贸易(如签订了自由贸易协定)后,将会发生什么?在这种协定下,国家将会开始生产并出口自己相对更有优势的产品或服务,进口自己不太擅长生产的产品或服务。假设比起生产纺织品,该国在生产软件方面相对更有优势。贸易开放后,该国将在软件方面获得新的国际市场,并开始生产软件,既满足国内使用的要求又满足出口需求。同时,由于该国在生产纺织品方面的效率相对比较低,消费者将开始购买国外生产的质优价廉的纺织品,而不再购买国内的产品。简言之,计算机软件业成为出口型行业,而纺织业成为进口型行业。

对国内产品需求的这些变化体现在劳动力需求的变化上。出口市场的开放增加了对国内软件产品的需求,提高了其相对价格。软件价格的提高增加了软件工人的边际产值,从而使计算机软件业的劳动力需求曲线向右移动,由图 7.6(b)中的 $D_{软件业}$ 移动到 $D'_{软件业}$。计算机软件业的工资从 w 提高到 $w'_{软件业}$,就业量也有所增加。在纺织业则相反。很多消费者转而购买来自国外的进口产品,导致国内纺织品需求下降。需求下降使国内纺织品的相对价格下降,减少了纺织业工人的边际产值,从而使劳动力需求曲线向左移动,由图 7.6(a)中的 $D_{纺织业}$ 移动到 $D'_{纺织业}$。纺织业的就业量减少,实际工资也从 w 下降到 $w'_{纺织业}$。

总之,图 7.6 展示了全球化将如何加剧工资的不平等程度。我们最初假设计算机软件业和纺织业的工人具有同样的工资。但是,贸易开放提高了得利行业(计算机软件业)的工资,降低了受损行业(纺织业)的工资,加剧了不平等程度。

在现实世界中,尤其是在发展中国家,大多数工人的技术水平都比较低,因此由贸易导致的工资不平等程度加剧远比上面例子中刻画得严重。所以当美国等发达国家与发展中国家开放贸易时,那些使用低技术劳动力的国内行业很可能面临最残酷的竞争。相反,那些使用高技术劳动力的行业则很有可能在国际竞争中表现得十分出色。贸易的增加将进一步降低那些酬劳已经很低的工人的工资,提高酬劳已经比较丰厚的工人的工资。

贸易的增加可能加剧工资不平等程度,这一事实解释了一些反对全球化的政治主张。近年来,在美国、欧洲和世界上的其他国家,选民对承诺扭转这一趋势的政治候选人表现出强烈支持,这种抵制在这些国家随处可见。例如,在 2016 年的"脱欧"公投中,英国选民投票支持退出欧盟。虽然关于造成这次公投结果的原因仍在研究中,但它清楚地表达了一种反全球化的情绪。

然而,贸易的增加和专业化是欧美一些国家生活水平提高的主要动力,因此任何试图阻止这一进程的行为都是违反经济规律的。事实上,全球化背后有一股经济力量——主要是消费者想要获得物美价廉的商品,生产者想要获得新的市场——这股力量如此强大,以至于即使政府官员阻止,这一进程也很难停止。

在这种情况下,帮助劳动力市场适应全球化的影响,而不是试图阻止全球化进程可能更有意义。事实上,我们对劳动力市场供求的分析表明,在一定程度上,经济至少在理论上会自我调节。如图 7.6 所示,贸易开放后,(a)纺织业的实际工资和就业量下降,(b)计算机软件业的实际工资和就业量上升。此时,计算机软件业的工资和工作机会将比纺织业更有吸引力。这种情形能维持吗?显然,那些在纺织业工作的工人有很强的动机离开,去计算机软件业谋职。

工人在岗位、企业及行业间的流动被称为工人流动性。在我们的例子中，当工人从萎缩的行业向成长型行业移动时，其流动性将会减少纺织业的劳动力供给，增加计算机软件业的劳动力供给。这一过程将提高纺织业的工资，降低计算机软件业的工资，从而在一定程度上减轻工资不平等程度。同时，还将使工人从一个竞争力较弱的行业转移到竞争力较强的行业。从一定意义上说，劳动力市场拥有自我调节以适应全球化的能力。

当然，在实践中，调整过程从来都不是快速、简单或无痛的。虽然我们没有考虑简单的供求模型，但事实上，纺织工人转变成软件工程师的过程中也存在很多障碍。经验证据表明，美国工人从竞争力较低的部门重新分配到竞争力较高的部门的速度可能会非常缓慢。

显然，可能还需要向受影响部门的工人提供过渡援助。从理论上讲，这项资助是用来培训工人，帮助其寻找新工作的。如果某些情况下不可行或者不需要——比如说，因为这名工人快要退休了——过渡性资助可以用政府支付的形式体现，用来帮助工人维持其生活水平。因为贸易和专业化增加了社会经济这块大蛋糕，从全球化中获利的人可以负担必要的税收用于提供资助，同时仍然可以从贸易增加中享受净收益。因此，制定有效的援助方案是当务之急。

技术变革。 工资不平等程度加剧的第二个来源是日新月异的技术变革。技术进步需要更多高技术、高学历的工人。如前所述，新的科学知识和与此相联系的技术进步是生产率提高、经济增长的一大主要来源。生产率增加则是工资上涨、平均生活水平提高的推动力。因此，从长期和平均意义上讲，技术进步无疑是工人的福音。

当然，如此大范围的结论并不是在所有的时间和地点都准确。某种特定的技术发展究竟是否对工人有益取决于革新对工人边际产值及与此相联系的工资的影响。例如，准确快速的运算能力曾经是很有价值的一项技能，拥有这一技能的秘书能够获得优势和比较高的工资。但是，电子计算器的发明和大量生产使人工计算技能的价值减少，损害了拥有这一技能的工人的利益。

上述现象对工资不平等程度有什么启示？根据一些经济学家的观点，很多新近的技术进步是**技能导向型**的，也就是说，技术变革对高技能工人和低技能工人边际产量的影响是不同的。更具体地说，近些年的技术发展看起来对高技能、高学历的工人更有利。

在这一点上，汽车生产技术的发展是一个很好的例子。20 世纪 20 年代出现的大批量生产技术为很多低技能汽车工人提供了高薪工作。但是最近几年汽车生产技术包括汽车本身都变得相当复杂。那些最简单的生产工作已经被机器人和计算机控制的机器所取代，而这些新机器则需要高技能的操作人员来使用和维护。消费者日益奢华和个性化的要求也使汽车制造商对高技能技术人员的需求增加。因此，总体而言，汽车生产工作对技术的要求提高了。

图 7.7 展示的是有利于高技能工人的技术变革的影响。图 7.7(a)描绘的是低技能工人的市场；图 7.7(b)描绘的是高技能工人的市场。需求曲线 $D_{低技能}$ 和 $D_{高技能}$ 表示的是技能导向型革新前对每类工人的需求。工资和就业量由每个市场上需求曲线与供给曲线的交点决定。如图 7.7 所示，在技术变革前，低技能工人的工资就比高技能工人低（$w_{低技能} < w_{高技能}$），体现出低技能工人较低的边际产量。

现在假设引入一种新技术,如计算机控制技术。这一技术变革对高技能工人有利,因为相对于低技能工人而言,它更有利于提高高技能工人的边际产量。在这个例子中我们还将假设新技术减少了低技能工人的边际产量,这或许是因为他们不能使用新技术。不过所有这些假设都是为我们的结论——低技能工人从新技术中的获益比高技能工人少——所服务的。图7.7显示的就是技术变革对边际产量的影响。图7.7(b)中,高技能工人边际产量的增加提高了雇主对这些工人的需求;需求曲线向右移至$D'_{高技能}$。与此相对应,高技能工人的实际工资和就业量也上升了。相反,由于技术变革使低技能工人的产出减少,雇主对他们的需求向左移至$D'_{低技能}$[如图7.7(a)所示]。需求的降低使低技能工人的实际工资和就业量减少了。

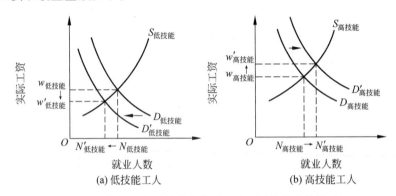

图7.7　技能导向型技术变革对工资不平等程度的影响

图中显示出技能导向型技术变革的影响,它增加了高技能工人的边际产量,减少了低技能工人的边际产量。对高技能工人需求的增加使其工资上升(b),而对低技能工人需求的下降使其工资降低(a)。工资不平等程度加剧。

总体而言,上述分析支持我们的结论——有利于高技能工人的技术变革将会扩大高技能工人与低技能工人之间的工资差距。实证研究也确认了技能导向型技术进步对最近工资不平等程度加剧所起的作用。

既然有利于高技能工人的新技术加剧了工资的不平等程度,那么政府管制者是否应当采取行动来加以阻止?与全球化的案例一样,大多数经济学家反对阻碍新技术应用的行为,因为技术进步对经济增长和生活水平改善非常必要。如果卢德派当初成功地阻碍了在英国使用节省人力的机器,那么前几个世纪的经济增长和发展将大大放缓。

解决技术变革所导致的工资不平等程度加剧的方法与全球化情况下非常相似。第一种方法是工人流动性。如果高技能工人与低技能工人之间的报酬有差别,低技能工人将有很强的激励去接受教育、培训技能。第二种方法是过渡性资助。政府的政策制定者应当考虑一些计划,对能够掌握技能的工人进行培训帮助,对不能掌握的工人直接提供收入支持。

经济自然主义者7.2　新冠肺炎疫情对美国就业需求的影响

从2010年2月到2020年2月的10年间,美国平均每月创造19万个新的工作岗位,即每年创造近 230 万个新的工作岗位。但是，2020 年 3 月受新冠肺炎疫情影响，美国持续多年的良好就业局面结束了。在一个月的时间里，几乎 140 万个就业岗位被裁减，这是自 1945 年 9 月二战结束以来就业增长最差的一个月，将近 200 万个工作岗位被裁减。

140 万的数字反映了工作岗位的大幅净减少。这表明，新冠肺炎疫情及民众和政府对此的反应，对工人的总体需求产生了灾难性影响。但不同的工作表现不同。

由于人们被迫居家以满足阻止病毒传播的社交距离要求，因此被裁减的工作几乎有 2/3 是在休闲娱乐和酒店业。餐馆、酒吧及其他提供餐饮服务的企业的工作受到了特别严重的打击。这些工作中有许多是低技能工作。

与此同时，经济在其他部门创造了数万个就业机会。毫不奇怪，医院和门诊护理中心创造了新的就业机会。此外，随着经济向应对疫情的过渡，金融和保险、管理、会计、计算机系统、技术咨询、科学研发、数据处理及其他信息服务领域增加了新的工作岗位。许多新增工作需要教育、培训和经验，其中一些工作可以在家里完成。不过，同时也在零售、仓储和超市等部门增加了数千份需要较少技能的新工作。

这些不同经济领域的不同趋势仍在持续。例如，随着旅游业受到沉重打击，航空公司和酒店的工作岗位以前所未有的速度减少。与此同时，网购急剧增加，亚马逊在 2020 年 3 月中旬宣布将招聘 10 万名仓储和配送工人。不过，总体而言，疫情对就业需求的净影响明显很大，而且是负面的。事实上，4 月减少的工作岗位高达近 2 100 万个，相当于美国近 1/7 的工作岗位在一个月内被淘汰！

即使在危机结束后，劳动力需求的这些变化也可能产生极大的长期影响。例如，未来可能会有更多的远程办公和网购，而交通和实体店则会受损。此外，小企业难以生存可能会导致一些行业更多地由大公司主导。所有这些都有待观察。

重点回顾：解释实际工资和就业量的发展趋势

- 工业国家的工人长期享受实际工资的增加，这主要是由于生产率的大幅提高增加了劳动力需求。技术进步和不断增加且日趋现代化的资本存量是长期内提高产量的两大重要原因。

- 20 世纪 70 年代开始，生产率增长放缓（因此劳动力需求增长放缓）在一定程度上导致同时期实际工资增长放缓。同时，由于女性参与工作的比例增加、生育高峰期出生的人到了工作年龄等因素，劳动力供给增加，使实际工资进一步下降、就业量扩大。20 世纪 90 年代后期，生产率增长重新加快，带来了实际工资的快速增长。如果这种生产率增长在未来几年恢复，预计实际工资将恢复较快增长。自 2000 年以来，由于早期参与工作趋势的逆转，劳动力供给增长放缓，预计将进一步推动实际工资的增长。

- 全球化和技能导向型技术变革加剧了工资不平等的程度。全球化通过提高对出口行业工人的需求提升了这些工人的工资，却降低了进口行业工人的工资。有利于技能型工人的技术变革则是通过增加对技能型工人的需求提高了他们的工资。

- 任何试图阻止全球化或技术变革的行为都不是解决工资不平等的最好方法。从一定程度上说,工人流动性(工人从低工资行业向高工资行业流动)将缓和工资不平等的程度。在工人不容易流动的行业,过渡性资助(政府对就业前景恶化的工人的救助)将是最好的解决方法。因此,制订有效的援助计划是当务之急。

失业

失业率的概念在第 4 章已经介绍过。政府调查人员将成年人分为在业人员、失业人员(没有工作,但正在寻找工作)和劳动力外人员(没有工作,也没有寻找工作的人,如退休人士)。劳动力由就业者和失业者组成。失业率是失业者占劳动力的比例。

各国的失业率差别很大(不同国家度量失业率的方式略有不同,比较时应予以注意)。失业率也会随时间而变化。在美国,失业率在 2000 年达到历史最低水平,占劳动力的 4%,但 10 年后几乎高出 2.5 倍,2010 年达 9.6%,之后逐渐下降,2019 年年底仅为 3.5%,是 50 年来的最低水平。多年来许多西欧国家的失业率一直是美国失业率的 2~3 倍(2007—2009 年经济衰退后的几年是个例外)。在欧洲,年轻人的失业率特别高。

高失业率会带来严重的经济、心理和社会成本。因此,理解失业的原因并找到减少失业的方法是宏观经济学家关注的主要问题。在本章的剩余部分,我们将讨论三类失业的原因和成本,以及劳动力市场的一些特征,这些特征可能会加剧问题。

失业的类型及其成本

经济学家发现失业可以分为三大类型:摩擦性失业、结构性失业和周期性失业。每种失业类型都有不同的原因,也会产生不同的经济成本和社会成本。

摩擦性失业

劳动力市场的功能就是将可选的工作与工人匹配起来。如果所有的工作和工人都一样,或者工作和工人的集合是静态、不变的,那么匹配过程将会非常迅速和容易。但是现实世界更为复杂。实际生活中,工作和工人都是异质的。对不同的工作而言,其地点、技术要求、环境和时间以及其他很多方面都有差别。对不同的工人而言,其职业理想、技能和经验、偏好的工作时段、出差的意愿等也不同。

现实中的劳动力市场也是动态的,它在不断地发展、变化。在劳动力市场的需求方,技术革新、全球化及消费者口味的变化都会创造新的产品、新的企业甚至新的行业,同时淘汰过时的产品、企业和行业。因此,CD 播放器取代了唱片播放机,然后又被媒体播放应用程序和流媒体服务所取代。在这种大变动下,新的工作不断出现,一些旧的工作消失了。现代经济中的劳动力大军也是动态的。人们在不断地移动、学习新技能,为了照顾孩子或者回到学校继续学习而暂时离开劳动者大军,有些人甚至改变了职业。

因为劳动力市场是异质和动态的,所以工人和工作的匹配过程经常要花费很多时间。例如,一名软件工程师在硅谷失去或辞去了工作,她需要花费几周甚至几个月的时间去寻找一份合适的工作。在寻找过程中，她很可能要考虑软件发展的其他领域，甚至会干脆换一份更有挑战的新工作。她也可能考虑去其他软件公司的所在地，如北卡罗来纳州的三角研究中心，或是纽约市的矽谷。在寻找工作的那段时期，她将被列为失业者。

与不同工作和工人的匹配过程联系在一起的短期失业被称为**摩擦性失业**。摩擦性失业的成本比较低，甚至是负的。也就是说，摩擦性失业可能产生经济效益。首先，摩擦性失业是短期的，因此其心理成本和直接经济损失非常低。其次，寻找工作的过程最终使工人和工作更为匹配，所以摩擦性失业实际上是积极的，它将会在长期促进生产率的提高。事实上，一定数量的摩擦性失业对于迅速变化中的动态经济的顺利运行可能是必要的。

结构性失业

失业的第二种主要类型是**结构性失业**——即使在经济正常运行时也会存在的长期的、经常性的失业现象。一些因素导致了结构性失业。首先，技能缺乏、语言障碍或歧视使一些工人找不到稳定的长期工作。不断迁移的农场工人和低技能的建筑工人会不时地找一些短期的暂时性工作，而不会长期从事某种特定工作，他们就符合经常性失业的定义。

其次，有时经济改革会使一些工人的技能与已有工作之间产生长期不匹配的现象。例如，美国钢铁行业不断衰落，而软件行业迅速成长。从理论上说，失去工作的钢铁工人应当能在软件公司找到新工作（工人流动性），因此他们的失业性质应当被归入摩擦性失业。但是实际生活中，很多前钢铁工人缺乏教育、能力或在软件行业工作的非常必要的兴趣。由于市场不再需要他们的技能，这些工人将会陷入经常性或长期性失业。

最后，结构性失业还可能来源于劳动力市场本身的结构性特征，这些特征成为就业的阻碍。例如，工会组织和最低工资法则都可能使工资高于市场出清的水平，造成失业。我们以后还将讨论这些结构性特征。

结构性失业的成本比摩擦性失业高得多。因为结构性失业的工人在长期中产出很低，他们的空闲对自己和社会而言都会产生大量的经济损失。结构性失业的工人没有在工作中培养新技能的机会，同时现有的技能又因为闲置不用而逐渐退化，而且工人面对长期失业时的心理问题比面对短期的摩擦性失业时更为严重。

周期性失业

失业的第三种类型发生在衰退时期（产出异常低的时期），被称为**周期性失业**。尽管这种失业相对比较短暂，但它却是与实际GDP的显著下滑紧密相关的，因此经济成本相当高。在后续讨论繁荣期和衰退期的章节，我们将更为详细地研究周期性失业。

原则上，摩擦性失业率、结构性失业率和周期性失业率加在一起构成了总失业率。实际中，不同失业类型之间的区别并不是非常明显，因此任何将总失业率分解成三种失业类型的做法都是比较主观的和不精确的。

完全就业的阻碍

在讨论结构性失业时，我们提到劳动力市场的结构性特征可能导致长期性、经常性的失业。其中一个结构性特征是失业保险，即政府对失业工人的转移支付。由于失业保险为失业人员在寻找工作的过程中提供了基本的生活保障,因此它有着很重要的社会价值。但是,失业保险的存在降低了失业人员寻找工作的紧迫性,所以很有可能会拉长工人的平均失业时间。

大多数经济学家认为失业保险应当给失业人员提供基本支持,但绝不能消除工人寻找工作的动力。因此,失业保险只能持续有限的一段时间,其收益也不应该高于工人工作时的所得。

政府对劳动力市场还有其他很多规制,包括健康安全规制——建立雇主必须遵循的安全标准,以及雇用过程中防止种族或性别歧视的规则等。这些规制中有许多是有益的。然而,在某些情况下,履行规制的成本可能超过产生的收益。进一步说,如果规制会增加雇主的成本和降低生产率,它们就会减少劳动力需求,降低实际工资,加重失业,减少整个经济的收益。为了最大限度地提高经济效率,在考虑劳动力市场的规制时,立法者及其他政策制定者需要同时牢记成本-收益原理。

本节提出的观点有助于我们理解本章前面讨论的劳动力市场重要趋势之一,即西欧高失业率的持续存在。几十年来,西欧主要国家的失业率一直居高不下,如图 7.8 所示。该图显示了"统一失业率",即通过对不同国家的数据应用统一定义来计算失业率,以便进行比较。例如,1995—2005 年,德国的统一失业率为 8%~11%、法国为 9%~12%、意大利为 8%~11%、西班牙为 9%~21%,而美国的失业率为 5%~6%。20 世纪 50—70 年代,西欧各国的失业率一直很低。为什么欧洲的失业率在过去几十年里一直居高不下?

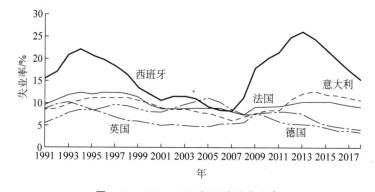

图 7.8 1991—2018 年西欧的失业率

在西欧大陆最大的几个国家,近几十年来失业率一直居高不下。

资料来源:Harmonized unemployment rates, Federal Reserve of St. Louis Economic Data, https://fred.stlouisfed.org.

西欧主要国家失业率居高不下的原因之一是其劳动力市场存在结构性"僵化"。相对于美国,欧洲劳动力市场历来受到高度监管。欧洲政府制定了从员工必须享受的最短休假天数到解雇员工的原因等事项的规则。欧洲的最低工资水平历来很高,失业救济金也比美国丰厚得多。欧洲的工会也比美国的工会更强大,其工资协议通常通过法律扩展到行业内的所有公司,而无论这些公司是否成立了工会。劳动力市场缺乏灵活性导致了更高的摩擦性和结构性失业。

如果欧洲劳动力市场在历史上如此失调,为什么欧洲严重的失业现象在过去几十年才出现？一种解释是，全球化的步伐越来越快，技术变革以技能为导向。正如我们所看到的，相对于熟练劳动力的需求，这两个因素降低了对低技能劳动力的需求。

在美国，需求下降降低了技能较低者的工资，加剧了工资不平等。但在西欧，较高的最低工资、工会合同、慷慨的失业保险等因素可能已经为企业支付或工人接受的工资设定了下限。随着低技能工人的边际生产率降至最低水平以下，企业发现雇佣这些工人不再是有利可图的，失业人数由此增加。因此，劳动力市场僵化和低技能工人的边际生产率下降可能是造成欧洲失业问题的原因。

劳动力市场缺乏灵活性是造成欧洲失业率居高不下的主因这一观点在英国得到了印证。英国首相撒切尔夫人 20 世纪 80 年代初实施了一系列改革。自那以后，英国在很大程度上放松了对劳动力市场的管制。如图 7.8 所示，英国的失业率已逐渐下降，目前低于西欧其他国家。

2003—2005 年，德国政府在总理施罗德的领导下实施了一系列劳动力市场改革。为了提高德国劳动力市场的灵活性，这些改革试图使雇主更容易雇佣短工，并使失业者更难长期获得丰厚的福利。这些改革是有争议的，现在对其长期影响进行全面评估还为时过早。如图 7.8 所示，自改革以来，德国的失业率急剧下降，从 2005 年的 11％多降至 2018 年的不到 3.5％。过去 10 年间（2008 年金融危机后的全球经济衰退），法国、西班牙、意大利、希腊和葡萄牙等南欧国家一直在实施实质性的劳动力市场放松管制。未来几年，经济学家将密切研究这些改革的效果。欧洲的劳动力市场改革就是结构性政策的例子。

最后，我们注意到，在一些指标上，欧洲劳动力市场的表现优于美国劳动力市场的表现。一个例子是女性参与，在这方面，诸如加大对儿童保育服务的支持等政策使欧洲妇女更容易找到正式的工作。这些政策也是结构性政策的例子。

重点回顾：失业

- 经济学家把失业分为三大类型。摩擦性失业指的是与不同工作和工人的匹配过程联系在一起的短期失业。结构性失业指的是即使在经济正常运行时也会存在的长期的、经常性的失业。周期性失业指的是发生在衰退时期的失业。摩擦性失业在经济上可能是有益的，因为它改善了工人与工作之间的匹配程度，有利于增加长期内的产出。而结构性失业和周期性失业则会给工人和社会带来巨大的经济成本，使失业工人及其家庭产生巨大的心理成本。

- 劳动力市场的结构性特征可能导致结构性失业。这些特点的例子包括失业保险，它允许失业工人花更长时间寻找工作，以及政府规定雇主要支付额外费用。劳动力市场的监管并不一定是不可取的，但应该进行成本收益分析。

- 劳动力市场的结构性特征可能导致结构性失业。这些特征包括减轻工人寻找工作时的压力的失业保险及对雇主附加额外成本的政府规制。劳动力市场的规制并不一定都是不可取的，但是应当根据成本收益分析来确定。西欧严格的劳动力市场监管和高工会率有助于解释其中一些国家直到最近失业率仍居高不下的原因。与此同时，要求更全面的儿童保育和休假计划的法规可以增加就业，特别是女性的就业。

▼ 小结

对于普通人来说,经济增长和生产力提高最明显的结果是也可能找到"高薪好工作"。从长远来看,美国经济在很大程度上实现了这一承诺,因为实际工资和就业都强劲增长。但是,虽然就业增长较快,但美国劳动力市场却有两个令人担忧的趋势:20世纪70年代初以来,实际工资增长放缓,工资不平等加剧。西欧的工资差距较小,但失业率明显高于美国。

我们可以使用劳动力市场的供求模型来分析实际工资及就业的发展趋势。在给定的价格水平下,劳动力的生产率与工人产出的相对价格这两个因素决定了对劳动力的需求。雇主只有在该工人的边际产值等于或超过公司必须支付的工资时,才会雇用这名工人。因为劳动力收益递减,因此公司雇用的工人越多,每次所增加工人的额外产出就越少。市场上的工资水平越低,被雇用的工人就越多,也就是说,劳动力需求曲线向下倾斜。那些能增加劳动力边际产值的经济变革,如工人产出的相对价格提高,或者生产率增加,都会使劳动力需求曲线向右移动。相反,那些减少劳动力边际产值的变革将使劳动力需求曲线向左移动。

劳动力供给曲线表示的是任何给定工资水平下愿意工作的人数。因为工资水平越高,愿意工作的人就越多,因此供给曲线是向上倾斜的。就业适龄人口的增加或者促进劳动力市场参与程度的社会改革(如劳动力队伍对女性的接受程度增加)都将使劳动力供给增加,使供给曲线向右移动。

生产率的改善提高了劳动力需求,进而解释了美国20世纪以来实际工资不断增加这一现象。最近几十年,生产率增长放缓使劳动力需求增长变慢,而劳动力供给迅速增加,这两方面的因素使实际工资增长放缓。由于移民、女性劳动力参与程度提高等因素,劳动力供给迅速增长,促进了就业的持续增加。然而,最近,总体劳动力参与率一直在下降。

造成美国工资不平等程度加剧的两大因素是经济全球化及技能导向型技术进步。两个因素都增加了对劳动力的需求,从而增加了高技能、高学历工人的工资。由于这两大因素对经济增长和生产率提高非常关键,因此任何试图阻碍全球化和技术进步的行为都是违背经济规律的。在某种程度上,工人从低报酬行业向高报酬行业流动(工人流动性)将会抵消工资不平等的趋势。而对技能过时的工人提供过渡性资助、培训等是更好的解决方法。

失业有三种类型:摩擦性失业、结构性失业和周期性失业。摩擦性失业是在动态异质的劳动力市场中,与工人和工作的匹配过程相联系的短期失业。结构性失业指的是即使在经济正常运行时也会存在的长期的、经常性的失业现象。它源于一些因素,包括语言障碍、歧视、劳动力市场的结构性特征、技术的缺乏,或者工人技能与工作之间的长期不匹配等。周期性失业指的是发生在萧条时期的失业。摩擦性失业的成本很低,因为它的时间比较短,并且能使工作与工人之间的匹配更有效。但是,时间比较长的结构性失业以及与实际 GDP 显著减少相联系的周期性失业，其成本相对比较高。

可能导致失业的劳动力市场结构特征包括失业保险（它降低了失业者快速找到工作的动机）及其他政府法规，尽管可能会带来福利，但这些法规会增加雇佣工人的成本。劳动力市场的一些结构性特征也会导致失业，包括减少失业工人努力寻找工作动力的失业保险及增加雇用工人成本的其他政府规制（尽管也可能带来收益）。政府法规和工会合同造成的劳动力市场"僵化"历来是西欧比美国更严重的问题，这可能正是导致欧洲失业率居高不下的原因。

名词与概念

cyclical unemployment	周期性失业	skill-biased technological change	技能导向型技术进步
diminishing returns to labor	劳动力收益递减	structural unemployment	结构性失业
discouraged workers	丧志工人	worker mobility	工人流动性
frictional unemployment	摩擦性失业		

复习题

1. 列举并讨论本章介绍的劳动力市场五大发展趋势。这些趋势是如何支持提高劳动生产率有助于生活水平提升这一观点的？

2. Acme 公司正在考虑雇用玛丽莎·法布里齐奥（Marisa Fabrizio）。根据她在劳动力市场上的其他机会，玛丽莎要求 Acme 公司每年支付 40 000 美元的报酬。Acme 公司应如何决定是否雇用她？

3. 为什么 20 世纪美国的实际工资增加了这么多？为什么 20 世纪 70 年代开始的 25 年间，实际工资增长放缓了？最近这几年，实际工资又发生了什么变化？

4. 造成工资不平等程度加剧的两个主要因素是什么？简要说明为什么这些因素能加剧工资不平等程度。从对经济效率的影响的角度比较解决工资不平等的各种政策。

5. 列举三种失业类型及其成因。哪种类型对经济、社会产生的成本最低？请解释。

练习题

1. 受教育水平不同的人的平均收入数据可以从美国人口普查局获得（请登录 www.census.gov/population/socdemo/education/tableA-3.txt 在线查询）。利用这些数据，编制一张表，显示大学毕业生相对于高中毕业生的收入，以及大学毕业生相对于那些没有高中学历的人的收入。填入可查询到的最近一年的数据，以及每五年直至追溯到可查询到数据的最早年份的数据。相对收入的趋势是什么？

2. 鲍勃自行车厂的生产数据如下。

工 人 人 数	每天装配的自行车数量/辆
1	10
2	18
3	24
4	28
5	30

除了工资外,鲍勃在每辆装配的自行车上还需花费 100 美元的成本(零件等)。

(1) 每辆自行车售价为 130 美元。计算每名工人的边际产量和边际产值(不要忘了鲍勃在零件上的成本)。

(2) 编制鲍勃对劳动力的需求表。

(3) 当自行车售价为 140 美元时,重做(2)。

(4) 当工人产出增加了 50%、自行车售价为 130 美元时,重做(2)。

3. 下表列出了某灯泡厂工人每小时的边际产量。每个灯泡的售价为 2 美元,除了劳动力成本外企业没有其他生产成本。

工 人 人 数	灯泡的边际产量/(个/小时)
1	24
2	22
3	20
4	18
5	16
6	14
7	12
8	10
9	8
10	6

(1) 市场上工人的工资为 24 美元/小时。工厂经理应当雇用多少名工人? 如果工资变为 36 美元/小时,又应当雇用多少名工人?

(2) 画出工厂的劳动力需求曲线。

(3) 将每个灯泡的售价改为 3 美元,重新计算(2)。

(4) 假设灯泡厂所在城镇的劳动力供给为 8 名工人(换言之,劳动力供给曲线垂直在 8 名工人的位置)。当每个灯泡的售价为 2 美元时,城镇中工人的均衡实际工资等于多少? 当每个灯泡的售价为 3 美元时,结果又将如何?

4. 下列因素将如何影响整个经济范围内的劳动力供给?

(1) 可以领取社会保险的年龄推后。

(2) 生产率提高导致实际工资上涨。

(3) 国家起草了一份备战宣言,年轻人被征召入伍。

（4）更多的人想要孩子（考虑短期和长期两种情况）。

（5）社会性保障更丰厚。

5. 下面给出几种情况，分析各种情况对汽车厂装配线上非技能型工人的工资及就业的影响。

（1）市场对工厂装配的汽车需求增加。

（2）燃油价格急剧上涨，导致很多消费者开始乘坐公共交通工具。

（3）工厂引进机器人来完成最基本的装配线任务。

6. 某种小玩具既可以雇用技能型工人也可以雇用非技能型工人生产。假设两种工人的工资最开始是一样的。

（1）假设公司引进了电子设备，提高了技能型工人的边际产量（他们利用电子设备每小时可以生产更多的玩具），非技能型工人的边际产量不变。用文字和图表说明两种工人的均衡工资会怎样变化。

（2）假定当技能型工人和非技能型工人的工资差别达到一定值时，非技能型工人会愿意学习技术，请说明两种工人的供给和均衡工资会发生怎样的变化。非技能型工人接受训练后，技能型工人的工资相对于非技能型工人会发生怎样的变化？

7. 就下列每一场景，判断失业类型为摩擦性、结构性还是周期性，并给出理由。

（1）钢铁制造厂倒闭，泰德失去了工作。他缺乏在其他行业工作所需的技能，因此一年多了也没找到工作。

（2）衰退期，人们对汽车的需求减少，艾丽斯被汽车厂裁员。等到经济回升后，她有望重新获得这份工作。

（3）陶在大学毕业后找了6个星期的工作。他拒绝了几份工作，因为这些工作用不上他在学校里学到的技能，但现在他正准备接受一份专业对口的工作。

正文中练习题的答案

7.1　第7名工人的边际产值为39 000美元，第8名工人的边际产值为33 000美元，因此工资水平为35 000美元时，雇用第7名工人而不是第8名工人将有利可图。

7.2　计算机售价为5 000美元时，以100 000美元的工资水平雇用第3名工人是有利可图的。因为第3名工人的边际产值（105 000美元）超过工资100 000美元，而第4名工人的边际产值（95 000美元）则低于工资100 000美元。当计算机售价为3 000美元时，我们可以参考表7.1，发现连第1名工人的边际产值都低于100 000美元，因此在这个价格下，香蕉计算机公司不会雇用任何工人。短期内，在100 000美元的工资水平下，计算机价格的提高使公司对技师的需求从0增加到3。

7.3　当市场上的工资为50 000美元时，第7名工人的边际产值超过50 000美元，而第8名工人的边际产值则低于50 000美元（见表7.3），因此雇用7名工人将是有利可图的。从表7.1可知，在生产率提高以前，前5名工人的边际产值都大于50 000美元，因此，50 000美元工资水平下的劳动力需求为5名工人。生产率提高后，50 000美元工资水平下的劳动力需求从5名增加到了7名。

7.4 即使实习过程中没有报酬,但是从中获得的宝贵经验很可能提高你未来的收入,所以这也可以被看作一项人力资本投资。而且可以假设,你在电台工作有可能比在洗车厂工作心情更舒畅。决定到底选择哪份工作时,你应当问自己,"在考虑了电台工作可能带来的未来收入的增加及工作本身的愉悦感后,你是否愿意为了在电台而不是洗车厂工作支付3 000美元?"如果你的答案是"是",那么你就应当在电台工作,否则你应该去洗车厂。

如果我们不仅考虑货币化的工资,还考虑其他因素,比如工作中所接受的训练对于你的价值,那么选择在电台工作的决定与向上倾斜的劳动力供给曲线并不矛盾。你越看重实习经验的价值,就越可能接受这份工作,从这个意义上讲,你的劳动力供给曲线仍然是向上倾斜的。

7.5 移民将使迁入国劳动力供给增加——事实上,寻找工作是移民的主要驱动因素之一。如下图所示,劳动力供给增加使雇主支付的工资降低(从w变化到w'),同时使总就业量上升(从N变化到N')。由于它降低了实际工资,因此工会极力反对大规模移民,而雇主则是大力支持。

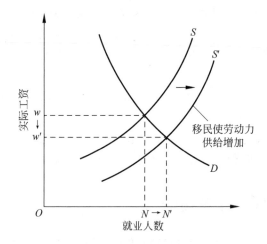

虽然上图显示了移民后经济中劳动力供给的总体变化趋势,但是它对工资的具体影响实际上还取决于移民的技能和职位。美国现行的移民政策主要以家庭团聚作为准入理由,很多移民都不是按照教育或技能来筛选的。美国还有很多非法移民,他们都在寻找经济中的工作机会。以上两大因素使美国新移民的技能相对比较低。因此,这些移民增加了低技能的劳动力供给,将会使国内低技能工人的工资下降,下降幅度超过高技能工人。一些经济学家,如哈佛大学的乔治・布加思(George Borjas)提出,低技能的移民是导致低技能工人相对于高技能工人工资下降的另一个主要原因。布加思认为美国应当效仿加拿大,对高技能、高学历的移民实施优惠政策。

7.6 下图中(a)表示的是1960—1972年的劳动力市场;(b)表示的则是1973—1995年的劳动力市场。为了便于比较,我们将两幅图中初始的劳动力供给曲线(S)和需求曲线(D)都设成一样的,隐含着相同的实际工资(w)和就业量(N)。从(a)我们可以看到由于产出的迅速增长使劳动力需求大幅增加(从D移动到D'),同时劳动力供给相对也有小幅增加(从 S 移动到 S′)。实际工资上升至 w'，就业增加至 N'。从(b)我们可以看到，劳动力需求小幅增加(从 D 移动到 D″)，劳动力供给大幅增加(从 S 移动到 S″)。1973—1995 年与 1960—1972 年相比，实际工资小幅增加，就业大幅增加。这些结果与美国劳动力市场的实际情况是一致的。

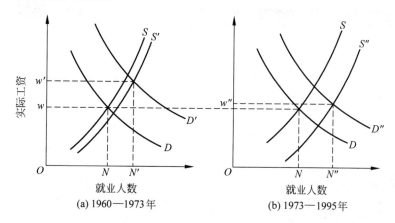

(a) 1960—1973年　　　　(b) 1973—1995年

第 **8** 章

储蓄与资本形成

学习目标

学完本章,你应该能够:

1. 解释储蓄与财富之间的关系。
2. 明白人们为什么要储蓄,以及心理因素对储蓄的影响。
3. 识别并应用国民储蓄的组成部分。
4. 讨论企业投资于资本的原因。
5. 用供求工具分析金融市场。

你小时候可能听父母讲过蚂蚁和蚱蜢的寓言故事。整个夏天,蚂蚁辛勤工作,为冬天储备粮食。而蚱蜢却嘲笑蚂蚁的劳动,不听蚂蚁的忠告,只顾在太阳下享受惬意的生活。当冬天到来的时候,蚂蚁过得很好,而蚱蜢却不得不挨饿。寓意:在好光景的时候,聪明人懂得为未来储存一些东西。

当然,这个预言还有一个很现代的结局:蚱蜢被蚂蚁堆的小山绊倒,弄断了腿,它对蚂蚁的过失提起诉讼,最后靠蚂蚁的储蓄舒适地生活下去(没人知道蚂蚁的结局如何)。寓意:储蓄是有风险的,今天应当及时享乐。

尽管现代生活有很多陷阱,但是不管对个人还是国家,储蓄都是非常重要的。人们需要为退休后的生活及未来的其他需要(如孩子的教育、新住宅)进行储蓄。个人或家庭的储蓄也能在遇到经济突发事件(如失去工作或没有预料到的大额医疗支出)时,提供重要的缓冲。从国家层面上讲,新资本品——工厂、设备和住房的生产是促进经济增长、提高生活水平的一个重要因素。正如我们在本章将看到的,生产新资本所需的必要资源主要来自国家的储蓄。

由于充足的储蓄对于确保家庭的经济安全和创造新的资本品都非常重要,很多人对美国家庭的低储蓄率表示担忧。按国际标准来看,美国家庭储蓄率一直不高。美国家庭储蓄率(储蓄占税后家庭收入的百分比)从 20 世纪 70 年代初家庭可支配收入的 13% 左右下降到了过去几年的 7%~8%。(家庭储蓄率在 2005 年达到 3.2% 的低点,然后在 2007—2009 年经济衰退期间及之后上升到目前的水平。)

如此低且不断下降的储蓄率说明了什么？一些人将这些数据视为"蚱蜢碰瓷"行为的证据，认为对美国未来的繁荣构成了威胁。正如我们将看到的，现实更加复杂。许多美国家庭确实很少储蓄，这一事实可能会对其经济福祉造成长期影响。经济学家和决策者尤其关注低收入人群的低储蓄率（其中许多人储蓄很少，甚至根本没有储蓄）。低储蓄率可能意味着人们无法积累财富，没有应急储备，也没有为退休做好充分准备。不过，在总体水平上，家庭储蓄只占美国经济总储蓄的一部分，因为企业和政府也在储蓄。事实上，美国经济的总储蓄（国民储蓄）近年来比家庭储蓄更高，下降幅度更小。因此，即使美国"储蓄不足"，可能也远没有家庭储蓄数据所显示的那么严重。

本章主要研究储蓄及其与新资本形成之间的联系。首先，我们给出储蓄和财富的定义，并考察二者之间的联系。我们将考虑人们为什么会储蓄，而不是花掉所有收入。然后，我们将转到国民储蓄（家庭、企业和政府的总储蓄）这个话题上来。因为国民储蓄决定着整个经济创造新资本的能力，所以从宏观经济的角度来看，国民储蓄是更为重要的储蓄措施。

接下来，我们将讨论资本的形成。大多数投资新资本的决定都是由企业做出的。正如我们将看到的，企业的投资行为在很多方面与决定是否增加雇员非常相似：当收益大于成本时，企业将会选择扩充其资本储备。在本章的结尾，我们将使用供求理论，阐述国民储蓄与资本形成之间的关系。

储蓄和财富

总体而言，一个经济单位（不管是一户家庭、一个企业、一所大学还是一个国家）的储蓄都可以定义为其当期收入减去花在当期需要上的支出。例如，如果康斯薇洛每周收入为 300 美元，每周花费在日常生活（如租金、食物、衣服和娱乐等）上的支出为 280 美元，剩下的 20 美元存入银行，那么她每周的储蓄就是 20 美元。任何经济单位的**储蓄率**都等于其储蓄除以收入。既然康斯薇洛每周 300 美元的收入中有 20 美元是储蓄，那么她的储蓄率就等于 20 美元/300 美元，即 6.7%。

对于一个经济单位来说，其储蓄与财富是紧密相关的，财富等于资产减去负债。其中，资产包括经济单位拥有的任何一种有价值的东西，既包括金融资产也包括实物资产。例如，你或者你的家庭所拥有的现金、支票账户、股票和债券属于金融资产，而住宅、其他地产、珠宝、耐用消费品（如汽车）和珍贵的收藏品属于实物资产。负债则是经济单位所欠的债务。例如，信用卡欠款、学生贷款和抵押都属于负债。

会计师在**资产负债表**上列出家庭、公司、大学或其他任何经济单位的资产和负债。比较资产和负债的价值有助于确定经济单位的财富，又称**净价值**。

例 8.1　编制资产负债表

康斯薇洛的财富是多少？

康斯薇洛为了估计自己的财务状况，将资产和负债都列在一张资产负债表上。结果如表 8.1 所示。康斯薇洛的财富是多少？

表 8.1　康斯薇洛的资产负债表			单位：美元
资　产		**负　债**	
现金	80	学生贷款	3 000
支票账户	1 200	信用卡欠款	250
股票	1 000		
汽车（市价）	3 500		
家具（市价）	500		
总计	**6 280**		**3 250**
		净价值	3 030

　　康斯薇洛的金融资产包括她钱包中的现金、支票账户的余额以及父母所给股票的现值,总计 2 280 美元。另外,她还罗列了汽车和家具等实物资产,其价值总计 4 000 美元。因此,康斯薇洛包括金融资产和实物资产在内的总资产为 6 280 美元。她的负债则有欠银行的学生贷款及信用卡欠款,总计 3 250 美元。康斯薇洛的财富或净价值为其资产(6 280 美元)减去负债(3 250 美元),等于 3 030 美元。

练习 8.1

　　如果康斯薇洛的学生贷款不是 3 000 美元而是 6 500 美元,那么她获得的净价值将是多少? 编制资产负债表。

　　储蓄和财富是相关的,因为储蓄对财富做出了贡献。为了更好地理解这种关系,我们必须对存量和流量进行区分。

存量和流量

　　储蓄是一个**流量**的概念,定义在单位时间段上。例如,康斯薇洛的储蓄是每周 20 美元。相对地,财富是一个**存量**的概念,定义在一个时间点上。例如,康斯薇洛的财富 3 030 美元指的是她在某一天(不妨假设为 2020 年 1 月 1 日)所拥有的财富。

　　为了让存量和流量间的区别更加形象化,我们可以用正在流入浴盆的水进行类比。在任何指定时刻浴盆里的水量(例如,在晚上 7：15 为 40 加仑)是一个存量,因为它是在一个特定时间点衡量的。水流入浴盆的速度(例如,每分钟 2 加仑)则是一个流量,因为它是在一个单位时间段衡量的。在很多情况下,流量是存量的变化率:如果我们知道晚上 7：15 浴盆里有 40 加仑水,水的流速为 2 加仑/分钟,就可以非常轻松地计算出水的存量将会以 2 加仑/分钟的速度变化,在 7：16 等于 42 加仑,在 7：17 等于 44 加仑,依此类推,直至浴盆中的水溢出来。

练习 8.2

　　继续浴盆的例子：如果晚上 7：15 浴盆里有 40 加仑的水,水以 3 加仑/分钟的变化率排出,那么 7：16 存量和流量分别是多少? 7：17 呢? 此时,流量是否还等于存量的变化率?

储蓄（流量）和财富（存量）之间的关系与流入浴盆的水流量和浴盆中的水存量之间的关系相似，因为储蓄的流量也能导致财富存量以相同比率发生变化。事实上，如例 8.2 所示，个人每储蓄 1 美元就给自己的财富增加了 1 美元。

例 8.2　储蓄与财富之间的联系

康斯薇洛的储蓄与财富之间有何联系？

康斯薇洛每周储蓄 20 美元。这种储蓄方式将会如何影响她的财富？其财富的变化有没有因为她选择用储蓄来累积资产或者用储蓄来偿还负债而不同？

康斯薇洛可以用她本周所储蓄的 20 美元增加资产（比如，为她的支票账户增加 20 美元）或者减少负债（比如，偿还信用卡欠款）。假设她将这 20 美元存入支票账户，则她的资产立刻增加了 20 美元。由于负债不变，她的财富也增加了 20 美元，变成 3 050 美元（见表 8.1）。

如果康斯薇洛决定用本周所存的 20 美元偿还信用卡欠款，那么她的欠款额将从 250 美元减至 230 美元。这一举动将使负债减少 20 美元，而资产不变。因为财富等于资产减负债，所以负债减少 20 美元将使财富增加 20 美元，变为 3 050 美元。综上所述，每周储蓄 20 美元能使康斯薇洛的财富每周增加 20 美元，不论她是用这笔储蓄去增加资产还是减少负债。

储蓄与财富之间的密切联系解释了为什么储蓄对经济如此重要。今天的高储蓄率将会带来财富的迅速积累，而一个国家越富有，其人民的生活水平就越高。因此，今天的高储蓄率对改善将来的生活水平有很大的贡献。

资本的收益与损失

虽然储蓄增加了财富，但它并不是决定财富的唯一因素。财富还会随经济单位所拥有的实物资产或金融资产价值的变化而变化。不妨假设康斯薇洛拥有的股票从 1 000 美元升值到了 1 500 美元，股票价值的增加使总资产的价值上升了 500 美元，而负债不变，因此康斯薇洛的财富增加了 500 美元，从 3 030 美元上升至 3 530 美元（如表 8.2 所示）。

表 8.2　股票升值后康斯薇洛的资产负债表　　　　单位：美元

资　　产		负　　债	
现金	80	学生贷款	3 000
支票账户	1 200	信用卡欠款	250
股票	1 000		
汽车（市价）	3 500		
家具（市价）	500		
总计	6 780		3 250
		净价值	3 530

现有资产的价值发生变化，如果升值则称为**资本收益**，如果贬值则称为**资本损失**。资本收益能使财富增加，资本损失则会使财富减少。资本收益和损失不在储蓄的范畴内。综上所述，某个时间内个人的财富变化等于该时期的储蓄加上资本收益减去资本损失。用公式表示为

$$财富的变化 ＝ 储蓄 ＋ 资本收益 － 资本损失$$

练习8.3

下列行为或事件将如何影响康斯薇洛的储蓄和财富？

（1）康斯薇洛本周结束时像平常一样在银行存了20美元,同时又用信用卡消费了50美元,使信用卡欠款达到300美元。

（2）康斯薇洛从支票账户里划出300美元用于偿还信用卡欠款。

（3）康斯薇洛的旧车被认为是复古型的,其市场价值从3 500美元升至4 000美元。

（4）康斯薇洛的家具被损坏,价值从500美元跌至200美元。

正如例8.3所揭示的,资本收益和损失会对总财富产生较大的影响。

经济自然主义者8.1   20世纪90年代到21世纪初,很多美国家庭是如何在储蓄很少的情况下增加财富的？

总的来说,美国人在20世纪90年代感到了繁荣,除了2001年相对较小的经济衰退外,繁荣的感觉一直延续到2007—2009年经济衰退的前夕。在此期间,美国家庭的财富显示了巨大的收益。然而,美国家庭的储蓄在这些年相当低(而且一直在下降)。20世纪90年代到21世纪初,很多美国家庭是如何在储蓄如此之少的情况下增加财富的？

20世纪90年代,越来越多的美国人购买股票或通过养老金和退休基金间接购买股票。与此同时,股票价格以创纪录的速度上涨(见图8.1中的实线)。强劲上涨的"牛市"推高了大多数股票的价格,使很多美国人在没有储蓄的情况下获得了可观的资本收益和财富增长。事实上,一些经济学家认为,20世纪90年代较低的家庭储蓄率在一定程度上是由牛市造成的；由于资本收益增加了家庭财富,很多人认为没有必要储蓄。(其他解释包括20世纪90年代政府储蓄的增加,如下所述。)

股市在2000年年初达到顶峰,股价在接下来的两年里大幅下跌。有趣的是,尽管美国家庭的股票市场财富有所下降,但他们在2000年及其后几年并没有选择增加储蓄(见图8.1中的虚线)。一种解释是,家庭财富的一个更大的组成部分,即私有房屋的价值在2000—2006年显著上升,部分抵消了股价下降对家庭财富的影响(见图8.1中的点线)。

更一般地说,如图8.1所示,家庭储蓄的变化往往伴随着股票和住房等家庭财富指标的反方向的变化(例如,20世纪七八十年代的家庭储蓄与房价通常是反方向变化的)。事实上,如图所示,随着股价和房价在21世纪第一个10后期开始下降,家庭储蓄率一改下降的趋势,开始上升。

2012年房价跌到谷底时,家庭储蓄达到顶峰,近年来尽管股价和房价都大幅上涨,家庭储蓄率仅略有下降。美国家庭由于对全球金融危机造成的影响仍记忆犹新,并不认为最近的资本收益会一直持续。事实上,2020年年初新冠肺炎疫情导致的股价大幅下跌让人们更为清醒地意识到资本收益的不稳定性。

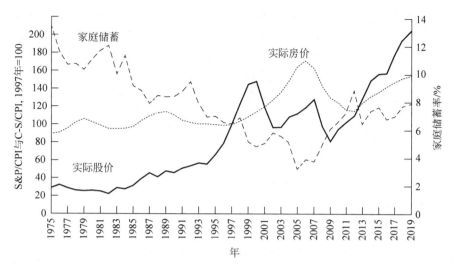

图 8.1 1975—2019 年家庭储蓄与实际股价和房价的对比

家庭储蓄的变化往往伴随着股票和住房等家庭财富指标的反方向的变化。随着股价和房价在 21 世纪第一个 10 年后期开始下降,家庭储蓄率一改下降的趋势,连续几年上涨。

资料来源:S&P CoreLogic Case-Shiller Home Price Indices,Federal Reserve Bank of St. Louis.

重点回顾:储蓄和财富

- 一般来说,储蓄等于当期收入减去当期支出。财富则等于资产(个体拥有的一切有价值的东西)的价值减去负债(个体所欠的债务)。储蓄用每单位时间来衡量(例如,每周多少美元),因此是一个流量。财富则用某一个时间点来衡量,因此是一个存量。从水龙头中流淌出来的水流增加了浴盆中水的存量,与此相似,储蓄的流量也增加了财富的存量。

- 资本收益(现有资产的价值增加)也可以使财富增加;资本损失(资产的价值减少)也可以使财富减少。牛市期间股东的资本收益和房价上涨期间业主的资本收益使拥有这些资产的家庭即使没有多少储蓄也能实现财富增长。

 ## 人们为什么储蓄

为什么人们不把所有收入都花掉,而是把其中一部分储蓄起来?经济学家把原因分为三类。第一,人们为了满足长期目的(如安享晚年)而储蓄。在工作时期储存部分收入,能使他们在退休后维持更高的生活水准,不用完全依靠社会保障和公司年金过活。当然,除此之外,人们还为其他一些长期目的而储蓄,如孩子的大学教育费用、购买新住宅或新车等。因为很多类似的需要会在人生各个可预测的阶段出现,所以经济学家将这种储蓄称为**生命周期型储蓄**。

储蓄的第二个理由是为了预防个人和家庭可能面临的突发事件,例如,失去工作或非常严重的健康问题。一般来说,个人理财顾问都会建议每户家庭准备 3~6 个月的收入用于应付突发事件（"应急基金"）。这种为了应付突发事件而进行的储蓄称为**预防性储蓄**。

储蓄的第三个理由是为了给继承人积累一部分财产。通常这笔财产是留给子女的，但也有可能捐献给慈善机构或其他有价值的事业。为了给继承人留下遗产或者为了捐献所进行的储蓄称为**遗赠性储蓄**。一般情况下，只有那些处于收入最顶层的人才会进行遗赠性储蓄。也正因为这些人控制着大部分的国家财富，所以遗赠性储蓄是总储蓄的一个重要组成部分。

当然，人们不会在头脑中刻意地把自己的储蓄仔细划分成这三类。但是，储蓄的这三个原因的确在不同程度上激励着大多数储蓄者。经济自然主义者8.2将会告诉大家如何用储蓄的三个理由来解释日本家庭的储蓄行为。

经济自然主义者8.2 日本家庭的储蓄

为什么日本的储蓄率在1990年前一直上升，之后却开始下降？

二战后，日本家庭将收入的15%～25%用于储蓄，这是一个异常高的储蓄率。尽管常有人把这种强烈的储蓄倾向归结为文化因素，但二战前日本的储蓄率并不高。而且，从1990年起，日本家庭的储蓄率开始下降（虽然仍比美国家庭的储蓄率高）。为什么日本人在1990年以前储蓄率一直那么高？为什么1990年之后他们的储蓄率又下降了？

在我们刚讨论过的储蓄原因中，生命周期这一原因在日本显得格外重要。日本人都有着很长的寿命预期，很多人退休相对较早。由于有很长一段退休期，因此日本家庭必须在工作时就开始进行大量的储蓄。由于劳动阶层占人口很大的比例，总储蓄率升高。而当"婴儿潮"的那一代到了退休年龄时，日本的储蓄率便下降了。[1]

其他因素也可以解释日本储蓄率的变化，日本房屋的预付定金要求比其他国家高。1990年以前，日本的地价和房价非常高，以至于年轻人必须进行大额的储蓄或借用父母的储蓄才能购买第一套房子。1990年年初日本的房地产市场崩溃后，地价和房价下跌，年轻人可以不用进行大额储蓄了。

研究还表明，遗赠性储蓄在日本也很重要。很多老人退休后和子女住在一起，为了回报子女在自己晚年时给予的支持和照顾，老人们觉得必须为孩子提供大量的遗产。

但是，在日本，人们的预防性储蓄可能比其他一些国家低。虽然最近发生的经济危机减少了"终身雇佣"这一承诺的履行范围，但是日本企业仍能通过其完善的就业系统确保大学毕业后进入企业的员工拥有终生性质的工作。工作的安全性加上日本传统的低失业率减少了预防性储蓄的必要性。

虽然很多人选择储蓄的动机不会超出我们讨论的三种理由，但是他们选择储蓄的量可能取决于经济环境。对储蓄决定而言非常关键的一个经济变量是实际利率。

储蓄和实际利率

大多数人都不会把现金藏在床垫里。相反，他们会用储蓄做一些金融投资，希望能获

---

[1]　Maiko Koga，"The Decline of the Saving Rate and the Demographic Effects，"*Bank of Japan Research and Statistics Department*，November 2004.

得理想的回报。例如,支票账户会对其中的金额付息。更复杂的金融投资如政府债券、公司股票也会以付息、分红或资本收益的方式给予回报。毫无疑问,人们都想得到高回报,因为回报越高,储蓄额增长得越快。

决定储蓄量的一个最关键的回报率是实际利率,我们用 r 来表示。回顾第 5 章,实际利率表示的是一种金融资产的实际购买能力随着时间的增加。实际利率等于市场(或名义)利率(i)减去通货膨胀率(π)。

实际利率与储蓄者紧密相关,因为它是对储蓄的"奖赏"。假设你想在今年增加 1 000 美元的储蓄。如果实际利率是 5%,那么用今天的美元衡量,你所增加的储蓄将在一年后给你带来 1 050 美元的额外购买能力。但是如果实际利率是 10%,那么你今年 1 000 美元的投入将在明年得到价值 1 100 美元购买能力的回报。显然,其他条件相同的情况下,如果你知道明年的回报越高,今天就越愿意进行储蓄。在这两种情形下,增加额外储蓄的成本都是一样的——放弃每周一次的外出就餐。但是额外储蓄的收益——明年购买能力的增加则不一样,实际利率为 10% 时所获得的收益比 5% 时高。

> **例 8.3　储蓄与消费**
>
> **高储蓄率能在多大程度上改善一个家庭的生活水平?**
>
> "花费型家庭"和"节俭型家庭"在其他方面是两个比较相似的家庭,但是这两家人在储蓄方面存在较大的差别。"花费型家庭"每年将收入的 5% 储蓄起来,而"节俭型家庭"每年把收入的 20% 储蓄起来。1995 年,两家人开始储蓄,打算一直储蓄到 2030 年工作期满退休。在劳动力市场上,两家人的实际年收入都是 40 000 美元,并且他们都把储蓄投资于实际年回报率始终为 8% 的共同基金。比较 1995—2030 年,两家人每年的消费额及退休时的家庭财富情况。
>
> 第一年,也就是 1995 年,"花费型家庭"储蓄了 2 000 美元(其 40 000 美元年收入中的 5%),消费了 38 000 美元(40 000 美元中的 95%)。"节俭型家庭"储蓄了 8 000 美元(40 000 美元中的 20%),因而只消费了 32 000 美元,比"花费型家庭"少 6 000 美元。到 1996 年,"节俭型家庭"的收入为 40 640 美元,其中增加的 640 美元代表 8 000 美元储蓄所获得的 8% 的投资回报。而"花费型家庭"的收入却只增加了 160 美元(2 000 美元储蓄的 8%)。由于有了 40 640 美元的收入,"节俭型家庭"在 1996 年的消费为 32 512 美元(40 640 美元的 80%),而"花费型家庭"的消费为 38 152 美元(40 160 美元中的 95%)。可以看出,两家人的消费差距缩小了,从 6 000 美元减小至 1 年后的 5 640 美元。
>
> 因为"节俭型家庭"的财富增加得比较迅速,从而利息收入也增加得较快,所以"节俭型家庭"每年的收入增长比"花费型家庭"快;每年"节俭型家庭"始终坚持把其较高收入额中的 20% 用于储蓄,这与"花费型家庭"的 5% 形成了鲜明的对比。图 8.2 显示的是两个家庭的消费支出轨迹。你可以看到,尽管开始时,"节俭型家庭"消费水平较低,却以相对较快的速度增长。到 2010 年,"节俭型家庭"的消费额已经超越了"花费型家庭",并且从该点以后,"节俭型家庭"比"花费型家庭"多出的消费额逐年递增。尽管"花费型家庭"每年收入的 95% 一直是用于消费的,但是由于其收入增长较慢,以至于到 2015 年他们的消费额比"节俭型家庭"低将近 3 000 美元(前者是 41 158 美元,后者是 43 957 美元)。到两家人都退休时,也就是 2030 年,"节俭型家庭"将会比"花费型家庭"每年多消费 12 000 美元(前者是 55 774 美元,后者是 43 698 美元)。更令人震惊的是退休时两家人退休积蓄的差距。"花费型家庭"到退休时所拥有的总储蓄额刚好超过 77 000 美元,而"节俭型家庭"则拥有超过 385 000 美元的储蓄额,是前者的 5 倍。

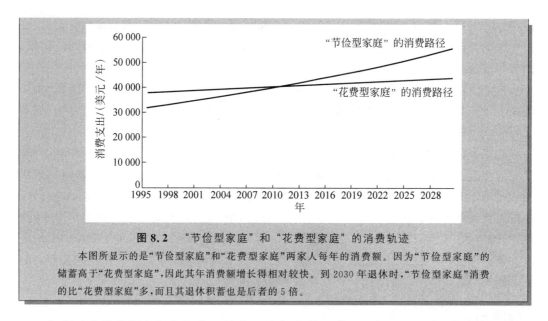

图 8.2　"节俭型家庭"和"花费型家庭"的消费轨迹

本图所显示的是"节俭型家庭"和"花费型家庭"两家人每年的消费额。因为"节俭型家庭"的储蓄高于"花费型家庭",因此其年消费额增长得相对较快。到 2030 年退休时,"节俭型家庭"消费的比"花费型家庭"多,而且其退休积蓄也是后者的 5 倍。

如此巨大的差距在部分程度上是由于我们之前所做的"实际回报率为 8%"的假设,这一数值比自 1926 年标准普尔 500 指数成立以来,跟踪该指数的共同基金(股息再投资)的实际回报率高 1%左右。此外,例子中的"花费型家庭"事实上都要比普通美国家庭储蓄得多。许多美国家庭都承受着 5 000 美元或者更大额度的高利率信用卡债务,根本没有多少储蓄。关于实际利率和储蓄率有很多选择,尽管本例只采用了其中一种,但是这丝毫不影响所揭示结论的合理性,即由于复利的强大力量,高储蓄率在长期将会带来丰厚的回报。

当较高的实际利率增加储蓄回报,从而强化人们的储蓄意愿时,另一股力量又在从相反方向抵消着这种储蓄的动机。让我们回顾一下,储蓄的一个主要理由就是为了达到特定的目标:舒适的退休生活、大学教育或新住宅。如果达到目标所需的资金是一笔确定的数量(如购买住房的首付款 25 000 美元),较高的回报率就意味着家庭可以少储蓄一些而仍能达成自己的目标,因为他们储蓄的资金会较快地增长。例如,为了在 5 年后积累 25 000 美元,一个人将在利率为 5%时每年储蓄大约 4 309 美元。当利率为 10%时,积累这 25 000 美元只需要每年储蓄大约 3 723 美元。对于那些为了达成特定目标而储蓄的目标型储户来说,较高的利率实际上会减少其需要储蓄的金额。

总之,较高的实际利率对储蓄既有正面影响也有负面影响:一方面,它增加了储蓄的回报,从而有正面的影响;另一方面,它减少了人们为实现既定目标每年所需的储蓄额,从而有负面的影响。经验证据表明,在现实中,较高的实际利率会导致储蓄的适度增长。

储蓄、自我控制与示范效应

前文讨论的储蓄理由都是基于一个理念,即人们是理性的决策者,会选择一个使其长期福利最大化的储蓄率。但是很多心理学家和一些经济学家却认为,心理因素与经济因素一样,也在影响人们的储蓄行为。例如,心理学家强调,很多人由于缺乏自我控制的能力,而没有做对自己最有利的事情。有些人抽烟或者吃油腻的食物,尽管他们知道这样做会有长期的健康风险。相似地,他们可能有储蓄的良好愿望,但是由于缺乏自我控制能力,很可能做不到每月储存应有的额度。

一种强化自我控制能力的方法是从直接的环境中消除诱惑。想要尝试戒烟的人在房间里放一个不抽烟的标语,有肥胖问题的人避免吃烧烤。类似地,储蓄不够的人可以与银行签署工资所得储蓄计划,通过这一计划,每一笔所得中将会有事先确定的金额被转移,存入特定的账户,到退休前都不允许取出。储蓄实现自动化,而取出又非常困难,彻底消除了花掉所有当期收入或者挥霍掉储蓄的种种诱惑。工资所得储蓄计划帮助了很多人,使其为退休或其他原因进行的储蓄金额增加了。

自我控制假说给我们的一个暗示是:消费者信用项目的出现使借钱和花钱变得更简单,这种诱惑可能会减少人们的储蓄量。例如,最近几年银行鼓励人们凭家庭的净资产(家庭的财富值减去尚未归还的贷款值)借款。这类金融创新增加了花钱的吸引力,可能会降低家庭的储蓄率。同时,借款额度很高的信用卡的加速流行也是对很多家庭的一大诱惑。

当一些消费者增加支出的行为刺激其他人采取相同举动时,储蓄率也可能下降。如果人们用其他人的支出作为衡量自己生活水平富足与否的尺度,那么这种示范效应就会产生。例如,一个美国家庭住在中上阶层聚居区,该地区的平均住房面积为 280 平方米,该家庭很可能认为 140 平方米的房屋不够舒适,太小了(如太过狭小以至于不能请朋友回来玩儿),因为很多社区成员都习惯了 280 平方米的房子。相反,一个住在低收入地区的相似的家庭可能觉得这样的房子已经相当奢侈了。

示范效应对储蓄的启示是:如果一个家庭住在消费比自己多的人群中,他们将会有很强的动机去增加自己的消费支出。当人们的满意度在部分程度上取决于相对生活水平时,其支出可能呈现螺旋式上升的情况。这与对个体家庭或整个经济最优的量相比,支出偏高,储蓄偏低。

经济自然主义者 8.3 美国家庭为什么储蓄这么少?

美国的家庭储蓄一直相对较低,但在过去几十年中下降得更明显(如图 8.1 所示,从 1975 年的 13.1% 一直下降到 2019 年的 7.9%)。调查显示,很多美国家庭依靠工资生活,几乎没有储蓄。美国家庭为什么储蓄这么少?

经济学家对美国家庭储蓄率低的原因存在争议,提出了很多假说。

导致低储蓄率的一个可能的原因是政府对老年人的慷慨救助。从生命周期的角度看,储蓄的一个重要动机是为退休后的生活提供保障。总体而言,美国政府提供的"社会安全网"并没有其他工业国家覆盖得那么全面,对需要救助的人所提供的项目相对较少。然而,美国政府主要针对老龄人口提供收入支持。社会保障和医疗保险计划共同构成了联邦政府支出的主要部分,这两项计划的主要目的是帮助退休人员。事实证明,这些项目非常成功,它们彻底消除了老年人的贫困问题。正因为美国人相信政府会在其退休后确保自己的生活水平,因此为将来储蓄的动机减少了。

生命周期中储蓄的另一个重要的目标是买房。我们在前文已经看到,因为房价和首付款很高,所以日本人为了买房必须大量储蓄。在其他很多国家,情况也大致一样。但是,在美国,由于有着高度发达的金融系统,人们只需要首付房价的15%甚至更低,就能买到房子。

在美国,预防性储蓄的情况又如何呢?与不得不在二战后重建的日本、欧洲不同,美国自20世纪30年代大萧条时期以来就没有经历过经济困难时期。可能正是因为国家过去的繁荣,才导致很多美国人对未来更加自信,因而不太愿意为经济突发事件储蓄,尽管美国并没有像日本和欧洲那样提供足够的就业安全保障。

美国的家庭储蓄不只低于国际标准,现在仍在不断下降中。20世纪90年代到21世纪第一个10年中期,股市的良好表现及家庭住宅价格的持续上涨可能有助于解释储蓄的这种下降趋势。当美国人享受资本收益时,他们看到财富几乎不需要付出努力就可以增加,因此其储蓄的动机减少了。与这一解释一致,美国家庭储蓄在上一次衰退期间及之后随着股价和房价的下降而增加,但在过去几年中停止增加,因为股价和房价再次上涨。

心理因素也可以解释美国人的储蓄行为。例如,与其他国家不同,美国的住宅所有者能非常容易地凭借净资产借款。美国高度发达的金融系统所带来的这种能力很可能加剧自我控制问题,因为它增加了对人们支出的诱惑。最后,示范效应也可能抑制最近几十年的储蓄。第6章讨论了工资不平等程度加剧的现象,这一现象改善了高技能、高学历工人的相对状况。处于高收入阶层的家庭,在房屋、汽车及其他消费品上的支出日益增加,导致那些收入刚好比他们低的家庭的支出也增加了,等等。曾经满足于中档价位汽车的中产家庭现在为了跟上群体的水准,也会觉得自己需要沃尔沃和宝马。示范效应在一定程度上使家庭的支出超过了其均值水平,从而使储蓄率降低。

重点回顾:人们为什么会储蓄?

- 储蓄的动机包括三种:为了满足长期目标(如退休)而进行储蓄(生命周期型储蓄),为了应付突发事件而进行储蓄(预防性储蓄),以及为了给继承人留下遗产或捐赠而进行储蓄(遗赠性储蓄)。人们储蓄的量还取决于宏观因素,如实际利率。较高的实际利率一方面增加了储蓄回报,从而激励人们进行储蓄;另一方面又使储蓄者能更容易达成特定的目标,从而减少人们储蓄的动力。总体而言,较高的实际利率导致了储蓄的适度增加。
- 心理因素也会影响储蓄率。自我控制就是其中之一。如果人们存在自我控制的问题,那么一些金融上的计划安排(如工资所得自动扣款)将会使支出变得比较困难,从而使其储蓄增加。人们的储蓄决定还会受示范效应的影响,有时尽管人们可能没有与其支出相匹配的负担能力,但是他们还是会被迫接受与邻居相同的支出水平。

国民储蓄及其组成部分

到目前为止,我们已经从个人角度考察了储蓄和财富的概念。但是,宏观经济学家对整个国家的储蓄及财富更感兴趣。我们接下来将研究国民储蓄,即国家的总储蓄。国民储蓄除了家庭的储蓄外,还包括企业和政府的储蓄。在本章的后面,我们将研究国民储蓄与经济中资本形成率之间的关系。

国民储蓄的衡量

为了定义整个国家的储蓄率,我们首先从第 4 章引入的基本会计等式开始。根据这一会计等式,某经济体的产出(或者收入)必然等于总支出。这一等式用符号表示为

$$Y = C + I + G + NX$$

其中,Y 代表总产出或者说总收入(总产出必然等于总收入),C 代表消费支出,I 代表投资支出,G 代表政府购买,NX 代表净出口。

现在,让我们假设净出口(NX)等于 0,这会在两种情形下出现:一是该国不与其他任何国家开展贸易;二是该国的进出口始终平衡。当净出口为 0 时,产出等于支出的条件将变成:

$$Y = C + I + G$$

为了弄清整个国家储蓄了多少,我们需要用到储蓄的一般定义。与其他经济单位一样,国民储蓄也等于其当期收入减去花在当期需要上的支出。整个国家的当期收入是它的 GDP 或者 Y,也就是一年中在该国范围内生产的最终产品与服务的价值。

确认当期需要所进行的那一部分总支出比确认该国的收入要困难得多。总支出的组成部分中最容易区分的是投资支出 I。我们知道投资支出——用于购买新厂房、设备、其他资本品以及进行住房建设——是为了扩充经济在未来的生产能力或者给将来提供更多住房,而不是为了满足当期的需要。所以,非常明显,投资不属于花在当期需要上的支出。

要弄清家庭消费支出 C 和政府购买 G 中有多少比例是花在当期需要上的,就没有这么直接了。当然,大多数家庭消费支出(食物、衣服、日用品、娱乐等)是为了满足当期需要。但是消费支出也包括购买使用寿命很长的耐用消费品,如汽车、家具和家用电器等。耐用消费品在购买的当年只会部分折旧,在其后的时间里,它们还能继续提供服务。因此,在耐用消费品上花费的家庭支出既满足了当期需要,也满足了未来的需要,是混合型的。

与消费支出一样,多数政府购买是为了满足当期需要。但是,与家庭购买相似,也有一部分政府购买是用于道路、桥梁、学校、政府大楼或者部队装备等长期资本品建设。这些公共资本与耐用消费品一样,在当年只会部分折旧,大多数将在未来提供有效的服务。因此,与消费支出一样,政府购买事实上也是一个混合体,既能满足当期需要,也能满足将来的需要。

尽管事实上并非所有家庭和政府的支出都是为了满足当期需求,但实际上,要准确确定这些支出中有多少是为了满足当期需求、有多少是为了满足未来需求,是极其困难的。因此,长期以来,美国政府统计数据将所有消费支出(C)和政府购买(G)都看作为了满足

当期需求而进行的支出。[①] 为了简单起见,在本书中,我们将遵循同样的做法。但请记住,由于消费支出和政府购买实际上包括一些为了满足未来而非当期需求而进行的支出,因此将所有的 C 和 G 都当作花在当期需要上的支出,将会低估国民储蓄的实际金额。

如果我们把所有的消费支出和政府购买都看作花在当期需要上的支出,那么国民储蓄就等于收入 Y 减去花费在当期需要上的支出 $C+G$,因此我们把国民储蓄 S 定义为

$$S = Y - C - G \tag{8.1}$$

图 8.3 给出了美国 1960—2019 年的国民储蓄率(国民储蓄占 GDP 的百分比)。美国的国民储蓄率由 20 世纪 60 年代的 18%～20%跌到近年来的 13%～15%。与家庭储蓄一样,国民储蓄随着时间的推移而下降,但通过比较图 8.1 和图 8.3,你可以看到国民储蓄的下降幅度更为平缓。此外,与家庭储蓄不同,国民储蓄在 20 世纪 90 年代后期恢复了。事实上,1998 年国民储蓄率超过 16%,略高于 1970 年的水平。正如我们接下来将看到的,国民储蓄与家庭储蓄行为之间的差异源自企业的储蓄,以及 20 世纪 80 年代后期政府的大量储蓄。

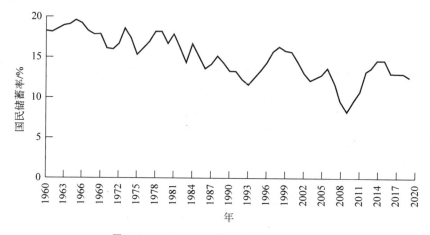

图 8.3 1960—2019 年美国的国民储蓄率

美国的国民储蓄率由 20 世纪 60 年代的 18%～20%跌到近年来的 13%～15%。

资料来源:美国经济分析局(www.bea.gov)。

国民储蓄中的私人和公共组成部分

为了更好地理解国民储蓄,我们将把它分解成两个主要组成部分:由家庭和企业进行的私人储蓄以及由政府进行的公共储蓄。

为了了解国民储蓄如何分解为公共储蓄和私人储蓄,我们使用国民储蓄的定义 $S = Y - C - G$。为了区分私人部门收入和公共部门收入,我们必须扩大这个等式,将税收及政府对私人部门的支付纳入其中。政府向私人部门支付的款项包括转移支付及向持有政府债券的个人和机构支付的利息。**转移支付**是政府无偿提供给公众的、不要求当期产品或服务

[①] 如今,官方数据将公共资本投资与其他政府购买区分开了。

回报的支付。社会保障收益、福利金、农业支持经费及公务员的退休金都属于转移支付。

用 T 来代表私人部门支付给政府的税收减去政府对私人部门的转移支付以及利息支付所得的差额。

$$T = 总税收 - 转移支付 - 政府利息支付$$

因为 T 等于私人部门的税收支付额减去从政府那里获得的各种收益、利息款，我们可以把 T 看作净税收。如果我们从国民储蓄的定义($S=Y-C-G$)中加上 T 然后再减去，则可以得到

$$S = Y - C - G + T - T$$

重新排列上式并对各项进行分组，可以得到

$$S = (Y - T - C) + (T - G) \tag{8.2}$$

式(8.2)将国民储蓄 S 分为两部分，即私人储蓄($Y-T-C$)和公共储蓄($T-G$)。

私人储蓄($Y-T-C$)是私人部门的储蓄。为什么 $Y-T-C$ 是私人储蓄的合理定义？储蓄等于当期收入减去花在当期需要上的支出。私人(非政府)部门的收入是经济的总收入 Y 减去支付给政府的净税收 T。私人部门花在当期需要上的支出是其消费支出 C。因此，私人部门储蓄等于私人部门收入减去花在当期需要上的支出，即 $Y-T-C$。用 $S_{私人}$ 代表私人储蓄，我们可以给出私人储蓄的定义：

$$S_{私人} = Y - T - C$$

私人储蓄还可以进一步分解为家庭储蓄和企业储蓄。家庭储蓄也可以称作个人储蓄，它是由家庭和个人进行的储蓄。家庭储蓄对应的是我们非常熟悉的画面——每个月一家人都会把其部分收入储存起来——这也是新闻媒体关注的焦点。但是实际上，企业也是非常重要的储蓄者——事实上企业储蓄占美国私人储蓄的很大一部分。企业用销售收入来支付工人的薪水、其他运营成本、税收及给股东的股利。支付完这些后所剩的资金就等于企业储蓄。企业的储蓄主要用于购买新的资本设备，或者用于扩大运营规模。当然，企业还有其他选择，那就是把储蓄存到银行，以备将来使用。

公共储蓄($T-G$)是既包括各级地方政府，也包括联邦政府在内的所有政府部门的储蓄。净收入 T 是政府的收入，而政府购买 G 代表的是政府花在当期需要上的支出(记住，为了简便起见，我们忽略了政府购买中的投资部分)。因此，$T-G$ 符合我们对公共储蓄的定义。用 $S_{公共}$ 代表公共储蓄，我们可以给出公共储蓄的定义：

$$S_{公共} = T - G$$

使用式(8.2)及私人储蓄和公共储蓄的定义，我们可以将国民储蓄重新表达为

$$S = S_{私人} + S_{公共} \tag{8.3}$$

式(8.3)确认了国民储蓄是私人储蓄与公共储蓄之和的事实。因为私人储蓄可以进一步分解为家庭储蓄和企业储蓄，可知国民储蓄由家庭、企业和政府三个储蓄群体的储蓄构成。

公共储蓄和政府预算

尽管很多人对家庭储蓄和企业储蓄并不陌生，但是没有多少人能够理解政府也能储蓄这一事实。公共储蓄与政府支出、征税的决定紧密相关。政府通过对私人部门征税来

为其巨大的支出提供资金。如果某一年税收和支出相等,那么政府就被称为拥有一个平衡的预算。如果某一年政府支出超过税收收入,政府支出比税收收入多出的金额就称为**政府预算赤字**。如果政府出现赤字,它必须通过发行政府债券向公众借款来弥补差额。从代数上讲,政府预算赤字可以写成 $G-T$,即政府购买减去净税收。

如果某一年政府支出少于税收收入,税收收入比政府支出多出的金额就称为**政府预算盈余**。当政府拥有盈余时,它会用这笔资金向公众偿还已有的债务。代数上,政府预算盈余可以写成 $T-G$,即净税收收入减去政府购买。

如果政府预算盈余的代数表达 $T-G$ 让你觉得很熟悉,那是因为它也是我们之前所看到的公共储蓄的定义。因此,公共储蓄和政府预算盈余是一致的。换言之,当政府征收的税收比支出多时,公共储蓄就是正的;当政府的支出比征收的税收多时,公共储蓄就是负的。

例 8.4 说明了公共储蓄、政府预算盈余及国民储蓄之间的关系。

例 8.4　政府储蓄

政府储蓄如何计算?

以下是 2000 年美国政府的收入和支出数据。计算:(1)联邦政府的预算盈余或赤字;(2)各州和地方政府的预算盈余或赤字;(3)政府部门对国民储蓄的贡献。

单位:亿美元

联邦政府	
收入	2 068.4
支出	1 912.9
各州和地方政府	
收入	1 304.1
支出	1 344.8

数据来源:美国经济分析局(www.bea.gov),NIPA 表 3.2 和表 3.3。

联邦政府的收入减支出为 20 684－19 129＝1 555,即联邦政府 2000 年的预算盈余为 1 555 亿美元。州和地方政府的收入减支出为 13 041－13 448 ＝－407,即州和地方政府的总预算赤字为 407 亿美元。整个政府部门的预算盈余,即联邦政府盈余减州和地方政府赤字,为 1 555－407＝1 148(亿美元)。因此,2000 年政府部门对美国国民储蓄的贡献为 1 148 亿美元。

练习 8.4

与例 8.4 类似,以下是 2018 年美国政府的收入和支出数据。仍计算:(1)联邦政府的预算盈余或赤字;(2)各州和地方政府的预算盈余或赤字;(3)政府部门对国民储蓄的贡献。

单位：亿美元

联邦政府	
收入	3 497.7
支出	4 507.4
各州和地方政府	
收入	2 623.0
支出	2 862.1

　　如果你正确地完成了练习 8.4，你会发现 2018 年美国政府部门对国民储蓄的贡献是负的，原因是联邦、州和地方政府在该年都出现了预算赤字，使国民储蓄有所减少。

　　图 8.3 给出了美国 1960 年以来的国民储蓄率。图 8.4 则给出了 1960 年以来作为国民储蓄三大组成部分的家庭储蓄、企业储蓄和政府部门储蓄的情况，都按照占 GDP 的百分比衡量。从图中我们注意到，这些年企业储蓄在国民储蓄中起着最为主要的作用，而家庭储蓄的作用相对较小。正如我们在图 8.1 中看到的，自 20 世纪 70 年代中期以来，家庭储蓄一直在减少。

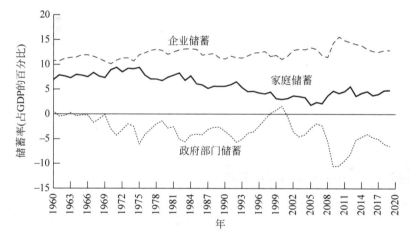

图 8.4　1960—2019 年国民储蓄的三大组成部分

在国民储蓄的三大组成部分中，企业储蓄最为重要。

资料来源：美国经济分析局（www.bea.gov）。

　　随着时间的推移，公共储蓄的贡献变化很大。直到 1970 年前后，联邦、州和地方政府处于大致平衡的预算状态，对国民储蓄贡献甚微。但是到 20 世纪 70 年代后期，公共储蓄开始变成负值，折射出了巨大的财政赤字，其中联邦政府这一层表现得最为明显。在接下来的 20 年里，政府成为国民储蓄的"抽水机"。在 20 世纪 90 年代后期，政府预算接近平衡，到 20 世纪末达到盈余，为国民储蓄做出了积极贡献。2001 年经济衰退前后，政府预算再次出现赤字，2007—2009 年经济衰退期间，政府预算出现了前所未有的赤字。

　　在 2007—2009 年经济衰退后的几年里，政府预算赤字或多或少地回到了 20 世纪 70 年代中期至 90 年代中期的水平。然而，2015 年以后，政府预算赤字再度增加，2020 年更是由于新冠肺炎疫情而大幅攀升。

家庭储蓄少是问题吗？

在本章的开篇及经济自然主义者8.1和8.3中，我们提到，美国家庭的储蓄在过去几十年进一步下降，而且用国际标准来衡量也从未高过。美国家庭储蓄率低（且不断下降）这一问题有多严重？我们将从宏观经济和微观经济的角度回答这个问题。

从宏观经济的角度来看，家庭储蓄少带来的问题可能并不像乍看起来那么严重。要记住，国民储蓄（而不是家庭储蓄）决定了一个经济体投资新资本品和实现生活水平持续改善的能力。尽管美国家庭的储蓄很少，但企业的储蓄却相当可观。美国企业的储蓄在过去几十年一直在增长：如图8.4所示，美国企业的储蓄率从20世纪60年代初占GDP的11%左右缓慢增长到21世纪10年代的13%～15%。总的来说，如图8.3所示的美国国民储蓄率的下降幅度没有如图8.1所示的美国家庭储蓄率那么大。尽管与其他工业国家相比，美国国民储蓄率略低，但仍足以使美国成为世界上生产率最高的经济体之一。[①]

然而，从微观经济的角度来看，家庭储蓄率低确实说明了一个问题，即美国家庭之间财富巨大且日益增加的不平等。储蓄模式往往会加剧这种不平等，因为经济状况较好的家庭不仅倾向于储蓄更多，而且作为企业主或股东，也是企业储蓄的最终受益者。因此，这些家庭的财富，包括个人资产和企业价值，都是巨大的。相比之下，大多数低收入家庭储蓄很少，没有企业股份，在许多情况下财富很少，其终身储蓄不足5 000美元，甚至为负数（债务及其他负债超过他们的资产）。这些家庭在有人罹患慢性病或失业时往往束手无策，而且几乎完全依靠社会保障等政府支持计划才能在退休后维持生计。对于这一群体来说，低家庭储蓄率无疑是一个令人担忧的问题。

重点回顾：国民储蓄及其组成部分

- 国民储蓄，即整个国家的储蓄，可以定义为 $S=Y-C-G$，其中，Y 是 GDP，C 是消费支出，而 G 是政府购买。国民储蓄是公共储蓄与私人储蓄之和：$S = S_{私人} + S_{公共}$。

- 私人储蓄，即私人部门进行的储蓄，可以定义为 $S_{私人} = Y-T-C$，其中 T 是净税收支付额。私人储蓄还可以进一步分为家庭储蓄和企业储蓄。

- 公共储蓄，即政府部门进行的储蓄，可以定义为 $S_{公共} = T-G$。公共储蓄等于政府预算盈余 $T-G$。当政府预算处于盈余时，公共储蓄为正值；当政府预算处于赤字时，公共储蓄为负值。

投资和资本形成

从整个经济的角度来看，国民储蓄的重要性在于它提供了投资所需的资金。投资（新

[①]　正如我们将在第10章中所讨论的那样，除了国内储蓄外，美国还从国外吸引储蓄。

资本品和住房的创造)对于提高平均劳动生产率、改善生活水平非常关键。

是什么因素决定了企业是否投资及投资多少?企业购买新资本品的理由与雇用工人的理由一样:它们觉得这样做有利可图。如第 7 章所述,雇用额外一名工人的利润主要取决于两个因素:雇用工人的成本与工人的边际产值。同样,企业是否选择添置新厂房和新机器也取决于使用它们的预期成本和预期收益,其中预期收益等于新投资将带来的边际产值。

例 8.5　资本品投资(1)

劳伦是否应该购买割草机?

劳伦正在考虑从事草地养护工作。她可以通过贷款(年利率为 6%)购买价值 4 000 美元的割草机。凭借割草机及自己的劳动,扣除汽油和设备维护成本后,劳伦每个夏天净收入 6 000 美元。这 6 000 美元净收入中的 20% 必须以税收方式交给政府。假设劳伦除了草地养护外,还有另一份工作可以选择,从事这一工作可获得 4 400 美元的税后收入。假设割草机随时都能以初始购买价 4 000 美元重新出售。那么,劳伦是否应该购买割草机?

要决定是否投资新的资本品(割草机),劳伦应当比较财务收益和成本。如果使用割草机,扣除汽油和维护成本后,她能获得 6 000 美元的净收入。但是,这笔收入中的 20%,即 1 200 美元必须以税收形式上缴,因此劳伦最后得到的只有 4 800 美元。劳伦从事其他工作也可以获得 4 400 美元的税后收入,于是劳伦购买割草机的财务收益等于 4 800 美元与 4 400 美元之间的差额,即 400 美元,这 400 美元就是割草机的边际产值。

因为割草机的价值不随时间减少,而且汽油和维护成本都已被扣除,所以劳伦需要考虑的成本就只剩下割草机贷款的利息。劳伦每年必须为 4 000 美元支付 6% 的利息,即 240 美元。因为财务成本比财务收益(也就是割草机的边际产值)少 400 美元,所以劳伦应该购买割草机。

当投资割草机的成本和收益发生变化时,劳伦的决定也可能会变化,如例 8.6 所示。

例 8.6　资本品投资(2)

成本与收益的变化会如何影响劳伦的决定?

改变其中一些假设,其他假设与例 8.5 一样,考虑劳伦是否应该购买割草机:

(1) 利率变成 12%,而不是 6%。

(2) 割草机的购买价为 7 000 美元,而不是 4 000 美元。

(3) 劳伦净收入的税率为 25%,而不是 20%。

(4) 割草机没有劳伦预想的那么有效率,以至于她的净收入只有 5 500 美元,而不是 6 000 美元。

在上述每种情况下,劳伦必须比较购买割草机的财务成本和收益:

(1) 如果利率为 12%,那么利息成本将变成 4 000 美元的 12%,即 480 美元,超过了割草机的边际产值 400 美元。劳伦不应该购买割草机。

(2) 如果割草机的成本是 7 000 美元,那么劳伦必须借 7 000 美元而不是 4 000 美元。在 6% 的利率下,她的利息成本将变成 420 美元——太高了,不值得购买,因为边际产值为 400 美元。

(3) 如果税率是 25%,那么劳伦必须上缴 6 000 美元中的 25%,即 1 500 美元的税。税后,她的割草收入为 4 500 美元,比她从事另一种工作所能获得的收入仅多 100 美元。另外,这 100 美元也不足以弥补劳伦必须支付的利息成本 240 美元。所以,劳伦不应该购买割草机。

（4）如果割草机没有预想中的有效，以至于劳伦只能获得 5 500 美元的净收入，则税后劳伦将只剩下 4 400 美元——与她从事另一种工作收入相同。所以，在这种情况下，割草机的边际产值为 0。只要利率大于 0，劳伦就不应该购买割草机。

练习 8.5

改变例 8.5 中的假设，在这一年时间里，损耗使割草机的价值从 4 000 美元减少到 3 800 美元。劳伦应当购买割草机吗？

例 8.5 和例 8.6 说明了企业在决定是否投资新资本品时所考虑的那些主要因素。在成本方面，有两个重要因素：资本品的价格和实际利率。很明显，新资本品越贵，企业就越不愿意对其进行投资。当割草机的价格为 4 000 美元时，购买割草机是有利可图的，但是当价格变成 7 000 美元时，就不是这样了。

为什么实际利率对于投资决定而言是一个重要的因素？最直接的一种情况是当企业不得不借款（就像劳伦那样）购买新资本品时，实际利率决定了企业还债时的实际成本。正如抵押贷款是购房的成本一样，融资成本是拥有和运行资本的主要成本。实际利率增加，其他条件一样，资本品购买对企业的吸引力将会减少。

即使企业不需要依靠借款来买新资本——比如说，因为已经积累了足够的利润来购买资本——实际利率仍然是决定投资的一个重要变量。如果企业不用利润购买新资本，它很可能会用这些利润来购买金融资产，如能为企业赚取利息收益的债券。如果企业用利润购买新资本而不是债券，它就放弃了赚取利息收益的机会。因此，实际利率衡量的是资本投资的机会成本。实际利率增加使投资新资本的机会成本也增加，从而减少了企业投资的意愿，即使这些企业并不用靠借款来购买新的机器设备。

在收益方面，决定企业投资的关键因素是新资本的边际产值，边际产值应当用资本产生的收入扣除运营维护成本来计算。边际产值受一些因素的影响，如能增加单位资本创造的产品与服务的技术进步将会增加资本的边际产值。用资本生产的产品与服务的价格的提高也能增加资本的边际产值，因此也增加了投资的可能性。例如，如果割草服务的价格上升，其他条件一样，投资割草机对于劳伦来说更有利可图。

重点回顾：影响投资的因素

下列因素中的任何一个都将增加企业投资新资本的意愿：

1. 新资本品价格的下降；

2. 实际利率的下降；

3. 提高资本边际产量的技术进步；

4. 对资本所产生的收入减税；

5. 企业产出相对价格的提高。

储蓄、投资和金融市场

　　储蓄与投资是由不同的力量决定的。不过,归根结底,在一个没有国际借贷的经济体中,国民储蓄必须等于投资。储蓄的供给(由家庭、企业和政府提供)和储蓄的需求(由希望购买或建设新资本的企业提供)通过金融市场的运作实现均衡。图 8.5 说明了这一过程。国民储蓄和投资的数量用横轴来衡量,实际利率用纵轴来衡量。正如我们将看到的,在储蓄市场上,实际利率发挥着"价格"的作用。

　　在图 8.5 中,储蓄的供给用向上倾斜的曲线 S 表示。这一曲线表示的是在每一个实际利率下,家庭、企业和政府愿意提供的资金量。曲线之所以向上倾斜是因为实证表明实际利率的增加会刺激储蓄。储蓄的需求用向下倾斜的曲线 I 表示。这一曲线表示的是在每一个实际利率下,企业将会选择投资新资本的资金量,也就是他们需要从金融市场上借入的资金量。因为较高的实际利率提高了借款的成本、减少了企业投资的意愿,所以储蓄的需求曲线向下倾斜。

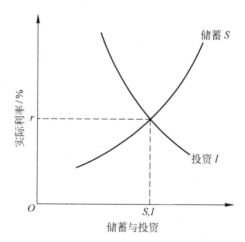

图 8.5　储蓄的供给和需求

储蓄的供给方是家庭、企业和政府,需求方则是那些想投资新资本品的借款者。储蓄的供给(S)随着实际利率的增加而增加,投资者对储蓄的需求(I)随着实际利率的增加而减少。在金融市场达到均衡时,实际利率使储蓄的供给等于需求。

　　姑且把向外国借款的可能性(将在第 10 章探讨)放在一边,假设一个国家只能用储蓄者提供的资金进行投资,则达到均衡时,投资(储蓄的需求)等于国民储蓄(储蓄的供给)。如图 8.5 所示,储蓄和投资通过实际利率的调节达到相等。实际利率的运动使市场出清,与苹果价格使苹果市场出清的方式一样。在图 8.5 中,使储蓄市场出清的实际利率为 r,这一实际利率对应着供给曲线与需求曲线的交点。

　　把实际利率推向均衡水平的那股力量与其他供求情形下促成均衡的力量是相似的。假设现在实际利率超过 r。在这一较高的实际利率下,储蓄者提供的资金将超过企业愿意进行的投资。出借者(储蓄者)之间为了吸引借款者(投资者)而进行竞争,从而使实际利率下降。实际利率将一直下降,直至 r。在这一水平下,借款者和出借者都达到满意状态,金融市场上没有留下其他机会。因此,在这个市场上均衡原理成立。如果实际利率低于 r 又会如何?

除了实际利率之外还有其他能影响储蓄供给或需求的因素,它们的变化将使这些曲线发生移动,导致金融市场实现新的均衡。实际利率的变化并不能使供给曲线或需求曲线移动,就像苹果价格的变化不能使苹果的需求或供给移动一样,因为实际利率对储蓄的影响已经包含在曲线的倾斜度中了。下面几个例子就是金融市场供求模型的应用。

例 8.7　新技术的影响

新技术的引入将如何影响储蓄、投资和实际利率?

20 世纪 90 年代末,一系列令人激动的新技术被引入经济生活,如互联网和遗传学的新应用。其中一些技术在当时来看具有巨大的商业前景。这些新技术的引入将如何影响储蓄、投资和实际利率?

任何有着商业应用前景的新技术的引入都将为那些把技术成果带给大众的商家带来丰厚的利润。用经济学家的话说,技术的突破提高了新资本的边际产量。图 8.6 显示的就是技术突破带来的影响,它直接导致资本的边际产量提高。在任何一个给定的实际利率下,资本边际产量的增加将使企业更愿意投资。因此,新技术的出现使储蓄的需求曲线向右上方移动,从 I 到 I'。

在新的均衡点 F,投资和国民储蓄比之前的均衡水平高,实际利率也比之前高,从 r 上升到 r'。实际利率上升说明投资者对资金的需求增加了,因为他们急于使用新技术。同时,由于实际回报提高所带来的激励,储蓄也增加了。事实上,20 世纪 90 年代后期,美国的实际利率相对较高(参见图 8.2),投资率也比较高,反映了新技术所创造的机会。

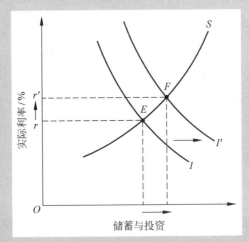

图 8.6　新技术对国民储蓄和投资的影响
技术的突破增加了新资本品的边际产量,增加了投资和对储蓄的需求。实际利率上升,国民储蓄和投资也上升。

例 8.8 考察的是改变财政政策对储蓄市场的影响。

例 8.8 政府预算赤字的增加

政府预算赤字的增加对储蓄、投资和实际利率有何影响?

假设政府在税收不变的情况下增加了支出,从而增加了预算赤字(或者减少了预算盈余)。这一决定对国民储蓄、投资和实际利率有何影响?

国民储蓄既包括私人储蓄(家庭和企业的储蓄),又包括公共储蓄(等于政府预算盈余)。政府预算赤字的增加(或者是盈余的减少)将会使公共储蓄减少。假设私人储蓄不变,那么公共储蓄的减少将会使国民储蓄减少。

图 8.7 显示的是政府预算赤字对储蓄和投资市场的影响。在任何一个实际利率水平下,较高的赤字将会减少国民储蓄,导致储蓄曲线向左移动,从 S 到 S′。在新的均衡点 F,实际利率提高了,变为 r′,国民储蓄和投资都有所降低。从经济学的角度看,政府也挤入了私人储蓄的"池塘"中,通过向大众发行债券为其预算赤字融资。政府额外的借款行为迫使投资者围绕较少的储蓄开展竞争,拉升了实际利率。较高的实际利率使投资的吸引力减少,所以投资随国民储蓄而减少将是必然结果。

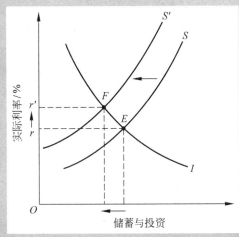

图 8.7 政府预算赤字对国民储蓄和投资的影响
政府预算赤字增加,将会使储蓄的供给减少,从而使实际利率上升、投资减少。政府赤字增加导致新资本投资减少的现象被称为挤出。

政府预算赤字增加使投资支出减少,这种现象被称为**挤出**。投资支出减少意味着资本形成放慢,从而使经济增长放缓。预算赤字对经济增长的这一负面效应就是赤字最重要的成本,也是经济学家建议政府缩小赤字规模的理由。

练习 8.6

假设多数公众在对储蓄的决定上变得不太像本章寓言故事中提到的"蚂蚁",而比较像"蚱蜢",对未来的储蓄不太关心。公众的这种态度变化将如何影响资本形成率及经济增长?

在国家层面,高储蓄率将使新资本品的投资增加,从而使生活水平提高。在个人或者家庭层面,高储蓄率将促进财富的积累,提高防范风险的能力。本章我们研究了影响储蓄和投资决定的一些因素。下一章将会更为仔细地研究储蓄者如何持有其财富及金融系统如何将现有的储蓄分配给最有效率的投资项目。

经济自然主义者8.4　近几十年来,全球实际利率为何下降了?

过去几十年间,世界各国的实际利率明显下降。在美国,联邦政府借入的10年期国债的实际利率从20世纪80年代初的7%~8%下降到21世纪10年代的0~2%。所有发达经济体都存在这种趋势。这一现象可以用什么来解释?是否存在增加国民储蓄的政府政策?

一般来说,实际利率的变化可能由储蓄供给的变化、新资本投资需求的变化或二者同时引起。由于利率几十年来的下降已经成为一种全球现象,潜在的解释必须考虑到全球供给和需求的变化。事实上,供求双方都发挥了重要作用。

为了简单起见,让我们把世界看作一个单一的市场。[①] 在供给方面,随着全球收入的增长,全球储蓄也在增长(回想我们在第6章对全球收入增长的讨论)。包括人口老龄化和寿命延长在内的人口因素也很重要。由于人口老龄化,越来越多的人处于最需要为退休储蓄的年龄。由于寿命的延长,人们期望退休后会生存更多年,因此需要储蓄更多。

在需求方面,全球人口增长速度放缓导致劳动力增长速度放缓,减少了对新资本的需求,进而减少了对资本的需求。此外,许多新兴行业(如社交媒体)比传统制造业需要更少的实物资本,这进一步减少了需求。

较高的全球储蓄和较低的全球投资结合在一起,有助于解释实际利率的下降趋势。[②]

重点回顾:储蓄、投资和金融市场

- 金融市场汇集了储蓄的供给者(家庭、企业和政府)和储蓄的需求者(希望购买或建设新资本品的企业)。
- 撇开向外国人借款的可能性不谈,一国只能投资储户提供的资源。因此,在均衡状态下,预期投资(储蓄需求)必须等于预期国民储蓄(储蓄供给)。
- 在均衡状态下,通过调整实际利率,供给和需求是相等的,实际利率是储蓄的"价格"。
- 影响储蓄供求的实际利率以外的因素的变化将改变供求曲线,使金融市场实现新的均衡。

---

① 本章我们将重点放在国内金融市场上,而不考虑向外国人借款和向国外投资的可能性。这些将在第10章探讨。这里我们将整个世界视为一个国家。

② 全球储蓄相对于全球投资的增长被称为全球储蓄过剩,参见"The Global Saving Glut and the U. S. Current Account Deficit," remarks by Governor Ben S. Bernanke at the Sandridge Lecture, Virginia Association of Economists, Richmond, Virginia, March 10, 2005, www. federalreserve. gov/boarddocs/speeches/2005/200503102/。增长放缓和资本需求下降是长期停滞假说的两个方面,参见"U. S. Economic Prospects: Secular Stagnation, Hysteresis, and the Zero Lower Bound," keynote address by Lawrence H. Summers at the NABE Policy Conference, February 24, 2014, *Business Economics* 49, pp. 65-73。

- 例如,以下任何一个因素都会增加企业投资新资本的意愿,从而使需求曲线向右移动:

(1) 新资本品的价格下降。

(2) 有助于增加资本边际产品的技术进步。

(3) 针对资本收入减税。

(4) 企业产出的相对价格提高。

小结

总体而言,储蓄等于当期收入减去为当期需要所进行的支出;储蓄率是储蓄额占收入的比率。财富或净价值,等于资产(实物或金融项目的价值)减去负债(债务)的市场价值。储蓄是一个流量,用单位时间的金额来衡量;财富是一个存量,用某一个时点的金额来衡量。就像浴盆中的水量按照水流入的速度发生变化一样,财富存量也以储蓄率的速度增加。如果现有资产的价值上升(资本收益),财富也会增加;如果现有资产的价值下跌(资本损失),财富也会减少。

个人或家庭会出于很多理由进行储蓄,具体包括:生命周期目标,如为退休或新住宅储蓄;为应付突发事件储蓄(预防性储蓄);为留下遗产储蓄(遗赠性储蓄)。人们储蓄的量还受实际利率的影响,实际利率是储蓄的"奖赏"。经验证据表明,较高的实际利率将会导致储蓄的适度增加。储蓄还受心理因素的影响,如自我控制程度和与周围群体拥有相同消费水平的欲望(示范效应)。

整个国家的储蓄就是国民储蓄 S。国民储蓄可以定义为 $S=Y-C-G$,其中 Y 代表总产出或总收入,C 等于消费支出,G 等于政府购买。国民储蓄可以分解为私人储蓄($Y-T-C$)和公共储蓄($T-C$),其中 T 代表私人部门支付给政府的税减去政府支付给私人部门的转移支付及利息所得的差额。私人储蓄可以进一步分解为家庭储蓄和企业储蓄。在美国,私人储蓄的很大一部分来自企业。

公共储蓄与政府预算盈余是等价的,都是 $T-G$。如果政府在预算赤字下运行,那么公共储蓄就是负的。美国的国民储蓄率与其他工业国家相比是比较低的,但是它比美国的家庭储蓄率高且稳定,而且在过去几十年间下降较少。

投资是购买或者建设新资本品的行为,住房也属于新资本品的范畴。当投资收益大于成本时,企业就会选择对新资本品进行投资。决定投资成本的两个因素是新资本品的价格和实际利率。实际利率越高,借款就越昂贵,企业也就越不愿意投资。投资的收益是新资本的边际产值,它取决于新资本品的生产率、对收入征的税及企业产出的相对价格等因素。

不考虑国际借贷时,国民储蓄的供给和需求必须相等。国民储蓄的供给取决于家庭、企业的储蓄决定以及政府的财政政策(它决定了公共储蓄的量)。对储蓄的需求等于企业想要在新资本上投资的数量。实际利率作为借款的价格,它的不断调整最终使国民储蓄的供给和需求相等。能影响国民储蓄的供给或需求的因素将改变储蓄、投资及均衡时的实际利率。例如,政府预算赤字的增加将减少国民储蓄和投资,提高均衡时的实际利率。政府预算赤字增加导致投资减少的现象被称为挤出。

名词与概念

assets	资产	life-cycle saving	生命周期型储蓄
balance sheet	资产负债表	national saving	国民储蓄
bequest saving	遗赠性储蓄	net worth	净价值
capital gains	资本收益	precautionary saving	预防性储蓄
capital losses	资本损失	private saving	私人储蓄
crowding out	挤出	public saving	公共储蓄
flow	流量	saving	储蓄
government budget deficit	政府预算赤字	saving rate	储蓄率
		stock	存量
government budget surplus	政府预算盈余	transfer payments	转移支付
		wealth	财富
liabilities	负债		

复习题

1. 用流量和存量的概念解释储蓄与财富之间的关系。储蓄是财富增加的唯一方法吗? 说出你的理由。

2. 说出储蓄的三个基本动机,就每个动机举一例加以说明。心理学家认为还有哪些因素对储蓄比较重要?

3. 结合储蓄的一般概念,给出国民储蓄的定义。为什么美国关于国民储蓄的标准定义会低估经济中的真实储蓄量?

4. 美国的家庭储蓄率非常低。对于美国经济来说这是问题吗? 说出你的理由。

5. 为什么实际利率的增加会减少对储蓄的需求?(提示:谁是储蓄的需求者?)

6. 列举能增加储蓄供给的一个因素以及能增加对储蓄需求的一个因素。分别说明各种情况下,各因素对储蓄、投资和实际利率的影响。

练习题

1. 科瑞有一辆价值 300 美元的山地自行车、一张欠款 150 美元的信用卡、200 美元现金、价值 400 美元的 Sandy Koufax 棒球卡、1 200 美元的支票账户及一张 250 美元的电费账单。

(1) 为科瑞编制资产负债表并计算他的净价值。解释下述各种事件将如何影响科瑞的资产、负债和财富。

（2）科瑞去棒球卡中心询问，发现他的棒球卡是伪造的，毫无价值。

（3）科瑞从工资里取出 150 美元用于支付信用卡欠款，剩下的收入全都花光了。

（4）科瑞从支票账户里取出 150 美元用于偿还信用卡欠款。

在后面三个事件里，哪一个事件对应科瑞的储蓄部分？

2. 说明下列变量是存量还是流量，并解释。

（1）国内生产总值；

（2）国民储蓄；

（3）2020 年 1 月 1 日美国房地产股票的价值；

（4）美国货币今天早上的流通额；

（5）政府预算赤字；

（6）2020 年 1 月 1 日政府尚未偿还的总债务额。

3. 艾莉和文斯是一对夫妇，他们都是大学毕业，现在都有工作。你预测一下，下面这些事件将会如何影响他们每月储蓄的量，并用储蓄动机术语解释你的答案。

（1）艾莉得知自己怀孕了。

（2）文斯通过报纸了解到他所在的行业可能会裁员。

（3）文斯希望父母能够在他们夫妇购买住房时提供帮助，却发现父母无力负担。

（4）艾莉宣布过几年，她想去学习法律。

（5）股市的繁荣使夫妇俩的退休金价值增加了。

（6）文斯和艾莉同意在遗嘱中给当地的慈善机构留下一笔可观的钱。

4. 个人退休金账户是美国政府为了鼓励储蓄而建立的。选择将部分当期收入存入个人退休金账户的人，不用为存款缴纳所得税，也不需要为账户中收入所获得的利息缴纳所得税。但是，从账户中取出存款时，取出的所有金额将会被当成收入按照个人当期收入税率征税。与此形成鲜明对比的是，将当期收入存入非个人退休金账户的人必须为存款和利息支付收入税，但是取出存款时，不用为此纳税。个人退休金账户区别于普通储蓄账户的另一个特征是：个人退休金账户中的存款除存款人需要缴纳巨额罚款外，不能在退休前取出。

（1）莎拉 5 年后就要退休，刚获得了 10 000 美元的奖金。她在考虑是把这笔额外收入存入个人退休金账户还是普通储蓄账户。这两个账户的名义年利率都是 5%，莎拉每年（包括退休那年）都要缴纳 30% 的税。比较两种储蓄策略下，扣除税金后，莎拉 5 年后得到的总金额。个人退休金账户对她来说是一个好的选择吗？

（2）你觉得个人储蓄账户的普及能增加家庭储蓄的量吗？在：①储蓄对实际利率变化时的反应；②储蓄的心理理论这两方面的指导下回答。

5. 针对下面的每一小题，用给出的经济数据计算国民储蓄、私人储蓄、公共储蓄和国民储蓄率。

（1）家庭储蓄＝200　　企业储蓄＝400　　政府购买＝260

　　政府转移支付和利息支付＝135

　　税收收入＝245　　GDP＝3 000

（2）GDP＝6 400　　税收收入＝1 925

　　政府转移支付和利息支付＝400

　　消费支出＝4 570　　政府预算盈余＝100

（3）消费支出＝4 800　　投资＝1 000

　　政府购买＝1 000　　净出口＝16

　　税收收入＝1 700

　　政府转移支付和利息支付＝500

6. 艾莉和文斯正考虑是否购买新住宅。他们看中的房屋售价为200 000美元。每年的维护、税收和保险等成本等于住宅价值的4%。如果维护适当,房屋的实际价值将不会改变。经济中的实际利率为6%,艾莉和文斯能以这一利率借到购房的全部资金(简单起见,假设没有首付),忽略在美国抵押利息支付可以减税这一事实。

　　(1) 艾莉和文斯每月愿意为与他们考虑购买的房子相同质量的房屋支付1 500美元租金,他们应该买下这个房屋吗?

　　(2) 如果他们愿意支付2 000美元月租金,(1)中的答案是否会改变?

　　(3) 如果实际利率是4%而不是6%,(1)中的答案是否会改变?

　　(4) 如果开发商愿意以150 000美元的价格卖给艾莉和文斯,(1)中的答案是否会改变?

　　(5) 为什么房地产公司不喜欢高利率?

7. 新电影院综合建筑的建造者正在考虑需要多少银幕。以下是她根据已有的银幕数量对每年吸引的顾客数量进行的估计。

银幕数量/个	顾客总人数/人
1	40 000
2	75 000
3	105 000
4	130 000
5	150 000

　　支付电影分销商及其他所有非利息费用后,所有者预期每张电影票能卖2美元。每个银幕的建设成本为100万美元。

　　(1) 画一张表格,计算从1到5个时每个银幕的边际产值。边际产值的这一趋势能说明什么问题?

　　(2) 如果实际利率是5.5%,将会建造多少个银幕?

　　(3) 如果实际利率是7.5%呢?

　　(4) 如果实际利率是10%呢?

　　(5) 如果实际利率是5.5%,那么建设成本需要下降到什么程度,建造者才会愿意建造有五个银幕的综合建筑?

8. 针对下列场景,使用供求分析来预测实际利率、国民储蓄和投资的变化,画图加以说明。

　　(1) 立法委员会通过了10%的投资税收优惠政策。在这一法案下,企业在新资本设备上每花费 100 美元,就能从政府那里得到 10 美元额外的税收返还。

（2）军费开支的减少使政府预算从赤字转为盈余。

（3）新一代的数控机器投入使用。这些机器生产产品更加迅速,瑕疵也更少。

（4）政府提高了对企业利润的征税力度,其他项目的税收政策也发生了变化,以使政府预算赤字不变。

（5）对工作安全的关注使预防性储蓄增加了。

（6）新的环境规制增加了企业运营性资本的成本。

正文中练习题的答案

8.1　如果康斯薇洛的学生贷款额是 6 500 美元而不是 3 000 美元,她的负债将变成 6 750 美元(学生贷款加上信用卡欠款)而不是 3 250 美元。她的资产价值没有变,为 6 280 美元。在这一情况下,康斯薇洛的财富是负的,因为其资产价值 6 280 美元减去负债 6 750 美元等于 -470 美元。负的财富或者说负的净价值意味着一个人欠的比拥有的多。

8.2　如果水从浴盆里抽出来,那么流量就是负的,等于 -3 加仑/分钟。下午 7:16 时,浴盆里的水为 37 加仑,7:17 时为 34 加仑。存量的变化率为 -3 加仑/分钟,与流量相同。

8.3　（1）康斯薇洛把她日常的 20 美元存起来,但是她也引入了 50 美元新债务。所以她每周的净储蓄是 -30 美元。因为她的资产(支票账户)增加了 20 美元,但是她的债务(信用卡欠款)也增加了 50 美元,她的财富减少了 30 美元。

（2）为了还清信用卡欠款,康斯薇洛从支票账户里取出 300 美元偿还信用卡欠款,因此资产减少了 300 美元,她的信用卡欠款也等额减少到 0。因此,她的财富不变。她的储蓄也不变(注意:康斯薇洛的收入与花在当期需要上的支出不变)。

（3）康斯薇洛汽车价值的增加使她的资产增加了 500 美元。所以她的财富也增加了 500 美元。现有资产价值的变化不属于储蓄部分,因此她的储蓄额不变。

（4）康斯薇洛家具价值的下降额为 300 美元,属于资本损失。她的资产和财富减少了 300 美元。她的储蓄不变。

8.4　美国联邦政府的支出大于收入,因此存在赤字。联邦政府的预算赤字等于支出 (4 507.4 亿美元)减收入(34 977 亿美元),即 10 097 亿美元。相应地,联邦政府的预算盈余为 -10 097 亿美元。州和地方政府的预算赤字等于支出(2 862.1 亿美元)减收入 (2 623 亿美元),即 2 391 亿美元。整个政府部门的赤字为 1 009.7+239.1=12 488(亿美元)。(你也可以通过将联邦政府与州和地方政府的支出相加,并将这个数字跟联邦政府与州和地方政府收入之和进行比较来找出答案。)2018 年,美国政府部门对国民储蓄的贡献为负数,等于 -12 488 亿美元。

8.5　每年 200 美元的价值损失是拥有割草机的另一项金融成本,因此劳伦在决定是否购买割草机时应当把这一成本考虑进去。现在,她的总成本是 240 美元利息成本加上 200 美元割草机价值损失(折旧),即 440 美元。这超过了边际产值 400 美元,所以现在劳伦不应该购买割草机。

8.6　家庭储蓄是国民储蓄的一部分。家庭储蓄的下降将导致国民储蓄下降,在任何给定的实际利率水平下,将会使储蓄供给曲线向左移动。结果如图 8.7 所示。实际利率上升,国民储蓄和投资的均衡价值下降。低投资意味着低资本形成率,最终将使经济增长放缓。

第 9 章

货币、价格与美联储

学习目标

学完本章,你应该能够:

1. 讨论货币的三种功能及货币供给是如何度量的。

2. 分析商业银行的行为对货币供给的影响。

3. 描述美联储的结构和职责。

4. 解释为什么控制货币供给很重要,以及从长远来看,货币供给如何与通货膨胀相关。

你可能听过诸如"时间就是金钱""有钱能使鬼推磨"等说法。人们在使用"金钱"一词时所要表达的意思往往与经济学家所要表达的意思不同。对经济学家来说,当你拿到薪水时,你就获得了收入,而你没有花在当期需要上的钱就是储蓄。或者再想想那些在股市上表现出色的人:大多数人会说自己在市场上"赚了钱",但经济学家却不这样说,他们会说"这些人的财富增加了"。这些名词虽然不能组成一首让人难忘的歌曲,但是一位优秀的经济自然主义者必须谨慎使用收入、储蓄、财富和金钱等词语,因为每个词语都在金融体系中扮演着不同的角色。

本章我们讨论了货币在现代经济中的作用:为什么它很重要,它是如何衡量的,以及它是如何创造的。货币在日常经济交易中起着重要作用,但正如我们将看到的,它在宏观层面上也相当重要。宏观经济政策的三种主要类型之一,即货币政策,主要与决定允许多少货币在经济中流通有关。在美国,货币政策由中央银行美联储制定。由于美联储决定了国家的货币供给,本章还介绍了美联储,并讨论了美联储可以使用的一些政策工具。最后,本章讨论了货币流通量与通货膨胀率之间的重要关系。

▼ 货币及其用途

到底什么是货币?对经济学家而言,**货币**是任何可以在购买中使用的财产。现代世界中,货币的两个普遍例子是通货和硬币。而支票账户余额则代表了另一种可以用于支付(当你开支票购买食品、杂货时)的资产,因此它也属于货币。相反,像股票这样的资产就不能在多数交易中直接使用。股票必须先被卖掉——转化成现金或者支票账户存款,然后才能开展交易,比如购买食品、杂货。

历史上,很多物品都曾被当作货币使用,如可可豆(阿兹特克人使用,直到16世纪西班牙人到来之前,阿兹特克人一直统治着墨西哥中部)、金银币、贝壳、珠子、羽毛及亚普岛上不可移动的巨石等。在金属货币问世以前,最常见的货币是在南太平洋发现的一种贝壳——货贝。直到最近,非洲一些地方仍在把货贝作为货币使用,例如乌干达,它在20世纪初还将货贝作为官方认可的货币,允许民众用这种贝壳交税。今天的货币可以是无形的,比如你的支票账户。

为什么人们要使用货币?货币有三个主要用途:交易媒介、计价单位和价值储藏。

当货币被用于购买产品或服务时,比如你用现金购买报纸或者开支票支付水电费账单,它就作为一种**交易媒介**在发挥作用。这是货币的第一个功能,也是最关键的功能。试想一下,如果没有货币,日常生活将会变得多么复杂。没有货币,所有的经济交易都会以**物物交换**的形式进行,也就是说,一种产品或服务必须直接与另一种产品或服务进行交换。

物物交换的效率很低,因为它需要参与交换的双方都拥有对方想要的东西,即需求的双向符合。例如,在一个物物交换的系统中,一名音乐家必须找到一个愿意用食物交换其音乐表演的人,才能享用到正餐。按照常理来说,要达成这种需求的匹配,即双方正好需要对方所提供的商品,是非常困难的。在有货币的世界,上面提到的音乐家的问题就变得比较简单了。首先,她要找到一个愿意为其音乐表演支付报酬的人;然后,她可以用表演得到的钱去购买所需的食物及其他产品与服务。在使用货币的社会,想听音乐的人和愿意为音乐家提供食物的人不必是同一个人。换句话说,对产品与服务的需求不再需要满足"双向符合"的条件。

进行物物交换时人们不得不寻找需求的双向符合,而使用货币的社会则成功地消除了这一问题,从而使个人能够从事特定产品或服务的专业化生产,每个家庭或者乡镇都不用再生产自己最需要的产品。正如我们在第2章提到的比较优势原理,专业化大大提高了经济效率和生活水平。货币在交易中所起的重要作用足以解释为什么储蓄者会选择持有一部分货币,虽然这样做的回报率比较低。例如,现金没有任何利息收入,而支票账户的利息也比其他金融投资方式低。

货币的第二个功能是计价单位。作为**计价单位**,货币是衡量经济价值的一个基本尺度。在美国,所有的价格——包括劳动力价格(工资)和金融资产(如股票)的价格——都是用美元表示的。使用一个通用的计价单位来表示经济价值,便于对不同的产品与服务进行比较。例如,粮食可以用蒲式耳[①]衡量,煤可以用吨衡量,但是如何确定20蒲式耳粮食与1吨煤的经济价值孰多孰少呢?把这两种商品的价值都用美元来表示,就可以比较了。货币作为计价单位的功能与作为交易媒介的功能紧密相关:正因为货币可以用于买卖商品,所以所有商品的价格用它来表示才变得有意义。

货币的第三个功能是**价值储藏**,它是持有财富的一种方式。例如,一个守财奴把他的

---

① 1蒲式耳=36.37升。

现金藏在床垫里,或者在半夜偷偷地把金币埋在老橡树下,所有这些都是他以货币形式持有财富的体现。类似地,如果你在支票账户中习惯性地存有一定金额,那么你也是在以货币形式持有部分财富。尽管货币是经济中的主要交易媒介和计价单位,但是它却不是唯一的价值储藏方式,因为还有其他很多拥有财富的方式,如持有股票、债券或者房地产等。

撇开其交易媒介的作用不谈,对于多数人而言,货币并不是持有财富的首选方式。与政府债券及其他金融资产不同,大多数货币形式是不付息的,而且现金还有丢失或被盗的风险。但是,由于现金有着不记名及难以追踪的优点,对于走私者、毒贩及那些想把资产置于国税局监控视线之外的人来说,它仍然是一种非常有吸引力的价值储藏方式。

经济自然主义者9.1 从伊萨卡小时到比特币:什么是私人货币、社区创造的货币和开源货币?

既然货币是如此有用的工具,为什么货币通常只由政府发行?是否有私人发行或共同创造的货币?

货币通常由政府发行,很少由私人发行,这部分反映了国家对私人发行货币的法律约束。在法律允许的前提下,有时也会出现一些私人货币。[1] 例如,在美国,私人发行的货币在多个团体中流通。在纽约州的伊萨卡(Ithaca),一种私人货币"伊萨卡小时"从1991年开始流通。这种货币是由该镇镇长保罗·格拉夫(Paul Glover)创立的,每单位等价于该县工人平均每小时的工资10美元。这种货币用特殊的油墨印刷以防止伪造,专门发给当地的居民以及在当地投资的外界企业和个人使用。数千企业与个人得到了这种货币,他们用这些货币直接消费。创立人保罗强调这种货币不能在其他地方使用,目的是吸引人们多在本地消费,促进本地经济的发展。

私人货币最近的发展是2009年出现的被称为比特币的虚拟货币。比特币是一种数字货币,由计算机生成的一串串复杂代码组成。比特币网络通过"挖矿"来生成新的比特币。所谓"挖矿"实质上是用计算机解决一项复杂的数学问题,来保证比特币网络分布式记账系统的一致性。比特币网络会新生成一定量的比特币作为对获得答案的人的区块奖励。用户可以使用个人计算机、移动设备或网络应用程序上的专用钱包软件以电子方式发送和接收比特币。截至2020年6月中旬,一枚比特币的价值约为9 300美元,流通量超过1 800万比特币。

尽管比特币有望成为一种去中心化的数字货币,但到目前为止,它作为一种货币并不十分成功,在大多数交易中并未被广泛接受。与投机者的使用相比,比特币的商业使用相对较少,这导致了比特币价格的大幅波动。这种波动性限制了比特币作为稳定的价值储藏和可靠的计价单位的能力。

伊萨卡小时与比特币有何共同点?作为交易媒介,它们都在一个团体内部发挥作用。

度量货币

我们将货币定义为"可以用于购买的金融资产",那么在任意一个给定时刻,美国经济

---

① Barbara A. Good,"Private Money: Everything Old Is New Again,"Federal Reserve Bank of Cleveland, *Economic Commentary*,April 1,1998.

里有多少货币? 这个问题回答起来并不容易,因为在实际中,很难将那些算作货币的资产与那些不算货币的资产明显区分开。美元的存单显然是一种货币,梵高的画肯定不是。这两种情况比较容易鉴别,但其他一些情况就不好区分了。例如,现在经纪公司开始提供一种账户,其所有者可以把股票、债券等金融投资与支票账户、信用卡优惠结合起来。这些账户的全部或部分项目,能算作货币吗? 这很难说清楚。

经济学家通过使用几种不同的定义避开了货币区分的问题,这些定义的宽泛程度逐渐递增。美国经济中,相对较窄的货币定义是 **M1**。M1 等于通货和支票账户余额之和。更广的货币衡量尺度是 **M2**,它等于 M1 中的所有资产加上其他一些额外的支付工具。这些支付工具有的比通货、支票的成本高,有的使用起来可能没有通货、支票方便。表 9.1列出了 M1 和 M2 的各个组成部分,还给出了 2020 年 1 月美国所有类型资产对应的数量。但是,在绝大多数情况下,把通货与支票账户金额之和,即 M1 当作货币就够了。

表 9.1   2020 年 1 月 M1 和 M2 的组成部分   单位:亿美元

M1		3 951.3
通货	1 717.7	
活期存款	1 564.2	
其他支票型存款	669.4	
M2		15 432.2
M1	3 951.3	
储蓄存款	9 908.7	
小面值定期存款	582.1	
货币市场共同基金	990.1	

注:表格已经对季节性变化做了调整。M1 中,通货指的是钞票和硬币,活期存款指的是不付息的支票账户,而其他支票型存款则是指付息的支票账户。M2 不仅包括 M1 中的所有组成部分,还包括储蓄账户的金额,小面值(低于10 万美元)定期存款及货币市场共同基金(MMMFs)。货币市场共同基金将其股份出售给投资者,然后购买安全性资产(如政府债券),并且经常允许其股东拥有一些开支票的特权。

资料来源:联邦储备银行公告 H6(www.federalreserve.gov/releases/h6/20200116)。

需要注意的是,尽管人们越来越多地使用信用卡支付食品、服装、汽车和大学学费等,信用卡余额仍然不能算入 M1 或者 M2,主要原因是信用卡余额不能代表人们的财富。实际上,1 000 美元的信用卡余额代表你 1 000 美元的负债。

重点回顾:货币及其作用

- 货币是任何可以在购买中使用的资产,如通货或者支票账户。当货币被用于购买产品或服务时,它就是一种交易媒介。货币作为交易媒介的用途消除了物物交换的需要,人们再也不用为"需求双向符合"的问题而头疼了。另外,货币还是一种计价单位和价值储藏方式。
- 在实际中,货币的两个基本衡量尺度是 M1 和 M2。M1 是比较窄的衡量尺度,主要由通货和支票账户余额组成。M2 是更广的尺度,包括 M1 中的所有资产及其他一些有效的支付工具。
- 信用卡余额不能被视为货币,因为信用卡余额只是对他人的支付义务。

商业银行和货币的创造

是什么决定了经济中货币的数量？如果经济中的货币完全是由通货供给的，那么答案非常简单：货币供给刚好等于政府创造并投入流通的通货的价值。但是，正如我们所看到的，现代经济的货币供给不仅有通货还有公众在商业（私人）银行的存款。因此，现代经济中货币供给量的决定部分取决于商业银行及其储户的行为。

为了了解商业银行的存在如何影响货币供给，我们将用一个虚构的国家 Gorgonzola 举例说明。首先，我们假设 Gorgonzola 没有商业银行系统。为了便于交易，消除物物交换的需要，政府指示中央银行将 100 万纸币盾投入流通。中央银行先印刷盾，然后将其分配给民众。此时，Gorgonzola 的货币供给就是 100 万盾。

但是，Gorgonzola 的民众对货币供给全由纸币盾构成的现状并不满意，因为纸币很容易丢失或者被盗。为了满足人们安全保管货币的需求，Gorgonzola 的一些企业家建立起商业银行系统。最初，这些银行只是人们用于存放盾的储藏室。当人们需要支付的时候，他们既可以从银行取出盾，也可以更为方便地直接开张支票。

如果使用支票，银行就可以把货币直接从支付方转到收取方。在基于支票的支付系统中，纸币不需要离开银行系统，尽管当一个银行的储户向另一个银行的储户进行支付时，纸币可能会从一个银行流向另一个银行。假设在这个经济体中，存款不支付利息，银行只能通过向储户收取现金保管费来获得利润。

假设与现金相比，现在人们更喜欢银行存款，因此他们会选择把所有的盾都存到商业银行。表 9.2 就是当所有的盾都存到银行时，Gorgonzola 商业银行的资产负债表。

表 9.2　Gorgonzola 商业银行的合并资产负债表（初始）　　　　单位：盾

资　　产		负　　债	
通货	1 000 000	存款	1 000 000

在 Gorgonzola，其商业银行系统的资产是那些放在银行储藏室中的纸币盾。银行系统的负债则是银行顾客的存款，因为那些支票账户都代表银行欠储户的钱。

银行所持有的现金或其他相似的资产被称为**银行准备金**。本例中，所有银行的准备金加总到一起，等于 100 万盾，即合并资产负债表的资产方所列出的通货。银行为了满足储户提款或者开支票的需求，必须持有准备金。本例中，银行 100 万盾的准备金达到存款的 100%。我们把这种银行准备金等于 100% 银行存款的情形称为**100% 准备金运作**。

这些准备金被银行放在储藏室中，没有在公众中流通，因此不能算作货币供给。但是，银行的存款可以用于进行交易，所以它们属于货币。因此，在 Gorgonzola 引入"安全保管"银行后，货币的供给等于银行的存款，即 100 万盾，与引入银行前相等。

不久后，Gorgonzola 的商业银行家开始意识到，为存款储备 100% 准备金是没有必要的，因为只有当储户得到报酬或者开支票时才会有一些盾流入、流出银行，多数情况下大堆的纸币就放在储藏室中，没有被碰过也没有被用过。于是，这些银行家觉得只需要将部分存款作为准备金,就可以满足银行随机的流入、流出需求。经过一番观察后,他们推断只需要保留10%的存款就足以应付取款和支付的随机涨落。银行进一步意识到,剩下90%的存款可以贷给那些借款者以赚取利息。

所以,银行家决定只保留10万盾,即存款的10%,其他90万盾以一定利率借给了Gorgonzola的奶酪生产商。这些商人将用这笔借款来改造农场。贷款后,Gorgonzola所有商业银行的资产负债表发生了变化,如表9.3所示。

表9.3　Gorgonzola商业银行的合并资产负债表(经过第一轮贷款之后)　单位:盾

资　产		负　债	
通货(＝准备金)	1 000 000	存款	1 000 000
对农民的贷款	900 000		

贷款后,银行的准备金变成10万盾,不再等于100%的存款100万盾。相应的,存款准备金率——银行准备金占银行存款的比例,现在等于100 000/1 000 000,即10%。如果一个银行系统持有的准备金少于存款,以至于存款准备金率少于100%,这个系统就被称为**部分准备金银行系统**。

注意,90万盾已经流出银行系统(比如变成了对农民的贷款),现在掌握在公众的手中。我们假设过,比起现金,私人公民在进行交易时更偏爱银行存款。因此,最终人们会把这90万盾再度存入银行系统。这些存款存入银行以后,商业银行的合并资产负债表如表9.4所示。

表9.4　Gorgonzola商业银行的合并资产负债表(贷出的现金再次存入银行之后)

单位:盾

资　产		负　债	
通货(＝准备金)	1 000 000	存款	1 900 000
对农民的贷款	900 000		

我们注意到,银行存款即经济中的货币供给,现在等于190万盾。显然,商业银行系统的存在创造了新的货币。表中作为银行负债的存款与作为资产的100万盾准备金以及90万盾贷款相互平衡。

这个故事到此并没有结束。通过检查资产负债表,银行家们惊奇地发现,准备金又太多了。在190万盾存款以及10%的存款准备金率下,他们只需要19万盾作为准备金就够了。但是他们现在有100万盾准备金——其中的81万盾是多余的。因为把多余的货币贷出所能得到的利润总是比放在储藏室多,所以银行家又开始将这81万盾贷出去。最后,这些贷出的货币又被重新存入银行系统,之后银行的合并资产负债表如表9.5所示。

表9.5　Gorgonzola商业银行的合并资产负债表(经过第二轮贷款之后)　单位:盾

资　产		负　债	
通货(＝准备金)	1 000 000	存款	2 710 000
对农民的贷款	1 710 000		

现在,货币供给增加至 271 万盾,即银行存款的价值。尽管经历了这一轮贷款和存款的扩张,但是银行家发现他们的准备金 100 万盾仍然超过现有存款 271 万盾的 10%。因此,又将发生新一轮的贷出。

练习9.1

对农民进行第三轮贷款而且公众再度将这些货币存入商业银行后,Gorgonzola 银行系统的资产负债表会变成什么样? 此时,货币供给是多少?

贷款和存款的扩张过程当且仅当准备金等于 10% 的银行存款时才会停止,因为只要准备金超过存款的 10%,银行就会发现继续贷出额外的资金有利可图。由于每一轮结束时,准备金都等于 100 万盾,而存款准备金率等于 10%,因此最终总存款必须等于 1 000 万盾。此外,资产负债表的资产与负债必须平衡,所以我们可以推出,最终对奶酪生产商的贷款等于 900 万盾。如果贷款等于 900 万盾,那么银行资产就等于贷款与准备金的总和,即 1 000 万盾,与银行负债相同。最终的资产负债表如表 9.6 所示。

表 9.6　**Gorgonzola 商业银行的合并资产负债表(最终结果)**　　　　单位:盾

资 产		负 债	
通货(=准备金)	1 000 000	存款	10 000 000
对农民的贷款	900 000		

这一过程结束时,货币供给与总存款相等,为 1 000 万盾。我们可以发现,部分准备金银行系统下的货币供给,是没有银行或者 100% 准备金的经济体系下货币供给的 10 倍。换句话说,在 10% 的存款准备金率下,银行系统中所存入的每一盾都可以"支持"价值为 10 盾的存款。

为了更直接地计算本例中的货币供给,我们观察后发现,只要银行准备金占存款的比率超出银行想要达到的存款准备金率,就会产生新一轮的借出,从而存款再度扩张。当实际银行准备金占存款的比率等于想要达到的存款准备金率时,扩张停止。因此,银行系统的存款最后必然满足以下关系:

$$\frac{银行准备金}{银行存款} = 合意的存款准备金率$$

这个公式还可以写成:

$$银行存款 = \frac{银行准备金}{合意的存款准备金率} \tag{9.1}$$

在 Gorgonzola,因为经济中所有的通货都流入银行系统,所以银行准备金等于 100 万盾。同时,银行想要达到的存款准备金率为 10%。利用式(9.1),我们计算出存款等于(1 000 000/0.1)即 1 000 万盾,与我们在表 9.6 中得到的答案一样。

练习9.2

如果银行想要达到的存款准备金率为 5%,而不是 10%,试计算存款与货币供给。如果中央银行投入流通的货币为 200 万盾,而存款准备金率仍然为 10%,那么存款与货币供给是多少?

既有通货又有存款时的货币供给

在 Gorgonzola 的例子里,我们假设所有的货币都以银行存款的形式存在。在现实世界中,人们显然只会将一部分货币以银行账户的形式持有,剩下的都将以通货方式持有。幸运的是,人们既持有通货又持有存款的事实并没有使货币供给的确定复杂化,下面就用例 9.1 来说明。

例 9.1　既有通货又有存款时的货币供给

既有通货又有存款时 Gorgonzola 的货币供给是多少?

假设 Gorgonzola 的市民选择以通货方式持有 50 万盾,剩下的存入银行。银行保留 10% 的存款作为准备金。这种情况下,Gorgonzola 的货币供给是多少?

货币供给是公众手中的通货与银行存款的总和。公众手中的通货在条件中已经给出,等于 50 万盾。银行存款的数量是多少?因为中央银行发行的 100 万盾中有 50 万盾被公众作为通货使用,因此只有剩下的 50 万盾可以作为银行准备金。我们又知道存款等于银行准备金除以存款准备金率,因此存款金额为 $\frac{50\ 万盾}{0.10}=500$ 万盾。货币的总供给就等于公众手中的通货(50 万盾)与银行存款(500 万盾)之和,即 550 万盾。

我们可以用一个总关系式来反映例 9.1 所体现的含义。首先,写出"货币供给等于通货加银行存款"的等式:

$$货币供给 = 公众持有的通货 + 银行存款$$

其次,我们还知道银行存款等于银行准备金除以商业银行想要达到的存款准备金率[式(9.1)]。用这一关系替代上述货币供给表达式中的银行存款,可以得到:

$$货币供给 = 公众持有的通货 + \frac{银行准备金}{合意的存款准备金率} \tag{9.2}$$

用式(9.2)重新计算货币供给量,检验例 9.2 所得到的答案是否正确。在这一例子中,公众持有的通货为 50 万盾,银行准备金为 50 万盾,存款准备金率为 0.10。代入式(9.2),可以得到:货币供给 $= 500\ 000 + \frac{500\ 000}{0.10} = 5\ 500\ 000$,与之前得到的结果一样。

例 9.2　圣诞节时的货币供给

圣诞大采购如何影响货币供给?

圣诞节期间,人们通常会选择多持有一些通货,用于购买过节的商品。如果中央银行不采取任何行动,那么人们所持有的通货数量的变化将会如何影响一国的货币供给?

下面用具体数字举例说明,假设最初银行准备金为 500,公众持有的通货为 500,银行系统所要求的存款准备金率为 0.2。把这些数值代入式(9.2),我们计算得到:货币供给 $=500+\dfrac{500}{0.2}=3\,000$。

现假设因为圣诞节采购的需要,公众从商业银行取出了存款 100,手中持有的通货增加到 600。这些取款使银行准备金减少至 400。通过式(9.2),可以计算出现在的货币供给是 $600+\dfrac{400}{0.2}=2\,600$。所以,公众增加通货持有量的举动使货币供给下降,从 3 000 减少至 2 600。下降的原因是什么?在 20% 的存款准备金率下,银行保险柜里的每 1 美元能够“支持”5 美元的存款,也就是能够支持 5 美元的货币供给。但是,在公众手中的 1 美元则成为通货,对货币总供给的贡献只有 1 美元。所以,当公众从银行取出现金时,货币总供给下降了(在下文我们将看到,实际操作中,中央银行将会采取行动抵消公众行为对货币的影响)。

在本书的后面,我们将讨论银行准备金的增加不会增加货币供给的情况。式(9.2)表明,当商业银行期望的存款准备金率与银行准备金一起增加时,情况就会如此。就目前而言,重要的是要记住,银行准备金的增加是否会增加货币供给,取决于商业银行如何处理新获得的准备金。

重点回顾:商业银行及货币的创造

- 货币供给中有一部分是由私人商业银行的存款组成的。因此,商业银行及其储户的行为将在一定程度上决定货币的供给。
- 银行所持有的现金或其他相似的资产被称为银行准备金。在现代经济中,银行准备金总是少于存款,这种情形被称为部分准备金银行运作。银行准备金与存款的比率被称为存款准备金率。在部分准备金运作下的银行系统中,该比率小于 1。
- 没有被保留为准备金的那部分存款则可以被银行贷出,用来赚取利息。只要存款准备金率超出要求的水平,银行就会继续提供贷款,然后再接受存款。这一过程当且仅当实际存款准备金率与银行要求的比率相等时,才会停止。此时,所有的银行存款等于银行准备金除以合意的存款准备金率,货币供给等于公众持有的通货加上银行存款。

美联储

对于美国金融市场的参与者及普通民众来说,政府最重要的分支机构之一是联邦储备系统,即美联储。美联储是美国的中央银行。与其他国家的中央银行一样,美联储有两个主要的职责。

第一,它负责制定货币政策,这也意味着美联储能够决定经济中的货币流通量。正如我们将在后面的章节中看到的,货币供给的变化会影响许多重要的宏观经济变量,如利率、通货膨胀、失业和汇率。由于美联储能够影响关键变量,特别是利率等金融变量,金融市场参与者密切关注美联储的行动和公告。作为理解美联储政策如何产生影响的必要的第一步,本章我们将重点讨论美联储如何影响货币供给的基本问题,稍后将解释货币供给变化影响经济的原因。

第二,美联储与其他政府机构共同担负着金融市场的监管责任。经济危机时期,美联储也发挥着非常重要的作用。为了给讨论美联储如何履行其职责奠定基础,我们首先简要回顾美联储的历史和组织结构。

美联储的历史和组织结构

1913年,美国国会通过了《联邦储备法案》,作为这一法案产物的联邦储备系统于1914年开始运行。与所有的中央银行一样,美联储是一个政府机构。与私人商业银行的盈利目标不同,像美联储这样的中央银行主要致力于推进公共目标,如经济增长、低通胀及金融市场的平稳运行。

《联邦储备法案》建立了由12个地方性联邦储备银行组成的系统。这些银行位于不同的地理区域——我们称之为联邦储备地区。美国国会希望,全国各地联邦储备银行的建立能确保国家在制定政策的过程中得到不同地区的资料。事实上,地方性联邦储备银行会定期对本地区的经济情况进行评估,然后将信息报告给华盛顿的政策制定者。同时,它们还为本地的一些商业银行提供多种服务,如支票清算服务。

在国家层面上,联邦储备系统是由**管理委员会**领导的。拥有一大批专业人员的管理委员会位于华盛顿,由7位管理者组成,每位管理者都由总统直接任命,任期为14年。但是,这些管理者是交错上任的,每两年就会有一位新的管理者被提名,成为委员会成员。同时,总统还将任命委员会中的一名成员作为联邦储备委员会的主席,任期为4年。美联储主席与财政部部长是美国政府中仅次于总统的最有影响的两位经济政策制定者。最近的几任美联储主席是保罗·沃尔克(Paul Volcker,1979—1987)、阿伦·格林斯潘(Alan Greenspan,1987—2006)、本·伯南克(Ben Bernanke,2006—2014)、珍妮特·耶伦(Janet Yellen,2014—2018)和杰罗姆·鲍威尔(Jerome Powell,2018年至今)。

决定货币政策的机构是**联邦公开市场委员会**(FOMC)。该委员会由7位联储管理委员会成员、纽约联储银行行长及轮流当职的其他4位地方性联邦储备银行的行长(共12人)组成。联邦公开市场委员会每年大约召开8次会议,来分析经济状况,决定货币政策。

控制货币供给:公开市场操作

美联储的主要职责是制定货币政策,其中包括确定国家货币供给量的适当规模。如前所述,中央银行,在本章中就是美联储,并不直接控制货币供给。不过,美联储可以通过改变商业银行持有的储备量来间接控制货币供给。

美联储有几种方法可以间接影响货币供给。从历史上看,其中最重要的是公开市场操作。假设现在美联储想通过增加银行准备金最终实现银行存款和货币供给的增加。为了达成这一目标,美联储开始从公众手中购买金融资产,通常是政府债券。向美联储出售债券的人会将所得现金存入商业银行。这样,商业银行系统的准备金将会增加,增加的量就等于美联储支付给公众的债券购买款。增加的这部分准备金通过本章前面所描述的贷出及再度存款,使银行存款和货币供给不断扩张,对此式(9.2)已经做了总结。美联储从公众手中购买政府债券,使银行准备金和货币供给增加,这种行为被称为**公开市场购买**。

如果美联储想要通过减少银行准备金来降低货币总供给,它就会进行反向操作。美联储会把持有的部分政府债券(之前通过公开市场购买所得到的债券)卖给公众。假设公众用开支票的方式来支付债券的购买款。那么,当美联储将这些支票拿到商业银行要求兑现时,与出售的债券价值等量的准备金将从商业银行转移到美联储。然后,美联储再将这些准备金撤出流通领域,导致银行准备金减少,最终使货币总供给减少。美联储为了减少银行准备金进而减少货币总供给而把政府债券出售给公众的行为被称为**公开市场出售**。公开市场购买和出售合在一起被称为**公开市场操作**。

公开市场操作是美联储影响货币供给的最为方便、灵活的工具。如果我们假设,如本章所述,银行总是会采取行动,保持所需的存款准备金率不变。在这种情况下,银行总是试图避免持有相对于(从不改变的)期望比率"太多"或"太少"的准备金。因此,公开市场操作导致的准备金变化会立即被银行转化为贷款条件和货币供给的变化。在2007—2008年金融危机之前,情况大致是这样的,公开市场操作被定期用于控制货币供给。公开市场操作的细节和目的在危机之后发生了变化,我们将在后面的章节讨论。届时,我们还将介绍美联储可以影响货币供给的其他手段。

例 9.3　通过公开市场操作增加货币供给

> **公开市场操作如何影响货币供给?**
>
> 在某个经济体中,公众持有的通货为1 000谢克尔,银行准备金为200谢克尔,要求的存款准备金率为0.2。那么货币供给是多少?如果中央银行印制100谢克尔,并用这些新通货从公众手中购买政府债券,会对货币供给造成什么影响?假设公众并不希望改变自己持有的通货量。
>
> 因为银行准备金为200谢克尔,存款准备金率为0.2,所以银行存款必须等于$\frac{200\ 谢克尔}{0.2}$,即1 000谢克尔。货币供给等于公众持有的通货与银行存款之和,为2 000谢克尔,这一结果可以用式(9.2)来确认。
>
> 公开市场购买又使公众手中的通货多了100谢克尔。我们假设公众仍想继续持有1 000谢克尔的通货,所以他们将把额外的100谢克尔存入商业银行系统,因此银行的准备金从200谢克尔增加到300谢克尔。而要求的存款准备金率为0.2,多轮的贷出和再存款最终使银行存款上升到$\frac{300\ 谢克尔}{0.2}$,即1 500谢克尔。货币供给等于公众持有的1 000谢克尔加上银行存款1 500谢克尔,即2 500谢克尔。因此,公开市场购买100谢克尔将会使银行准备金增加100谢克尔,最终使货币供给增加500谢克尔。这一结果同样可以用式(9.2)确认。

练习 9.3

继续例9.3的讨论,假设现在中央银行不再对100谢克尔的债券进行公开市场购买,而改为对价值50谢克尔的政府债券进行公开市场出售。此时,银行准备金、银行存款和货币供给将变为多少?

美联储在稳定金融市场方面的作用：银行恐慌

除了控制货币供给,美联储还有责任(与其他政府机构一起)确保金融市场平稳运行。事实上,1913 年美联储的建立是由一系列金融市场危机推动的。由于这些危机对市场本身及整个美国经济都造成了很大的破坏,所以美国国会希望美联储能够消除或者至少控制这些危机。

从历史上看,在美国,银行恐慌可能是经常性金融危机中最具破坏性的一种。发生银行恐慌时,只要出现一家或多家银行濒临破产的新闻或者谣言,就会立刻导致储户纷纷赶去银行取出他们的资金。接下来,我们将讨论银行恐慌及美联储控制恐慌的努力。

为什么会发生银行恐慌? 一个重要的原因是部分准备金运作体系的存在。美国和其他工业国家使用的都是部分准备金银行系统。在这样的系统中,银行准备金少于存款,这意味着如果所有的储户都决定取出存款,那么银行将没有足够的现金用于支付。通常情况下,部分准备金并不构成问题,因为每天只有一小部分储户会取出他们的资金。但是,如果谣言盛传一家或多家银行遇到了财务困难甚至可能破产,那么储户将会开始恐慌,排起长队去取钱。因为银行准备金少于存款,所以一次极大规模的恐慌甚至可能导致一家财务状况良好的银行出现现金短缺,最终迫使其破产倒闭。

美联储是为了应对 1907 年发生的一场特别严重的银行恐慌而成立的。美联储配备了两种主要工具以防止或缓和银行恐慌。首先,美联储被赋予了监管银行的权力。这么做的初衷是希望人们知道美联储在密切监督银行家的一举一动后,能够对银行有更大的信心,从而减少发生恐慌的可能性。其次,美联储可以通过一种新的贴现窗口直接给银行发放贷款。其思路是,在恐慌期间,银行可以从美联储借入现金来偿付储户,从而避免倒闭。

美国从 1914 年美联储建立伊始到 1930 年间没有发生过银行恐慌,但是在 1930—1933 年却经历了历史上最严重、最漫长的一系列银行恐慌。经济史学家一致认为,这场恐慌的大部分责任应该归咎于美联储,因为它既没有充分认识到问题的严重性,也没有采取足够积极的行动对局势加以控制。

经济自然主义者9.2 为什么 1930—1933 年的银行恐慌减少了美国的货币供给

美国经历过的最为严重的银行恐慌事件发生在大萧条早期,也就是 1930—1933 年。这一时期美国将近 1/3 的银行被迫倒闭。近乎瘫痪的银行系统也是大萧条异常严重的一个重要原因。由于只有很少的银行在运作,因此在 20 世纪 30 年代早期,小企业和消费者很难得到贷款。除此之外,银行恐慌还产生了另一个重要影响,即它大大减少了美国的货币供给。

在银行恐慌时期,人们不敢把存款放在银行,因为他们担心银行会破产,担心他们的钱会血本无归(这是在联邦存款保险引入之前的情况,后文会介绍该保险)。1930—1933 年,很多储户把钱从银行取出,改成持有通货。这些取款行为减少了银行的准备金。公众持有的通货每增加 1 美元,货币的供给同步增加 1 美元;但是银行准备金每增加 1 美元,则会增加几美元的货币供给,因为在部分准备金银行系统中,每一美元的准备金都能"支持"几美元的银行存款。这样,公众从银行取款后,增加了手中持有的通货,但是却等量地减少了银行的准备金,最终导致货币总供给(通货加上存款)的净减少。

除此之外,因为银行担心恐慌事件会导致储户取款,所以也提高了存款准备金率,在任意一个给定的银行准备金水平下,所能支持的存款数量减少了。因此,存款准备金率的变化也趋向于使货币供给减少。

表 9.7 给出了在几个选定的时间点,公众持有的通货、存款准备金率、银行准备金及货币供给的数据。从表中可见,1930 年以后公众持有的通货量及存款准备金率都在不断增加,而银行准备金则在减少。从最后一列可以看到,美国的货币供给在 1929 年 12 月到 1933 年 12 月这段时间内下降了大约 1/3。

利用式(9.2),我们可以得出结论:公众通货持有量及存款准备金率的增加都趋向于减少货币的供给。这些影响在 1930—1933 年表现得非常强烈,以至于整个国家的货币供给呈现大幅下降趋势,如表 9.7 第四列所示,尽管单独而言,通货持有量和银行准备金是增加的。

表 9.7 1929—1933 年美国几个重要的货币统计量

时　间	公众所持有的通货	存款准备金率	银行准备金	货币供给
1929 年 12 月	3.85	0.075	3.15	45.9
1930 年 12 月	3.79	0.082	3.31	44.1
1931 年 12 月	4.59	0.095	3.11	37.3
1932 年 12 月	4.82	0.109	3.18	34.0
1933 年 12 月	4.85	0.133	3.45	30.8

注:关于通货、基础货币及货币供给的数据都是以 10 亿美元为单位的。

资料来源:Milton Friedman and Anna J. Schwartz, *A Monetary History of the United States*, 1863—1960, (Princeton, N. J. : Princeton University Press, 1963), Table A-1.

练习 9.4

使用表 9.7 中的数据,验证货币供给与其决定因素的关系是否与式(9.2)一致。如果公众 1930 年 12 月以后停止从银行取款,以至于其通货持有量一直停留在 1930 年 12 月的水平,那么 1931—1933 年货币供给会减少吗?

练习 9.5

根据表 9.7,1931 年,美国的货币供给从 441 亿美元下降到了 373 亿美元。而面对储户不断取款的情况,美联储也的确在 1931 年通过公开市场购买对银行的准备金进行了补充。请计算:

(1) 1931 年美联储投入经济的准备金数量。

（2）假设每年公众持有的通货及存款准备金率仍然与表中所示的一样，美联储需要投入多少准备金才能使 1930 年以后的货币供给保持不变？为什么 1931 年美联储被批评"行动过于胆怯"？

美联储阻止 20 世纪 30 年代银行恐慌的行动宣告失败后，政策制定者决定考虑用其他方法来控制恐慌。1934 年，美国国会建立了**存款保险制度**。在该制度下，政府为储户提供担保——在现行规则中，存款低于 25 万美元的储户即使在银行破产的情况下也能如数取回自己的存款。存款保险消除了当谣言盛传银行陷入财务困难时人们取出存款的动机，将恐慌扼杀在萌芽状态。事实上，存款保险制度建立后，美国没有发生过严重的银行恐慌。

不幸的是，存款保险也不是解决银行恐慌的完美方法。它的一个显著弊端是：当存款保险成为强制性规定时，储户知道不管发生什么情况自己都会得到保护，因此他们毫不关心存款所在行的贷款决策是否谨慎。这种情形将会导致银行及其他已投保中介机构的行为更加轻率。例如，20 世纪 80 年代，美国有很多储蓄和贷款机构破产，部分原因就在于其贷款和金融投资过于轻率。与银行一样，这些机构的储蓄和贷款也有存款保险，因此当这些机构出现问题时，美国政府必须对储蓄和贷款的所有者提供全额补偿。这最终耗费了美国纳税人数以千亿计的美元。

美联储在稳定金融市场方面的作用在最近几次金融恐慌中占据了中心地位。在 2008 年全球金融危机期间，以及最近与 2020 年全球新冠肺炎疫情相关的金融中断期间，美联储充当了"最后贷款人"。美联储在扮演这一角色时，向压力重重的金融机构提供了其急需的信贷额度。为了向比商业银行更广泛的机构提供贷款，美联储恢复了《联邦储备法》第 13（3）条中很少使用的条款。该条款是 1932 年银行业恐慌期间增补的，允许美联储在某些"不同寻常的紧急情况下"向非银行机构贷款。自 20 世纪 30 年代以来，2008 年美联储首次使用该条款，为非银行机构设立了特殊贷款机制。美联储进一步向其认为"太大而不能倒闭"的企业提供了特别援助。2020 年，美联储重新启动了第 13（3）条款。

重点回顾：美联储

- 美联储是美国的中央银行。与其他国家的中央银行一样，它有两个主要职责。首先，它负责货币政策，即负责决定货币在经济中的流通量。其次，它对金融市场的监督和监管负有重要责任。在金融市场危机期间，美联储也扮演着重要角色。

- 公开市场购买是指美联储从公众手中购买政府债券，目的是增加银行储备和货币供给。公开市场出售是美联储向公众出售政府债券，目的是减少银行储备和货币供给。

- 从历史上看，这种公开市场操作是美联储影响银行准备金供给和货币供给的几种方式中最重要的。

货币和价格

从宏观经济的角度来看,控制货币供给之所以重要,主要是因为在长期,一个经济体中流通的货币量与价格的总体水平是紧密相关的。事实上,我们从未听说过,一个国家在经历高且持久的通货膨胀时,其公民持有的货币量能够不表现出显著的增长。经济学家弗里德曼将通货膨胀与货币的关系总结为"通货膨胀始终是一种货币现象"。我们在后面的章节将看到,短期内通货膨胀可能是由货币供给增加以外的因素引起的。但在长期,特别是对那些非常严重的通货膨胀来说,弗里德曼的格言是相当准确的:通货膨胀率与货币供给增长率密切相关。

我们从直觉上也可以感受到货币供给与价格之间所存在的紧密联系。想象一下产品与服务的供给近似固定的情形:显然,人们持有的现金(如美元)越多,就越有可能把那些数量已经确定的产品与服务的价格哄抬得很高。因此,如果货币供给相对于产品与服务的供给而言数量比较多(形象地说,就是很多钱在追逐很少的产品),那么就会导致价格处于比较高的水平。同样的道理,如果货币供给迅速增加,将会导致价格迅速上升,即通货膨胀。

周转率

为了更详细地了解货币增长与通货膨胀之间的关系,有必要引入周转率这一概念。在经济学中,周转率是关于货币流通速度(货币在涉及最终产品和服务的交易中易手的速度)的一个衡量尺度。例如,当你购买一瓶牛奶时,一笔美元就从你的手中转移到了杂货商的手中。然后,同样是这笔美元,可能从杂货商那里转移到汽车销售商手中,再从汽车销售商那里到了他的私人医生手中,等等。货币从一个人向下一个人流通得越快,它的周转率就越高。更正式地,周转率被定义为一段时间内完成的交易价值除以进行这些交易所需的资金存量。周转率越高,货币的流通速度就越快。

实际上,我们通常并不清楚一个经济体中发生的交易总价值的准确值,因此经济学家通常用某一时期的名义 GDP 作为该时期交易总值的近似值。周转率可以用下式计算:

$$周转率 = \frac{交易总值}{货币存量} = \frac{名义\ GDP}{货币存量}$$

用 V 代表周转率、M 代表特定的货币存量(如 M1 或 M2)。名义 GDP(交易总值的一个衡量尺度)等于价格水平 P 乘以实际 GDP(Y)。用这些变量,可以将周转率的定义写成:

$$V = P \cdot \frac{Y}{M} \tag{9.3}$$

周转率越高,货币的流通就越快。

例9.4   美国经济中货币的周转率

美国货币供给的周转率是多少?

2018 年在美国,M1 为 36 772 亿美元,M2 为 141 035 亿美元,名义 GDP 为 205 802 亿美元。我们可以使用式(9.3)计算当年 M1 和 M2 的周转率。M1 的周转率为

$$V = \frac{205\ 802\ 亿美元}{36\ 772\ 亿美元} = 5.6$$

类似地,M2 的周转率为

$$V = \frac{205\ 802\ 亿美元}{141\ 035\ 亿美元} = 1.46$$

可以看到 M1 的周转率比 M2 快。这是因为 M1 的组成部分都是像现金和支票账户这样的货币形式,它们在交易中使用的比较频繁,所以 M1 中的每 1 美元周转的频率要高于 M2 中的每 1 美元。

很多因素决定了货币的周转率。其中一个主要因素是付款技术的进步,如信用卡、借记卡的引入及自动柜员机(ATM)网络的建设。这些新的技术和支付方式使人们可以在少持有现金的情况下开展日常业务,因此随着时间的推移,速度会越来越快。其他因素包括经济条件和货币政策,这些可以更快地提高或降低速度。正如我们将在第 13 章讨论的那样,M1 的周转率从 1960 年的不到 4 增长到 2007 年的超过 10,之后又再次下降到最近的不到 6。

长期内的货币与通货膨胀

我们可以用周转率的定义来研究长期内货币与价格之间的关系。首先,将式(9.3)中关于周转率的定义改写一下,等式的两边同时乘以货币存量 M,得到

$$M \cdot V = P \cdot Y \tag{9.4}$$

式(9.4)被称为数量等式。**数量等式**说明货币乘以周转率等于名义 GDP。因为数量等式是式(9.3)货币定义的简单改写,所以它也是恒成立的。

数量等式有着很重要的历史意义,19 世纪末 20 世纪初的货币经济学家,如耶鲁大学的欧文·费雪(Irving Fisher),就是用这一等式来建立货币与价格之间关系的学说的。在这里,我们也可以参照前人的做法。简单起见,假设周转率 V 由现有的付款技术决定,于是在我们考虑的时间范围内可以把它近似看作常数。同样,假设实际产出 Y 也近似不变。如果我们在变量上加一条横线来表示该变量是一个常数,那么数量等式可以改写成

$$M \cdot \bar{V} = P \cdot \bar{Y} \tag{9.5}$$

式中,我们把 $\bar{V}$ 和 $\bar{Y}$ 看作不变的数。

现在看着式(9.5),想象一下,由于某些原因,美联储将货币供给 M 增加了 10%。因为假设 $\bar{V}$ 和 $\bar{Y}$ 不变,所以只有价格水平 P 也上升 10%,式(9.5)才能继续成立。根据数量等式,货币供给 M 增加 10% 将导致价格水平 P 增加 10%,即 10% 的通货膨胀率。

这一结论背后隐藏的其实就是我们之前提到的"直觉":如果产品与服务的数量近似不变(假设货币周转率 V 也不变),那么货币供给的增加将导致人们抬高已有产品与服务

的价格。于是,货币的高增长率将导致高通货膨胀率。图 9.1 展示了 1995—2001 年拉丁美洲 10 个国家的这种关系。如图所示,货币增长率较高的国家往往通货膨胀率也较高。货币增长与通货膨胀之间的关系并不确切,部分原因是我们在前面提到的,与我们在这里所做的简化假设相反,周转率与产出不是恒定的,而是随着时间变化。

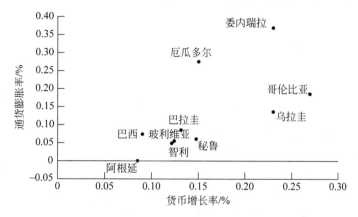

图 9.1　1995—2001 年拉丁美洲的通货膨胀和货币增长

1995—2001 年货币供给增长率较高的拉丁美洲国家通货膨胀率往往也较高。(阿根廷和乌拉圭的数据截至 2000 年,厄瓜多尔的数据截至 1997 年。1997 年,厄瓜多尔放弃了其货币苏克雷,转而使用美元。)

如果货币的高增长率会导致通货膨胀,为什么这些国家还会允许货币供给上升得如此之快?通常情况下,货币的快速增长是庞大的政府预算赤字的结果。特别是在发展中国家或者遭受战争、政局动荡的国家,政府有时会发现征税或者向公众借款并不足以弥补其庞大的支出。在这种情形下,政府唯一的办法就是印新钞票,用这些钱进行支付。如果流通中的货币量增加得足够大,其结果就会是通货膨胀。

通过印钞票为巨额预算赤字提供融资支持可能会导致恶性通货膨胀。内战时期的美利坚联盟国、一战后的德国及最近的津巴布韦和委内瑞拉都经历过这种情形:它们无法收到足够的税来维持政府所需的支出,因此大量印钞票来支付政府的开支。正如式(9.5)所预测的那样,M 最初的大幅增长导致了 P 的大幅增长。但这使预算赤字用名义量来衡量更高了,进而导致 M 的大幅增长,以弥补更高的名义预算赤字。这反过来导致了 P 的进一步增长,以此类推,M 和 P 最终都在加速增长。

式(9.5)还为我们提供了制止恶性通货膨胀的方法:降低货币供给的增长率。当然,这说起来容易做起来却很难。要实现这一点,政府必须降低支出或者增加税收,从而使政府的预算赤字可以通过借款而不是增发货币来解决。例如,德国政府在 1923 年年底进行了改革,使政府无法通过印钞票来弥补预算赤字。改革之后的几个月,通货膨胀的增速显著下降。然而,美利坚联盟国却未能阻止恶性通货膨胀。1863 年的盖茨堡战役和维克斯堡战役预示着美利坚联盟国显然最终将打输这场战争。由于各州政府控制着税收,美利坚联盟国根本无法收到税,它只能以高得惊人的利率出售债券。直到 1865 年 4 月美利坚联盟国战败,恶性通货膨胀才告一段落。

正如我们所提到的,恶性通货膨胀持续的时间通常并不长,往往会以政府的垮台而告终。

重点回顾:货币供给和价格

- 货币的高增长率总体而言将会导致通货膨胀。流通中的货币量越多,公众就会将已有的产品与服务的价格哄抬得越高。
- 周转率衡量的是货币流通的速度,即货币在涉及最终产品和服务的交易中易手的速度,相当于名义 GDP 除以货币存量。周转率的数值可以由公式 $V = (P \cdot Y)/M$ 计算得到,其中 V 为周转率,$P \cdot Y$ 为名义 GDP(作为交易总值的一个衡量尺度),M 为货币供给。
- 数量等式证明货币乘以周转率等于名义 GDP,用符号表示就是 $M \cdot V = P \cdot Y$。数量等式是周转率定义式的改写,因此也是恒成立的。如果周转率和产出近似不变,数量等式就意味着 1% 的货币供给增加会同样导致价格水平 1% 的提高。换言之,货币供给的增长率等于通货膨胀率。

小结

货币是任何可以在购买中使用的资产,如通货和支票账户。货币有三个主要功能:它是一种交换媒介,这意味着它可以在交易中使用;它是一种计价单位,因为经济价值一般都是用货币单位来衡量的(例如,用美元);它还是一种价值储藏,是人们持有财富的一种方法。实际中,由于很多资产都有类似货币的性质,因此要衡量货币供给非常困难。一个相对较窄的货币衡量尺度是 M1,它包括通货和支票账户。更广的货币衡量尺度是 M2,它包括 M1 中的所有资产加上其他一些额外的资产,这些额外的资产在交易时,在一定程度上没有 M1 中所包括的那些资产方便。

因为银行存款是货币供给的一部分,所以商业银行和储户的行为会影响经济中的货币量。一个关键因素是银行选择的存款准备金率。银行准备金是商业银行持有的现金或类似资产,用于满足储户提款和付款。存款准备金率是银行准备金除以银行存款。所有存款都作为准备金持有的银行系统实行 100% 的准备金制。现代银行系统的存款准备金率低于 100%,被称为部分准备金银行系统。

商业银行通过多轮贷款和接受存款创造货币。当银行的存款准备金率达到预期水平时,这种放贷和增加存款的过程就结束了。此时,银行存款等于银行准备金除以期望的存款准备金率。货币供给量等于公众持有的货币加上银行系统中的存款。

美国的中央银行是美联储。美联储有两个主要职责:一是制定货币政策,即决定向市场投放多少货币;二是监管金融市场,特别是银行。美联储于 1913 年设立,由总统任命的 7 名管理者组成的管理委员会领导。这 7 名管理者中的一名会被总统任命为主席。联邦公开市场委员会由 7 名管理者、纽约联储银行行长及轮流当职的其他 4 位地方性联储银行的行长(共 12 人)组成,每年大约召开 8 次会议,来分析经济状况,决定货币政策。

　　美联储的最初目的之一是帮助消除或控制银行恐慌。银行恐慌是指储户在一家或多家银行即将破产的消息或传闻的刺激下,急于从银行系统提取存款的事件。由于银行手头没有足够的准备金来偿还所有储户,即使是一家财务状况良好的银行,也可能在恐慌期间耗尽现金,被迫关门。大萧条期间,美联储未能遏制银行恐慌,导致货币供给大幅下降。美国采用存款保险制度消除了银行恐慌。存款保险的一个缺点是,如果银行或其他已投保中介机构提供不良贷款或金融投资,纳税人可能会被迫负责弥补损失。

　　从长远来看,货币供给的增长率与通货膨胀率密切相关,因为大量的货币流通使人们可以抬高现有产品和服务的价格。周转率被用于衡量货币流通的速度,它等于一段时间内完成的交易价值除以进行这些交易所需的资金存量。周转率的公式是 $V=(P \cdot Y)/M$,其中 V 是周转率,$P \cdot Y$ 为名义 GDP(作为交易总值的一个衡量尺度),M 为货币供给。周转率的定义可以改写为数量方程:$M \cdot V = P \cdot Y$。如果周转率和产出近似不变,数量等式就意味着 1% 的货币供给增加会同样导致价格水平 1% 的提高。

名词与概念

bank reserves	银行准备金	money	货币
banking panic	银行恐慌	money policy	货币政策
barter	物物交换	100 percent reserve	100% 准备金
Board of Governors	管理委员会	banking	银行运作
deposit insurance	存款保险	open-market operations	公开市场操作
Federal OpenMarket	联邦公开市场	open-market purchase	公开市场购买
Committee	委员会	open-market sale	公开市场出售
Federal Reserve System/	联邦储备系统	quantity equation	数量等式
(or the Fed)	(美联储)	reserve-deposit ratio	存款准备金率
fractional-reserve	部分准备金	store of value	价值储藏
banking system	银行运作	unit of account	计价单位
medium of exchange	交易媒介	velocity	周转率

复习题

　　1. 什么是货币? 为什么即使货币比其他金融资产的回报低,人们还是会持有它?

　　2. 假设公众不再用通货来支付其绝大部分购物款,而改为使用支票。如果美联储不采取任何行动,那么美国的货币供给将如何变化? 请解释。

　　3. 美联储想要通过公开市场操作减少美国的货币供给。描述它可能采取的行动,并解释该行动将如何达成美联储的目标。

　　4. 什么是银行恐慌? 在引入存款保险之前,为什么即使是一家贷款政策稳健的银行也会担心恐慌?

5．给出周转率的定义。新支付技术的引入会如何影响周转率？请解释。

6．用数量等式解释为什么货币增长与通货膨胀紧密相关。

练习题

1．二战期间，一位名叫罗伯特·拉德弗德的盟军士兵在一个巨大的德国战俘集中营度过了几年。那个时候，集中营里关押着 5 万多名犯人，这些犯人拥有在围墙内行动的自由。拉德弗德后来写了关于这段经历的传记。他描述了集中营里的经济是如何发展的，在那里，犯人们相互交换食物、衣服和其他物品。服务（如理发），也成为交换的对象。由于缺少纸币，犯人开始用香烟（由红十字会提供）作为货币。价格的表示以及支付，都使用香烟。

（1）在拉德弗德所在的战俘集中营，香烟是如何实现货币的三大功能的？

（2）你觉得为什么犯人会用香烟作为货币，而不是用其他有价值的物品（如巧克力或靴子）作为货币？

（3）你认为在拉德弗德所在的集中营，一个不抽烟的犯人会愿意接受香烟作为产品或服务的交换吗？给出答案并说明理由。

2．改变一些条件，重做本书中 Gorgonzola 的例题（见表 9.2～表 9.6），假设：（1）最初，Gorgonzola 的中央银行将 500 万盾投入流通；（2）商业银行想要持有的准备金为存款的 20%。与文中提到的一样，假设公众不持有通货。

试求：

（1）最初存款后，Gorgonzola 商业银行的合并资产负债表（与表 9.2 进行比较）。

（2）第一轮贷款后，Gorgonzola 商业银行的合并资产负债表（与表 9.3 进行比较）。

（3）第一轮贷出的现金再次存入银行后，Gorgonzola 商业银行的合并资产负债表（与表 9.4 进行比较）。

（4）两轮贷款以及再存款后，Gorgonzola 商业银行的合并资产负债表（与表 9.5 进行比较）。

（5）最终的银行准备金、贷款、存款及货币供给是多少（与表 9.6 进行比较）？

3．回答下列问题：

（1）银行准备金为 100，公众持有的通货为 200，要求的存款准备金率为 0.25。计算存款和货币供给。

（2）货币供给为 500，公众持有的通货等于银行准备金。要求的存款准备金率为 0.25。计算公众持有的通货和银行准备金。

（3）货币供给为 1 250，其中 250 为公众所持有的通货。银行准备金为 100。计算要求的存款准备金率。

4．当中央银行增加 1 美元银行准备金时，货币供给的增加超过 1 美元。中央银行增加 1 美元银行准备金所能创造的额外货币被称为货币乘数。

（1）解释为什么货币乘数一般都比 1 大。在哪种特殊情况下，乘数等于 1？

（2）初始货币供给为 1 000 美元，其中 500 美元是公众所持有的通货。要求的存款准备金率为 0.2。分别计算银行准备金增加 1 美元、5 美元、10 美元时所对应的货币供给的增加额。该经济体的货币乘数是多少？

（3）总结计算货币乘数的一般规则。

5. 参考表 9.7。假设美联储已决定将 1932 年 12 月和 1933 年 12 月的美国货币供给量设定为与 1930 年 12 月相同的值。假设公众持有的货币价值和存款准备金率仍如表 9.7 所示，美联储应在每个日期增加多少银行准备金以实现该目标？

6. 美联储是根据 1913 年由美国国会通过的《联邦储备法案》建立的，于 1914 年开始运作。与所有的中央银行一样，美联储是一个政府部门。下列有关美联储的说法中哪些是错误的？

（1）美联储拥有对银行的监管权。

（2）美联储的目标是促进经济增长，将通货膨胀维持在较低水平，并监督金融市场的平稳运行。

（3）美联储是"最后的借款人"。

（4）美联储可以像商业银行一样盈利。

7. 假设某国的实际 GDP 为 9 万亿美元，名义 GDP 为 12 万亿美元，M1 为 25 万亿美元，M2 为 55 万亿美元。

（1）计算 M1 和 M2 的周转率。

（2）证明对于 M1 和 M2 来说数量等式均成立。

8. 下面给出的是某国 2019 年和 2020 年的假想数据。

项　　目	2019 年	2020 年
货币供给	1 000	1 050
周转率	8	8
实际 GDP	12 000	12 000

（1）计算 2019 年和 2020 年的价格水平。这两年间的通货膨胀率是多少？

（2）如果 2020 年的货币供给改为 1 100 而不是 1 050，那么 2019 年和 2020 年之间的通货膨胀率是多少？

（3）如果 2020 年的货币供给是 1 100，产出为 12 600，那么 2019 年和 2020 年之间的通货膨胀率是多少？

正文中练习题的答案

9.1　表 9.5 所显示的是经过两轮贷出和再存款后的银行资产负债表。此时，存款为 2 710 000 盾，准备金为 1 000 000 盾。因为规定的存款准备金率为 10%，所以银行将保留 271 000 盾（存款的 10%）作为准备金，然后借出剩下的 729 000 盾。农民的贷款现在变成了 2 439 000 盾。最终这笔借给农民的 2 439 000 盾又将被重新存入银行，使银行存款变为 3 439 000 盾，准备金变为 1 000 000 盾。资产负债表如下所示：

单位:盾

资　产		负　债	
通货(＝准备金)	1 000 000	存款	3 439 000
对农民的贷款	2 439 000		

注意:资产等于负债。货币供给等于存款,即 3 439 000 盾。银行所持有的那些被留作准备金的通货不能计入货币供给。

9.2　因为公众不持有通货,所以货币供给就等于银行存款,而银行存款又等于银行准备金除以存款准备金率[式(9.1)]。如果银行准备金为 1 000 000 盾,存款准备金率为 0.05,存款就等于 1 000 000/0.05＝20 000 000 盾,它同时也是货币供给。如果银行准备金为 2 000 000 盾,存款准备金率为 0.10,那么货币供给和存款再次等于 20 000 000 盾,或者 2 000 000/0.10。

9.3　如果中央银行为了获得通货而出售了价值 50 谢克尔的政府债券,那么其即时效应就是使公众手中持有的通货量减少了 50 谢克尔。为了使自己持有的通货恢复到原有的水平——1 000 谢克尔,公众将从商业银行取出 50 谢克尔,于是银行准备金从 200 谢克尔减少到 150 谢克尔。要求的存款准备金率为 0.2,因此最终存款必须等于 150 谢克尔准备金除以 0.2,即 750 谢克尔(注意,为了压缩存款,商业银行将会收回部分贷款,减少在外的贷款数量)。货币供给等于公众持有的通货 1 000 谢克尔加上银行存款 750 谢克尔,即 1 750 谢克尔。这样,公开市场购买使货币供给从 2 000 谢克尔减少至 1 750 谢克尔。

9.4　对于表9.7中的每个日期,都有:

供币供给＝现金＋银行储备/期望储备－存款准备金率

例如,1929 年 12 月,有

$$45.9=3.85+3.15/0.075$$

如果 1933 年 12 月公众持有的现金为 3.79 而不是 4.85,其差额(4.85－3.79＝1.06)存入银行,那么 1933 年 12 月的银行储备为 3.45＋1.06＝4.51,货币供给等于 3.79＋4.51/0.133＝37.7。因此,如果公众不增加持有的现金,那么货币供给在 1930—1933 年仍将下降,只不过仅下降大约一半。

9.5　1931 年,公众持有的现金增加了 8 亿美元,而银行储备仅下降了 2 亿美元。这意味着美联储这一年通过公开市场操作或贴现窗口贷款发放了 6 亿美元。

1931 年年末的现金为 45.9 亿美元。为使货币供给与 1930 年 12 月的 441 亿美元相等,美联储必须保证银行有 441 亿－45.9 亿＝395.1 亿美元的存款。1931 年的存款准备金率为 0.095,这意味着银行储备为 37.5 亿美元,大于实际情况(31.1 亿美元)。为了不使货币供给下降,美联储必须使银行储备上升 6.4 亿美元。而美联储仅上调了相当于 6.4 亿美元一半的银行储备,这一举动受到了指责。

第 **10** 章

金融市场与国际资本流动

学习目标

学完本章,你应该能够:

1. 描述金融中介机构(如商业银行)在金融体系中的作用。

2. 说明金融系统是怎样改善储蓄资源配置的。

3. 分析国际资本流动的决定因素,以及这些流动是如何影响国内储蓄和国内实际利率的。

某网络贸易公司 2000 年播出的一则电视广告中,一位名叫埃德的上班族坐在电脑前。他并没有在工作,而是在查看他在网上买的股票的价格。突然,他的眼睛睁大了,电脑屏幕上的一张图表显示他的股票的价格正在迅速拉升。埃德大叫一声,走进老板的办公室,肆无忌惮地发泄了自己的不满,说自己要辞职。不幸的是,当埃德回到自己办公桌前收拾东西时,看到电脑屏幕上他的股票的价格正在急速下跌。广告最后的镜头是埃德徒劳地试图让老板相信自己刚刚只是在开玩笑。

埃德的故事是对当时及最近美国金融市场表现的一个惟妙惟肖的比喻。20 世纪 90 年代是美国的繁荣时期,经济增长强劲,失业率创历史新低,通货膨胀率几乎为零。这种繁荣反映在了股市上。1999 年,道琼斯指数首次突破 10 000 点,随后又突破了 11 000 点,几乎是 5 年前的 3 倍。初创公司,尤其是高科技和互联网公司的股价上涨到惊人的水平,使一些企业家在 20 多岁就成了亿万富翁。股价上涨的好处不仅被富人或高科技人才所享有,普通民众的持股量,包括直接持有股票及通过共同基金和养老金计划间接持有股票,都达到了创纪录的水平。然而,股市繁荣并未持续。高科技公司没有创造投资者所希望的利润,股价开始下跌。许多初创公司的股票几乎一文不值,就连老牌公司的价值也下跌了 1/3 甚至更多。

不过,21 世纪初的萧条也并未一直持续下去。2006 年年底,道琼斯指数收复了自 2000 年以来的所有失地,并首次突破 12 000 点。2007 年,道琼斯指数突破了 13 000 点,接着又突破了 14 000 点,然后再次掉头下跌,跌破 7 000 点,蒸发了一半以上的市值,到 2009 年又回到了十多年前的水平。此后,美国股市经历了新的繁荣,2020 年 1 月初,道琼斯指数首次突破 29 000 点,随后两个月下跌超过 1/3,直至 9 月再次收复失地。

在经济繁荣时期,人们往往会把股市看作可以捞一笔的地方。有些人确实在股市上赚了很多钱,但也有些人(如埃德及近几十年来许多现实生活中的股票投资者)却失去了一切。不过,股市及其他金融市场在经济中扮演着至关重要的角色。金融市场的这一作用是确保国民储蓄用于最具生产力的用途。

在第 8 章,我们讨论了国民储蓄的重要性。在大多数情况下,高国民储蓄率可以带来高资本形成率,经济逻辑和经验都预测这有助于提高劳动生产率和生活水平。然而,创造新资本并不能保证经济更加富裕。历史上充斥着"花费巨大却毫无价值的投资"的例子:数百万甚至数十亿美元投资的资本项目几乎没有经济效益:从未开放的核电站;巨大的水坝,其主要作用是转移供水,扰乱当地农业。

运转良好的经济不仅能充分储蓄,还能以富有成效的方式对这些储蓄进行投资。在美国等国家的市场经济中,将社会储蓄引导到尽可能好的资本投资中是金融系统(银行、股票市场、债券市场及其他金融市场和机构)要完成的责任。因此,很多经济学家认为,功能良好的金融市场的发展是经济持续增长的关键。在本章的第一节,我们将介绍一些主要的金融市场和机构及其在引导并分配储蓄资源方面的作用。

很多购买美国公司股票的人都是外国人,他们在美国寻找投资机会。更广泛地说,在现代世界,储蓄经常跨越国界流动;储蓄者在本国以外的国家购买金融资产,借款人则在国外寻找融资来源。位于不同国家的贷款人与借款人之间的资金流动被称为国际资本流动。我们将在本章的第二节讨论储蓄和资本形成的国际层面。正如我们将看到的,对包括美国在内的许多国家来说,国外储蓄是对国内储蓄的重要补充,是为新资本融资的一种手段。

▽ 金融体系及其将储蓄配置到多产用途的功能

在第 8 章,我们曾经强调过高储蓄率和高资本形成率对经济增长及生产率提高的重要性。但是,仅有高储蓄率和高投资率是不够的。一个成功的经济体不仅储蓄,而且能将这些有限的储蓄资金用在最多产的投资项目中。在像美国这样的市场经济中,储蓄是通过分散的、面向市场的金融体系来分配的。美国的金融体系由银行等金融机构以及债券市场、股票市场等金融市场组成。

金融体系至少以两种截然不同的方式改善储蓄分配。第一,金融体系为储蓄者提供有关投资项目的信息,说明其资金的多种可能用途中哪一种可能更为高效,支付的回报最高。通过评估替代资本投资的潜在生产率,金融系统有助于将储蓄引导到最佳用途。第二,金融市场帮助储蓄者分散个人投资项目的风险。这样既能使单个投资者避免承受过多的风险,又能将储蓄引导到那些虽然有风险但同时也很多产的项目上,如新技术的开发。

本节我们将简短地讨论金融市场的三个核心组成部分:银行系统、债券市场和股票市场。通过讨论,我们将阐明整个金融市场在提供投资项目信息和帮助储户分散借款风险这两方面所起的作用。在下一节,我们将在全球层面讨论金融资产的国际流动,一个国家的储蓄者可以通过资本的国际流动在另一个国家进行投资。

银行系统

在美国,银行系统是由数以千计的商业银行组成的。这些商业银行都是私有企业,它们从个人和企业那里接受存款,然后再用这些存款发放贷款。银行是金融中介这类机构中最重要的一种。所谓**金融中介**,是指那些负责把储蓄者的资金转移给借款者,实现信用延伸的企业。金融中介还有其他一些例子,如储蓄和贷款机构及信用联盟。

为什么像银行这样在储蓄者与投资者之间提供服务的金融中介是必要的? 为什么个人储蓄者不能直接借款给那些想投资新资本项目的人? 主要原因是:通过专业化,银行及其他中介在评价借款者质量方面(也就是我们前不久提过的信息收集功能)拥有比较优势。多数储蓄者,特别是小额储蓄者,缺乏时间和专业知识来确定哪些借款者能最有效地使用他们所得到的资金。而银行和其他中介则在贷款前的信息收集活动方面积累了丰富的专业知识,比如调查借款者的背景、研究借款者的商业计划是否可行,以及在贷款期限内监控借款者的行为等。因为银行在评估借款者时更为专业,所以相对于私人储蓄者而言,它们能以更低的成本收集信息,也能达到更好的效果。银行还可以减少对借款者进行信息收集的成本——把很多个人储蓄先进行汇总然后大额放贷。每笔大额贷款只需银行进行一次评估即可,而不用像个人放贷时那样,提供贷款的每个储蓄者都需要对这笔大额贷款单独进行评估。

银行通过对借款者进行信息收集,将储蓄引导到高回报、多产的投资项目上,极大地帮助了储蓄者。同时,银行通过提供信用,也帮助了借款者。与《财富》杂志评选出的有着很多筹资方式的 500 强企业不同,一个小企业如果想购买复印机或者重新装修办公室,除了去银行之外很可能没有其他融资选择。由于银行的信贷人员在评估小额贷款方面非常专业,甚至有可能恰好与这家小企业的所有者有业务联系,因此银行能够以一个比较合理的成本收集到放贷所需的信息。同样,一个消费者想通过借款装修地下室或者给住宅加建房间,他会发现除了银行以外没有其他更好的选择。总之,银行在收集信息方面的专业化使其能够把那些寻找资金用途的小储蓄者与那些拥有优质投资项目的小借款者集合到一起。

除了能够获得储蓄的回报外,人们持有银行存款的第二个理由是便于支付。大多数银行存款都允许其持有者通过开支票、刷借记卡的方式进行支付。对于很多交易来说,用支票或借记卡支付比用现金支付更方便。例如,邮寄一张支票要比邮寄现金安全,而且用支票支付能够使你保留一份交易记录,而现金支付则不能;而且从你的银行账户到其他人的账户进行电子转账更快(通常也更方便)。此外,在使用笔记本电脑或移动设备进行网购时,根本无法用现金进行支付。

经济自然主义者 10.1　在银行危机期间,国民经济会出现什么情况?

经济学家卡门·莱因哈特(Carmen Reinhart)和肯尼斯·罗格夫(Kenneth Rogoff)

研究了银行危机与几个重要经济结果之间的关系,包括实际 GDP 增长、政府财政和房价。[1] 他们研究了几十年来新兴经济体和发达经济体发生的数十次历史性银行危机。他们发现,在不同国家和不同时期,银行倒闭与负面后果相关,包括严重的长期衰退、政府债务大幅增加和房地产价值下降。

正如莱因哈特和罗格夫所指出的,从历史数据中建立因果关系并不容易。然而,即使大多数银行危机不是衰退的唯一原因,但却毫无疑问加剧了衰退。例如,当一国的经济增长放缓时,由于生产率下降,银行会受到影响,因为借款人偿还贷款的能力下降了。接下来,银行资产的价值恶化,储户对银行的信心下降,纷纷提款,有时甚至会发生银行恐慌和银行倒闭。而银行倒闭使家庭和企业难以借贷,进一步拖累了经济活动。这导致银行资产负债表进一步恶化、提款增加、信心丧失、信贷萎缩等,从而形成恶性循环。

当一家银行倒闭时,它作为金融中介发展起来的专业知识就会丧失。如本章所述,丧失的专业知识包括诸如有关银行小企业客户的个性化知识,这些知识是银行在多年合作中获得的。因此,即使其他银行仍处于良好的财务状况,它们也不容易介入并向倒闭银行的前客户提供信贷。因此,修复遭遇银行倒闭的银行系统可能是一个缓慢且成本高昂的过程。除经济增长放缓外,在这一过程中,许多经济体还出现了资产价值下降(由于缺乏信贷和融资选择)和政府借贷水平上升。

债券和股票

那些想要为投资筹措资金的大型优质企业有时会选择去银行借款。但是与一般的小额借款者不同,这些大企业通常还有其他很多筹资方法,最为人所知的就是通过债券市场和股票市场。接下来,我们首先讨论有关债券和股票的一些机制、原理,然后再回到债券及股票市场配置储蓄的作用上来。

债券

债券是一种偿还债务的法律承诺,通常包括**本金**(最初借出的金额)和定期利息支付。债券发行时承诺的利率称为**票面利率**。对债券持有者进行的定期利息支付称为**息票支付**。每年支付利息的债券的票面金额等于票面利率乘以债券本金金额。例如,如果债券的本金金额为 100 万美元,票面利率为 5%,那么向债券持有人支付的年票面金额为 0.05×1 000 000 美元或 5 万美元。

企业和政府经常通过发行债券并将其出售给储蓄者来筹集资金。新发行的债券为了吸引储蓄者所承诺的息票率由很多因素决定,包括债券的期限、债券的信用风险及债券的税收待遇。债券的期限是指债券代表的债务完全付清以前所持续的时间。这个期限从 30 天到 30 年不等,甚至可能更长。一般来说,债券的持有者对于长期借款会要求更高的票面利率。信用风险是指借款人破产从而无法偿还贷款的风险。被视为有风险的借款人必须支付更高的利率,以补偿贷款人冒着失去全部或部分金融投资的风险。例如,所谓的

---

[1] C. Reinhart and K. Rogoff, *This Time Is Different: Eight Centuries of Financial Folly* (Princeton, NJ: Princeton University Press, 2009).

高收益债券,又被人们称为"垃圾债券",是由信用评级机构判断为有风险的公司发行的债券。垃圾债券的利率高于被认为风险较低的公司发行的债券。

不同的债券在税收待遇上也有所不同。例如,由地方政府发行的市政债券的利息不用缴纳联邦税,而其他类型的债券所支付的利息则被当作课税收入对待。因为税收上的优惠,借款者愿意接受市政债券相对较低的利率。

债券拥有者并不需要将债券保留至发行者偿还本金的那一天(到期日)。他们可以随时在由专业化债券交易商运作的有组织的市场(债券市场)上自由出售其债券。在任意的时点上,特定债券的市场价值被称为债券的价格。最终,我们将会发现,给定时点债券的价格与此时金融市场上的利率紧密相关,如例 10.1 所示。

例 10.1　债券价格与利率

债券价格与利率之间有何关系?

2020 年 1 月 1 日,坦雅购买了一张新发行的本金为 1 000 美元的 2 年期政府债券。债券的息票率为 5%,每年付息一次。这是 2020 年 1 月 1 日的平均利率水平。因此,坦雅或者其他任何拥有债券的人都将在 2021 年 1 月 1 日获得 50 美元的息票支付,在 2022 年 1 月 1 日得到 1 050 美元(50 美元的利票支付加上 1 000 美元的本金偿还)。

2021 年 1 月 1 日收到第一年的息票支付后,坦雅决定将债券卖掉,来为度假筹集资金。她开始在债券市场上出售债券。如果债券市场上的现行利率是 6%,她预计能够从这张"用过"的债券上获得多少资金? 如果现行利率是 4% 呢?

我们曾提到过,在任意时点,一张"用过"的债券的价值取决于现行利率。首先假设 2021 年 1 月 1 日,当坦雅将其债券带到债券市场时,新发行的 1 年期债券的现行利率为 6%。所以,如果一个人买了一张 2021 年到期的一年期债券,票面利率为 6%,那么 2021 年 1 月 1 日他将得到 1 060 美元(1 000 美元本金加 60 美元利息)。那么,会有另一位储蓄者愿意支付给坦雅 1 000 美元的债券本金吗? 不,如果此人购买坦雅的债券,他将在 1 年后的债券到期日获得 1 050 美元;如果他使用这 1 000 美元购买一张支付 6% 利率的新的 1 年期债券,他将在 1 年后获得 1 060 美元(1 000 美元本金加上 60 美元利息)。因此,坦雅的债券对于另一位储蓄者而言不值 1 000 美元。

那么另一位储蓄者愿意为坦雅的债券支付多少钱呢? 既然新发行的一年期债券的回报率为 6%,他只会以能让他至少获得该回报的价格购买坦雅的债券。由于坦雅债券的持有者将在一年内获得 1 050 美元(1 000 美元本金加 50 美元利息),因此其债券的价格必须满足下式:

$$债券价格 \times 1.06 = 1\,050\ 美元$$

求解等式中的债券价格,我们得到:坦雅债券将会以 1 050 美元/1.06 的价格,即 991 美元出售。为了检验这一结果,2022 年 1 月 1 日债券的购买者将会得到 1 050 美元,比她在 2021 年 1 月 1 日支付的金额多 59 美元。她的回报率为 59 美元/991 美元,即 6%,正如我们所预料的那样。

如果现行利率变为 4% 而不是 6%,又会如何? 当现有利率下降时,债券价格上升,坦雅的债券价格同样上升,直至满足 4% 的回报率。届时坦雅的债券价格将满足:债券价格 ×1.04 = 1 050 美元。这意味着她的债券价格将是 1 050 美元/1.04,即大约 1 010 美元。

如果在坦雅想要出售债券时,现行利率为 5%,与她当初购买时的利率相同,那么将会发生什么情况? 你将会发现,在这种情况下,债券将以其面值 1 000 美元出售。

这个例子说明债券价格与利率是负相关的。当新发行债券的利率上升时,金融投资者愿意为现有债券支付的价格下降,反之亦然。

练习 10.1

3年期政府债券发行时的面值(本金)为 100,息票率为 7%,利息每年年底支付。在这些债券到期的前一年,某份报纸的头条标题为"坏的经济消息导致债券价格下跌"。该报道显示,这些 3 年期债券的价格下降到了 96。那么,利率究竟发生了什么变化? 在新闻报道的那个时间点,1 年期利率又是多少?

发行债券是公司或者政府从储蓄者那里获得资金的一种方法。筹资的另一种重要方法是向公众发行股票,不过这种方法仅限于公司使用。

股票

股票(或**权益**)是公司部分所有权的凭证。例如,如果一家公司发行在外的股份为 100 万股,那么每股的所有权就等价于公司所有权的百万分之一。股东将通过两种形式得到其金融投资的回报:第一,股东将会得到公司定期支付的**红利**。红利是由公司管理层决定的,通常取决于公司近期的利润情况;第二,当股价上升时,股东能通过资本收益的方式得到回报(我们在第 8 章讨论过资本收益和损失)。

股价是由在股票交易所(如纽约股票交易所)进行的一系列交易决定的。当股票的需求发生变化时,股价将上升或下降。进一步地,股票的需求又取决于一些因素,如有关公司前景的消息。例如,某医药公司宣布发现了一种重要的新药,虽然新药的生产和营销可能在一段时间之后才开始,但是该公司的股票价格很可能由于这个公告而立即上升,因为金融投资者预计公司将来的盈利会增加。例 10.2 用具体的数字说明了一些影响股价的关键因素。

例 10.2 购买新公司的股票

你应该为每股 FortuneCookie. com(好运曲奇)支付多少钱?

现在,你有一个购买新公司 FortuneCookie. com 股票的机会,该公司计划通过互联网出售美味的好运曲奇。你的股票经纪人估计该公司将在一年后支付每股 1 美元的红利,一年后公司的股价为每股 80 美元。假设你认为经纪人的估计是准确的,那么你今天最多愿意为每股 FortuneCookie. com 支付多少钱? 如果你预计每股红利为 5 美元,那么答案将如何改变? 如果你预计一年后每股红利为 1 美元而股价为 84 美元,那么答案又将是多少?

基于经纪人的估计,你断定,一年后自己所拥有的每股 FortuneCookie. com 股票将价值 81 美元——1 美元红利加上出售该股票所能获得的 80 美元。因此,计算目前你愿意为股票支付的最高价格就等价于下面的问题:如果一年后能得到 81 美元的回报,目前你会投资多少? 要回答这个问题还需要一条信息:如果你愿意购买这家公司的股票,那么所需的预期回报率是多少?

你会如何确定持有 FortuneCookie. com 股票所需的回报率? 让我们假想一下,你并不担心股票的潜在风险,这可能是由于你认为这是一件确定的事情或者由于你是一个不怕风险的人。在这种情况下,你持有 FortuneCookie. com 股票所需的回报率将与你进行其他金融投资(如购买政府债券)所能获得的回报率相同。其他金融投资已有的回报率给出了资金的机会成本。因此,不妨假设,政府债券现在提供的利率为 6%,那么你也会愿意接受 FortuneCookie. com 6% 的回报率。在这种情形下,你目前愿意为每股 FortuneCookie. com 支付的最高价格满足下式:

股票价格×1.06＝81 美元

该式定义了接受 6% 回报率时你愿意支付的股票价格。求解该等式得到股票价格＝81 美元/1.06＝76.42 美元。如果你用 76.42 美元购买了 FortuneCookie.com 的股票，一年后你的回报率将是(81 美元－76.42 美元)/76.42 美元＝4.58 美元/76.42 美元＝6%，即你购买股票所需的回报率。

如果预期红利变为 5 美元，一年后持有股票的总收益将等于预期红利加上预期价格 5 美元＋80 美元，即 85 美元。再次假设你愿意接受 FortuneCookie.com 股票 6% 的回报率，那么目前你愿意为每股 FortuneCookie.com 股票支付的最高价格满足股票价格×1.06＝85 美元这一等式。求解该式得到股票价格＝85 美元/1.06＝80.19 美元。与前面的情况相比，我们发现比较高的预期红利提高了今天的股价。这也是关于公司前景的好消息(如医药公司宣布它发现了一种疗效显著的新药)能够立即影响股价的原因。

如果预期股票未来的价格为 84 美元，红利为 1 美元，那么一年后股票的价值也是 85 美元，与前面的计算过程一样。因此，你愿意为股票支付的价格是 80.19 美元。

上述例子显示，未来的红利或未来的预期股价增加将会使今天的股价上升，而储蓄者持股所需的回报率增加则会使今天的股价下降。同时我们还知道，股票市场所需的回报率与市场利率之间是紧密联系的，这意味着利率的上升将会降低股价和债券价格。

例子中是把未来股价当作给定值。但是，未来股价到底是由什么因素决定的？根据例 10.2，我们知道，今天的股价取决于股东预期今年能够获得的红利和一年后的股价。而一年后的股价又取决于下一年的红利和距今两年后的股价，依此类推。

最终，今天的股价不仅受今年预期红利的影响，还受未来红利的影响。而一家公司支付红利的能力则取决于其收入。因此，在我们提到的医药公司宣布发现新药的例子中，关于未来收入的消息(即使收入在遥远的将来才能实现)能够立刻影响公司的股价。

练习 10.2

继续例 10.2，你预计一年后每股 FortuneCookie.com 的价值为 80 美元，支付的红利为 1 美元。如果今天现行的利率等于你所需的回报率，为 4%，那么你愿意为该股票支付多少？如果利率为 8%，答案又是多少？如果有消息显示不久后利率会上升，那么你预计股价会如何变动？

在例 10.2 中，我们假设你愿意接受的股票回报率为 6%，与从政府债券上所能得到的收益率相同。但是，事实并非如此。在股票市场上进行的金融投资是有很高风险的，因为持有股票的收益是高度变化和不可预测的。例如，尽管你预计每股 FortuneCookie.com 一年后的价值为 80 美元，但是很有可能会出现每股低至 50 美元或每股高至 110 美元的情况。由于大多数金融投资者厌恶风险和不可预测性，因此持有风险资产(如股票)所需的回报率比持有相对比较安全的资产(如政府债券)的回报率高。持有风险资产所需的回报率与持有安全资产的回报率之间的差额称为**风险补偿**。我们用例 10.3 来说明金融投资者对风险的厌恶是如何影响股价的。

例 10.3　风险与股票价格

股票价格与风险之间的关系是什么?

继续例 10.2,假设预计一年后 FortuneCookie.com 支付的红利为 1 美元,每股的市场价值为 80 美元。政府债券的年利率为 6%。但是,如果你持有 FortuneCookie.com 股票这样的风险资产所需的预期回报率比政府债券这样的安全资产高 4%(4% 的风险补偿)。也就是说,你需要 10% 的预期回报率才会选择持有 FortuneCookie.com 股票。那么,现在你最多愿意为股票支付多少?你觉得你所感知到的风险与股价之间有什么样的关系?

因为一年后每股 FortuneCookie.com 预计能支付 81 美元,所需的回报率为 10%,从而可知:股价×1.1=81 美元。求解该式,得到股价=81 美元/1.1=73.64 美元,低于没有风险补偿、所需回报率为 6% 的股价 76.42 美元。由此我们推断出,金融投资者厌恶风险所带来的风险补偿降低了股票等风险资产的价格。

重点回顾:金融系统与储蓄的分配

- 金融系统的作用是将储蓄分配给不同的生产用途。金融系统的三个关键组成部分是银行系统、债券市场和股票市场。
- 商业银行是金融中介机构,利用从储户处筹集的资金向借款人提供信贷。
- 债券是偿还债务的法定承诺。当利率上升时,现有债券的价格会下降。
- 股票(或权益)是对公司部分所有权的主张。影响股价的因素包括:
(1) 预期未来股息或股价上涨将提高当前的股价。
(2) 利率上升意味着持有股票所需回报率的提高,会降低当前的股价。
(3) 感知风险的增加,如风险溢价的增加所反映的,会降低当前的股价。

▼ 债券市场、股票市场及储蓄的分配

与银行一样,债券市场和股票市场也提供了一种引导资金的方法,把资金从储蓄者处转移到拥有好的投资机会的借款者手中。例如,一家公司计划进行资本投资,但是不愿意从银行借款,那么它将有两个选择:它可以发行新债券,然后出售给债券市场的储蓄者;它也可以自己发行新股,然后在股票市场上出售。出售新债券或股票的收入可以被用来为公司的资本投资提供资金。

股票市场和债券市场如何确保已有的储蓄被投入最多产的用途?如前所述,金融市场的两大重要功能是收集借款者的信息以及帮助储蓄者分散借款的风险。

债券市场和股票市场的信息作用

储蓄者及其财务顾问都知道,要想获得尽可能高的金融投资回报,必须找到最有盈利前景的潜在借款者。这一认知正是储蓄者仔细筛选潜在借款者的强大动机所在。

例如,正在考虑发行新股或者债券的公司都知道,华尔街的专业分析师及其他金融投资者将会仔细研究公司近期的业绩及未来的计划。如果分析师及其他潜在的购买者对这家公司未来的盈利能力有很多疑问,他们将对发行的新股提出一个较低的价格,或者会要求新发行的债券支付一个较高的利率。因此,除非管理层有足够的信心让金融投资者相信他们所计划的资金用途能够带来利润,否则公司是不会愿意到债券市场或股票市场上融资的。这样一来,储蓄者及其财务顾问不断搜寻高回报的行为就会促使债券市场和股票市场把资金引导至最多产的用途。

风险分担和多样化

很多承诺高回报的投资项目是有很高风险的。例如,成功开发一种用于降低胆固醇的新药能为医药公司创造亿万美元的利润。但是,如果药品使用的效果比市场上的其他产品差,那么所有的开发成本将付诸东流,得不到任何补偿。假使一个人将他的毕生积蓄投入反胆固醇药品的开发,他也许能获得相当可观的回报,也有可能失去一切。总体而言,储蓄者都不愿意承担太大的风险,所以如果没有什么办法减少单个储蓄者面对的风险,那么公司想要为开发新药筹集资金将变得非常困难。

债券市场和股票市场允许储蓄者采取多样化的金融投资,通过这种方式来帮助其减少风险。**多样化**是指将个体的财富分散到一系列不同的金融投资上以减少总风险的做法。多样化源于一句格言:"不要把所有的鸡蛋都放在一个篮子里。"金融投资者发现,如果将储蓄款分成若干小份,把每一份分配到大量的股票和债券上,而不是把所有的储蓄都投入一个高风险的项目,将更加安全。当其中一些金融资产的价值下降时,总会有其他一些资产的价值上升,于是收益抵消了损失。例 10.4 反映的就是多样化的收益。

例 10.4　多样化的收益

多样化的收益是什么?

维克拉姆有 1 000 美元的资金可供投资,他正在考虑不同公司的两只股票——史密斯雨伞公司和琼斯防晒霜公司。如果下雨,史密斯雨伞公司的股价将上涨 10%,而如果天气晴朗,其股价将保持不变。如果天气晴朗,琼斯防晒霜公司的股价将上涨 10%,而如果下雨,其股价将保持不变。假设下雨的概率是 50%,天气晴朗的概率也是 50%。维克拉姆应该如何投资这 1 000 美元?

如果维克拉姆将 1 000 美元全部投资于史密斯雨伞公司,因为有 50% 的可能会下雨,他有 50% 的机会获得 10% 的回报,而有 50% 的可能是天气晴朗,他有 50% 的机会获得零回报。他的平均回报率是 50% 乘以 10% 再加上 50% 乘以零,即 5%。同样,在天气晴朗的时候,投资琼斯防晒霜公司的回报率是 10%,而在下雨的时候,回报率为 0,因此平均回报率为 5%。

尽管维克拉姆在任何一只股票上的平均回报率都可以达到 5%,但只投资其中一只股票仍然有很高的风险,因为他所获得的实际回报率取决于是否下雨。那么维克拉姆能确保得到 5% 的回报率而没有任何不确定性和风险吗?答案是肯定的。他所要做的就是在这两只股票上各投入 500 美元。如果下雨,他将从史密斯雨伞公司的股票上赚 50 美元,而琼斯防晒霜公司的股票将一无所获。如果天气晴朗,他在史密斯雨伞公司的股票上什么也赚不到,但在琼斯防晒霜公司的股票上将赚 50 美元。无论是否下雨,他都能稳赚 50 美元(相当于 5% 的回报)——毫无风险。

债券市场和股票市场的存在使储蓄者多样化的战略更易于实现——他们把储蓄分成很多小份,每一份储蓄投资一种金融资产(具体体现为持有特定公司或者投资项目的股份)。从社会的角度来看,那些高风险而又有价值的项目的资金筹集由于多样化而变得有可能,因为它不再需要个人储蓄者承担过高的风险。

对于一般人而言,一种特别方便的多样化的方法是通过共同基金间接购买债券和股票。**共同基金**是一种金融中介,它把自己的股份卖给公众,然后用筹得的资金购买很多金融资产。因此,持有共同基金的股份就等于持有很多不同的金融资产的小额组合,帮助储蓄者实现多样化的目的。共同基金的优点是:购买一只或两只共同基金的股份要比直接购买很多不同的股票及债券的成本低,耗费的时间少。过去几十年,共同基金在美国越来越受投资者的欢迎。

经济自然主义者 10.2　为什么美国股票市场会在 20 世纪 90 年代迅速上升,然后又在 2000 年开始下降?

20 世纪 90 年代,美国的股票价格猛涨。反映 500 家主要公司股价表现的标准普尔 500 指数 1990—1995 年上升了 60%,此后的 1995—2000 年又翻了一番多。但是,21 世纪的头两年,这一指数的价值却损失了近一半。为什么美国股市在 20 世纪 90 年代暴涨,而在 21 世纪初却暴跌了?

股价取决于购买者对未来红利、股价的预期以及潜在股东所需的回报率。所需的回报率又进一步等于安全资产的利率加上风险补偿。从理论上分析,股价的上升可能是由下列因素造成的:对未来红利的乐观程度增加,所需回报率下降,或者二者同时发生。

上面提到的两种因素或许都对 20 世纪 90 年代的股价暴涨做出了贡献。90 年代,红利迅速增长,从一个侧面反映了当时美国繁荣的经济状况。受新技术所承诺的高回报的鼓励,很多金融投资者预计未来的红利会更高。

同时,也有证据显示 90 年代人们持有股票所需的风险补偿下降了,因此所需的总回报率也下降了,于是股价上升。关于 90 年代风险补偿下降的一个可能的解释是多样化程度的增加。在那段时间里,可选择的共同基金的数量和种类显著增加。数以百万计的美国人开始投资这些基金,其中包括很多以前从未买过股票或虽然买过股票但只买过几家公司股票的人。对于普通的股市投资者来说,多样化程度的增加可能降低了他们持股时所感知的风险,因此降低了风险补偿,从而提升了股价。

2000 年以后,这些利好因素全都逆转了。股东对红利的增长非常失望,这在很大程度上是因为许多高科技公司没有像人们所希望的那样提供丰厚的利润。另一个打击是 2002 年一系列的公司会计丑闻:一些大公司为了让自己的利润比实际值高,采取了非法或者不道德的手段。经济衰退、恐怖袭击和财务丑闻等因素增加了股东对股票风险的关注,因此他们持股所需的回报率开始从 20 世纪 90 年代的低水平不断上升。预期低额红利和高风险补偿这两大因素导致了股价的急剧下跌。

众所周知,2002 年前后结束的股市暴涨暴跌绝不是美国股市的最后一次震荡。在接下来的 5 年间,标准普尔 500 指数几乎再次翻了一番,在 2007 年达到了历史最高水平,然后在接下来的 18 个月里再次暴跌,跌至 20 世纪 90 年代以来的新低。2007—2008 年的股市暴跌是在金融危机和深度衰退的背景下发生的,这两次危机都降低了预期股息,增加了持股风险。

自 2009 年以来,美国股市已经完全复苏,2020 年 1 月 16 日,标准普尔 500 指数首次突破 3 300 点,比 2000 年和 2007 年的纪录翻了一番多。最近的反弹反映了安全资产利率的历史低位,以及近年来股东预期和风险认知的重大变化。事实上,2020 年 2 月和 3 月美国爆发新冠肺炎疫情时,这些预期和风险偏好突然逆转,标准普尔 500 指数大幅下跌。随着投资者迅速下调股息预期,并寻求更安全的资产,标准普尔 500 指数在 3 月下旬跌破 2 400 点,随后再次回升,并在 8 月达到创纪录的 3 500 点。

重点回顾:债券市场、股票市场与储蓄的分配

债券市场和股票市场的两个重要功能是收集潜在借款人的信息,并通过多样化帮助储蓄者分担借贷风险。分散投资的一种方便的方法是通过共同基金购买债券和股票。

▽ 国际资本流动

迄今为止,我们的讨论主要集中在特定国家(如美国)的金融市场上。然而,经济机会不一定受到国界的限制。一名美国居民的储蓄的最有效利用方式可能不在美国,而是在泰国修建工厂或在波兰兴办企业。同样,对于巴西的储蓄者而言,使投资多样化而分散风险的方法最好是持有几个国家的债券和股票。随着时间的推移,越来越多的金融市场已经允许进行跨国借贷了。借款人和贷款人分属不同国家居民的金融市场被称为**国际金融市场**。

国际金融市场至少在一方面与国内金融市场不同:与国内金融交易不同,国际金融交易至少受到两个国家的法律、法规的管制,即受到借方和贷方各自所在国法律的双重规制。因而,国际金融市场的规模往往取决于国家之间的政治经济合作。例如,在相对和平的 19 世纪末 20 世纪初,国际金融市场得到了较为快速的发展。当时的世界霸主英国是国际上最主要的贷款国,其储蓄被用于世界各地。然而,1914—1945 年,两次世界大战和大萧条严重影响了国际贸易及国际资本流动。直到 20 世纪 80 年代,国际贸易和国际资本流动才恢复到 19 世纪末的水平。

借出相当于购买实物资产或金融资产,而借入相当于卖出实物资产或金融资产,这一点对于我们理解国际金融市场很有帮助。例如,储蓄者购买公司的股票和债券,这对于储蓄者来说是金融资产,而对于公司来说是负债。类似地,购买政府债券对储蓄者来说是金融资产,而对政府来说是负债。储蓄者还可以通过购买土地等实物资产的方式提供资金。如果我向你购买一块土地,尽管在通常意义上我并没有借钱给你,但事实上我为你的消费或投资提供了资金。我将土地出租可以得到租金,就像债券的利息和股票的红利一样。

不动产和金融资产在国际范围内的购买或出售(经济上等价于国际范围内资金的借出和借入)被称为**国际资本流动**。从一个具体的国家的角度来看,如以美国为例,国外投资者对国内(美国)资产的购买称为**资本流入**,国内(美国)家庭和企业对国外资产的购买则称为**资本流出**。为了记住这些术语,可以这样理解:资本流入意味着资金流进本国(国外储蓄者购买本国的资产),而资本流出意味着资金流出本国(国内储蓄者购买国外的资产)。二者的差额就称为净资本流入——资本流入减去资本流出。请注意,资本流入和资本流出不计入出口或进口,因为它们是指购买现有的不动产和金融资产,而不是当前生产的产品和服务。在美国,经济分析局(BEA)也负责度量资本流入和流出。如前所述,经济分析局是负责度量出口、进口及GDP其他组成部分的政府机构。经济分析局每个季度都会在其国际交易账户的"金融账户"部分公布最新的资本流动估计。

从宏观经济的角度看,国际资本流动有两个重要作用。首先,国际资本流动的存在使生产性投资机会大于国内储蓄的国家可以通过从国外借款来填补缺口。其次,国际资本流动的存在使各国在产品和服务出口不等于产品和服务进口的情况下会出现贸易失衡。本章接下来将集中讨论这两个作用。我们首先分析国际资本流动与贸易失衡之间的重要联系。

资本流入与贸易差额

在第4章我们引入了一个术语——**净出口**(NX),即一国的出口总额减去进口总额。表示国家出口总额减去进口总额的另一个等价的术语是贸易差额。因为每个季度或者每年的出口并不一定等于进口,所以贸易差额(或净出口)也不总是等于零。如果某个时期内的贸易差额是正值,即出口总额超过进口总额,则称该国这段时期内拥有**贸易盈余**,盈余额等于出口总额减去进口总额。如果贸易差额是负值,即进口大于出口,则称该国有**贸易赤字**,赤字额等于进口总额减去出口总额。

图10.1显示的是1960年以来美国贸易差额的各个组成部分。实线代表美国的出口占GDP的百分比,虚线代表美国的进口占GDP的百分比。当出口超过进口时,两条线之间的垂直距离就是美国的贸易盈余占GDP的百分比。当进口超过出口时,两条线之间的垂直距离代表的是美国的贸易赤字。从图10.1首先可以看出,在过去几十年间,国际贸易已成为美国经济中日益重要的组成部分。1960年,美国只有5%的GDP用于出口,进口额相当于美国GDP的4.2%。相比之下,2019年,美国11.7%的产品销往国外,进口占美国GDP的14.6%。其次,如图10.1所示,自20世纪70年代末以来,美国一直存在贸易赤字,经常相当于GDP的2%或更多。21世纪第一个10年中期的几年里,美国的贸易赤字激增到GDP的5%以上。为什么美国贸易余额长期处于赤字状态?我们将在本节稍后部分回答这个问题。

贸易差额代表一国出口的产品与服务的价值和进口的产品与服务的价值之间的差额。净资本流入则代表国外投资者对国内资产的购买额与国内居民对国外资产的购买额之间的差额。这两种差额之间有着精确且非常重要的联系:在任意一个给定的时期内,贸易差额和净资本流入的总和为零。为了方便起见,我们把这种关系写成等式:

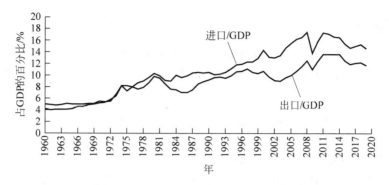

图 10.1　1960—2019 年美国的贸易差额

图中显示了美国的出口和进口占 GDP 的百分比。20 世纪 70 年代末以来,美国一直有贸易赤字,即进口大于出口。

资料来源:美国经济分析局(www.bea.gov)。

$$NX + KI = 0 \tag{10.1}$$

其中,NX 代表贸易差额(净出口),KI 代表净资本流入。式(10.1)给出的关系是一个恒等式,这意味着它是恒成立的。[①]

　　为了了解式(10.1)成立的原因,我们以一位美国居民购买进口产品(如一辆价格为 2 万美元的日本汽车)为例。假设美国居民通过支票付款,因此日本汽车制造商现在在美国一家银行的账户中持有 2 万美元。日本制造商将用这 2 万美元做什么? 基本上,有两种可能性。

　　首先,日本制造商可能会用 2 万美元购买美国生产的产品和服务,如美国制造的汽车零部件或为其高管安排的夏威夷度假。在这种情况下,美国有 2 万美元的出口,与 2 万美元的汽车进口刚好平衡。由于出口等于进口,美国贸易差额不受这些交易的影响(对于这些交易,NX=0)。因为没有资产被买卖,所以没有资本流入或流出(KI=0)。因此,在这种情况下,满足式(10.1)中所述的贸易差额加净资本流入等于零的条件。

　　其次,日本汽车制造商可能会用 2 万美元购买美国资产,如美国国债或该制造商田纳西州工厂附近的一些土地。在这种情况下,美国的贸易逆差为 2 万美元,因为 2 万美元的汽车进口没有被出口抵消(NX=-20 000)。相应的资本流入为 2 万美元,反映了日本人购买的美国资产(KI=20 000 美元)。因此,贸易差额和净资本流入之和再次为零,满足式(10.1)。[②]

　　事实上,还有第三种可能性,那就是日本汽车制造商可能会将美元兑换给美国以外的其他方。例如,该制造商可能会将这笔美元交易给另一家日本公司或个人,以换取日元。不过,购买美元的公司或个人将拥有与该制造商相同的两种选择,即购买美国产品和服务或购买美国资产,从而使净资本流入和贸易赤字保持不变。

---

　　① 从严格意义上说,式(10.1)并不是非常准确的。经常账户(CA)包括净出口、要素收入(国外投资收入的净流动)和国际转移支付(一国居民向另一国居民的非市场转移支付)。因此,准确的关系式是 CA+KI=0。然而,对于美国来说,净要素收入加国际转移支付在经常账户中所占份额相对较小,为了便于讨论,我们在式(10.1)中使用净出口而不是经常账户。

　　② 如果该日本汽车制造商只是将 2 万美元存在美国银行,则仍将被视为资本流入,因为这笔存款仍属于外国人购买的美国资产。

练习 10.3

一位美国储蓄者购买了一张 2 万美元的日本政府债券。解释为什么无论日本政府如何处理出售这笔债券获得的 2 万美元,都满足式(10.1)。

国际资本流动的决定因素

回想起来,资本流入指的是国外投资者对国内资产的购买,资本流出指的是国内居民对国外资产的购买。例如,流入美国的资本包括国外投资者购买美国公司的股票和债券、美国政府债券及美国居民拥有的土地或建筑物等不动产。这不禁让人提出一个问题:为什么国外投资者想要购买美国的资产,而美国人也想要购买国外的资产?

决定任何资产(不管国内资产还是国外资产)对投资者吸引力的基本因素是收益和风险。金融投资者都寻求高回报,因此其他因素(如资产的风险程度与国外资产提供的回报)不变的情况下,国内较高的实际利率将使其资产对国外投资者更具吸引力,从而促进资本流入。同时,国内较高的实际利率将吸引本国居民在国内储蓄,从而减少资本流出。于是,其他条件相同时,国内较高的实际利率将导致净资本流入。相反,国内较低的实际利率将趋向于创造净资本流出,因为金融投资者都会到国外寻找更好的投资机会。

图 10.2 显示了一国资本净流入与该国实际利率之间的关系。当国内实际利率较高时,净资本流入为正(国外投资者对国内资产的购买额超过国内居民对国外资产的购买额)。但当实际利率较低时,净资本流入为负(即该国经历着净资本流出)。

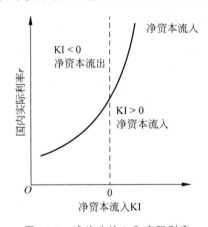

图 10.2　净资本流入和实际利率

资产的风险程度和国外资产提供的回报不变的情况下,国内较高的实际利率将吸引国外的投资者购买国内的资产,使净资本流入增加。国内较高的实际利率还将减少国内储蓄者购买国外资产的动力,使净资本流出减少。因此,其他条件相同时,国内实际利率 r 越高,净资本流入 KI 就越高。

风险对资本流动的影响与实际利率对资本流动的影响恰好相反。每一个给定的实际利率下,国内资产的风险增加将会使净资本流入减少,因为国外投资者不太愿意购买国内的资产,而国内储蓄者也倾向于购买国外的资产。例如,政局不稳定增加了在该国投资的风险,趋向于使净资本流入减少。图10.3显示的是风险增加对资本流入的影响:在每一个国内实际利率下,风险的增加减少了净资本流入,使资本流入曲线向左移动。

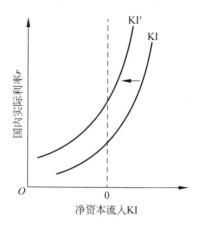

图 10.3　风险的增加使净资本流入减少

由政局不稳定性加剧等引起的国内资产风险程度的增加,将会减少国外投资者和国内储蓄者
持有国内资产的欲望。在每一个国内实际利率下,资本流入的供给下降,使 KI 曲线向左移动。

练习 10.4

给定国内的实际利率和风险,你预计国外实际利率的增加会对净资本流入产生什么影响? 给出你的答案,并画图说明。

储蓄、投资和资本流入

国际资本流入与国内的储蓄、投资之间有着紧密的联系。正如我们接下来将看到的,资本流入提高了国内储蓄的总额,增加了可用于投资的资金数量,而资本流出则减少了可供投资的储蓄量。因此,资本流入有助于促进国内经济的增长,而资本流出则会抑制国内经济的增长。

为了推导资本流入、储蓄和投资三者之间的关系,首先,让我们回顾一下,总产出或收入 Y 必定等于四部分支出之和:消费(C)、投资(I)、政府购买(G)和净出口(NX)。写出这一等式,我们得到:

$$Y = C + I + G + NX$$

接下来,我们将等式两边同时减去 $C + G + NX$,得到:

$$Y - C - G - NX = I$$

从第 8 章我们知道国民储蓄 S 等于 $Y - C - G$。此外,由式(10.1)可知,贸易差额加资本流入等于零,即 $NX + KI = 0$,这意味着 $KI = -NX$。如果我们用 S 代替上式中的 $Y - C - G$,用 KI 代替 $-NX$,可以得到:

$$S + KI = I \tag{10.2}$$

式(10.2)这一关键结果反映了国民储蓄 S 与净资本流入 KI 的总和必然等于国内对

新资本品的投资 I。换句话说，在一个开放经济里，可用于国内投资的储蓄额不仅有国民储蓄（国内的私人和公共储蓄），还有国外储蓄者提供的资金。

第 8 章介绍了储蓄-投资关系图。该图显示在一个封闭的经济里，储蓄的供给必然等于储蓄的需求。类似的图表同样可以应用于开放经济，但是开放经济的储蓄供给包括净资本流入和国内储蓄。图 10.4 显示的是开放经济中的储蓄-投资关系图。国内实际利率反映在纵轴上，储蓄和投资流动反映在横轴上。与在封闭经济里一样，向下倾斜的曲线 I 代表想进行资本投资的公司对资金的需求。曲线 $S+KI$ 代表的是储蓄的总供给，包括国内储蓄 S 和来自国外的净资本流入 KI。由于较高的国内实际利率增加了国内储蓄和净资本流入，因此 $S+KI$ 曲线向上倾斜。如图 10.4 所示，开放经济中的均衡实际利率 r^* 使储蓄的总供给量（包括来自国外的净资本流入）与国内资本投资所需的储蓄量相等。

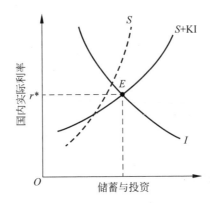

图 10.4 开放经济的储蓄-投资图
开放经济中储蓄的总供给等于国民储蓄 S 与净资本流入 KI 之和。图中给出了国民储蓄 S 的供给是为了便于比较。因为实际利率较低会促使资本外流（$KI<0$），所以在国内利率较低的情况下，储蓄的总供给 $S+KI$ 小于国民储蓄 S。国内为了进行投资而产生的对储蓄的需求用曲线 I 表示，等于国内储蓄需求。

图 10.4 同时揭示了净资本流入使经济受益的机理：吸引了大量国外资本流入的国家将拥有较多的总储蓄供给，从而会有一个较低的实际利率和一个较高的新资本投资率。美国和加拿大在经济发展的初期都受益于大规模的资本流入，今天很多发展中国家也正面临这样的情况。因为资本流入对风险表现得相当敏感，因此如果一个国家政局稳定并能保障国外投资者的权益，该国将能比没有这些特征的国家吸引更多的国外资本，从而发展得更快。

尽管资本流入通常对接受资本流入的国家有利，但并非没有成本。主要通过资本流入筹资的国家未来需要向国外金融投资者支付利息和股息。一些发展中国家经历了债务危机，这是因为它们利用国外资金进行的国内投资回报不佳，导致它们没有足够的收入来偿还欠国外债权人的债务。主要通过国内储蓄筹资的一个优势是，该国资本投资的回报将归于国内储蓄者而不是流向国外。

储蓄率与贸易赤字

如前所述,一国的出口和进口不一定在每个时期都保持平衡。事实上,美国多年来一直存在贸易赤字,进口超过出口。是什么因素导致了贸易赤字? 有些人认为,贸易赤字是因为该国生产的产品质量差或是其他国家对进口施加了贸易约束。尽管这些解释非常流行,但是目前还没有什么经济理论或实证对此加以支持。当然,经济学家承认,贸易限制会影响出口和进口的总体水平,因此贸易协定会增加贸易总额。贸易壁垒和协定也确实会影响一国的进口、出口和贸易伙伴组合。但是,只要一国的支出超过其产量,或者储蓄小于投资,那么无论其贸易伙伴对其是否公平,它与世界其他地区的贸易赤字就一定存在。事实上,很多发展中国家虽然趋向于比其贸易伙伴对贸易施加更严厉的约束,却仍有很高的贸易赤字。

经济学家认为,形成贸易赤字的主要原因并不是一国出口产品的质量或者不公平贸易约束的存在,而是低国民储蓄率。

要了解国民储蓄与贸易赤字之间的关系,请回想一下 $Y=C+I+G+NX$ 这个恒等式。从该式的两边减去 $C+I+G$ 并重新排列,我们得到 $Y-C-G-I=NX$。最后,鉴于国民储蓄 $S=Y-C-G$,我们可以将关系式改写为

$$S-I=NX \qquad\qquad (10.3)$$

式(10.3)也可以直接从式(10.1)和式(10.2)中导出。根据式(10.3),如果我们保持国内投资(I)不变,那么较高的国民储蓄率(S)就意味着较高的净出口水平(NX),而较低的国民储蓄率则意味着较低的净出口水平。此外,如果一国的国民储蓄比投资少,即 $S<I$,则式(10.3)就暗含着净出口 NX 为负值,也就是说该国存在贸易赤字。从式(10.3)得出的结论是,保持国内投资不变,低国民储蓄率趋向于与贸易赤字($NX<0$)有关,高国民储蓄率趋向于与贸易盈余($NX>0$)有关。

为什么低国民储蓄率往往与贸易赤字有关? 如果一国的国民储蓄率比较低,那么该国的家庭和政府就会有较高的支出率(占国内收入和产出的比重)。由于家庭和政府支出中有相当一部分是用于购买进口品的,所以可以想见一个低储蓄、高支出的经济体将会有大量的进口。此外,一个低储蓄经济体把很大一部分国内产品用于消费,因此减少了可供出口的产品与服务的数量。在高进口、低出口的状况下,低储蓄经济体将遭受贸易赤字。

如前所述,存在贸易赤字的国家也必然会接受资本流入[式(10.1)告诉我们,如果存在贸易赤字($NX<0$),则净资本流入必然为正,即 $KI>0$]。那么,低国民储蓄率是否也与净资本流入相一致? 答案是肯定的。低国民储蓄率的国家将没有足够的储蓄为国内投资融资,于是该国可能有很多好的投资机会可供国外储蓄者选择,从而导致资本流入。还有一种等价的解释方法,国内储蓄的不足将趋向于拉高国内的实际利率,从而吸引国外资本流入。

我们的结论是,低国民储蓄率往往会造成贸易赤字,同时也会促进伴随贸易赤字而来的资本流入。经济自然主义者10.3以美国为例说明了这种影响。

经济自然主义者 10.3 为什么美国的贸易赤字如此巨大？

如图 10.1 所示,截至 20 世纪 70 年代中期,美国的贸易差不多一直处于平衡状态。但是,70 年代末期以来,美国开始出现巨大的贸易赤字(特别是 80 年代中期和 90 年代后期)。事实上,2004—2007 年,贸易赤字占美国 GDP 的 5% 甚至更高。为什么美国的贸易赤字会如此巨大？

图 10.5 显示的是美国 1960—2019 年的国民储蓄、投资和贸易差额(所有的量都用 GDP 占比表示)。从图上我们注意到,20 世纪 70 年代末期开始,贸易差额始终是负值,即出现了贸易赤字。同时,我们还注意到,贸易赤字对应的正好是投资超过国民储蓄的时期[正如式(10.3)所要求的]。[①]

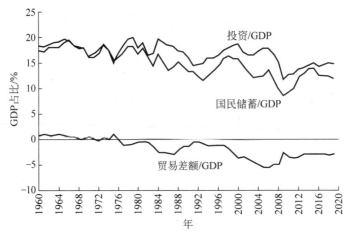

图 10.5 1960—2019 年美国的国民储蓄、投资和贸易差额

20 世纪 70 年代以来,美国国民储蓄开始低于国内投资,这意味着出现了严重的贸易赤字。

资料来源:美国经济分析局(www.bea.gov)。

20 世纪 60 年代及 70 年代初,美国的国民储蓄和投资大致处于相等的状态,因此那段时间美国的贸易差额接近零。但是,70 年代末和 80 年代,美国的国民储蓄开始急剧下降。导致国民储蓄下降的一大原因是当时的巨额政府赤字。又因为投资没有像储蓄那样下降,所以 80 年代美国的贸易赤字开始扩大,这种趋势直到 1990—1991 年的大萧条时期才得到控制,因为那段时间投资也下降了。90 年代,储蓄和投资都开始回升,但是 90 年代末国民储蓄再度下降。此次下降与美国联邦政府倒没有什么关系,因为它的预算处于良好的盈余状态。导致储蓄下降的真正原因是消费支出的大幅上涨。而在这些增加的消费支出中有相当一部分是用于购买进口产品与服务的,这又增加了贸易赤字。

2001 年经济衰退后,美国政府又开始面临巨大的财政赤字,随着家庭储蓄不断减少,到 21 世纪第一个 10 年的中期,贸易赤字再次打破纪录,超过 GDP 的 5%。2007—2009

[①] 仔细观察图 10.5,你可能会注意到,在某些年份,国民储蓄和投资之间的差距与贸易差额略有不同。这种差异被称为统计差异,是由于这些宏观经济指标的测量不完善造成的。虽然通常要小得多,但某些年份的统计差异可能达到 GDP 的 2% 左右。

年经济衰退后,贸易赤字发生了变化,萎缩至 GDP 的 3% 左右,截至 2019 年仍保持在这一水平。在经济衰退期间,由于巨额政府赤字,储蓄大幅减少,需要数年才能恢复,不过投资减少得更快,恢复得更慢。

美国的贸易赤字是一个隐患吗?贸易赤字意味着美国严重依赖国外的储蓄来为国内资本形成融资(净资本流入)。这些国外的贷款最终都必须连本带利一起偿还。如果国外的储蓄资金投资得当,美国经济因此增长,那么偿还贷款将没有任何问题。但是,如果美国的经济增长放缓,那么偿还国外借款将在未来造成不小的经济负担。

重点回顾:国际资本流动和贸易差额

- 跨越国界的资产的购买或出售称为国际资本流动。如果美国的个人、企业或政府从国外借款,则称美国拥有一笔资本流入。这种情况下,国外储蓄者购买了美国的资产。如果美国的个人、企业或政府借款给国外的某些人,即购买国外的资产,则称美国有一笔资本流到国外。一个国家的净资本流入等于资本流入减去资本流出。

- 如果一国进口的产品与服务比出口的多,它必须通过从国外借款来弥补这一差额。类似地,如果一国出口比进口多,它将把等于这一差额的资金借给国外投资者。因此,我们得到一个会计等式,在每一时期,贸易差额 NX 和净资本流入 KI 之和必然等于零。

- 可用于国内新资本投资的资金等于国内储蓄与来自国外的净资本流入之和。回报越高,国内投资的风险就越低,来自国外的净资本流入也就越多。资本流入通过为投资提供更多资金使经济体受益,但是如果新资本品投资的回报不足以偿还国外的借款,那么资本流入也可能成为负担。

- 导致贸易赤字的一个重要原因是低国民储蓄率。如果一个国家储蓄很少、支出很多,那么其进口的产品与服务的数量将会大于出口的产品与服务的数量。同时,一个国家的低储蓄率还意味着该国需要更多的国外借款来为国内投资支出融资。

 ## 小结

不想向银行借款的公司可以通过发行债券或股票获得资金。债券是偿还债务(包括本金和定期的利息支付)的一种法律承诺。当利率上升时,已有债券的价格会下降。股票是企业部分所有权的一种凭证。当预期支付的红利或预期未来的股价上升时,股票价格会上升;当金融投资者持有股票所要求的回报率上升时,股票的价格会下降。所要求的回报率等于安全资产的回报率加上用于补偿金融投资者持有风险的额外回报率(即风险补偿)。

除了在总体上平衡储蓄和投资之外,金融市场和机构在将储蓄分配给最具生产力的投资项目方面发挥着重要作用。金融系统通过两种方式改善储蓄分配。第一,它为投资者提供项目的相关信息:资金用在哪个项目上是最多产、回报率最高的。例如,银行等金融中介机构发展了评估潜在借款人的专业知识,使小储蓄者没有必要自行评估。类似地,股票和债券分析师评估发行股票或债券的公司的业务前景,这决定了股票的售价或公司债券的利率。第二,金融市场通过允许储蓄者多样化金融投资来帮助他们分散借款的风险。个人储蓄者通常通过共同基金持有股票,共同基金是一种金融中介,通过持有多种不同的金融资产来降低风险。通过降低任何一个储蓄者所面临的风险,金融市场允许为有风险但可能非常富有成效的项目提供资金。

贸易差额,即净出口,是指某个时期内一国的出口额减去进口额。并非每个时期的出口都与进口相等。如果出口大于进口,则称其差额为贸易盈余;如果进口大于出口,则称其差额为贸易赤字。贸易发生在资产、产品和服务上。外国人购买国内资产(不动产或金融资产)称为资本流入,国内储户购买外国资产称为资本流出。因为没有通过出口销售融资的进口必须通过资产销售融资,所以贸易差额和净资本流入之和为零。

一国的实际利率越高,在该国投资的风险越低,其净资本流入就越高。资本流入扩充了一国的储蓄总量,使国内投资增加,经济增长加快。使用资本流入为国内资本形成融资的一个缺陷是资本的回报(利息和红利)给了国外投资者而不是国内居民。

国民储蓄率较低是导致贸易赤字的主要原因。低储蓄、高支出的国家要比高储蓄的国家进口得更多。同时,前者消费的国内产品也比后者多,因而导致出口量低于后者。此外,低储蓄的国家很可能拥有更高的实际利率,从而吸引净资本流入。因为贸易差额与净资本流入之和为零,所以较高的净资本流入对应着巨额的贸易赤字。

名词与概念

bond	债券	international financial markets	国际金融市场
capital inflows	资本流入	mutual fund	共同基金
capital outflows	资本流出	principal amount	本金
coupon payments	票面利息	risk premium	风险溢价
diversification	多样化	stock(or equity)	股票(或权益)
dividend	红利	trade balance (or net exports)	贸易差额 (或净出口)
financial intermediaries	金融中介	trade deficit	贸易赤字
international capital flows	国际资本流动	trade surplus	贸易盈余

复习题

1. 阿加计划出售一张一年后到期的债券,债券的本金是 1 000 美元。他在债券市场上出售这张债券能获得 1 000 美元吗? 给出你的答案并解释。

2. 给出金融系统改善储蓄资源配置的两种途径,并举例说明。

3. 假设你比一般人更不在意风险。股票对你来说是一种好的金融投资吗？为什么？

4. 资本流入或流出与国内对于新资本品的投资有何联系？

5. 举例说明为什么一国的净资本流入总是等于贸易赤字。

6. 一国政局动荡加剧可能会如何影响资本流入、国内实际利率和新资本品投资？请画图说明。

练习题

1. 西蒙用 1 000 美元购买了一张由 Amalgamated 公司发行的债券。这张债券在第一年和第二年年末均支付给持有者 60 美元,第三年年末到期时支付给持有者 1 060 美元。

(1) 这张债券的本金、期限、息票率及息票支付分别是多少？

(2) 收到第二笔息票支付后(第二年年末),西蒙决定将其持有的债券在市场上出售。如果那时的一年期利率为 3%,那么他预计能从债券出售中获得多少？如果利率变为 8%,结果是多少？如果利率变成 10%,结果又是多少？

(3) 如果市场利率等于息票率,你能想出一个理由使 2 年后的债券价格低于 1 000 美元吗？

2. Brothers Grimm(生姜面包屋的生产商)的股票预计一年后支付 5.5 美元红利,那时每股价格预计为 99 美元。现在你愿意为每股 Grimm 支付多少金额？

(1) 如果安全利率为 5.1%,而且你相信投资 Grimm 没有风险；

(2) 如果安全利率为 10.1%,而且你相信投资 Grimm 没有风险；

(3) 如果安全利率为 5.1%,但是你需要的风险补偿为 2%；

(4) 假设 Grimm 预计不会支付红利,而预期价格仍为 99 美元,重新计算(1)～(3)。

3. 你所拥有的金融投资包括 10 年后到期的美国政府债券及一家新成立的医药公司的股票。你预计下面这些消息将会如何影响你所持有的资产的价值？请给出解释。

(1) 新发行的政府债券的利率上升。

(2) 通货膨胀比人们之前预期的低(提示：回顾第 5 章中提到的费雪效应)。为了简便起见,假设这一信息不会影响你对医药公司未来红利及股价的预期。

(3) 股市的巨大波动增加了金融投资者对市场风险的关注。(假设新发行的政府债券的利率维持不变。)

4. 你有 1 000 美元资金可以用于投资,现在正考虑以一定比例投资 DonkeyInc 和 ElephantInc 这两只股票。如果民主党当选(40% 的概率),DonkeyInc 的股票将会有 10% 的回报率,其他情况下回报率为 0；如果共和党当选(60% 的概率),ElephantInc 的股票将会有 8% 的回报率,其他情况下回报率为 0。民主党和共和党都有可能当选。

(1) 如果你只想使自己的平均预期回报最大化,而不考虑风险,那么你将如何投资你的 1 000 美元？

(2) 如果对两种股票分别投资 500 美元,那么你的预期回报是多少？(提示：首先考虑民主党当选和共和党当选时你的回报将分别是多少,然后将这两笔收入分别与事件发生的概率相乘。)

(3) 每种股票投资 500 美元的策略并不能给你带来最高的平均预期回报。那么为什么你还会选择这样投资?

(4) 设计一种投资策略,确保不管什么情况下都至少能获得 4.4% 的回报。

(5) 设计一种无风险的投资策略,即这 1 000 美元投资所能获得的回报不受选举结果影响。

5. 下列交易将如何影响美国的①贸易盈余或贸易赤字,②资本流入或资本流出?证明每种情况下贸易差额与资本净流入之和为零。

(1) 一位美国出口商向以色列出口软件,并用得到的钱购买以色列公司的股票。

(2) 一家墨西哥公司用向美国出口石油得到的钱购买美国政府的债券。

(3) 一家墨西哥公司用向美国出口石油得到的钱购买美国企业制造的石油钻探设备。

6. 一国的国民储蓄供给、为资本形成而储蓄的国内需求及净资本流入的供给由下列等式给出:

$$S = 1\,800 + 2\,000r$$
$$I = 2\,000 - 4\,000r$$
$$KI = -100 + 6\,000r$$

(1) 假设储蓄和投资市场处于平衡状态,求解国民储蓄、资本流入、国内投资和实际利率。

(2) 假设在实际利率的每一个值下,期望的国民储蓄都减少了 120,重做(1)。国民储蓄减少对资本流入有什么影响?

(3) 对宏观经济政策的担忧导致资本流入急剧减少,从而使 $KI = -700 + 6\,000r$。重做(1)。资本流入减少对国内投资和实际利率有什么影响?

正文中练习题的答案

10.1　因为债券价格下降,利率必然上升。为了计算利率,首先,我们注意到债券投资者现在愿意为一年后 107(息票支付 7 加上本金 100)的回报支付的价格为 96。然后在此基础上计算 1 年期的回报,用 107 除以 96 得到 1.115。因此,利率必然上升到 11.5%。

10.2　一年后每股股票的价值为 81 美元——预期未来价格与预期红利的总和。当利率为 4% 时,现在的股价为 81 美元/1.04＝77.88 美元。利率为 8% 时,现在的股价为 81 美元/1.08＝75 美元。回顾例 10.2,当利率为 6% 时,每股 FortuneCookie.com 的股价为 76.42 美元。因为高利率意味着低股价,所以有关利率上升的消息将会导致股市下滑。

10.3　购买日本债券对于美国是资本流出,或 $KI = -2$ 万美元。日本政府现在持有 2 万美元。它将如何处理这些资金?基本上有三种可能性。首先,它可能会用这些资金购买美国的产品和服务(如军事装备)。在这种情况下,美国的贸易差额衡等于 +2 万美元,贸易差额和资本流入之和为零。其次,日本政府可能购买美国资产,如美国银行的存款。在这种情况下,流入美国的资本 2 万美元抵消了最初的资本流出。贸易差额和净资本流出分别为零,因此它们的总和为零。最后,日本政府还有可能用这 2 万美元从沙特阿拉伯购买美国以外的产品、服务或资产——石油。收到这 2 万美元的国家如今面临与日本政府相同的选择。最终,这些资金将用于购买符合式(10.1)的美国产品、服务或资产。事实上,即使收款人持有这些资金(现金或美国银行存款),它们仍将被视为流入美国的资本,因为外国人持有的美元或美国银行账户属于外国人购买的美国资产。

　　10.4　国外实际利率的提高增加了国外金融投资对国外和国内储蓄者的相对吸引力。流入本国的资本净额将在国内实际利率的每一水平上减少。净资本流入的供给曲线将向左移动,如图 10.3 所示。

第4部分

短期经济

宏观经济学原理(翻译版·第 8 版)

Principles of Macroeconomics,Eighth Edition

第 **11** 章

经济的短期波动：概述

"房屋的销量和价格持续下滑。"

"随着工作岗位的减少,越来越多的人以汽车旅馆为家。"

"全球股市大幅下挫。"

"能源价格大幅上涨,股市再度下跌。"

"美联储计划再注入 1 兆亿美元以期重振经济。"

"世界银行称全球经济 2009 年将出现萎缩。"

上述《纽约时报》的新闻标题揭示了这样一个事实:2007 年年末到 2009 年年中,美国经济经历了 20 世纪 30 年代大萧条以来最严重的经济萧条:平均收入下降;成千上万名美国人失去了工作、医疗保险甚至是住房;各级政府都被税收的下滑及人们对于失业救济和医疗保险等公共服务持续上升的需求搞得焦头烂额。

2007—2009 年的大衰退之后,几乎 11 年没有出现衰退,是有记录以来最长的一次。然而,2020 年年初,美国遭受了新冠肺炎疫情的重创。由于疫情,全球和国内旅游几乎停顿,许多企业倒闭,失业率急剧上升。最近的这次衰退有多严重、将持续多长时间还有待观察。

本书的前几章讨论了长期经济增长的决定因素。纵观历史,这些因素决定了一个社会整体经济的繁荣程度。事实上,在 30 年、50 年乃至 100 年的时间内,经济增长率非常微小的变动都会对普通人的生活条件产生巨大影响。不过,虽然经济"气候"(长期经济状况)是生活水平的最终决定因素,经济"天气"的变化(经济状况的短期波动)也很重要。对于一个刚在经济萧条时期失业的工人而言，良好的长期经济增长率几乎没有意义。短期宏观经济表现对选举结果的影响是普通人对其重视程度的一个指标（参见经济自然主义者 11.1）。

本章我们开始考察通常被称为经济周期（包括扩张和衰退）的经济活动的短期波动。我们先介绍经济波动的历史和特点。接下来我们会给出有助于度量经济周期严重性的一些概念。这些概念能够帮助我们从不同的角度分析短期经济波动，并将产出的波动与失业的变动联系起来。最后，我们将用一个实例来描述经济繁荣和衰退的基本模型。在本章中，我们将把理论与现实世界的例子联系起来，重点关注最近的两次衰退——2007—2009 年的大衰退和 2020 年新冠肺炎疫情导致的衰退。

经济自然主义者 11.1　经济波动会影响总统选举吗？

1991 年年初，美国及其盟友在海湾战争中击败伊拉克后，一项民调显示，89％的美国人支持乔治·赫伯特·沃克·布什（George H. W. Bush）担任总统。在他之前，上一位获得如此高支持率的美国总统是 1945 年的哈里·杜鲁门（Harry Truman），当时二战刚刚结束，美国作为战胜国成为全球超级大国。海湾战争胜利之前，外交政策领域还取得了其他一些重要的进展，包括 1989 年 12 月巴拿马领导人曼努埃尔·诺列加将军被迫下台、中美关系改善、中东和平谈判取得明显进展、南非种族隔离制度结束。1991 年 12 月苏联解体，这一标志着冷战结束的令人震惊的事件也发生在布什的任期内。然而，尽管有这些政治优势，在海湾战争结束后的几个月里，布什极高的支持率急剧下降。根据同一项民调，到 1992 年夏季共和党全国代表大会召开时，只有 29％的美国人支持布什。尽管总统的支持率在竞选期间有所提高，但布什和他的竞选伙伴丹·奎尔（Dan Quayle）在 1992 年大选中败给了比尔·克林顿（Bill Clinton）和阿尔·戈尔（Al Gore），仅获得了 3 900 万张选票，而总选票高达 1.04 亿张。就连第三方候选人罗斯·佩罗（Ross Perot）都获得了近 2 000 万张选票。是什么使布什总统的政治命运发生了转变？

尽管布什总统在外交政策方面获得了选民的高度评价，但其国内经济政策却被普遍认为是无效的。布什因违背竞选时不增税的承诺而备受批评。更重要的是，美国经济在 1990—1991 年大幅下滑，随后复苏乏力。尽管通货膨胀率很低，但到 1992 年中期，失业率占劳动力的 7.8％，比布什任期的第一年高出 2.5 个百分点，是自 1984 年以来的最高水平。民主党候选人比尔·克林顿竞选总部的一块牌子概括了克林顿竞选获胜的战略："这是经济问题，傻瓜。"克林顿意识到经济问题对于美国的重要性，并抨击共和党政府无力将美国从低迷中拉出来。克林顿对经济的关注是他当选的关键。

在美国政治史上，克林顿利用人们对经济状况的批评成功当选这种做法并不罕见。经济疲软在帮助富兰克林·罗斯福（Franklin D. Roosevelt）在 1932 年击败赫伯特·胡佛（Herbert Hoover）、约翰·肯尼迪（John F. Kennedy）在 1960 年击败理查德·尼克松（Richard Nixon）、罗纳德·里根（Ronald Reagan）在 1980 年击败吉米·卡特（Jimmy Carter）方面发挥了决定性作用。小布什（George W. Bush）发现，与他父亲的经历相似，自己在 2001 年"9·11"袭击后所享有的政治声望（高达 90％的创纪录的支持率），由于经济下滑和随后的复苏乏力大幅下跌。2008年10月,在金融危机最严重的时候,小布什总统的支持率创下了25%的历史新低。几周后,巴拉克·奥巴马(Barack Obama)击败共和党候选人(也是战争英雄)约翰·麦凯恩(John McCain),当选美国总统。

同时,强劲的经济条件往往有助于现任总统(或现任政党)留任,对包括1972年的尼克松、1984年的里根和1996年的克林顿在内的许多实证研究表明,选举前一年的经济表现是决定现任总统能否连任的最重要因素之一。

最后,我们应该记住,宏观经济指标(如失业率)所衡量的经济状况并不一定能反映所有选民所认为的经济状况。例如,宏观经济指标的构建涉及汇总和平均,因此可能掩盖不同地区、经济部门及人口群体之间的经济差异和不平等。事实上,尽管在奥巴马执政期间失业率较低且不断下降,但感觉自己的经济状况远不如他人的人群中的沮丧情绪是共和党候选人唐纳德·特朗普(Donald Trump)在2016年大选中经常提到的话题,这可能有助于解释民主党人为什么会失去总统宝座。

经济衰退和扩张

作为短期经济波动研究的背景,让我们回顾一下美国经济波动的历史记录。图11.1显示了1929年以来美国实际GDP的变动情况。很明显,各年实际GDP的连线并不总是很平滑,凸起和下凹的部分分别代表经济增长的快速期和缓慢期。

经济衰退是指经济增长率明显低于正常水平的时期,经济衰退非常严重时就形成了**经济萧条**。从图11.1中可以找出大萧条时期,特别是1929—1933年初始的大幅下跌。此外,20世纪70年代中期和80年代早期美国经济很不稳定,1973—1975年、1981—1982年经济严重衰退。此后,1990—1991年出现了比较缓和的经济衰退。接下来的整整10年没有发生经济衰退,这是美国历史上摆脱经济衰退最长的时间,接着,2001年3月又出现了一次短期并且温和的经济衰退,持续了8个月。相比之下,大萧条是漫长而严重的。

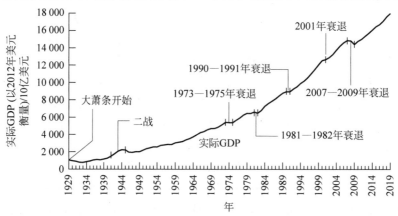

图11.1 1929—2019年美国实际GDP的波动

实际GDP并不总是稳定地增长,其发展过程中有起(经济扩张或者繁荣)有伏(经济衰退或者萧条)。

资料来源:Federal Reserve of St. Louis Economic Data(FRED),https://fred.stlouisfed.org/series/GDPCA。

从图 11.1 中可以清楚地看到，大萧条开始于 2007 年，结束于 2009 年。大萧条之后，几乎有 11 年没有出现衰退，这是美国的一个新记录。这一繁荣期在 2020 年随着新冠肺炎疫情的到来而结束。疫情引发了最近的一次衰退。

记者经常引用的一个更为非正式的衰退定义是指实际 GDP 至少连续两个季度下降的时期。这个定义并不是一个坏的经验法则，因为实际 GDP 通常在衰退期间会下降。然而，许多经济学家会争辩说，实际 GDP 增长远低于正常水平的时期，尽管实际上不是负增长，但应该算作衰退。事实上，2001 年经济衰退期间，实际 GDP 仅下降了一个季度。依靠 GDP 数据来确定衰退日期的另一个问题是，GDP 数据可能会被大幅修改，有时会在几年后。在实践中，当试图确定衰退是否正在进行时，经济学家会考虑各种经济数据，而不只是 GDP。

关于经济衰退，报纸杂志通常采用另一种不很严谨的定义：当至少连续两个季度实际 GDP 都在持续下降时，我们可以说经济处于衰退期。这个定义在某种意义上也可以说得通，因为在经济衰退期，实际 GDP 通常都会下降。不过，有些经济学家认为只要实际 GDP 的增长率明显低于正常值，即使增长率是正的，也应当认为处于经济衰退期。事实上，2001 年的经济衰退期间，实际 GDP 仅在一个季度出现了下降。仅根据当时的 GDP 数据来判断经济是扩张还是衰退是不完全的，因为通常几年之后我们会对当年的 GDP 数据做出修正。因此，经济学家通过分析判断一系列的经济数据，而不只是 GDP，来决定经济是处于扩张期还是衰退期。

表 11.1 给出了 1929 年以来美国历次经济衰退的起止持续时间，还记录了每次经济衰退期的最高失业率和实际 GDP 的变化率（目前我们先不关注表格的最后一列）。衰退的起点称为**波峰**，因为该点代表低迷前经济活动的最高水平。衰退的终点称为**波谷**，代表复苏前经济活动的最低水平。表 11.1 中波峰、波谷的日期是由美国经济研究局（NBER）给出的。美国经济研究局成立于 1920 年，是由一些经济学家组成的非营利机构，主要研究短期经济波动。美国经济研究局并不是政府机构，但它给出的波峰、波谷的日期被媒体和政府认定为权威数据。

表 11.1　美国自 1929 年以来的经济衰退

波　　峰	波　　谷	持续时间/月	最高失业率/%	实际 GDP 的变化/%	随后扩张的持续时间/月
1929 年 8 月	1933 年 3 月	43	24.9	−26.3	50
1937 年 5 月	1938 年 6 月	13	19.0	−3.3	80
1945 年 2 月	1945 年 10 月	8	3.9	−11.6	37
1948 年 11 月	1949 年 10 月	11	5.9	−0.5	45
1953 年 7 月	1954 年 5 月	10	5.5	−0.6	39
1957 年 8 月	1958 年 4 月	8	6.8	−0.7	24
1960 年 4 月	1961 年 2 月	10	6.7	2.6	106
1969 年 12 月	1970 年 11 月	11	5.9	0.2	36
1973 年 11 月	1975 年 3 月	16	8.5	−0.7	58
1980 年 1 月	1980 年 7 月	6	7.6	−0.2	12

续表

波　峰	波　谷	持续时间/月	最高失业率/%	实际 GDP 的变化/%	随后扩张的持续时间/月
1981 年 7 月	1982 年 11 月	16	9.7	−1.9	92
1990 年 7 月	1991 年 3 月	8	7.5	−0.1	120
2001 年 3 月	2001 年 11 月	8	6.0	1.0	73
2007 年 12 月	2009 年 6 月	18	9.6	−3.1	128
2020 年 2 月					

注：失业率采用波谷年失业率和其后一年失业率中的较高者。实际 GDP 变化(以 2009 年美元衡量)年度数据的测算时间是从经济活动的波峰到波谷，但是 1945 年衰退期相应的数据是 1945—1946 年实际 GDP 的年度变化，1980 年衰退期相应的数据是 1979—1980 年实际 GDP 的年度变化，2001 年衰退期相应的数据是 2000—2001 年实际 GDP 的年度变化。

资料来源：波峰和波谷时间，美国经济研究局；失业率，美国劳动统计局；实际 GDP，美国经济分析局。

如表 11.1 所示，1929 年至今，美国最严重的历时最长的经济衰退是始于 1929 年 8 月持续至 1933 年 3 月的长达 43 个月的经济崩溃所引发的"大萧条"。1933—1937 年经济开始复苏，增长相对较快。虽然这段时间内失业人数仍然很多，接近总劳动人数的 20%，但在技术上，我们并不把这段时间视为衰退期。1937—1938 年美国又经历了一次程度较深的经济衰退。直到 1941 年年底参加二战，美国的经济才开始全面复苏。1941—1945 年因为军备扩张，美国的经济发展很快(参见图 11.1)。

与 20 世纪 30 年代截然不同的是，自二战以来，美国经济衰退从波峰到波谷通常为 6～18 个月。如表 11.1 所示，2007 年以前最为严重的两次经济衰退(1973—1975 年与 1981—1982 年)都只持续了 16 个月。而且，尽管以今天的标准来看，这两次衰退期间的失业率相当高，但与大萧条时期相比，失业率却很低。在 1982—2007 年的 25 年里，美国经济只经历了两次相对温和的衰退，分别是 1990—1991 年和 2001 年。这几年宏观经济波动性的下降被称为"大缓和"，一些经济学家及其他观察家怀疑我们是否正在见证"经济周期的结束"。2007—2009 年持续了 18 个月的经济衰退是二战后持续时间最长、程度最深的一次，GDP 从波峰到波谷下降了 3.1%。2020 年开始的经济衰退将持续多长时间、程度有多深，我们尚不清楚。这些事件警告我们要避免过度自信。繁荣和经济稳定永远无法保证。

与经济衰退对立的是**经济扩张**，它是指经济增长率明显高于正常水平的时期。**经济繁荣**指的是长时期的经济扩张。美国历史上的经济扩张出现在 1933—1937 年、1961—1969 年、1982—1990 年和 1991—2001 年，其中 1995—2000 年的经济扩张非常迅速(见图 11.1)。平均来说，经济扩张期比经济衰退期长。表 11.1 的最后一列数据显示了 1929 年以来美国历次经济扩张的持续时间。1961—1969 年的经济扩张持续了 106 个月，1982—1990 年的扩张持续了 92 个月。有史以来历时最长的经济扩张始于 1990—1991 年经济衰退的波谷(1991 年 3 月)，持续了整整 10 年共计 120 个月，直到 2001 年 3 月新的衰退开始。最长的一次经济扩张始于 2009 年 6 月，持续了 128 个月，最终因 2020 年 2 月开始的新冠肺炎疫情带来的衰退而宣告结束。

经济自然主义者 11.2　2020 年的经济衰退是怎么确定的？

美国经济研究局下设的经济周期测定委员会得出结论,2020 年 2 月开始出现了经济衰退。该委员会是如何确定这一日期的？

2020 年 6 月 8 日(星期一),组成经济周期测定委员会的 8 位经济学家召开电话会议,并宣布经济衰退已于当年 2 月开始。

确定衰退是否已经开始及何时开始,需要进行深入的统计分析,同时还要进行大量的主观判断。事实上,经济周期测定委员会需要对 4 个月的经济数据进行分析,才能宣布美国出现经济衰退。经济周期测定委员会主要根据几个度量整体状况的统计指标进行分析。该委员会希望选取那些每个月都有数据的指标,因为这些指标更容易获得而且有可能提供有关波峰和波谷的较为精确的信息。该委员会在 2020 年 6 月的电话会议上使用的三个最为重要的指标是:

- 非农业就业情况(在农业以外的领域就业的人口数量),以两种方式衡量:一种是基于对雇主的调查,另一种是根据劳工统计局对家庭的调查。
- 扣除社保缴费等转移支付以后家庭的实际税后收入。
- 实际个人消费支出。

上述每一个指标都度量了经济的一个方面。因为这些指标随着总体经济的变动而变动,因此又将其称为同步指标。

该委员会在其宣布美国出现了衰退的长而详细的声明(原文见 www.nber.org/cycles/june2020.pdf)中指出:

因为衰退是经济的广泛收缩,而并不局限于一个部门,所以委员会看重的是经济活动的总体指标。委员会认为,国内生产和就业是衡量经济活动的主要概念指标。

……委员会通常将基于对雇主的大规模调查的工资雇佣措施视为最可靠的就业综合估计。这一系列指标在 2 月份达到了明显的峰值。

委员会确定,上述其他月度指标也支持了 2020 年 2 月明显达到波峰。在审议过程中,委员会还研究了季度国内生产指标(包括 GDP)。正如委员会所确定的,这些指标为宣布新的衰退开始提供了一致的证据。

练习 11.1

根据美国经济研究局网站(www.nber.org/cycles.html)上发布的消息,美国经济目前是处于衰退还是扩张中？ 自上一次波峰或波谷以来,已经过去了多久？ 浏览美国经济研究局的网站,了解有关美国经济现状的其他有用信息。

短期经济波动的一些现象

尽管图 11.1 和表 11.1 显示的数据仅始于 1929 年,但至少自 18 世纪后期以来,衰退和扩张交替已经成为工业经济的一个特征。马克思和恩格斯在《共产党宣言》中将这种波动现象称为"经济危机"。美国的经济学家早在一个世纪以前就开始研究短期经济波动。

这些波动的传统术语是经济周期,它们仍然经常被称为周期性波动。但这两个术语都不准确,如图 11.1 所示,经济波动根本不是"周期性"的,即它们并不是以可预测的间隔反复出现,其长度和严重程度是不规则的。这种不规则性使波峰和波谷的日期极难预测,尽管事实上专业预测人员已经为这项任务投入了大量的精力和脑力。

经济扩张和衰退通常并不局限于几个行业或者地区,而是一种整体经济的状态,最大的波动可能会影响全世界。譬如,几乎全球所有国家的经济都受到了 20 世纪 30 年代美国经济大萧条的影响,1973—1975 年和 1981—1982 年的经济衰退的影响范围同样波及美国之外的国家和地区。2007—2009 年的经济衰退影响波及全球,直到现在仍能感受到其影响。2020 年开始的经济衰退是一个全球性现象,同时冲击了世界大部分地区。

但即使是相对温和的经济衰退(如 2001 年发生的经济衰退),也会产生全球影响。图 11.2 给出了 1999—2019 年中国、德国、日本、英国和美国实际 GDP 的年增长率(图中阴影部分显示了美国的衰退日期,摘自表 11.1)。可以看到,按 GDP 计算,全球最大的这五个国家在 2008 年经济增速都大幅放缓,除中国外的四个国家在 2009 年都陷入了严重的衰退。这五个国家基本是同时开始复苏的,但在充满希望的 2010 年之后,其经济增长速度在 2011 年都再次放缓,总体而言,近年来的增长速度比危机前几年要慢。图 11.2 还显示,2000—2001 年,这五个国家的增长速度都有不同程度的减缓。

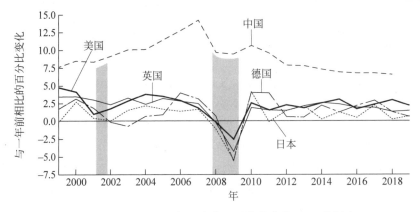

图 11.2 1999—2019 年五个主要国家的实际 GDP 增长率

世界五个主要国家的年增长率(以过去四个季度实际 GDP 的变化来衡量)表明,所有国家的增长率在 2001 年经济衰退相对温和的一年都有所放缓,而在 2008 年和 2009 年经济衰退严重得多的一年,增长率则都大幅放缓。

资料来源:Federal Reserve of St. Louis Economic Data (FRED), https://fred.stlouisfed.org.

失业率是衡量短期经济波动的一个重要指标。在经济衰退期,失业率通常会大幅上升,直到经济复苏时期失业率才缓慢下降。前文的图 4.4 给出了 1965 年以来美国历年失业率的变动轨迹。通过关注这些年间失业率的大幅上涨,你可以找出衰退期。通过注意这些年或随后几年失业率的急剧增加,你应该能够识别开始于 1969 年、1973 年、1981 年、1990 年、2001 年和 2007 年的最近几次经济衰退。回想一下,由经济衰退引起的失业称为周期性失业。此外,经济衰退时期劳动力市场通常也会恶化。例如,衰退期间实际工资增长缓慢,工人几乎没有升职的机会,奖金也很少,新的劳动力(如大学毕业生)很难找到好工作。

一般来说,生产汽车、房屋和资本设备等耐用品的行业比其他行业更容易受经济衰退或扩张的影响。而服务行业或生产食品等非耐用品的行业受短期经济波动的影响则相对较小。因此,当出现经济衰退时,汽车制造工人或建筑行业工人失业的可能性要远远大于理发师或面包师。

与失业率一样,通货膨胀率也会随着经济扩张或衰退发生有规律的变动,但是通货膨胀率的运行轨迹没有失业率那么明显。图 11.3 给出了 1960 年以来美国历年的通货膨胀率,图中阴影部分表示经济衰退时期。从图中可以看出,经济衰退发生之后,通货膨胀率通常很快会相应下降。例如,1981—1982 年的经济衰退期间伴随着通货膨胀率的急剧下降,2007—2009 年的经济衰退结束后通货膨胀率为轻微的负值。此外,从图 11.3 中还可以看到大多数(不是全部)战后经济衰退之前,通货膨胀率都会上升。对于经济波动中伴随的通货膨胀的变化情况,我们将在接下来的两章详细讨论。

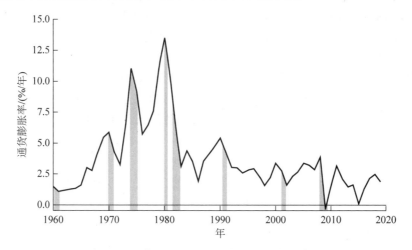

图 11.3 美国 1960—2019 年的通货膨胀情况

使用 CPI 指数的变化率来表示 1960 年以来美国历年的通货膨胀率,并且图中使用垂直的阴影部分表示经济衰退时期,可以发现,通货膨胀率在每次衰退期间或之后都有所下降,而在许多衰退之前则有所上升。

资料来源：U. S. Bureau of Labor Statistics，www. bls. gov.

重点回顾：衰退、扩张和短期经济波动

- 衰退是指产出的增长明显低于正常水平的时期。扩张或者繁荣,是指产出的增长明显高于正常水平的时期。
- 衰退的起点称为波峰,终点(一次衰退的终点意味着下一次扩张的起点)称为波谷。
- 美国历史上最严重的经济衰退发生在 1929—1933 年经济大萧条的初始阶段。此外,1973—1975 年、1981—1982 年和 2007—2009 年也发生过严重的经济衰退。1990—1991 年和 2001 年发生过比较缓和的经济衰退。最近一次衰退始于 2020 年。

- 短期经济波动（衰退和扩张）的持续时间和影响程度是不规则的，难以预测。
- 经济衰退和扩张通常会波及大多数地区和行业，有时候甚至会对全球经济造成影响。
- 失业率通常在经济衰退期间大幅上升，然后在经济扩张期间缓慢下降。
- 耐用品产业比其他产业更容易受经济扩张和经济衰退的影响。服务和非耐用品产业则不容易受经济波动的影响。
- 通货膨胀率通常在经济衰退前上升，在经济衰退后下降。

产出缺口和周期性失业

对于政策制定者而言，要对经济扩张或者衰退做出恰当的反应，必须知道某一次经济波动程度是"大"还是"小"，这一点对于研究经济波动的学者同样重要。直观上，"大"的经济波动是指产出水平和失业率明显偏离正常水平或趋势值。为了更好地说明经济波动的"大""小"如何判断，本节将介绍一个新的概念——产出缺口。

应该如何判断某一次衰退或扩张是"大"还是"小"？这个问题的答案对研究经济周期的经济学家和必须应对经济波动的政策制定者都很重要。直觉上，"大"的经济衰退或扩张是指产出水平和失业率明显偏离正常水平或趋势值。本节我们将尝试通过引入产出缺口的概念来更准确地理解这一观点。产出缺口衡量在某一特定时间实际产出与其正常数值之间的差额。此外，我们还将复习周期性失业的含义——实际失业率与正常数值之间的差额。最后，我们将讨论这两个概念的相互作用。

潜在产出

潜在产出的概念是我们考虑经济波动程度的重要出发点。**潜出产出**，又称**潜在 GDP** 或者**充分就业下的产出**，是指一个经济体在以正常速度使用其资源（如资本和劳动力）时所能达到的最大可持续的产出（实际 GDP）。术语潜在产出有可能产生误导，因为潜在产出与最大产出不同。因为至少在一段时间内，资本和劳动力等资源可以被过度使用，所以国家的实际产出可能暂时超出经济的潜在产出。但这种过度使用的效率并不能持续。部分原因是工人不能每周过度劳动，而机器也需要不时地停下来检修。

潜在产出并不是一成不变的，事实上这个数值随着时间的变化而增加，反映了生产过程中可利用的资本、劳动力及其生产率的增加。我们在第 6 章讨论了潜在产出（经济体的生产能力）的增长来源。我们将使用符号 Y^* 表示经济体在给定时点的潜在产出。图 11.4 给出了 1949—2019 年美国的潜在产出。将该图与图 11.1 中给出的实际 GDP 的数据进行对比，可以看到，潜在产出的估计值 Y^* 比实际产出 Y 要平滑得多，这说明一个经济体生产能力的增长是源于在长期内增长相对平缓的因素（如人力资本）。因此，潜在产出的增长也比较平缓。

为什么一国的实际产出有时增长很快，有时增长较慢，就像图 11.1 中显示的那样？从逻辑上说，实际产出的变动可能有两方面的原因。第一，产出增长率的变化可能反映一

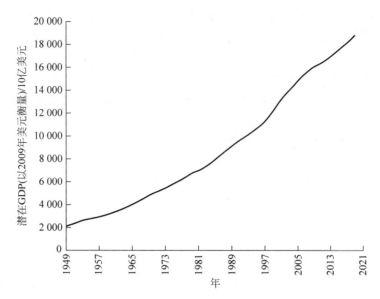

图 11.4　1949—2019 年美国的潜在产出

潜在产出的估计值 Y^* 比实际产出 Y 要平滑得多。将这些数据与图 11.1 进行对比。

资料来源：U. S. Congressional Budget Office, Real Potential Gross Domestic Product［GDPPOT］, retrieved from FRED, Federal Reserve Bank of St. Louis; https://fred.stlouisfed.org/series/GDPPOT.

国潜在产出的增长率。例如，严重干旱等不利天气条件会降低农业经济的潜在产出增长率，而科技创新的停滞可能会降低工业经济的潜在产出增长率。假设在正常生产速度下经济中所有的资源都得到充分有效的利用，那么实际产出应该等于潜在产出。潜在产出增长率的显著下降将导致衰退。同样，如果新技术提高了资本利用率，或者移民的涌入带来了更多的劳动力，潜在产出就会明显提高，从而引发经济繁荣。

毫无疑问，有时候潜在产出的变动可以解释实际经济的衰退和扩张。例如，20 世纪 90 年代后半期美国经济的繁荣在很大程度上得益于互联网等新信息技术的应用。21 世纪 10 年代上半期金融危机的缓慢复苏似乎至少部分反映了人口结构变化和生产率增长放缓导致的潜在产出放缓。当 GDP 增长的变化是由潜在产出增长速度的变化引起时，我们就可以采用第 6 章中介绍的政策。特别地，当经济的衰退起源于潜在产出增长率的下滑时，政府的最佳应对措施是努力促进储蓄、投资、技术创新、人力资本投入及其他支持增长的活动。

产出缺口

短期经济波动的第二个解释是实际产出并不总是等于潜在产出。有时即使潜在产出以正常速度增长，资本和劳动力等资源在实际生产过程中并没有被充分利用，这样实际产出会明显低于潜在产出，这时也可能产生经济衰退。反之，如果资本和劳动力等资源处于过度使用状态（如公司要求员工加班），使实际产出超过潜在产出，就会出现经济繁荣。

在任一给定的时点，实际产出与潜在产出之间的差额就是**产出缺口**。如前所述，Y^* 代表潜在产出，Y 代表实际产出（实际 GDP），我们可以将产出缺口表示为 $Y-Y^*$。产出缺口为负,即实际产出低于潜在产出,资源没有得到充分利用,因此称其为**衰退型缺口**。类似地,当实际产出超过潜在产出时,资源被过度使用,经济增长过快,因此称其为**扩张型缺口**。

某个时点的产出缺口有多大?$Y-Y^*$并不能提供完整的答案,因为我们需要在考虑当年潜在经济规模的基础上比较实际产出与潜在产出,而这两个量都是随着时间而增长的。例如,实际产出与潜在产出之间1 000亿美元的差异相对于2万亿美元的潜在GDP(大致相当于20世纪50年代初期的潜在产出水平)而言是比较大的,但是相对于15万亿美元的潜在GDP(大致相当于2009年的潜在产出水平)而言则是比较小的。因此,我们通常将产出缺口作为潜在产出的一个百分比来计算:

$$产出缺口(百分比) = \frac{Y - Y^*}{Y^*} \times 100$$

图11.5给出了1949—2019年美国的产出缺口。你可以从图中看到扩张型缺口和衰退型缺口。特别值得注意的是,20世纪80年代初和21世纪第一个10年末出现了巨大的衰退型缺口。这反映了美国1981—1982年和2007—2009年所经历的严重的经济衰退。

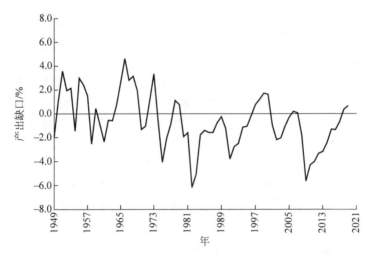

图11.5 1949—2019年美国的产出缺口

资料来源:作者根据图11.1和图11.4计算所得。

政策制定者通常将衰退型缺口和扩张型缺口都视为头疼的问题。我们不难理解衰退型缺口对于经济的不利影响。存在衰退型缺口时,资本和劳动力等资源都未得到充分利用,产出和就业率均低于正常水平。正如经济自然主义者11.1中所讨论的那样,这种情况会给政治家的连任前景带来问题。扩张型缺口之所以被政策制定者视为问题则是出于一个微妙的原因:为什么产出和就业率比正常水平高也有问题?持续时间比较久的扩张型缺口之所以令政策制定者头疼是因为当市场上产品的需求远远超过企业的实际生产能力时,企业通常会提高产品的价格。这样一来,扩张型缺口往往会造成通货膨胀的高企,从而影响经济的长期运行。

因此,只要存在产出缺口,无论是衰退型产出缺口还是扩张型产出缺口,政府都会采取措施以使实际产出尽可能等同于潜在产出,消除二者之间的差异。在本章及接下来的几章,我们将讨论产出缺口是如何产生的,以及政府可以采取的稳定经济、消除产出缺口的政策措施。

自然失业率和周期性失业率

无论经济的衰退是因为生产能力增长速度的下降还是实际产出低于潜在产出,只要是衰退,对于社会而言都不是好消息,因为产量的下降(或者增长非常缓慢)意味着生活水平的降低。衰退型产出缺口对政客的打击更大,因为衰退型产出缺口意味着经济具有生产更多产品的能力,但由于某些原因,资本和劳动力等资源被部分闲置。衰退型产出缺口违背了效率原理,使整个经济蛋糕不必要地缩小,而经济体中个人的境况也会因此变差。

经济衰退期间资源没有得到充分利用的一个重要指标是失业率的提高。通常,高失业率代表生产过程中劳动力资源没有被充分利用,所以实际产出低于潜在产出(衰退型产出缺口)。同理,过低的失业率代表生产过程中劳动力资源的利用率高于正常水平,意味着实际产出超过潜在产出(扩张型产出缺口)。

为了更好地理解产出缺口与失业率之间的关系,我们回忆一下第 7 章中描述的失业的三种类型:摩擦性失业、结构性失业和周期性失业。摩擦性失业是指工人寻找工作而引起的短期失业。在持续变化的经济体中,一定数量的摩擦性失业对劳动力市场的有效运行是必需的。结构性失业是长期的持续的失业,即便经济生产处于正常水平,这种失业仍然会发生。当工人的技能与社会需要不符或者无法达到雇主要求时就会产生结构性失业。例如,当钢铁行业处于下滑状态时,钢铁工人可能面临结构性失业,除非他能通过培训在新兴行业中重新找到工作。最后,周期性失业指的是因为经济衰退而产生的额外失业。

无论经济的运行状况如何,摩擦性失业和结构性失业在劳动力市场上都一直存在,而周期性失业只在经济衰退时期存在。经济学家通常把摩擦性失业率和结构性失业率统称为**自然失业率**。换句话说,自然失业率是指当周期性失业率等于零时,劳动力市场上存在的失业率,这时不存在扩张型产出缺口和衰退型产出缺口。本书中我们用 u^* 表示自然失业率。

周期性失业率,也就是实际失业率与自然失业率之间的差额,用符号可以表示为 $u-u^*$,其中 u 表示实际失业率,u^* 表示自然失业率。经济衰退时,实际失业率 u 超过自然失业率 u^*,因此周期性失业率 $u-u^*$ 为正值。与此相反,当经济处于扩张期时,实际失业率低于自然失业率,周期性失业率为负值。负的周期性失业率意味着劳动力市场供不应求,实际失业率降至正常的摩擦性和结构性失业率以下。

经济自然主义者11.3　为什么美国的自然失业率下降了?

根据定期估计美国自然失业率的国会预算办公室(Congressional Budget Office)的

数据,自1978年以来,长期自然失业率几乎一直在稳步下降,当时为6.2%(这一长期趋势在2008年全球金融危机后才短暂逆转)[①],国会预算办公室预测,在未来10年内,这一数字将继续下降。为什么美国现在的自然失业率明显比20世纪70年代末低得多?

自然失业率的下降有可能是因为摩擦性失业率的下降,也有可能是因为结构性失业率的下降,或者是二者的共同作用。失业率下降的解释有很多,其中一个被广泛认同的解释认为失业率的下降是美国劳动力年龄结构变化的结果。[②] 因为生育高峰期出生的人口逐渐老化,美国工人的平均年龄在上升。事实上,过去40年间,年龄在16~24岁的劳动力占总劳动力的比重从25%下降到了14%以下,美国劳工统计局预计到2026年将继续下降到约12%。因为年轻的工人比年长的工人更容易失业,所以劳动力的老龄化有助于解释整体失业率的下降。

为什么年轻工人更容易失业?与十几岁或二十几岁的工人相比,年长的工人更愿意接受长期稳定的工作。而年轻工人倾向于从事短期工作,可能是因为他们还没有做好投身某个行业的准备,也可能是因为他们的工作被学业或兵役打断。由于年轻工人更换工作的频率更高,因此更容易发生摩擦性失业。此外,年轻工人的平均技能也低于年长工人,这使他们更容易发生结构性失业。随着工人年龄和经验的增加,他们失业的风险也会相应降低。

自然失业率下降的另一种解释是劳动力市场日趋成熟,工人找到合适工作的难度和时间都在下降,从而降低了摩擦性失业和结构性失业。例如,近年来美国提供暂时性帮助的机构越来越多。虽然这种机构提供的工作机会是短期的,但是当雇主和雇员之间发现彼此合作得不错时,这种雇佣关系就可能持续下去。网上求职服务也日趋重要,它可以帮助工人很快得到国内乃至国际的招聘信息。通过减少求职时间,帮助雇主与雇员建立长期雇佣关系,临时性帮助机构、网上求职服务及其他类似的创新都可能降低自然失业率。[③]

> **重点回顾:产出缺口和周期性失业**
>
> - 潜在产出是指一个经济体在以正常速度使用其资源(如资本和劳动力)时能够产生的产出量(实际GDP)。产出缺口 $Y-Y^*$ 是实际产出 Y 与潜在产出 Y^* 之差。以百分比表示的产出缺口为
>
> $$\frac{Y-Y^*}{Y^*} \times 100$$
>
> - 实际产出低于潜在产出时,存在衰退型产出缺口;实际产出高于潜在产出时,存在扩张型产出缺口。

---

① U. S. Congressional Budget Office, *Natural Rate of Unemployment* (*Long-Term*) [NROU], FRED, Federal Reserve Bank of St. Louis, https://fred.stlouisfed.org/series/NROU (accessed June 15, 2020).

② Robert Shimer, "Why Is the U. S. Unemployment Rate So Much Lower?," in *NBER Macroeconomics Annual 1998*, B. Bernanke and J. Rotemberg, eds. (Cambridge, MA: MIT Press, 1999).

③ 要进一步研究影响自然失业率的因素,可以参考 Lawrence Katz and Alan Krueger, "The High-Pressure U. S. Labor Market of the 1990s," *Brookings Papers on Economic Activity* 1 (1999), pp. 1-88。

- 衰退型产出缺口意味着经济资源的浪费，扩张型产出缺口则增加了通货膨胀的危险，因此政策制定者会积极地消除这两种产出缺口。
- 自然失业率 u^* 是摩擦性失业率和结构性失业率之和。它是指经济在正常发展时，不存在产出缺口时观测到的实际失业率。
- 周期性失业率 $u - u^*$ 是实际失业率 u 与自然失业率 u^* 之差。存在衰退型产出缺口时，周期性失业率为正；存在扩张型产出缺口时，周期性失业率为负；不存在产出缺口时，周期性失业率为零。

▼ 奥肯法则

　　产出缺口与周期性失业之间的关系是什么？从周期性失业的概念可知，当存在衰退型产出缺口时，周期性失业率为正；当存在扩张型产出缺口时，周期性失业率为负；当周期性失业率为零时，不存在产出缺口。**奥肯法则**用更精确的定量方法描述周期性失业率与产出缺口之间的关系，该法则以肯尼迪总统的首席经济顾问阿瑟·奥肯（Arthur Okun）的名字命名。根据奥肯法则，周期性失业率每增加 1%，与潜在产出相关的负产出缺口就会扩大约 2%。[①] 例如，如果周期性失业率从 1% 上升到 2%，衰退型缺口将会从潜在 GDP 的 −2% 扩大到 −4%。

　　我们也可以用等式来表示奥肯法则。利用产出缺口的公式，有

$$\frac{Y - Y^*}{Y^*} \times 100 = -2 \times (u - u^*)$$

例 11.1 对奥肯法则做了进一步的解释。

例 11.1　奥肯法则和美国经济的产出缺口

奥肯法则如何应用于实际数据？

下面列出了 5 个年份美国实际失业率、自然失业率和生产能力的实际数据（基于 2009 年美元）。

年　　份	u/%	u^*/%	Y^*/亿美元
1995	5.6	5.4	106 303
2000	4.0	5.2	131 310
2005	5.1	5.0	149 125
2010	9.6	5.0	155 988
2015	5.3	4.7	174 038

　　[①] 失业与产出之间的这种关系随着时间的推移而减弱。阿瑟·奥肯在 20 世纪 60 年代首次提出奥肯法则时，称失业率每增加一个百分点，就会导致（负）产出缺口扩大约 3 个百分点。与此同时，随着时间的推移，这种弱化的关系却出人意料地保持得很好。有关奥肯法则的近期讨论，请参见 Mary C. Daly, John Fernald, Òscar Jordà, and Fernanda Nechio, "Interpreting Deviations from Okun's Law," *FRBSF Economic Letter* 2014-12, April 21, 2014, www. frbsf. org/economic-research/publications/economic-letter/2014/april/okun-law-deviation-unemployment-recession/.

1995 年周期性失业率 $u - u^*$ 等于劳动力的 0.2%(5.6%—5.4%)。根据奥肯法则,1995 年的产出缺口是上述结果的 -2 倍,或者说是潜在产出的 -0.4%。潜在产出据估计为 106 303 亿美元,因此 1995 年负的产出缺口为 425 亿美元。

2000 年经济扩张接近尾声,实际失业率低于自然失业率。具体而言,周期性失业为 -1.2%,根据奥肯法则,这意味着产出缺口为 2.4%,美国的经济产出比当年实际应当有的产出多 3 151 亿美元。

2010 年的数据让我们对于最近一次经济衰退的严重性有了直观的了解。尽管 2007—2009 年的衰退已经结束,但周期性失业率仍然很高,为 4.6%,这意味着产出缺口为 -9.2%。因此,根据奥肯法则,美国经济的产出与所有资源都得到充分利用的条件相比,少了 14 351(0.092×155 988)亿美元。2010 年美国人口大约为 3.09 亿,因此根据奥肯法则,如果经济不是在潜在能力以下运行,2010 年美国的人均 GDP 本可以提高约 4 600 美元,相当于一个四口之家的平均收入增加约 18 400 美元。从上述分析可以看出,产出缺口和周期性失业的成本是巨大的,这一结论与公众和政策制定者对于经济衰退的担忧是吻合的。

当然,奥肯法则只是一个经验法则。国会预算办公室对上表所示年份产出缺口的估计与我们所计算的结果存在差异。然而,这些使用更复杂的先进技术更准确地估计出的产出缺口,与我们上面计算的数字在数量级上是相同的。

练习 11.2

根据例 11.1 中的表格,2015 年美国的失业率为 5.3%。据美国国会预算办公室估计,2015 年自然失业率为 4.7%。应用奥肯法则,2015 年实际 GDP 与潜在 GDP 相差多少个百分点?

经济自然主义者 11.4 为什么美联储在 1999 年和 2000 年采取措施减缓经济发展速度?

如前几章所述,美联储调节美国货币供给水平的货币政策会影响美国经济的表现。为什么美联储在 1999 年和 2000 年采取措施减缓美国经济发展的速度?

根据美国国会预算办公室的估计,整个 20 世纪 90 年代,美国的周期性失业率急剧下降,1997 年的某些时候甚至为负数。奥肯法则表明,周期性失业率为负,经济中存在扩张型产出缺口,扩张型缺口越大,未来经济发生通货膨胀的可能性就越大。

1997 年和 1998 年,美联储认为当时快速增长的产出及持续下降的失业率给美国经济造成了严重的通货膨胀压力,但这种压力被美国不断上升的生产率和国际竞争抵消了,因此实际通货膨胀率比预期低。因为当时的通货膨胀率很低,因此即使存在一些扩张型产出缺口,美联储也没有采取太多措施来消除这种产出缺口。

然而,随着实际失业率在 1999 年和 2000 年年初仍然不断下降,扩张型产出缺口不断扩大,实际 GDP 与潜在 GDP 之间的不平衡现象越来越严重时,美联储开始担忧未来会产生通货膨胀。因此,1999 年和 2000 年美联储采取措施降低美国的经济发展速度,试图缩小实际 GDP 与潜在 GDP 间的差异。美联储的措施帮助平衡了当时的经济发展[①]，并抑制了 2000 年的通货膨胀。但到了 2001 年年初，美国经济停滞并陷入衰退，美联储不得不调整政策，采取措施消除美国经济的衰退型产出缺口。

重点回顾：奥肯法则

奥肯法则给出了周期性失业率与产出缺口之间的关系。根据奥肯法则，周期性失业率上升 1 个百分点，产出缺口占潜在产出的比例就会上升 2 个百分点。

▼ 为什么会产生短期波动？前瞻与例子

究竟是什么原因产生了经济衰退和经济扩张？在前面，我们讨论了两个可能引起实际 GDP 增长率起伏的原因。第一，经济生产能力可能受到资本和劳动力等资源的增长速度及技术进步速度的影响，从而降低或者增加自身的增长速度；第二，即使经济生产能力以正常速度增长，实际产出也可能高于或低于潜在产出，即可能存在衰退型或扩张型产出缺口。本书前面讨论了可能引起潜在产出增长率变动的因素，以及政策制定者可以用来刺激潜在产出增长率的措施。但是我们没有讨论产出缺口是如何产生的以及政策制定者应当如何应对等问题。产出缺口的产生原因和解决办法是接下来三章重点关注的问题。以下是这三章的主要结论总结：

1. 设想一个经济世界中，价格可以迅速调整从而使所有产品和服务供求平衡，那么产出缺口将不存在。但是，对于大部分产品和服务来说，价格可以迅速调整的假设并不现实。大多数企业只是定期调整产品和服务的价格。企业更多采取的是根据需求的变动在短期内调整产品的产出和销量，而不是根据需求的变动调整产品和服务的价格。企业的这种行为被称为在当前价格下满足需求。

2. 因为短期内企业通常根据当前价格下产品的需求生产，因此消费者决定购买的产品数量的变化将影响产出。当出于某种原因总消费额比较低时，实际产出会低于潜在产出；反之，当总消费额比较高时，实际产出会高于潜在产出。换句话说，经济整体消费额的变化是存在产出缺口的主要原因。因此，政府可以通过影响总支出来消除产出缺口。例如，政府可以通过改变政府的购买量直接影响总支出。

3. 虽然企业在短期内倾向于满足需求，但在长期内并不总是这样。如果消费需求与潜在产出之间的差异越来越大，企业最终会调整产品和服务的价格，消除产出缺口。如果消费需求超过潜在产出（扩张型产出缺口），企业会主动提高产品和服务的价格，这种做法将引起通货膨胀。如果消费需求低于潜在产出（衰退型产出缺口），企业不会主动提高产品和服务的价格，甚至会降低价格，这种做法将降低通货膨胀率。

---

① Testimony of Chairman Alan Greenspan, *The Federal Reserve's Semiannual Report on the Economy and Monetary Policy*, Committee on Banking and Financial Services, U. S. House of Representatives, February 17, 2000. Available online at www.federalreserve.gov/boarddocs/hh/2000/February/Testimony.htm.

4. 长期内,企业通过价格调整来消除任何形式的产出缺口,使产量等于潜在产出。因此,经济具有"自我调整"功能,随着时间的推移它可以消除产出缺口。从长期的角度看,实际产出等于潜在产出。实际产出由经济的生产能力决定,而不是由消费决定。在长期,总消费影响的只是通货膨胀率。

随着下文分析的深入,我们会逐渐理解上述观点。在详细分析前,我们先讨论一个例子,说明长期和短期内消费与产出之间的关系。

爱丽丝冰激凌店:一个关于短期波动的例子

爱丽丝冰激凌店生产美味的冰激凌,并直接向公众出售。是什么决定了爱丽丝冰激凌店每天生产的冰激凌数量?冰激凌店的实际生产能力或潜在产出是一个重要因素。具体来说,冰激凌店的生产能力是由资本(冰激凌制造设备的数量)、劳动力(雇用的工作人员)以及资本和劳动力的生产率决定的。虽然爱丽丝冰激凌店的生产能力在持续而缓慢地变化,但有时候生产能力也会产生很大的变动,如一台冰激凌制造设备坏了或者员工感染了风寒。

但是影响爱丽丝冰激凌店每日产量变化的主要原因不是生产能力的变化,而是公众对冰激凌需求的变化。其中一些对冰激凌需求的变动是可以预测的,如下午的需求量一般高于上午,周末的需求量高于工作日,夏季的需求量高于其他三个季节。但也有些需求的变动是不规则的,如炎热天气的需求高于凉爽天气;或者当有游行队伍经过爱丽丝冰激凌店时,需求也可能高些。甚至有些需求的变动是难以解释的,譬如,某个周二某种冰激凌的需求量大增可能反映消费者的口味有了永久性的变化,也可能只是一个随机现象。

爱丽丝冰激凌店面对冰激凌需求的时起时伏,应该如何应对?我们曾经在本书的第3章讨论过基本的供求模型,如果将该模型应用到冰激凌市场上,我们可以得出冰激凌价格应该随着市场对冰激凌需求的不断变化而变化的结论。例如,当周五晚上附近的电影院散场时,爱丽丝冰激凌店的冰激凌价格应该上涨。而在特别寒冷和刮大风的日子,大部分人更愿意选择热饮,这时爱丽丝冰激凌店就应该降价。从理论上讲,第3章的供求模型认为冰激凌的价格应该几乎每一时刻都在调整,也就是说店主爱丽丝应该像拍卖师一样站在店门前,大声喊出价格,试图确定每个价格下有多少人愿意购买冰激凌。

显然,没有一个商人会这么做。拍卖竞价的机制在一些市场(如谷物市场或股票市场)上的确存在,但这不是冰激凌等大部分零售行业通常采用的定价方式。为什么会有这种差异?主要原因在于有些时候雇用拍卖师并建立一套拍卖系统所产生的经济收益大于经济成本,而有些时候则不是。以小麦市场为例,很多买主和卖主在同一时间聚集在同一地点,交易数量巨大的标准化的商品(蒲式耳为单位的小麦)。在这种情况下,拍卖机制可以有效地决定小麦价格和均衡数量。相反,对于一个冰激凌店而言,某天某个时段的客流量是随机的,而且有人需要刨冰、有人需要冰激凌球,还有人需要苏打水。在这种顾客很少且冰激凌的需求量很小的情况下,采取拍卖竞价机制的经济成本远远大于价格随时变动所得到的经济收益。

那么,爱丽丝冰激凌店的经理应该如何对顾客需求的变动做出反应?调查表明,经理们通常在自己所能得到的关于自身产品需求及生产成本的最佳信息的基础上,设定冰激凌的价格。或许她可以将这个价格打印成菜单，抑或只是做个价格牌。然后，在一段时间内，她会保持这个价格不变，将冰激凌卖给这段时间内的消费者。我们将这种行为称为"在当前价格下满足需求"，也就是说短期内，爱丽丝冰激凌店会根据顾客的需求确定生产和销售的冰激凌的数量。

但从长期的角度，上面的结论就不成立了。假设通过提供新鲜美味的冰激凌，爱丽丝冰激凌店在全市范围内建立了良好的声誉。该店的经理发现排在冰激凌店门口的队伍越来越长，对其冰激凌的需求越来越多。此时为了满足消费者的需求，爱丽丝冰激凌店的冰激凌制造设备、雇员及店面就餐环境都处于超负荷运转状态，即在维持现有价格不变的前提下，公众对于爱丽丝冰激凌店冰激凌的需求量超过了其能够且愿意提供的水平（冰激凌店的生产能力）。扩大店面是一种可行的方法，但不是立竿见影的方法，爱丽丝冰激凌店会如何决策？

显然，爱丽丝冰激凌店可以提高冰激凌的售价，因为更高的冰激凌价格意味着更高的利润。此外，冰激凌售价的提高可能会减少消费者的需求，使冰激凌的需求量越来越接近爱丽丝冰激凌店的正常生产能力。冰激凌的价格不断提高到均衡价格，这时冰激凌的需求就等于爱丽丝冰激凌店的生产能力。因此在长期，冰激凌的价格会调整到均衡价格水平，销售的冰激凌数量由生产能力决定。

上面的例子用浅显的语言描述了消费和产出之间的联系——当然，我们需要把上述例子扩展到整个经济范围，而不是局限于一个冰激凌店。需要注意的是长期和短期内二者的关系有很大的不同。短期内，生产企业通常会维持价格不变，根据消费者的需求进行生产。因为产出是由需求决定的，所以短期内总需求是决定经济活动的一个非常重要的变量。爱丽丝冰激凌店可能在非常热的某一天卖出了非常多的冰激凌，但是在较为寒冷的另一天只卖出了很少的冰激凌，这些都是由需求决定的。而在长期内，产品和服务的价格将调整到均衡水平，产出等于经济的生产能力。此时正如我们曾在第 6 章讨论的，投入品的数量及生产率是决定经济活动的非常重要的变量。虽然在短期总支出会影响产出，但在长期，总支出主要影响价格。

▽ 小结

实际 GDP 并不是一直平稳增长。当经济以显著低于正常值的速度发展时，会出现经济衰退；当经济以显著高于正常值的速度增长时，会出现经济扩张。经济萧条是指长期且严重的经济衰退，如 1929—1933 年的长期衰退；经济繁荣是指长期且强势的经济扩张。

经济衰退的起点称为波峰，代表低迷前经济活动的最佳状态。经济衰退的终点称为波谷，代表复苏前经济活动的最低状态。二战以来，美国历史上经济衰退的平均时间要短于经济繁荣的平均时间，通常历时 6～18 个月。美国历史上最长的两次经济繁荣发生在近期，第一次始于 1991 年 3 月，即 1990—1991 年经济衰退的终点。这次经济繁荣历时 10 年，一直持续到 2001 年 3 月，新一轮的经济衰退开始。第二次始于 2007—2009 年经济衰退结束时，持续了近 11 年。

短期经济波动在持续时间和影响程度上都是不规则的,很难预测。经济扩张和衰退的影响范围并不一定局限在一个国家或地区,还可能波及全世界。经济衰退期间失业率大幅上升,衰退期间或稍后的短时期内通货膨胀率有下降的趋势。此外,经济起伏对耐用品行业的影响大于对非耐用品行业和服务行业的影响。

潜在产出,又称潜在 GDP 或充分就业下的产出,是指一个经济体可以实现的最大的可持续的产出量(实际 GDP)。一个经济体的实际产出与潜在产出之间的差额称为产出缺口。当实际产出低于潜在产出时,存在的差异称为衰退型产出缺口;当实际产出高于潜在产出时,存在的差异称为扩张型产出缺口。经济衰退的出现可能是因为潜在产出增长速度缓慢或者实际产出低于潜在产出。因为经济衰退意味着资源的浪费,经济扩张可能引起通货膨胀,对政策制定者而言,无论哪一种类型的产出缺口都应该尽力消除。

自然失业率是指由摩擦性失业和结构性失业引起的总的失业率。当产出缺口为零时,经济中存在的实际失业率就等同于自然失业率。周期性失业是指与经济扩张或者衰退有关的失业,它等于总失业率减去自然失业率。

名词与概念

boom	繁荣	Okun's law	奥肯法则
business cycles (or cyclical fluctuation)	经济周期 (或周期性波动)	output gap	产出缺口
		peak	波峰
depression	萧条	potential output,Y^* (or potential GDP or full-employment output)	生产能力,Y^*(潜在 GDP 或者充分就业下的产出)
durable goods	耐用品		
expansion	扩张		
expansionary gap	扩张型缺口	recession (or contraction)	衰退(或收缩)
natural rate of unemployment,u^*	自然失业率,u^*	recessionary gap	衰退型缺口
nondurable goods	非耐用品	trough	波谷

复习题

1. 定义衰退和扩张。经济衰退的起点、终点分别被称为什么?二战之后美国经济发展过程中,衰退和扩张的平均历时,哪个更长?

2. 经济衰退过程中,下列哪个企业的利润下降最多:汽车制造商、制鞋厂,还是物业管理公司?哪个企业的利润下降最少?说明理由。

3. 给出潜在产出的定义。一个经济体有可能出现实际产出超过潜在产出的现象吗?说明理由。

4. 下面各指标受到经济衰退的影响有多大:自然失业率、周期性失业率、通货膨胀率及现任总统的民意支持率?

5. 是非题：当产出等同于潜在产出时，失业率为零。说明理由。

6. 如果自然失业率是 5%，实际产出比潜在产出低 2%，那么总的失业率是多少？如果实际产出比潜在产出高 2%，结果又如何？

练习题

1. 利用表 11.1，找出 1929 年以来美国经济扩张的平均持续时间、最短持续时间和最长持续时间。随着时间的推移，经济扩张的时间越来越长还是越来越短？美国经济是否存在长期经济扩张之后紧接着长期经济衰退的趋势？

2. 从美国经济研究局的主页（www.bea.gov）上找出美国的几个经济衰退期，1981—1982 年、1990—1991 年、2001 年和 2007—2009 年的实际 GDP 季度数据。

（1）在每个衰退期，分别有几个季度的实际 GDP 增长为负？

（2）是否有某个衰退期和满足"衰退至少有持续两个季度的负 GDP 增长率"这种非正式的判断标准？

3. 下面给出了美国 2005—2016 年实际 GDP 和潜在 GDP 的数据，所有数据采用了 2009 年的美元价格进行调整。计算每年的产出缺口占潜在产出的百分比，并判断属于衰退型产出缺口还是扩张型产出缺口。此外，计算每年实际 GDP 的增长率。你能确定发生在这段时间的经济衰退的起点和终点吗？

单位：亿美元

年　份	实际 GDP	潜在 GDP
2005	142 342	142 726
2006	146 138	145 787
2007	148 737	148 436
2008	148 304	150 983
2009	144 187	153 103
2010	147 838	154 570
2011	150 206	156 158
2012	153 546	158 155
2013	156 122	160 494
2014	160 133	163 057
2015	164 715	165 734
2016	167 162	168 328

资料来源：潜在 GDP：圣路易斯联邦储备银行；实际 GDP：美国经济分析局（www.bea.gov）。

4. 从美国劳工统计局的主页（www.bls.gov）上找出年龄为 16~19 岁及年龄在 20 岁以上的劳动人员的失业率的近期数据。这两个数据有什么差别？产生这种差别的原因是什么？这种差别与 1980 年以来不断下降的自然失业率之间有什么关系？

5. 根据奥肯法则，补充下面表格中缺少的 4 个数据。所有数据都是假设的。

年　份	实际 GDP/亿美元	潜在 GDP/亿美元	自然失业率/%	实际失业率/%
2015	135 360	144 000	5	(a)
2016	145 000	(b)	5	5
2017	(c)	148 000	5	4.5
2018	154 440	148 500	(d)	4

6. 下列陈述中哪些是错误的?

(1) 产出缺口是由政府政策中意料之外的影响带来的通货膨胀压力造成的。

(2) 较低的总支出有可能导致产出跌至潜在产出之下。

(3) 支出较高的时候,产出有可能超过潜在产出。

(4) 政府政策可能有助于消除产出缺口。

正文中练习题的答案

11.1　根据数据获得时间的不同,答案会有所差异。截至 2020 年年中,上一次衰退始于 2020 年 2 月。

11.2　实际失业率在 2015 年比自然失业率高 0.6%。根据奥肯法则,实际产出比潜在产出低 1.2%。

第 **12** 章

短期的支出与产出

学完本章,你应该能够:

1. 确定凯恩斯基本模型的关键假设,并解释它对企业的生产决策和家庭的消费决策的影响。

2. 讨论计划投资和总消费支出的决定因素,以及如何使用这些概念构建计划总支出模型。

3. 使用图表和数字分析经济如何达到凯恩斯基本模型中的短期均衡。

4. 展示计划总支出的变化如何导致短期均衡产出的变化,及其与收入-支出乘数的关系。

5. 解释为什么凯恩斯基本模型认为财政政策作为稳定政策是有效的。

6. 讨论在现实情况下应用财政政策的条件。

本书作者之一在小时候,每到夏天,都要去几小时路程以外的祖父母家住一阵子。当时他最喜欢的就是和祖母一起坐在前廊,听她讲故事。

祖母刚结婚时住在新英格兰,当时正值经济大萧条最严重的时期。20 世纪 30 年代中期,能够每年给孩子们买双新鞋是让祖母非常自豪的一件事情。当时在祖父母居住的小镇,很多孩子只能一直穿着破旧的鞋子,直到把鞋子穿烂了。有些可怜的孩子甚至只能光着脚上学。作者听到这些往事的时候非常不理解,就问:"为什么那些孩子的父母不给他们买新鞋?"

"因为他们买不起,"祖母回答说,"他们没有钱。在大萧条期间很多父亲都失去了工作。"

"他们以前是干什么工作的?"

"他们在鞋厂工作,但是鞋厂倒闭了。"

"鞋厂为什么倒闭了?"

祖母解释说:"因为没有人有钱买鞋。"

那个时候作者虽然只有六七岁,但还是听出祖母的话中存在严重的逻辑错误。一方面是倒闭的鞋厂和失业的工人；另一方面是孩子们没有鞋穿。为什么鞋厂不能继续运营并生产孩子们迫切需要的鞋？作者把他的疑问告诉了祖母，但是祖母只是耸了耸肩，说事实不是他想象的那样。

关闭鞋厂的故事说明了衰退型缺口对社会经济造成的影响。当经济中存在衰退型缺口时，原本可以用来生产提供有用的产品和服务的资源就被闲置了。与经济的生产能力相比，这种资源的浪费降低了整个经济的产出，减少了社会的总财富。

上面的例子也说明了这种不幸的情况是如何发生的。假设工厂主及其他生产商不愿将卖不出去的产品囤积在库房中，而是生产刚好满足消费者需求的产品数量。并且假设，出于某些原因，公众的消费意愿或消费能力下降了。如果消费减少，企业会相应地减少生产(因为他们不愿意产生卖不出去的库存)并辞退一些不需要的工人。因为工人被辞退之后将失去大部分收入(尤其在20世纪30年代政府的失业救济金还没有普及之前)，因此工人必须减少消费。随着工人消费的降低，工厂会再次减少生产，辞退更多的工人，而这些工人又继续减少消费——如此恶性循环下去。在这种情况下，问题不是生产能力不足(企业的生产能力并没有减少)，而是没有充足的消费来支持正常的生产水平。

总支出的下降可能造成实际产出低于潜在产出，这是20世纪最有影响力的经济学家之一约翰·梅纳德·凯恩斯(1883—1946年)的主要观点。[①] 凯恩斯不仅作为经济学家有着辉煌成就，而且在外交、金融、新闻和艺术领域非常活跃。在一战和二战期间，凯恩斯作为剑桥大学的教授，在学术界树立了威望，编辑了英国知名的经济学期刊，为报纸杂志撰写文章，为政府提供咨询，而且在当时的政治和经济辩论中大放光彩。

与当时的大多数经济学家一样，凯恩斯尝试理解20世纪30年代席卷全球的大萧条，并于1936年出版了《就业、利息和货币通论》(简称《通论》)一书。在《通论》中，凯恩斯试图解释经济如何长期保持低产出和低就业水平。他强调了一些因素，最明显的是，总支出可能太低，无法在这段时间内实现充分就业。凯恩斯认为增加政府支出是增加总支出和恢复充分就业最有效的方法。

《通论》一书比较深奥，反映了凯恩斯为理解大萧条的复杂原因所做的努力。在现在看来，这本书的一些论点似乎并不清楚，甚至相互矛盾，但书中充满了丰富的思想，其中许多思想产生了世界性的影响，并最终引发了凯恩斯革命。多年来，很多经济学家丰富或修改了凯恩斯的概念，以至于凯恩斯本人如果今天还活着的话，可能并不了解我们现在所说的凯恩斯经济学。但总支出不足可能导致经济衰退，政府政策有助于恢复充分就业的观点仍然是凯恩斯理论的关键。

本章的主要目的是分析总消费的波动如何引起经济衰退和扩张的现象，这个理论或者说模型的思路是由凯恩斯首先提出的，因此将其称为凯恩斯基本模型，又因为用来说明该理论的图表而将其称为凯恩斯交叉模型。本章正文主要介绍凯恩斯基本模型的数值法和图示法，更为基础的代数分析将在附录中介绍。

我们首先介绍凯恩斯基本模型中的一些关键假设，然后介绍模型中的关键概念——总的，或者合计的计划支出。我们将解释短期经济中，总支出水平如何决定经济的实际产

---

① 凯恩斯的简介参见 www.bbc.co.uk/history/historic_figures/keynes_john_maynard.shtml。

出,使实际产出超过或低于潜在产出。也就是说,总支出的水平可能导致经济中产生产出缺口。消费太少会导致衰退型产出缺口,太多则会引起扩张型产出缺口。

凯恩斯基本模型的一个重要结论是:政府可以通过影响总消费水平的政策措施减少或者消除经济中的产出缺口,这种政策措施可以称为稳定性政策。凯恩斯本人主张积极使用与政府消费和税收相关的财政政策来减小产出缺口,稳定经济。本章的后面将说明为什么凯恩斯认为财政政策有助于稳定经济,并讨论财政政策作为稳定工具的效果。

凯恩斯基本模型并不是对现实经济的完全模拟,该模型只适用于短期内企业不调整价格而是在现有价格下满足预期的消费者需求的情况。由于将价格视为固定的,凯恩斯基本模型并没有解决确定通货膨胀这一问题。尽管如此,这个模型仍是现代短期经济波动和稳定性政策理论的重要基石。在接下来的几章中,我们将引入货币政策、通货膨胀及其他重要的经济特征,拓展凯恩斯基本模型的分析框架。

▽ 凯恩斯基本模型的重要假设:企业在现有价格下满足需求

凯恩斯基本模型建立在一个关键假设上:在短期内,企业并不是根据供求情况的变化连续不断地改变价格,而是倾向于保持价格不变,并在现有价格下满足预期的消费者需求。[①] 我们所说的"满足需求",是指企业以预设价格确定产品的产量来满足对产品的需求。正如我们将看到的那样,该假设认为企业是在现有价格不变的前提下调整产量以满足消费者需求,可见消费水平的变动对实际 GDP 有巨大的影响。

假设在短期内,企业在现有价格的基础上满足消费者需求是符合实际情况的。想想你购物的商店,一条牛仔裤的价格并不随着商店内顾客的数量或者粗斜纹棉布的价格而一直变动,通常商店会标出牛仔裤的价格并把牛仔裤卖给任何想在该价格下购买的顾客,至少价格会保持到商店所有的库存销售完毕。同样,街角比萨饼店可能保持大号比萨饼的价格几个月甚至更长的时间不变,而让比萨饼的产量由现有价格下愿意购买的顾客的需求量决定。

企业之所以不频繁更改价格是因为那样做有经济成本。经济学家把这种更改价格的成本称为**菜单成本**。还是以街角的比萨饼店为例,菜单成本按照字面理解就是更改价格时印制新菜单的成本。同样,如果服装店经理更改了商品的价格,服装店也面临重新标价的成本。不过,菜单成本还包括其他一些经济成本——比如,为确定新价格而进行的市场调查的成本,通知顾客价格变动的成本。经济自然主义者 12.1 讨论了未来的技术进步将如何影响菜单成本。

但是,企业并不会因为存在菜单成本就不改变价格。正如第 11 章的爱丽丝冰激凌店的例子中,需求与供给之间的差异足够大时——表现为销量与潜在产出之间的差异——最终会使企业更改产品价格。例如,如果没有人购买牛仔裤,那么一段时间后服装店就会降低牛仔裤的价格。另外,如果街角比萨饼店的生意非常火爆,总是有很多顾客在门口排

---

　　① 很明显,企业只能以自己的生产能力为限来满足需求。因此,本章的凯恩斯分析仅在生产者拥有剩余的生产能力时才有效。

队,最终比萨饼店的经理会提高比萨饼的价格。

与其他很多经济决策一样,改变价格的决策也会反映成本-收益的比较:如果改变产品和服务的价格带来的收益(在符合企业正常生产能力条件下的销售额更高)大于修改价格引起的菜单成本,企业就应该改变价格。正如我们强调过的,凯恩斯基本模型忽略了产品和服务的价格最终会改变的事实,只是聚焦价格不发生改变的短期经济。

经济自然主义者 12.1　新技术会消除菜单成本吗?

得益于新技术,改变价格并告知客户价格变化的成本越来越低。技术会消除菜单成本这一定价因素吗?

凯恩斯理论基于这样一种假设:价格变化的成本(经济学家称之为菜单成本)足够大,足以阻止企业根据不断变化的市场条件立即调整价格。然而,在许多行业,新技术已经消除或大大降低了价格变化的直接成本。例如,使用条形码识别单个产品,再加上扫描仪技术,杂货店经理只需按几次键就可以更改价格,而无须更改每罐汤或面包的价格标签。航空公司使用复杂的计算机软件来实施复杂的定价策略,根据这一策略,乘坐同一航班飞往密尔沃基的两名旅客可能会支付相差悬殊的票价,这取决于他们是商务旅客还是度假旅客,以及他们提前预订机票的时间。在线零售商可以根据客户类型甚至个人客户的不同来改变价格,而 eBay 等其他基于互联网的企业则可以就每次购买的价格进行协商。网约车应用程序实时评估顾客的出行需求和司机的供给,其定价系统会估算市场结算价格,当供不应求时,会向顾客的手机推送即时涨价通知,顾客接受该价格后才会为其约单。

新技术的出现降低了更改价格的直接成本,这是否会使凯恩斯"一段时间内,厂商在维持现有价格不变的情况下根据消费需求进行生产"的假设不再符合实际情况? 这当然是宏观经济学家必须考虑的一种可能性。不过,新技术不太可能在短时间内完全消除改变价格的成本。改变价格的另一个代价是使用宝贵的管理时间和精力来做出明智的定价决策。为了将价格设定在利润最大化的水平,企业需要收集市场信息,包括竞争对手收取的价格、生产产品或服务的成本,以及对产品的可能需求。对于企业而言,这些信息搜集工作带来的成本仍将是巨大的。此外,更改价格尤其是提高价格可能导致消费者重新做出消费决定,转而购买其他替代品。这也是更改价格的一项成本。

计划总支出

在本章讨论的凯恩斯基本模型中,某一时刻的产出是由经济中所有消费者想要支出的数量决定的,我们称之为计划总支出。**计划总支出(PAE)**是指计划对最终产品和服务支出的总量。

第 4 章介绍过最终产品和服务支出的四个组成部分,它们分别是:

1. 消费支出,或简称消费(C),是指家庭购买最终产品和服务的支出。例如,食物支出、服装支出、娱乐支出,以及汽车和家具等耐用品的支出都属于消费支出。

2. 投资(I),是指企业对办公楼、厂房和设备等新资本品的支出。购买房屋(住房投资)和增加存货(存货投资)都属于投资。①

3. 政府购买(G)，是指政府用于最终产品和服务的支出。兴建新的学校和医院，购买武器、用于太空计划的设备，以及士兵、警察和政府职员等政府雇员的服务都属于政府购买的范畴。回忆第 4 章中的转移支付，诸如社会保险金、失业保险金及政府债券的利息等项目并不包括在政府购买中。转移支付和利息仅在收到这笔钱的人消费(例如，当收到社会保险金的人用这笔钱购买食品、衣服或其他消费品)时才会对总支出做出贡献。

4. 净出口(NX)，等于出口减去进口。出口是指出售给外国人的本国产品与服务；进口是指从国外购买的产品与服务，这些产品与服务已经包括在 C、I 和 G 中，现在必须从中扣除，因为它们并不代表国内生产。因此，净出口代表了外国人对本国产品与服务的净需求。

上述四种来自家庭、企业、政府及其他国家的支出的总和就构成了总支出。

计划支出与实际支出

根据凯恩斯基本模型，产出是由计划总消费或者说是由计划支出决定的。那么计划支出与实际支出之间是否会有差异？回答是肯定的。举个常见的例子，企业的产品销量与预期销量相比总会或多或少地存在差异。企业的存货在政府的官方统计中通常作为一个企业的存货投资来处理。也就是说，政府统计时假设企业购买了自己的存货，因此把存货纳入企业的投资支出范围。②

不妨假设某企业的实际销售额小于预期销售额，那么有一部分企业计划售出的产品就会存入库房。在这种情况下，企业实际投资额由于包括了计划外的存货，就会大于不包括这部分存货的计划投资额。我们用 I^p 表示计划投资，其中包括计划增加的存货投资。当企业的实际销售额低于预期值时，企业的库存增加量就会高于计划，导致企业的实际投资(包括计划外的库存增加)高于计划投资，即 $I > I^p$。

如果企业的销售额超出预期值呢？这时，企业的存货增加就会低于计划的存货增加值，最终企业的实际投资小于计划投资，即 $I < I^p$。我们在例 12.1 中将看到具体的数据分析。

例 12.1　计划投资与实际投资

计划投资与实际投资有何不同？

Fly-by-Night Kite 公司一年内生产了价值 500 万美元的风筝。当年公司的预期销售额为 480 万美元，余下 20 万美元的风筝将存放在仓库中用于未来销售。同时，公司为了扩大生产，购买了价值 100 万美元的生产设备。如果风筝的实际销售额是 460 万美元，请计算 Fly-by-Night Kite 公司的实际投资和计划投资。如果实际销售额是 480 万美元呢？如果实际销售额是 500 万美元呢？

Fly-by-Night Kite 公司的计划投资 I^p 等于购买新设备的 100 万美元加上计划库存增加的 20 万美元，计划投资额总计为 120 万美元。公司的计划投资额与实际销售情况并没有关系。

---

① 如前所述，我们这里使用的投资是指在厂房、住房和设备等新资本品上的支出，这与金融投资不同。请记住这一区别。

② 之所以在计算 GDP 时将企业的存货作为企业自身的投资项目，是为了确保实际总产出与实际总支出一致。

如果 Fly-by-Night Kite 公司的实际销售额仅为 460 万美元,新增的库存就是 40 万美元,而不是最初计划的 20 万美元。此时,实际投资等于用于购买新生产设备的 100 万美元加新增库存的 40 万美元,所以 $I=140$ 万美元。我们可以看到,当企业的实际销售额低于预期销售额时,实际投资就超出了计划投资($I > I^p$)。

如果 Fly-by-Night Kite 公司实际销售了 480 万美元的风筝,新增的实际库存等同于计划库存(20 万美元)。这种情况下,实际投资与计划投资一致,$I = I^p = 120$ 万美元。

最后,如果实际销售额为 500 万美元,企业不会产生新增库存,此时库存投资为零。实际投资额(只包括购买新设备)等于 100 万美元,低于预期的 120 万美元投资额($I < I^p$)。

由于以预设价格满足产品或服务需求的公司无法控制销量,因此其实际投资(包括库存投资)可能与计划投资相差甚远。然而,对于家庭、政府和外国购买者来说,我们可以合理地假设实际支出与计划支出是相同的。因此,我们从现在起假设,对于消费、政府购买和净出口,实际支出等于计划支出。

在上述假设的基础上,我们用下面的等式定义计划总支出:

$$PAE = C + I^p + G + NX \qquad (12.1)$$

由式(12.1)可知,计划总支出等于家庭、企业、政府和外国购买者的计划支出之和。为了便于分析,我们将假设计划支出等于家庭、政府和外国购买者的实际支出。这是一个合理的假设,不会对基本分析造成影响。这一假设还使我们不必使用上标 p 来区分计划的与实际的支出、政府购买和净出口。

消费支出与经济

在美国,计划总支出中最大的组成部分是消费支出。如前所述,消费支出包括三部分:购买日用品的支出,如衣服和其他杂货;购买服务的支出,如医疗保健、音乐欣赏和大学教育;购买耐用品的支出,如汽车、家具和家用计算机。因此,消费者的支付意愿会影响很多行业的销售和利润情况(注意,房屋的购买包括在投资中,不属于消费支出的范畴。但是房屋的购买也是消费意愿影响总支出的一个途径)。

是什么决定了人们在给定的时间内用于日常支出的费用的高低?影响因素有很多,其中影响人们消费计划的最主要因素是税后收入,或者说**可支配收入**。其他条件相同时,可支配收入高的家庭和个人的支出通常高于可支配收入低的家庭和个人。凯恩斯强调了可支配收入在决定家庭消费决策中的重要性,提出了人们会将支出与收入紧密联系在一起的"心理法则"。

图 12.1 描述了美国 1960—2019 年实际总消费支出与实际可支配收入之间的关系。图中各点都对应 1960—2019 年间某一年(如图所示,这些年是以某种标准选取的)的情况。每个点的位置是由当年的实际总消费支出(纵轴)和实际可支配收入(横轴)两个变量共同决定的。可以看到,总消费支出与可支配收入之间确实存在密切的关系:较高的可支配收入对应着较高的消费支出。

如第 8 章所述,私营部门的可支配收入等于经济体的总产出量 Y 减净税收 T(税收减转移支付)。因此,我们假设消费支出(C)随着可支配收入($Y-T$)的增加而增加。如前

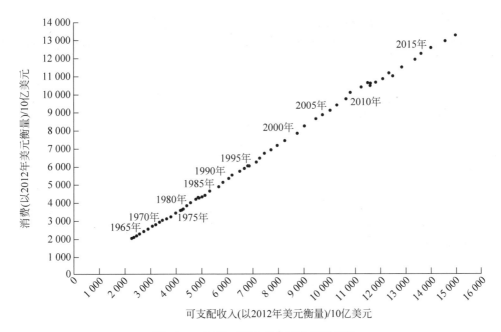

图 12.1　1960—2019 年美国的消费函数

图中的每一点都代表了 1960—2019 年每一年的实际总消费支出与实际可支配总收入的组合。请注意消费支出与可支配收入之间强烈的正相关关系。

资料来源：U. S. Bureau of Economic Analysis, Real Disposable Personal Income［DSPIC96］and Real Personal Consumption Expenditures［PCECCA］, retrieved from FRED, Federal Reserve Bank of St. Louis；https://fred. stlouisfed. org/series/DSPIC96.

所述，实际利率等其他因素也可能影响消费，我们将在后面介绍这些因素。

消费支出与可支配收入之间的关系可以用下面的等式描述：[①]

$$C = \bar{C} + \text{mpc}(Y - T) \tag{12.2}$$

式(12.2)被称为消费函数。**消费函数**研究消费支出(C)与可支配收入($Y-T$)及其他所有决定消费支出的变量之间的关系。

进一步分析式(12.2)，等式右边包括两个部分，$\bar{C}$ 和 mpc($Y-T$)。$\bar{C}$ 所代表的消费量被称为**自主消费**，因为它是与可支配收入无关的(自主的)消费。例如，当消费者对未来更加乐观时，在当前任意可支配收入的水平上，他们都会增加消费、减少储蓄。在每个给定的可支配收入水平上，消费意愿的增加在消费函数中表现为 $\bar{C}$ 的增加。

此外，还有其他一些因素会影响消费函数中的变化。例如，在可支配收入不变时，股市的突然繁荣或者房价的大幅上涨都会让消费者觉得自己拥有的财富增多，从而更加倾向于现期消费。这些都会引起 $\bar{C}$ 的增加。同样，股价或房价的下跌会让消费者感觉自己的财富减少，从而会减少现期消费，这会引起 $\bar{C}$ 的下降。经济学家把家庭拥有的资产的价格变化对消费支出的影响称为资产价格变动的**财富效应**。

最后，自主消费中还包括实际利率变化对消费的影响。例如，实际利率上升会使用信

---

① 你如果不熟悉线性方程，请参阅第 1 章的附录。

用卡购买耐用品变得更加昂贵,因此人们会减少消费,增加储蓄。这样一来,$\bar{C}$ 会减小,尽管可支配收入并未发生变化。反之亦然:实际利率下降会降低借款成本及储蓄的机会成本,因此人们可能会增加自主消费,进而增加总消费支出。

经济自然主义者 12.2　2000—2002 年美国股市下跌如何影响消费支出?

2000 年 3 月到 2002 年 10 月,作为美国股市表现重要的参考指标的标准普尔 500 指数显示美国股市下跌了 49％。据麻省理工学院的经济学家詹姆斯・波特巴(James Poterba)分析,2000 年美国家庭总共拥有大约 13.3 万亿美元的公司股票。[①] 根据标准普尔 500 指数,两年内美国所有家庭拥有的财富减少了 6.5 万亿美元。有人通过历史数据拟合经济模型,发现家庭财富减少 1 美元会导致每年消费支出减少 3～7 美分,也就是说由于股市下跌而引起的总消费支出的减少为 1 950 亿～4 550 亿美元,是总消费支出的 3％～7％。可实际情况是 2000—2002 年实际消费支出在不断上升。这又是为什么?

虽然 2001 年 3 月开始了新一轮的经济衰退,但是由于多方面的原因,消费支出增长在 2000—2002 年依然势头强劲。首先,直到 2001 年秋,人们的税后收入仍在增长,这使消费在股市下跌的情况下仍然旺盛。其次,2001 年全年及 2002 年年初,美联储全面下调储蓄利率。储蓄利率的下降进一步刺激了消费,贷款成本的下降导致汽车等大件物品销售的上扬。最后,房价在这一时期大幅上涨,房价的上涨所带来的消费者财富的增加在一定程度上弥补了股市缩水的影响。重复性房屋销售方面的数据度量的是长期内房屋销售和再销售的价格。数据显示,2000 年第一季度到 2002 年第三季度房价上涨了 20.1％。[②] 2000 年,住宅房地产的总市值约为 12 万亿美元,因此房价上涨使家庭财富增加了约 2.4 万亿美元,抵消了同期股市下跌造成的财富缩水 37％的影响。[③]

总的来说,尽管股市下跌对消费者的财富产生了负面影响,但其他抵消因素则在一定程度上减少了 2000—2002 年股市下跌对这一时期消费支出的抑制作用。

式(12.2)右边的第二部分 mpc$(Y-T)$反映了可支配收入$(Y-T)$对消费的影响。系数 mpc 是一个常数,被称为边际消费倾向。**边际消费倾向(mpc)**是指当可支配收入增加 1 美元时,人们愿意多增加的消费支出。设想一下,如果人们的可支配收入增加了 1 美元,他们会把一部分储蓄起来,而把剩下的另一部分用于消费。也就是说,消费支出将会增加,但是增加的数额少于可支配收入的增加额。因此,假设边际消费倾向大于 0(收入的增加会引起消费的增加)但是小于 1(消费支出的增加少于收入的增加)。用数学方法表示就是 $0<\text{mpc}<1$。

图 12.2 给出了一个假想的消费函数,纵轴表示消费支出(C),横轴表示可支配收入

---

①　参见 Table 1 in James M. Poterba, "Stock Market Wealth and Consumption," *Journal of Economic Perspectives* 14 (Spring 2000), pp. 99-118。

②　U. S. Federal Housing Finance Agency, "All-Transactions House Price Index for the United States [USSTHPI]," retrieved from FRED, Federal Reserve Bank of St. Louis; https://fred. stlouisfed. org/series/USSTHPI, November 2, 2017. House prices continued to rise, peaking in 2007.

③　Federal Reserve Board, "Flow of Funds Accounts of the United States," www. federalreserve. gov.

$(Y-T)$。消费函数与纵轴的截距等于外生消费$(\bar{C})$，函数的斜率等于边际消费倾向(mpc)。

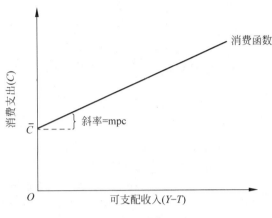

图 12.2　消费方程

消费函数描述了家庭的消费支出 C 与可支配收入$(Y-T)$之间的关系。

图中纵截距 $\bar{C}$ 等于外生消费，直线的斜率等于边际消费倾向(mpc)。

计划总支出与产出

回顾前文中祖母的回忆，她故事中的一个重要部分是生产、收入与支出之间的关系。镇上的鞋厂减少产量，鞋厂工人和鞋厂主的收入都随之减少。工人的收入减少是因为每周工作时间减少(大萧条期间的一个普遍现象)，或是因为工人被解雇及工资率降低。鞋厂主的收入减少是因为利润降低。收入减少迫使鞋厂主和鞋厂工人都减少支出——这种行为导致产量更低，进而收入更少。这种恶性循环导致经济越来越低迷。

祖母的故事在逻辑上有两个关键要素：(1)产出的降低(意味着生产者得到的收入的减少)导致支出减少；(2)支出的减少又导致产出和收入的降低。本节首先讨论第一个要素，产出和收入对支出的影响。本章稍后的部分将讨论支出对产出和收入的影响。

为什么产出和收入的变动会影响计划总支出？消费函数中消费与可支配收入之间的关系是分析这一问题的基础。因为消费支出 C 是计划总支出的主要组成部分，且消费由产出 Y 决定，所以整体来看总支出也由产出决定。

下面，让我们用两种方法来分析计划总支出与产出之间的关系。首先，我们用一个数字的例子让你清晰地感受到这种关系，然后，我们用图形来表示它们。

例 12.2　计划总支出与产出的关系

计划总支出与产出之间有何关系？

在某个经济体中，假设消费函数为

$$C = 620 + 0.8(Y - T)$$

消费函数中的截距 $\bar{C}$ 等于 620，边际消费倾向 mpc 等于 0.8。我们假设计划投资支出 $I^P = 220$，政府购买 $G=300$，净出口 NX$=20$，税收 $T=250$。

写出一个数学表达式,将计划总支出 PAE 与产出 Y 联系起来。当产出和收入发生变化时,计划支出如何变化?

根据式(12.1)对计划总支出的定义:

$$PAE = C + I^p + G + NX$$

要找出计划总支出的数学表达式,我们需要找出计划总支出四个组成部分各自的数学表达式。支出的第一个组成部分(消费支出)由消费函数 $C = 620 + 0.8(Y - T)$ 决定。因为税收 $T = 250$,可以把消费函数写成 $C = 620 + 0.8(Y - 250)$。将消费支出的表达式代入上式,得

$$PAE = [620 + 0.8(Y - 250)] + I^p + G + NX$$

同样,将计划投资 I^p、政府购买 G 及净出口 NX 的数值代入计划总支出的表达式,得

$$PAE = [620 + 0.8(Y - 250)] + 220 + 300 + 20$$

简化该等式,注意 $0.8(Y - 250) = 0.8Y - 200$,然后将所有与 Y 无关的项合并,结果为

$$PAE = (620 - 200 + 220 + 300 + 20) + 0.8Y = 960 + 0.8Y$$

最后一个表达式说明了计划总支出与产出之间的数量关系。根据该式,注意 Y 每增加 1 美元,PAE 就会增加 0.8×1 美元,即 80 美分。这是因为等式中的边际消费倾向 mpc 在这个例子中是 0.8,因此收入增加 1 美元就会引起消费支出增加 80 美分。而消费支出是计划总支出的一个组成部分,因此消费支出增加 80 美分意味着计划总支出也增加了 80 美分。

例 12.2 的结果说明计划总支出可以分为两部分:由产出(Y)决定的部分;与产出无关的部分。计划总支出中与产出无关的部分称为**自主支出**。在例 12.2 中,自主支出是常数项,等于 960。计划支出的这个部分并不随产出变化而变化,而是一个确定的常数。相反,计划总支出中与产出相关的部分称为**引致支出**。在例 12.2 中,诱导支出等于 $0.8Y$,是计划总支出表达式中的第二部分。根据定义,引致支出的数值由产出的数值决定。自主支出和引致支出共同组成计划总支出。

图 12.3 将方程 $PAE = 960 + 0.8Y$ 表示了出来,即一条斜率为 0.8、截距为 960 的直线。这条线被称为**支出曲线**,它显示了计划总支出与总产出的关系。

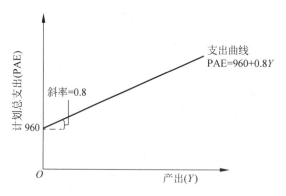

图 12.3　支出曲线

$PAE = 960 + 0.8Y$ 这条线被称为支出曲线,它反映了计划总支出与产出之间的关系。

支出曲线有三个重要性质。第一,其斜率等于边际消费倾向。第二,其截距等于自主支出。第三,自主支出的变动会引起支出曲线的移动:自主支出增加使支出曲线上移,自

主支出减少使支出曲线下移。在本章后面的部分,我们将应用这三个性质。

重点回顾:计划总支出

- 计划总支出(PAE)是计划对最终产品和服务支出的总量。计划总支出的四个组成部分是消费支出(C)、计划投资(I^p)、政府购买(G)和净出口(NX)。当企业的销售与预期销售不一致时,计划投资额不等于实际投资额,因此存货的增加(投资的一部分)也不等于企业预期的存货增加额。

- 在美国,总支出最大的组成部分是消费支出,简称消费。消费由可支配收入,即税后收入决定,根据消费函数可知二者的代数关系为 $C = \bar{C} + \text{mpc}(Y - T)$。

- 消费函数中的常数部分 $\bar{C}$ 表示除可支配收入外其他影响消费支出的因素。例如,房价或股价的上涨会使消费者更加富有,从而更愿意消费,我们称之为财富效应。这种影响表现在 $\bar{C}$ 的增加上。消费函数的斜率等于边际消费倾向 $\text{mpc}(0 < \text{mpc} < 1)$。边际消费倾向表示可支配收入增加 1 美元时,消费增加的量。

- 产出 Y 的增加,意味着收入的增加会引起消费的增加。因为消费是计划总支出的一部分,计划支出也由产出决定。计划总支出中由产出决定的部分称为引致支出,与产出无关的部分称为自主支出。

▽ 短期均衡产出

上文给出了计划总支出的定义,讨论了它与产出之间的关系,下文将研究产出 Y 是如何决定的。首先回想一下凯恩斯基本模型的假设:短期内,企业在维持现有价格水平的基础上提供消费者所需的产品和服务。换句话说,在价格不变的短期内,企业的产量等于计划总支出。因此,我们定义**短期均衡产出**为产出 Y 等于计划总支出 PAE 时的产出水平。

$$Y = \text{PAE} \tag{12.3}$$

短期均衡产出是指在价格预先确定的时期内占主导地位的产出水平。

我们可以采用两种方法来计算例 12.2 中描述的经济体的短期均衡产出。首先,我们可以用具体的数值范例来表示均衡产出与计划支出相等的点。而这也有两种方法:我们可以利用表格来找出 $Y = \text{PAE}$ 的点,也可以直接采用该等式。其次,我们可以在支出曲线图中增加一条线来确定短期均衡产出。这种图被称为凯恩斯交叉图,因为图中有两条彼此交叉的线。这种方法对于说明我们在数值范例中提出的思想是非常有帮助的。

确定短期均衡产出:数值法

回忆在例 12.2 中,计划支出由 $\text{PAE} = 960 + 0.8Y$ 确定。

因此,例如当 $Y = 4\,000$ 时,$\text{PAE} = 960 + 0.8 \times 4\,000 = 4\,160$。表 12.1 给出了各产出

水平下的计算结果:第 1 列给出的是各种产出水平;第 2 列给出的是对应第 1 列中不同产出水平的计划总支出(PAE)。

注意,在表 11.1 中,由于消费随产出而增加,因此计划总支出(其中包括消费)也随之增加。特别地,对比第 1 列和第 2 列,可以看到产出每增加 200,计划总支出只增加 160。这是因为在该经济体中,边际消费倾向为 0.8,因此收入每增加 1 美元,消费和计划总支出将增加 80 美分。

表 12.1 短期均衡产出的数字测定

(1) 产出 Y	(2) 计划总支出 PAE=960+0.8Y	(3) Y-PAE	(4) Y=PAE?
4 000	4 160	-160	否
4 200	4 320	-120	否
4 400	4 480	-80	否
4 600	4 640	-40	否
4 800	4 800	0	**是**
5 000	4 960	40	否
5 200	5 120	80	否

短期均衡产出是指 $Y=PAE$,或者 $Y-PAE=0$ 时的产出水平。在这种产出水平上,实际投资额等于计划投资额,总产出不会改变。表 12.1 中只有一个生产水平符合这个条件,即 $Y=4\,800$。在这个水平上,产出和计划总支出完全相等,此时的产出正好满足消费者对于产品和服务的需求。

在这个经济体中,如果产出并不等于其均衡值 4 800,会是什么样子呢?假设产出为 4 000,根据表 12.1 的第 2 列,当产出为 4 000 时,计划总支出为 960+0.8×4 000,即 4 160。因此,产出为 4 000 时,企业的产出不能满足消费者的需求。企业发现自己的销量超过了产量,企业产品的存货每年会减少 160,实际投资额(包括存货投资)低于计划投资额。在企业必须满足消费者需求的假设下,企业将扩大生产。

如果最初的产量高于均衡值(如 5 000),又将是什么情况?从表 12.1 可以看到,当产出等于 5 000 时,计划总支出仅为 4 960,低于企业的产量。因此在 5 000 的产出水平上,企业无法将生产的产品和服务全部卖出,很多产品将变成存货堆积在货架上和库房里(实际投资,包括存货投资,将大于预期投资)。因此,企业会相应减少生产。如表 12.1 所示,企业最终会把产量降低到均衡水平(4 800)。

我们可以直接利用计划总支出的公式 $PAE=960+0.8Y$ 来得出短期均衡产出。

根据定义,当 $Y=PAE$ 时,经济体处于短期均衡。

因此,利用计划总支出的公式,我们有

$$Y=960+0.8Y$$

求解 Y,得到 $Y=4\,800$,与我们利用表 12.1 得到的结果是一样的。

练习 12.1

假设某个与我们之前分析的一样的经济体的消费函数为 $C=820+0.7(Y-T)$,并且 $I^p=600, G=600, NX=200, T=600$,根据这些信息画一个类似表 12.1 的表格。

该经济体的短期均衡产出是多少？（提示：试着将产出的数值确定在 5 000 以上。）利用计划总支出的公式直接求解短期均衡产出,来核对你的答案。

确定短期均衡产出：图示法

图 12.4 说明了我们在前面采用数值法分析的短期均衡产出水平的确定。横轴表示产出 Y,纵轴表示计划总支出 PAE。

图中有两条直线。实线是支出曲线,我们在前面曾经讨论过,它反映了在每个给定的产出水平上的计划支出。虚线是从原点延伸的 45°线,反映了纵轴（Y）上的变量与横轴（PAE）上的变量相等的所有点。因为一个经济体的短期均衡产出必须满足等式 $Y=$ PAE,所以本例中的短期均衡点一定位于这条线上。

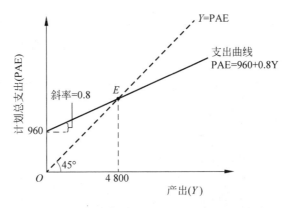

图 12.4　短期均衡产出的决定因素（凯恩斯交叉图）
45°线代表短期均衡产出的条件：Y＝PAE。另一条线 PAE＝960＋0.8Y,称为支出曲线,描述了计划总支出与产出之间的关系。短期均衡产出（4 800）由这两条线的交点 E 决定。这种图称为凯恩斯交叉图。

在 $Y=$ PAE 线上的哪一点经济体将处于短期均衡？图中只有一个点同时位于 $Y=$ PAE 线和支出曲线上,即两条线的交点 E。在 E 点,短期均衡产出等于 4 800,这与我们从表 12.1 及直接进行数学计算得出的结果一致。

如果经济体高于或低于 E 点,情况会如何？在高于 4 800 的产出水平,产出超过了计划总支出。因此,企业的产量将大于销量,这会促使它们减少产出。企业将持续降低产出至 4 800,此时产出等于计划总支出,相反在低于 4 800 的产出水平,计划总支出超过产出。在该区域,企业现有的产出无法满足消费者需求,这将促使它们扩大产量。只有在 E 点,也就是产出等于 4 800 的时候,企业的产出刚好满足对其产品和服务的计划支出。

因为图 12.4 的特性,通常称之为凯恩斯交叉图。凯恩斯交叉图形象地说明了在现有价格不变的前提下,短期均衡价格是如何确定的。

练习 12.2

使用凯恩斯交叉图确定练习 12.1 中经济体的短期均衡产出水平。支出曲线的截距和斜率分别是多少？

重点回顾：短期均衡产出

- 短期均衡产出是指等于计划总支出的产出水平,用符号表示就是 $Y=PAE$。对于某个特定的经济体,可以使用数值法或图示法来计算其短期均衡产出。
- 可以通过绘制凯恩斯交叉图得到经济的短期均衡产出。凯恩斯交叉图包括两条线:一条代表 $Y=PAE$ 的 45°线和一条代表计划总支出与产出之间关系的支出曲线。短期均衡产出由这两条线的交点决定。如果短期均衡产出与潜在产出不等,就会产生产出缺口。

计划支出和产出缺口

通过使用凯恩斯交叉图,我们已经看到需求不足如何导致衰退。为了分析支出的变化对产出的影响,我们将继续研究本章前面使用的例子。根据前面的结论,短期均衡产出为 4 800。现在假设该经济的产出能力也是 4 800,即 $Y^*=4\,800$,所以最初不存在产出缺口。接下来,我们从完全就业的起点开始,分析计划总支出的下降如何导致衰退。

例 12.3　计划总支出的降低导致衰退

为什么计划总支出的降低会导致衰退?

对于例 12.2 中介绍的经济体,短期均衡产出 Y 等于 4 800。同时,假设潜在产出 Y^* 等于 4 800,因此产出缺口 Y^*-Y 等于零。

假设消费者对于未来的经济状况感到担忧,开始减少现有可支配收入水平下的支出。我们可以将这一改变用消费函数中的常数项 $\bar{C}$ 下降到一个较低的水平来表示。具体来说,假设 $\bar{C}$ 减少了 10 个单位,这意味着自主支出也减少了 10 个单位。计划支出的减少对经济有什么影响?

我们可以通过凯恩斯交叉图来说明消费支出的减少对经济体的影响。图 12.5 指出了最初的均衡点 E 是代表 $Y=PAE$ 的 45°线与代表等式 $PAE=960+0.8Y$ 的初始支出曲线的交点。如前所述,短期均衡产出的初始值为 4 800。我们假设潜在产出 Y^* 也等于 4 800。不过,如果 $\bar{C}$ 减少 10 个单位,从而使自主支出也减少 10 个单位又会有何影响?

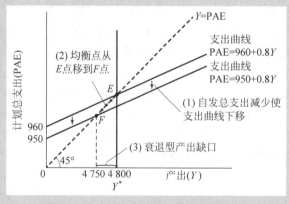

图 12.5　计划支出的减少导致经济衰退

(1)在任何现有的可支配收入下消费者支出意愿的降低将减少计划自主支出,使支出曲线向下移动。
(2)短期均衡点从 E 点移到 F 点。(3)产出从 4 800 减少到 4 750,造成 50 个单位的产出缺口。

最初该经济体的自主支出为 960,减少了 10 个单位之后变为 950。此时计划支出不再是最初的 PAE=960+0.8Y,而是 PAE=950+0.8Y。这种变化会使图 12.5 发生什么变动? 支出曲线的截距 (等于自主支出)从 960 变为 950,消费支出的减少使支出曲线平行地向下移动 10 个单位。图 12.5 指出了向下移动后新的支出曲线。新的均衡点下移到 F 点,是新的支出曲线与 45°线的交点。

F 点位于初始均衡点 E 点的左边,因此产出和支出都低于其初始值。因为 F 点的产出低于潜在产出 4 800,我们看到消费支出的下降造成了经济中衰退型产出缺口的产生。进一步来讲,从充分就业(产出等于潜在产出)的情况开始,任何自主支出的减少都会引起经济衰退。

图 12.5 中衰退型产出缺口的数值有多大? 为了解答这个问题,我们根据表 12.1 编制了表 12.2。两表主要的不同是表 12.2 中的计划总支出为 PAE=950+0.8Y,而表 12.1 中为 PAE=960+0.8Y。

表 12.2　支出减少后短期均衡产出的数字测定

(1) 产出 Y	(2) 计划总支出 PAE=950+0.8Y	(3) Y−PAE	(4) Y=PAE?
4 600	4 630	−30	否
4 650	4 670	−20	否
4 700	4 710	−10	否
4 750	4 750	0	**是**
4 800	4 790	10	否
4 850	4 830	20	否
4 900	4 870	30	否
4 950	4 910	40	否
5 000	4 950	50	否

与表 12.1 相同,表 12.2 中第 1 列代表产出 Y 可能的取值,第 2 列代表计划总支出 PAE 的取值,分别对应第 1 列产出的各种取值。当产出为 4 800,即表 11.1 中的短期均衡产出时,均衡不复存在。当产出为 4 800 时,计划支出为 4 790,产出与计划支出并不相等。随着计划总支出的下降,唯一能使 Y=PAE 的产出为 4 750,这是新的短期均衡产出值。因此,自主支出减少了 10 个单位,引起短期均衡产出减少了 50 个单位。如果充分就业下的产出为 4 800,图 12.5 中的衰退型产出缺口就是 4 800−4 750=50 个单位。

练习 12.3

在例 12.3 的经济体中,我们发现当经济体的生产能力为 4 800 时,存在 50 个单位的衰退型产出缺口。假设经济的自然失业率 u^* 是 5%,这种衰退型产出缺口产生之后的实际失业率是多少?(提示:回忆第 11 章介绍的奥肯法则。)

例 12.3 说明消费者支出意愿的降低会引起自主支出的减少,进而造成短期均衡产出减少,并产生衰退型产出缺口。如果由于其他原因引起自主支出的减少,同样的结论依然成立。例如,假设企业对新技术的价值产生怀疑并减少了用于新设备的计划投资额。在这种情况下,企业不愿意投资可以表现为计划投资支出 I^p 的减少。在计划投资支出与产出无关的假设下,计划投资是自主支出的一部分。因此,计划投资支出的减少抑制了自主支出和经济中的产出,这与消费意愿降低引起自主支出减少对经济的影响效果相同。同样,当政府支出及净出口等自主支出的其他组成部分变化时,也会引起短期经济均衡产出的变动,稍后我们将给出具体的例子。

练习 12.4

根据例 12.3,假设消费者对未来经济感到乐观,$\overline{C}$ 上升了 10 个单位,也就是说自主支出增加了 10 个单位。画图分析消费者支出意愿的增加如何产生了扩张型产出缺口。请给出扩张型产出缺口的具体数值。

经济自然主义者 12.3 什么原因造成了美国 2007—2009 年的经济衰退?

2006 年夏天房地产价格泡沫的破灭是近期经济衰退的一个主要原因。20 世纪 90 年代末期到 2006 年夏天,美国房地产的均价以惊人的速度上涨,这吸引了希望从房地产载入史册的大繁荣中分一杯羹的借款人和贷款人。

第 8 章中的图 8.1 给出了 1975—2019 年的实际房价。此前房价年均增长率最高的年份是 1976—1979 年,当时房价以 4.7% 的年均增长速度上涨。与此形成对比的是,2001—2006 年,平均房价以每年 8.2% 的速度上涨。这一数字掩盖了一个事实:在这段时间内,增长率本身也在增长,从 2001 年的 4% 最高达到 2004—2005 年的 12% 的年增长率。

我们可以使用第 6 章介绍的 72 法则来理解这些数字的现实意义。以 20 世纪七八十年代的增长率,一幢房屋的平均价格 15～19 年会翻一番。而在前几年的房价暴涨期间,一幢房屋的平均价格大约 10 年就会翻一番,换句话说,比以往要快 50%～100%。

美国的房屋均价在 2006 年 7 月达到最高值。最初房价缓慢下降,从 2006 年 7 月到 2007 年 5 月大约下降了 6%。然而,2007 年 5 月到 2009 年 2 月,房价出现了快速下跌,平均房价下降了 20% 多。

房地产市场泡沫的破灭及其所引发的金融危机使企业和家庭从两个方面减少了支出。首先,金融市场的崩溃使企业难以借到资金进行投资支出,消费者也很难借到资金来买房买车。其次,金融危机加剧了未来的不确定性,从而减少了自主支出,即独立于产出的支出。

这一情形可以用计划总支出(PAE)线下移来反映,如图 12.6 所示。在 E 点,计划支出和产出都等于潜在产出 Y^*。支出曲线下移之后,计划支出低于实际产出,企业的本能反应是减少生产直到产出再次等于需求(图 12.6 中从 E 点移动到 F 点)。在 F 点,经济处于衰退状态,产出低于潜在产出。此外,因为产出低于潜在产出,根据奥肯法则,失业率也超过了自然失业率。

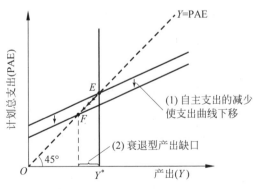

图 12.6　房价泡沫的破裂

乘数

在例 12.3 和表 12.2 中，我们分析了一个案例，其中消费支出（通过 $\overline{C}$ 的减少来衡量）即自主支出的初始下降仅为 10 个单位，而短期均衡产出则减少了 50 个单位。为什么消费支出相对缓和的减少会引起产出的大幅降低？

支出的变动引起产出更大幅度的变动，这种效应就是祖母关于大萧条的故事中描述的"恶性循环"。尤其是，消费支出的下降不仅会直接减少产品的销售额，也会减少该行业生产最终消费品的工人和工厂主的收入。因为收入下降，这些工人和工厂主将减少支出，从而引起其他行业生产者的收入下降。收入的下降会进一步引起支出的减少。最终，这种支出和收入减少的相互作用会导致计划总支出和产出更大幅度的减少。

一单位自主支出的增加对短期均衡产出的影响又称**收入-支出乘数**，简称**乘数**。在我们所举例的经济体中，乘数等于 5。也就是说，自主支出变化 1 个单位，就会引起短期均衡产出同方向变化 5 个单位。支出的变动会引起短期均衡产出更大幅度的变动是凯恩斯基本模型的一个重要思想。

乘数的大小由什么决定？一个很重要的决定因素是边际消费倾向（mpc）。如果边际消费倾向很大，收入的下降会引起人们大幅减少支出，这时乘数效应也很大。如果边际消费倾向很小，收入的下降不会引起人们大幅减少支出，乘数也就比较小。本章的附录详细介绍了乘数的概念，其中包括在特定经济假设下计算乘数值的公式。

重点回顾：计划支出与产出缺口

如果短期均衡产出与潜在产出不相等，则存在产出缺口。

自主支出的增加意味着支出曲线的水平上移，从而提高了短期均衡产出水平；自主支出的减少意味着支出曲线的水平下移，从而降低了短期均衡产出水平。自主支出减少使实际产出低于潜在产出，这是产生经济衰退的一个重要原因。

一单位自主支出的变动通常会引起短期均衡产出更大幅度的变动，这就是收入-支出乘数。之所以产生乘数效应，是因为支出的初始增加会提高生产者的收入，从而进一步增加支出，提高其他生产者的收入和支出。

▼ 稳定计划支出：财政政策的作用

根据凯恩斯基本模型，支出不足是引起经济衰退的重要原因。要防止经济衰退的发生——至少是对于那些因为需求不足而不是生产能力增长缓慢所引起的衰退——政府必须设法刺激计划支出。用以影响计划总支出，旨在消除产出缺口的政策，称为**稳定性政策**。旨在增加计划支出和产出的政策，称为**扩张性政策**。扩张性政策通常在经济处于衰退时使用。但是有时候我们看到经济也可能"过热",产出大于潜在产出(存在扩张型产出缺口)。扩张型产出缺口的危险在于它会增加通货膨胀,这一点我们在以后的分析中会详细说明。政府可以通过减少支出和产出来防止扩张型产出缺口的出现。旨在减少计划支出和产出的政策,称为**紧缩性政策**。

稳定性政策的两个主要工具是货币政策和财政政策。如前所述,货币政策是有关货币供给量的决策,而财政政策则是有关政府应该支出多少及应该收多少税的决策。在本章余下的部分,我们将重点讨论可以如何通过财政政策影响凯恩斯基本模型中的支出,以及在现实世界中使用财政政策时遇到的一些实际问题。货币政策将在接下来的章节中讨论。

政府购买和计划支出

有关政府支出的政策构成了财政政策的一个重要组成部分,另一个组成部分是关于税收和转移支付的政策。凯恩斯认为政府支出的变动是减少或者消除产出缺口最切实可行、最有效的方法。凯恩斯对自己观点的论述如下:政府对于产品和服务的购买是计划总支出的组成部分,直接影响总支出。如果产出缺口是由过多或者过少的总支出引起的,政府可以通过改变自己的支出水平帮助经济尽快恢复到充分就业下的产出水平。20世纪30年代的大萧条印证了凯恩斯的观点,直到30年代后期政府大幅提高军队支出,这次大萧条才告一段落。

例 12.4　衰退型产出缺口

政府可以如何通过改变对产品和服务的购买来消除产出缺口?

在前面的例子中,我们发现消费支出减少10个单位会使产出出现50个单位的衰退型产出缺口。政府如何通过改变自己对产品和服务的购买(G)来消除产出缺口,帮助经济恢复到充分就业下的产出水平?

计划总支出是由等式 $PAE=960+0.8Y$ 决定的,其中自主支出等于960。$\bar{C}$ 减少10个单位意味着自主支出减少10个单位,减至950。在本例描述的经济体中,乘数为5,因此自主支出减少10个单位将带来短期均衡产出50个单位的减少。

要抵消消费下降对产出的影响,政府需要将自主支出调整到初始水平——960。在政府购买直接给定并且与产出无关的假设下,政府购买是自主支出的一部分,政府购买的变动会带来自主支出等效的变动。因此,政府只需要增加10个单位的购买即可将自主支出调整到原先960的水平(例如,通过增加国防支出或者道路建设项目支出)。根据凯恩斯基本模型,政府购买的增加可以帮助自主支出和经济产出回归初始水平。

政府购买增加的效应可以用图12.7说明。消费支出的变化导致自主支出 $\bar{C}$ 减少了10个单位,经济位于 F 点,此时存在50个单位的衰退型产出缺口。政府购买增加了10个单位,自主支出随之增加了10个单位,截距上升10个单位,意味着支出曲线水平上移10个单位。经济重新回到 E 点,此时短期均衡产出等于潜在产出($Y=Y^*=4\,800$),经济中不存在产出缺口。

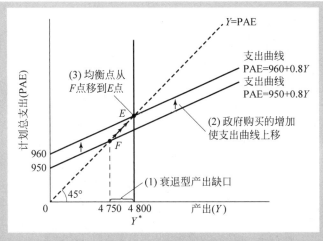

图 12.7 政府购买的增加消除了衰退型产出缺口

在消费支出中的自主支出 $\bar{C}$ 减少了 10 个单位之后,(1)经济位于 F 点,此时存在 50 个单位的衰退型产出缺口;(2)政府购买增加 10 个单位,自主支出也会随之增加 10 个单位,从而使支出曲线移回原来的位置,均衡点从 F 点移到 E 点;(3)在 E 点,产出等于潜在产出($Y=Y^*=4\,800$),经济中不存在产出缺口。

练习 12.5

在练习 12.4 中,我们分析了消费者对未来经济表示乐观从而产生扩张型产出缺口的情况。讨论这种情况下如何通过改变政府购买来消除产出缺口。请画图分析。

迄今为止,我们一直在考虑财政政策对假设经济的影响。经济自然主义者 12.4 说明了财政政策在实体经济中的应用。

经济自然主义者 12.4 军队支出刺激了经济吗?

20 世纪 60 年代的一个反战宣言中有这样一句话:"战争是一门好生意。投入你的儿子吧。"战争本身浪费了非常多的财力和人力资源,从任何角度来看都不能被称为"好生意",但是军队支出和战争不是一回事。根据凯恩斯基本模型,政府购买增加带来的计划总支出的增加可以帮助经济走出衰退或者萧条。那么军队支出刺激了总需求吗?

图 12.8 描述了美国 1929—2019 年军队支出 GDP 占比的变化。图中阴影部分对应表 11.1 中的衰退时期。在二战(1941—1945 年)期间,军队支出的 GDP 占比达到最高峰,超过美国 GDP 的 43%。在朝鲜战争(1950—1953 年)期间,军队支出的 GDP 占比达到有史以来的第二个高峰。在 1967—1969 年的越南战争及 20 世纪 80 年代里根政府扩军期间,在 2001 年的阿富汗战争和 2003 年的伊拉克战争中,军队支出的 GDP 占比也有所上升。

图 12.8 证实了这样一个观点:军队支出的增长有助于刺激总需求。以二战时期为例,大量的军队支出帮助美国经济从大萧条中恢复过来。美国的失业率从 1939 年的 17.2%(此时军队支出的 GDP 占比不足 2%)下降到 1944 年的 1.2%(此时军队支出的

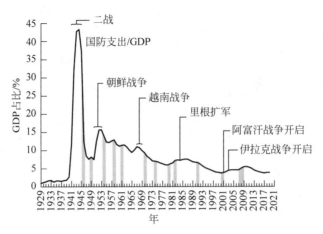

图 12.8　1929—2019 年美国军队支出的 GDP 占比

军队支出的 GDP 占比在二战期间、朝鲜战争、越南战争、20 世纪 80 年代里根政府扩军期间,以及
阿富汗战争和伊拉克战争期间都有所上升。军队支出的增加通常伴随着经济的扩张和失业率的下降。
阴影部分表示衰退时期。

资料来源:美国经济分析局 NIPA 表 1.1.5(www.bea.gov)。

GDP 占比超过 37%)。随着二战的结束,美国军队支出大幅减少,1945 年及 1948—1949
年美国又发生了两次小规模的经济衰退。当时有很多人担心战争结束后经济大萧条会继
续,战争之后这两次相对缓和的经济衰退减轻了人们的这种担忧。

此外,二战之后国防支出的增加通常伴随着经济的扩张。1950—1953 年朝鲜战争期
间美国出现了强势的经济扩张,失业率从 1949 年的 5.9% 下降到 1953 年的 2.9%。停战
协议签署之后的 1954 年,虽然当时军队支出并没有减少,美国仍然开始了新的经济衰退。
20 世纪 60 年代越南战争期间以及 80 年代里根政府扩军时期美国经济又开始扩张。美
国政府用于军队及国家安全方面支出的小规模增加也缓和了 2001 年开始的经济衰退。
这些现象都说明政府购买的增加(如购买武器、其他军队设施等)有助于刺激经济。

税收、转移支付和总支出

除了制定政府购买产品和服务方面的决策外,财政政策制定者还要决定征收多少税、
征收哪些类型的税及要进行的转移支付。(回忆一下,转移支付是政府对于公众的支付,
而当时是没有收到产品或服务的。转移支付的例子包括失业保险福利、社会保障福利及
支付给农民的收入补助金。此外,转移支付并不包括在政府对产品和服务的购买中。)凯
恩斯基本模型认为,与政府购买一样,税收和转移支付水平的变化也可以用来影响计划总
支出,消除产出缺口。

不过,与政府购买不同的是,税收和转移支付的变动并不直接影响计划支出,而是通过
影响个人的可支配收入,间接地影响计划支出。例如,税收减少或转移支付增加都将导致可
支配收入($Y-T$)增加。根据消费函数,当可支配收入增加时,居民会增加支出。具体来说,
家庭最初的支出增加应等于 mpc 乘以可支配收入的增加,参见式(12.2)。因此,减税或者增

加转移支付的措施都能增加计划总支出。同样,增税或者减少政府的转移支付可以减少家庭的可支配收入,从而减少计划支出。例 12.5 说明了减税对支出和产出的影响。

例 12.5 通过减税缩小衰退型产出缺口

政府可以如何通过减税缩小产出缺口?

在我们假设的经济体中,消费支出减少 10 个单位会产生 50 个单位的衰退型产出缺口。这种衰退型产出缺口可以通过增加 10 个单位的政府购买来消除。假设财政政策制定者不打算增加政府购买,而是决定通过改变税收水平来刺激消费支出。他们要如何改变税收才能消除产出缺口?

直观的想法是政策制定者应减少 10 个单位的税收,但是这种想法是错误的。下面我们来分析一下原因。

衰退型产出缺口产生的原因是在每种产出水平 Y 下,家庭的消费支出减少了 10 个单位,即消费函数中的常数项减少了 10 个单位。要消除这个衰退型产出缺口,税收政策的变化应该能够诱导人们在每种产出水平下都增加 10 个单位的消费支出。如果减少 10 个单位的税收,就相当于增加了 10 个单位的可支配收入 $(Y-T)$,在每个产出水平下消费支出仅增加 8 个单位。

为什么?因为在这个例子中边际消费倾向是 0.8,也就是说当税收减少一个单位,可支配收入增加一个单位时,消费支出只增加 0.8 个单位(其他减税的部分用来储蓄)。自主支出增加 8 个单位还不足以将产出恢复到充分就业的水平。

要增加 10 个单位的消费支出,财政政策制定者需要减税 12.5 个单位。它会使可支配收入 $(Y-T)$ 增加 12.5 个单位。因此,消费的增加量即为边际消费倾向乘以可支配收入的增长,即 $0.8 \times 12.5 = 10$。所以,在任何产出水平下,每减税 12.5 个单位都会使居民增加消费 10 个单位。

表 12.3 显示了这些变化。由于消费量减少了 10 个单位,均衡产出水平下降到 4 750。当净税收等于最初的 250 时,第(3)列表示可支配收入等于 4 750−250=4 500。消费下降后,消费函数变成 $C=610+0.8(Y-T)$。这样,当 $Y=4\ 750$,$T=250$ 时,消费量等于 $610+0.8(4\ 750-250)=610+0.8 \times 4\ 500=4\ 210$,如第(4)列所示。若减税 12.5 个单位,即税收为 237.5,在此产出水平下,可支配收入将增长 12.5,达到 4 750−237.5=4 512.5。消费会增长 $0.8 \times 12.5=10$。于是,$C=610+0.8(4\ 750-237.5)=4\ 220$。这一增长幅度恰好能抵消下降 10 个单位对经济的影响,促使经济恢复到充分就业的水平。

表 12.3 减税 12.5 个单位的初始影响

(1) 产出 Y	(2) 净税收 T	(3) 可支配收入 $Y-T$	(4) 消费 $610+0.8(Y-T)$
4 750	250	4 500	4 210
4 750	237.5	4 512.5	4 220

注意:这里 T 代表的是净税收,或者税收减去转移支付,因此如果我们增加 12.5 个单位的转移支付,也可以得到同样的效果。因为消费者会将他们收到的转移支付的 0.8 倍用于消费,这样在任何产出水平下消费者都会增加 10 个单位的消费支出。

减税的效果与增加政府购买(参见图 12.7)的效果是一样的。减税 12.5 个单位会引起任何产出水平下增加 10 个单位的消费支出,因此减税的效果等于将支出曲线水平上移了 10 个单位。均衡点仍然是 E 点,此时实际产出等于经济的生产能力。

练习 12.6

在某个经济体中,计划投资增加 20 个单位会使经济从原先不存在产出缺口变为存在扩张型产出缺口。说出两种可以用来消除这种扩张型产出缺口的财政政策。假设边际消费倾向为 0.5。

经济自然主义者 12.5 为什么美国政府 2001 年、2009 年和 2020 年要临时减税?

2001 年 5 月 25 日,美国国会通过《2001 年经济增长和税收减免调停法案》(EGTRRA),乔治·W. 布什总统在 6 月 7 日签署了该法案。EGTRRA 大幅降低收入税率并提供一次性的退税补偿支票,单个纳税人可收到 300 美元,已婚夫妇可收到 600 美元。数以百万计的家庭在 2001 年的八九月份收到了退税支票,总计 380 亿美元。

近 8 年后的 2009 年 2 月,美国国会通过了《2009 年美国复苏与再投资法案》(ARRA),奥巴马总统于 2009 年 2 月 17 日签署了该法案。ARRA 涉及 2 880 亿美元的税收减免,包括 2009 年和 2010 年为单个纳税人提供 400 美元的新工资税退税补偿,为已婚夫妇提供 800 美元的新工资税退税补偿。

2020 年 3 月,美国国会通过了《新冠肺炎援助、救济和经济安全法案》(CARES),特朗普总统于 2020 年 3 月 27 日签署了该法案。这是美国历史上金额最高的经济救济法案,总额约为 2.2 万亿美元,其税收减免条款涉及数千亿美元,其中个人纳税人可一次性享受最高 1 200 美元的税收减免,已婚夫妇可享受最高 2 400 美元的税收减免,纳税人还可因抚养的每个孩子额外享受 500 美元的税收减免,雇主的工资税抵免最高为 5 000 美元。

美国政府为什么要采取这些减税措施?

虽然美国官方直到 2001 年 11 月才公开宣布美国出现了经济衰退(美国经济研究局宣布此次经济衰退开始于 2001 年 3 月),有证据表明从 2001 年春季开始,美国经济就发展缓慢。美国国会和总统都希望通过向家庭和个人发放退税补偿支票来刺激消费者的支出。现在回想起来,这次退税补偿的时机非常好,因为当时美国经济和消费信心在 2001 年 9 月 11 日纽约和华盛顿遭受恐怖袭击后受到了严重打击。

那么,美国政府采取的这些税收减免措施是否如预想的一样刺激了消费支出?很难得出确切的结论,因为我们不知道如果家庭没有收到这些额外的资金,他们会花多少钱。在 2006 年发表的一份研究中,经济学家发现家庭在得到退税补贴的前 6 个月内就花掉了大约 2/3。[①] 这说明补贴对消费有明显的影响。2001 年最后一个季度和 2002 年美国消费支出势头良好,极大地促进了经济复苏。大多数经济学家都会同意,财政政策通常不仅包括退税,而且美国政府在"9·11"后大幅增加了军队和国内安全开支,这是 2001 年经济

①　David S. Johnson, Jonathan A. Parker, and Nicholas S. Souleles, "Household Expenditure and the Income Tax Rebates of 2001", *American Economic Review*, December 2006, pp. 1589-1610.

衰退相对短暂和温和的一个重要原因。

　　与 2001 年经济衰退不同,2007—2009 年经济衰退是二战结束以来最严重的衰退。《美国复苏与再投资法案》获得通过时,不仅经济衰退已经被正式宣布开始,而且经济衰退的影响已经被人们所广泛感受。例如,自 2007 年 12 月以来,失业率已经上升了约 3%。美国国会和总统希望,在进行约 5 万亿美元的政府直接支出和增加转移支付的同时,进行大幅减税可以刺激经济,帮助经济从衰退中复苏。

　　在 2020 年 3 月底通过《新冠肺炎援助、救济和经济安全法案》时,新冠肺炎疫情的经济影响在美国才刚刚开始被感受到。然而,人们已经担心,疫情的快速传播可能引发历史性的全球衰退。美国国会和总统希望通过迅速采取前所未有的行动,为经济提供急需的刺激。

重点回顾:财政政策和计划支出

- 财政政策影响总支出、消除产出缺口的工具包括两类:(1)改变政府购买;(2)改变税收或者转移支付。
- 政府购买的增加会引起自主支出同等程度的增加。税收的减少或者转移支付的增加同样会增加自主支出,不过自主支出增加的幅度是边际消费倾向与减税额或者转移支付增加额的乘积。财政政策的变化对短期均衡产出最终的影响等于自主支出的变动额乘以乘数。如果经济处于衰退期,政府购买的增加、税收的减少或者转移支付的增加都可以用来刺激支出,消除衰退型产出缺口。

▼ 作为稳定性工具的财政政策:三个限制

　　凯恩斯基本模型可能会给读者造成这样的印象:财政政策的精确使用一定能够消除产出缺口。但是现实世界比经济模型复杂得多,在本章的最后,我们将讨论使用财政政策作为稳定性工具的三个限制。

财政政策和供应面

　　迄今为止,我们一直在讨论使用财政政策影响计划总支出。但是很多经济学家认为财政政策除了影响计划总支出之外,还会对经济的潜在产出产生影响。正如第 6 章所述,一方面,从支出的角度看,公路、飞机场和学校等公用设施的投资的确会对经济生产能力的增长率产生比较大的影响。另一方面,税收和转移支付项目也会影响对家庭、个人和企业的激励,进而影响其经济行为。例如,提高利息收入的税率可能会降低人们为未来储蓄的意愿,而新投资的税收优惠可能会鼓励企业提高资本形成率。储蓄或投资的这种变化将反过来影响潜在产出。我们可以举出更多的例子来说明税收和转移支付对经济行为进而对潜在产出的影响。

　　凯恩斯理论的一些批评者甚至认为,财政政策的唯一重要影响是对潜在产出的影响。

持有这种观点的一些经济学家和记者,即通常所说的供给学派,他们的影响力在里根的第一届总统任期内(1981—1985 年)达到了顶峰。供给学派关注减税的必要性,认为较低的税率将促使人们更努力地工作(因为他们可以保留更大的收入份额),储蓄更多,更愿意创新和冒险。通过提出减税可以大幅增加潜在产出而不会对支出产生重大影响这一观点,供给学派为里根政府时期的大规模减税提供了有力支持。供给学派的观点也被用来支持 2001 年布什总统通过的长期所得税削减计划。

更为中立的观点是,财政政策影响支出和潜在产出。因此,在制定财政政策时,政府官员不仅应考虑稳定总支出的需要,还应考虑政府支出、税收和转移对经济生产能力的可能影响。

赤字问题

制定稳定性财政政策时需要注意的另一个问题是应避免大量且长期的预算赤字。第 8 章曾介绍过,政府的预算赤字是指政府支出超出税收的部分。持久的政府赤字减少了国民储蓄,从而减少了对新资本品的投资,而新资本品的投资是经济长期增长的主要源泉。控制赤字的需要使通过增加政府支出或者减少税收来应对经济低迷的做法从经济和政治的角度而言都不是非常有吸引力。

此外,即使国内赤字在政治上具有吸引力,国际贷款机构也不会容许一个国家长期维持巨额赤字。作为一个极端的例子,1995—2015 年,希腊政府的巨额预算赤字估计年均超过 GDP 的 7%。这些巨额赤字最终导致了政府债务危机。由于国际贷款机构质疑希腊政府偿还贷款的能力,希腊政府难以进一步举债以刺激经济、对抗经济衰退。事实上,2016 年,尽管实际 GDP 并未实现增长且失业率高企(超过 23%),希腊政府仍被迫保持少量预算盈余。在接下来的几年里,它一直保持着少量盈余。(截至 2019 年年末,在新冠肺炎疫情暴发之前,希腊的失业率仍超过 16%。)

财政政策的相对不灵活性

使用财政政策另一个受到限制的地方是财政政策在稳定经济方面不是非常灵活。我们所举的例子一直隐含了这样一个假设:政府可以迅速地改变支出或者税收水平,及时消除产出缺口。然而在实际中,改变政府支出或者税收水平必须经过一系列的立法过程,这就导致财政政策有可能无法对经济状况做出及时的反应。例如,美国总统必须提前至少 18 个月将改变预算和税收水平的议案提交国会。限制财政政策灵活性的另一个因素在于财政政策制定者除了稳定总支出之外,还有其他很多目标要实现,如建立强大的国防力量来保证国家经济的正常运行和人民的正常生活。如果说加强国防力量需要增加政府支出,而同时为了稳定计划总支出又需要减少政府支出,政府应该如何做? 政府很难通过政治途径解决这种冲突。

缺乏灵活性使财政政策并不如凯恩斯基本模型描述的那样有效。虽然如此,很多经济学家仍然认为财政政策是非常重要的稳定性工具,原因有两个。第一个原因是**自动稳定装置**的存在,也就是说法律中有些条款规定产出降低时自动增加政府支出或者自动降低税收水平。比如有些政府支出被称为"衰退援助",当失业率达到某一水平时,这些政府

支出就会自动流向社会。此外,税收和转移支付也会自动对产出缺口做出反应,当 GDP
下降时,收入税水平会下降(因为家庭的应税收入减少了),同时失业救济金和福利会增
加——这些措施都不需要国会的批准。政府的这些自动改变支出和税收的措施可以在避
免立法过程延缓的情况下在经济衰退时期增加计划支出,在经济扩张时期减少计划支出。

财政政策是一种重要的稳定性工具的第二个原因是,尽管财政政策可能很难迅速改
变,但在包括货币政策在内的其他经济政策无法有效发挥作用时可能仍然有助于应对长
期衰退。在 20 世纪 30 年代的经济大萧条、90 年代日本经济的持续低迷、2007—2009 年
的全球经济衰退及始于 2020 年的新冠肺炎疫情导致的衰退中,财政政策都起到了比较好
的稳定作用。然而,由于财政政策相对缺乏灵活性,在没有不寻常的经济冲击的情况下,
政府最开始都会尝试用货币政策来稳定总支出。我们将在下一章重点讨论货币政策的稳
定作用。

重点回顾:作为稳定性工具的财政政策:三个限制

- 税收和转移支付项目的改变有可能影响家庭与企业的动机和经济行为。
- 政府必须权衡财政政策的短期效果与其可能造成的巨大且持续的预算赤字。
- 支出和税收的改变需要时间,因此财政政策可能是见效相对缓慢且缺乏灵活
  性的。

小结

凯恩斯基本模型描述了计划总支出或计划总消费的波动如何引起实际产出偏离潜
在产出。支出过少会导致衰退型产出缺口,支出过多又会导致扩张型产出缺口。该模
型建立在严格的假设基础上,假设认为企业并不是每次都通过改变价格来适应需求的
改变。通常企业在一段时间内设置一个固定的价格,然后在这个价格下满足消费者的
需求。企业不会不断地改变价格,因为改变价格是有成本的,这种成本被称为菜单
成本。

计划总支出是指对最终产品和服务的计划支出。总支出的四个组成部分分别是消
费、投资、政府购买和净出口。通常假设计划消费、政府购买和净出口等于实际消费、政府
购买和净出口。实际投资与计划投资并不总是相等,因为企业的实际销量可能比预期销
量多一些或者少一些。如果企业的销量低于预期销量,它们就会将多出来的产品作为存
货。因为增加的存货也是投资的一部分,所以这种情况下实际投资(包括存货投资)高于
计划投资。

消费与可支配收入或称税后收入相关,二者之间的关系可以用消费函数表示。可支
配收入增加 1 美元时,消费的增加额称为边际消费倾向(mpc)。边际消费倾向的取值总
是大于 0 小于 1($0 < mpc < 1$)。

实际产出的增加会引起计划总支出的增加,因为产出越多(也就是收入越高),家

庭和个人就消费得越多。计划总支出可以分成两部分：自主支出和引致支出。自主支出是指计划总支出中与产出无关的部分,引致支出是指计划总支出中由产出决定的部分。

在价格确定的时期内,短期均衡产出是指恰好等于计划总支出的产出水平。短期均衡可以通过一个比较产出的可能取值和相应的计划总支出的表格确定,也可以通过凯恩斯交叉图确定。

自主支出的变动会引起短期均衡产出的变化。当经济开始位于充分就业水平时,自主支出的下降会产生衰退型产出缺口;自主支出的增加会产生扩张型产出缺口。一单位自主支出的增加所引起的短期均衡产出的增加值被称为乘数。自主支出的增加不仅直接增加支出,还会增加生产者的收入,从而进一步刺激支出,如此循环。因此,乘数的取值大于1,也就是说自主支出增加 1 美元会引起短期均衡产出超过 1 美元的增加。

政府通过稳定性政策消除产出缺口,帮助经济恢复到充分就业水平。两类主要的稳定性政策分别是货币政策和财政政策。稳定性政策通过改变计划总支出来影响短期均衡产出。例如,政府购买直接增加了自主支出,因此可以通过增加政府购买来减少或者消除衰退型产出缺口。同样,税收的减少或者转移支付的增加提高了公众的可支配收入,从而在任何产出水平下会增加等同于边际消费倾向乘以减税额或者转移支付增加额的消费支出。消费支出越高,短期均衡产出就越多。

使用财政政策作为稳定性工具必须满足三个要求。第一,财政政策除了影响计划总支出,还可能影响潜在产出。第二,庞大持久的政府预算赤字会减少国家的储蓄,降低经济增长速度。控制赤字的要求可能会限制扩张型财政政策的使用。第三,改变财政政策需要经过一系列的立法过程,从短期稳定的角度讲,财政政策的灵活性不足。不过自动稳定装置——规定产出降低时政府支出自动增加或者税收自动下降的法律条款——可以在一定程度上帮助减少立法过程的时滞,稳定经济。

名词与概念

automatic stabilizers	自动稳定装置	induced expenditure	引致支出
autonomous consumption	自主消费	marginal propensity to consume, mpc	边际消费倾向
autonomous expenditure	自主支出	menu cost	菜单成本
consumption function	消费函数	planned aggregate expenditure, PAE	计划总支出
contractionary policies	紧缩性政策		
disposable income	可支配收入	short-run equilibrium output	短期均衡产出
expansionary policies	扩张性政策		
expenditure line	支出曲线	stabilization policies	稳定性政策
income-expenditure multiplier	收入-支出乘数	wealth effect	财富效应

复习题

1. 凯恩斯基本模型的关键假设是什么？解释为什么在接受总支出是引起短期经济波动的主要原因这一观点时需要这个假设。

2. 举出一种价格不断变化的产品或者服务以及一种价格很少变化的产品或者服务。为什么会出现这种不同？

3. 定义计划总支出，列出其组成部分。为什么产出变化时计划支出也跟着变化？

4. 解释为什么计划支出和实际支出会出现差异。举例说明。

5. 画图表示消费方程，并标出图中的纵轴和横轴。讨论：(1)在消费函数图上从左到右移动的经济含义；(2)消费函数平行上移的经济含义。给出可能导致消费函数平行上移的一个原因。

6. 画出凯恩斯交叉图。解释图中两条线的经济含义。在只给出这个图的情况下，你如何确定自主支出、引致支出、边际消费倾向及短期均衡产出？

7. 定义乘数，并从经济角度解释为什么乘数的取值大于 1。

8. 政府考虑两种可供选择的政策，其中一个是增加 50 个单位的政府购买，另一个是减少 50 个单位的税收。哪种政策对计划总支出的刺激作用更大？为什么？

9. 讨论现实世界中使用财政政策稳定经济比凯恩斯基本模型中设想的困难的三个原因。

练习题

1. Acme 制造厂今年生产了价值 400 万美元的产品，并且预期会销售完所有的产出。同时，该厂计划购买 150 万美元的新设备。在年初工厂仓库中有 50 万美元的存货。计算该厂的实际投资额和计划投资额：

(1) 该厂实际销售了价值 385 万美元的产品；

(2) 该厂实际销售了价值 400 万美元的产品；

(3) 该厂实际销售了价值 420 万美元的产品。

假设 Acme 制造厂的情况与其他企业的情况一样，在哪种情况下实际产出等于短期均衡产出？

2. 下表给出了不同年份辛普森一家的税前收入、所纳税款和消费支出数据。

单位：美元

税 前 收 入	所 纳 税 款	消 费 支 出
25 000	3 000	20 000
27 000	3 500	21 350
28 000	3 700	22 070
30 000	4 000	23 600

(1) 列出辛普森一家的消费函数,计算其边际消费倾向。

(2) 如果辛普森一家的收入为 32 000 美元,并且支付了 5 000 美元的税款,你认为他们会将多少美元用于消费?

(3) 辛普森买彩票中了奖。因此,辛普森一家在任何税后收入的水平上都增加了 1 000 美元的消费支出(收入中不包括彩票奖金)。这个变化如何影响消费函数的图形?如何影响边际消费倾向?

3. 某个经济体可以用下面的等式描述:

$$C = 1\,800 + 0.6(Y - T)$$
$$I^p = 900$$
$$G = 1\,500$$
$$NX = 100$$
$$T = 1\,500$$
$$Y^* = 9\,000$$

(1) 给出计划总支出与产出之间的数量关系式。

(2) 找出经济中的自主支出和引致支出。

4. 在第 3 题描述的经济体中:

(1) 编制一个类似表 12.1 的表格,并找出短期经济均衡产出。考虑 8 200~9 000 美元间短期均衡产出的可能取值。

(2) 通过凯恩斯交叉图说明经济的短期均衡产出的决定因素。

(3) 该经济体的产出缺口是多少? 如果自然失业率是 4%,那么实际失业率是多少(使用奥肯法则)?

5. 在第 3 题和第 4 题描述的经济体中,说明下列措施对短期均衡产出水平的影响:

(1) 政府支出从 1 500 美元增加到 1 600 美元。

(2) 税收从 1 500 美元下降到 1 400 美元(政府购买保持原有水平不变)。

(3) 计划投资支出从 900 美元下降到 800 美元。

6. 某经济体初始处于充分就业水平,但是计划投资支出(自主支出的一部分)的减少使该经济体陷入了衰退。假设该经济体的 mpc 为 0.75,乘数是 4。

(1) 计划投资减少后,衰退型产出缺口是多大?

(2) 政府需要将支出改变多少,才能帮助经济恢复到充分就业水平?

(3) 政府需要将税收改变多少才能达到同样的效果?

(4) 假设政府的预算初始处于平衡水平,也就是说政府支出等于税收收入。平衡预算法案禁止政府产生赤字。财政政策制定者是否可以在不违背平衡预算法案的前提下采取措施帮助将该经济体的就业恢复到充分就业水平?

7. 某经济体可以用下面的等式描述:

$$C = 40 + 0.8(Y - T)$$
$$I^p = 70$$
$$G = 120$$
$$NX = 10$$

$$T = 150$$
$$Y^* = 580$$

该经济体的乘数为 5。

（1）给出计划总支出与产出之间的数量关系式。

（2）编制一个表格，找出短期均衡产出水平的数值（提示：该经济体基本处于充分就业水平）。

（3）为了消除产出缺口，政府支出需要改变多少？税收需要改变多少才能达到同样的效果？利用凯恩斯交叉图描述这些财政政策的影响。

（4）假设 $Y^* = 630$，重复（3）中的计算。

（5）用凯恩斯交叉图表示你在（2）（3）（4）中的结果。

8.* 某经济体可以用下面的等式描述：

$$C = 2\,500 + 0.8(Y - T)$$
$$I^p = 2\,500$$
$$G = 3\,500$$
$$NX = 300$$
$$T = 3\,000$$
$$Y^* = 31\,400$$

（1）计算该经济体的自主支出、乘数、短期均衡产出和产出缺口。

（2）用凯恩斯交叉图表示该经济体的短期均衡状态。

（3）计算为了消除产出缺口，自主支出需要改变的量。

（4）假设政府决定通过减税来消除产出缺口。要实现这一目标，必须减多少税？

9.* 某经济体的净出口为零，其他情况与第 7 题中描述的一样。

（1）计算短期均衡产出水平。

（2）国外经济的恢复增加了对本国的出口需求，因此净出口额增长到 100。此时的短期均衡产出水平是多少？

（3）假设国外经济恶化减少了对本国的出口需求，净出口额下降到 -100。重复（2）中的计算（负的净出口意味着出口少于进口）。

（4）根据上面的答案解释一国的经济衰退或者扩张对其他国家的影响。

正文中练习题的答案

12.1 首先需要写出计划总支出 PAE 与产出 Y 之间的关系式。回忆计划总支出的定义，然后将给定的数值代入，得

$$PAE = C + I^p + G + NX$$
$$= [820 + 0.7(Y - 600)] + 600 + 600 + 200$$
$$= 1\,800 + 0.7Y$$

---

* 表示题目难度较高。

使用上面给出的数量关系式编制一个类似表12.1的表格,可能需要经过一些试验,犯过一些错误之后才能找出合适的产出可能值[第(1)列]。

短期均衡产出的决定因素

(1) 产出 Y	(2) 计划总支出 PAE=1 800+0.7Y	(3) Y−PAE	(4) Y=PAE?
5 000	5 300	−300	否
5 200	5 440	−240	否
5 400	5 580	−180	否
5 600	5 720	−120	否
5 800	5 860	−60	否
6 000	6 000	0	是
6 200	6 140	60	否
6 400	6 280	120	否
6 600	6 420	180	否

短期均衡产出等于6 000,这是唯一满足 $Y=PAE$ 条件的产出水平。利用计划总支出的公式,得到 $Y=1\,800+0.7Y$。求解 Y,得到 $Y=6\,000$,与我们从表中得到的结果相同。

12.2 下图描述了短期均衡产出的决定因素,$Y=6\,000$。支出曲线的截距为1 800,斜率是0.7。注意截距等于自主支出,斜率等于边际消费倾向。

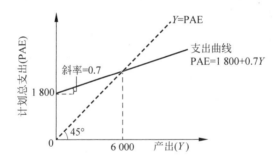

12.3 这个问题用第11章介绍的奥肯法则解决。例子中的衰退型产出缺口是−50/4 800,或者潜在产出的−1.04%。根据奥肯法则,周期性失业率是产出缺口的一半(乘以−1),即0.52%。自然失业率是5%,因此产生衰退型产出缺口后总的失业率大致为5.52%。

12.4 本题其实是正文中分析的倒转。意味着 $\bar{C}$ 增加了10个单位,即自主支出也增加了10个单位,支出曲线的截距上移了10个单位。支出曲线平行上移了10个单位,导致均衡产出增加,出现了扩张型产出缺口。例12.3中产出下降了50个单位,在这里,产出上升了50个单位,达到4 850。下面验证短期均衡产出是否真的是4 850。自主支出增加10个单位意味着 PAE 从960+0.8Y 变成970+0.8Y。当 $Y=4\,850$ 时,PAE=970+0.8×4 850=4 850,即 $Y=PAE$。

12.5 在练习12.4中,$\bar{C}$ 增加10个单位使自主支出也增加了10个单位,支出曲线的截距上移了10个单位。支出曲线平行上移10个单位导致均衡产出增加,出现了扩张型产出缺口。为了消除这个缺口,政府应该减少 10 个单位的支出,使自主支出恢复到初始水平。支出曲线下降到最初的位置,使产出回到了充分就业水平。图形与图 12.8 类似,不同的是支出曲线由于消费支出的增加而上移,由于政府支出的减少而下移。

12.6　计划投资增加 20 个单位引起自主支出增加了 20 个单位,从而造成短期均衡产出更大程度的变化。要消除自主支出这 20 个单位的变化,可以将政府支出减少 20 个单位,也可以增加税收(或者减少转移支付)以减少消费支出。因为 mpc=0.5,要在同等产出水平上减少 20 个单位的消费,政府需要增加 40 个单位的税收(或者减少 40 个单位的转移支付)。在任何产出水平下,40 个单位的税收增加会减少 40 个单位的可支配收入,消费者因此减少了 0.5×40=20 个单位的消费,正好可以消除扩张型产出缺口。

▼ 附录　凯恩斯基本模型中的乘数

本附录主要建立在本章所举例的经济体的基础上,目的在于更详细地介绍凯恩斯基本模型中的收入-支出乘数。在例子中,我们发现自主支出减少 10 个单位会引起短期均衡产出减少 50 个单位,减少的数额是支出减少额的 5 倍,即经济中的乘数等于 5。

为什么会产生乘数效应? 例子中一开始消费支出减少了 10 个单位(更精确地说是消费函数的常数项减少了 10 个单位)有两方面的影响。首先,消费支出的减少直接减少了 10 个单位的计划总支出。其次,支出的减少同时减少了生产者(工人和工厂主)10 个单位的收入。例子中假设边际消费倾向为 0.8,消费品的生产者因此会将自己的消费减少 8 个单位,即他们收入损失的 0.8。这些支出的减少又会引起其他生产者的收入减少 8 个单位,这些生产者会减少 6.4 个单位的消费支出。减少的 6.4 个单位的支出又会令其他一些生产者的收入下降 6.4 个单位,这些人跟着减少 5.12 个单位的消费,即 6.4 的 0.8 倍,如此下去。即使一段循环之后支出和收入的减少产生的影响已经很小,这一过程仍会一直不停地进行下去。

将所有循环减少的收入和支出加总,计划总支出中消费支出最开始的 10 个单位的减少对经济的影响可以表示成

$$10+8+6.4+5.12+\cdots$$

省略号表示这种减少的影响不断持续,永远不停。消费支出初始的减少带来的影响可以进一步写成

$$10[1+0.8+(0.8)^2+(0.8)^3+\cdots]$$

该式更清楚地说明每个循环中支出的减少都是上一次循环中支出减少数额的 0.8 倍,因为上一次循环中收入减少时的边际消费倾向为 0.8。

设 x 是位于 0 和 1 之间的任意数字,将上式用更加普遍的表达方式写为

$$1+x+x^2+x^3+\cdots=\frac{1}{(1-x)}$$

如果 $x=0.8$,那么消费支出的变化对计划支出和产出的总效应为

$$10\left[\frac{1}{(1-0.8)}\right]=10\left(\frac{1}{0.2}\right)=10\times 5=50$$

这个结果与前面得到的结果一致,短期均衡产出减少了 50 个单位,从 4 800 变为 4 750。

用类似的分析方法可以得出凯恩斯基本模型中乘数的代数表达式。可支配收入的边际消费倾向用 c 来表示,自主支出增加一个单位,首先会在第一轮循环中使支出增加一个单位;在第二轮循环中使支出增加 $c \times 1 = c$ 个单位;在第三轮循环中使支出增加 $c \times c = c^2$ 个单位;在第四轮循环中使支出增加 $c \times c^2 = c^3$ 个单位,如此一直循环下去。自主支出增加一个单位,对短期均衡产出造成的总的影响可以表示成

$$1 + c + c^2 + c^3 + \cdots$$

因为 $0 < c < 1$,我们可以将上面的表达式改写成 $1/(1-c)$。因此凯恩斯基本模型中,给定边际消费倾向 c,乘数就可以计算出来,为 $1/(1-c)$。当 $c = 0.8$ 时,$1/(1-c) = 1/(1-0.8) = 5$,与上文中得到的结果是一样的。

第 **13** 章

稳定经济：美联储的作用

学习目标

学完本章，你应该能够：

1. 说明货币需求与货币供给如何相互作用，最终确定了均衡名义利率。

2. 解释美联储如何利用其影响货币供给的能力来影响名义利率和实际利率。

3. 讨论美联储如何利用其影响银行准备金和存款准备金率的能力来影响货币供给。

4. 描述当利率达到零下限时，美联储可以使用的其他货币政策工具。

5. 解释实际利率的变化如何影响总支出，以及美联储如何利用实际利率的改变来对抗经济衰退或通货膨胀。

6. 讨论货币政策制定在多大程度上是一门艺术或科学。

金融市场参与者和评论员长期以来一直试图预测美联储的行为。2015 年年底，投资者努力倾听美联储主席珍妮特·耶伦的每一句话，试图搞清楚美联储是否打算在近十年来首次加息。而在 2019 年夏天，所有的目光都集中在美联储主席杰罗姆·鲍威尔身上，以了解美联储是否会实施十多年来的首次降息。对美联储主席的密切关注并非新鲜事。有一段时间，CNBC 财经新闻节目《扬声器》定期播放被评论员称为"格林斯潘公文包指示器"的节目。该节目的思路是观察时任美联储主席的阿伦·格林斯潘在前去与负责制定美国货币政策的机构联邦公开市场委员会开会时拿着的公文包。如果格林斯潘的公文包很鼓，其中或许装的是宏观经济数据和分析结果，人们就会猜测美联储打算改变现有利率。相反，如果格林斯潘的公文包显得比较空，人们则认为美联储或许不会改变利率。

"刚开始我们猜中的可能性达到 17/20，也就是 20 次中猜中了 17 次，"该节目的台柱马克·海恩斯（Mark Haines）说，"但这是一个内置的自毁机制，因为格林斯潘的公文包总是由他本人整理。他可以决定是将公文包弄得很鼓还是很空，这与第二天要做出的决定无关。格林斯潘从未公开承认过我们这个指示器的存在，但是我认为他肯定知道这件事情。最近两次我们都猜错了,可能格林斯潘希望我们结束这个节目。"[1]

公文包指示器反映了公众对美联储主席和其他货币政策制定者的密切关注。人们认真研究管理者们的每次演讲、国会报告和采访,期望从中找出货币政策未来走势的蛛丝马迹。公众之所以对美联储的货币决策(尤其是利率水平)如此关注是因为美联储的政策对金融市场乃至整体经济都有非常重要的影响。

本章我们将分析货币政策的运行机制,货币政策是两个稳定性政策中的一个(另一个是财政政策,我们在第12章讨论过)。如前所述,稳定性政策是用来影响计划总支出从而消除产出缺口的政策。货币政策和财政政策这两种稳定性政策都很重要并且在不同时期发挥了作用。相比之下,货币政策的灵活性更大,对经济动态的反应也更加灵敏,这是因为货币政策是由联邦公开市场委员会(FOMC)制定的,不像财政政策那样需要经过国会一系列的立法程序。因此,通常情况下,美国政府更多地采取货币政策而不是财政政策来稳定经济。

在本章的开头,我们将讨论美联储如何利用其控制货币供给的能力来影响利率水平。然后,我们将分析利率变化的经济影响。接下来我们将根据第12章介绍的凯恩斯基本模型,分析短期内实际利率对计划支出和均衡产出的影响。货币政策对通货膨胀的影响将在下一章讨论。

美联储与利率:基本模型

第9章介绍美联储时侧重介绍了美联储调节货币供给(公众持有的通货和支票账户的数量)的工具。货币政策制定者的一个重要任务是决定国家的货币供给量。如果你经常关注经济新闻,可能会觉得美联储的主要任务并不是调节国家的货币供给。这是因为新闻媒体关注的几乎都是美联储关于利率变动的决策。的确,在每次联邦公开市场委员会会议之后,美联储发布的几乎都是关于短期利率调整的声明,该利率被称为联邦基金利率。

事实上,从调节货币供给的角度分析货币政策和从利率设定的角度分析货币政策这两种方式并不矛盾。调节货币供给和调节名义利率水平相当于一枚硬币的两面:美联储设定的任何一个货币供给量都对应着一个特定的名义利率水平,反之亦然。存在这种密切联系是因为名义利率就是货币的"价格"(确切地说,是货币的机会成本)。美联储通过调节经济中的货币供给量来调节货币的"价格"水平(名义利率)。

本节我们将着重介绍货币市场的基本模型。为了使讨论易于理解,我们将继续做两个我们在整本书中所做的简化假设。第一,在讨论货币供给量时,我们将继续假设,正如我们在第9章中所做的那样,美联储可以通过控制银行准备金的数量完全控制货币的数量。第二,在讨论利率时,我们将继续假设各种利率或多或少会共同移动。为了更好地理解美联储如何确定利率,我们将首先看市场的需求侧。我们将看到,鉴于公众对货币的需求,美联储可以通过改变货币供给量来改变利率水平。在下一节讨论了基本问题,即当我

① Robert H. Frank, "Safety in Numbers," *New York Times Magazine*, November 28, 1999, p. 35.

们的两个简化假设成立时,货币市场是如何运作的之后,我们将更详细地讨论货币市场,并着重介绍自 2008 年以来该市场发生的变化。在本章的最后一节,我们将说明美联储如何通过调节利率来影响计划支出和整体经济。

货币需求

货币是可以在交易中使用的资产,如现金和支票账户。货币也可以看成是类似于股票、债券和房地产一类的价值储存形式——换句话说,是一种金融资产。从金融资产的角度看,货币可以理解成财富的一种持有方式。

人们需要决定以何种方式持有自身拥有的财富。打个比方,路易斯拥有 10 000 美元的财富,他可以选择全部以现金的方式持有,也可以选择以 5 000 美元现金和 5 000 美元政府债券的方式持有,还可以选择以 1 000 美元现金、2 000 美元支票账户存款、2 000 美元政府债券和 5 000 美元珍稀邮票的方式持有。现实中有上千种可以选择的实物资产、金融资产和资产组合,因此路易斯的选择几乎是无限的。以何种方式持有财富的决策也称为**资产分配决策**。

路易斯或其他财富拥有者选择什么样的资产组合是由什么因素决定的? 在其他所有条件相同时,人们通常会选择持有预期收益高且风险较低的资产。人们也可以通过多样化,即持有多种不同的资产来降低资产组合的整体风险。[①] 很多人拥有汽车、房子等实物资产,因为这些实物资产在提供服务(交通或者栖身之所)的同时还可能提供一定的财务收益(如房地产市场升值的时候)。

这里我们不需要讨论所有的资产分配决策,只需要讨论一部分就足够了,即人们选择用货币(包括现金和支票账户)方式持有多大比例财富的决策。一个人决定以货币方式持有的财富数量就是这个人的**货币需求量**。因此,如果路易斯决定以现金方式持有其全部的 10 000 美元财富,他的货币需求量就是 10 000 美元。如果路易斯决定持有 1 000 美元现金、2 000 美元支票账户、2 000 美元政府债券和 5 000 美元珍稀邮票,他的货币需求量就是 3 000 美元——1 000 美元现金加上 2 000 美元支票账户存款。

例 13.1 康斯薇洛的货币需求

康斯薇洛对资金的需求是什么? 她如何增加或减少资金持有量?

康斯薇洛的资产负债表如表 13.1 所示。康斯薇洛对资金的需求是什么? 如果她想增持 100 美元,她可以如何做? 如果她想减持 100 美元则该如何做?

在表 13.1 中,我们看到康斯薇洛的资产负债表显示了五种不同的资产类型:现金、支票账户存款、股票、汽车和家具。在这些资产中,前两种(现金和支票账户存款)是货币形式。康斯薇洛的存款包括 80 美元现金和 1 200 美元支票账户存款。因此,康斯薇洛对资金的需求(她选择以资金形式持有的财富)是 1 280 美元。

[①] 第 9 章详细介绍过风险、收益和资产多样化。

表 13.1 康斯薇洛的资产负债表			单位：美元
资 产		**负 债**	
现金	80	学生贷款	3 000
支票账户存款	1 200	信用卡欠款	250
股票	1 000		
汽车(市价)	3 500		
家具(市价)	500		
总计	**6 280**		**3 250**
		总价值	**3 030**

　　有许多种方式可以让康斯薇洛将自己的资金持有量或资金需求增加 100 美元。她可以出售价值 100 美元的股票，并将收益存入银行。这么做将使她的资产和财富的总价值保持不变(因为她所持股份的减少将被她支票账户存款的增加所抵消)，但将使她的资金持有量增加 100 美元。另一种选择是从她的信用卡上预支 100 美元现金。这么做将使她的资金和资产增加 100 美元，但也会增加她的负债，即她的信用卡欠款将增加 100 美元。同样，她的资金会增加，而总财富不会改变。

　　要减少所持有的资金，康斯薇洛可以用部分现金或支票账户存款购买非货币资产或偿还债务。

　　例如，如果康斯薇洛用银行账户存款开张支票来购买 100 美元的股票，那么她的存款就会减少100 美元。同样，开张 100 美元的支票来偿还信用卡欠款，也将使她持有的资金减少 100 美元。你可以确认，尽管康斯薇洛的存款减少了，但在这两种情况下，她的总财富都没有变化。

　　个人(或家庭)应该选择持有多少货币？成本-收益原理告诉我们：只有当持有货币的收益大于成本时，人们才应该增加货币持有量。在第 9 章我们说过，持有货币最主要的收益在于增加了资产的流动性，因为货币可以应用于任何经济交易。康斯薇洛拥有的股票、汽车和房产都是有价值的资产，但是她不能用这些资产购买生活用品或者支付租金。但是她可以用现金支票账户支付这些日常的消费。因为货币在日常交易中不可或缺的地位，康斯薇洛必定会选择以货币的形式持有一部分财富。而且，如果康斯薇洛属于高收入阶层，她决定持有的货币量一般会超过一些低收入阶层持有的货币量，这是因为她需要比低收入阶层的人进行更多的日常交易，因此要支出更多的货币。

　　康斯薇洛持有货币的收益还受到她所处社会中技术和金融的进步程度的影响。例如，在美国，由于信用卡、借记卡和自动取款机、在线支付和移动支付、电子货币转账等的出现，人们为了满足日常交易需求而持有的货币数量大大减少，也就是说在任何收入水平下，公众对于货币的需求量都下降了。例如，1960 年美国以现金和支票账户存款形式持有的货币量(货币流通额 M1)约占 GDP 的 26%，但到 2007 年这一比例已降至 GDP 的10%以下。

　　虽然货币是一种非常有用的资产，但是持有货币也存在经济成本——更准确地说，是机会成本——因为大多数货币几乎得不到利息收入。持有现金根本没有利息，持有支票账户存款的利息也非常少，几乎为零。简便起见，我们假设货币的名义利率为零。相反，债券或股票等其他资产可以产生正的名义收益，因为债券发行者在每一段时间内都会支付给持有人一个固定的利息；再如股票有潜在的红利收入，而且如果股价上升，持有人会得到资本收益。

持有货币的成本增加的原因在于，为了以货币形式持有 1 美元财富，人们必须放弃以其他收益更高的形式（如债券或股票）持有的 1 美元财富。如果人们不以货币方式持有财富，而选择一种有利息收益的资产方式，后一种资产带来的利率水平就是持有货币的机会成本。其他条件相同时，名义利率越高，持有货币的机会成本就越高，人们的货币持有量也就越少。事实上，由于名义利率在 2007—2008 年大幅下降，直到 2017 年年中一直保持在 1% 以下，M1 从 2007 年不到 GDP 的 10% 稳步增长到 2017 年超过 GDP 的 18%。

到目前为止我们一直在讨论个人的货币需求，其实企业同样需要持有货币与顾客交易以及给员工和供应商支付报酬。个人货币需求量的决定因素同样影响企业的货币需求量。也就是说，在决定持有多少货币时，企业同个人一样会权衡持有货币带来便利交易的好处与持有这种无利息资产的经济成本。虽然在讨论货币需求时，我们不会区分个人持有的货币和企业持有的货币，但是读者应该知道在美国经济中，企业的货币持有量占整个货币储量的很大一部分。例 13.2 说明了企业所有者是如何确定货币需求的。

例 13.2　企业的货币需求

金的餐厅应该持有多少资金？

金拥有几家成功的餐厅。她的会计师告诉她，平均而言，她的餐厅每天总共有 5 万美元的现金。会计师指出，如果减少现金持有量，金可以将省下来的现金购买支付利息的政府债券。

会计师称有两种方法可以减少金的餐厅的现金持有量。首先，金可以通过押运车服务增加去银行提取现金的频率。享受这项服务每年需要支付 500 美元，但可以使金的餐厅的平均现金持有量减少到 4 万美元。其次，金还可以使用计算机化的现金管理服务来更密切地监控餐厅的现金流入和流出。这项服务每年的费用是 700 美元，但会计师估计，与增加取款频率相结合，这项服务提供的更高效的现金管理可以帮助金将餐厅的平均现金持有量降至 3 万美元。

政府债券的利率为 6% 时，金的餐厅应该持有多少现金？如果政府债券的利率是 8%，金的餐厅应该持有多少现金？

金的餐厅需要持有现金来开展正常业务，但持有现金也有机会成本，即这些资金以政府债券而非零利息现金的形式持有可以获得的利息。因为政府债券的利率是 6%，金每减持 1 万美元，就可以获得 600 美元的年收益（1 万美元乘以 6%）。

如果金通过享受押运车服务提高了取款频率，将餐厅的平均现金持有量从 5 万美元减少到 4 万美元，那么金将获得额外的 600 美元利息收入。费用是押运公司收取的 500 美元。既然收益超过了成本，金应该购买这项服务，并将餐厅的平均现金持有量降至 4 万美元。

金是否应该同时使用现金管理服务？这样做会使餐厅的平均现金持有量从 4 万美元减少到 3 万美元，这将带来每年 600 美元的额外利息收入。然而，这一收益低于现金管理服务的成本，即每年 700 美元。因此，金不应该购买现金管理服务，而应该将餐厅的平均现金持有量保持在 4 万美元。

如果政府债券的利率上升到 8%，那么平均货币持有量每减少 1 万美元，每年就有 800 美元（1 万美元的 8%）的额外利息收入。在这种情况下，使用现金管理服务的好处是 800 美元，超过了这样做的成本 700 美元。因此金应该使用这项服务，将餐厅的平均现金持有量降低到 3 万美元。这个例子表明，替代资产的名义利率越高，所需的资金量就越少。

练习 13.1

如果政府债券的利率从 6% 降至 4%,金的餐厅应该持有多少现金?

影响货币需求的宏观因素

对于每个家庭和企业而言,货币需求量由很多因素决定。例如,一个向数千名顾客提供服务的大型零售企业可能选择比较多的货币持有量,而一个每月给客户开账单及支付雇员工资的律师事务所可能选择比较少的货币持有量。每个人或者每个企业选择的货币持有量都不完全相同,但是从宏观角度讲,影响货币持有量的因素主要有三个:名义利率、实际产出和价格水平。正如我们接下来将看到的,名义利率会影响整个经济体的货币持有成本,而实际产出和价格水平会影响货币的收益。

- 名义利率(i)。除了货币之外,其他政府债券等可选择资产的利率水平决定了持有货币的机会成本。现行的名义利率水平越高,持有货币的经济成本就越高,因此个人和企业的货币需求量也就越少。

名义利率到底是什么?如前所述,现实经济中有上万种不同的资产,每种资产都有自身的利率水平(收益率)。我们所说的名义利率到底是什么资产的收益率?虽然有很多不同的资产,每种资产又都有不同的利率,但是这些资产的利率几乎是同时上升或者下降的。之所以得出这个结论,是因为如果某些资产的利率在其他资产的利率下降时大幅上升,金融投资者就会蜂拥而上购买高收益的资产,而抛售低收益的资产。因此,虽然现实中有很多不同的利率,我们谈及的平均利率这个概念还是有经济意义的。在本书中,我们所说的名义利率均指平均利率。

名义利率是影响货币持有成本的一个宏观因素。影响持有货币收益的宏观因素是:

- 实际收入或者产出(Y)。总的实际收入或者产出的增长——通常用实际 GDP 表示——意味着个人和企业买卖的产品或服务数量的增长。例如,当经济处于繁荣期时,人们会增加购物,商店中的顾客会增多。为了满足交易增加的需求,个人和企业都需要持有更多的货币。因此,实际产出水平越高,货币的需求量也就越大。

影响持有货币收益的第二个宏观因素是:

- 价格水平(P)。产品或服务的价格越高,完成某一特定交易所需要的货币(美元、日元或欧元)数量就越多。因此,价格水平越高,货币需求量就越大。

现在一些年轻人在周六晚上出去看电影或吃快餐时所要携带的货币可能是他们父辈在 30 年前做同样事情需要携带的货币量的两倍。由于电影票和爆米花的价格在过去 30 年里急剧上涨,周六晚上聚会需要花比过去更多的钱。需要说明的是,现在的价格水平比过去高并不意味着现在人们的生活水平比过去差,因为人们的名义工资上涨了很多。不过总体来说,高的价格水平意味着人们需要随身携带更多的货币,无论是以现金还是支票的形式。

货币需求曲线

为了更好地帮助货币政策制定者做出正确的货币决策,经济学家通常关注货币总需求。由公众决定的货币需求总量和由美联储决定的货币供给量共同决定了美国经济中的现行利率水平。

经济中的货币总需求用图形来表示,称为货币需求曲线(见图 13.1)。货币需求曲线说明了货币的需求量 M 与名义利率 i 之间的关系。货币需求量 M 是指货币的名义需求量,用美元(或者日元、欧元等,随着国家的不同而不同)表示。名义利率的上升增加了持有货币的机会成本,从而减少了货币的需求量,因此货币需求曲线向下倾斜。

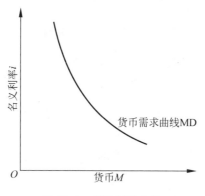

图 13.1　货币需求曲线

货币需求曲线说明了货币需求量与名义利率之间的关系。因为名义利率的上升增加了持有货币的机会成本,所以货币需求曲线向下倾斜。

如果将名义利率看成货币的"价格"(更准确地说,机会成本),将人们愿意持有的货币量看成"数量",货币需求曲线就类似于某种产品或服务的需求曲线。与标准的需求曲线一样,货币价格越高,人们对货币的需求越少,这一事实被反映在向下倾斜的需求曲线中。此外,与标准的需求曲线一样,货币价格(名义利率)以外的其他因素的变化会引起货币需求曲线的移动。

对于某一给定的利率水平,任何一种导致人们愿意持有更多货币的变化都会使货币需求曲线向右移动,而任何一种导致人们倾向于减少货币持有量的变化都会使货币需求曲线向左移动。因此,与标准的需求曲线一样,除了货币价格(名义利率)以外的其他因素的变化会引起需求曲线的移动。除了名义利率之外,我们介绍了影响货币需求的两个宏观因素:实际产出和价格水平。两个变量中任何一个的增加都会使货币需求曲线向右移动(如图 13.2 所示)。而实际产出或者平均价格水平中任何一个的下降则会使货币需求曲线向左移动。

当其他一些影响持有货币的收益或成本发生变化时,货币需求曲线也会移动,譬如上文提到的技术进步和金融工具的成熟。例如,自动取款机的出现减少了人们需要持有的货币数量,使货币需求曲线向左移动。经济自然主义者 13.1 介绍了外国人持有的美元数量也可能使货币需求曲线移动。

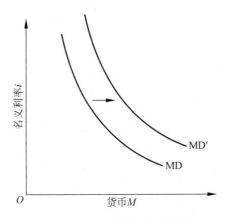

图 13.2　货币需求曲线的移动

在任一给定的名义利率水平下，使人们希望持有更多货币的变化——譬如一般价格水平

或者实际GDP的增加——都会使货币需求曲线向右移动。

经济自然主义者 13.1　为什么阿根廷人均持有的美元比美国人均持有的美

元多？

据估计，阿根廷境内流通的美元人均超过 1 000 美元，比美国境内的人均美元持有量还要多。其他很多国家也持有大量的美元。大约有 6 000 亿美元（发行量的 1/3）在美国境外流通。为什么阿根廷人和其他非美国居民持有这么多的美元？

美国居民和企业主要是为了满足交易的需求而不是储藏价值才持有美元的。美国人通常更多地选择债券或者股票作为价值的储藏手段，因为它们能够支付利息或者股利，与货币相比是更好的选择。但是对于其他国家，尤其是那些经济或者政治不稳定的国家的居民而言，又是另外一种情况。以阿根廷为例，20 世纪七八十年代阿根廷遭受了常年居高不下的通货膨胀，用阿根廷比索进行的金融投资严重贬值。在没有更好选择的情况下，很多阿根廷人认为美元的价值比阿根廷比索稳定，于是开始储蓄美元，而这一判断被证明是正确的。

阿根廷官方 1990 年开始承认美元是一种官方货币。在那一年阿根廷建立了一个新的货币体系，称为货币挂钩。在这种体系下，美元和阿根廷比索可以进行一比一的自由兑换。阿根廷人开始习惯在自己的钱包中同时放入美元和比索用于交易。但是到了 2001 年，阿根廷的货币问题卷土重来，货币局体系崩溃，阿根廷比索相对于美元的价值急速下降，通货膨胀再次出现。随后几年阿根廷的美元需求再次上升。过去几年，阿根廷的通货膨胀率估计为 25%～55%。（有一段时间，政府的官方通货膨胀数据被认为是不可靠的。）因此，阿根廷对美元的需求很可能会在未来几年增加。

非洲国家津巴布韦提供了另一个例子。经过多年的恶性通货膨胀和价格投机，2009 年 4 月 12 日，津巴布韦元作为官方货币的地位实际上被放弃了。此后一年，货币供给增长率从 1 月的 81 143% 增长到 12 月的 6 580 亿%，据报道，一枚鸡蛋的售价为 500 亿津巴布韦元。2014 年 1 月 29 日，津巴布韦中央银行宣布，美元将成为该国公认的法定货币之一。（津巴布韦中央银行在 2019 年推出了新的津巴布韦元。）

有些国家不仅经受着通货膨胀，国家政局也不稳定。在不稳定的政治环境下，人们的积蓄,包括银行存款面临被征收或者被政府课以重税的风险。人们认为秘密储藏美元是保住财产的最安全的方法,据估计大约价值 100 万美元的 100 美元面值的钞票被藏在手提箱中。因为美元能以较小的体积储存大量的财富,所以许多国际罪犯,尤其是毒贩,持有大量 100 美元钞票。现在欧元的价值比美元高,并且有面值 500 欧元的钞票,人们预计毒贩和其他现金囤积者会转而持有 500 欧元的钞票。出于对这种可能性的担忧,欧洲中央银行于 2016 年宣布将逐步淘汰 500 欧元面值的纸币,自 2019 年 4 月起,该纸币不再发行。这可能会进一步增加对美元的需求。

实际上,美元外汇需求的变化是美国货币需求曲线波动的重要来源。在战争、动荡或金融压力时期,外国持有的美元往往会增加。如图 13.2 所示,美元需求的增加使美国货币需求曲线大幅右移。由于美联储的决策者主要关注的是美国经济中流通的美元数量,而不是整个世界的美元流通量,因此他们密切关注美元的国际流动。

货币供给和货币市场均衡

当市场上存在需求的时候,还会没有供给吗?我们知道货币的供给量是由中央银行调节的——在美国,由美联储调节货币供给量。从历史上看,美联储调节货币供给量的主要工具是公开市场操作。例如,为了增加货币供给量,美联储可以用刚刚印制出来的纸币从公众手中购买证券(这属于公开市场购买),把新印制的美元投入流通。

图 13.3 用一个简单的图反映了货币的供给和需求。纵轴代表名义利率,横轴代表名义货币量(用美元表示)。名义利率越高,持有货币的机会成本就越高,因此货币需求曲线向下倾斜。而美联储决定的货币供给量是确定的,因此我们用一条垂线代表货币供给曲线,这条垂线在横轴上的截距代表美联储选择的货币供给数量,用 M 表示。

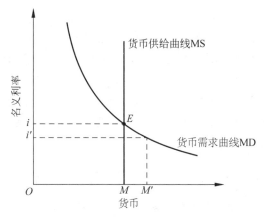

图 13.3　货币市场的均衡

货币市场的均衡发生在 E 点,此时公众的货币需求等于美联储提供的货币量。
使货币供需相等的均衡的名义利率水平是 i。

与标准的供求分析一样,货币市场的均衡发生在供给曲线与需求曲线的交点处,在图 13.3 中用 E 点表示。流通中的货币均衡量 M 就是美联储选择供给的货币数量。均衡名义利率 i 是用货币需求曲线表示的公众需要的货币数量等于美联储决定的固定货币供给量时的利率水平。

通过回顾第9章介绍的利率与债券市场价格之间的关系,我们可以更好地理解货币市场是如何达到均衡状态的。在前面的章节中,现有债券的价格与利率负相关。利率越高,债券的市场价格越低;反之,利率越低,债券的市场价格越高。在理解了利率与债券价格关系的基础上,考虑如果货币市场上名义利率低于均衡状态的利率水平——如名义利率取图 13.3 中的 i' 值,会发生什么情况。在这种利率水平下,公众的货币需求是 M',比流通中实际存在的货币数量 M 多。如果实际持有的货币量少于希望持有的货币量,公众(个人、家庭和企业)会有什么反应?人们可能会出售债券等有息资产以得到更多的货币。但是如果每个人都要出售债券而没有人愿意购买,这些想要减少债券持有量的行为就会降低债券的价格,这与市场上苹果供给过剩,苹果的价格就会下降一样。

债券价格的下降等同于利率的增加,公众这种试图出售债券及其他产生利息收益的资产来增加货币持有量的集体行为会降低债券价格,因此市场利率上升。随着利率的上升,公众的货币需求量将会减少(沿着货币需求曲线从右向左移动),直到利率达到图 13.3 中的均衡水平 i。此时人们持有的货币量正好是他们希望持有的货币量。

练习 13.2

如果货币市场上的初始名义利率高于均衡水平,描述货币市场调节到均衡状态的过程。在货币市场向均衡状态调整的过程中,债券价格会有什么变化?

重点回顾:货币供求

- 将经济看作一个整体,货币需求是指个人、家庭和企业选择以货币形式持有的财富数量。持有货币的机会成本用名义利率 i 来衡量,它是债券等其他可选择资产的收益。持有货币的收益在于用货币进行交易的方便性。

- 实际GDP(Y)或者价格水平(P)的增加使交易需要的名义货币增加,因此经济中的货币总需求增加。影响持有货币的收益或者成本的技术和金融创新同样会影响货币需求,例如自动取款机的出现就减少了货币的需求。

- 货币需求曲线说明了货币总需求量与名义利率之间的关系。因为名义利率上升增加了持有货币的机会成本,从而减少了货币需求量,因此货币需求曲线向下倾斜。

- 除了名义利率之外,其他影响货币需求因素的变化也可能引起货币需求曲线的移动。例如,实际GDP增加或价格上升使货币需求量变大,货币需求曲线向右移动;反之,实际GDP减少或价格下降使货币需求量变小,货币需求曲线向左移动。

- 在货币市场上,货币需求曲线向下倾斜,反映了名义利率的上升增加了持有货币的机会成本进而降低了人们愿意持有的货币量。货币供给曲线是垂直的,位于美联储选择供给的货币数量处。均衡的名义利率 i 是公众所需求的货币量与美联储提供的固定的货币供给量相等时的利率。

美联储如何调节名义利率

本节我们首先要说明一个事实：公众和媒体讨论的美联储政策通常都是关于名义利率的决策，而不是关于货币供给量的决策。实际上，美联储的政策制定者通常采用将利率水平定为某种目标值的方法来表述他们的计划。现在我们已经有了足够的背景知识去理解美联储如何将调节经济中货币供给量的能力转变为调节名义利率的能力。

如图 13.3 所示，名义利率是由货币市场的均衡决定的。假设因为某些原因美联储决定降低利率。要降低利率，美联储需要增加货币供给量。方法有很多，如上文中提到的用新印制的货币从公众手中购买政府债券（属于公开市场购买）等。

图 13.4 说明了美联储决定增加货币供给量产生的影响。如果初始货币供给量为 M，图中货币市场在 E 点实现均衡，均衡名义利率为 i。假设美联储通过公开市场购买债券使货币供给量增加到 M'。货币供给量的增加使垂直的货币供给曲线向右移动，于是货币市场的均衡点从 E 点移到 F 点。在 F 点，均衡名义利率从 i 下降到 i'。也就是说，如果公众持有注入经济中的额外货币，名义利率水平必然要下降。

为了更好地理解美联储扩大货币供给量对金融市场的影响，请再次回忆利率水平与债券价格之间的负相关关系。为了增加货币供给量，美联储必须从公众手中购买政府债券。但是如果家庭和企业一开始就对自己的资产持有方式很满意，他们只会在高于现有价格的情况下出售债券。也就是说，美联储的债券购买会提高公开市场上的债券价格。我们知道债券价格越高，利率水平越低。因此，美联储购买债券的行为降低了现有的名义利率。

美联储决定上调利率时会有类似的情况发生。要上调利率水平，美联储需要减少货币供给量。货币供给量的减少需要通过公开市场出售实现，美联储必须向公众出售政府

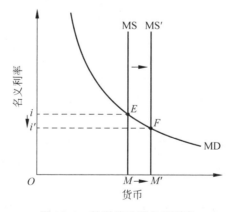

图 13.4　美联储下调名义利率

美联储可以通过增加货币供给量下调均衡名义利率。在货币需求曲线给定的情况下，货币供给量从 M 增加到 M' 使货币市场均衡点从 E 点移到 F 点，因此均衡名义利率从 i 下降到 i'。

债券从而得到货币①(美联储通过前面所说的公开市场购买得到了大量的政府债券用于公开市场操作)。美联储出售债券的行为降低了公开市场上的债券价格。债券价格越低,利率水平就越高。因此,美联储购买债券的行为降低了现行的名义利率。从货币需求和供给的角度,要说服公众减少货币持有量就有必要上调利率。

从图13.3和图13.4,我们知道调节利率水平与调节货币供给量是相互关联的。如果美联储官员要将名义利率设定在某一水平,他们只能将货币供给调节到这个特定名义利率水平所对应的数量。美联储不可能分开设定利率水平和货币供给量,因为在给定的货币需求曲线下,利率水平与货币供给量是一一对应的。

货币政策措施既可以用利率水平的变化表示,也可以用货币供给量的变化表示,但为什么美联储(还有几乎其他所有的中央银行)都选择用名义利率而不是货币供给量表达自己的政策措施?其中一个原因是,货币政策对于经济和金融市场产生影响的主要途径是改变利率水平,因此美联储选择用利率水平的变化来表述自身措施产生的所有影响,这一点将在后文说明。还有一个原因是相对于货币供给量而言,公众对利率水平更为熟悉。此外,金融市场可以一直监控利率的变化,这也使美联储的利率政策易于观测。相比之下,测度经济中的货币数量需要收集银行存款数据,这需要大量的时间投入,政策制定者和公众很可能在几个星期之后才能清楚地意识到这些措施对货币供给量的影响。

联邦基金利率在货币政策中的作用

尽管在整个经济中有数千种利率,而且很容易获得,但公众、政治家、媒体和金融市场最密切关注的利率可能还是联邦基金利率。

联邦基金利率是商业银行之间进行同业短期(通常是一个晚上)拆借时的利率水平。举个例子,如果一家银行的准备金达不到法定准备金要求,这家银行可能就要从另一家有多余准备金的银行借一些准备金。虽然名称与联邦有关,但是联邦基金利率并不是官方政府的利率,它与联邦政府无关。

与其他金融市场(如政府债券市场)相比,商业银行同业贷款市场的规模显得很小,有人可能因此判断说除了商业银行的经理之外,很少有人关注联邦基金利率。但事实上很多人都非常关心联邦基金利率水平,这是因为在过去半个世纪的大部分时间里,美联储一直基于联邦基金利率水平来反映货币政策。的确,每次联邦公开市场委员会的会议结束时,美联储都会公布是上调还是下调或者维持联邦基金利率不变。美联储同时会简要地说明联邦基金利率未来可能的变化趋势。因此相对于其他金融变量,联邦基金利率的变化反映了美联储的货币政策计划。②

为什么美联储会选择这样一个特殊的名义利率水平?在第10章我们已经介绍过,实际操作中美联储通过调节银行准备金影响货币供给量,这让美联储对联邦基金利率的控

---

① 不要将美联储在公开市场操作中对已存在的政府债券的出售混同于财政部为美国预算赤字筹资而发行的新债券。公开市场出售减少了货币供给,而新发售债券不影响货币供给。区别在于美联储不会将从公开市场出售中得到的货币再投入循环使用,因此会减少公众持有的货币量。相反,财政部将会用它新发债券筹集的资金去购买产品和服务。

② 美国联邦公开市场委员会的公告可以在美联储的网站浏览,网址为 www.federalreserve.gov。

制尤为严格。如今，在几十年来将这一特定利率作为美联储的主要政策工具之后，公众已经习惯了它，这也是美联储继续使用该工具的原因之一。但是为什么美联储的官员选择使用联邦基金利率，而不是短期政府债券利率等其他同样有效的短期名义利率？

图 13.5 显示了 1970 年以来美国联邦基金利率的变化（阴影区域仍然对应着经济衰退期）。从图中可以看出，美联储允许联邦基金利率随着经济状况的不同产生较大的波动。不过，请注意，自 2008 年年底以来，联邦基金利率一直保持在接近零的水平。事实上，自 2008 年以来，大多数年份的联邦基金利率实际上都是零。也就是说，与图中所示的前 40 年相比，近年来联邦基金利率更低、更稳定。在本章的后面，我们将考虑美联储为应对经济放缓而改变联邦基金利率的两个具体事件，我们还将讨论 2008 年以来的情况。

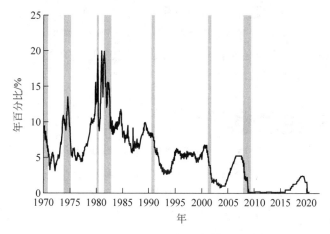

图 13.5　1970—2020 年的联邦基金利率

联邦基金利率是指商业银行之间进行同业短期拆借所支付的利率水平。因为美联储通过设定联邦基金利率水平来执行货币政策，因此联邦基金利率为人们广泛关注。在不同的经济状况下，美联储允许联邦基金利率随之有大幅的变化。

资料来源：Federal Reserve Bank of St. Louis, https://fred.stlouisfed.org/series/FEDFUNDS.

美联储能否调节实际利率水平？

通过调节货币供给量，美联储可以调节经济的名义利率水平。但是储蓄和投资决策等很多重要经济决策是由实际利率水平决定的，要影响这些决策，美联储必须对实际利率水平施加一定的影响。

大多数经济学家认为美联储可以调节实际利率水平，或者说至少在某一段时间内可以调节实际利率水平。回忆第 5 章介绍的实际利率的定义：

$$r = i - \pi$$

实际利率水平 r 等于名义利率 i 减去通货膨胀率 π。如前所述，美联储可以通过改变货币供给量来比较精确地调节名义利率水平。此外，通货膨胀率的变化相对于政策措施或者经济状况而言很缓慢，具体原因将在下一章解释。因为通货膨胀的缓慢调节，美联储采取的改变名义利率水平的措施通常会引起实际利率水平产生同等程度的变化。

在第 8 章的分析中我们认为令国民储蓄等于新资本品投资时的利率水平为均衡实际

利率水平。这里美联储可以调节实际利率的事实似乎与之前的分析相矛盾。之所以得出这种自相矛盾的结论是因为两个结论基于的时间长度不同。通货膨胀率不能很快地进行调整,因此美联储可以在短期内调节实际利率水平。但是在长期——譬如几年或者更长的时间——通货膨胀率及其他经济变量调整以后,实际利率水平由储蓄和投资共同决定。因此,美联储通过调节实际利率水平影响消费和投资支出的能力在短期最强。

在讨论美联储对利率的控制时,我们还应该考虑本章前面提到的一点:现实经济中并非只有一种利率,而是有数以千计的利率水平。由于各种利率通常会一起变动(从而允许我们简单地以利率来概括),美联储调节联邦基金利率的措施往往会引起其他利率的同向变化。不过,其他利率(如长期政府债券利率或企业发行的债券的利率)与联邦基金利率的同向变化趋势只是一种趋势,而不是一种实际存在的关系。现实中,美联储对其他利率的调节可能并没有其对联邦基金利率调节的程度精确,这增加了美联储的政策决策的难度。接下来,我们将讨论美联储自 2008 年以来采取的通过降低联邦基金利率的传统渠道以外的渠道来降低其他利率的方式。

重点回顾:美联储和利率

- 美联储通过改变货币供给量调节名义利率。政府债券的公开市场购买增加了货币供给量,降低了均衡名义利率。相反,债券的公开市场出售减少了货币的供给量,提高了均衡名义利率。美联储可以通过调节货币供给量来抵消货币需求量的变化对名义利率水平可能产生的影响。美联储通常通过设定目标联邦基金利率来表达其政策意图。

- 由于通货膨胀调整缓慢,从短期来看,美联储可以控制实际利率(等于名义利率减去通货膨胀率)和名义利率。然而,从长远来看,实际利率取决于储蓄和投资的平衡。

美联储和利率:更为深入的研究

在本书中,我们讨论了货币的基本市场及其运作方式。我们已经介绍了,通过控制货币供给,美联储是如何控制名义利率(货币的名义价格),从而在短期内控制实际利率(货币的实际价格)的。为了简化讨论,我们假设美联储对货币供给有完全控制权,经济中不同的利率或多或少地共同移动。本节将更深入地探究货币市场,并讨论当这些假设不太适用时,市场是如何运作的。此外,本节将讨论自 2008 年金融危机以来美联储的货币政策。

美联储能否完全控制货币供给?

如前所述,中央银行(如美联储)并不直接控制货币供给。但我们假设,中央银行可以通过改变商业银行持有的储备金数量来间接控制货币供给。接下来我们将更仔细地研究这一假设。我们将第 9 章的式(9.2)复制如下：

$$货币供给 = 公众持有的通货 + \frac{银行准备金}{合意的存款准备金率} \tag{13.1}$$

该式表明，给定公众希望持有的货币量及银行希望保持的存款准备金率，中央银行可以通过控制银行准备金的数量来控制货币供给。现在假设，公众希望持有的货币量及银行希望保持的存款准备金率都固定在当前水平。此时，为了增加货币供给，中央银行必须增加银行准备金；为了减少货币供给，中央银行必须减少银行准备金。此外，该式表明，准备金的变化与货币供给量的变化之间存在一个简单的关系：准备金每变化 1 美元（增加或减少），货币供给量就会变化 $\frac{1 \text{ 美元}}{合意的存款准备金率}$。例如，如果合意的存款准备金率为 5%（即 0.05），那么准备金增加 1 美元（由中央银行发起）将使货币供给量增加 $\frac{1 \text{ 美元}}{0.05}$ ＝20 美元。

正如我们即将讨论的，美联储可以使用不同的方法来增加和减少准备金。我们还将看到，美联储可以直接影响合意的存款准备金率。

通过公开市场操作影响银行准备金

美联储如何增加和减少银行准备金？到目前为止，我们已经强调了它采取的主要工具——公开市场操作。通过公开市场购买，美联储购买证券，相当于出售准备金；通过公开市场出售，美联储出售证券，相当于回购准备金。因此，如前所述，美联储可以通过公开市场操作改变银行体系中的准备金数量。

通过贴现窗口贷款影响银行准备金

美联储可以影响银行准备金的另一种工具叫作贴现窗口贷款。回想一下，商业银行持有的用于储户取款的现金和资产称为准备金。它的数量等于存款乘以准备金要求，如式(9.1)所示。当某个商业银行的准备金不足时，它必须从美联储借入准备金。基于一些历史原因，美联储对商业银行进行的资金借出被称为**贴现窗口贷款**。美联储对借入准备金的商业银行所收取的利率被称为**贴现率**。美联储提供三个贴现窗口计划（称为初级信贷、次级信贷和季节性信贷），每个计划都有自己的利率，不同的存款机构应参加不同的计划。美联储的准备金贷款直接增加了银行系统的准备金数量。[1]

设定和更改准备金要求

如前所述，经济中的货币供给取决于三个因素：公众选择持有的通货量、银行准备金供给及商业银行维持的存款准备金率。存款准备金率等于银行总准备金与总存款之比。如果银行把所有的存款都用作准备金，存款准备金率为 100%，银行就无法发放贷款。随着银行借出更多的存款，存款准备金率将下降。

---

[1]　注意不要混淆贴现率和联邦基金利率。贴现率是商业银行付给美联储的利率，而联邦基金利率是商业银行互相拆借短期贷款的利率。

对于公众持有的一定数量的货币和银行持有的准备金,存款准备金率的提高会减少货币供给。较高的存款准备金率意味着银行在每一轮贷款和再存款中都会借出较少的存款份额,从而限制了贷款和存款的总体扩张。

在一定的范围内,商业银行可以自由设定其想要维持的存款准备金率。但是,为了安全起见,美国国会授权美联储为所有的商业银行设定一个最低存款准备金率。这个由美联储设定的法定存款准备金率被称为**准备金要求**。

美联储可以通过改变准备金要求来影响货币供给,虽然这种方法很少被使用。例如,假设商业银行现有的存款准备金率维持在3%,美联储想要减少货币供给。通过提高准备金要求,比如说到5%,美联储可以迫使商业银行提高存款准备金率,至少达到5%。正如你可以通过查看式(13.1)来验证的那样,存款准备金率的提高会减少存款和货币供给量。类似地,美联储减少所需准备金可能会让至少一些银行降低存款准备金率。因此,整个经济范围内存款准备金率的下降将会导致货币供给增加。

超额准备金:2008年以来的标准

如前所述,美联储可以通过公开市场操作和贴现窗口贷款等工具有效地控制银行准备金。美联储还可以设定准备金率。不过,美联储只能部分控制合意的存款准备金率,从而将部分控制权交给商业银行。具体而言,尽管准备金要求阻止银行将存款准备金率维持在最低水平以下,但准备金要求并不阻止银行将存款准备金率维持在远高于最低水平的水平。通过在美联储要求增加准备金数量时提高存款准备金率,商业银行可以在不增加银行存款的情况下"吸收"准备金的至少一部分增长。事实上,商业银行原则上可以吸收美联储发起的全部准备金增加,从而完全抵消准备金增加对货币供给中非货币成分的影响。[①]

到目前为止,我们假设银行总是会将美联储发起的准备金增加转化为存款增加(而不是提高存款准备金率)。这是一个合理的假设,因为银行通常会这样做。但在某些情况下,银行倾向于让存款准备金率(和超额准备金)随着准备金的增加而增加。例如,为了在经济或金融不确定时期保护自己免受银行挤兑,银行可能更倾向于通过让存款准备金率大幅高于官方准备金要求规定的最低水平来应对准备金的增加。在不确定的时候,银行愿意增加存款准备金率而不是增加存款的另一个原因是,在这种情况下,银行的贷款机会非常有限,而且这些机会似乎足够安全。

超过中央银行设定的准备金要求的银行准备金称为**超额准备金**。因此,超额准备金是中央银行向商业银行提供的准备金,但不会增加货币供给,因为商业银行不会将其用于发放额外贷款。由于超额准备金不会增加货币供给量,因此即使中央银行增加或减少准备金供给量,货币供给量也不会发生变化。

---

① 可以通过再次查看式(13.1)的第二项来验证这一点。第二项表示货币供给的非货币成分。尽管美联储可以控制其分子(银行准备金),但它只能部分控制其分母(合意的存款准备金率),因为美联储只能对分母设定一个具有法律约束力的最小值,而不能设定最大值。事实上,当美联储增加分子时,银行可以选择让分母增加,从而打破了从增加准备金到增加货币供给的简单联系。原则上,银行甚至可以让分母以与分子相同的速度增加,保持式(13.1)的第二项不变,从而阻止准备金增加对货币供给产生影响。

在截至 2008 年 8 月的 20 年间,美国银行体系的超额准备金在大多数月份平均不到 20 亿美元,考虑到美国银行体系规模,这一数额可以忽略不计。唯一值得注意的例外是 2001 年"9·11"事件发生后的一段时间,在这段时间内,由于金融业受到纽约市恐怖袭击的影响,超额准备金暂时增加。然而,自 2008 年 8 月以来,情况发生了巨大变化。随着美联储为降低利率而向系统注入了大量的准备金,到年底,超额准备金增长至约 8 000 亿美元,并在接下来的几年中持续增长,直到 2014 年达到峰值,超过 2.5 万亿美元,几乎占 GDP 的 15%(而 2014 年货币总量 M1 约占 GDP 的 16%)。随后几年,超额准备金有所减少,到 2019 年年底达到 1.3 万亿美元左右,这仍然是一个巨大的数字。2020 年年初,随着美联储向该体系注入大量准备金,以对抗新冠肺炎疫情的经济影响,超额准备金再次飙升。

美联储在 2008 年及其后几年的举措成功地降低了货币价格,增加了货币供给,帮助防止了另一场大萧条(经济自然主义者 9.2 讨论了大萧条期间货币供给的减少)。正如你可以通过式(13.1)验证的那样,为了使货币供给量因美联储发起的准备金数量增加而增加,存款准备金率的增长速度必须比准备金数量的增加速度慢。事实上,尽管自 2008 年以来,银行吸收了美联储增加的大部分准备金,但它们并没有全部吸收,其中一些导致了货币供给量的增加。

由上面的分析可知,美联储并不总是完全控制货币供给。但即使在非常不确定的时候,美联储仍然可以通过对准备金供给的控制来影响货币供给。因此,基本货币市场模型中美联储控制货币供给的假设,即使在不完全成立的情况下,也应被视为一个有用的简化假设。

接下来我们再更仔细地看一看基本货币市场模型中的另一个简化假设:利率一起移动。

重点回顾：美联储能否完全控制货币供给？

- 美联储可以通过公开市场操作和贴现窗口贷款等工具有效控制银行准备金的数量。美联储还可以设定存款准备金率(对银行存款准备金率具有法律约束力的最低限额)。然而,这使美联储只能部分控制货币供给。具体而言,如果银行以同样的速度提高存款准备金率来吸收准备金的增加,美联储发起的银行准备金增加将不会引起货币供给量的增加。
- 在某些时候,银行可能会选择让存款准备金率大幅高于美联储设定的存款准备金率。事实上,自 2008 年以来,银行积累了前所未有的超额准备金,即超过存款准备金率的准备金。尽管这打破了储备增加与货币供给增加之间的简单联系,但美联储仍然成功地增加了货币供给。
- 我们可以得出结论,基本货币市场模型中美联储控制货币供给的假设应被视为一个有用的简化假设,即使在其不完全成立的情况下也是如此。

很多观察家认为随着今后若干年经济逐渐复苏,这将成为一个重要的货币政策工具。美联储在近期的经济衰退期间大幅提高了货币供给,主要是通过将银行持有的债券和其他金融资产转换为在美联储的准备金余额的增加。随着经济逐渐复苏,银行将开始减少准备金余额,将其贷出,从而通过货币乘数过程实现货币供给的增长。美联储可以通过提高对准备金余额支付的利率来延缓这一过程,即降低银行将准备金转换为贷款的动力。

利率总是一起变动吗?

在前面的讨论中,我们假设经济中许多不同的名义利率或多或少地一起变动,从而使我们可以谈论利率。与银行不持有大量超额准备金的假设一样,利率或多或少一起变动的假设是对货币市场大多数时间的合理准确描述,但该假设并非始终成立,特别是自2008年以来,这一假设并不总是适用。

零下限与"非传统"货币政策的必要性

前面的图13.5给出了1970—2020年的美国联邦基金利率。在2008年12月之前,美联储实施货币政策的主要工具是公开市场操作,旨在根据美联储的目标利率提高和降低联邦基金利率。由于风险较高和到期时间较长,经济中的其他利率通常高于联邦基金利率,预计将与联邦基金利率一起或多或少地上下浮动。但在2008年12月,美联储将联邦基金利率目标降至0~0.25%,实际上达到了所谓的**零下限**。试图通过进一步降低联邦基金利率来刺激经济已不再是一个可行的选择,因为利率通常不能远低于零。(负名义利率意味着贷款机构向借款机构支付利息,而贷款机构通常不会这样做。)

在2008年12月之后的几年中,联邦基金利率实际上为零(参见图13.5)。但在此期间,经济中的其他利率仍显著高于零。例如,2009—2015年,美国政府发行的10年期债券的名义利率为1.5%~4%。2008年12月之后,美联储再也无法通过降低联邦基金利率(已经处于零下限)并"拉低"其他利率来有效降低经济中仍高于零的各种利率。为了继续通过降低货币成本来刺激经济,美联储不得不转向不那么传统的方法:更直接地瞄准这些高利率。接下来我们就讨论美联储使用的一些新方法。

量化宽松

你已经熟悉了一种成本更低的增加货币量的方法——公开市场操作。金融危机之后,美联储实施了被称为大规模资产购买计划(LSAP)的公开市场操作。这些计划旨在帮助在联邦基金利率已经达到(或接近)零下限时降低长期利率,而这正是量化宽松的例子。**量化宽松(QE)**是指中央银行从商业银行及其他私人金融机构购买特定数量的金融资产,以降低这些资产的收益率或回报率,同时增加货币供给。量化宽松基本上包括与定期公开市场购买相同的步骤,但在购买金融资产的类型和期限以及政策的总体目标方面有所不同。虽然传统的扩张性货币政策通常包括购买短期政府债券,以将利率保持在指定的目标值,但中央银行使用量化宽松政策时是通过购买较长期限的资产来刺激经济,从而降低长期利率。

自2008年金融危机最严重时以来,美联储大幅扩大了资产负债表规模,通过几轮量化宽松,增加了价值数万亿美元的长期国债和抵押贷款支持证券(MBS)。在极端紧急情况下,当信贷市场无法正常运作时,美联储的购买还包括私人债务和证券,正如2020年新冠肺炎疫情期间美联储宣布向企业提供贷款的计划,通过购买债券等长期资产,美联储增加了银行准备金的数量,同时对长期利率施加了下行压力(请记住,债券价格与利率是负相关的)。通过购买特定类型的资产,如与抵押贷款相关的债务,美联储可以帮助降低特定市场的利率,比如在金融危机期间受到严重打击的抵押贷款和住房市场。

前瞻指引

量化宽松有助于通过公开市场购买降低长期利率。另一种降低长期利率的方法被称为**前瞻指引**。其背后的想法很简单:中央银行可以通过指导市场了解自己未来的意图来影响长期利率,因为这些利率受到市场参与者对其未来举措的信心的影响。为了说明这一点,假设金融市场认为短期利率(目前约为零)将在未来几年内保持接近零的水平。例如,三年期债券的市场价格将使债券的隐含利率(或收益率、回报率)接近零。然而,如果金融市场认为短期利率(目前为零)将在未来几个月大幅上升,并在几年内保持高位,那么三年期债券的当前价格将反映这些信念,因此债券的隐含利率将高得多。

例如,在 2015 年 9 月的会议上,联邦公开市场委员会决定将联邦基金利率保持在 0~0.25%的目标范围,即实际上保持在零下限。联邦公开市场委员会在会后发表的声明中称:"委员会目前预计……经济状况可能会在一段时间内使联邦基金目标利率保持在委员会认为的长期正常水平以下。"[①]

通过前瞻指引,联邦公开市场委员会向家庭、企业和投资者说明了自己关于未来货币政策的立场。通过提供有关委员会预计在多长时间内将联邦基金利率目标保持在极低水平的信息,前瞻指引可以对长期利率施加下行压力,从而降低家庭和企业的贷款成本,也有助于更广泛地改善金融状况。

作为应对新冠肺炎疫情举措的一部分,美联储于 2020 年恢复了前瞻指引。在 2020 年 3 月 15 日的会议声明中,联邦公开市场委员会宣布将再次将联邦基金利率下调至 0~0.25%的目标范围。声明随后写道:"委员会预计将保持这一目标范围,直到相信已经度过了最近的经济困境,并走上实现就业率最大化和价格稳定目标的轨道。"6 个月后,在 2020 年 9 月 16 日的声明中,联邦公开市场委员会将其前瞻指引进一步扩大,在提高目标范围之前,引用更严格的条件:"委员会决定将联邦基金利率的目标范围保持在 0~−0.25%,并预计在劳动力市场状况达到与委员会对最高就业率和通货膨胀率的评估一致的水平之前,保持这一目标范围是合适的,通货膨胀率已上升至 2%,并有望在一段时间内适度超过 2%。"

准备金利息与货币政策新工具

我们已经看到,2008 年以来,美联储采取了前所未有的措施帮助美国经济从极端严重的全球衰退中复苏。接近零的联邦基金利率、几轮量化宽松(或大规模资产购买)及由此产生的大量超额准备金,以及前瞻指引等其他政策这种不同寻常的组合是专门为不寻

---

① "How Does Forward Guidance about the Federal Reserve's Target for the Federal Funds Rate Support the Economic Recovery?,"updated September 17, 2015, www.federalreserve.gov/monetarypolicy/fomcminutes20150917.htm.

常的时期设计的。当时,这些政策被视为解决暂时性、不寻常问题的临时的非常规方法。然而,随着时间的推移,低利率和美联储持有大量资产的现实日益被视为"一种新常态"——这种情况将持续下去。因此,很多经济学家改变了对这些方法的看法,认为它们不是"非常规"的,而是货币政策的新工具。

2015 年年末,联邦基金利率处于零下限 7 年多(见图 13.5),美联储持有的资产量相当于 7 年前的 4 倍左右,美联储得出结论,随着经济逐渐从大衰退中复苏,是时候再次开始缓慢而谨慎地升息了。为了在不进行大规模资产出售的情况下提高联邦基金利率,美联储的主要渠道是提高银行在美联储持有的准备金的利率。这些准备金包括银行的法定准备金(存放在美联储以满足规定的存款准备金率)和银行的超额准备金。2008—2015年,美联储对法定准备金和超额准备金余额支付 0.25% 的利率。当美联储于 2015 年 12 月提高这一利率时,联邦基金利率也随之上升,因为银行不愿将自己的超额准备金以低于美联储这些准备金利率的利率借给其他银行。[①]

如图 13.5 所示,经过几年的缓慢增长,联邦基金利率在 2019 年达到了略高于2.25% 的水平。然后,鉴于 2019 年全球经济的不确定性增加,美联储扭转了其趋势,并在年底将利率降至 1.75% 以下。2020 年年初受新冠肺炎疫情对经济的影响,美联储迅速将利率降至接近零的水平。随着联邦基金利率再次处于零下限,美联储的新货币政策工具再次以前所未有的规模和速度占据中心地位。如前所述,2020 年 3 月,美联储宣布了新的量化宽松政策及几项新的贷款计划,预计将使其资产负债表规模增加数万亿美元。同时,美联储还强化了前瞻指引。

正如我们在上一节中讨论的,名义利率的这种变动在短期内将转化为实际利率的变动。我们现在来讨论实际利率的变动如何影响经济。正如本书的其余部分一样,我们再次用到简化假设,即经济中的不同利率或多或少会一起移动,正如基本货币市场模型所假设的那样。

重点回顾:利率总是一起变动吗?

- 零下限是一个接近零的水平,低于该水平美联储不能进一步降低短期利率。2008 年 12 月后,美联储再也不能通过降低联邦基金利率来降低经济中仍然高于零的各种利率,因为联邦基金利率已经达到了零下限。
- 为了在 2008 年 12 月之后继续刺激经济,美联储不得不采取非常规方法,以更直接地降低利率。这些方法中包括量化宽松(正式的大规模资产购买计划)和前瞻指引。

---

① 联邦基金利率可能略低于美联储对准备金支付的利率,因为一些非银行金融机构没有资格从其存放在美联储的准备金余额中赚取利息,因此它们愿意以低于美联储准备金利率的利率贷出准备金。不过,由于银行可以从这类机构借款,然后将其存入美联储获得准备金利息,因此这些准备金的价格(联邦基金利率)将被抬高,直到略微低于美联储的准备金利率。此外,美联储可以(通过一项被称为逆回购协议的安排)直接向这些机构借款,从而降低它们以低于美联储提供的利率将准备金贷出的动机。

- 2008—2015 年，联邦基金利率实际上为零。美联储在 2015 年年末得出结论，认为收紧货币政策的时机已经到来，开始提高向银行支付的准备金利率。其中包括银行的法定准备金（为满足规定的存款准备金率而存放在美联储的准备金）和银行的超额准备金。也就是说，2015 年年末到 2020 年年初，美联储的主要政策工具是再次调整联邦基金利率，即短期利率。
- 针对新冠肺炎疫情对美国经济的冲击，美联储做出了迅速而果断的反应。2020 年 3 月，美联储迅速降低了短期利率（至零下限）和长期利率（使用量化宽松和前瞻指引等新工具）。它还大幅扩大了贷款便利，在多个市场上放松了信贷要求。

▼ 美联储所采取的措施对经济的影响

了解了美联储如何影响利率（名义利率和实际利率）之后，我们就可以考虑如何使用货币政策来消除产出缺口和稳定经济。基本思路相对简单。正如我们将在本节看到的，计划总支出要受到经济中居支配地位的实际利率水平的影响。具体而言，较低的实际利率会促使家庭和企业增加计划支出，而较高的实际利率则会减少支出。通过调节实际利率，美联储可以让计划支出向着理想的方向运行。在凯恩斯基本模型的假设下，企业只生产刚好满足人们所需求的产品和服务，因此美联储稳定计划支出的政策将同时实现稳定的总产出和就业，可以将计划支出转向预期方向。本节我们将首先解释计划总支出与实际利率的关系。然后，我们将展示美联储如何利用实际利率的变化来对抗经济衰退和通货膨胀。

计划总支出和实际利率水平

在上一章我们了解了计划支出如何受到实际产出 Y 的影响。产出的变化影响个人的可支配收入$(Y-T)$，从而影响消费支出——可以用消费函数分析具体影响过程。

对总支出可能产生重要影响的另一个变量是实际利率水平 r。通过第 10 章中对储蓄和投资的讨论，我们知道实际利率会影响家庭和企业的经济行为。

对于家庭而言，实际利率越高，储蓄的回报就越多，因此家庭会更多地储蓄。[1] 在收入一定的情况下，家庭要进行更多的储蓄就需要减少消费。因此，实际利率上升增加了储蓄与同等收入情况下实际利率上升减少了消费支出是一个意思。实际利率上升会减少家庭的支出，这是很容易理解的。例如，人们购买汽车、家具等耐用品时通常需要从银行、信贷机构或者金融公司贷款。如果实际利率上升，购买汽车或钢琴所需的每月还款额也会增加，人们就不太愿意在现期购买耐用品。在可支配收入及其他影响消费的因素不变时，实际利率上升降低了人们的消费支出意愿。

---

[1] 实际利率越高，家庭得到一定利息收入所需的储蓄额就会下降，因此实际利率对储蓄的净影响从理论上来说比较模糊。但是实际经验表明实际利率上升对储蓄通常有正面的影响。

除了减少消费支出,实际利率上升也抑制了企业进行资本品投资。正如原本打算购买汽车或者钢琴的消费者会因为实际利率上升带来更多的融资成本而重新考虑购买计划,企业也会因为实际利率上升重新考虑自己的投资计划。比如说,升级一个计算机系统对于制造企业而言是有利的,并且升级系统的费用可以通过在 3% 的实际利率下贷款来融资。但如果现在实际利率上涨到 6%,企业的融资成本就上升了 1 倍,对于企业来说,原先的计算机系统升级计划可能变得得不偿失。同样,居民投资(如购房)也是投资支出的一部分。实际利率上升提高了贷款成本,同样也抑制了这种投资支出。

我们可以得出结论:在任何给定的产出水平下,消费支出和计划投资支出随着实际利率的上升而减少;反之,实际利率的下降通常会减少融资成本,从而刺激消费和投资支出。例 13.3 用具体的数字说明了计划总支出与实际利率和产出的关系。

例 13.3　计划总支出和实际利率水平

利率对计划总支出有何影响?

在某个经济体中,计划支出的组成部分为

$$C = 640 + 0.8(Y - T) - 400r$$
$$I^p = 250 - 600r$$
$$G = 300$$
$$NX = 20$$
$$T = 250$$

找出该经济体中计划总支出与实际利率 r 和产出 Y 的关系。找出自主支出和引致支出。

该经济体类似于上一章例 12.2 中的经济体,唯一不同的是在这个例子中实际利率 r 影响消费水平和计划支出。比如,消费表达式的最后一部分,$-400r$,说明实际利率每上升一个百分点 (0.01),如从 4% 上升到 5%,将减少消费支出 $400 \times 0.01 = 4$ 个单位。同样,计划投资表达式的最后一部分也表示实际利率每上升一个百分点(0.01),就减少消费支出 $600 \times 0.01 = 6$ 个单位。因此,实际利率上升一个百分点,消费支出下降 4 个单位、投资支出下降 6 个单位,也就是说,计划总支出总共下降了 10 个单位。在前面的例子中,可支配收入 $(Y - T)$ 的变化引起了消费支出 0.8 倍的变化(见第一个等式),其中政府购买 G、净出口 NX 及税收 T 都假定为常数。

要找出计划总支出 PAE 与产出之间的数量关系式,回顾第 12 章介绍的计划总支出定义:

$$PAE = C + I^p + G + NX$$

将上面例子中支出的四部分表达式代入计划总支出的定义式:

$$PAE = [640 + 0.8(Y - 250) - 400r] + [250 - 600r] + 300 + 20$$

等式右边第一个括号内的是消费的表达式,其中将 $T = 250$ 代入;第二个括号内表示计划投资;后面两个数值部分表示政府购买和净出口。将与产出 Y 相关的部分和与产出 Y 无关的部分区分开,简化等式得到:

$$PAE = [(640 - 0.8 \times 250 - 400r) + (250 - 600r) + 300 + 20] + 0.8Y$$

进一步简化为

$$PAE = [1\,010 - 1\,000r] + 0.8Y \tag{13.2}$$

在式(13.2)中,括号中的部分表示自主支出,即计划总支出中与产出无关的部分。注意在这个例子中自主支出由实际利率 r 决定。引致支出,即计划总支出中由产出决定的部分,在这个例子中等于 $0.8Y$。

例 13.4 实际利率水平和短期均衡产出

利率对短期均衡产出有何影响？

现在，假设例 13.3 中，美联储设定实际利率 r 等于 0.05(5%)。找出短期均衡产出。

在例 13.3 中，计划总支出由式(13.2)给出。我们假设美联储将实际利率设定为 5%。令式(13.2)中 $r=0.05$，得

$$PAE = [1\,010 - 1\,000 \times 0.05] + 0.8Y$$

简化表达式，得

$$PAE = 960 + 0.8Y$$

也就是说，实际利率水平为 5% 时，自主支出等于 960，引致支出等于 0.8Y。短期均衡产出是指等于计划总支出的产出水平。要计算短期均衡产出，我们可以使用第 12 章中介绍的表格法，比较产出可能的取值与各产出水平对应的计划总支出。当产出恰好等于支出，即 $Y = PAE$ 时，短期均衡产出就确定了。

然而，比较这个例子和上一章中的例 12.2 我们发现，这里计划总支出的数学表达式 $PAE = 960 + 0.8Y$ 与我们在上一章例子中得出的表达式一样。因此表 12.1 同样可以解答本例，我们得出的短期均衡产出也为 $Y = 4\,800$。

我们还可以使用图形法计算短期均衡产出，也就是第 12 章中介绍的凯恩斯交叉图。同样，由于计划总产出的方程式与例 12.2 中的方程式相同，因此图 12.3 在这里也适用。

练习 13.3

在例 13.4 描述的经济体中，假设美联储将实际利率水平设定在 3%，而不是 5%。计算此时的短期均衡产出水平（提示：考虑 4 500~ 5 500 的数值）。

美联储应对经济衰退

迄今为止，我们已经证明了关于实际利率与均衡产出之间的如下关系：

$$\downarrow r \Rightarrow \uparrow 计划 C 与计划 I \Rightarrow \uparrow PAE \Rightarrow (通过乘数效应) \uparrow Y$$

实际利率的下降导致计划消费与计划投资的上升，进而使计划总支出上升。在乘数效应下，短期均衡产出也上升了。与此同理：

$$\uparrow r \Rightarrow \downarrow 计划 C 与计划 I \Rightarrow \downarrow PAE \Rightarrow (通过乘数效应) \downarrow Y$$

也就是说，实际利率的上升使计划消费与计划投资下降，进而造成计划总支出下降。由于乘数效应，短期均衡产出也下降了。

这两组关系是理解货币政策如何影响经济运行的关键。下面，我们先分析如何运用货币政策对抗衰退，然后再分析如何运用货币政策对抗通货膨胀。

假设经济正面临衰退型产出缺口：实际产出低于潜在产出，消费计划太低。为了消除衰退型产出缺口，美联储应该降低实际利率，刺激消费和投资支出。根据我们介绍过的理论，支出的增加又会导致产出增加，使经济恢复到充分就业水平。例 13.5 通过扩展例 13.4 说明了这一点。

例 13.5   美联储应对经济衰退

货币政策如何消除衰退型产出缺口？

对于例 13.4 中描述的经济，假设潜在产出 Y^* 等于 5 000，美联储设定的实际利率水平依然为 5%。在实际利率下，产出缺口是多少？美联储应该采取什么措施来消除产出缺口并恢复充分就业水平？已知该经济中的乘数是 5。

在例 13.4 中，我们发现，在实际利率为 5% 的情况下，短期均衡产出为 4 800。我们现在假设潜在产出为 5 000，因此产出缺口 $(Y-Y^*)=5\,000-4\,800=200$。由于实际产出低于生产能力，因此经济中存在衰退型产出缺口。

为了应对经济衰退，美联储需要下调实际利率，将总支出增加到 5 000 的充分就业水平。也就是说，美联储的政策目标是增加 200 的产出。因为经济中的乘数等于 5，要增加 200 的产出就要使自主支出增加 200/5＝40 个单位。美联储应该将实际利率降低多少，才能增加 40 个单位的自主支出？美联储要将实际利率下调多少才能增加 40 个单位的自主支出？根据式(13.2)，我们知道经济中的自主支出为 $(1\,010-1\,000r)$，因此 r 减少一个百分点，自主支出就会增加 $1\,000\times0.01=10$ 个单位。要增加 40 个单位的自主支出，美联储需要下调 4% 的实际利率，即将实际利率从 5% 降到 1%。

简言之，为了消除 200 的衰退型产出缺口，美联储需要将实际利率从 5% 下调到 1%。需要注意的是，按照通常的经济逻辑，美联储降低实际利率水平会增加短期均衡产出。

美联储防止经济衰退的政策可以用图 13.6 表示。实际利率的下降会带来任何支出水平下计划支出的增加，使支出曲线向上移动。当实际利率等于 1% 时，支出曲线与 $Y=PAE$ 线相交于 $Y=5\,000$ 的点，产出等于经济生产能力。美联储降低利率的目的是以这种方式缩小衰退型产出缺口，这是扩张性货币政策的一个例子，或者更正式地说是货币宽松政策。

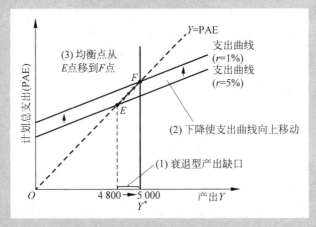

图 13.6   美联储应对经济衰退
(1) 经济最初位于 E 点，衰退型产出缺口为 200；(2) 美联储将实际利率从 5% 降至 1%，支出曲线向上移动；(3) 在新的均衡点 F 点，产出等于经济的生产能力，产出缺口已被消除。

练习 13.4

假设练习 13.5 中经济的生产能力不是 5 000 而是 4 850，美联储需要下调多少实际利率才能帮助经济恢复到充分就业水平？仍然假定经济中的乘数为 5。

经济自然主义者 13.2　美联储是如何应对 2001 年的经济衰退和恐怖袭击的？

美国经济的增长速度到 2000 年秋季再次放缓,高新产业的设备投资大幅下降。根据美国经济研究局的调查,2001 年 3 月美国进入经济衰退期。更糟的是,2001 年 9 月 11 日纽约和华盛顿遭受的恐怖袭击震惊了全国,美国的旅游和金融等行业遇到了严重的问题。美联储对这些事件做出了哪些反应？

2000 年年底,美联储首次开始对越来越多的经济放缓迹象做出反应。当时,联邦基金利率约为 6.5%(见图 13.5)。美联储最引人注目的举动是 2001 年 1 月在联邦公开市场委员会定期会议之间,突然将联邦基金利率下调了 0.5 个百分点。随后进一步降息,到 7 月,联邦基金利率降至 4% 以下。然而,到夏季结束时,经济放缓的严重程度仍存在相当大的不确定性。

2000 年年底美联储开始关注越来越明显的经济低迷走势,当时美联储设定的联邦基金利率为 6.5%(见图 13.5)。在 2001 年 1 月联邦公开市场委员会例会期间,美联储突然将联邦基金利率下调了 0.5%,这是一个惊人的举动。之后联邦基金利率继续下调,到 6 月该利率水平已经低于 4%。但是到了夏季快结束的时候,人们还无法预测这次经济低迷会给美国经济带来多么严重的影响。

2001 年 9 月 11 日,世贸中心和五角大楼遭到恐怖袭击,造成 3 000 多人死亡,情况发生了突变。恐怖袭击伤及很多人,并使经济受到沉重的打击。曼哈顿下城的物质损失达数十亿美元,该地区的很多企业被迫停业。作为金融系统的监管部门,美联储采取了很多措施帮助恢复纽约市金融区的正常活动(实际进行公开市场操作的纽约联储银行距离世贸中心只有一个街区)。在袭击之后的那个星期,美联储将联邦基金利率暂时下调到 1.25%,帮助缓和当时的金融形势。

"9 · 11"之后的几周和几个月里,美联储将注意力从袭击的直接影响转移到可能对美国经济产生的间接影响上。美联储担心消费者对未来的经济感到悲观而大幅减少现期支出,再加上投资持续疲软,消费支出的下降可能会使衰退进一步恶化。为了刺激支出,美联储持续下调联邦基金利率。2002 年 1 月,联邦基金利率为 1.75%,比一年前低了近 5 个百分点。2002 年 11 月,美联储将联邦基金利率再下调 0.5 个百分点至 1.25%。尽管经济衰退在 2001 年年末正式结束,但经济复苏仍然乏力。失业率持续上升,并于 2003 年 6 月达到 6.3% 的峰值。当月,美联储将联邦基金利率进一步下调至 1%,在 2004 年 6 月之前一直维持在历史最低水平。

多种因素帮助经济从 2001 年的衰退中复苏,其中包括扩张性财政政策(参见经济自然主义者 12.5)。大多数经济学家认为,美联储的迅速行动在减少经济衰退及"9 · 11"恐怖袭击对经济的影响方面起了至关重要的作用。

美联储应对通货膨胀

到目前为止我们一直在不考虑通货膨胀的情况下讨论如何稳定产出。下一章我们会将通货膨胀纳入分析的框架。现在我们先简单地说明扩张型产出缺口——计划支出,从而使实际产出超过潜在产出——是通货膨胀产生的一个重要原因。当存在扩张型产出缺口时,企业会发现产品和服务的需求超出了它们通常的产出水平。虽然一定的时间内,企业可能会在维持价格不变的情况下力图满足所有的需求,但是如果这种高需求持续下去,企业最终会提高价格,从而将出现通货膨胀。

因为扩张型产出缺口通常会导致通货膨胀,美联储同样会尽量消除扩张型产出缺口。消除扩张型产出缺口——产出水平相对于潜在产出而言"太高"的步骤与消除衰退型产出缺口——产出水平相对于潜在产出而言"太低"相反。我们知道要消除衰退型产出缺口就要下调实际利率,通过刺激计划支出来增加产出。因此,要消除扩张型产出缺口就要上调实际利率,通过增加融资成本减少支出和计划投资。计划支出的下降将引起产出的下降,从而减轻通货膨胀压力。

| 例 13.6　美联储应对通货膨胀 |

货币政策如何消除扩张型产出缺口?

对于例 13.4 和例 13.5 中研究的经济体,假设潜在产出为 4 600 而非 5 000。在最初的 5% 的实际利率水平下,短期均衡产出是 4 800,因此存在 200 的扩张型产出缺口。美联储应该如何改变实际利率以消除这一缺口?

在例 13.5 中,我们被告知经济中的乘数为 5。因此,要减少 200 的总产出,美联储需要减少 200/5＝40 个单位的自主支出。根据式(13.2),我们知道自主支出是(1 010－1 000r),因此实际利率每增加一个百分点,自主支出就会减少 1 000×0.01＝10 个单位。要消除这种扩张型产出缺口,美联储需要将实际利率上调 4%,从 5% 提高到 9%。实际利率的上升将使计划总支出和产出下降到潜在产出水平(4 600),从而消除了通货膨胀压力。

美联储抑制通货膨胀的政策效果如图 13.7 所示。当实际利率等于 5% 时,支出曲线与 Y＝PAE 线相交于图中的 E 点,此时产出等于 4 800。要减少计划支出和产出,美联储需要将实际利率提高到 9%。实际利率上升减少了消费和投资支出,使支出曲线向下移动。在新的均衡点 G,实际产出等于潜在产出 4 600。美联储上调实际利率这项紧缩性政策措施消除了扩张型产出缺口和通货膨胀的威胁。

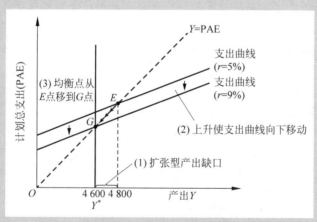

图 13.7　美联储应对通货膨胀

(1) 经济最初位于 E 点,扩张型产出缺口为 200;(2) 美联储将实际利率从 5% 提高至 9%,支出曲线将向下移动;(3) 在新的均衡点 G 点,产出等于经济的生产能力,产出缺口已被消除。

经济自然主义者 13.3　为什么美联储在 2004—2006 年 17 次提高利率？

2004 年 6 月，美联储开始收紧货币政策，联邦基金利率从 1％提高到 1.25％（参见图 13.5）。联邦公开市场委员会的每一次会议都决定继续将联邦基金利率上调 0.25％以紧缩货币。2006 年 6 月，在历时两年的紧缩之后，联邦基金利率高达 5.25％。为什么 2004 年美联储要开始提高联邦基金利率？

由于 2001 年 11 月开始的经济复苏比以往缓慢，而就业增长也很慢，美联储便不断降低联邦基金利率直到 2003 年 6 月的 1％。当复苏见效后，如此低的联邦基金利率便不再适用。就业的增长低于上一次经济复苏时，在 2003 的下半年实际 GDP 的增长率接近 6％，而在 2004 年为 4.4％。另外，到 2004 年 6 月失业率降到 5.6％，比通常预计的自然失业率高不了多少。尽管 2004 年开始出现通货膨胀，但更多是由于油价的疯涨，排除能源增长后的通货膨胀率其实并不高。于是，美联储开始提高利率以防止出现扩张型产出缺口，从而造成更高的通货膨胀率。美联储提高利率的行为可以看作对未来的通货膨胀的一种预防。假如美联储等到扩张型产出缺口出现时再采取行动，通货膨胀问题会变得很严重，美联储必须将联邦基金利率提高更多。

美联储的利率政策影响了整体经济，尤其是金融市场。本章的开头介绍过金融市场参与者进行了大量的尝试来预测美联储政策的变化。经济自然主义者 13.4 说明了金融投资者希望看到的是什么样的消息，以及为什么这种消息对他们很重要。

经济自然主义者 13.4　为什么通货膨胀的消息打击了股票市场？

金融市场参与者每天都密切关注通货膨胀数据。通货膨胀率上升或者超出预期值的报道往往会引起股票价格的大幅下跌。为什么通货膨胀的坏消息对股票市场的负面影响如此之大？

金融投资者担心通货膨胀是因为通货膨胀会对美联储的政策产生影响。金融投资者知道当出现扩张型产出缺口的信号时，美联储通常会提高利率以减少计划支出，给经济"降温"。这种紧缩性政策措施会从两个方面打击股票价格。第一，这种政策降低了经济活动的增速，使上市公司的预期销量和利润减少。低利润意味着企业可以支付给股东的红利减少。

第二，实际利率的上升增加了人们持有股票要求的基本收益率，因此降低了股票的价格。在第 10 章我们已经说明为什么金融投资者要求的持有股票的回报率上升会导致股票价格下降。直观上，如果利率水平上升，政府新发行债券等可选择的有息资产对于投资者的吸引力会增加，股票需求减少，价格降低。

经济自然主义者 13.5　美联储是否应该对资产价格的变动做出反应？

因为制定了有效的货币政策，维持了经济的高速增长及 20 世纪 90 年代尤其是后半期资产价格的上升，美联储及其主席阿伦・格林斯潘受到了很多赞誉。在有史以来最长的经济扩张时期内，1995 年 1 月至 2000 年 3 月标准普尔 500 股票市场指数（S&P）从 459

上升到 1 527,增长了 223%。美国股票市场强势持久的增长刺激了额外的消费支出,进一步推动了经济扩张。

美联储的主要精力一直放在减小产出缺口和保持较低的通货膨胀上。在大多数情况下,这都是成功的战略。然而,经济学家近期开始质疑美联储对于一般经济状况的关注,认为美联储还应当关注资产价格。20 世纪 90 年代末期的股市暴涨暴跌及 21 世纪初的房地产泡沫都激发了这方面的争论。

股价在 2000 年 3 月达到最高点,但在随后的两年内股票价格大幅缩水,有人质疑美联储是否应该先发制人地提高利率水平,限制投资者的"非理性投机"。[1] 过度乐观的投资者情绪导致了股票价格的不正常上升,因此当 2000 年投资者意识到企业的收益不能支撑如此高的股价时,股票价格大幅缩水。有评论认为如果美联储之前对股票市场进行干涉,可能会降低股价不切实际的增长速度,避免由此引发的股市"崩盘"和消费者财富的损失。

在房地产泡沫破灭及随后的 2007—2008 年金融危机之后,美联储也受到了类似的批评。与股价一样,房价在 20 世纪 90 年代末大幅上涨,即使在股价下跌的情况下,房价也持续上涨至 21 世纪初。2004—2005 年,房价进一步上涨,每年上涨超过 15%。然而,房价的增长在 2006 年放缓,并在随后几年大幅下跌。鉴于金融危机的严重性及随之而来的全球深度衰退,一些人再次质疑美联储在 21 世纪初采取的宽松货币政策(参见经济自然主义者 13.2)是否助长了房地产泡沫。

最近,在 2007—2009 年的大衰退之后,美国出现了历史上最长的经济扩张。这种扩张再次伴随着股价和房价的大幅上涨,直到 2020 年年初才被新冠肺炎疫情打断。如果这些资产的价格再次崩盘,一些观察人士肯定会批评美联储从 2008 年起将利率维持在"过低"的水平,从而使资产价格膨胀。

正如本章所阐明的,美联储的重心是缩小产出缺口和保持低通货膨胀。美联储在制定货币政策决策时,是否也应该对不断变化的资产价格做出反应?

在 2002 年 8 月的一次座谈会上,阿伦·格林斯潘为美联储 20 世纪 90 年代后期的货币政策行为进行了辩护,指出确定资产泡沫——资产的价格上涨到不切实际的高度——是一件非常困难的事情,"只有等到泡沫破灭的时候才能确认泡沫的存在。"[2]格林斯潘还说,即使我们确认了投机泡沫的存在,美联储在阻止投资者哄抬股价的投机行为方面能够做的也有限——除非泡沫"导致经济活动的大幅收缩"。同时,格林斯潘还认为"所谓在恰当的时间增加紧缩的力度可以帮助预防 20 世纪 90 年代泡沫的说法几乎是不可能的"。但早在 1999 年美联储就已经开始关注可以"有效缓和泡沫发生时的附带影响,平缓到下一次扩张之前的过渡期的政策"。[3]

---

[1] 在 1996 年 12 月 5 日的讲话中,美联储主席阿伦·格林斯潘提到了投资者这种"非理性投机"行为可能的影响,详见 http://www.federalreserve.gov/boarddocs/speeches/1996/19961205.htm。

[2] 格林斯潘的讲话详见 http://www.federalreserve.gov/boarddocs/speeches/2002/20020830/default.htm。

[3] *The Federal Reserve's Semiannual Report on Monetary Policy*, testimony of Chair Alan Greenspan before the Committee on Banking and Financial Services, U.S. House of Representatives, July 22, 1999. Available online at www.federalreserve.gov/boarddocs/hh/1999/July/Testimony.htm.

7 年后，在 2010 年 1 月的美国经济学会年会上，时任美联储主席本·伯南克发表演讲，为 21 世纪初美联储的货币政策辩护。[①] 伯南克在演讲中回顾的证据表明，美联储的货币政策与大致同时发生的房价快速上涨之间的联系充其量是微弱的。相反，证据表明，越来越多地使用首付非常低的抵押贷款，贷款人和借款人都知道，借款人能够负担未来还款的唯一方式将是房价的持续上涨，这更可能是房地产泡沫的原因。这反过来表明，应对房地产泡沫的最好办法是更好的监管，如对高风险抵押贷款实行更严格的限制，而不是收紧货币政策。

资产价格泡沫可能造成严重损害。如何改进制度和政策制定框架，以降低其发生的风险，这一问题无疑仍然是宏观经济学家研究的重要课题。虽然不能排除货币政策是答案的一部分，但总体而言，直接关注泡沫成因的监管可能是更有效的第一道防线。

美联储的政策反应函数

美联储试图通过操纵实际利率来稳定经济。当经济面临衰退型产出缺口时，美联储会降低实际利率以刺激支出。当存在扩张型产出缺口，从而可能出现严重的通货膨胀时，美联储会通过提高实际利率来抑制支出。有些经济学家发现，用**政策反应函数**来概括美联储的行为很方便。一般来说，政策反应函数描述了决策者采取的行动如何取决于经济状况。在这里，决策者的行动是美联储对实际利率的选择，而经济状况是由产出缺口或通货膨胀率等因素决定的。经济自然主义者 13.6 描述了量化美联储政策反应函数的一种尝试。

经济自然主义者 13.6　什么是泰勒规则？

1993 年，经济学家约翰·泰勒（John Taylor）提出了如今被称为泰勒规则的一个规则，用来描述美联储的行为。[②] 什么是泰勒规则？美联储是否始终遵循这一规则？

泰勒提出的规则并不是法律意义上的规则，而是试图通过量化政策反应函数来描述美联储的行为。泰勒的"规则"可以写成

$$r = 0.01 + 0.5\left(\frac{Y - Y^*}{Y^*}\right) + 0.5\pi$$

其中，r 是美联储设定的实际利率，以小数表示（例如，5% ＝ 0.05）；$Y - Y^*$ 是当前的产出缺口（实际产出与潜在产出之差）；$\frac{Y - Y^*}{Y^*}$ 是产出缺口与潜在产出之比；π 是通货膨胀率，用小数表示（例如，2% 的通货膨胀率用 0.02 表示）。根据泰勒规则，美联储对产出缺口和通货膨胀率都会做出反应。例如，该公式暗示，如果出现了相当于潜在产出 0.01 个百分点的衰退型产出缺口，美联储将把实际利率降低 0.5 个百分点（0.005）。同样，如果通货膨胀率上升 1 个百分点（0.01），根据泰勒规则，美联储将把实际利率提高 0.5 个百分

[①]　演讲稿见 www.federalreserve.gov/newsevents/speech/bernanke20100103a.htm。

[②]　John Taylor，"Discretion versus Policy Rules in Practice，"*Carnegie-Rochester Conference Series on Public Policy*，1993，pp.195-227.

点(0.005)。在 1993 年发表的论文中,泰勒表明,他提出的规则事实上相当准确地描述了 1987—1992 年阿伦·格林斯潘领导下的美联储所采取的行动。因此,泰勒规则是政策反应函数的真实例子。

尽管泰勒规则在描述其 1993 年论文发表前 5 年美联储的行为方面效果很好,但在描述其论文发表后美联储的行为时效果却并不太好。泰勒规则的修订版,即美联储对产出缺口的反应比原来的规则所描述的更强烈,或者美联储针对通货膨胀预测而不是当前通货膨胀做出反应,似乎能更好地描述美联储在未来几十年的行为。尽管不同的经济学家倾向于不同版本的泰勒规则,但我们重申,泰勒规则并不是法律意义上的规则。美联储完全可以随意偏离该规则,而且在很多情况下也确实这样做了。尽管如此,泰勒规则的修订版为评估和预测美联储的行动提供了一种有用的基准。

练习 13.5

本练习要求你应用泰勒规则。假设通货膨胀率为 3%,产出缺口为零。根据泰勒规则,美联储应该将实际利率设定为什么值?名义利率呢?假设美联储将收到新的信息,显示存在 1% 的衰退型产出缺口(通货膨胀率仍为 3%)。根据泰勒规则,美联储应该如何改变实际利率(如果真的要改变的话)?

请注意,根据泰勒规则,美联储会对两个变量做出反应:产出缺口和通货膨胀。原则上,任何数量的经济变量,从股价到美元兑日元的汇价,都可能影响美联储的政策,从而出现在政策反应函数中。为了简单起见,在下一章中应用政策反应函数思想时,我们将假设美联储对实际利率的选择仅取决于一个变量——通货膨胀率。这种简化不会在任何重大方面改变我们的主要结论。此外,正如我们将看到的那样,让美联储只对通货膨胀做出反应抓住了美联储行为的最重要方面:当经济"过热"(存在扩张型产出缺口)时,美联储倾向于提高实际利率;而当经济不景气(存在衰退型产出缺口)时,美联储倾向于降低实际利率。

表 13.2 给出了美联储政策反应函数的一个示例,根据该函数,美联储仅对通货膨胀做出反应。根据表中给出的政策反应函数,通货膨胀率越高,美联储设定的实际利率就越高。这种关系与美联储通过提高实际利率来应对扩张型产出缺口(这可能导致通货膨胀加剧)的观点一致。图 13.8 描述了这一政策反应函数。图中的纵轴表示美联储设定的实际利率,横轴表示通货膨胀率。政策反应函数向右上方倾斜反映了美联储通过提高实际利率来应对通货膨胀上升的想法。

表 13.2 美联储的政策反应函数示例

通货膨胀率(π)	美联储设定的实际利率(r)
0.00(=0%)	0.02(=2%)
0.01	0.03
0.02	0.04
0.03	0.05
0.04	0.06

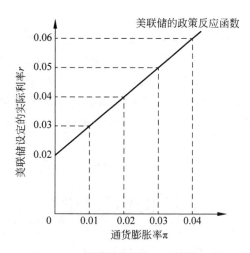

图 13.8　美联储的政策反应函数示例

美联储政策反应函数的这个假设示例显示了美联储根据任何给定的通货膨胀率值设定的实际利率。斜率为正反映了这样一种观点，即当通货膨胀率上升时，美联储会提高实际利率。图中的数值来自表 13.2。

　　美联储是如何决定其政策反应函数的？在实践中，这是一个复杂的过程，涉及经济统计分析和人类判断的结合。然而，即使从表 13.2 和图 13.8 中所示的简化政策反应函数中，也可以得出对这一过程的两个有用见解。首先，正如我们在本章前面提到的，尽管美联储在短期内控制实际利率，但从长期来看，实际利率由储蓄和投资的平衡决定。为了说明这一事实对美联储选择政策反应函数的影响，假设美联储估计实际利率（由储蓄的供求决定）的长期值为 4% 或 0.04，我们可以看到，美联储的政策反应函数意味着只有在长期通货膨胀率为 2% 的情况下，实际利率的长期值才为 4%。因此，只有当美联储的长期目标通货膨胀率为 2% 时，美联储选择这一政策反应函数才有意义。由此可以得出结论，美联储政策反应函数的一个重要决定因素是决策者的通货膨胀目标。

　　其次，美联储的政策反应函数不仅包含中央银行长期通货膨胀目标的信息，还包含美联储计划如何积极地实现这一目标的信息。为了说明这一点，假设美联储的政策反应函数非常平稳，这意味着美联储会根据通货膨胀率的上升或下降而适度地改变实际利率。在这种情况下，我们可以得出结论，美联储在试图抵消通货膨胀偏离目标水平的过程中并不是非常积极。相反，如果政策反应函数非常陡峭地向上倾斜，使给定的通货膨胀变化引发美联储对实际利率的大幅调整，则可以说，美联储计划积极地应对通货膨胀变化。

重点回顾：货币政策和经济

- 实际利率的上升减少了消费支出和计划投资支出。通过调节实际利率，美联储可以影响计划支出和短期均衡产出水平。为了抵御经济衰退（存在衰退型产出缺口），美联储应该下调实际利率，以刺激计划支出和产出。相反，为了消除通货膨胀的威胁（存在扩张型产出缺口），美联储应该上调实际利率，以抑制计划支出和产出。

- 美联储的政策反应函数将其政策行动(特别是实际利率的设定)与经济状况联系起来。简单起见,我们考虑一个政策反应函数,其中美联储设定的实际利率仅取决于通货膨胀率。由于美联储在通货膨胀率上升时提高实际利率,为了抑制支出,美联储的政策反应函数是向上倾斜的。美联储的政策反应函数包含有关中央银行长期通货膨胀目标的信息,以及它追求该目标时的积极性。

货币政策制定:艺术还是科学?

在本章中,我们分析了现实世界中货币政策的基本经济学基础。作为分析的一部分,我们通过一些例子说明了将产出恢复到充分就业水平所需的实际利率的计算方法。尽管这些例子有助于理解货币政策如何运作,正如我们在第 12 章中对财政政策的分析一样,但它们夸大了货币政策制定的准确性。现实世界中的经济是高度复杂的,我们对其运作的了解并不完善。例如,尽管我们在分析中假设美联储知道潜在产出的确切值,但实际上,潜在产出只能粗略估计。因此,在任何时候,美联储对产出缺口的大小都只有一个粗略的概念。同样,美联储政策制定者对于实际利率的变化对计划支出的影响,或者在这一影响发生之前的时间长度,也只有一个大概的概念。由于这些不确定性,美联储倾向于谨慎行事。美联储的政策制定者会避免对利率进行大幅调整,也很少一次性地将联邦基金利率提高或降低 0.5 个百分点以上(如从 5.5% 降至 5%)。实际上,对利率的调整一般是 0.25 个百分点。

那么,货币政策制定是一门艺术还是一门科学?实际上,看起来它二者都是。科学分析,如对详尽的经济统计模型的开发,已经被证明在制定货币政策时非常有用。但基于长期经验的人类判断(被称为货币政策的"艺术")在成功的政策制定中起着至关重要的作用。

小结

货币政策是两种稳定性政策之一(另一种是财政政策)。尽管在货币市场的基本模式中,美联储通过控制货币供给来运作,但媒体的注意力几乎总是放在美联储关于利率的决定,而不是货币供给上。不过,这两种看待货币政策的方式并不矛盾,因为美联储控制货币供给的能力是其控制利率能力的来源。

名义利率由货币市场的供给和需求决定。对于整个经济而言,对货币的需求是家庭和企业选择以货币形式(如现金或支票账户)持有的财富数量。对金钱的需求是由成本和收益的比较决定的。持有货币的机会成本是通过持有有息资产而非货币而获得的利息,货币没有利息或只有非常低的利息。因为名义利率衡量的是以货币形式持有资金的机会成本,所以名义利率的提高会减少货币需求量。货币的好处在于它在交易中的有用性。

在其他所有条件相同的情况下，交易量的增加会增加对货币的需求。在宏观经济层面，价格水平或实际国内生产总值的增加都会增加货币交易量，从而增加货币需求。

货币需求曲线将货币需求总量与名义利率联系起来。因为名义利率的上升增加了持有货币的机会成本，从而减少了货币需求量，因此货币需求曲线向下倾斜。除了名义利率外，其他影响货币需求的因素的变化会引起货币需求曲线向左或者向右移动。例如，价格水平或实际 GDP 的增加增加了对货币的需求，使货币需求曲线向右移动。

在货币市场的基本模型中，美联储通过公开市场操作决定货币供给量。货币供给曲线是一条横轴截距等于美联储设定的货币供给量的垂线。当货币供给等于货币需求时，货币市场达到均衡，此时的名义利率是均衡名义利率。影响货币需求的非名义利率因素将使需求曲线向右或向左移动。美联储最密切关注的名义利率是联邦基金利率，即商业银行同业拆借的短期贷款利率。

短期内，美联储可以调节名义利率和实际利率，其中实际利率等于名义利率减去通货膨胀率。因为通货膨胀率的调节相对缓慢，美联储可以通过调节名义利率来调节实际利率。长期内，实际利率是由储蓄和投资共同决定的。

美联储可以通过包括公开市场操作和贴现窗口贷款在内的工具有效控制银行准备金的数量。美联储还可以设定存款准备金率（对银行存款准备金率具有法律约束力的最低限额）。然而，这给了美联储对货币供给的部分控制，而货币市场的基本模型并未考虑到这一点。具体而言，如果银行通过让存款准备金率以同样的速度增加来吸收准备金的增加，美联储发起的银行准备金增加将不会引起货币供给的增加。

2008 年 12 月，联邦基金利率实际上达到了零下限。在随后的几年里，美联储使用非常规方法来刺激经济。包括量化宽松和前瞻指引等在内的这些方法，超越了货币市场的基本模型，即假设经济中所有利率都是一起移动的，美联储完全控制货币供给。美联储使用的这些新方法旨在直接降低高于联邦基金利率的利率。尽管上述两个基本假设在2008 年 12 月后并不适用（这解释了为什么美联储不得不采用新方法来持续刺激经济），但它们仍然提供了有用的近似值。这反过来为继续做出这些简化假设提供了一些理由，特别是在谈到美联储对利率的控制时。

美联储的措施之所以影响经济是因为实际利率水平的变化会影响计划支出。例如，实际利率的上调将增加贷款的成本，减少消费和计划支出。因此，通过上调实际利率，美联储可以减少计划支出和短期均衡产出。反之，通过下调实际利率，美联储可以刺激计划总支出，提高短期均衡产出。美联储政策的最终目标是消除经济中的产出缺口：为了消除衰退型产出缺口，美联储应该下调实际利率；为了消除扩张型产出缺口，美联储应该上调实际利率。

政策反应函数描述了决策者采取的行动如何取决于经济状况。例如，美联储的政策反应函数可以说明美联储为每个通货膨胀值设定的实际利率。

实际上，美联储关于潜在产出水平及其行动影响的大小和速度的信息并不准确。因此，货币政策制定既是一门艺术，也是一门科学。

名词与概念

demand for money	货币需求	policy reaction function	政策反应函数
discount rate	贴现率	portfolio allocation decision	资产分配决策
discount window lending	贴现窗口贷款	quantitative easing, QE	量化宽松
federal funds rate	联邦基金利率	reserve requirements	准备金要求
forward guidance	前瞻指引	zero lower bond	零下限
money demand curve	货币需求曲线		

复习题

1. 什么是货币需求？货币需求与名义利率、价格水平、收入的关系是什么？解释持有货币的成本和收益。

2. 画图表示美联储如何调节名义利率。美联储可以调节实际利率吗？

3. 美联储在公开市场上购买债券会对名义利率产生什么影响？分析：(1)公开市场购买对债券价格的影响；(2)公开市场购买对货币供给量的影响。

4. 除了公开市场操作外，美联储还有哪些方法来影响短期利率？讨论这些方法是否可以仅用于降低短期利率、仅用于提高短期利率，或同时用于降低和提高短期利率。

5. 在短期利率已经达到零下限的情况下，美联储还能降低其他更高的长期利率吗？讨论美联储可以采取的具体行动及可以如何运作。

6. 为什么实际利率水平会影响计划总支出？举几个例子。

7. 美联储面临衰退型产出缺口。你认为美联储会做出什么反应？分步解释美联储的政策变化可能对经济产生的影响。

8. 美联储决定采取一项收缩性政策措施。你认为名义利率、实际利率和货币供给量会发生什么样的变化？在什么情况下采取这种政策最合适？

9. 讨论为什么本章的分析夸大了使用货币政策消除产出缺口的精确性。

练习题

1. 在圣诞节购物季，零售店、网上零售公司及其他商业机构的销售额大幅上升。

(1) 你认为圣诞节期间货币需求曲线会发生什么样的变化？画图说明。

(2) 如果美联储不采取任何措施，圣诞节期间的名义利率会有什么变化？

(3) 事实上由于美联储的措施，当年第四季度的名义利率没有出现大的波动。解释为什么美联储可以使圣诞节期间的名义利率保持稳定，并画图说明。

2. 下表列出了当乌玛持有不同量货币时的预计年度收益：

单位：美元

平均货币持有量	总收益
500	35
600	47
700	57
800	65
900	71
1 000	75
1 100	77
1 200	77

如果名义利率为 9%，乌玛平均需要持有多少货币？5% 时呢？3% 时又如何？这里假设她所期望的货币持有量为 100 美元的倍数（提示：根据放弃的利息和额外货币持有量，列表比较每多持有 100 美元货币时的额外收益和机会成本）。

3. 你认为如下几点会对整体经济范围内的货币需求量产生何种影响？给出解释。

(1) 经纪人之间的竞争降低了出售持有的债券或者股票所需支付的委托费用。

(2) 杂货店开始接受信用卡支付方式。

(3) 金融投资者更加关注股价不断上升的风险。

4. 假设整个经济体对货币的需求 $= P(0.3Y - 25\,000i)$。价格水平 $P = 3$，实际产出 $Y = 10\,000$。在下列两种情况下，美联储分别应将名义货币供给量设定为什么值？

(1) 美联储希望将名义利率设定在 4% 的水平上。

(2) 美联储希望将名义利率设定在 6% 的水平上。

5. 使用货币市场供求图，说明美联储采取以下货币政策时对名义利率的影响：

(1) 降低贴现率并加大贴现贷款力度。

(2) 提高商业银行的准备金率。

(3) 通过公开市场向公众出售政府债券。

(4) 降低对商业银行的准备金要求。

6. 假设某国的中央银行决定降低对商业银行的准备金要求。据你预测，该国的法定准备金、超额准备金、商业银行产生的贷款额、整个国家的货币供给量，以及利率会发生什么变化？

7. 2015 年 8 月，某国的中央银行决定将法定存款准备金率从 18.5% 降至 18%。假设该国公众持有的现金量没有变化，商业银行将其超额准备金全部借出，而且在变化前后银行准备金均为 4 329 亿美元，请计算存款准备金率变化导致的该国银行存款的最大变化。

8. 当联邦基金利率已经为零或接近零时，前瞻指引、量化宽松或贴现窗口贷款中哪一项不是美联储可用的"非常规"货币政策工具的例子？

9. 解释为什么银行存放在美联储的法定准备金和超额准备金的利息增加，也会提高商业银行向借款人收取的贷款利率。

10. 某经济体可以用下面的等式描述:

$$C = 2\,600 + 0.8(Y - T) - 10\,000r$$
$$I^p = 2\,000 - 10\,000r$$
$$G = 1\,800$$
$$NX = 0$$
$$T = 3\,000$$

实际利率水平用小数表示为 0.1(10%)。

(1) 找出计划总支出与产出之间的数量关系式。

(2) 使用表格法或其他方法,计算短期均衡产出。

(3) 用凯恩斯交叉图说明你得出的结论。

11. 在第 10 题描述的经济体中,假设潜在产出 $Y^* = 12\,000$。

(1) 为了帮助经济恢复到充分就业水平,美联储应该将实际利率设定在什么水平?假设经济中的乘数是 5。

(2) 假设潜在产出 $Y^* = 9\,000$,重做第(1)题。

(3) 说明你在第(1)题中得到的实际利率水平使经济在潜在产出下的国民储蓄额 $(Y^* - C - G)$ 等于计划投资额 (I^p)。这个结果说明当经济处于充分就业水平时,实际利率水平一定与储蓄市场处于均衡时的利率相等。(回顾第 8 章中关于国民储蓄的分析。)

12*. 某经济体可以用下面的等式来描述:

$$C = 14\,400 + 0.5(Y - T) - 40\,000r$$
$$I^p = 8\,000 - 20\,000r$$
$$G = 7\,800$$
$$NX = 1\,800$$
$$T = 8\,000$$
$$Y^* = 40\,000$$

(1) 找出计划总支出与产出及实际利率之间的数学表达式。

(2) 为了消除产出缺口,美联储应该如何设定实际利率水平?[提示:设产出 Y 等于(1)中得出的等式中的潜在产出,解出的实际利率就是使计划总支出等于潜在产出的利率水平。]

13. 美联储决策者面临哪些不确定性? 这些不确定性如何影响货币政策制定?

正文中练习题的答案

13.1 按 4% 的利息计算,现金持有量每减少 1 万美元,每年的收益为 400 美元(4% × 10 000 美元)。在这种情况下,每年 500 美元的额外押运服务成本超过了现金持有量减少 1 万美元的收益。因此,金的餐厅应继续持有 5 万美元现金。将此结果与例 13.2 进行比较,可以看到金的餐厅的货币需求量越低,名义利率越高。

---

* 表示习题难度较高。

13.2　名义利率水平高于均衡水平意味着人们实际持有的货币量超过他们希望持有的货币量。为了减少货币持有量，人们会用持有的一些货币购买债券等付息资产。

然而，如果每个人都想购买债券，债券的价格就会上升。债券价格的上升相当于市场利率的下降。随着利率下降，人们将愿意持有更多的货币。最终，利率将下降到人们正好愿意持有美联储供给的货币量的水平，货币市场将处于均衡状态。

13.3　如果 $r=0.03$，消费将为 $C=640+0.8(Y-250)-400\times0.03=428+0.8Y$，计划投资为 $I^p=250-600\times0.03=232$。计划总支出＝4 900。

$$PAE=C+I^p+G+NX$$
$$=(428+0.8Y)+232+300+20$$
$$=980+0.8Y$$

为了得到短期均衡产出水平，可以编制类似表 12.1 的表格。在列出产出（第 1 列）的可能取值时通常要运用试错法。

(1) 产出 Y	(2) 计划总支出 PAE＝960+0.8Y	(3) Y－PAE	(4) Y＝PAE?
4 500	4 580	−80	否
4 600	4 660	−60	否
4 700	4 740	−40	否
4 800	4 820	−20	否
4 900	4 900	0	**是**
5 000	4 980	20	否
5 100	5 060	40	否
5 200	5 140	60	否
5 300	5 220	80	否
5 400	5 300	100	否
5 500	5 380	120	否

短期均衡产出等于 4 900，此时产出才满足 $Y=PAE$ 的条件。

我们也可以通过设 $Y=PAE$，代入计划总支出的表达式中求解，这种方法更加简单。用 PAE＝980+0.8Y 代替 PAE，得

$$Y=980+0.8Y$$
$$Y(1-0.8)=980$$
$$Y=5\times980=4\,900$$

因此，将实际利率水平从 5％下调至 3％，使短期均衡产出从 4 800 增长到 4 900。

如果你阅读过第 12 章关于乘数的附录，那么还有另一种方法可以找到答案。使用该附录，我们可以确定该模型中的乘数为 5，因为 $1/(1-c)=1/(1-0.8)=5$。实际利率每降低一个百分点，消费量增加 4 个单位，计划投资增加 6 个单位，每降低一个百分点，计划支出的总影响为 10 个单位。将实际利率降低 2 个百分点，从 5％降至 3％，将使自主支出增加 20 个单位。由于乘数为 5，自主支出增加 20 个单位将使短期均衡产出增加 $20\times5=$ 100 个单位，从例 13.4 中的 4 800 增至 4 900 的新值。

13.4　当实际利率等于 5％时，产出为 4 800。实际利率下调一个百分点将增加 10 个

单位的自主支出。因为本例中的乘数是 5,要增加 50 个单位的产出就需要将实际利率减少一个百分点,将之从 5% 下调至 4%。产出增加了 50 个单位,达到 4 850,经济中不再存在任何产出缺口。

13.5 如果 $\pi = 0.03$,产出缺口为零,我们可以将这些值代入泰勒规则的公式,得

$$r = 0.01 - 0.5(0) + 0.5(0.03) = 0.025 = 2.5\%$$

因此,当通货膨胀率为 3%、产出缺口为零时,泰勒规则所隐含的实际利率为 2.5%。名义利率等于实际利率加上通货膨胀率,或 2.5% + 3% = 5.5%。

如果存在潜在产出的 1% 的衰退型产出缺口,泰勒规则的公式将变为

$$r = 0.01 - 0.5(0.01) + 0.5(0.03) = 0.02 = 2\%$$

在这种情况下,泰勒规则隐含的名义利率是 2% 的实际利率加上 3% 的通货膨胀率,即 5%。因此,泰勒规则要求美联储在经济衰退时降低利率,这既合理又符合现实。

第 **14** 章

总需求、总供给和通货膨胀

学完本章,你应该能够:

1. 定义总需求曲线,解释它为什么向下倾斜,并解释哪些因素会引起它们的移动。

2. 定义长期和短期的总供给曲线,解释它们的方向,并解释哪些因素会引起它们的移动。特别是,展示总供给曲线是如何反映通货膨胀惯性以及通货膨胀与产出缺口之间的联系的。

3. 分析总支出冲击、通货膨胀冲击及对潜在产出的冲击是如何影响经济的。

4. 讨论反通货膨胀的货币政策的短期和长期影响。

1979 年 10 月 6 日,美联储的决策机构联邦公开市场委员会举行了一次极不寻常的周六秘密会议。美联储主席保罗·沃尔克之所以在周六召开这次会议,可能是因为他知道当天金融市场处于休市中,不会受到媒体关于这次会议的任何"泄密"的影响。或者,他可能希望教皇约翰·保罗二世当天对华盛顿的访问能够分散新闻媒体对美联储的关注。尽管当时没有人注意到这次会议,但回想起来,这次会议标志着战后美国经济史上的一个转折点。

沃尔克在 10 月 6 日召开会议时,担任美联储主席才 6 周。沃尔克以态度强硬著称,卡特总统于 1979 年 8 月任命他为美联储主席,部分原因就在于看重他的这一性格特点。卡特需要一位强硬的美联储主席来恢复公众对美国经济及政府经济政策的信心。美国经济面临许多问题,包括当时油价翻了一番,以及生产率增长令人担忧的放缓。但在公众心目中,对于经济的最大担忧是通货膨胀似乎失控了。1979 年下半年,消费者价格的年增长率达到 13%;到 1980 年春天,通货膨胀率已上升到近 16%。沃尔克的任务是:控制通货膨胀,稳定美国经济。

沃尔克知道摆脱通货膨胀并不容易,他警告同事们说可能需要采取"休克疗法"。他的计划是在技术细节上拟定的,但实质上他建议大幅降低货币供给量的增长率。参加会议的每一个人都知道,货币供给量增长放缓会导致利率上升、总支出下降。通货膨胀可能会减轻,但要以多大程度的经济衰退、产出减少和就业减少为代价? 已经摇摇欲坠的金融市场对这一新的方法将做何反响?

当沃尔克谈到此举的必要性时,会议室内的官员们紧张不安。最后进行投票时,沃尔克的计划获得全票通过。

接下来发生了什么? 在本章结束之前,我们将继续讲述这个故事,但首先我们需要理解通货膨胀的基本框架和控制通货膨胀的政策。在前两章中,我们假设企业愿意以预设价格满足针对其产品的需求。当企业只生产所需的产品时,计划总支出水平决定了一国的实际GDP。如果由此造成的短期均衡产出水平低于潜在产出,就会产生衰退型产出缺口,如果由此造成产出水平超过潜在产出,经济就会出现扩张型产出缺口。正如我们在前两章中所看到的,决策者可以尝试通过采取影响自主支出水平的行动来消除产出缺口,如改变政府支出或税收水平(财政政策),或者利用美联储对货币供给的控制来改变实际利率(货币政策)。

凯恩斯基本模型对于理解支出在短期产出决定中的作用是有效的,但它过于简化,无法提供对经济的完全现实的描述。凯恩斯基本模型的主要缺点是它无法解释通货膨胀的行为。尽管企业可能会在一段时间内以预设价格满足需求,正如凯恩斯基本模型所假设的那样,价格并不会无限期地保持固定。事实上,有时它们可能会急速上升——高通货膨胀现象在这一过程中给经济带来了巨大的成本。本章我们将扩展凯恩斯基本模型,以考虑持续的通货膨胀。正如我们将要展示的,扩展模型可以方便地用被称为总需求-总供给图的一种新的图形来表示。使用这一扩展分析,我们可以展示宏观经济政策如何影响通货膨胀和产出,说明决策者在这一过程中时常面临的艰难权衡。

▼ 通货膨胀、支出和产出：总需求曲线

为了将通货膨胀纳入模型,我们的第一步是引入一种新的关系——总需求曲线,如图14.1所示。**总需求(AD)曲线**显示了短期均衡产出 Y 与通货膨胀率 π 之间的关系。曲线的名称反映了一个事实,正如我们所看到的,短期均衡产出是由经济中的计划总支出或需求决定的。事实上,根据定义,短期均衡产出等于计划总支出,因此我们可以说总需求曲线给出了通货膨胀与支出之间的关系。[①]

我们很快就会看到,在其他所有条件相同的情况下,通货膨胀率的提高往往会降低短期均衡产出。因此,在纵轴显示通货膨胀率 π、横轴显示产出 Y 的图(见图14.1)中,总需求曲线向下倾斜。[②] 注意,尽管图14.1中绘出的是一条直线,但我们仍称之为总需求"曲线",通常,总需求曲线既可以是直线也可以是曲线。

---

① 区分总需求曲线与第12章作为凯恩斯交叉图的一部分介绍的支出曲线很重要。向上倾斜的支出曲线显示了计划总支出与产出之间的关系。同样,总需求曲线显示了短期均衡产出(等于计划支出)与通货膨胀率之间的关系。

② 经济学家有时将总需求曲线定义为总需求与价格水平而不是通货膨胀率之间的关系,通货膨胀率是价格水平的变化率。这里使用的定义既简化了分析,又产生了更符合真实世界数据的结果。关于这两种方法的比较,请参见 David Romer, "Keynesian Macroeconomics without the LM Curve," *Journal of Economic Perspectives*, Spring 2000, pp. 149-170。本章使用的图形分析与 Romer 推荐的方法非常相似。

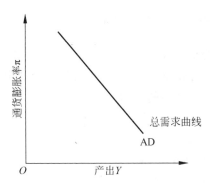

图 14.1 总需求（AD）曲线

总需求曲线显示了短期均衡产出 Y 与通货膨胀率 π 之间的关系。由于短期均衡产出等于计划支出，总需求曲线也显示了通货膨胀率与计划支出之间的关系。总需求曲线之所以向下倾斜，是因为通货膨胀的增加减少了短期均衡产出。

为什么较高的通货膨胀会导致计划支出和短期均衡产出水平的降低？正如我们接下来将看到的，一个重要原因是美联储对通货膨胀上升的反应。

通货膨胀、美联储，以及总需求曲线为何向下倾斜

美联储或任何中央银行的主要职责之一是保持低而稳定的通货膨胀率。例如，近年来，美联储试图将美国的通货膨胀率长期保持在 2%。通过保持低通货膨胀，中央银行试图避免高通货膨胀给经济带来的成本。

美联储能做些什么来保持低通货膨胀和经济稳定？如前所述，一种可能导致通货膨胀加剧的情况是扩张型产出缺口，在这种情况下，短期均衡产出超过潜在产出。当产出高于潜在产出时，企业必须以高于正常的生产能力来满足客户的需求。正如第 11 章所描述的爱丽丝冰激凌店，企业可能愿意暂时这样做。但最终它们将通过提高价格来适应高需求，从而会加剧通货膨胀。为了控制通货膨胀，当计划支出和产出可能超过潜在产出时，美联储需要对其予以抑制。

美联储可以如何避免经济"过热"，即支出和产出超过潜在产出？正如我们在上一章中看到的，美联储可以通过提高实际利率来减少自主支出，从而减少短期均衡产出。美联储的这种行为是通货膨胀与产出之间联系的关键因素，总需求曲线概括了这一联系。当通货膨胀率较高时，美联储会通过提高实际利率来应对。第 13 章介绍的美联储政策反应函数暗示了这种反应。实际利率的提高降低了消费和投资支出（自主支出），从而降低了短期均衡产出。由于较高的通货膨胀率通过美联储的行动导致产出减少，总需求曲线向下倾斜，如图 14.1 所示。我们可以将这一推理过程总结为

$$\pi \uparrow \Rightarrow r \uparrow \Rightarrow 自主支出 \downarrow \Rightarrow Y \downarrow \qquad （总需求曲线）$$

其中，π 代表通货膨胀率，r 代表实际利率，Y 代表产出。

总需求曲线向下倾斜的其他原因

尽管我们在这里关注的是造成总需求曲线向下倾斜的美联储的行为,但更高的通货膨胀还会通过其他渠道降低计划支出,从而减少短期均衡产出。因此,总需求曲线向下倾斜并不取决于我们所描述的美联储的行为。

总需求曲线向下倾斜的另一个原因是通货膨胀对家庭和企业持有的货币实际价值的影响。在高通货膨胀水平下,公众持有的货币购买力迅速下降。公众实际财富的减少可能会导致家庭抑制消费支出,减少短期均衡产出。

通货膨胀可能影响计划支出的第二个渠道是**分配效应**。研究发现,与富裕的人相比,生活不太富裕的人受通货膨胀的伤害更大。例如,当物价快速上涨时,领取固定收入的退休人员和领取最低工资的工人失去了购买力。不太富裕的人在进行金融投资方面也可能缺少经验,因此比富裕的人更难保护自己的储蓄免受通货膨胀的影响。

处于收入分配底端的人往往比富裕的人花费更多的可支配收入。因此,如果通货膨胀的爆发将资源从相对高支出、较不富裕的家庭重新分配到相对高储蓄、较富裕的家庭,那么总支出可能会下降。

通货膨胀与总需求之间的第三个联系是较高的通货膨胀给家庭和企业带来了不确定性。当通货膨胀率很高时,人们对未来的成本变得不那么确定,不确定性使计划变得更加困难。在不确定的经济环境中,家庭和企业都可能变得更加谨慎,从而减少支出。

通货膨胀与总支出之间的最后一个联系是通过国内产品和服务在外国的价格来实现的。正如我们将在下一章中看到的那样,国内产品的外国价格部分取决于本国货币(如美元)兑换外币(如英镑)的汇率。然而,由于货币之间的汇率不变,国内通货膨胀的上升会导致国内产品在外国市场上的价格更快地上涨。随着国内产品对潜在的外国买家来说变得相对昂贵,出口销售额将下降。净出口是总支出的一部分,因此我们再次发现,通货膨胀加剧可能会减少支出。所有这些因素与美联储的行为共同导致了总需求曲线向下倾斜。

使总需求曲线移动的因素

如图 14.1 所示的总需求曲线向下倾斜反映了一个事实:其他所有因素保持不变时,较高的通货膨胀将导致较低的计划支出,从而降低短期均衡产出。同样,高通货膨胀降低计划支出和产出的一个主要原因是,美联储倾向于提高实际利率来应对通货膨胀的增加,而实际利率反过来又会降低计划总支出的两个重要组成部分——消费和计划投资。

然而,即使通货膨胀保持不变,各种因素也会影响计划支出和短期均衡产出。本节我们将通过画图展示这些因素将导致总需求的变化,从而导致**总需求曲线的移动**。具体而言,对于给定的通货膨胀水平,如果经济发生了增加短期均衡产出的变化,总需求曲线将向右移动(如图 14.2 所示)。相反,如果这种变化降低了每个通货膨胀水平下的短期均衡产出,则总需求曲线将向左移动[如图 14.3(b)所示]。我们将重点关注使总需求曲线移动的两类经济变化:(1)由产出或利率以外的因素导致的支出变化,我们将其称为支出的外生变化;(2)美联储货币政策的变化,反映在美联储政策反应函数的变化中。

支出的变化

我们已经看到,计划总支出既取决于产出(通过消费函数),也取决于实际利率(实际利率会影响消费和计划投资)。然而,产出或实际利率以外的许多因素也会影响计划支出。例如,在给定的产出水平和实际利率下,财政政策会影响政府的购买水平,而消费者信心的变化会影响消费支出。同样,新的技术机会可能会使企业增加计划投资,而外国人购买国内产品的意愿增加将提高净出口。我们将与产出或实际利率变化无关的计划支出变化称为支出的外生变化。

对于给定的通货膨胀率(也就是说,对于美联储设定的某个实际利率),支出的外生增加会提高短期均衡产出,原因我们在过去两章中讨论过。因为它在每一个通货膨胀水平上都会增加产出,所以支出的外生增加会使总需求曲线向右移动,如图 14.2 所示。例如,假设股市的上涨使消费者更愿意消费(财富效应),此时对于每一个通货膨胀水平,总支出和短期均衡产出都会更高,这一变化表现为总需求曲线从 AD 向右移动到 AD′。

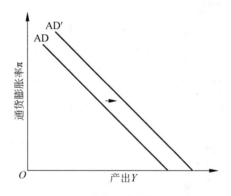

图 14.2　外生支出增加的影响

图中给出了外生支出增加(具体而言,是股市上涨引起的消费支出的增加)之前(AD)和之后(AD′)的总需求曲线。如果通货膨胀率和美联储设定的实际利率保持不变,则支出的外生增加会提高短期均衡产出。因此,总需求曲线将从 AD 向右移动到 AD′。

类似地,在给定的通货膨胀率下,支出的外生减少(如由于更严格的财政政策而导致的政府购买减少)将导致短期均衡产出下降。我们可以得出结论,支出的外生减少将使总需求曲线向左移动。

练习 14.1

确定以下事件将如何影响总需求曲线:

(1) 由于对未来经济疲软的普遍担忧,企业减少了在新资本方面的支出。

(2) 联邦政府降低了所得税。

美联储政策反应函数的变化

回想一下,美联储的政策反应函数描述了美联储如何在每一个通货膨胀水平上设定实际利率。事实上,这一关系反映在总需求曲线中,在一定程度上解释了总需求曲线的向下倾斜。只要美联储根据不变的政策反应函数设定实际利率,其对实际利率的调整就不会导致总需求曲线发生变化。在正常情况下,美联储通常遵循稳定的政策反应函数。

然而,在给定的通货膨胀率下,美联储有时可能会采取比正常情况下"更紧缩"或"更宽松"的政策。例如,如果通货膨胀率很高,并且始终难以降低,美联储可能会选择更紧缩的货币政策,在每一个给定的通货膨胀率下,将实际利率设定为高于正常水平。这种政策变化可以解释为美联储政策反应函数的向上移动,如图14.3(a)所示,其中纵轴上的实际利率被描述为横轴上的通货膨胀率的函数。美联储决定在通货膨胀问题上变得更加"鹰派",即将每一给定通货膨胀率下的实际利率设定在更高的水平,这将减少计划支出,从而减少每一通货膨胀率下的短期均衡产出。因此,美联储政策反应函数的向上移动导致总需求曲线向左移动[见图14.3(b)]。在本章的后面,我们将解释沃尔克主席1979年对通货膨胀的抨击正属于这样的政策转变。

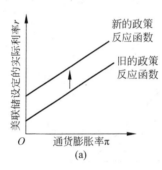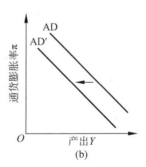

图14.3 外生支出增加的影响

图中给出了外生支出增加(具体而言,是股市上涨引起的消费支出的增加)之前(AD)和之后(AD′)的总需求曲线。如果通货膨胀率和美联储设定的实际利率保持不变,则外生支出的增加会提高短期均衡产出。因此,总需求曲线将从AD向右移动到AD′。

类似地,如果美国正经历一场异常严重且旷日持久的衰退,在通货膨胀率给定的情况下,美联储可能会选择改变政策,将实际利率设定为低于正常水平。这种政策变化可以解释为美联储政策反应函数的向下移动。在通货膨胀率给定的情况下,低于正常水平的实际利率将导致更高的支出水平和短期均衡产出。因此,美联储政策反应函数的向下移动会导致总需求曲线向右移动。

练习 14.2

解释为什么如图14.3所示的货币政策转变可以解释为美联储通货膨胀长期"目标"的下降。(提示:从长远来看,美联储设定的实际利率必须与储蓄和投资市场确定的实际利率一致。)

总需求曲线的移动与沿总需求曲线的移动

我们通过回顾和总结沿总需求曲线的移动与总需求曲线的移动之间的重要区别来结束本节。

总需求曲线向下倾斜一方面反映了通货膨胀与短期均衡产出之间的反向关系。如前所述，通货膨胀率的上升导致美联储根据其政策反应函数提高实际利率。更高的实际利率反过来会抑制计划支出，从而降低短期均衡产出。总需求曲线向下倾斜反映了通货膨胀、支出和产出之间的关系。因此，通货膨胀率的变化，以及由此产生的实际利率和短期均衡产出的变化，都由沿总需求曲线的移动来表示。特别是，只要美联储根据固定的政策反应函数设定实际利率，实际利率的变化就不会引起总需求曲线的移动。

然而，如果短期均衡产出增加，任何在给定通货膨胀率下改变短期均衡产出水平的因素都会使总需求曲线向右移动，如果短期均衡产出减少，则总需求曲线将向左移动。我们已经确定了两个可以改变总需求曲线的因素：支出的外生变化（与产出或实际利率无关的支出变化）和美联储政策反应函数的变化。支出的外生增加或美联储政策反应函数的向下移动会在每一个通货膨胀水平上增加短期均衡产出，从而使总需求曲线向右移动。支出的外生减少或美联储政策反应函数的向上移动会降低每一个通货膨胀水平上的短期均衡产出，从而使总需求曲线向左移动。

练习 14.3

下面两种场景有什么区别（如果有的话）？

（1）美联储政策反应函数向上移动。

（2）对于给定的政策反应函数，美联储对高通货膨胀的反应。

每种场景如何影响总需求曲线？

重点回顾：总需求曲线

- 总需求曲线显示了短期均衡产出与通货膨胀之间的关系。通货膨胀过高将促使美联储提高实际利率，从而减少自主支出，进而减少短期均衡产出。因此，总需求曲线向下倾斜。

- 总需求曲线之所以向下倾斜，也可能是因为：（1）较高的通货膨胀降低了公众持有货币的实际价值，减少了财富和支出；（2）通货膨胀将资源从支出占可支配收入比例较高的较不富裕的人重新分配给支出占可支配收入比例较低的较富裕的人；（3）更高的通货膨胀给家庭和企业的规划带来了更大的不确定性，从而减少其支出；（4）当美元与其他货币的汇率较为稳定时，国内产品和服务价格的上涨会减少对外销售，从而减少净出口（总支出的一部分）。

- 支出的外生增加会在每一个通货膨胀水平上提高短期均衡产出，从而使总需求曲线向右移动。相反，支出的外生减少将使总需求曲线向左移动。

- 采用更为宽松的货币政策将使美联储政策反应函数向下移动,总需求曲线则向右移动。采用更为紧缩、更为抗通货膨胀的货币政策将使美联储政策反应函数向上移动,总需求曲线则向左移动。
- 假设美联储政策反应函数没有变化,通货膨胀的变化对应总需求曲线上的移动,而不会使总需求曲线移动。

通货膨胀与总供给

迄今为止,我们重点讨论了通货膨胀的变化如何影响支出和短期均衡产出,这一关系由总需求曲线反映出来。但我们尚未讨论通货膨胀本身是如何决定的。在本章接下来的部分,我们将探讨决定现代工业经济体通货膨胀率的主要因素,以及决策者控制通货膨胀的选择。在这一过程中,我们将引入用于分析产出和通货膨胀行为的总需求-总供给图。

物理学家注意到,除非受到外力的作用,否则物体会按固定的速度和方向移动,他们把这种趋势称为惯性。将这个概念应用于经济学,很多学者指出通货膨胀也具有惯性,即只要经济是在充分就业条件下运行并且不存在对价格水平的外来冲击,通货膨胀就会保持基本不变。本节我们将首先讨论为什么通货膨胀会表现为这种方式。

然而,正如物体受到外力作用会改变速度一样,各种经济力量也会改变通货膨胀率。在本章的后面,我们将讨论导致通货膨胀率变化的三个因素。我们将在本节讨论的第一个因素是产出缺口:当存在扩张型产出缺口时,通货膨胀率倾向于上升;而当存在衰退型产出缺口时,通货膨胀率倾向于下降。影响通货膨胀率的第二个因素是直接影响价格的冲击,我们将其称为通货膨胀冲击。例如,进口石油价格的大幅上涨会提高汽油、取暖油及其他燃料的价格,以及使用石油生产的产品或使用石油的服务(如运输)的价格。最后,直接影响通货膨胀率的第三个因素是对潜在产出的冲击,或潜在产出水平的急剧变化——一场摧毁了一个国家大部分工厂和企业的自然灾害就是一个极端的例子。通货膨胀冲击和对潜在产出的冲击统称总供给冲击,我们将在下一节予以讨论。

通货膨胀惯性

在像今天的美国这样的低通货膨胀工业经济体中,通货膨胀每年的变化往往相对缓慢。经济学家把这种现象称为通货膨胀惯性。如果某一年的通货膨胀率为 2%,那么下一年的通货膨胀率可能是 3%甚或是 4%。除非国家正在经历非同寻常的经济状况,否则在下一年,通货膨胀率不太可能会上升到 6%或 8%,也不太可能会下降到 -2%。这种相对缓慢的变化,与经济中的其他变化明显不同,如股票或产品的价格有可能每天都会出现剧烈的变化。例如,石油价格在某一年中就可能上涨 20%,而在下一年则可能暴跌 20%。然而,在过去 30 年左右的时间里,美国的通货膨胀率大致维持在每年 2%~3%的范围内,只会在短期内出现较小的偏差。

为什么在现代工业国家中,通货膨胀的调整相对缓慢?为了回答这个问题,我们必须考虑对通货膨胀的决定起重要作用的两个密切相关的因素：公众的通货膨胀预期；长期工资和价格合同。

通货膨胀预期

我们首先考虑公众对通货膨胀的预期。在谈判未来的工资和价格时，买方和卖方都会考虑自己对未来几年中通货膨胀的预期。因此，今天对未来通货膨胀的预期有助于决定未来的通货膨胀率。例如，假设弗雷德是一位公司员工，他的老板科琳认可他在上一年的工作表现，双方同意在下一年将弗雷德的实际工资上调 2%。他们协商的名义工资上调应当是多少？如果弗雷德认为下一年的通货膨胀率是 3%，那么会要求将名义工资上调 5%，这样他就可以得到实际工资 2% 的增加。如果科琳也认可下一年的通货膨胀率将是 3%，她就会同意将弗雷德的名义工资上调 5%，因为这样实际工资的上调将是 2%。因此，弗雷德和科琳对价格上涨比率的预期影响了至少一种价格——弗雷德的名义工资——实际的上涨率。

除了影响劳动合同，类似的动因还会影响生产投入合同。例如，假设科琳正在与办公用品供应商谈判，她同意为下一年的复印纸和订书钉支付的价格取决于她预期的通货膨胀率。如果科琳预期供应商的价格相对于其他产品或服务的价格不会发生变化，而且通货膨胀率大约为 3%，那么她会同意供应商提价 3%。如果她预期通货膨胀率大约为 6%，那么她会同意下一年的复印纸和订书钉提价 6%，因为她知道名义上提价 6% 意味着相对于其他产品和服务，办公用品的价格并未发生变化。

因此，在整个经济体中，预期通货膨胀率越高，名义工资及其他投入的成本就增加得越多。然而，如果工资及其他生产成本会随着预期通货膨胀而快速增长，那么企业会迅速提高价格来弥补成本的增加。这样一来，高预期通货膨胀率就会导致高实际通货膨胀率。类似地，如果预期通货膨胀率比较低，那么工资及其他成本的增加相对也会比较缓慢，从而实际通货膨胀率也会比较低。

练习 14.4

假设老板和员工都同意下一年的实际工资应该上涨 2%。

（1）如果下一年的预期通货膨胀率为 2%，那么下一年的名义工资会发生什么变化？

（2）如果下一年的预期通货膨胀率为 4% 而不是 2%，那么下一年的名义工资会发生什么变化？

（3）结合你在（1）和（2）中给出的答案，说明预期通货膨胀率的上升会如何影响下一年的实际通货膨胀率。

实际通货膨胀率在一定程度上取决于预期通货膨胀率，这一结论带来了新的问题：是什么决定了预期通货膨胀率？在很大程度上，人们的预期受其近期经历的影响。如果一段时间内通货膨胀均维持低而稳定的水平，那么人们可能会预期它将保持在较低的水平。但是，如果近期的通货膨胀一直很高，人们会预期它将继续保持在较高的水平。如果通货膨胀一直不稳定，忽高忽低地不断变化，那么公众的预期同样会变得不稳定，随着有关经济形势和经济政策的新闻或谣言而上升或下降。

图14.4形象地描述了稳定的低通货膨胀是如何维持自我恒定的。如果低通货膨胀维持了一段时间,人们会继续给出低通货膨胀预期。名义工资及其他生产成本的增加因此会变得缓慢。如果企业的提价幅度仅够覆盖成本,那么实际通货膨胀也会像预期的那样比较低。较低的实际通货膨胀率反过来又会使预期通货膨胀率比较低,从而永久地保持了"良性循环"。反过来,同样的逻辑也适用于高通货膨胀的经济中:旷日持久的高通货膨胀率导致了公众对于通货膨胀的高预期,结果使名义工资及其他生产成本出现更大幅度的上涨。这反过来又造成了较高的实际通货膨胀率,从而陷入恶性循环。通货膨胀预期在工资和价格决定中发挥的作用有助于解释为什么通货膨胀的调整往往显得缓慢。

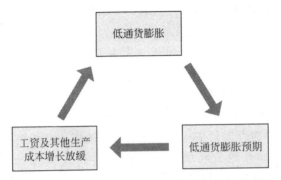

图14.4 低通货膨胀与预期低通货膨胀的良性循环

低通货膨胀使人们对未来的通货膨胀保持低预期。因此,人们能够接受工资以及产品和服务的价格的低增长,这会保持较低的通货膨胀(和预期通货膨胀)。类似地,高通货膨胀使人们的预期通货膨胀较高,从而引发高通货膨胀。

长期工资和价格合同

通货膨胀预期在通货膨胀惯性中的作用由于第二个关键因素,即长期工资和价格合同的存在而得到了加强。例如,工会劳动合同通常长达3年。类似地,约定了价格的制造企业的零部件和原材料采购合同的期限也往往有数年之久。长期合同的作用是"固定"了工资和价格的上涨,而工资和价格则取决于签订合同时的通货膨胀预期。例如,高通货膨胀环境下,工会可能要求合同期内名义工资的上涨高于价格稳定的经济环境下所要求的工资上涨。

总之,在没有外部冲击的情况下,通货膨胀在长期内倾向于保持稳定,至少在像美国这样的低通货膨胀的工业化经济体中是这样的。换句话说,通货膨胀具有惯性(或者像一些人说的,是"黏性的")。通货膨胀具有惯性主要有两个原因。第一个原因是人们对通货膨胀的预期。低通货膨胀率使人们预期未来的通货膨胀低,从而降低了工资和价格上涨的压力。同样,高通货膨胀率使人们预期未来的通货膨胀高,从而加速了工资和价格的上涨。通货膨胀在长期内保持稳定的第二个原因是长期工资和价格合同的存在,这加强了预期的作用。长期合同有助于强化人们的通货膨胀预期的效果。

练习 14.5

根据图 14.4,讨论为什么美联储会积极维持美国的低通货膨胀。

产出缺口与通货膨胀

影响通货膨胀率的一个重要因素是产出缺口,即实际产出与潜在产出之间的差异 $(Y-Y^*)$。如前所述,在短期内,企业将以预设的价格满足对其产量的需求。例如,爱丽丝的冰激凌店将按照柜台后张贴的价格向任何顾客出售冰激凌。由预设价格的需求决定的产出水平称为短期均衡产出。

在某一时刻,短期均衡产出恰好等于经济中的长期生产能力或潜在产出。不过这并不是必然的。产出可能超过潜在产出,产生扩张型缺口;产出也可能低于潜在产出,产生衰退型缺口。接下来我们将分析下列三种可能的情况将如何影响通货膨胀:无产出缺口、扩张型缺口和衰退型缺口。结果汇总在表 14.1 中。

表 14.1　产出缺口与通货膨胀

表中给出了三种可能的情况:如果没有产出缺口,通货膨胀率将趋于保持不变;出现扩张型缺口后,通货膨胀率将趋于上升;出现衰退型缺口后,通货膨胀率将趋于下降。

产出与潜在产出的关系	通货膨胀的表现
1. 无产出缺口 $Y=Y^*$	通货膨胀率保持不变
2. 扩张型缺口 $Y>Y^*$	通货膨胀率上升 $\pi \uparrow$
3. 衰退型缺口 $Y<Y^*$	通货膨胀率下降 $\pi \downarrow$

无产出缺口: $Y=Y^*$

如果实际产出等于潜在产出,那么根据定义不存在产出缺口。当产出缺口为零时,企业将满足于销量等于最大可持续生产率。这样一来,企业将没有动力降低或提升其产品相对于其他产品和服务的价格。然而,企业对其销量满意,并不代表通货膨胀(整体价格水平的变化率)为零。

要了解原因,让我们回顾一下通货膨胀惯性的概念。假设通货膨胀以每年 3% 的速度稳定增长,因此公众的预期通货膨胀率是每年 3%。如果公众的通货膨胀预期反映在长期合同中达成的工资和价格的上涨幅度中,那么企业的劳动力和原材料成本每年将上涨 3%。为了抵消成本,企业需要每年将其产品价格上调 3%。注意,如果每年所有的企业都将价格上调 3%,那么经济中各种产品和服务的相对价格(如冰激凌的价格相对于出租车费)不会发生变化。尽管如此,整个经济中的通货膨胀率仍为 3%,与之前的几年一样。我们可以总结如下:如果产出缺口为零,那么通货膨胀率将维持不变。

扩张型缺口: $Y>Y^*$

假设现在存在扩张型缺口,绝大多数企业的销量超过了其最大可持续生产率。我们可以设想在需求量超过企业希望提供的数量的情况下,企业最终将试图提高其相对价格。

也就是说,它们提高的价格将超过成本的增长。如果所有的企业都这么做,那么通货膨胀率将以前所未有的速度上涨。因此,当存在扩张型缺口时,通货膨胀率趋于上涨。

衰退型缺口:$Y < Y^*$

最后,如果存在衰退型缺口,企业的销量将低于其生产能力,因而它们将愿意降低其产品的相对价格以增加销量。在这种情况下,企业的价格上涨将低于由现有的通货膨胀率决定的成本的上涨,从而不足以完全弥补成本的增加。这样一来,当存在衰退型缺口时,通货膨胀率趋于下降。

例 14.1　支出变化与通货膨胀

消费者信心的下降将如何影响通货膨胀率?

在前两章,我们看到支出的变化会造成扩张型或衰退型的缺口。因此,根据以上讨论,我们可以得出结论,支出的变化也会导致通货膨胀率的变化。如果经济目前在潜在产出水平上运行,消费者信心的下降会对通货膨胀产生什么影响,从而使消费者不愿意在每一可支配收入水平上消费?

在给定通货膨胀率、产出和实际利率的前提下,消费支出的外生减少会减少总支出和短期均衡产出。如果经济最初在潜在产出水平上运行,那么消费的减少将导致衰退型缺口,因为实际产出 Y 如今小于潜在产出 Y^*。如前所述,当 $Y < Y^*$ 时,通货膨胀率将趋于下降,因为企业的销量低于正常生产率,导致其降低了提价的速度。

练习 14.6

假设企业对未来感到乐观,并决定增加对新资本的投资。假设经济目前在潜在产出水平上运行,企业的这一决定将对通货膨胀率产生什么影响?

总需求-总供给图

针对产出缺口的通货膨胀调整可以方便地用图形来表示。图 14.5 是总需求-总供给图(简称 AD-AS 图)的一个例子,纵轴表示通货膨胀率 π,横轴表示实际产出 Y。图中有三个要素,其中一个是本章前面介绍的向下倾斜的总需求曲线。回想一下,总需求曲线反映计划总支出及短期均衡产出是如何取决于通货膨胀率的。第二个要素是一条垂直线,代表经济的潜在产出 Y^*。因为潜在产出代表经济的长期生产能力,我们将这条垂直线称为**长期总供给(LRAS)曲线**。第三个是新的要素,即在图中标记为 SRAS 的短期总供给曲线。**短期总供给(SRAS)曲线**是一条水平线,显示了当前经济中的通货膨胀率,在图中标记为 π。我们可以认为当前的通货膨胀率是由过去对通货膨胀的预期和过去的定价决策确定的。短期总供给曲线是水平的,因为在短期内,生产者以预设的价格提供消费者所需的任何产出。

总需求-总供给图可用于确定某一时点的产出水平。如前所述,任一时刻的通货膨胀率都是由 SRAS 曲线的位置直接给出的,例如,图 14.5 中当前的通货膨胀率等于 π。要找到当前的产出水平,请记住 AD 曲线显示了任何给定通货膨胀率下的短期均衡产出水平。由于该经济体的通货膨胀率为 π,我们可以从图 14.5 中推断,短期均衡产出必须等于 Y,这对应于 AD 曲线与 SRAS 曲线的交点(图中的 A 点)。请注意,在图 14.5 中,短期均衡产出 Y 小于潜在产出 Y^*,因此该经济体存在衰退型产出缺口。

AD 曲线与 SRAS 曲线的交点(图 14.5 中的 A 点)被称为该经济体的短期均衡点。当经济处于**短期均衡**时,通货膨胀等于由过去的预期和过去的定价决策确定的价值,产出等于与通货膨胀率一致的短期均衡产出水平。

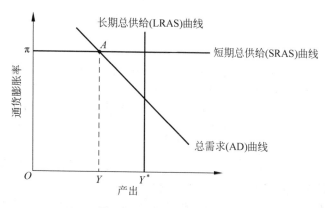

图 14.5　总需求-总供给图

图中有三个要素:总需求(AD)曲线,它显示了短期均衡产出是如何取决于通货膨胀率的;长期总供给(LRAS)曲线,代表经济的潜在产出 Y^*;短期总供给(SRAS)曲线,显示了当前经济中的通货膨胀率 π。短期均衡产出(图中等于 Y)由 AD 曲线与 SRAS 曲线的交点(A 点)给出。由于实际产出 Y 小于潜在产出 Y^*,因此经济中存在衰退型产出缺口。

尽管经济可能在图 14.5 中的 A 点处于短期均衡,但它不会保持在那里。原因是在 A 点,经济中存在衰退型产出缺口(产出低于 LRAS 曲线给出的潜在产出水平)。如前所述,当经济中存在衰退型产出缺口时,企业的销量并未达到其想要的水平,因此企业会降低提价的速度。最终,与衰退型产出缺口相关的低总需求水平导致通货膨胀率下降。

图 14.6 以图形方式显示了通货膨胀针对衰退型产出缺口做出的调整。随着通货膨胀下降,SRAS 曲线从 SRAS 向下移动到 SRAS′。由于通货膨胀惯性(由公众通货膨胀预期的缓慢调整及长期合同的存在造成),通货膨胀只能逐步向下调整。然而,只要存在衰退型产出缺口,通货膨胀将继续下降,SRAS 曲线将向下移动,直到与 AD 曲线相交于 B 点。此时,实际产出等于潜在产出,衰退型产出缺口不复存在。由于在 B 点不存在进一步的通货膨胀压力,通货膨胀率稳定在较低水平。图 14.6 中 B 点所示的情况(通货膨胀率稳定,实际产出等于潜在产出)被称为经济的**长期均衡**。经济的长期均衡出现于 AD 曲线、SRAS 曲线与 LRAS 曲线相交于同一点时。

图 14.6 说明了一个重要的观点:当存在衰退型产出缺口时,通货膨胀将趋于下降。该图还表明,随着通货膨胀下降,短期均衡产出上升,随着短期均衡点沿 AD 曲线向下移动,短期均衡产出从 Y 逐渐增加到 Y^*。产出增加的原因是美联储的行为,随着通货膨胀下降,美联储降低了实际利率,刺激了总需求。通货膨胀的下降以其他方式(如减少不确

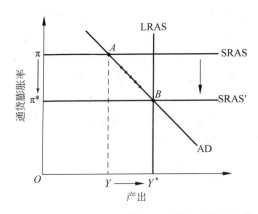

图 14.6   存在衰退型产出缺口时的通货膨胀调整

在最初的短期均衡点 A,存在衰退型产出缺口,这给通货膨胀带来了下行压力。随着通货膨胀率逐渐下降,SRAS 曲线向下移动,直到达到 SRAS',实际产出等于潜在产出(B 点)。消除了衰退型产出缺口后,通货膨胀率稳定在 π^*,经济在 AD 曲线、LRAS 曲线与 SRAS' 曲线的交点(B 点)达到长期均衡。

定性)刺激支出和产出。[①] 随着产出的增加,周期性失业率也在下降,根据奥肯定律,失业率与产出缺口正相关。通货膨胀下降→实际利率下降→产出上升→失业率下降的过程将一直持续到经济在图 14.6 中的 B 点(长期均衡点)达到充分就业水平。

如果经济中出现扩张型产出缺口而不是衰退型产出缺口,产出大于潜在产出,情况又会如何? 扩张型产出缺口将导致通货膨胀上升,因为企业对高需求的反应是以比成本上升更快的速度提高价格。从图形上看,扩张型产出缺口将导致 SRAS 曲线在长期向上移动。通货膨胀和 SRAS 曲线将继续上升,直到经济达到长期均衡,实际产出等于潜在产出。这一过程如图 14.7 所示。最初,经济在 A 点实现短期均衡,$Y>Y^*$(扩张型产出缺口)。随着时间的推移,扩张型产出缺口导致通货膨胀上升,短期总供给曲线从 SRAS 向上移动到 SRAS'。随着 SRAS 曲线的上移,短期均衡产出下降,这是美联储在通货膨胀

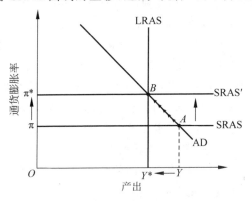

图 14.7   存在扩张型产出缺口时的通货膨胀调整

在初始的短期均衡点 A,存在扩张型产出缺口。通货膨胀逐渐上升(SRAS 曲线向上移动),产出下降。这一过程将一直持续到经济在 B 点达到长期均衡。在 B 点,通货膨胀稳定,产出缺口消除。

---

① 我们在本章前面解释总需求曲线向下倾斜的原因时介绍了其中一些方式。

上升时倾向于提高实际利率的结果。最终,SRAS 曲线与 AD 曲线和 LRAS 曲线相交于 B 点,经济达到长期均衡,不存在产出缺口,通货膨胀稳定。

自我修正的经济

我们对图 14.6 和图 14.7 的分析表明了一个重要的观点:从长远来看,经济趋于自我修正。换句话说,如果有足够的时间,产出缺口往往会在货币政策或财政政策没有变化的情况下消失(除了美联储政策反应函数中体现的实际利率变化)。扩张型产出缺口通过通货膨胀上升消除,而衰退型产出缺口则通过通货膨胀下降消除。这一结果与凯恩斯基本模型形成鲜明对比,后者不包括自我修正机制。存在这一差异的原因是,凯恩斯基本模型专注于短期,在短期内价格不会调整,因此并未考虑长期内价格和通货膨胀的变化。

经济的自我修正倾向是否意味着不需要采取积极的货币政策和财政政策来稳定产出?这个问题的答案主要取决于自我修正过程的速度。如果自我修正发生得非常缓慢,以至于实际产出在很长一段时间内与潜在产出不同,那么积极使用货币政策和财政政策有助于稳定产出。但是,如果自我修正的速度很快,那么鉴于政策制定过程中的滞后性和不确定性,积极的稳定政策在大多数情况下可能并不奏效。事实上,如果经济会迅速恢复充分就业水平,那么政策制定者稳定支出和产出的努力可能会弊大于利,如导致实际产出"超过"潜在产出。

经济自我修正的速度取决于很多因素,包括长期合同的普遍性以及产品市场与劳动力市场的效率和灵活性。(相关的案例研究请参阅第 7 章中有关美国和欧洲劳动力市场的讨论。)不过,一个合理的结论是,初始产出缺口越大,经济自我修正花费的时间就越长。这一观察结果表明,不应积极利用稳定政策来消除相对较小的产出缺口,但当失业率特别高时,财政政策在弥补巨大的产出缺口方面可能非常有用。

重点回顾:通货膨胀、总需求-总供给与自我修复的经济

- 当通货膨胀率等于由过去的预期和定价决策确定的值,产出等于与通货膨胀率一致的短期均衡产出水平时,经济处于短期均衡。从图形上看,短期均衡位于 AD 曲线与 SRAS 曲线的交点。我们将通货膨胀由过去的通货膨胀(影响过去的预期和定价决策)决定这一事实称为通货膨胀惯性。

- 当实际产出等于潜在产出(不存在产出缺口)且通货膨胀稳定时,经济处于长期均衡。从图形上看,当 AD 曲线、SRAS 曲线与 LRAS 曲线相交于一点时,会出现长期均衡。

- 通货膨胀逐步调整,使经济达到长期均衡(一种被称为经济自我修正趋势的现象)。通货膨胀上升是为了消除扩张型产出缺口,而下降是为了消除衰退型产出缺口。从图形上看,SRAS 曲线根据需要向上或向下移动,使经济达到长期均衡。

- 经济自我修正的速度越快,就越不需要采取积极的稳定性政策来消除产出缺口。在实践中,当产出缺口较大时,政策制定者消除产出缺口的努力可能比产出缺口较小时更有帮助。

通货膨胀的来源

如前所述,通货膨胀可能随着产出缺口而上升或下降。但是,是什么造成了导致通货膨胀变化的产出缺口?除了产出缺口之外,还存在其他可能影响通货膨胀的因素吗?本节我们将使用总需求-总供给图来探讨通货膨胀的最终来源。我们首先讨论总支出的过度增长如何刺激通货膨胀,然后介绍通过经济供给侧运行的各种因素。

过度的总支出

在实践中,通货膨胀的一个重要来源是过度的总支出,或者用更通俗的话说,"太多的开支争夺太少的商品"。例 14.2 给出了具体的说明。

例 14.2　扩军与通货膨胀

美联储能采取措施来防止战争或扩军导致的通货膨胀吗?

战争和扩军有时与通货膨胀加剧有关。使用总需求-总供给图解释原因。美联储能采取措施来防止扩军导致的通货膨胀加剧吗?

战争和扩军可能导致通货膨胀,因为军备支出的增加将使总需求相对于经济生产能力增加更多。面对销量的不断增长,企业将更快地提高价格,从而加剧了通货膨胀。

图 14.8 中的两个图说明了这一过程。首先看图 14.8(a),假设经济最初在 A 点处实现长期均衡,其中总需求曲线 AD 分别与短期总供给曲线 SRAS 和长期总供给曲线 LRAS 相交。A 点为长期均衡点,产出等于潜在产出,通货膨胀稳定。现在假设政府决定增加军备开支。军费的增加是政府购买 G 的增加,属于支出的外生增加。如前所述,对于给定的通货膨胀水平,支出的外生增加会提高短期均衡产出,从而使 AD 曲线向右移动。图 14.8(a)显示了由于军费增加,总需求曲线从 AD 向右移动到 AD'。经济在 AD' 与 SRAS 相交的 B 点达到新的短期均衡。注意,在 B 点,实际产出超过潜在产出,$Y > Y^*$,形成了扩张型产出缺口。因为通货膨胀存在惯性,短期内不会改变,政府购买增加的直接效果只是增加产出,正如我们在第 12 章分析凯恩斯交叉图时所了解的那样。

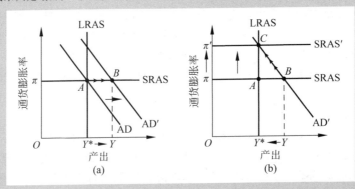

图 14.8　作为通货膨胀来源的战争和扩军

(a) 军费开支的增加使 AD 曲线从 AD 向右移动到 AD'。在新的短期均衡点 B,实际产出超过潜在产出 Y^*,形成了扩张型产出缺口。(b) 这一缺口导致通货膨胀上升,表现为 SRAS 曲线从 SRAS 向上移动到 SRAS'。在新的长期均衡点 C,实际产出已经回落到潜在产出水平,但通货膨胀率 π' 高于初始水平。

　　然而,这一过程并未就此停止,因为通货膨胀不会无限期地保持不变。在 B 点,存在扩张型产出缺口,因此通货膨胀将逐渐开始上升。图 14.8(b)显示了随着 SRAS 曲线从其初始位置向上移动到 SRAS′,通货膨胀将上升。当通货膨胀上升到 π′,足以消除产出缺口(C 点)时,经济又达到了长期均衡。可以看到,扩军带来的产出增长只是暂时的。从长期来看,在较高的通货膨胀率下,实际产出恢复到了潜在产出水平。

　　美联储是否有能力防止因军费开支增加而导致的通货膨胀加剧? 答案是肯定的。我们在前面看到,如果美联储决定在任何给定的通货膨胀水平上设定更高的实际利率,政策反应函数的向上移动将使总需求曲线向左移动。因此,如果美联储在扩军的过程中积极收紧货币政策(改变其政策反应函数),它可以扭转政府支出增加导致的总需求曲线的右移。抵消总需求曲线的向右偏移可以避免扩张型产出缺口的扩大及其将带来的通货膨胀。美联储的政策之所以有效,是因为它在每一个通货膨胀水平上设定的更高的实际利率会降低消费和投资支出。私人支出的减少抵消了政府需求的增加,消除或至少缓和了军备支出的通货膨胀影响。

　　另外,我们不能就此得出结论:避免扩军带来的通货膨胀后果将使扩军对于社会是零成本的。正如我们刚才提到的,只有通过采取提高实际利率的政策来减少消费和投资,才能避免通货膨胀。事实上,为了使国家将更多的产出用于军事目的,私营部门必须放弃一些资源。资源的减少既降低了当前的生活水平(通过减少消费),也降低了未来的生活水平(通过减少投资)。

经济自然主义者 14.1　20 世纪 60 年代,美国的通货膨胀是如何开始的?

　　1959—1963 年,美国的年通货膨胀率一直在 1% 上下。然而,从 1964 年开始,通货膨胀率开始上升,1970 年达到近 6%。为什么通货膨胀在 20 世纪 60 年代成为困扰美国的问题?

　　政府支出的增加,加上美联储未能采取行动遏制通货膨胀,似乎可以解释 20 世纪 60 年代通货膨胀大幅上升的大部分原因。在财政方面,随着越南战争的升级,军事支出在 60 年代后期急剧增加。1962—1965 年,每年的国防开支约为 700 亿美元,1968 年则上升到超过 1 000 亿美元,并在接下来的几年保持在较高水平。要理解扩军规模与经济规模的对比,请注意,1965—1968 年,仅军事支出的增长就约占 GDP 的 1.3%,从 1965 年占 GDP 的 9.5% 增长至 1968 年的 10.8%。相比之下,2019 年美国国防预算总额还不到 GDP 的 4%,其在经济中所占的份额必须在 3 年内增长约 33% 才能实现类似的相对增长。此外,在战时扩军的同一时期,由于约翰逊总统"伟大社会"和"消除贫困战争"倡议的影响,美国政府在社会项目上的支出也急剧增加。

　　这些由政府主导的总开支增加促成了经济繁荣。事实上,1961—1969 年的经济扩张是当时历史上最长的,仅 30 年后就被 20 世纪 90 年代的长期扩张所超越。然而,正如例 14.2 中的分析所预测的那样,经济扩张将带来扩张型产出缺口,最终通货膨胀将上升。

　　20 世纪 60 年代的扩军与 20 世纪 80 年代里根总统时期的扩军存在不同,后者并没有导致通货膨胀的增加。两次扩军之间的一个重要区别是美联储的行为。正如我们在例 14.2 中看到的,美联储可以通过更积极地对抗通货膨胀(政策反应函数向上移动)来抵消政府支出增加带来的通货膨胀影响。除了 1966 年的一次短暂尝试外,美联储在 20 世纪 60 年代并没有积极尝试抵消通货膨胀压力。这种失败可能只是一种误判,也可能反映了其在政治动荡时期不愿采取政治上不受欢迎的减缓经济的措施。但 20 世纪 80 年代初,在保罗·沃尔克的领导下,美联储采取了强有力的行动来遏制通货膨胀。因此,尽管当时扩军了,但通货膨胀在 20 世纪 80 年代实际上有所下降。

练习 14.7

在例 14.1 中,我们发现消费支出的减少往往会降低通货膨胀率。使用总需求-总供给图,说明消费支出减少对通货膨胀的短期和长期影响。从短期和长期来看,支出减少会如何影响产出?

虽然产出缺口会引起通货膨胀逐渐变化,但有时经济冲击会引起通货膨胀相对快速的上升或下降。这种对价格的冲击,我们称之为通货膨胀冲击,是下一节的主题。

通货膨胀冲击

1973 年年末,第四次中东战争爆发,石油输出国组织(OPEC)大幅削减了对工业国家的原油供应,使世界油价翻了两番。油价的大幅上涨很快波及汽油、取暖油及严重依赖石油的产品和服务(如航空旅行)的价格。油价上涨的影响,再加上农产品短缺导致粮食价格上涨,导致 1974 年美国整体通货膨胀率显著上升。[①]

1974 年通货膨胀的上升就是所谓的通货膨胀冲击的一个例子。通货膨胀冲击是正常通货膨胀行为的突然变化,与国家的产出缺口无关。导致通货膨胀上升的通货膨胀冲击,如 1973 年油价的大幅上涨,被称为不利的通货膨胀冲击。降低通货膨胀的通货膨胀冲击被称为有利的通货膨胀冲击。

与 20 世纪 70 年代油价的急剧上涨导致了更高的通货膨胀相比,20 世纪 80 年代中期以来,油价变化对通货膨胀的影响要小得多。经济自然主义者 14.2 详细介绍了通货膨胀冲击的经济影响,并讨论了近年来油价变化对通货膨胀影响较小的原因。

经济自然主义者 14.2　为什么油价上涨导致美国的通货膨胀在 20 世纪 70 年代急剧上升,而在 21 世纪第一个 10 年和 10 年代却没有?

通货膨胀在 20 世纪 60 年代后半期上升后,在 20 世纪 70 年代继续上升。1973 年的通货膨胀率已经达到 6.2%,1974 年又跃升至 11%。1974—1978 年,通货膨胀率下降后,1979 年又开始上升,达到 11.4%,1980 年达到 13.5%。为什么 20 世纪 70 年代通货膨胀率会上升这么多?

1973 年年末石油价格翻了两番,同时农产品价格也大幅上涨,这共同构成了不利的通货膨胀冲击。1979 年发生了第二次通货膨胀冲击,当时伊朗革命造成的动荡限制了来

---

① 在第 5 章,我们区分了相对价格变化(个别产品价格的变化)和通货膨胀(总体价格水平的变化)。1973—1974 年,能源和食品等各类产品的价格变化巨大且普遍,总体价格水平受到重大影响。因此,这些相对价格变化同样造成了通货膨胀冲击。

自中东的石油流动,油价再次翻番。

图 14.9 显示了不利的通货膨胀冲击对某个假设经济体的影响。在通货膨胀冲击发生之前,经济在 AD、LRAS 和 SRAS 的交点 A 点处于长期均衡。在 A 点,实际产出等于潜在产出 Y^*,通货膨胀率稳定在 π。然而,不利的通货膨胀冲击直接推高了通货膨胀,因此 SRAS 迅速向上移动到 SRAS′。在 B 点实现了新的短期均衡,SRAS′ 与总需求曲线 AD 相交。在通货膨胀冲击之后,通货膨胀率上升到 π',产出从 Y^* 下降到 Y'。因此,通货膨胀冲击造成了最坏的可能:更高的通货膨胀加上衰退型产出缺口。通货膨胀和经济衰退的结合被称为滞胀,或经济停滞加通货膨胀。1973—1975 年,在第一次石油危机之后,美国经济经历了滞胀;1980 年,在第二次石油危机后,美国经济再次经历了滞胀。

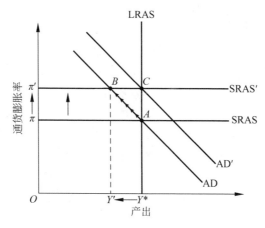

图 14.9　不利的通货膨胀冲击的影响

从 A 点的长期均衡开始,不利的通货膨胀冲击直接推高了通货膨胀,导致 SRAS 向上移动至 SRAS′。在新的短期均衡点 B,通货膨胀率上升到 π',产出下降到 Y',造成了衰退型产出缺口。如果美联储什么都不做,最终经济将回到 A 点,恢复最初的通货膨胀率,但在此过程中会经历长期衰退。美联储可以通过采取宽松性货币政策,使政策反应函数从 AD 下移至 AD′,更快地在 C 点回到充分就业水平。这一策略的代价是通货膨胀仍处于较高水平。

不利的通货膨胀冲击让宏观经济决策者面临一个困境。要了解原因,假设货币政策和财政政策在通货膨胀冲击后保持不变。在这种情况下,通货膨胀最终会减弱并恢复到最初的水平。如图 14.9 所示,通货膨胀冲击发生后不久,经济将在 B 点达到短期均衡。然而,由于 B 点存在衰退型产出缺口,最终通货膨胀将开始逐渐下降,直到最终消除衰退型产出缺口。如图所示,通货膨胀的下降将表现为 SRAS 向下移动,从 SRAS′ 移回SRAS。只有在图中的 A 点恢复长期均衡时,通货膨胀才会停止下降,此时通货膨胀率处于 π 的初始水平,产出等于潜在产出。

然而,尽管"无所作为"的政策方针最终会消除产出缺口和通货膨胀飙升,但也会使经济陷入深度且长期的衰退,因为在通货膨胀调整过程完成之前,实际产出仍低于潜在产出。为了避免这种高昂的经济和政治代价,决策者可能会选择更快地消除衰退型产出缺口。例如,通过主动采取宽松性货币政策(更准确地说,通过降低其政策反应函数),美联储可以将总需求曲线从 AD 向右移动到 AD′,使经济达到新的长期均衡点,即图 14.9 中的 C 点。这种扩张性政策有助于使产出更快地恢复充分就业水平,但如图所示,这也将使通货膨胀稳定在新的更高的水平。

总之,通货膨胀冲击使决策者面临真正的困境。如果他们保持政策不变,通货膨胀最终会消退,但国家可能会经历一场漫长而严重的衰退。相反,如果他们采取积极行动增加总开支,衰退将更快结束,但通货膨胀将稳定在更高的水平。20 世纪 70 年代,尽管美国政策制定者试图在稳定产出与遏制通货膨胀之间取得平衡,但经济衰退与通货膨胀加剧的综合影响将使经济发展困难重重。

然而,20 世纪 70 年代并不是最后一次油价大幅上涨。自 20 世纪 90 年代末以来,油价的波动甚至比 20 世纪 70 年代更为剧烈,但通货膨胀仍然相对稳定。为什么 21 世纪第一个 10 年和 10 年代的油价上涨却没有导致如图 14.9 所分析的影响?

经济学家对这一重要问题给出了不同的答案,为了得到充分的解释,似乎应该结合几个因素。例如,研究这一问题的经济学家奥利维尔·布兰查德(Olivier Blanchard)和乔迪·加利(Jordi Gali)着重于以下三种解释,并得出结论,这三种解释可能都发挥了重要作用。[①] 首先,自 20 世纪 70 年代以来,劳动力市场变得更加灵活,工资也变得不那么具有黏性。如果工资和价格调整得更快,即使美联储采取无所作为的政策,图 14.9 中的经济仍将更快地回到 A 点。其次,自 20 世纪 70 年代以来,石油在经济中所占的份额一直在下降。随着石油在生产和消费中的重要性降低,预计油价变化对经济的影响也将减小。

最后,也是与本章讨论最密切相关的,公众对美联储针对油价上涨反应的预期在 21 世纪第一个 10 和 10 年代与 20 世纪 70 年代相比有很大的不同。具体而言,在 20 世纪 70 年代,人们不相信美联储会在油价上涨后将通货膨胀率降至较低水平。因此,企业的反应是更快地提高价格,工人要求提高工资以弥补更高的生活成本。但在 21 世纪第一个 10 年和 10 年代,在美联储主席保罗·沃尔克及其继任者阿伦·格林斯潘降低了通货膨胀率并表明美联储致力于保持低通货膨胀率之后,公众对通货膨胀的预期更加稳定,因此油价冲击并未导致工资及其他价格的长期上涨。

经济自然主义者 14.2 的结尾让我们又想到一个观点,即中央银行的信誉及其对维持低通货膨胀的承诺本身就有助于实现低通货膨胀目标。这一观点在本章前面曾多次被提及,例如,当我们讨论沃尔克的保守主义和强硬声誉时,以及当我们说明低预期通货膨胀和低通货膨胀的良性循环时(见图 14.4)。我们将在本章介绍一些中央银行致力于明确的通货膨胀目标时再次回顾这一观点。

在第 9 章,我们讨论了通货膨胀与货币增长之间的长期关系。通货膨胀冲击的例子表明,通货膨胀并不总是源于过度的货币增长,而是可能由多种因素引起。然而,我们的分析也表明,在不采取宽松性货币政策的情况下,由通货膨胀冲击等因素引起的通货膨胀最终会消失。相比之下,持续的通货膨胀要求货币政策保持宽松,也就是说,政策制定者

---

①   Olivier J. Blanchard and Jordi Gali, "The Macroeconomic Effects of Oil Price Shocks: Why Are the 2000s So Different from the 1970s?," in *International Dimensions of Monetary Policy* (Chicago: University of Chicago Press, 2010).

允许货币供给快速增长。在这方面,我们对本章的分析与之前的长期分析是一致的,后者的结论是,只有货币政策足够宽松时,持续的通货膨胀才有可能存在。

练习 14.8

通货膨胀冲击也可能对经济有利,比如 2014 年年底油价下跌 50%。如果公众不相信美联储会立即采取行动保持通货膨胀稳定,油价下跌会对产出和通货膨胀产生什么影响?

对潜在产出的冲击

在分析 20 世纪 70 年代油价上涨对美国经济的影响时,我们假设潜在产出在震荡后保持不变。然而,在此期间油价的大幅上涨可能也影响了经济的潜在产出。例如,随着油价上涨,很多企业淘汰了能效较低的设备或老旧的高油耗汽车。较低的资本存量意味着较低的潜在产出。

如果油价上涨确实降低了潜在产出,那么其通货膨胀影响将更加严重。图 14.10 说明了潜在产出突然下降对经济的影响。为了简单起见,该图仅包括潜在产出减少的影响,而不包括通货膨胀冲击的直接影响。(本章练习题的第 7 题则要求你将这两种效果都在图中表示出来。)

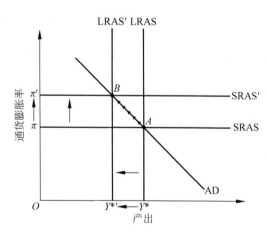

图 14.10　对潜在产出的冲击的影响

当潜在产出从 Y^* 下降到 $Y^{*\prime}$ 时,经济在 A 点处于长期均衡状态,产生了扩张型产出缺口。通货膨胀上升,短期总供给曲线从 SRAS 向上移动到 SRAS′,在 B 点达到新的长期均衡,实际产出等于新的、较低的潜在产出 $Y^{*\prime}$,通货膨胀率则上升到 π'。因为这是潜在产出下降的结果,所以产出的下降是永久性的。

再次假设经济在 A 点处于长期均衡状态。然后潜在产出意外地从 Y^* 下降到 $Y^{*\prime}$,使长期总供给曲线从 LRAS 向左移动到 LRAS′。在潜在产出下降之后,经济是否仍处于 A 点的长期均衡状态?答案是否定的,因为此时的产出超过了潜在产出。换句话说,已经形成了扩张型产出缺口。这一缺口反映了一个事实,即尽管计划支出没有改变,但企业提供产品和服务的能力却降低了。

如前所述,扩张型产出缺口会导致通货膨胀上升。在图 14.10 中,通货膨胀的上升由 SRAS 向上移动反映出来。最终,短期总供给曲线移动到 SRAS′,经济在 B 点达到新的长期均衡。(为什么 B 点是长期均衡点,而不只是短期均衡点?)在该点,产出下降到新的、较低的潜在产出水平 $Y^{*\prime}$,通货膨胀率则上升到 π'。

潜在产出和通货膨胀冲击的急剧变化都被称为总供给冲击。正如我们所看到的,无论哪种类型的不利的总供给冲击都会导致产出下降和通货膨胀上升,因此,对决策者来说都是一个艰巨的挑战。两种类型的总供给冲击之间的区别在于,与不利的通货膨胀冲击相关的产出损失是暂时的(因为经济会自我修正,并最终恢复到初始的潜在产出水平),但与潜在产出下降相关的因素是永久性的(即使在经济达到新的长期均衡后,产出仍然较低)。

经济自然主义者 14.3　为什么美国能在 20 世纪 90 年代后期实现快速增长和低通货膨胀?

20 世纪 90 年代后半期是美国经济的繁荣时期。如表 14.2 所示,1995—2000 年的实际 GDP 年增长率为 4.3%,大大高于前 10 年的平均增长率;失业率平均只有 4.6%,也明显好于前十年。尽管经济增长如此迅速,但 1995—2000 年通货膨胀得到了控制,每年平均仅为 2.5%。为什么美国在 20 世纪 90 年代末既能实现快速增长,又能实现低通货膨胀?

表 14.2　1985—2000 年美国宏观经济数据,年平均值　　　　　　　　　%

	实际 GDP 增长率	失业率	通货膨胀率	生产率增长
1985—1995 年	3.0	6.3	3.5	1.4
1995—2000 年	4.3	4.6	2.5	2.4

资料来源:美国经济分析局,美国劳工统计局。实际 GDP 用 2012 年美元衡量。失业率是该时期的平均失业率。通货膨胀是用 CPI 来衡量的。

20 世纪 90 年代后期,美国经济从对潜在产出的有利冲击中受益。潜在产出比以往增长更快的一个重要原因是令人印象深刻的技术进步,特别是在计算机和软件方面,以及这些进步在汽车生产、零售库存管理等领域的应用。最突出的发展之一是互联网的快速增长,这不仅使消费者能在网上购物或查找信息,还有助于企业提高效率,例如,通过改善制造商与供应商之间的沟通。这些进步反映为生产率增长更快。如表 14.2 所示,每名工人的平均年产量增长率从 1985—1995 年的 1.4% 提高到 1995—2000 年的 2.4%(见经济自然主义者 6.2)。

从图形上看,对潜在产出的有利冲击的影响与显示了负面冲击影响的图 14.10 所示刚好相反。对潜在产出的有利冲击使 LRAS 向右移动,导致短期内出现衰退型产出缺口(产出低于新的、更高的潜在产出)。通货膨胀率下降,反映为 SRAS 的下降。在新的长期均衡状态下,产出高于初始水平,通货膨胀低于初始水平。这与 20 世纪 90 年代后期美国的情况是一致的。

练习 14.9

如果生产力在 20 世纪 90 年代末没有提高呢？2000 年的经济会有何不同？

重点回顾：通货膨胀的来源

- 通货膨胀可能源于过度支出，因为过度支出会造成扩张型产出缺口，给通货膨胀带来上行压力。这方面的一个例子是会造成政府大量增加购买的扩军。货币政策或财政政策可以被用来抵消过度支出，防止出现更高的通货膨胀。

- 通货膨胀也可能是由总供给冲击引起的，如通货膨胀冲击或对潜在产出的冲击。通货膨胀冲击是正常通货膨胀表现的突然变化，与国家的产出缺口无关。通货膨胀冲击的一个例子是能源和食品价格足以提高整体价格水平的大幅上涨。在公众不相信中央银行致力于维持低通货膨胀的情况下，通货膨胀冲击将导致滞胀，即经济衰退和通货膨胀加剧的结合。

- 滞胀使决策者面临困境：如果不采取行动，最终通货膨胀将消退，产出将恢复，但在此期间，经济可能会陷入长期衰退；如果使用货币政策或财政政策来增加总需求，虽然经济衰退可以被缩短，但也将长期保持较高的通货膨胀水平。

- 对潜在产出的冲击使潜在产出发生急剧变化。与不利的通货膨胀冲击一样，对潜在产出的不利冲击会导致较高的通货膨胀和较低的产出。然而，由于较低的潜在产出意味着生产能力已经下降，因此在潜在产出受到冲击后，产出不会恢复，而在通货膨胀冲击后，产出最终会恢复。

▼ 控制通货膨胀

高通货膨胀率甚至温和的通货膨胀率都会给经济带来巨大的成本。事实上，在过去几十年间，经济学家与政策制定者之间已经形成了一种共识，即低而稳定的通货膨胀对于持续的经济增长是重要的，也许是必要的。那么，如果通货膨胀率过高，决策者应该怎么做？如例 14.3 所示，使总需求曲线向左移动的政策可以减缓通货膨胀。不幸的是，尽管这些政策在生产力和经济增长方面产生了长期收益，但它们很可能会以产出损失和失业率提高的形式带来巨大的短期成本。

例 14.3 反通货膨胀货币政策的效果

实施紧缩性货币政策后，产出、失业和通货膨胀将有何反应？
假设尽管经济处于充分就业状态，但通货膨胀率高达 10%，无法与经济效率和长期经济增长保持一致。美联储决定实施紧缩性货币政策，将通货膨胀率降至 3%。短期内，产出、失业和通货膨胀会如何变化？从长远来看呢？

　　紧缩性货币政策在短期和长期的经济效果截然不同。图 14.11(a)显示了短期效应。最初,经济在 A 点处于长期均衡,实际产出等于潜在产出。但在 A 点,通货膨胀率很高(10%),如总供给曲线 SRAS 所示。

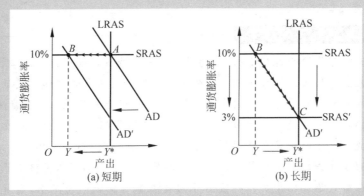

图 14.11 反通货膨胀货币政策的短期和长期效果

　　(a) 最初,经济在 A 点处于长期均衡,实际产出等于潜在产出,通货膨胀率为 10%。如果美联储采取的反通货膨胀政策使总需求曲线从 AD 向左移动到 AD′,经济将在 AD′ 与 SRAS 的交点 B 达到新的短期均衡。随着短期均衡产出下降到 Y,出现了衰退型产出缺口。通货膨胀率在短期内不会改变。(b) 采取紧缩性货币政策后,在 B 点出现了衰退型产出缺口,最终导致通货膨胀下降。短期总供给曲线从 SRAS 向下移动到 SRAS′。长期均衡在 C 点恢复。长期来看,实际产出恢复到潜在产出水平,通货膨胀稳定在较低水平(图中为 3%)。

　　要将通货膨胀率降至 3%,决策者可以怎么做? 为了抑制通货膨胀,美联储必须将实际利率设定在高于正常水平的水平。换句话说,美联储必须使其政策反应函数向上移动,如图 14.11(a)所示。在稳定的通货膨胀率下,美联储设定的实际利率的提高将减少消费和投资支出,从而在每一个通货膨胀率下降低总需求。正如我们在本章前面所看到的,美联储采取的紧缩性货币政策导致总需求曲线从 AD 向左移动到 AD′。

　　美联储采取行动后,AD′曲线与 SRAS 曲线在图 14.11(a)中的 B 点相交,这就是新的短期均衡点。在 B 点,实际产出下降到 Y,小于潜在产出 Y*。换言之,美联储的行动导致了衰退型产出缺口的扩大,其结果之一就是失业率将超过自然失业率。然而,在 B 点,通货膨胀率没有变化,保持在 10%。我们得出的结论是,在短期内,紧缩性货币政策将使经济陷入衰退,而由于通货膨胀惯性,对通货膨胀率几乎没有影响。

　　反通货膨胀货币政策的短期效果——产出下降、失业率上升、通货膨胀几乎没有或根本没有降低——可以说并不令人鼓舞,这也解释了为什么这种政策转变在早期往往很不受欢迎。然而,幸运的是,我们的故事还没有结束,因为经济不会永远保持在 B 点。原因是,在该点处衰退型产出缺口的存在最终将导致通货膨胀下降,因为企业在需求疲软的情况下更不愿意提高价格。

　　图 14.11(b)中,短期总供给曲线从 SRAS 向下移动到 SRAS',表明衰退型产出缺口导致通货膨胀最终下降。通货膨胀将继续下降,直到经济在 C 点恢复长期均衡。此时,实际产出已恢复到潜在产出水平,通货膨胀率已稳定在 3%。因此,我们看到,紧缩性货币政策会带来短期痛苦(产出下降、失业率和实际利率提高),以实现长期收益(通货膨胀永久性下降)。货币政策反应函数向上移动使通货膨胀率永久下降,让我们想到:美联储反应函数向上移动相当于其长期通货膨胀目标的下降(参见练习 14.2)。同样,美联储反应函数向下移动则可以被解释为美联储长期通货膨胀目标的提高。

经济自然主义者 14.4 讨论了美联储紧缩性货币政策的现实场景。

练习 14.10

给出美联储实施反通货膨胀货币政策时产出、通货膨胀和实际利率的典型时间路径。为每个变量绘制一张单独的图,在横轴上显示时间。一定要区分短期和长期。图中不需要给出具体的数值。

经济自然主义者 14.4　20 世纪 80 年代美国是如何克服通货膨胀的?

美国的通货膨胀率在 20 世纪 70 年代末达到两位数后,80 年代急剧下降。在 1980 年达到 13.5% 的峰值后,通货膨胀率在 1983 年一路下降到 3.2%,并且在接下来的 10 年中保持在 2%～5%。20 世纪 90 年代,通货膨胀率甚至下降得更低,大多数年份都在 2%～3% 的范围内。20 世纪 80 年代美国是如何克服通货膨胀的?

20 世纪 80 年代克服通货膨胀最大的功臣是美联储主席保罗·沃尔克。1979 年 10 月 6 日,他召开了周六秘密会议,随后,联邦公开市场委员会决定采取强有力的反通货膨胀货币政策。这一政策变化对美国经济的影响如表 14.3 所示,其中包括 1978—1985 年的宏观经济数据。

表 14.3　1978—1985 年美国宏观经济数据　%

年	实际 GDP 增长率	失业率	通货膨胀率	名义利率	实际利率
1978	5.5	6.1	7.6	8.3	0.7
1979	3.2	5.8	11.3	9.7	−1.6
1980	−0.3	7.1	13.5	11.6	−1.9
1981	2.5	7.6	10.4	14.4	4.0
1982	−1.8	9.7	6.2	12.9	6.7
1983	4.6	9.6	3.2	10.5	7.3
1984	7.2	7.5	4.4	11.9	7.5
1985	4.2	7.2	3.5	9.6	6.1

资料来源:美国经济分析局,美国劳工统计局,圣路易斯联邦储备银行。实际 GDP 用 2012 年美元衡量。通货膨胀是用 CPI 衡量的。名义利率是 3 年期国库券利率的年平均值。实际利率等于名义利率减去通货膨胀率。

表 14.3 中的数据非常符合我们对反通货膨胀货币政策的分析。首先,正如我们的模型所预测的,在短期内,美联储大幅收紧货币政策导致了经济衰退。事实上,1979 年美联储采取行动后,出现了两次衰退,一次是 1980 年的短暂衰退,另一次是 1981—1982 年更严重的衰退。请注意,1980 年和 1982 年实际 GDP 增长为负,失业率大幅上升,1982 年达到 9.7% 的峰值。名义利率和实际利率也上升了,这是货币政策转变的直接影响。不过,1979—1981 年,通货膨胀没有太大的反应。所有这些结果与图 14.11 中的短期分析都是一致的。

然而,1983 年情况发生了明显变化。1983—1985 年,经济复苏,实际 GDP 增长强劲(见表 14.3)。1984 年,通常滞后于经济复苏的失业率开始下降。利率仍然相对较高,可能反映了货币政策之外的其他因素。最重要的是,通货膨胀在 1982—1983 年有所下降,并稳定在较低的水平。自那以后,美国的通货膨胀率一直很低。

像美联储在 20 世纪 80 年代所实现的通货膨胀率的大幅降低,被称为通货紧缩。不过,通货紧缩的代价是巨大的衰退型产出缺口和高失业率,就像美国在 20 世纪 80 年代初经历的那样。付出这样的成本值得吗? 这个问题并不容易回答,因为通货膨胀的成本很难衡量。然而,世界各地的政策制定者似乎都同意遏制通货膨胀的必要性,因为许多国家在 20 世纪八九十年代努力将自己的通货膨胀率降至 2% 或更低。加拿大和英国就是承担了大幅降低通货膨胀的成本的许多工业国家中的两个。

通货紧缩的成本能降低吗? 不幸的是,还没有人找到一种能降低通货膨胀率的无成本的方法。因此,近几十年来,世界各国的中央银行一直努力将通货膨胀保持在可控水平,以避免通货紧缩的成本。在阿伦·格林斯潘(保罗·沃尔克的继任者,1987—2006 年担任美联储主席)的领导下,美联储采取了先发制人的策略,在出现了通货膨胀可能很快开始缓慢上升的第一个迹象时就采取了升息措施。这一措施似乎成功地保持了低通货膨胀,避免了代价高昂的通货紧缩。加拿大、英国、瑞典、墨西哥、巴西、智利、以色列及其他许多国家都宣布了长期通货膨胀率的明确目标,通常为每年 1%～3%。最近,美联储宣布,它认为 2% 的通货膨胀率"在长期内最符合美联储的法定职责"。[①] 在声明中,美联储补充说:"向公众明确传达这一通货膨胀目标有助于保持长期通货膨胀预期的稳定。"通货膨胀目标背后的理念与先发制人的通货膨胀方法背后的理念相同:如果通货膨胀能够保持在低水平,那么经济就可以享受由此带来的长期利益,而不必承担沃尔克采取的通货紧缩政策带来的短期成本。

经济自然主义者 14.5   通货膨胀会太低吗?

正如上一节所指出的,美联储通常专注于防止通货膨胀过快上升,但到 2002 年年底,美联储的一些决策者开始担心通货膨胀实际上可能太低。为什么?

美联储 2002 年 9 月 24 日召开的联邦公开市场委员会会议纪要表明,委员会成员担心美国经济持续疲软可能会导致在 2003 年之前"通货膨胀率很低,甚至可能会下降"。[②] 2001 年 9 月至 2002 年 9 月,消费品价格仅上涨约 1.5%。与会者指出,"进一步的大规模通货紧缩将导致名义通货膨胀率接近零,可能会造成在经济受到不利冲击的情况下,难以通过常规手段实施货币政策。"

低通货膨胀率、低利率及经济进一步疲软的可能性,提高了未来制定货币政策时遇到问题的可能性。在 2001 年和 2002 年,美联储将联邦基金利率目标降至 1.75%——这是 40 年来的最低水平,试图为缓慢摆脱衰退的美国经济提供刺激。在通货膨胀率为 1.5% 的情况下,到 2002 年 9 月,名义利率与通货膨胀率之间的差额几乎为零。

为什么这会给美联储带来潜在问题? 由于通货膨胀率已经很低,而且可能会下降,如果美联储在未来被迫进一步刺激总支出,以应对整个经济范围内的支出冲击——考虑到对美国与伊拉克军事对抗的担忧,这种可能性很高——美联储可能需要将实际利率降至

[①] "FOMC Statement of Longer-Run Goals and Policy Strategy," January 25, 2012, www.federalreserve.gov/newsevents/press/monetary/20120125c.htm.

[②] 2002 年 9 月美联储联邦公开市场委员会会议纪要,见 www.federalreserve.gov/fomc/minutes/20020924.htm。

零以下。正如第 13 章所指出的,企业支出和消费支出会对实际利率而非名义利率做出反应。然而,在通货膨胀不断下降的时期,美联储需要将名义利率降低的幅度超过通货膨胀的下降幅度,以降低实际利率。由于联邦基金利率已经处于历史低位,美联储官员担心无法将名义利率降低到足以进一步降低实际利率的程度。特别是,如果通货膨胀率降至 0,即使美联储将(名义)联邦基金利率降至零下限,也无法实现负的实际联邦基金利率,从而限制了美联储实施常规的扩张性货币政策以抵消衰退型产出缺口的能力。事实上,美联储在 2002 年 11 月召开的会议上采取行动,将联邦基金利率下调至 1.25%,在一定程度上是为了防止经济进一步疲软和通货膨胀下降。

然而,美联储官员当时也指出,即使联邦基金利率降至 0,美联储仍有多种选择来刺激美国经济的总支出。例如,美联储可以购买长期国债(一种量化宽松形式),降低长期利率,以刺激投资支出。正如上一章所指出的,美联储的货币行动通常侧重于联邦基金利率,这是一种非常短期的利率,可能会也可能不会与影响抵押贷款的长期利率一致。此外,美联储可以增加对银行的贴现窗口贷款,以促进消费信贷和企业贷款的增加,干预外汇市场以降低美元汇率,进而刺激净出口,或者通过购买额外的债券为联邦政府减税提供资金,在这一过程中扩大货币供给。

所有这些非传统的美联储政策措施都有向经济注入更多资金的效果,导致总支出增加,通货膨胀率逐渐升高。通过使用这些货币政策工具,即使联邦基金利率为零,美联储也可以在必要时通过引发更高的通货膨胀来产生负实际利率。因此,尽管低通货膨胀率加上低利率,使货币政策制定变得更加复杂,但利率不可能真的低到足以消除美联储刺激经济的能力的程度。事实上,正如上一章所讨论的,在 2002 年年底召开的联邦公开市场委员会会议的 6 年后,美联储实施了大规模的非常规扩张性货币政策,以消除 2007—2009 年经济衰退的衰退型产出缺口。在 2007—2009 年经济衰退期间和之后,美联储成功地使用了一些新的货币政策工具,美联储和公众对这些工具越来越熟悉。因此,2020 年年初,当新冠肺炎疫情暴发时,美联储准备以前所未有的规模迅速采取新的量化宽松及其他紧急贷款计划。这些措施都是为了先发制人地消除预期的巨大衰退型产出缺口。

自 2015 年以来,过低的通货膨胀再次成为人们关注的问题,不仅是在美国,而且在欧洲和日本等通货膨胀持续低于中央银行目标的其他主要经济体。为了使通货膨胀上涨到目标水平,欧洲中央银行(ECB)和日本中央银行(BOJ)效仿几年前的美联储,推出了量化宽松计划等新工具。

重点回顾:控制通货膨胀

通货膨胀可以通过使总需求曲线向左移动的政策来控制,如采取紧缩性货币政策(货币政策反应函数向上移动)。从短期来看,反通货膨胀货币政策的影响主要体现在产出上,因此通货紧缩(通货膨胀大幅降低)可能会造成严重的衰退型产出缺口。根据该理论,从长远来看,产出应该恢复到潜在水平,通货膨胀应该下降。这些预测在 20 世纪 80 年代初的沃尔克反通货膨胀期间似乎得到了证实。

小结

本章扩展了凯恩斯基本模型,将通货膨胀包括在内。首先,我们展示了计划支出和短期均衡产出与通货膨胀的关系,这一关系由总需求曲线概括。其次,我们讨论了通货膨胀是如何确定的。从短期来看,通货膨胀是由过去的预期和定价决策确定的,但从长期来看,通货膨胀会根据需要进行调整,以消除产出缺口。

总需求曲线显示了短期均衡产出与通货膨胀之间的关系。由于短期均衡产出等于计划支出,总需求曲线也将支出与通货膨胀联系起来。通货膨胀的增加减少了计划支出和短期均衡产出,因此总需求曲线是向下倾斜的。

通货膨胀与短期均衡产出成反比的关系在很大程度上是美联储所采取行动的结果。为了保持低通货膨胀和经济稳定,美联储通过提高实际利率来应对通货膨胀上升。实际利率的提高降低了消费和计划投资,减少了计划总支出,从而减少了短期均衡产出。总需求曲线向下倾斜的其他原因包括通货膨胀对货币实际价值的影响、分配效应(通货膨胀将财富从储蓄相对较少的穷人重新分配给储蓄较多的富人)、通货膨胀造成的不确定性,以及通货膨胀对国内产品对外销售的影响。

对于任何给定的通货膨胀值,支出的外生增加(在给定产出水平和实际利率下的支出增加)会提高短期均衡产出,从而使总需求曲线向右移动。同样,支出的外生减少也会使总需求曲线向左移动。总需求曲线也可能因美联储政策反应函数的改变而改变。如果美联储变得"更强硬",使其政策反应函数向上移动,在每一个通货膨胀水平上选择更高的实际利率,总需求曲线将向左移动。如果美联储变得"更宽松",使其政策反应函数向下移动,在每一个通货膨胀水平上设定更低的实际利率,总需求曲线将向右移动。

在像今天的美国这样的低通货膨胀工业经济体中,通货膨胀往往是惯性的,或者说很难适应经济的变化。这种惯性行为反映了一个事实:通货膨胀在一定程度上取决于人们对未来通货膨胀的预期,而这又取决于他们最近的通货膨胀经历。长期工资和价格合同往往会"内置"人们对未来多年的期望。在总需求-总供给图中,短期总供给曲线是水平的,显示了由过去的预期和定价决策确定的当前通货膨胀率。

尽管通货膨胀是惯性的,但它确实会随着时间的推移而变化,以应对产出缺口。扩张型产出缺口往往会提高通货膨胀率,因为当企业面临超过其正常生产能力的需求时,它们会更快地提高价格。随着企业越来越不愿意提高价格,将会出现衰退型产出缺口,从而倾向于使通货膨胀率下降。

当通货膨胀率等于由过去的预期和定价决策确定的价值,产出等于与通货膨胀率一致的短期均衡产出水平时,经济处于短期均衡状态。从图形上看,短期均衡发生在总需求曲线与短期总供给曲线的交点处。然而,如果存在产出缺口,通货膨胀率将进行调整以消除缺口。从图形上看,短期总供给曲线根据需要向上或向下移动,使产出恢复到充分就业水平。当通货膨胀率稳定且实际产出等于潜在产出时,经济处于长期均衡状态。从图形上看,长期均衡对应于总需求曲线、短期总供给曲线与长期总供给曲线的交点,这是一条标志经济潜在产出的垂直线。

由于经济倾向于通过通货膨胀率的调整自行实现长期均衡,因此被认为是自我修正的。自我修正过程越快,就越不需要采取积极的稳定性政策来消除产出缺口。实际上,产出缺口越大,这种政策就越有效。

通货膨胀的一个来源是过度支出,这导致了扩张型产出缺口。总供给冲击是通货膨胀的另一个来源。总供给冲击包括通货膨胀冲击(例如,由进口石油价格上涨等因素造成的通货膨胀正常行为的突然变化)和对潜在产出的冲击。不利的供给冲击——产出下降,而且公众不相信中央银行致力于维持低通货膨胀会加剧通货膨胀,使决策者面临困境。

为了降低通货膨胀,政策制定者必须使总需求曲线向左移动,通常是通过采取紧缩性货币政策。从短期来看,随着经济出现衰退型产出缺口,反通货膨胀政策的主要影响可能是产出减少和失业率上升。这些短期的反通货膨胀成本必须与较低通货膨胀率的长期收益相平衡。随着时间的推移,产出和就业将恢复到正常水平,通货膨胀将下降。20 世纪80 年代初,美联储主席保罗·沃尔克达成的通货紧缩就遵循了这种模式。

名词与概念

aggregate demand (AD) curve	总需求(AD)曲线	inflation shock	通货膨胀冲击
aggregate supply shock	总供给冲击	long-run aggregate supply(LRAS)line	长期总供给(LRAS)曲线
change in aggregate demand	总需求的变动	long-run equilibrium	长期均衡
disinflation	通货紧缩	short-run aggregate supply(SRAS)line	短期总供给(SRAS)曲线
distributional effects	分配效应	short-run equilibrium	短期均衡

复习题

1. 与总需求曲线相关的两个变量是什么? 解释美联储的行为是如何使总需求曲线向下倾斜的。列出并讨论导致总需求曲线向下倾斜的其他两个因素。

2. 说明下列各项如何影响总需求曲线并解释原因。

(1) 政府购买的增加。

(2) 减税。

(3) 企业减少计划投资支出。

(4) 美联储决定在每一个通货膨胀水平上降低实际利率。

3. 为什么总体通货膨胀率的调整往往比石油或谷物等大宗商品价格的调整更慢?

4. 讨论产出缺口与通货膨胀之间的关系。这一关系在总需求-总供给图中是如何得到反映的?

5. 画一张描绘某个偏离长期均衡的经济体的总需求-总供给图。指出该经济体的短期均衡点。讨论该经济体如何在一段时间内达到长期均衡。

6. 判断正误:经济的自我修正倾向使积极使用稳定政策变得不必要。请给出解释。

7. 哪些因素导致 20 世纪六七十年代美国的通货膨胀攀升?

8. 在公众不相信中央银行致力于维持低通货膨胀的情况下,为什么不利的通货膨胀冲击会使决策者陷入困境?

9. 沃尔克领导下的美联储在 20 世纪 80 年代初实施的紧缩性货币政策是如何在短期内影响产出、通货膨胀和实际利率的? 从长远来看呢?

10. 大多数中央银行都非常重视保持低通货膨胀和经济稳定。为什么它们认为这一目标如此重要?

练习题

1. 我们已经看到,当美联储提高实际利率时,短期均衡产出会下降。假设短期均衡产出 Y 与美联储设定的实际利率 r 之间的关系为

$$Y = 1\,000 - 1\,000r$$

假设美联储的政策反应函数如下表所示。对于 $0 \sim 4\%$ 的整数通货膨胀率,找出美联储设定的实际利率与对应的短期均衡产出。使用这些数值绘制总需求曲线。

通货膨胀率 π	实际利率 r
0.00	0.02
0.01	0.03
0.02	0.04
0.03	0.05
0.04	0.06

2. 对于第 1 题中的经济体,假设潜在产出 $Y^* = 960$。根据第 1 题表中的政策反应函数,你可以从美联储的长期通货膨胀目标推断出什么?

3. 某个经济体的短期均衡产出与通货膨胀(其总需求曲线)之间的关系由下式描述:

$$Y = 13\,000 - 20\,000\pi$$

最初,通货膨胀率为 4%,即 $\pi = 0.04$。潜在产出 $Y^* = 12\,000$。

(1) 计算短期均衡产出。

(2) 计算长期均衡状态下的通货膨胀率。

说明你的计算过程。

4. 本题要求你在经济体初始时存在产出缺口的情况下追踪通货膨胀的调整。假设经济体的总需求曲线为

$$Y = 1\,000 - 1\,000\pi$$

其中,Y 是短期均衡产出,π 是通货膨胀率,以小数表示。潜在产出 Y^* 为 950,初始通货膨胀率为 $10\%(\pi = 0.10)$。

(1) 计算该经济体的短期均衡产出,以及长期均衡状态下的通货膨胀率。

(2) 假设每个季度,通货膨胀都按照以下规则进行调整:

本季度的通货膨胀率 = 上季度的通货膨胀率 $- 0.000\,4(Y^* - Y)$

从 10% 的初始通货膨胀率开始,计算未来五个季度的通货膨胀率。记住,随着当前通

货膨胀率基于给定关系 $Y=1\,000-1\,000\pi$ 变化，Y 将持续变化。通货膨胀率是否接近其长期值？

5. 对于以下各项，使用总需求-总供给图说明其对产出与通货膨胀的短期和长期影响。假设经济最初处于长期均衡状态。

（1）消费者信心的增加导致消费支出的增加。

（2）减税。

（3）美联储放松货币政策（政策反应函数向下移动）。

（4）油价暴跌。

（5）增加政府购买的战争。

6. 假设面对衰退型产出缺口，政府采取了减税措施，但是由于立法延迟，税收的削减要在 18 个月后才能实现。假设政府的目标是使产出和通货膨胀重返长期均衡，使用总需求-总供给图说明这一政策举措事实上有可能被证明是事与愿违的。

7. 假设石油价格的持续上升在造成通货膨胀冲击的同时还引起了潜在产出的降低。使用总需求-总供给图说明油价上涨对产出与通货膨胀的短期和长期影响，假设政府并未进行任何政策调整。如果美联储通过收紧货币政策来应对油价上涨，会发生什么？

8. 某个经济体最初处于衰退中。使用总需求-总供给图说明在下列各种政策下该经济体是如何恢复长期均衡的。讨论每种方法在产出损失与通货膨胀方面的成本和收益。

（1）美联储通过放松货币政策（使政策反应函数向下移动）予以应对。

（2）美联储未采取任何行动。

9. 根据下式，Lotusland 的计划总支出取决于实际 GDP 和实际利率：

$$PAE = 3\,000 + 0.8Y - 2\,000r$$

Lotusland 的中央银行宣布，将根据以下政策反应函数设定实际利率：

通货膨胀率 π	实际利率 r
0.00	0.02
0.01	0.03
0.02	0.04
0.03	0.05
0.04	0.06

对于给定的通货膨胀率，找出 Lotusland 的自主支出和短期均衡产出。绘出总需求曲线。

10. 经济体由下列方程式描述：

$$C = 1\,600 + 0.6(Y - T) - 2\,000r$$
$$I^p = 2\,500 - 1\,000r$$
$$G = \overline{G} = 2\,000$$
$$NX = \overline{NX} = 50$$
$$T = \overline{T} = 2\,000$$

假设中央银行的政策反应函数与第 9 题中的相同。

（1）找出计划支出与产出和实际利率的关系式。

（2）构建一张表，显示短期均衡产出与通货膨胀之间的关系，通货膨胀率为0～4%。使用此表，绘制该经济体的总需求曲线。

（3）假设政府购买量增加到2 100，重做（1）和（2）。政府购买量的增加对总需求曲线有何影响？

11. 对于第10题中描述的经济体，假设中央银行的政策反应函数如下：

通货膨胀率 π	实际利率 r
0.00	0.02
0.01	0.03
0.02	0.04
0.03	0.05
0.04	0.06

（1）构建一张表，显示短期均衡产出与通货膨胀率之间的关系，通货膨胀率为0～4%。绘制该经济体的总需求曲线。

（2）假设中央银行决定在每一通货膨胀率下将实际利率降低0.5个百分点。重做（1）。货币政策的变化对总需求曲线有何影响？

正文中练习题的答案

14.1 （1）在当前的通货膨胀、产出和实际利率下，企业对新资本品支出的外生减少将使投资减少，导致总支出（AE）和短期均衡产出减少。由于对于给定的通货膨胀水平，产出减少了，企业支出的减少导致总需求曲线向左移动。

（2）在当前的通货膨胀、产出和实际利率下，联邦所得税的减少增加了消费者的可支配收入（$Y-T$），导致所有收入水平下消费的外生增加。消费函数的向上移动增加了总支出（AE），并导致短期均衡产出增加。由于对于给定的通货膨胀水平，产出增加了，所得税的减少导致总需求曲线向右移动。

14.2 在长期，美联储设定的实际利率必须与市场上由储蓄和投资确定的实际利率一致。要找出美联储的长期通货膨胀目标，将由储蓄和投资市场确定的长期实际利率视为给定的，并从美联储的政策反应函数中找出对应的通货膨胀率。如下图所示，美联储收紧政策（政策反应函数向上移动）意味着，对于任何给定的长期实际利率，美联储的通货膨胀目标必须更低。

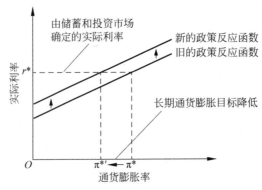

14.3 (1)美联储政策反应函数向上移动意味着美联储正在提高给定通货膨胀率下的实际利率。实际利率的提高会导致消费和投资支出下降,从而降低总支出和短期均衡产出。因此,美联储政策反应函数的移动导致给定通货膨胀率下产出水平的下降,使总需求曲线向左移动。

(2)美联储的政策反应函数表明,美联储通过提高实际利率(沿着政策反应函数的移动)来应对通货膨胀率的上升,这会导致总支出和短期均衡产出的减少。然而,在这种情况下,美联储对高通货膨胀的反应会导致沿着给定的总需求曲线的移动。

注意,虽然美联储的这两项行动看起来相似,但存在一个关键区别。在(1)中,美联储是在针对给定的通货膨胀率改变其政策规则,而在(2)中美联储是在应对不断变化的通货膨胀率。给定通货膨胀率下总支出的变化会使总需求曲线移动,而美联储对通货膨胀上升或下降的政策反应导致的总支出变化会导致沿着给定总需求曲线的移动。

14.4 (1)如果下一年的通货膨胀预期为 2%,而工人预期其实际工资会上涨 2%,那么他们会预期或要求名义工资增长 4%。

(2)如果下一年的通货膨胀预期为 4% 而不是 2%,那么工人会预期或要求名义工资增长 6%。

(3)如果工资成本增加,企业将需要提高其产品和服务的价格以抵消增加的成本,这将导致通货膨胀的上涨。在(2)中,当通货膨胀预期为 4% 时,企业面临的名义工资的增长大于(1)中通货膨胀预期仅为 2% 时的增长。因此,我们可以预期当预期通货膨胀率为 4% 时,企业将价格提高的幅度会大于预期通货膨胀率仅为 2% 时。根据这个例子,我们可以得出结论,通货膨胀预期的增加将导致通货膨胀的增加。

14.5 如果通货膨胀率较高,那么由于高的通货膨胀预期以及长期工资和价格合同的存在,经济会停留在高通货膨胀状态;如果通货膨胀较低,那么经济会由于同样的原因而停留在低通货膨胀状态。然而,因为高通货膨胀会给社会带来经济成本,美联储有动力保持低通货膨胀,避免高通货膨胀状态,从而帮助维持公众的低通货膨胀预期,进而在未来进一步降低通货膨胀,以实现图 14.4 中所阐述的“良性循环”。

14.6 在给定的通货膨胀、产出和实际利率下,企业对新资本品的支出增加会使总支出和短期均衡产出增加。由于经济最初在潜在产出水平上运行,投资支出的增加将导致扩张型产出缺口;实际产出 Y 将大于潜在产出 Y^*。当 $Y > Y^*$ 时,通货膨胀率将趋于上升。

14.7 其影响将与图 14.8 中所示的相反。从产出等于潜在产出和稳定的通货膨胀的长期均衡开始(即总需求曲线与短期总供给曲线和长期总供给曲线相交),消费支出的下降最初将导致总需求曲线向左移动,经济将在相同的通货膨胀率下移动到新的较低的短期均衡产出水平。总需求曲线的移动造成了衰退型产出缺口,因为 Y 现在小于 Y^*。消费支出减少的直接影响只是减少产出。然而,随着时间的推移,由于衰退型产出缺口的存在,通货膨胀率将下降。随着通货膨胀率的下降,短期总供给曲线将向下移动。美联储通过降低实际利率来应对通货膨胀的下降,从而导致总支出和产出的增加,沿着新的总需求曲线向下移动。当通货膨胀率下降到足以消除产出缺口时(实际利率下降到足够低),经济将恢复到长期均衡状态,即产出等于潜在产出,但通货膨胀率将比消费支出下降之前低。

14.8 油价下跌是有利的通货膨胀冲击的一个例子,这种冲击的经济效应与图14.9所示相反。在这种情况下,从产出等于潜在产出的长期均衡开始,有利的通货膨胀冲击降低了当前的通货膨胀,使短期总供给曲线向下移动。短期总供给曲线的向下移动导致了较低的通货膨胀和较高产出的短期均衡,造成了扩张型产出缺口。如果美联储不采取任何行动,最终短期总需求曲线将开始向上移动,经济将恢复到最初的通货膨胀和产出水平。然而,美联储可能会转而选择紧缩性货币政策,使政策反应函数向上移动,提高当前的实际利率,使总需求曲线向左移动,并(在新的较低的通货膨胀率下)在潜在GDP处恢复均衡。

14.9 如果生产率增长在20世纪90年代后半期没有增长,长期总供给曲线就不会像实际那样向右移动。因此,平均通货膨胀率不会下降到如表14.2所示的程度,平均实际GDP的增长幅度也会更小。同样,如果未来生产率增长比1995—2000年的实际增长缓慢,我们可以预期通货膨胀率会更高,GDP增长率会更低。

14.10 参见下图。

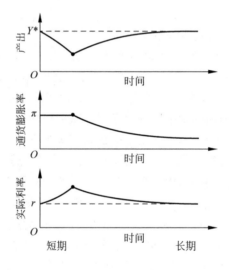

第5部分

国际经济

第15章　汇率与开放经济

宏观经济学原理(翻译版·第8版)
Principles of Macroeconomics·Eighth Edition

第 **15** 章

汇率与开放经济

与不熟悉的货币打交道——将外国货币兑换成美元是每一位国际游客面临的问题。由于汇率(一个国家的货币交换成另一个国家货币的兑换率)会发生不可预测的变化,游客的问题变得更加复杂。因此,1 美元可以购买的英镑、俄国卢布、日元或者澳元的数量随时间不同而不同,有时变动很大。

汇率变化的经济后果比它们对旅游和旅客的影响更广泛。例如,美国出口产品的竞争力部分取决于美国产品兑换成外国货币的价格,即取决于美元与这些货币之间的汇率。同样,美国人为进口产品支付的价格也部分取决于美元与生产这些产品的国家的货币之间的相对价值。汇率还会影响跨国界金融投资的价值。对于贸易和国际资本流动有很强依赖性的国家——世界上的大多数国家,汇率的波动对经济有显著的影响。

此外,随着时间的推移,这种影响会不断增加。近几十年来的一个决定性经济趋势是国民经济的"全球化"。从 20 世纪 80 年代中期到 2008 年,国际贸易价值的增长速度几乎是世界 GDP 的两倍,国际金融交易量的增长速度是这个速度的许多倍。[①] 从长期来看,我们今天看到的各国经济的快速一体化并非前所未有:在一战之前,英国是国际经济体系的中心,在许多方面几乎与美国一样"全球化",拥有广泛的国际贸易和贷款。但即使是

[①] 自 2008 年全球金融危机以来,贸易增长率与世界 GDP 增长率大致相同。金融危机期间,国际金融交易量急剧下降,但仍比 20 世纪 80 年代中期高若干倍。

19 世纪最有远见的商人或银行家,也会惊讶于通信和交通的革命性变化给国际经济关系带来的即时感。例如,基于手机的视频会议让位于地球两端的人可以进行"面对面"的商务谈判和交易。

本章讨论汇率及其在开放经济中扮演的角色。我们首先对名义汇率(一国货币与另一国货币的交易比率)与实际汇率(一国产品与另一国产品的交易比率)进行区分。我们将展示汇率如何影响进出口价格,从而影响贸易模式。

接下来,我们将讨论汇率如何决定的问题。汇率可以分成两大类:浮动汇率和固定汇率。浮动汇率的值是由本国货币市场,也就是外汇市场决定的,随一国货币供求的变化而不断变化。相反,固定汇率的值由政府确定在一个固定的水平。因为包括美国在内的大多数工业国家都采用浮动汇率,我们将首先关注这种情况。我们将看到一个国家的货币政策在决定汇率方面起着非常重要的作用。此外,在采用浮动汇率的开放经济中,汇率成为货币政策的一个工具,几乎与实际利率如出一辙。

虽然大多数工业国家采用浮动汇率,很多小国和发展中国家仍然采用固定汇率,所以我们在重点介绍浮动汇率的同时也将考虑固定汇率的情况。我们将首先解释一国的政府(通常是其中央银行)如何将固定汇率维持在官方确定的水平。虽然固定汇率通常会减少一国货币价值的日常波动,但我们会看到,固定汇率有时会变得极不稳定,并可能带来严重的经济后果。本章的最后将讨论固定汇率与浮动汇率的相对优点。

虽然本章重点介绍了当今世界固定汇率与浮动汇率这两种完全不同的方法,但大多数国家的汇率都介于这两种方法之间,是两种方法的结合。此外,很多国家不断在更为浮动与更为固定的汇率制度之间转换。

▼ 汇率

产品、服务和资产在国家间进行贸易的经济利益与在国内进行贸易的经济利益相似。在这两种情况下,产品和服务之间贸易的专业化与效率都更高,而资产间的贸易使金融投资者可以通过向更值得投资的项目提供资金获得更高的回报。但这两种情况也有所区别:国内贸易中,服务和资产的贸易通常只涉及一种单一货币——美元、日元、比索,取决于该国的官方货币是什么——而国家间的贸易通常涉及不同的货币。例如,如果一名美国居民想要购买一辆在韩国生产的汽车,他(或者更可能是汽车经销商)必须先将美元兑换成韩元。于是韩国汽车生产商将获得韩元支付。同样,一个阿根廷人要购买美国公司的股票(美国的金融资产)必须先将他的阿根廷比索兑换成美元,再用美元购买股票。

名义汇率

例如,假设 1 美元可以兑换 90 日元,美国与日本货币之间的名义汇率就是 90 日元/美元。

由于国际贸易中通常要求将一种货币兑换成另一种货币,不同货币的相对价值是国际经济关系中的一个重要因素。两种货币相互兑换的比率称为**名义汇率**,简称汇率。例如,如果 1 美元可以兑换 110 日元,那么美元与日元之间的名义汇率就是 110 日元/美元。

每个国家都有很多名义汇率,即各种外币与该国货币之间的兑换比率。因此,美元的汇价可以用英镑、瑞典克朗、以色列谢克尔、俄罗斯卢布或数十种其他货币来表示。表 15.1 给出了截至 2020 年 3 月 6 日纽约外汇交易收市时美元与 7 种重要货币的汇率。

表 15.1 美元的名义汇率

国家/地区	外币/美元	美元/外币
加拿大(加元)	1.341 3	0.745 5
中国(人民币)	6.932	0.144 3
墨西哥(比索)	20.109 1	0.049 7
日本(日元)	105.29	0.009 5
欧盟(欧元)	0.886 1	1.128 6
韩国(韩元)	1 188.8	0.000 841 2
英国(英镑)	0.766 5	1.304 7

资料来源:*The Wall Street Journal*,March 8,2020,www.wsj.com/market-data/currencies/exchangerates.

如表 15.1 所示,汇率可以用购买 1 美元所需外币的数量(中间列)或者购买 1 单位外币所需美元的数量(右列)来表示。这两种方式等价且互为倒数。这两种表达汇率的方式是等价的:每一种都是另一种的倒数。例如,2020 年 3 月 6 日,美元兑换加元的汇率可以表示为 1.341 3 加元/美元,也可以表示为 0.745 5 美元/加元,0.745 5=1/1.341 3。

例 15.1 汇率

加元与英镑之间的汇率是怎样的?

我们也可以根据表 15.1 中的数据换算出表中任意两个国家的货币之间的汇率。例如,假设你需要了解英镑与加元之间的汇率。

如表 15.1 所示,我们可以用 0.766 5 英镑购买到 1 美元,用 1.341 3 加元购买到 1 美元。这意味着 0.766 5 英镑与 1.341 3 加元在价值上是相等的,即

$$0.766 5 \text{ 英镑} = 1.341 3 \text{ 加元}$$

将等式的两边同时除以 1.341 3,可得

$$0.571 5 \text{ 英镑} = 1 \text{ 加元}$$

换句话说,英镑与加元的汇率可以表示为 0.571 5 英镑/加元,也可以表示为 1/0.571 5=1.749 8 加元/英镑。

练习 15.1

从报纸的商业信息版或网络版(如华尔街日报,www.wsj.com),查找美元兑英镑、加元和日元的最新报价。根据这些数据计算如下汇率:(1)英镑兑加元;(2)加元兑日元。分别用两种形式表示你得到的汇率(例如,以英镑兑加元和以加元兑英镑)。

图 15.1 显示了 1973—2020 年美元的名义汇率。图中用美元兑换其他主要货币的平均价值作为美元的价值,而不是用一种外币(如日元或英镑)的价值表示美元价值。将

2006 年设为基年,当年的美元价值等于 100。假设某年美元的价值是 120,则该年美元相对于其他主要货币的价值比 2006 年高 20%。

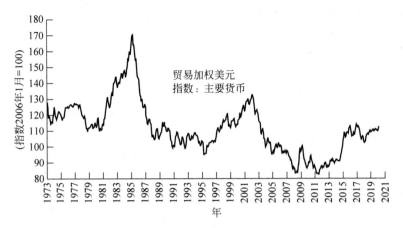

图 15.1 1973—2020 年美元的名义汇率

图中显示了美元兑换其他主要货币的平均价值,以 2006 年 1 月的价值为基数 100。

资料来源:Federal Reserve Bank of St. Louis, FRED database, https://research. stlouisfed. org/fred2/series/TWEXMMTH(until January 2006)and https://fred. stlouisfed. org/series/TWEXAFEGSMTH (from January 2006).

从图 15.1 中可以看到,美元的价值随时间波动,有时上升(如 1980—1985 年和 1995—2001 年),有时下降(如 1985—1987 年和 2002—2004 年)。一种货币相对于其他货币价值上升的称为**升值**,一种货币相对于其他货币价值的下降称为**贬值**。因此,我们可以说美元在 1980—1985 年升值而在 1985—1987 年贬值。我们将在本章稍后讨论货币升值或贬值的原因。

本章我们使用符号 e 代表一个国家的名义汇率。如表 15.1 所示,汇率可以用外国货币兑一单位本国货币或反之的方式来表示。我们定义 e 代表一单位本国货币可以购买的外国货币的数量。例如,如果我们将美国作为"本国"而将日本作为"外国",e 的定义就是 1 美元可以购买的日元数。以这种方式定义名义汇率意味着 e 值的上升代表本国货币升值或者坚挺,而 e 值的下降代表本国货币贬值或者疲软。

浮动汇率与固定汇率

如图 15.1 所示,美元与其他货币之间的汇率并不固定,而是持续变化的。实际上,美元的价值每天、每小时、每分钟,甚至每秒钟都在变化。货币价值出现这样的波动对于美国这种使用浮动汇率的国家来说是正常的。浮动汇率的价值并不是官方确定的,而是由外汇市场(不同国家的货币互相兑换的市场)上这种货币供给和需求的变化决定的。下文将讨论货币供给和需求的决定因素。

有些国家不允许其货币的价值随市场情况变化,而是维持一个固定汇率。固定汇率的价值由官方政府的政策决定(建立固定汇率的国家独立决定其货币的汇率价值,但有时也会根据与其他国家的协议来确定汇率)。有些国家将其货币与美元挂钩,使之对美元的汇率固定。自 1999 年 1 月 1 日作为一种新货币引入以来,一些讲法语的非洲国家以法国法郎和欧元为单位固定货币价值。在大萧条期间,还有很多国家使用金本位制,即货币价值与黄金的盎司数固定挂钩。在本章接下来的部分,我们将重点讨论浮动汇率,稍后再介绍固定汇率。我们还将讨论每种汇率的成本和收益。

实际汇率

名义汇率告诉我们本国货币相对于外国货币的价格。正如我们将在本节看到的,实际汇率告诉我们本国产品或服务的平均价格与外国产品或服务的平均价格之比。我们还将看到,一国的实际汇率对其向国外销售出口产品的能力有重要影响。

为了提供讨论实际汇率的背景,假设你负责一家美国公司的采购,公司计划购买大量新计算机。公司的计算机专家指定了两种满足规格需求的计算机:一种是日本制造;一种是美国制造。因为这两种计算机基本相同,公司将购买价格较低的那种。但是,因为计算机使用生产国的货币定价,价格不能直接比较。你的任务就是判断两种计算机哪种更便宜。

为了完成任务,你需要两组数据:美元与日元的名义汇率及两种计算机用其生产国货币表示的价格。例 15.2 显示了如何使用该信息来确定哪种型号更便宜。

例 15.2　购买本国产品还是进口产品

进口计算机和国产计算机哪个更划算?

美国制造的计算机售价 2 400 美元,日本制造的类似计算机售价 242 000 日元。如果名义汇率是 1 美元兑换 110 日元,应该购买哪种计算机?

为了比较价格,我们必须将两种计算机的价格用相同的货币表示。要用美元来比较,我们首先将日本计算机的价格兑换成美元。价格用日元表示是 ￥24 2000(￥代表"日元"),同时我们知道 ￥110 = $1。为了得到计算机的美元价格,我们注意到对任何产品或服务:

$$日元价格 = 美元价格 \times 用日元表示的美元价格$$

注意,用日元表示美元的价值就是日元-美元汇率。移项代入并求解,我们得到

$$美元价格 = 日元价格 / 日元-美元汇率$$
$$= ￥242\,000/(￥110/\$1) = \$2\,200$$

注意日元的符号同时出现在除式的分子和分母中,所以同时消除。我们的结论是日本计算机更便宜,为 2 200 美元,比美国计算机的价格 2 400 美元便宜 200 美元,因此应该采购日本计算机。

练习 15.2

利用同样的数据,通过将两种计算机的价格都用日元表示,比较日本计算机和美国计算机的价格。

在例 15.2 中,日本计算机更便宜的事实意味着你的公司将选择日本计算机而不是美国计算机。通常来说,一个国家在国际市场上的竞争能力部分取决于其产品和服务的价格相对于外国产品和服务的价格,而这些价格是以相同的货币衡量的。在日本和美国计

算机的假设例子中,国内(美国)产品的价格相对外国(日本)产品的价格是 2 400 美元/ 2 200 美元,或 1.09。美国计算机比日本计算机贵 9%,即美国产品处于竞争劣势。

经济学家更普遍地关注某个国家的产品和服务的平均价格相对于其他国家的产品和服务的平均价格,即该国的实际汇率。一国的实际汇率是指当价格用同种货币表示时,国内产品或服务的平均价格与外国产品或服务的平均价格之比。

为了得到实际汇率的公式,回忆 e 代表名义汇率(1 美元兑换外币的数量)及 P 代表国内物价水平,通常用消费者价格指数衡量。用 P 衡量国内产品或服务的"平均"价格;用 P^f 表示外国物价水平,衡量外国产品或服务的"平均"价格。

实际汇率等于国内产品或服务的平均价格相对于外国产品或服务的平均价格。但因为两种价格水平用不同的货币表示,因此不能定义实际汇率为 P/P^f。在上面有关美国计算机和日本计算机的例子中,为了将外国价格转换为用美元表示,我们必须用外国价格除以汇率。根据这个准则,外国产品和服务的平均美元价格等于 P^f/e。我们可以将实际汇率写成

$$实际汇率 = 国内产品价格 / 外国产品价格,用美元表示$$
$$= P/(P^f/e)$$

简化上面的表达式,分子和分母都乘以 e,得到

$$实际汇率 = eP/P^f \tag{15.1}$$

即实际汇率的公式。

为了验证这个公式,我们用它重新解答例 15.2。我们假设计算机是美国和日本生产的唯一的产品,因此实际汇率只是美国计算机的价格相对于日本计算机的价格。在这个例子中,名义汇率 e 是 ¥110/ \$1,国内(一台计算机的)价格 P 是 2 400 美元,外国价格 P^f 是 242 000 日元。利用式(15.1),得到

$$计算机的实际汇率 = (¥110/ \$1) \times \$2\,400/¥242\,000$$
$$= ¥264\,000/¥24\,2000 = 1.09$$

与之前得到的答案相同。

实际汇率是国内产品相对于外国产品价格的整体评价,是一个重要的经济变量。它合并了名义汇率与不同国家的产品和服务的相对价格。如例 15.2 所示,实际汇率较高时,国内产品平均比外国产品贵(用同种货币标价时)。实际汇率高意味着国内生产者难以将产品出口到其他国家(国内产品价格被高估),同时进口产品在国内销量增加(因为进口产品相对于本国产品更便宜)。由于实际汇率高导致出口减少、进口增加,因此我们推断实际汇率较高时,净出口通常较低。反之,如果实际汇率较低,本国生产者很容易出口产品(因为其产品的定价低于外国同类产品),而且国内居民将购买更少的进口产品(因为进口产品比国内产品价格高)。因此,实际汇率较低时,净出口通常较高。

式(15.1)还表明,实际汇率趋向于与名义汇率 e 同方向移动(因为 e 出现在实际汇率公式的分子中)。如果实际汇率和名义汇率朝着相同的方向移动,我们可以得出结论,名义汇率提高将减少净出口,而名义汇率降低将增加净出口。

经济自然主义者 15.1 坚挺的货币是否意味着强劲的经济？

政治家和公众通常因自己国家的货币"坚挺"而感到骄傲，即货币的价值相对其他货币较高或正在增长。同样，政策制定者通常认为货币贬值（"疲软"）是经济失败的一个标志。坚挺的货币是否意味着强劲的经济？

与我们通常的想法不同的是，一国货币的实力与其经济实力并没有直接的联系。例如，如图 15.1 所示，尽管美国经济在 20 世纪 90 年代的表现比 1973 年好得多，但 1973 年美元相对于其他主要货币的价值要高于 20 世纪 90 年代，而 1973 年美国经济处于深度衰退和通货膨胀时期。事实上，图 15.1 中 1980—1985 年美元升值幅度最大，而当时美国正处于经济衰退和高失业率时期。

货币坚挺并不等同于经济强劲的一个原因是货币升值（e 的增长）往往会提高实际汇率（等于 eP/P^f），这可能会减少该国的净出口。例如，美元相对日元升值（也就是说，1 美元可以比以前兑换更多的日元），日本产品用美元衡量变得更便宜。结果是美国人可能更愿意购买日本产品而不是本国生产的产品。同样，坚挺的美元意味着 1 日元可以兑换的美元更少了，所以对于日本消费者而言，美国的出口产品更加昂贵。美国产品用日元衡量变得更贵，日本消费者购买美国出口产品的意愿下降。因此，坚挺的美元可能使美国出口行业及在美国本国市场上与外国企业竞争的行业（如汽车制造业）的销量和利润都减少。

重点回顾：汇率

- 两种货币之间的名义汇率是一种货币可以兑换成另一种货币的比率。更具体地说，任何一个国家的名义汇率 e 是指购买一单位本国货币所需要的外国货币单位数。

- 升值是指一种货币相对于其他货币的价值增加（e 增加）；贬值是指一种货币的价值下降（e 减少）。

- 汇率既可以是浮动的（根据这种货币在外汇市场上的供给和需求自由变化）；也可以是固定的，即数值由官方政策确定。

- 实际汇率是当价格用同种货币表示的时候，国内产品或服务的平均价格与外国产品或服务的平均价格之比。实际汇率的一个有用的公式是 eP/P^f，其中 e 是名义汇率，P 是国内物价水平，P^f 是外国物价水平。

- 实际汇率的上升说明国内产品相对于外国产品变得更贵，导致出口减少、进口增加。反之，实际汇率的下降会使净出口增加。

长期汇率的决定

在美国等实行浮动汇率制度的国家，其货币的国际价值不断变化。什么决定了名义汇率在某个时点的价值？本节我们将尝试回答这个基本的经济问题。同样，本节我们的重点是浮动汇率,其价值由外汇市场决定。在本章后面,我们将讨论固定汇率的情况。

一个简单的汇率理论:购买力平价(PPP)

确定名义汇率最基本的理论被称为购买力平价(PPP)。要理解这一理论,我们必须首先讨论一个基本的经济概念,即一价定律。**一价定律**指出,如果运输成本相对较低,国际贸易商品在各个地区的价格一定是相同的。例如,假如运输成本不高,1 蒲式耳小麦的价格在印度孟买和澳大利亚悉尼应该是一样的。假设情况并非如此。例如,假设悉尼小麦的价格只是孟买价格的一半,此时小麦经销商将有很大的动力去购买悉尼的小麦并卖到孟买,以两倍于购买价格的价格出售。随着小麦被运离悉尼,当地的小麦供给将下降,悉尼的小麦价格将上升,而小麦流入孟买也将使当地的小麦价格下降。

根据均衡原理,只有当小麦的价格在悉尼和孟买变得相等或基本相等时(差额应小于从澳大利亚向印度运输小麦的成本),小麦的国际市场才会恢复均衡。

如果一价定律适用于所有的产品和服务(这不是一个现实的假设,我们将很快说明这一点),那么名义汇率的价值将如例 15.3 所示那样确定。

例 15.3　一价定律

多少印度卢比等于 1 澳元?

假设 1 蒲式耳小麦在悉尼价值 5 澳元而在孟买价值 150 卢比。如果一价定律对小麦适用,澳大利亚与印度之间的名义汇率是多少?

因为 1 蒲式耳小麦的市场价值在两个地方必须是相同的,我们知道小麦在澳大利亚的价格必须等于在印度的价格,所以

$$5\text{ 澳元} = 150\text{ 卢比}$$

两边同除以 5,得到

$$1\text{ 澳元} = 30\text{ 卢比}$$

因此,澳大利亚与印度之间的名义汇率应该是 1 澳元＝30 卢比。

练习 15.3

黄金的价格在纽约是每盎司 900 美元而在瑞典斯德哥尔摩是每盎司 7 500 克朗。如果一价定律对黄金适用,美元与瑞典克朗之间的名义汇率是多少?

例 15.2 和练习 15.3 说明了购买力平价理论的应用。根据购买力平价理论,名义汇率的确定必须保证一价定律成立。

购买力平价理论的一个非常实用的预测为:长期内,经历严重通货膨胀的国家的货币将会贬值。为了说明原因,我们将扩展例 15.3 中的分析。

例 15.4	购买力平价

通货膨胀如何影响实际汇率?

假设印度的通货膨胀十分严重,以至于在孟买 1 蒲式耳小麦的价格从 150 卢比上升到 300 卢比。澳大利亚没有通货膨胀,所以在悉尼小麦的价格仍为 5 澳元。如果一价定律对小麦适用,澳大利亚与印度间的名义汇率将发生什么变化?

与例 15.3 中一样,我们知道 1 蒲式耳小麦的市场价值在两个地方必须是相同的。因此

$$5 \text{ 澳元} = 300 \text{ 卢比}$$

即

$$1 \text{ 澳元} = 60 \text{ 卢比}$$

名义汇率现在是 1 澳元=60 卢比。在印度发生通货膨胀之前,名义汇率是 1 澳元=30 卢比。所以在本例中,通货膨胀使卢比相对澳元贬值。澳大利亚没有通货膨胀,其货币澳元相对于卢比升值。

通货膨胀与贬值之间的联系从经济学上是说得通的。通货膨胀意味着一个国家的货币在国内市场上失去购买力,而汇率贬值意味着该国的货币在国际市场上失去购买力。

图 15.2 显示了 1995—2004 年南美最大的 10 个国家的年均通货膨胀率和年均名义汇率贬值率。[①] 通货膨胀率用一国消费者价格指数每年的改变率来衡量,贬值用相对于美元的价值变化来衡量。显然,这段时期南美国家的通货膨胀率变化巨大。例如,智利的通货膨胀率与美国的通货膨胀率相差不到 2 个百分点,而委内瑞拉的通货膨胀率为每年 33%。

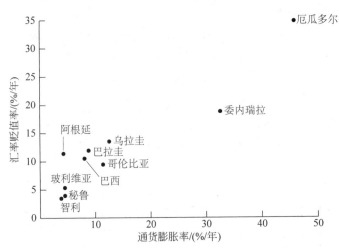

图 15.2 1995—2004 年南美国家的通货膨胀和货币贬值

1995—2004 年南美 10 国的年均通货膨胀率和名义汇率贬值率(相对美元)波动很大。高通货膨胀伴随着名义汇率的大幅贬值(厄瓜多尔的数据为 1995—2000 年的)。

资料来源:International Monetary Fund, *International Financial Statistics*;authors' calculations.

---

① 由于第 10 个国家厄瓜多尔于 2000 年采用美元作为货币,其数据为 1995—2000 年的。

图 15.2 证实了购买力平价理论的预测：1995—2004 年通货膨胀严重的国家几乎都经历过快速的货币贬值。

购买力平价理论的缺陷

实证研究已经证实了购买力平价理论在预测相对长期内名义汇率变化的有效性。此外，如图 15.2 所示，该理论尤其有助于解释为什么通货膨胀较高的国家容易面临货币的贬值。然而，该理论在预言汇率的短期波动方面并不是很有效。

购买力平价理论的一次非常戏剧化的失败发生在 20 世纪 80 年代早期的美国。如图 15.1 所示，1980—1985 年美元的价值相对于其贸易伙伴的货币几乎上涨了 50%。紧接着 1986—1987 年美国经历了一次幅度更大的贬值。只有当 1980—1985 年美国的通货膨胀率远低于其贸易伙伴及 1986—1987 年远高于其贸易伙伴的时候，购买力平价理论才可以解释这种过山车似的现象。但实际上，在这两个时期美国与其贸易伙伴的通货膨胀是相似的。

为什么购买力平价理论在短期无效？购买力平价理论建立在一价定律的基础上，即国际贸易中商品的价格在各个地区必须是相同的。在小麦或黄金等广泛交易的标准化商品中，一价定律是很容易成立的。然而，并非所有的产品和服务都在国际上交易，而且并非所有的产品都是标准化的商品。

很多产品和服务并不在国际上交易，因此一价定律潜在的假设（运输费用相对很低）对这些产品和服务不适用。例如，假设将理发这种服务从印度出口到澳大利亚，那么每当悉尼居民想理发时，就需要将一名印度的理发师运到澳大利亚去。高昂的运输费用使理发这种服务不能开展国际贸易，一价定律对它不适用。因此，即使澳大利亚的理发价格是印度的两倍，短期内市场力量也无法使价格回到均衡点（长期内一些印度的理发师可能移民到澳大利亚）。非贸易产品和服务的其他例子还有农业用地、建筑、沉重的建筑材料（其价值相对于运输成本来讲很低），以及极容易腐烂的食物。此外，还有些产品使用非贸易产品和服务作为投入品，如在墨西哥提供的麦当劳汉堡中同时包括了贸易成分（冷藏的汉堡包肉饼）和非贸易成分（柜台员工的劳动力）。通常来讲，非贸易产品和服务在一个国家产出中占的比重越大，购买力平价理论对该国汇率的适用性就越低。[①]

一价定律和购买力平价理论不时失效的第二个原因在于不是所有国际贸易的产品和服务都像小麦或黄金一样是完全标准化的商品。例如，美国生产的汽车和日本生产的汽车就不一样：其外观、马力、可靠性等特征都不同。这些不同使有些人对一个国家的汽车（相对于其他国家而言）有强烈的偏好。所以即使日本汽车比美国汽车贵 10%，美国汽车也不一定能大量占领日本市场，因为即便费用高出 10%，很多日本人仍然偏爱日本生产的汽车。当然在确保消费者不转向便宜产品的前提下，某种产品和服务的涨价空间也是有限的。由此可见一价定律和购买力平价理论并不能很好地适用于非标准化商品。

总之，购买力平价理论在解释长期汇率行为方面相当有效，但在解释短期汇率行为方面却并不理想。由于运输成本限制了很多产品和服务的国际贸易，而且并非所有的交易

---

① 贸易壁垒，如关税和限额，也提高了将产品从一个国家运到另一个国家的成本。因此，贸易壁垒和运输成本一样，都降低了一价定律的适用性。

品都是标准化商品,所以一价定律(购买力平价理论的基础)在短期内只能不完美地发挥作用。为了理解汇率的短期变动,我们需要考虑一些额外的因素。在下一节,我们将研究确定汇率的供求框架。

重点回顾:长期汇率的决定

- 名义汇率决定因素最基础的理论——购买力平价理论,建立在一价定律的基础上。一价定律认为运输成本相对较低时,国际贸易商品的价格在各个地区都必须相等。根据购买力平价理论,两种货币之间的名义汇率可以通过用一种货币表示商品的价格等于另一种货币表示同种商品的价格来计算。
- 购买力平价理论的一个实用预测为:经历严重通货膨胀的国家的货币长期内有贬值的倾向。但是购买力平价理论在短期并不适用。很多产品和服务是非贸易的,而且不是所有贸易品都是标准化的,这些降低了一价定律的适用性,进而影响了购买力平价理论。

▽ 短期汇率的决定

尽管购买力平价理论有助于解释汇率的长期行为,但供求分析对研究汇率的短期行为更为有效。正如我们将看到的那样,在外汇市场上,寻求购买美国商品和资产的外国人需要美元,而美国居民则需要外币来购买外国商品和资产。均衡的汇率是指外汇市场上美元供给与需求相等时美元的价值。

外汇市场:供求分析

本节我们将分析外汇市场上影响美元供求从而影响美元汇率的因素。

在进一步讲述前,我们需要搞清楚所使用的术语。第13章分析了美联储的货币供给及公众的货币需求方式如何影响名义利率。但该章介绍的国内货币市场上的供给和需求,不同于外汇市场上美元的供给和需求。如前所述,外汇市场是各国货币互相交易的市场,外汇市场上美元的供给与美联储的美元供给不同;更确切地说,外汇市场上的美元供给是美国家庭和企业用来交换其他货币的美元数量。同样,外汇市场上美元的需求不同于美国国内的美元需求,外汇市场上的美元需求是指外国货币持有者希望购买的美元数量。要理解上述区别,我们需要牢记:美联储决定美国经济中美元总的供给量,但是这些美元并不是外汇市场上美元供给的一部分,除非有家庭或者企业试图用持有的这些美元交换外国货币。

美元的供给

任何持有美元的个人或者组织,无论是国际银行还是将美元埋在后院的俄罗斯公民,都是外汇市场上潜在的美元提供者。但实际上,外汇市场上美元的主要提供者是美国的家庭和企业。为什么美国的家庭或企业想要用美元兑换外币？主要有两个原因：第一,美国家庭或企业可能需要外国货币来购买外国产品或服务。例如,一个美国汽车进口商可能需要用欧元购买德国汽车,或者一名美国游客可能需要用欧元在巴黎、罗马或巴塞罗那购买汽车。[①] 第二,美国家庭或者企业需要外国货币来购买外国资产。例如,一家美国共同基金希望购买荷兰公司发行的股票,或者美国个人储蓄者可能希望购买爱尔兰政府债券。由于这些资产是以欧元计价的,美国家庭或企业需要将美元兑换成欧元来购买这些资产。

外汇市场上美元的供给如图 15.3 所示。我们将重点关注美元兑换欧元的市场,不过其他任意两种货币的交易市场都与之类似。图中纵轴显示了以 1 美元可购买的欧元数量衡量的美元兑欧元汇率,横轴显示在欧元-美元市场上交易的美元数量。

图中美元的供给曲线向上倾斜,也就是说,每一美元可以购买的欧元越多,人们愿意提供给外汇市场的美元就越多。为什么？对于给定价格的欧洲产品、服务和资产,1 美元可以兑换的欧元越多,这些产品、服务和资产用美元衡量就越便宜。例如,如果一台洗衣机在德国的售价为 200 欧元,1 美元可以兑换 1 欧元,那么洗衣机的美元价格将为 200 美元。然而,如果 1 美元可以兑换 2 欧元,那么同一台洗衣机的美元价格则为 100 美元。假设美元价格降低会促使美国人增加在欧洲产品、服务和资产上的支出,欧元兑美元汇率的提高将增加美元对外汇市场的供给。因此,美元的供给曲线是向上倾斜的。

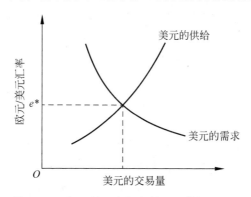

图 15.3 欧元-美元市场上美元的供给和需求

外汇市场上美元的供给曲线之所以向上倾斜,是因为随着每一美元所能兑换的欧元数量的增加,欧洲的产品、服务和资产对美国购买者更具吸引力。美元的需求曲线之所以向下倾斜,是因为美元相对于欧元越贵,欧元的持有者就越不愿意购买美元。均衡时的汇率 e^* 又称汇率的基础价值,在该汇率下美元的供给等于需求。

美元的需求

在欧元-美元外汇市场上,美元的需求者是那些想要将美元兑换成欧元的人。在欧元-美元市场上,任何持有欧元的人都是美元的潜在需求者,但绝大多数美元的需求来自欧洲的家庭和企业。为什么欧洲的家庭和企业需要美元？购买美元的原因与购买欧元的

---

① 奥地利、比利时、塞浦路斯、爱沙尼亚、芬兰、法国、德国、希腊、爱尔兰、意大利、拉脱维亚、立陶宛、卢森堡、马耳他、荷兰、葡萄牙、斯洛伐克、斯洛文尼亚和西班牙等 19 个国家使用欧元作为本国货币。

原因类似。首先,持有欧元的家庭和企业需要用美元来购买美国的产品和服务。例如,一家葡萄牙公司想要获得美国生产的软件的许可权就需要用美元来支付费用,而在美国大学学习的葡萄牙学生则必须用美元支付学费。该公司或该学生只能通过提供欧元作为交换获得必要的美元。其次,家庭和企业需要美元来购买美国资产。举两个例子:一家芬兰公司购买夏威夷的房地产或某个奥地利养老基金购买谷歌股票。

图 15.3 中向下倾斜的曲线代表了对美元的需求。曲线向下倾斜是因为欧洲人购买美元必须支付的欧元越多,美国产品、服务和资产的吸引力就越低。因此,当美元相对于欧元升值时美元的需求降低,而美元相对于欧元贬值时美元的需求增加。

美元的均衡价格

如前所述,美国采取浮动汇率制度,即美元的价值由外汇市场上的供给和需求决定。在图 15.3 中,美元的均衡价值是 e^*,即美元的供给等于需求时的欧元兑美元汇率。**均衡汇率**也称为汇率的基本价值。一般来说,美元的均衡价值并不固定,而是随着外汇市场上美元供给和需求的变化而变化。

美元供给的变化

回想一下,人们向欧元-美元外汇市场提供美元是为了购买欧洲的产品、服务和资产。因此,影响美国家庭和企业购买欧洲产品、服务和资产意愿的因素也将影响外汇市场上美元的供给。一些因素会增加美元的供给,使美元的供给曲线向右移动。这些因素包括:

- 对欧洲产品偏好的增加。例如,假设欧洲某公司生产一些流行的新款电子产品,为了获得购买这些产品所需的欧元,美国进口商将增加其向外汇市场上提供的美元。
- 美国实际收入的增加。美国人收入的增加使其可以购买更多的产品和服务(回顾第 12 章介绍的消费函数)。消费增加的一部分将表现为从欧洲进口的产品增加。为了购买更多的欧洲产品,美国人将提供更多的美元来购买必要的欧元。
- 欧洲资产实际利率的提高。回想一下,美国家庭和企业购买欧元是为了购买欧洲资产以及产品和服务。风险等其他因素保持不变,欧洲资产支付的实际利率越高,美国人选择持有的欧洲资产就越多。为了购买更多的欧洲资产,美国家庭和企业将向外汇市场提供更多的美元。

相反,对欧洲产品需求的减少、美国实际收入的减少或欧洲资产实际利率的降低将减少美国人所需的欧元数量,进而减少他们向外汇市场提供的美元,使美元的供给曲线向左移动。当然,美元供给曲线的任何变化都会影响均衡汇率,如例 15.5 所示。

例 15.5　洗衣机与均衡汇率

对德国洗衣机需求的增加将如何影响欧元兑美元的汇率?

假设德国公司开始主导洗衣机市场,其洗衣机比美国生产的洗衣机更高效、更可靠。在其他所有条件均相同的情况下,这一变化将如何影响欧元和美元的相对价值?

德国洗衣机质量的提高将增加美国对德国洗衣机的需求。为了获得购买更多德国洗衣机所需的欧元,美国进口商将向外汇市场提供更多的美元。如图 15.4 所示,美元供给的增加将降低美元的价值。换句话说,一美元能购买的欧元将比以前少。与此同时,欧元相对美元升值,同样数量的欧元能够买到更多的美元。

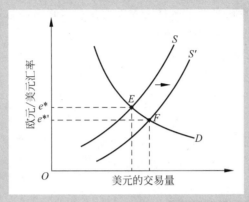

图 15.4　美元供给的增加降低了美元的价值
对德国洗衣机需求的增加使美国人向外汇市场提供更多的美元来获得购买德国洗衣机所需的欧元。美元的供给曲线从 S 移动到 S',降低了美元相对于欧元的价值。汇率的基本价值从 e^* 下降到 $e^{*\prime}$。

练习 15.4

美国经济进入衰退期,实际 GDP 下降。假设其他条件不变,经济疲软将如何影响美元的价值?

美元需求的变化

引起外汇市场上美元的需求变化,且由此引起美元供给曲线移动的因素,与影响美元供给的因素相似。增加美元需求的因素包括:

- 对美国产品偏好的增加。例如,欧洲航空公司可能发现美国制造的飞机更加出色,因此决定多购买几架美国制造的飞机。为了购买美国飞机,欧洲航空公司需要在外汇市场上购买更多的美元。
- 外国实际 GDP 的增加,意味着外国收入的提高,因此对美国进口的需求更多。
- 美国资产支付的实际利率的增加,使美国资产对外国储蓄者更有吸引力。为了获得美国资产,欧洲储蓄者需要更多的美元。

经济自然主义者 15.2　什么是避险货币?

在全球经济不稳定的时期,美元、瑞士法郎和日元等货币的需求量很高。人们倾向于将财富从其他货币中"提出"(出售以其他货币计价的资产),然后"存入"某些货币中(例如,购买和持有以美元、瑞士法郎或日元计价的现金或债券),从而使这些货币成为避险货币。

是什么使这些货币成为避风港?在不确定的时候,人们会寻求安全的流动性资产。发行政府有良好的资产发行历史时,该国的现金或债券等资产被认为是安全的,在财务上是可靠、稳定的。从未拖欠债务或遭受高通货膨胀的政府是可信赖的选项。被广泛认可和使用的货币被认为具有流动性,因此被广泛接受,而且可以在全球市场上轻易兑换。货币的安全性和流动性等特征有助于使这些货币的发行国成为全球金融中心,而这反过来也有助于让这些货币更加安全,甚至更具流动性。

作为一种避险货币,美元的汇率在全球金融危机期间及全球新冠肺炎危机期间再次飙升。如图 15.1 所示,2008 年年末,美元在几个月内升值 20% 左右。2020 年 3 月,美元在两周内升值约 8%。

第 13 章的经济自然主义者 13.1 讨论了对美元安全性和流动性的需求如何成为阿根廷等国家对美元需求的重要来源,这些国家有金融不稳定的历史。同样,在全球不稳定的特定时期,美国资产的安全性和流动性也成为全球美元需求的来源。

重点回顾:短期内汇率的决定

- 供求分析是研究短期汇率决定因素的有用工具。美国的家庭和企业为了获得用来购买外国产品、服务和资产的外国货币而向外汇市场提供美元。外国人为了获得美国产品、服务和资产而在外汇市场上购买美元。均衡汇率,也被称为汇率的基本价值,是指外汇市场上美元供给与需求相等时美元的价值。

- 对外国产品偏好的增加、美国实际收入的增加,或者外国资产支付的实际利率的增加,将提高外汇市场上对美元的供给,降低美元的价值。对美国产品偏好的增加、外国实际收入的增加,或者美国资产支付的实际利率的增加,将提高外汇市场上对美元的需求,提高美元的价值。

- 在投资者希望持有安全的流动性资产的不确定性时期,包括美元在内的避险货币往往会升值。

货币政策和汇率

很多因素影响一个国家的汇率,其中最重要的影响因素就是该国中央银行的货币政策。货币政策对汇率的影响主要是通过其对实际利率的影响表现出来的。

假设美联储担心通货膨胀,因而采取紧缩性货币政策。这项政策对美元价值的影响如图 15.5 所示。在采取这项政策前,汇率的均衡价值是 e^*,位于供给曲线 S 与需求曲线 D 的交点(图中的 E 点)。货币政策收紧提高了美国国内的实际利率 r,使美国资产对外国金融投资者更具吸引力。外国投资者购买美国资产的意愿增加,提高了对美元的需求,均衡点从 E 点移动到 F 点。需求增加的结果是美元的均衡价值从 e^* 上升至 $e^{*\prime}$。

简言之,美联储的紧缩性货币政策提高了对美元的需求,引起美元升值。类似的逻辑下,宽松性货币政策降低了实际利率,从而减少了对美元的需求,引起美元贬值。

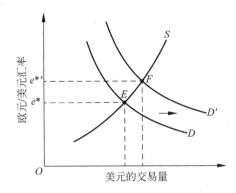

图 15.5 紧缩性货币政策使美元坚挺

美国的货币政策收紧,增加了外国储蓄者和美国人对美国资产的需求。对美国资产需求的增加,提高了对美元的需求。需求曲线从 D 移动到 D',使汇率从 e^* 上升至 $e^{*'}$。

经济自然主义者 15.3 为什么美元在 20 世纪 80 年代上半叶升值近 50%,在 90 年代下半叶升值近 40%?

如图 15.1 所示,1980—1985 年美元强劲升值,随后在 1986—1987 年大幅贬值,1995—2001 年再度强劲升值,2002—2004 年则再次贬值。如前所述,购买力平价理论无法解释这种过山车现象。那么什么可以解释?

紧缩性货币政策及相关的高实际利率是美元在 1980—1985 年强劲升值的重要原因。1980 年,美国的通货膨胀率达到 13.5% 的峰值。在保罗·沃尔克主席的领导下,美联储通过大幅提高实际利率来应对通货膨胀的激增,以期减少总需求和通货膨胀压力。因此,美国的实际利率从 1979 年和 1980 年的负值上升到 1983 年和 1984 年的 7% 以上。受到这些高实际回报的吸引,外国储蓄者争相购买美国资产,推动美元大幅升值。

美联储降低通货膨胀的努力是成功的。到 20 世纪 80 年代中期,美联储开始放松货币政策。由此导致的实际利率下降降低了对美国资产的需求,从而降低了对美元的需求,此时美元几乎回落到 1980 年的水平。

20 世纪 90 年代末美元升值的一个原因是美国股市的繁荣和普遍强劲的增长速度。这提高了美国资产的预期回报率,使外国人希望购买美国资产,增加了对美元的需求,从而使美元升值。这些年相对紧缩的货币政策也发挥了作用。

股票市场在 21 世纪初达到顶峰,之后又出现逆转。2001 年的大部分时间,美国经济处于衰退状态,伴随着 2001 年年初开始实施的宽松性货币政策。虽然美元直到 2002 年年初才扭转总体上升趋势,但美元最终开始了长期贬值。到 2004 年年初,随着联邦基金利率处于历史低位,美元回落至 1995 年的水平。

汇率作为货币政策工具

封闭经济中,货币政策仅仅通过实际利率影响总需求。例如,紧缩性货币政策通过提高实际利率减少消费和投资支出。下面我们将看到采用浮动汇率制度的开放经济下,汇率作为另一种货币政策的手段,可以加强实际利率变动产生的影响。

假设政策制定者担心通货膨胀并决定控制总需求。出于这个目的,他们提高实际利率来减少消费和投资支出。但如图15.5所示,较高的实际利率同样增加了对美元的需求,使美元升值。美元的升值进一步减少了总需求。这是为什么?因为美元升值减少了进口产品的成本,增加了进口。同样,美元升值使美国出口产品在外国市场上价格上升,减少了美国的出口。净出口=出口-进口,是总需求的四个组成部分之一。因此,通过减少出口和增加进口,美元的坚挺(更准确地说,实际汇率更高)降低了总需求。[1]

总体而言,浮动汇率制度下,紧缩性货币政策会减少净出口(因为美元变得坚挺)以及消费和投资支出(因为实际利率更高)。相反,宽松性货币政策会削弱美元,刺激净出口,强化实际利率降低对消费和投资支出的影响。因此,相对于我们之前研究的封闭经济的例子,在采用浮动汇率制度的开放经济中,货币政策更有效。

美联储前主席沃尔克在20世纪80年代早期采取的紧缩性货币政策很好地说明了货币政策对净出口(贸易差额)的影响。如经济自然主义者15.3所述,沃尔克收紧银根的政策是1980—1985年美元升值50%的主要原因。1980年和1981年,美国的出口适当高于进口,存在贸易盈余。这在很大程度上是受美元坚挺的影响。1981年后美国贸易差额产生赤字,至1985年年底,美国贸易赤字达到GDP的3%。不到5年的时间内发生了显著变化。

> **重点回顾:货币政策与汇率**
>
> 紧缩性货币政策将提高实际利率,增加对美元的需求并使美元坚挺。美元坚挺通过减少净出口(总需求的一个组成部分)来增强紧缩性货币政策对总支出的影响。反之,宽松性货币政策将降低实际利率,削弱美元。

固定汇率

到目前为止,我们关注的都是浮动汇率的情况,这与美国等大多数大型工业国家的情况相符。然而,除了采取浮动汇率制度外,还可以令汇率固定。在历史上,固定汇率曾经占有非常重要的地位,如今仍然在很多国家采用,特别是在小国和发展中国家。

本节我们将说明当名义汇率是固定的而不是浮动的时,我们的结论是如何变化的。一个重要的区别是,当一国采取固定汇率制度时,其将货币政策作为稳定工具的能力将极大降低。

如何使汇率固定

与仅由外汇市场供求决定价值的浮动汇率不同,固定汇率的价值由政府(在实践中,

---

[1] 我们暂时假设美国产品用美元表示的价格与外国资产用外国货币表示的价格都不变。

通常是财政部或财政部与中央银行共同)决定。如今,固定汇率的价值通常是以一种主要货币或相对于一篮子货币(通常是该国贸易伙伴的货币)确定的。历史上,货币价值通常以黄金或其他贵金属为单位,但近年来,贵金属很少被用于这一目的。

汇率固定下来以后,政府通常会试图在一段时间内保持不变。[①] 然而,有时经济环境迫使政府改变汇率的价值。一种货币的官方价值降低称为**法定贬值**;官方价值的增加称为**法定升值**。固定汇率的法定贬值与浮动汇率的贬值类似,二者都涉及货币价值的降低;同样,固定汇率的法定升值与浮动汇率的升值类似。

我们用来研究浮动汇率的供求图可以用来分析固定汇率。让我们来考虑一个叫作 Latinia 的国家,其货币叫作拉丁比索。图 15.6 显示了拉丁比索在外汇市场上的供求情况。需要外币以购买外国产品和资产的 Latinia 家庭和企业向外汇市场提供拉丁比索。需要拉丁比索以购买 Latinia 产品和资产的外币持有者则需要拉丁比索。如图 15.6 所示,当拉丁比索等于 0.1 美元(10 拉丁比索兑 1 美元)时,外汇市场上拉丁比索的供给量与需求量是相等的。因此,每拉丁比索兑 0.1 美元是拉丁比索的基本价值。如果 Latinia 采取的是浮动汇率制度,则拉丁比索在外汇市场上的汇率将是 10 拉丁比索兑 1 美元。

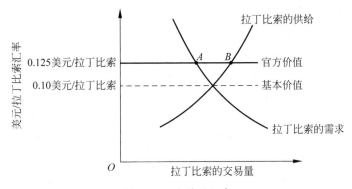

图 15.6　高估的汇率

拉丁比索的官方价值(0.125 美元)超过由外汇市场供求决定的基本价值(0.10 美元),因此拉丁比索被高估了。为了保持其官方价值不变,政府必须在每个时期购买数量相当于 AB 的拉丁比索。

不过,让我们假设 Latinia 采用固定汇率制度,而且政府已将拉丁比索的价值定为 8 拉丁比索兑 1 美元,即每拉丁比索兑 0.125 美元。拉丁比索的官方价值是 0.125 美元,如图 15.6 中的实线所示。请注意,拉丁比索的官方价值大于供求曲线交点确定的基本价值。当汇率的官方固定价值大于其基本价值时,我们称汇率被**高估**。汇率的官方价值也可能低于其基本价值,在这种情况下,我们称汇率被**低估**。

在本例中,Latinia 将拉丁比索保持在 8 拉丁比索兑 1 美元的官方汇率,与外汇市场供求决定的 10 拉丁比索兑 1 美元的基本价值并不一致(拉丁比索被高估)。Latinia 政府

---

① 　这种说法存在例外。一些国家采用爬行钉住汇率制度,在这种制度下,汇率固定在一个随着时间的推移以预先宣布的方式变化的值上。例如,政府可能会宣布固定汇率每年将下降 2%。还有些国家采用汇率目标区制度,允许汇率与固定值有少量偏差。为了关注关键问题,我们假设汇率长期固定为单一值。

应如何应对这种矛盾？Latinia 面临几种选择。第一种选择是，Latinia 可以将其货币贬值，从每拉丁比索兑 0.125 美元降至每拉丁比索兑 0.1 美元，这将使拉丁比索的官方价值与其基本价值保持一致。正如我们将看到的，贬值往往是货币估值过高的最终结果。然而，采取固定汇率制度的国家通常不愿意在每次基本价值发生变化时都改变汇率的官方价值。如果必须根据市场情况不断调整汇率，那么该国还不如干脆采用浮动汇率制度。

第二种选择是，Latinia 可以通过限制国际交易来维持其被高估的汇率。对进口实行配额，禁止国内家庭和企业收购外国资产，可以有效减少外汇市场上拉丁比索的供给量，从而提高其基本价值。更极端的做法是禁止 Latinia 居民在未经政府批准的情况下将拉丁比索兑换成其他货币，这一政策将有效地给予政府直接决定外汇市场上拉丁比索供给量的权力。这些措施可能有助于维持拉丁比索的官方价值。然而，限制贸易和资本流动对经济来说代价过于高昂，不仅会减少专业化和贸易的收益，而且剥夺了 Latinia 家庭和企业进入外国资本市场的机会。因此，限制国际交易以维持固定汇率的政策可能弊大于利。

第三种也是最广泛采用的选择是，让政府成为外汇市场上本国货币的需求者。如图 15.6 所示，按照每拉丁比索兑 0.125 美元的官方汇率，私营部门对拉丁比索的供给（B 点）超过了私营部门对拉丁比索的需求（A 点）。为了防止拉丁比索的基本价值低于官方价值，在每个时期，Latinia 政府都可以在外汇市场上购买相当于图 15.6 中 AB 线段长度的拉丁比索，拉丁比索的总需求（A 点的私人需求加上政府需求 AB）将等于拉丁比索的私人供给（B 点）。这种情况类似于政府试图将小麦或牛奶等产品的价格保持在市场水平之上。为了保持官方的小麦价格高于市场结算价格，政府必须随时准备以官方价格购买供给过剩的小麦。同样，为了保持其货币的"价格"高于市场清算水平，政府必须以官方价格购买多余的拉丁比索。

为了能够购买本国货币并维持被高估的汇率，政府（通常是中央银行）必须持有外汇资产，即**国际储备**，或者简称储备。例如，Latinia 的中央银行可能在美国的银行持有美元存款或美国政府债券，它可以根据需要在外汇市场上兑换拉丁比索。在如图 15.6 所示的情况下，为了使拉丁比索保持其官方价值，在每个时期，Latinia 中央银行都必须花费相当于 AB 线段长度的国际储备。

因为汇率被高估的国家必须在每个时期使用部分储备来支撑其货币价值，随着时间的推移，其可用储备将减少。一国的国际储备存量在一年内的净减少被称为**国际收支逆差**。相反，如果一个国家的国际储备在一年中出现净增长，则这种增长被称为**国际收支顺差**。

例 15.6　Latinia 的国际收支逆差

保持货币被高估的国际收支成本是多少？
拉丁比索在外汇市场上的供求情况如下：

$$需求 = 25\,000 - 50\,000e$$
$$供给 = 17\,600 + 24\,000e$$

其中,拉丁比索的汇率 e 用美元/拉丁比索计量。官方规定,拉丁比索的价值为 0.125 美元。找出拉丁比索的基本价值和 Latinia 的国际收支逆差,同时以拉丁比索和美元衡量。

要找出拉丁比索的基本价值,需要使拉丁比索的需求与供给相等:

$$25\,000 - 50\,000e = 17\,600 + 24\,000e$$

求解 e,得到

$$7\,400 = 74\,000e$$

$$e = 0.1$$

因此,汇率的基本价值为 0.1 美元/拉丁比索,如图 15.6 所示。

按照官方汇率,每拉丁比索兑 0.125 美元,拉丁比索的需求量为 $25\,000 - 50\,000 \times 0.125 = 18\,750$,拉丁比索的供给量为 $17\,600 + 24\,000 \times 0.125 = 20\,600$。因此,提供给外汇市场的拉丁比索数量超过了拉丁比索的需求量($20\,600 - 18\,750 = 1\,850$ 拉丁比索)。为了保持汇率固定,Latinia 政府每个时期必须购买 1\,850 拉丁比索,这是 Latinia 的国际收支逆差。由于拉丁比索是以 8 拉丁比索兑 1 美元的官方汇率购买的,因此用美元衡量的国际收支逆差为(1\,850 拉丁比索)×(0.125 美元/拉丁比索)=(1\,850/8)美元=231.25 美元。

练习 15.5

假设拉丁比索的固定价值为 0.15 美元/拉丁比索,重做例 15.6。你对货币被高估的程度与由此产生的国际收支逆差之间的关系有什么结论?

尽管政府可以通过以官方价格回购本国货币在一段时间内维持被高估的汇率,但这种策略是有限度的,因为没有一个政府的国际储备是无限的。最终,政府将耗尽储备,固定汇率将崩溃。正如我们接下来将看到的那样,固定汇率的崩溃可能是非常突然和戏剧性的。

练习 15.6

假设拉丁比索的固定价值为 0.15 美元/拉丁比索,重做例 15.6。你对货币被高估的程度与由此产生的国际收支逆差之间的关系有什么结论?画图说明固定汇率被低估而不是被高估的情况。说明为了保持固定汇率,中央银行必须使用本国货币在外汇市场上购买外币。在汇率被低估的情况下,该国的中央银行是否有耗尽国际储备的危险?(提示:请记住,中央银行随时可以加印本国货币。)

投机性冲击

政府试图维持汇率高估的行为可能会因为投机性冲击的爆发而意外地突然结束。**投机性冲击**是指国内外金融投资者大规模抛售本国货币资产。例如,在对拉丁比索的投机性冲击中,金融投资者会试图摆脱任何以拉丁比索计价的金融资产(股票、债券和银行存款)。当金融投资者担心估值过高的货币很快就会贬值时,投机性冲击最有可能发生,因为在贬值过程中,以本国货币计价的金融资产的价值突然变得比其他货币的价值低得多。

具有讽刺意味的是,投机性冲击通常是由对贬值的恐惧引起的,结果可能成为货币贬值的原因。因此,投机性冲击实际上可能是一种自我实现的预言。

投机性冲击对拉丁比索市场的影响如图 15.7 所示。首先,情况与图 15.6 相同:拉丁比索的供给和需求分别由标有 S 和 D 的曲线表示,这意味着拉丁比索的基本价值为 0.1 美元/拉丁比索。与之前一样,拉丁比索的官方价值是每拉丁比索兑 0.125 美元,高于基本价值,因此拉丁比索被高估了。为了保持拉丁比索的固定价值,Latinia 的中央银行每个时期必须使用其国际储备回购拉丁比索,回购金额对应图中的 AB 线段。

然而,假设金融投资者担心拉丁比索将很快贬值,可能是因为中央银行的储备越来越少。如果拉丁比索从官方价值 8 拉丁比索兑 1 美元贬值至基本价值 10 拉丁比索兑 1 美元,那么 100 万拉丁比索的投资(按固定汇率计算,价值 12.5 万美元)价值将突然跌至仅为 10 万美元。为了避免这些损失,金融投资者将出售其以拉丁比索计价的资产,并在外汇市场上抛售拉丁比索。由此导致的拉丁比索大量涌入市场将使拉丁比索的供给曲线向右移动,从 S 移动到 S',如图 15.7 所示。

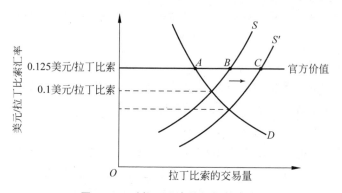

图 15.7 对拉丁比索的投机性冲击

最初,拉丁比索被高估为每拉丁比索兑 0.125 美元。为了维持官方汇率,中央银行每个时期必须购买相当于 AB 的拉丁比索。由于担心可能贬值,金融投资者发起了投机性冲击,出售以拉丁比索计价的资产,并在外汇市场上抛售拉丁比索。因此,拉丁比索的供给曲线从 S 移动到 S',进一步降低了拉丁比索的基本价值,迫使中央银行购买相当于 AC 的拉丁比索以维持官方汇率。这种更快速的外汇储备损失可能会导致中央银行让拉丁比索贬值,从而使金融投资者的担忧成真。

这种投机性冲击给 Latinia 的中央银行带来了严重的问题。在冲击发生前,维持拉丁比索的价值需要中央银行每个时期花费相当于 AB 线段的国际储备。现在,突然之间,中央银行必须花费相当于图 15.7 中 AC 线段的更多储备才能维持固定汇率。这些额外的储备是购买惊慌的金融投资者抛售的拉丁比索所必需的。在现实中,这种投机性冲击往往会迫使货币贬值,将中央银行的储备减少到被认为根本不可能进一步捍卫固定汇率的程度。因此,由于担心贬值而引发的投机性冲击实际上可能会使货币真的贬值。

货币政策与固定汇率

我们已经看到,没有一种真正令人满意的方法能够在较长时期内保持固定汇率高于其基本价值。中央银行可以通过使用国际储备购买其货币在外汇市场上的过剩供给,在一段时间内维持过高的汇率。但一国的国际储备是有限的,最终可能会因为人为地保持汇率高企而耗尽。此外,投机性冲击往往会加速高估汇率的崩溃。

试图维持高估的汇率的另一种选择是想办法提高汇率的基本价值。如果汇率的基本价值能够提高到与官方价值相等的程度,那么汇率高估问题就会得到解决。改变汇率基本价值的最有效方法是货币政策。正如我们在本章前面所看到的,随着国内资产对外国金融投资者的吸引力越来越大,提高实际利率的紧缩性货币政策将增加对本国货币的需求。对货币需求的增加将反过来提高其基本价值。

使用货币政策支持固定汇率如图 15.8 所示。首先,拉丁比索在外汇市场上的需求和供给分别由标有 D 和 S 的曲线给出,因此拉丁比索的基本价值等于 0.1 美元/拉丁比索,低于 0.125 美元/拉丁比索的官方价值。与之前一样,拉丁比索被高估了。不过,这一次,Latinia 的中央银行使用货币政策来消除汇率高估问题。为此,中央银行提高了国内实际利率,使 Latinia 的资产对外国金融投资者更具吸引力,并将拉丁比索需求从 D 提高到 D'。在拉丁比索需求增加之后,拉丁比索的基本价值等于官方的固定价值,如图 15.8 所示。由于拉丁比索不再被高估,因此可以保持其固定价值,而不会损失国际储备或担心投机性冲击。相反,宽松性货币政策(降低实际利率)可以被用来应对汇率低估,即官方汇率低于基本价值。

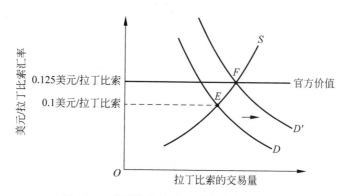

图 15.8　使用紧缩性货币政策消除汇率高估

在拉丁比索的需求和供给分别由 D 和 S 给出的情况下,在 E 点实现均衡,拉丁比索的基本价值等于 0.1 美元/拉丁比索,低于 0.125 美元/拉丁比索的官方价值。拉丁比索的高估可以通过紧缩性货币政策来消除,即提高国内实际利率,使国内资产对外国金融投资者更具吸引力。此时,对拉丁比索的需求从 D 增加到 D',使拉丁比索的基本价值提高到每拉丁比索 0.125 美元,即官方价值。拉丁比索不再被高估。

虽然货币政策可以被用来保持汇率的基本价值与官方价值相等,但以这种方式使用货币政策有一些缺点。特别是,如果货币政策被用来将汇率的基本价值设定为等于官方价值,那么它将不再适用于稳定国内经济。例如,假设 Latinia 的经济因总需求不足而陷入衰退,同时其汇率被高估。Latinia 的中央银行可以降低实际利率以增加支出和产出,也可以提高实际利率以消除汇率高估,但不能二者兼得。因此,如果 Latinia 政府决定维持固定汇率,则必须放弃使用货币政策对抗衰退的任何希望。固定汇率限制或消除了为稳定总需求而使用货币政策的事实是固定汇率制度最重要的特征之一。

货币政策的制定者在稳定汇率与稳定国内经济之间面临的冲突,在汇率受到投机性冲击时最为严重。投机性冲击通过增加外汇市场上的货币供给,进一步降低了汇率的基本价值(见图 15.7)。为了阻止投机性冲击,中央银行必须大幅提高货币的基本价值,这需要大幅提高实际利率。(在 1992 年的一个著名事件中,瑞典的中央银行对其货币受到投机性冲击的反应是将短期利率提高到 500%。)然而,由于阻止投机性冲击所需的实际利率的提高降低了总需求,这可能导致严重的经济衰退。经济自然主义者 15.4 描述了一个真实的例子。

经济自然主义者 15.4 1997—1998 年东亚危机的原因和后果是什么?

20 世纪的最后 30 年间,东亚各国的经济增长和稳定发展令人印象深刻。但"东亚奇迹"似乎在 1997 年结束了,当时出现了针对该地区货币的投机性冲击。连续十多年都将本国货币与美元的汇率保持固定的泰国是第一个受到冲击的国家,危机很快蔓延至韩国、印度尼西亚和马来西亚等国家。这些国家最终都被迫将货币贬值。是什么导致了这场危机? 其后果是什么?

由于东亚各国的经济发展一直很好,对其货币的投机性冲击出乎大多数决策者、经济学家和金融投资者的意料。不过,事后再来分析,我们可以发现东亚各经济体存在导致危机的一些问题。最严重的问题或许与其银行系统有关。在危机爆发前的 10 年里,东亚银行从外国金融投资者那里吸收了大量资本,这些投资者都是希望从东亚奇迹中获利的。如果投资得当,这些资金流入将是一个福音,但不幸的是,很多银行家利用这些资金向家庭成员、朋友或有政治利益往来的人发放贷款,这一现象后来被称为裙带资本主义。结果是投资回报不佳,许多借款人违约。最终,外国投资者意识到,投资东亚的回报将远低于预期。当他们开始抛售资产时,这一过程迅速演变为对东亚货币的全面投机性冲击。

尽管国际货币基金组织(IMF)等国际贷款机构提供了援助(参见经济自然主义者 15.5),但投机性冲击仍对东亚经济产生了严重的影响。股票和土地等资产的价格暴跌,几个国家出现了银行恐慌(有关银行恐慌的讨论,请参见第 9 章)。为了提高汇率的基本价值,避免其进一步贬值,几个国家大幅提高了实际利率。然而,实际利率的上升抑制了总需求,导致产出急剧下降、失业率上升。

幸运的是,到 1999 年,大多数东亚经济体已经开始复苏。尽管如此,这场危机给发展中国家的决策者留下了深刻的印象,即固定汇率的潜在风险很高。这场危机的另一个教训是,银行监管需要结构化,以确保贷款发放的稳健性。

经济自然主义者 15.5 什么是国际货币基金组织(IMF)? 多年来,它的使命是如何演变的?

国际货币基金组织(IMF)成立于二战后,日常事务由执行董事会负责。执行董事会由 24 名执行董事组成,其中 8 名执行董事分别代表中国、法国、德国、日本、俄罗斯、沙特阿拉伯、英国和美国;其他 16 名执行董事则分别代表一组国家。[①] 执行董事会推选的总

---

① 代表俄罗斯的执行董事同时还代表叙利亚。

裁负责监督国际货币基金组织的运作并管理其大约 2 700 名员工(其中一半是经济学家)。

国际货币基金组织最初的目的是帮助管理战后建立的固定汇率体系,即布雷顿森林体系。在布雷顿森林体系下,国际货币基金组织的主要作用是将国际储备借给有需要的成员,使其将汇率维持在官方价值。然而,到了 1973 年,美国、英国、德国和大多数其他工业国家放弃了固定汇率制度,转而采用浮动汇率制度,这让国际货币基金组织有了新的使命。1973 年以来,国际货币基金组织主要负责向发展中国家提供贷款。例如,在 20 世纪90 年代的货币危机期间,国际货币基金组织向墨西哥、俄罗斯、巴西及几个东亚国家发放贷款。2008 年危机期间,国际货币基金组织再次向货币受到压力的国家提供贷款。21 世纪 10 年代,国际货币基金组织与欧洲各国一起向作为发达国家的希腊提供贷款,欧洲各国为希腊提供了偿还其政府债务所需资金的 2/3,而国际货币基金组织则提供了 1/3。2020 年年初,国际货币基金组织向低收入和新兴市场经济体提供了 500 亿美元的贷款,帮助其应对全球新冠肺炎疫情。

经济自然主义者 15.6　政策失误是如何加剧大萧条的?

我们在开始宏观经济学的学习时称政策失误对于大萧条的发生有着不可推卸的责任。现在我们马上就要完成宏观经济学的学习了,我们可以更具体地阐述这一观点。政策失误是如何加剧大萧条的?

很多政策错误(以及大量坏运气)都加剧了大萧条。例如,美国政策制定者为了保护国内产业,于 1930 年实施了臭名昭著的霍利-斯穆特关税法。其他国家迅速开征关税进行报复,导致国际贸易事实上的崩溃。

然而,迄今为止最严重的错误发生在货币政策领域。[①] 正如我们在第 9 章看到的那样,1929—1933 年,美国的货币供给量减少了 1/3。伴随着货币供给量的大幅下降,产出和价格急剧下降,失业率迅速上升。

至少有三个政策失误导致了 1929—1933 年美国货币供给量的急剧减少。第一个政策失误是,尽管没有通货膨胀,美联储还是在 1928—1929 年大幅收紧了货币政策。美联储官员采取这一行动主要是为了"遏制"繁荣的股市,他们担心股市上涨过快。然而,他们在抑制股市投机方面的"成功"超出了预期,利率上升和经济放缓导致了 1929 年 10 月开始的股市暴跌。

第二个政策失误是,在 1930—1933 年的银行恐慌期间,任由数千家美国银行倒闭。官员们显然认为,倒闭只会淘汰最弱的银行,从而使整个银行体系得到优化。然而,由于经济自然主义者 9.2 中讨论的原因,银行恐慌急剧减少了银行存款和货币总供给。

与本章主题相关的第三个政策失误源自美国政府的汇率政策。大萧条开始时,美国

---

① 米尔顿·弗里德曼(Milton Friedman)和安娜·施瓦茨(Anna Schwartz)1963 年的经典著作《美国货币史:1867—1960》(*A Monetary History of the United States:1867-1960*)(Princeton,NJ:Princeton University Press)是第一本详细论述货币政策失误导致大萧条的观点的书。

与大多数其他主要国家一样,采用金本位制,美元的价值与黄金挂钩。[1] 通过确立美元的固定价值,美国有效地创造了美元与其他货币之间的固定汇率,这些货币的价值与黄金挂钩。随着大萧条的恶化,美国国会敦促美联储官员放松货币政策,以阻止产出和价格的下降。然而,正如我们在前面所看到的,在固定汇率制度下,货币政策不能被用来稳定国内经济。具体而言,20世纪30年代初的政策制定者担心,如果放松货币政策,外国金融投资者可能会认为美元被高估,并发起投机性冲击,迫使美国政府将美元贬值,甚至完全放弃金本位制。因此,美联储并未认真尝试阻止货币供给的崩溃。

事后看来,我们可以看到,美联储决定将维持金本位制放在比刺激经济更高的优先级,这是一个重大错误。事实上,那些放弃金本位制而采用浮动汇率制度的国家(如英国和瑞典),或从未采用过金本位制的国家(如西班牙),能够增加货币供给,并比美国更快地从大萧条中复苏。美联储显然错误地认为,汇率的稳定将在某种程度上转化为整体经济的稳定。

1933年3月上任后,富兰克林·罗斯福纠正了其中几个政策错误。他采取积极措施恢复银行体系,并暂停了金本位制。货币供给量停止下降,并开始快速增长。1933—1937年,虽然失业率仍居高不下,但产出、价格和股价迅速恢复。然而,大萧条的最终复苏因1937—1938年的另一场衰退而中断。

重点回顾: 固定汇率

- 固定汇率的价值由政府决定。固定汇率的官方价值可能与外汇市场上的供求所决定的基本价值不同。汇率的官方价值高于其基本价值时,汇率被高估;汇率的官方价值低于其基本价值时,汇率被低估。

- 对于高估的汇率,以官方汇率向外汇市场提供的货币数量超过了需求数量。政府可以通过使用国际储备(外币资产)购买过多的货币,在一段时间内维持被高估的汇率。一国的国际储备存量在一年中的净减少构成其国际收支逆差。

- 由于一国的国际储备有限,不能无限期地维持被高估的汇率。此外,如果金融投资者担心汇率即将下降,他们可能会发起投机性冲击,抛售本国货币资产,并向外汇市场提供大量本国货币,这将更快耗尽该国的外汇储备。由于外汇储备的快速损失可能会迫使货币贬值,金融投资者对货币贬值的恐惧可能会被证明是一个自我实现的预言。

- 紧缩性货币政策提高了实际利率,增加了对货币的需求,从而提高了货币的基本价值。通过将货币的基本价值提高到其官方价值,紧缩性货币政策可以消除汇率高估的问题,并稳定汇率。然而,如果货币政策被用来确定汇率的基本价值,那么它将不能再被用于稳定国内经济。

---

[1]　1929年美元的价值使1盎司黄金的价格固定在20.67美元。

汇率应该固定还是浮动？

国家应该采取固定汇率还是浮动汇率？在简单比较这两种汇率制度的时候,我们将集中讨论两个主要问题:(1)汇率体系对货币政策的影响;(2)汇率体系对贸易和经济一体化的影响。

在货币政策问题上,我们已经看到,一国采取的汇率制度对中央银行使用货币政策来稳定经济的能力有很大影响。浮动汇率实际上加强了货币政策对于总需求的影响,而固定汇率则会阻止决策者使用货币政策稳定经济,因为决策者必须用货币政策来保持汇率的市场均衡价值等于官方价值(否则将面临投机性冲击的风险)。

对于类似美国这样的大型经济体,放弃通过货币政策来稳定经济的能力是不明智的。因此,大型经济体应当在绝大多数时候实施浮动汇率制度。然而,对于小型经济体来说,放弃这一能力可能有些好处。一个有趣的例子是阿根廷,1991—2001 年它保持了比索与美元之间 1 比 1 的汇率。尽管 1991 年以前,阿根廷遭受了恶性通货膨胀,但比索与美元挂钩后阿根廷的通货膨胀与美国基本相当。阿根廷通过将比索与美元挂钩并放弃调整货币政策的自由,将自己置于美联储的"保护伞"下,来避免通货膨胀。不幸的是,2002 年年初,投资者担心阿根廷无法偿还其国际债务,导致阿根廷比索受到投机性攻击。这迫使阿根廷放弃固定汇率制度,比索贬值,阿根廷经历了一次严重的经济危机。阿根廷的教训是,如果其他政策效果不佳,仅靠固定汇率并不能阻止一个小型经济体产生通货膨胀。巨额国外借款造成的财政赤字最终将阿根廷推向了经济危机的深渊。

另一个重要的问题是汇率制度对贸易和经济一体化的影响。固定汇率的支持者认为固定汇率减少了未来汇率的不确定性,有利于国际贸易和跨国经济合作。例如,设想一家考虑扩大出口业务的企业,其潜在利润将取决于所在国的货币相对于出口国的货币的远期价值。在浮动汇率制度下,因为本国货币的价值随着供给和需求的变化而波动,因此很难在事前进行预测。这种不确定性有可能令企业不愿扩大出口业务。固定汇率的支持者认为如果汇率是官方固定的,那么就可以降低或者是消除未来汇率的不确定性。

这种论点的问题在于,固定汇率是不能永远维持的,正如我们在东亚经济危机、阿根廷经济危机及最近的希腊危机(见经济自然主义者 15.7)中所看到的。虽然固定汇率下汇率不像浮动汇率那样每天波动,但是被设定在市场均衡汇率水平之上的固定汇率有可能导致该国货币价值突然间发生预料之外的大幅下跌。因此,无论是在固定汇率制度还是在浮动汇率制度下,试图对 10 年后的汇率进行预测的企业都将面临同样的不确定性。

投机性冲击导致的固定汇率的潜在不稳定性,促使一些国家尝试采用一种更为激进的方法来解决汇率的不稳定性问题:使用共同货币。经济自然主义者 15.7 描述了这一方法的一个重要实例。

经济自然主义者 15.7　为什么 19 个欧洲国家会采用共同货币?

自 1999 年 1 月 1 日起,包括法国、德国和意大利在内的 11 个西欧国家采用了一种被称为欧元的共同货币。欧元逐步取代法国法郎、德国马克、意大利里拉及其他国家的货币。这一进程于 2002 年年初结束,旧货币完全被欧元所取代。此后,包括东欧国家在内的更多欧洲国家加入了欧元区。截至 2020 年,最后一个加入的国家是立陶宛,该国于2015 年 1 月 1 日成为欧元区第 19 个成员国。为什么这些国家会采用共同货币?

二战以来,西欧各国始终致力于增进彼此间的经济合作和贸易往来。欧洲的领导人认为统一和一体化的欧洲经济更具生产力,相对于美国经济可能也更具竞争力。为了实现这一目标,这些国家在欧洲货币体系(EMS)的支持下建立了固定汇率制度。然而,欧洲货币体系并不稳定。多国货币相继发生贬值,1992 年严重的投机性冲击迫使包括英国在内的多个国家放弃了固定汇率制度。

1991 年 12 月,在荷兰的马斯特里赫特,欧共体(EC)成员国达成了被称为《马斯特里赫特条约》的协议。于 1993 年 11 月生效的该协议的一项主要规定是成员国将致力于采用统一的货币。这种被称为欧元的共同货币于 1999 年 1 月 1 日正式启用。欧元的诞生意味着欧洲各国之间开展贸易时不必再兑换货币,正如位于各州的美国人可以互相贸易而不用费心将"纽约的美元"兑换成"加利福尼亚的美元"。欧元不仅有助于促进欧洲的贸易和合作,而且消除了对个别国家货币的投机性冲击。

既然 19 个欧洲国家如今有了统一的货币,它们也需要采用统一的货币政策。欧共体成员国达成一致,欧洲货币政策将由新的欧洲中央银行(ECB)——位于德国法兰克福的多国机构实施。事实上,ECB 已经成为"欧洲的美联储"。多个国家采取单一货币政策的一个潜在问题是:不同的国家面临不同的经济状况,因此单一的货币政策无法应对所有国家的所有问题。事实上,近年来,西班牙和意大利等南欧国家已经陷入严重衰退(这需要放松货币政策),而德国已经接近充分就业。由于经济条件的巨大差异,单一货币政策的要求在欧洲共同体成员国之间产生了利益冲突。

▼ 小结

两种货币之间的名义汇率是指一种货币与另一种货币交换的比率。一种货币相对于其他货币价值的上升称为升值,相对于其他货币价值的下降称为贬值。

汇率可以是浮动的也可以是固定的。浮动汇率是由各国货币相互交易的外汇市场上的供求决定的。固定汇率则是由政府决定的。

实际汇率是当价格用同一种货币表示时,国内产品或服务的平均价格与外国产品和服务的平均价格之比。实际汇率的增加意味着国内产品和服务相对于外国产品和服务变得更昂贵,将造成出口减少、进口增加。相反,实际汇率的下降倾向于增加净出口。

长期内名义汇率决定的一个基础理论是购买力平价(PPP)理论,它建立在一价定律的基础上。一价定律指出,如果运输费用相对很低,那么国际贸易商品的价格在各个地区必须相等。根据购买力平价理论,我们可以通过令一种货币表达的商品价格等于另一种货币表达的同种商品价格,来计算两种货币间的名义汇率。购买力平价理论准确地预测了经历明显的通货膨胀的国家的货币在长期将趋于贬值。不过,因为很多产品和服务不能进行国际贸易,而且不是所有贸易商品都是标准化的,因此购买力平价理论在解释汇率的短期波动时效果要差得多。

供求分析是研究短期汇率决定因素的有用工具。均衡汇率,又称汇率的市场均衡价值,等于外汇市场上这种货币供给与需求相等时汇率的价值。一种货币由希望获得外国货币以便购买外国产品、服务和资产的该国居民提供。对外国产品偏好的增加、本国实际GDP 的增加、外国资产实际利率的增加或本国资产实际利率的降低都将提高外汇市场上这种货币的供给,进而降低其价值。一种货币的需求主要来自希望购买该国产品、服务和资产的外国人。外国人对本国产品偏好的增加、外国实际 GDP 的增加、本国资产实际利率的增加或外国资产实际利率的降低都将提高外汇市场上这种货币的需求,进而提高其价值。

如果汇率是浮动的,那么紧缩性货币政策将增加对货币的需求,减少货币的供给,使之升值。坚挺的货币通过减少净出口,增强了紧缩性货币政策对总需求的影响。相反,宽松性货币政策降低了实际利率,使货币疲软,进而刺激净出口。

固定汇率的价值由政府官方决定。在外汇市场上,官方价值超过其基本价值的固定汇率被认为高估了。官方价值低于其基本价值的汇率则被认为低估了。固定汇率的官方价值降低称为法定贬值,其官方价值的增加则被称为法定升值。

对于被高估的汇率,以官方汇率供给的货币量超过了需求量。为了维持官方汇率,该国中央银行必须使用其国际储备(外币资产)购买外汇市场上多出的货币供给。由于一国的国际储备有限,中央银行不能无限期地维持被高估的汇率。此外,如果金融投资者担心汇率即将贬值,他们可能会发起投机性冲击,抛售本国货币资产,并向外汇市场供给大量本国货币。投机性冲击将导致一国的中央银行更快地动用其国际储备,最终往往会迫使货币贬值。

紧缩性货币政策通过提高汇率的基本价值,可以消除汇率高估的问题。然而,如果货币政策被用来将汇率的基本价值设定为等于官方价值,那么它将不能再被用于稳定国内经济。因此,在固定汇率制度下,货币政策几乎没有影响国内产出和就业的能力。

由于固定汇率意味着货币政策不能被用于稳定国内经济,大多数大国采用浮动汇率。固定汇率可能会迫使一个小国的中央银行遵循与其汇率挂钩的国家的货币政策。固定汇率的拥护者认为,固定汇率通过提高汇率的可预测性可以促进贸易和经济一体化。然而,投机性冲击的威胁极大地降低了固定汇率的长期可预测性。

名词与概念

appreciation	升值	fixed exchange rate	固定汇率
balance-of-payments deficit	国际收支逆差	flexible exchange rate	浮动汇率
balance-of-payments surplus	国际收支顺差	foreign exchange market	外汇市场
depreciation	贬值	fundamental value of the exchange rate	汇率的基本价值
devaluation	法定贬值	international reserves	国际储备

law of one price	一价定律	real exchange rate	实际汇率
nominal exchange rate	名义汇率	revaluation	法定升值
overvalued exchange rate	汇率高估	speculative attack	投机性冲击
purchasing power parity (PPP)	购买力平价	undervalued exchange rate	汇率低估

复习题

1. 日元汇率为 1 美元兑 110 日元,墨西哥比索汇率为 1 美元兑 10 比索。日元与墨西哥比索之间的名义汇率是多少? 用两种方法表示。

2. 给出名义汇率和实际汇率的定义。这两个概念之间有何联系? 哪种类型的汇率最直接影响一国的产品和服务出口能力?

3. 你认为一价定律适用于原油、鲜奶、乘坐出租车、听各国艺术家在当地录制的音乐吗? 针对每种情形解释你的答案。

4. 为什么美国的家庭和企业会向外汇市场提供美元? 为什么外国人会从外汇市场购买美元?

5. 在浮动汇率制度下,宽松性货币政策(实际利率较低)如何影响汇率的价值? 汇率的这种变化是趋于削弱还是增强货币政策对产出和就业的影响? 请解释。

6. 给出汇率高估的定义。讨论政府决策者应对汇率高估的四种方法。每种方法的缺点是什么?

7. 使用供求分析图说明投机性冲击对高估的汇率的影响。为什么投机性冲击经常导致货币的法定贬值?

8. 比较固定汇率和浮动汇率如何影响:(1)货币政策稳定国内产出的能力和(2)未来汇率的可预测性。

练习题

1. 使用表 15.1 中的数据,计算墨西哥比索与日元之间的名义汇率。用两种方法表示。如果比索对美元升值 10% 而日元对美元的价值保持不变,你的答案将有何改变?

2. 一辆英国制造的汽车售价为 20 000 英镑。一辆与之相似的美国制造的汽车售价为 26 000 美元。在外汇市场上 1 英镑兑换 1.5 美元。分别从美国的角度和英国的角度计算汽车的实际汇率。哪个国家的汽车价格更有竞争力?

3. 去年到今年,蓝地的 CPI 从 100 涨至 120,红地的 CPI 从 100 涨至 115。蓝地的货币布鲁去年价值 1 美元而今年价值 80 美分。红地的货币瑞得去年价值 20 美分而今年价值 15 美分。

计算去年到今年蓝地对红地的名义汇率以及蓝地对红地的实际汇率变化的百分比(将蓝地作为本国)。相对红地,你认为蓝地的出口将从汇率的变化中受益还是受损?

4．日本对美国所制造汽车的需求为：日本需求＝10 000－0.001×美国汽车的日元价格。

类似地，美国对日本所制造汽车的需求为：美国需求＝30 000－0.2×日本汽车的美元价格。美国制造的汽车的国内价格是 20 000 美元，日本制造的汽车的国内价格是 2 500 000 日元。

从美国的角度，计算汽车的实际汇率及对日本净出口的汽车数量，如果：

（1）名义汇率是 1 美元兑 100 日元。

（2）名义汇率是 1 美元兑 125 日元。

美元升值如何影响美国汽车的净出口（仅考虑日本市场）？

5．（1）黄金在美国的价格是每盎司 350 美元，在墨西哥的价格是每盎司 2 800 比索。根据购买力平价理论，美元与墨西哥比索的名义汇率是多少？

（2）墨西哥经历了通货膨胀，黄金价格升至每盎司 4 200 比索。在美国，黄金仍为每盎司 350 美元。根据购买力平价理论，美元与墨西哥比索的汇率会发生什么变化？这个例子说明了哪个原理？

（3）黄金在美国的价格是每盎司 350 美元，在墨西哥的价格是每盎司 4 200 比索。在美国，原油（不含税和运输成本）的价格是每桶 30 美元。根据购买力平价理论，在墨西哥一桶原油的成本应该是多少？

（4）在美国，黄金的价格是每盎司 350 美元。美元与加元的汇率是 1 加元兑 0.7 美元。在加拿大，一盎司黄金的价格是多少加元？

6．在其他条件不变的前提下，下列几种情况将如何影响美元的价值？请解释。

（1）人们认为美国股票的投资风险增加。

（2）欧洲计算机公司用印度、以色列等国家生产的软件替换美国生产的软件。

（3）随着东亚经济复苏，国际金融投资者在该地区发现了大量新的高回报投资机会。

7．假设一瓶法国香槟酒的价格是 20.5 欧元。

（1）如果欧元对美元的汇率是 0.8，即 1 美元等于 0.8 欧元，那么这瓶香槟酒在美国的价格是多少？

（2）如果欧元对美元的汇率上升到 1.05，那么这瓶香槟酒在美国的价格是多少？

（3）如果欧元对美元的汇率的上升导致美国对法国香槟酒的支出上升，那么欧元对美元的汇率上升将使外汇市场上的美元供给数量发生怎样的变化？

8．假设苹果 iPod 的价格为 240 美元。

（1）如果欧元对美元的汇率是 1，即购买 1 美元需要花费 1 欧元，那么 iPod 在法国的价格是多少？

（2）如果欧元对美元的汇率下降到 0.8，那么在法国购买 iPod 需要花多少钱？

（3）如果欧元对美元的汇率下降，那么法国对 iPod 的购买量和外汇市场上的美元需求量会发生怎样的变化？

9．如果政府实施宽松性货币政策，而且汇率是浮动的，其结果有可能是下列哪项？

（1）实际利率下降，净出口增加。

（2）实际利率上升，净出口减少。

(3) 坚挺的货币有助于刺激出口。

(4) 对货币的需求上升,货币的供给下降。

10. 外汇市场上谢克尔的需求量和供给量为

$$需求量 = 30\ 000 - 8\ 000e$$

$$供给量 = 25\ 000 + 12\ 000e$$

其中,名义汇率以美元/谢克尔表示。

(1) 谢克尔的基本价值是多少?

(2) 谢克尔固定为 1 谢克尔兑 0.3 美元。谢克尔是被高估还是低估了,或者二者都没有? 分别用谢克尔和美元计算国际收支逆差或顺差。随着时间的推移,该国的国际储备会发生什么变化?

(3) 对于谢克尔固定 1 谢克尔兑 0.2 美元的情况,重做第(2)题。

11. 外汇市场上每年对谢克尔的需求量和供给量如第 10 题所示。谢克尔固定为 1 谢克尔兑 0.3 美元。该国的国际储备为 600 美元。外国金融投资者在该国持有 5 000 谢克尔的支票账户。

(1) 假设外国金融投资者不担心谢克尔贬值,因此不会将他们的谢克尔支票账户兑换成美元。明年能否将谢克尔保持在 1 谢克尔兑 0.3 美元的固定价值?

(2) 现在假设外国金融投资者预计谢克尔可能贬值至 1 谢克尔兑 0.25 美元。为什么这种可能性会让他们担心?

(3) 出于对贬值的担忧,外国金融投资者从支票账户中提取所有资金,并试图将这些谢克尔兑换成美元。这时发生了什么?

(4) 讨论为什么外国投资者的贬值预测可以被视为"自我实现的预言"。

正文中练习题的答案

15.1 答案由于数据选取时间的不同而不同。

15.2 美国计算机的美元价格是 2 400 美元,1 美元等于 110 日元。因此,美国计算机的日元价格是 110 日元/美元×2 400 美元,即 264 000 日元。日本计算机的价格是 242 000 日元,因此日本计算机更便宜的结论与使用哪种货币进行比较没有关系。

15.3 一价定律适用于黄金,因此每盎司黄金的价格在纽约和斯德哥尔摩必须相等:

$$900\ 美元 = 7\ 500\ 克朗$$

两边同时处以 900,得到

$$1\ 美元 = 8.33\ 克朗$$

因此,汇率是 1 美元兑 8.33 克朗。

15.4 美国 GDP 的下降减少了消费者的收入,进而减少了进口。因为美国人购买的进口产品减少了,他们向外汇市场供给的美元也减少了,所以美元的供给曲线向左移动。供给的下降增加了美元的市场均衡价值。

15.5 如果拉丁比索的固定价值为 0.15 美元,拉丁比索的需求量等于 25 000 − 50 000×0.15＝17 500。拉丁比索的供给量等于 17 600＋24 000×0.15＝21 200。官方汇率下的供给量比需求量多 3 700 拉丁比索。Latinia 每个时期将不得不购买 3 700 拉丁比索，因此其国际收支赤字将等于 3 700 拉丁比索或 3 700×0.15＝555 美元。这个国际收支逆差比例 15.6 中的高。我们可以得出结论：高估的程度越大，一国的国际收支逆差可能也越高。

15.6　该图显示货币的官方价值低于外汇市场上供求决定的基本价值，因此货币被低估。按照官方汇率，本国货币的需求量（B 点）超过供给量（A 点）。为了保持官方价值，中央银行必须在每个时期向外汇市场供给相当于 AB 的本国货币。与汇率被高估的情况相反，中央银行是向外汇市场提供本国货币，收到的是外币。

中央银行可以随心所欲地印制本国货币，因此如果货币被低估，国际储备将不会耗尽。事实上，中央银行的国际储备存量在每个时期都会以 AB 的数量增加，因为它将收到外币以换取其提供的本国货币。

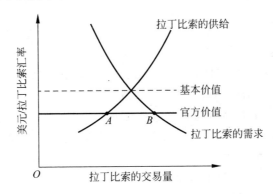

词　汇　表

A

absolute advantage　绝对优势

如果某人完成任务所需的时间比另一个人少，那么此人就具有绝对优势。

aggregate demand（AD）curve　总需求曲线

显示短期均衡产出 Y 与通货膨胀率 π 之间关系的曲线；因此，它显示了其他所有要素保持不变的情况下，消费者、企业、政府，以及外国消费者、企业和政府在每一通货膨胀率下希望购买的产出量的曲线。

aggregate supply shock　总供给冲击

包括通货膨胀冲击和对潜在产出的冲击。这两类不利的总供给冲击都会降低产出并推高通货膨胀。

aggregation　加总

将各个经济变量相加以获得整个经济的总量。

appreciation　升值

一种货币相对于另一种货币的价值增加。

assets　资产

人们所拥有的任何有价值的东西。

attainable point　生产可能点

任何一种用现有资源可以生产出的产品组合。

autarky　自给自足

一国在经济上自给自足的状况。

automatic stabilizers　自动稳定装置

当实际产出减少时，政府支出将会自动增加或者税收将会自动减少的法律条款。

autonomous consumption　自主消费

与可支配收入水平无关的消费支出。

autonomous expenditure　自主支出

不受产出影响的那部分计划总支出。

average benefit 平均收益
进行 n 个单位活动所获得的总收益除以 n 所得到的结果。

average cost 平均成本
进行 n 个单位活动所付出的总成本除以 n 所得到的结果。

average labor productivity 平均劳动生产率
每名雇佣工人的产出。

B

balance sheet 资产负债表
详细记录一个经济单位的资产和负债的表单。

balance-of-payments deficit 国际收支逆差
一国的国际储备存量在一年中的净减少。

balance-of-payments surplus 国际收支顺差
一国的国际储备存量在一年中的净增加。

bank reserves 银行准备金
商业银行为满足储户取款及支付的需要而持有的现金或其等价物。

banking panic 银行恐慌
当出现一个或多个银行濒临破产的新闻或者传言时,储户纷纷赶去银行取款的事件。

barter 物物交换
产品或者服务之间的直接交换。

bequest saving 遗赠性储蓄
为留下遗产而进行的储蓄。

Board of Governors 管理委员会
美联储的领导机构,由总统任命的 7 名委员组成,每名委员的任期为 14 年

bond 债券
偿还债务的一种法律承诺,通常包括本金和利息支付。

boom 经济繁荣
特别强劲和广泛的经济扩张。

business cycle(or cyclical fluctuation) 商业周期(或经济周期)
GDP 及其他经济活动变量的短期波动。

buyer's reservation price 买方愿付价格
买方愿意为产品支付的最高价格。

buyer's surplus 买方剩余
买方愿付价格与实际支付价格之间的差额。

C

capital gains 资本收益
现有资产的价值增加。

capital good　资本品
为生产其他产品与服务而生产和使用的耐用品。

capital inflows　资本流入
外国家庭和企业对国内资产的购买。

capital losses　资本损失
现有资产的价值减少。

capital outflows　资本流出
国内家庭和企业对外国资产的购买。

cash on the table　桌子上的现金
对交易中未实现的收益的经济学比喻。

change in aggregate demand　总需求的变化
总需求曲线的移动。

change in demand　需求的变化
整条需求曲线的移动。

change in supply　供给的变化
整条供给曲线的移动。

change in quantity demanded　需求量的变化
沿着需求曲线,需求量随价格的变化所做的运动。

change in quantity supplied　供给量的变化
沿着供给曲线,供给量随价格的变化所做的运动。

closed economy　封闭经济
一个不与世界其他地区进行贸易的经济体。

comparative advantage　比较优势
如果某人完成任务的机会成本比另一个人低,那么此人在这项任务上就拥有比较优势。

complements　互补品
如果一种商品的价格上升将会导致另一种商品的需求曲线向左移动,那么这两种商品就是消费上的互补品。

compound interest　复利
一种将初始存款及之前的所有利息都作为计息基础的利息支付方式。

constant(or parameter)　常量(或参数)
数值固定的量。

consumer price index(CPI)　消费者价格指数
衡量相对于某一固定年份(基年)购买一篮子产品与服务的费用,在当期购买同样一篮子产品与服务的花费情况。

consumption expenditure(or consumption)　消费支出(或消费)
家庭在产品与服务(如食物、衣服和娱乐)上的支出。

consumption function　消费函数
消费支出与其决定变量——如可支配收入（税后收入）——之间的关系。

contraction　紧缩
见"衰退"（recession）。

contractionary policies　紧缩性政策
政府为了减少计划支出和产出而采取的政策。

coupon payments　息票支付
定期对债券持有者进行的利息支付。

coupon rate　票面利率
债券发行时所承诺的利率。

crowding out　挤出效应
政府赤字增加减少投资支出的趋势。

cyclical unemployment　周期性失业
衰退时期所发生的失业。

D
deflating（a nominal quantity）　（名义量）平减
通过把名义量除以价格指数（如 CPI）来表示实际量的过程。

deflation　通货紧缩
多数产品与服务的价格下降以至于通货膨胀率为负值的情形。

demand curve　需求曲线
一条表示每个价格下消费者愿意购买的某种商品总量的曲线。

demand for money　货币需求
个人或企业选择以货币形式持有的财富数量。

dependent variable　因变量
在一个等式中，由另一个变量值来决定其大小的变量。

deposit insurance　存款保险
一个保证储户在即使出现银行破产的情况下也不会损失一分一毫的政府担保系统。

depreciation　贬值
一种货币相对于另一种货币的价值下降。

depression　萧条
特别严重或者持续时间特别长的衰退。

devaluation　法定贬值
（固定汇率制度下）货币官方价值的降低。

diminishing returns to capital　资本收益递减
如果使用的劳动力及其他投入量不变，那么已经投入使用的资本数量越大，额外一单位资本所能带来的产出增加就越少。

diminishing returns to labor　劳动力收益递减

如果使用的资本及其他投入量不变,那么已经投入使用的劳动力数量越大,额外一名工人所能带来的产出增加就越少。

discount rate　贴现率

美联储向商业银行借出准备金时所收的利率。

discount window lending　贴现窗口贷款

美联储为商业银行所提供的准备金贷款。

discouraged workers　丧志工人

那些声称想要工作但是在过去的四个星期中却没有努力寻找工作以至于仍然失业的人。

disinflation　反通货膨胀

通货膨胀率的大幅下降。

disposable income　可支配收入

人们能够消费的税后收入。

distributional effects　分配效应

经济中收入或财富分配的变化。

diversification　多样化

将拥有的财富分散到很多不同金融投资上以减少总体风险的做法。

dividend　红利

股东凭借其股份所得到的定期支付。

duration　久期

失业的时间长度。

E

economic efficiency　经济效率

见"效率"(efficiency)。

economic surplus　经济盈余

采取任何行动的经济盈余等于其收益减去成本。

economics　经济学

一门研究人们在资源稀缺的条件下如何选择,以及这些选择对社会造成的结果的学科。

efficiency　效率

所有产品与服务的生产和消费都达到社会最优水平时的情况。

efficient point　效率点

对于任意的产品组合,如果凭借现有资源不可能使其中一种产品的产量增加而其他产品的产量不变,那么该组合就被称为效率点。

entrepreneurs　企业家

开创新企业的人。

equation　等式

描述两个或多个变量之间关系的数学表达式。

equilibrium　均衡

一种稳定、平衡、不发生变化的情形,在这种系统中所有起作用的因素都被其他因素所抵消。

equilibrium price and equilibrium quantity　均衡价格和均衡数量

产品的需求曲线与供给曲线相交所决定的价格和数量。

equity　权益

见"股票"(stock)。

excess demand(or **shortage**)　**超额需求**(或**短缺**)

当产品价格低于均衡水平时,需求量与供给量之间的差额;存在超额需求时,消费者没有达到满意状态。

excess reserves　超额准备金

超过中央银行规定准备金要求的银行准备金。

excess supply(or **surplus**)　**超额供给**(或**过剩**)

当产品价格超过均衡水平时,供给量与需求量之间的差额。

expansion　扩张

经济超过正常水平显著增长的时期。

expansionary gap　扩张型缺口

当实际产出高于生产能力时所出现的负的产出缺口($Y>Y^*$)。

expansionary policies　扩张性政策

政府为了增加计划支出和产出而采取的政策。

expenditure line　支出曲线

显示计划总支出与产出之间的关联的曲线。

F

federal funds rate　联邦基金利率

商业银行之间短期贷款(经常是隔夜拆借)的利率。因为美联储经常通过改变联邦基金利率的方式来实施其政策,所以这一利率是金融市场关注的焦点。

Federal Open Market Committee(FOMC)　**联邦公开市场委员会**

制定货币政策的委员会。

Federal Reserve System(or **the Fed**)　**联邦储备系统**(或**美联储**)

美国的中央银行。

final goods or services　最终产品或服务

最终用户所消费的产品或服务。因为它们是生产过程中的终端产品,所以应纳入GDP的计算范围。

financial intermediaries　金融中介

用从储蓄者那里筹集到的资金向借款者提供贷款的企业。

fiscal policy　财政政策

涉及政府预算的决定,其中包括对政府收入与支出总额和构成的确定。

Fisher effect　费雪效应

当通货膨胀比较高时,名义利率也倾向于比较高;当通货膨胀比较低时,名义利率也倾向于比较低。

fixed exchange rate　固定汇率

由官方政策明确规定数值的汇率。

flexible exchange rate　浮动汇率

数值不由官方规定而随外汇市场上货币供求状况变化的汇率。

flow　流量

定义为单位时间上的衡量指标。

foreign exchange market　外汇市场

不同国家货币相互交易的市场。

forward guidance　前瞻指引

中央银行向金融市场提供的有关其预期未来货币政策路径的信息。

fractional-reserve banking system　部分准备金银行系统

准备金比存款少,即存款准备金率小于1的银行系统。

frictional unemployment　摩擦性失业

与不同工作和工人的匹配过程联系在一起的短期失业。

full employment output　充分就业产出

见“潜在产出”(potential output,Y^*)。

fundamental value of the exchange rate(or **equilibrium exchange rate**)　**汇率基本值**(或均衡汇率)

外汇市场上货币供给量与需求量相等时的汇率。

G

government budget deficit　政府预算赤字

政府支出超过税收收入的部分($G-T$)。

government budget surplus　政府预算盈余

政府税收收入超过政府支出的部分($T-G$),政府预算盈余等于公共储蓄。

government purchases　政府购买

联邦、各州及地方政府对最终产品与服务的购买行为;政府购买既不包括转移支付(不要求当期产品或服务回报的政府支付),也不包括政府债券的利息支付。

gross domestic product(GDP)　国内生产总值

一个国家在一定时期内所生产的所有最终产品与服务的市场价值。

H

human capital　人力资本

影响工人边际产品价值的教育、培训、经验、智力、精力、工作习惯、可信度和主动性等综合因素。

hyperinflation 恶性通货膨胀
通货膨胀率非常高的情形。

I

income effect 收入效应
由于商品价格的变化改变了消费者的购买力所引起的商品需求量的变化。

income-expenditure multiplier（or **multiplier**） **收入支出乘数**（或乘数）
自主总需求增加一单位对短期均衡产出的影响。

independent variable 自变量
在一个等式中,决定其他变量数值的变量。

indexing 指数化
每期增加某一名义量的值,使其增加幅度等于某相关价格指数上升的百分比程度。指数化过程可以防止通货膨胀削弱名义量的购买能力。

induced expenditure 引致支出
取决于产出 Y 的那部分计划总支出。

inefficient point 无效点
对于任意的产品组合,如果凭借现有资源可以使其中一种产品的产量增加而其他产品的产量不变,那么该组合就被称为无效点。

inferior goods 劣等品
当购买者的收入增加时,需求曲线将会向左移动的产品。

inflation shock 通货膨胀冲击
与一国产出缺口无关的通货膨胀率的突然变化。

inflation-protected bonds 防通货膨胀债券
支付相当于固定的实际利率加上当年实际通货膨胀率的名义利率的债券。

intermediate goods or services 中间产品或服务
在生产最终产品或服务过程中所消耗的那些产品或服务,因此它们不应纳入 GDP 的计算范围。

international capital flows 国际资本流动
国际范围内实物资产与金融资产的购买或出售。

international financial markets 国际金融市场
借款人与贷款人属于不同国家居民的金融市场。

international reserves 国际储备
政府为在外汇市场上购买本国货币而持有的外币资产。

investment 投资
企业在最终产品与服务(主要是资本品和房产)上的支出。

involuntary part-time workers 非自愿兼职工人
那些表示想全职工作但只能找到兼职工作的人。

L

labor force 劳动力

经济中在业人员与失业人员的总数。

law of one price 一价定律

如果运输成本相对较低,那么一种国际性的贸易品的价格必然在所有地方都相等。

liabilities 负债

某人亏欠的债务。

life-cycle saving 生命周期储蓄

为了满足长期目标(如退休、大学学费或者购房)而进行的储蓄。

long-run aggregate supply(LRAS)line 长期总供给(LRAS)曲线

显示经济潜在产出水平 Y^* 的垂直线。

long-run equilibrium 长期均衡

实际产出等于潜在产出且通货膨胀稳定的状态。从图形上看,当总需求曲线、短期总供给曲线与长期总供给曲线相交于同一点时,就会出现长期均衡。

M

M1

发行在外的通货和支票账户金额之和。

M2

M1 中的所有资产加上其他一些额外的支付工具,这些支付工具有的比通货、支票的成本高,有的使用起来可能没有通货、支票方便。

macroeconomic policies 宏观经济政策

旨在影响整体经济表现的政府行为。

macroeconomics 宏观经济学

一门研究国民经济的表现及政府用来改善经济表现的各种政策的学科。

marginal benefit 边际收益

一项活动的边际收益等于额外进行一单位活动所能带来的总收益的增加。

marginal cost 边际成本

额外开展一项活动所导致的总成本增加。

marginal propensity to consume(mpc) 边际消费倾向

当可支配收入上升 1 美元时,消费上升的数量。我们假设 $0<\text{mpc}<1$。

market 市场

包括一种产品的所有买者和卖者的市场。

market equilibrium 市场均衡

在某一市场价格下,所有买者都对其购买的数量及所有卖者都对其出售的数量表示满意的状态。

market interest rate 市场利率
见"名义利率"(nominal interest rate)。

market value 市场价值
开放市场上产品和服务的售价。

medium of exchange 交易媒介
可以用于购买产品与服务的资产。

menu costs 菜单成本
改变价格的成本。

microeconomics 微观经济学
一门研究资源稀缺条件下的个体选择及其对个体市场上价格与数量的影响的学科。

monetary policy 货币政策
决定国家货币供给的政策。

money 货币
任何可进行购买的资产。

money demand curve 货币需求曲线
一条表示货币总需求量 M 与名义利率 i 之间关系的曲线。

multiplier 乘数
见"收入支出乘数"(income-expenditure multiplier)。

mutual fund 共同基金
将自身股份出售给公众,然后用所得资金购买一系列金融资产的金融中介。

N

national saving 国民储蓄
整个经济的储蓄,等于 GDP 减去对产品与服务的消费支出和政府购买,即 $Y-C-G$。

natural rate of unemployment(u^*) 自然失业率
总失业率中由摩擦性失业和结构性失业所造成的那部分比率。另一种等价的说法是,不存在周期性失业现象时的失业率,此时经济在产出上既没有衰退型缺口也没有扩张型缺口。

net exports 净出口
见"贸易差额"(trade balance)。

net worth 净财富
通过从资产中减去负债确定的经济单位的财富。

nominal exchange rate 名义汇率
两种货币相互兑换的比率。

nominal GDP 名义 GDP
用当年价格衡量的 GDP 数量。名义 GDP 衡量的是产出当期的美元价值。

nominal interest rate(or market interest rate) 名义利率(或市场利率)
某种金融资产名义价值的年增长百分比,也被称为市场利率。

nominal quantity　名义量
用当期货币价值来衡量的量。

normal goods　正常品
当购买者的收入增加时,需求曲线将会向右移动的产品。

normative economic principle　规范经济原则
说明人们应当如何行事的原则。

O

Okun's law 奥肯法则
产出缺口(与产出能力相比)每增加 2%,周期性失业率将会上升 1%。

100% percent reserve banking　100%准备金银行运作
银行准备金与所有存款数相等的情形。

open economy　开放经济
与其他国家进行贸易的经济体。

open-market operations　公开市场操作
包括公开市场购买和公开市场出售。

open-market purchase　公开市场购买
为了增加银行准备金和货币供给,美联储向公众购买政府债券。

open-market sale　公开市场出售
为了减少银行准备金和货币供给,美联储向公众出售政府债券。

opportunity cost(OC)　机会成本
一项活动的机会成本等于为了进行这项活动而放弃的另一个次优选择的价值。

output gap,$Y-Y^*$　产出缺口
经济的产出能力与某一个时间点上实际产出之间的差额。

outsourcing　外包
用工资低廉的外国工人代替本国工人提供服务。

overvalued exchange rate　汇率高估
汇率的官方固定价值高于基本价值。

P

parameter　参数
见"常量"(constant)。

participation rate　参与率
劳动力占工作年龄层人口的比率(工作年龄层人口中已就业和在寻找工作人群的比率)。

peak　波峰
衰退的开始。低迷时期之前经济活动的最高点。

physical capital　实物资本
完成工作所需的设备和工具(如机器和工厂)。

planned aggregate expenditure(PAE)　计划总支出
产品与服务的总计划花费。

policy reaction function　政策反应函数
描述政策制定者采取的行动如何取决于经济状况。

portfolio allocation decision　组合分配决策
关于持有财富的具体形式方面的决策。

positive economic principle　实证经济原则
预测人们将如何行事的原则。

potential output, Y^*(or potential GDP or full-employment output)　产出能力(或潜在 GDP 或充分就业产出)
一个经济体在正常水平下能够用其资源(如资本和劳动力)生产出的产出量(实际 GDP)。

precautionary saving　预防性储蓄
为了防止突发事件(如失业或紧急医疗)而进行的储蓄。

price ceiling　价格上限
法律规定的最高价格。

price index　价格指数
度量相对于一类产品或服务的基年价格,这些产品或服务在当期的平均价格。

price level　价格水平
用一种价格指数(如 CPI)来衡量的特定时间点的总体价格水平。

principal amount　本金
初始的借款额。

private saving　私人储蓄
经济中私人部门的储蓄等于私人部门的税后收入减去消费者支出($Y-T-C$)。私人储蓄可以被进一步分解为家庭储蓄和企业储蓄。

production possibilities curve(PPC)　生产可能性边界
描述一种产品在另一产品各种可能的生产水平下所能达到的最大产量的图形。

public saving　公共储蓄
政府部门的储蓄等于净税收收入减去政府购买($T-G$)。

purchasing power parity(PPP)　购买力平价
国际贸易中的一个理论,它研究一价定律成立的前提下名义汇率的确定。

Q

quantitative easing(QE)　量化宽松
一种扩张性货币政策,中央银行购买长期金融资产,以降低这些资产的收益率或回报率,同时增加货币供给。

quantity equation　数量等式

货币供给量乘以货币周转率等于名义 GDP：$M \cdot V = P \cdot Y$。

quota　配额

对产品进口数量的法律限制。

R

rate of inflation　通货膨胀率

每年价格水平变化的百分比，可以用 CPI 等来衡量。

rational person　理性人

拥有明确目标并愿意为了实现这些目标而努力尝试的人。

real exchange rate　实际汇率

国内产品或服务相对于外国产品或服务的价格（价格都用一种通用的货币表示）。

real GDP　实际 GDP

利用基年而不是当年的价格水平对产量进行计价的 GDP。实际 GDP 衡量生产的实际产出量。

real interest rate　实际利率

某种金融资产购买能力的年增长百分比。任何一种资产的实际利率等于其名义利率减去通货膨胀率。

real quantity　实际量

从实物角度（如产品与服务的数量）来衡量的变量。

real wage　实际工资

支付给工人的以实际购买能力度量的工资。任一给定时期的实际工资可以通过用名义（美元价值）工资除以当期 CPI 来计算得到。

recession（or **contraction**）　**衰退**（或**紧缩**）

经济增长率显著低于正常水平的时期。

recessionary gap　衰退型缺口

当产出能力超过实际产出时所出现的负的产出缺口（$Y < Y^*$）。

relative price　相对价格

相对于其他产品或服务的价格而言，某种产品或服务的价格。

reserve requirements　准备金要求

由美联储设定的、要求商业银行保持的最低存款准备金率。

reserve-deposit ratio　存款准备金率

银行准备金占银行存款的比例。

revaluation　法定升值

（固定汇率制度下）货币官方价值的增加。

rise　纵向距离

见"斜率"（slope）。

risk premium 风险补偿
金融投资者持有风险资产所需的回报率与安全资产的回报率之差。

run 横向距离
见"斜率"（slope）。

S

saving 储蓄
当期收入减去花在当期需要上的支出。

saving rate 储蓄率
储蓄占收入的比例。

seller's reservation price 卖方愿接受的价格
卖方愿意出售额外一单位产品最少所需的货币数量。一般来说，该价格在数值上等于边际成本。

seller's surplus 卖方剩余
卖方得到的实际支付价格与其愿接受价格之间的差额。

short-run aggregate supply（SRAS）line 短期总供给（SRAS）曲线
显示由过去的预期和定价决策确定的当前通货膨胀率的水平线。

short-run equilibrium 短期均衡
总需求曲线与总供给曲线在高于或低于潜在产出的实际 GDP 处相交的情形。

shortage 短缺
见"超额需求"（excess demand）。

skill-biased technological change 技能导向型技术变革
对高技能型工人和低技能型工人的边际产出影响程度不同的技术变革。

slope 斜率
在一条直线上，任意两点的纵向距离与横向距离的比率。

socially optimal quantity 社会最优量
产品的生产和消费达到最大经济剩余时的产量。

speculative attack 投机性冲击
金融投资者大规模抛售本国货币资产。

stabilization policies 稳定性政策
政府为了消除产出缺口而采取的用于影响计划总支出的政策。

standard of living 生活水平
人们获得使其生活更容易、更健康、更安全和更愉快的产品和服务的程度。

stock 存量
定义在某个时间点上的衡量指标。

stock（or equity） 股票（或权益）
代表企业部分所有权的凭证。

store of value　价值储藏

可以作为财富持有方式的一种资产。

structural policy　结构性政策

政府旨在改变国家经济结构或体制的政策。

structural unemployment　结构性失业

即使经济以正常的速度运转仍然会存在的长期的习惯性失业。

substitutes　替代品

如果一种产品的价格上升将会导致另一种产品的需求曲线向右移动(或价格下降将会导致另一种产品的需求曲线向左移动),那么这两种产品就被称为消费中的替代品。

substitution effect　替代效应

由于产品价格变化引起消费者转向其替代品而最终导致的产品需求量的变化。

sunk cost　沉没成本

当人们做出决定时已经无法恢复的成本。

supply curve　供给曲线

一条表示每个价格下卖者愿意出售的某种产品的数量的曲线。

surplus　过剩

见"超额供给"(excess supply)。

T

tariff　关税

对进口商品征收的税。

total surplus　总剩余

买方愿意接受的价格与卖方愿意销售的价格之间的差额。

trade balance(or net exports)　贸易差额(或净出口)

一段时期内(一个季度或一年)一国的出口总额减去进口总额。

trade deficit　贸易赤字

在给定时期内,当进口超过出口时,一国进口总额与出口总额之间的差额。

trade surplus　贸易盈余

在给定时期内,当出口超过进口时,一国出口总额与进口总额之间的差额。

transfer payments　转移支付

政府无偿提供给公众的、不要求现期产品或服务回报的支付。

trough　波谷

衰退的结束,经济复苏以前的最低点。

U

unattainable point　不可达到点

用现有资源在生产上不可能实现的产品组合。

undervalued exchange rate　汇率低估
汇率的官方固定价值低于基本价值。

unemployment rate　失业率
失业人数占劳动力总数的比例。

unemployment spell　失业期
个人处于持续失业状态的那段时期。

unit of account　计价单位
经济价值的基本衡量尺度。

V

value added　增加值
对于任何企业而言,其增加值等于产品或服务的市场价值减去从其他企业购买的投入品的成本。

variable　变量
可以自由选取不同值的量。

velocity　周转率
衡量货币流通速度的一个尺度,等于一定时期内完成的交易额除以进行这些交易所需的货币量。数学表达式为 $V = (P \cdot Y)/M$,其中 V 代表周转率,$P \cdot Y$ 代表名义 GDP,M 代表货币存量。

vertical intercept　纵截距
在一条直线上,当自变量等于 0 时,因变量所取的值。

W

wealth　财富
资产减去负债后的价值。

wealth effect　财富效应
资产价格的变化将会影响家庭财富,从而影响其在消费品上的支出。

worker mobility　工人流动性
工人在不同工作岗位、不同企业和不同行业之间的流动。

Z

zero lower bound　零下限
接近零的水平,低于该水平时美联储不能进一步降低短期利率。

教师服务

感谢您选用清华大学出版社的教材！为了更好地服务教学，我们为授课教师提供本学科重点教材信息。请您扫码获取。

 样书赠送

经济学类重点教材，教师扫码获取样书

清华大学出版社

E-mail: tupfuwu@163.com

电话：010-83470332 / 83470142

地址：北京市海淀区双清路学研大厦 B 座 509

网址：http://www.tup.com.cn/

传真：8610-83470107

邮编：100084

教师反馈表

McGraw-Hill Education，麦格劳-希尔教育出版公司，美国著名教育图书出版与教育服务机构，以出版经典、高质量的理工科、经济管理、计算机、生命科学以及人文社科类高校教材享誉全球， 更以丰富的网络化、数字化教学辅助资源深受高校教师的欢迎。

为了更好地服务于中国教育界，提升教学质量，2003年麦格劳-希尔教师服务中心在京成立。在您确认将本书作为指定教材后，请您填好以下表格并经系主任签字盖章后寄回，麦格劳-希尔教师服务中心将免费向您提供相应教学课件或网络化课程管理资源。如果您需要订购或参阅本书的英文原版，我们也会竭诚为您服务。

书名：	
所需要的教学资料：	
您的姓名：	
系：	
院/校：	
您所讲授的课程名称：	
每学期学生人数：	_____ 人 ____年级　　　学时：
您目前采用的教材：	作者：_____　出版社：_____ 书名：_____
您准备何时用此书授课：	
您的联系地址：	
邮政编码：	联系电话
E-mail： （必填）	
您对本书的建议：	系主任签字 盖章

 清华大学出版社

 Education

经管事业部

北京海淀区学研大厦 B509

邮编：100084

电话：010-83470332/83470293

传真：010-83470107

电子邮件：wangq@tup.tsinghua.edu.cn

麦格劳-希尔教育出版公司教师服务中心

北京市东城区北三环东路 36 号环球贸易中心 A 座 702

邮编：100013

电话：010-5799 7618

教师服务信箱：instructorchina@mheducation.com

网址：www.mheducation.com